언어의 이해

김종현

서울대학교 언어학과를 졸업하고 동 대학원에서 석사, 박사 학위를 받았다.
청주교육대학교 국어교육과 교수로 재직 중이다.

언어의 이해

초판 1쇄 발행 2009년 9월 15일
초판 5쇄 발행 2026년 3월 31일

지은이 | 김종현

펴낸곳 | (주)태학사
등록 | 제406-2020-000008호
주소 | 경기도 파주시 광인사길 217(파주출판도시)
전화 | 031-955-7580
전송 | 031-955-0910
전자우편 | thspub@daum.net
홈페이지 | www.thaehaksa.com

편집 | 조윤형 여미숙 김태훈
마케팅 | 김민선
경영지원 | 김영지

값 28,000원
ISBN 978-89-5966-325-5 (93700)

언어의 이해

김종현

태학사

언어는 그 자체로 인간 본래의 특징을 드러낼 뿐 아니라 인간을 세계 내에서 독특하게 사유하는 존재로 만들어 준다. 그렇기 때문에 언어는 그 자체로 매혹적이다. 우리가 언어를 좀 더 자세히 배우려는 이유도 여기에 있다. 우리는 언어 현상을 통해서 사람들의 사유를 이해할 수 있고, 사람들 사이에 이루어지는 소통의 과정을 이해할 수 있으며, 세상에 대한 폭넓은 이해를 할 수 있다.

이 책은 언어의 가치를 새롭게 조명하고 언어 현상을 다양한 각도에서 설명하려는 일종의 개설서이다. 그러니까 언어와 언어학의 세계에 입문하려는 사람들을 염두에 두고 쓴 개론서라는 뜻이다. 하지만 집필을 하다 보니 처음 의도했던 것보다 많은 내용을 담게 되었고 때로는 상당히 어려운 내용들도 포함시키게 되었다. 필자는 집필을 하면서 두 가지 서술 방식, 즉 쉽고 재미있게 풀어 가는 방식과 내용을 풍부하게 엮어 가는 방식 사이에서 고민을 많이 했다. 언어학을 처음 접하는 학생들에게 다소 난해하게 느껴질 줄 알면서도 책의 완성도를 높이기 위하여 어쩔 수 없는 선택을 한 부분이 곳곳에 있다.

처음에 필자는 언어 사실과 현상에 대해 조금씩 설명해 가면 되리라는 가벼운 마음으로 이 책의 집필을 시작했다. 그런데 마치 마법에 걸린 것처럼 먼 길을 돌고 도는 긴 여정이 되고 말았다. 마음먹은 대로 글이 엮이지 않는 날도 있었지만, 그래도 필자가 할 수 있는 범위 안에서 성심성의껏 글을 썼다는 점에서 스스로의 위안을 찾고 싶다.

언어에 관해 배우다 보면, 언어를 통해 세상을 바라보는 새로운 관점을 얻을 수 있다. 이러한 인식의 바탕 위에 이 책이 자리한다. '생각이 활짝 핀 꽃이라면 언어는 꽃봉오리'라는 유명한 말이 생각난다. 책의 내용 중에 고르지 못한 부분이 있더라도 피어나기를 기다리는 꽃봉오리로 봐 주면 좋겠다. 완전하지 못한 부분들이 어느 날 꽃봉오리로 맺힐 수 있다면 얼마나 좋을까 하는 마음이다. 아무쪼록 언어학의 세계에 입문하려는 사람들에게 이 책이 조금이나마 도움이 되기를 바란다.

1장

언어란 무엇인가

1.1. 언어에 대해

언어에 관해 연구하는 학문을 언어학(Linguistics)이라고 한다. 이 책은 언어에 관한 학문을 소개하는 언어학 개론이다. 언어는 모든 사람들이 삶을 살아가면서 의사소통을 위해 사용하는 것이므로 누구든지 언어를 사용하는 것은 당연한 것으로 여긴다. 사람은 늘 언어와 함께 살면서도 언어란 본래부터 주어진 것으로 여긴다. 그리고 언어를 통해서 많은 것을 성취한다. 언어를 통해 생각하고 자신을 드러내고 표현한다. 이야기를 들려주고, 주장을 펼치고, 흉을 보고, 불평하고, 웃고, 담소하고, 기쁨의 말을 전한다.

공기, 나무, 하늘, 물, 이런 것들이 세상 속에 존재하는 것은 너무도 당연해 보인다. '언어'라는 것도 바로 이런 종류의 일상성을 지닌다. 언어는 그에 대응하는 구체적 물체로 한정되지는 않는다. 서랍 안에 넣어둔 디지털 카메라는 손으로 만져지지만 언어는 한 손으로 만져지는 성질의 것은 아니다. 언어는 세상 속에 아주 긴밀하고 광범위하게 용해되어 있다. 그렇기 때문에 언어에 관한 크고 작은 현상과 원리에 관해 호기심을 가지고 들여다 볼 수 있다. 우리는 세상에 관해 이야기하기 위해 언어를 필요로 하며 언어를 통해 세상을 바라보고 있다.

바라보는 위치에 따라서, 바라보는 각도에 따라서 언어의 현상과 원리는 여러 가지로 보일 수 있다. 한 가지 현상에 대해 멀찌감치 떨어져서 볼 때, 혹은 아주 바짝 다가서서 볼 때, 서로 다른 모습을 지켜볼 수 있다. 바라보는 각도를 바꾸기만 해도 지금까지 드러난 것과는 다른 모습을 보게 된다. 이런 차이에도 불구하고, 언어 현상에 접근하는 모든 시도는 언어를 이해하려는 노력에 해당한다.

이 책은 언어에 관해 개론으로서의 소개를 하고 있다. 각 장마다 언어의 여러 가지 면모를 서로 다른 거리와 각도에서 바라보았다. 그런데 이 모든 것이 언어를 바라보려는 시도라는 점에서는 공통된 것이다. 언어란 무엇이며, 언어는 어떻게 사용되며, 언어가 사람들에게 어떤 역할과 인식을 부여하는지를 돌아보는 것이 이 책의 기본 목적이다. 언어는 과연 무엇인가? 이 질문에 답하기 위해 수많은 언어학자들이 연구하고 이론을 제시하였다. 언어는 체계와 균형 상태를 유지하고 있으며 시간의 경과에 따라 변해 나간다. 그리고 언어는 인간의 사회적 삶에서 분리될 수 없으며 복잡다단한 현상이기 때문에 그것에 접근하는 데에 다양한 관점이 성립한다.

1.2. 언어에 관한 추측

우리가 어떤 출발점에 서 있는지를 말해 보기로 하자. 언어에 관한 과목을 수강하려고 하는 이유는 학생들마다 조금씩 다르다. 외국 여행이나 외국 유학을 준비하려면 외국어 구사력이 필요한데 이를 위해 언어학 개론 과목을 수강해 보자는 생각이 아니었던가? 혹은 한국어를 체계적으로 이해하는 데에 언어학 지식이 보탬이 되리라는 생각도 들 수 있다. "「언어의 이해」는 어떤 내용을 배우는 과목인가요?" 이 질문은 아주 포괄적이므로 단순하게 "코끼리를 만져보시오."라고 대답하고 말 수는 없다. '어떤 것을 배우는지 아직 안 배워 봐서 잘 모르겠으나 어쩌면 내가 배우고 싶은 것이 나올지도 모르겠는 걸!' 이런 생각은 언어에 관한 공부의 출발점이다. 이상의 질문에 대답하려면 필자는 심호흡을 크게 한번 해야 한다.

"바벨탑 이전에는 사람들이 모두 한 언어를 사용했다는 말이 정말인가요?" 이런 질문 받으면 언어학을 꽤 많이 공부해 본 필자도 정확한 답을 모르겠고 적당히 얼버무리는 답을 할 수 밖에 없다. "언어학에서는 무얼 배우는 겁니까?" 이런 질문 받으면 한참동안 언어학에서는 이러이러한 것을 배운다고 강변해야 한다. 그런데 이런 방식의 답변은 언어학에 처음 입문하는 사람에게는 너무 어렵고 오래 걸리고 자칫하면 지루함마저 안겨주는 설명이 되는 것이 다반사이다. 간단하고 분명한 대답이 한 가지 있다. 그건 바로 "언어에 관련된 것이라면 무엇이든지 언어학에서 연구하는 대상입니다."

필자는 이 책을 통해 언어에 관한 기본 지식을 소개하려고 한다. 그에 앞서

'언어에 관련된 것은 무엇이든지' 우리가 이해하고 연구해 볼 대상이 되며 그럴 만한 가치가 있음을 힘주어 말하고 싶다. 물론 언어에 관련된 현상, 지식, 사건의 모든 것을 이 책에서 다 언급하지는 못한다. 그래도 언어 연구에서 기본 바탕을 이루는 내용에 관해 최소한의 입문 단계 수준에서는 도입하고자 한다.

언어에 관해 사람이 보유하는 지식은 일정한 체계와 규칙성에 따라 구조화되어 있다. 언어는 그 자체에 공통된 속성과 구조를 지닌다. 언어의 구조를 이해하려면 우선 언어 기호의 내부를 작은 단위로 나누어 살펴보아야 한다. 언어를 구성하는 단위로는 음성-형태소-단어-어절-문장-담화 등을 구분할 수 있다. 언어학은 적지 않은 수의 각론이 모여서 이루어지는데 하나씩 거명해 보면 음성학, 음운론, 형태론, 통사론, 의미론, 화용론, 담화분석, 심리언어학, 사회언어학, 역사언어학 등이 있다. 그밖에도 문학, 철학, 심리학, 정보과학과 연계되는 협력 학문적 영역도 있다.

언어에 관해 사람들이 얼핏 짐작할 수 있는 바는 언어학의 실제 모습에 부합하는 부분도 있고 그렇지 않은 부분도 있다. 실제와 다른 면이 지나치게 부각되면 편견에 가까이 가는 것이다. 예를 들면, 언어학은 세계 곳곳의 말을 많이 배우는 것이라고 짐작할 수 있을 터이다. 여러 언어를 배워 두면 어떤 나라를 가더라도 소통할 수 있어서 좋겠다는 생각도 스며든다. 이처럼 여러 나라 말을 구사하는 사람을 '다중언어사용자'라고 한다. 언어에 관해 연구하는 언어학자(linguist)는 다중언어사용자(polyglot)가 되려는 것은 아니다. 언어에 관해서 연구하고 배운다는 것은 언어를 남들보다 탁월하게 구사하게 되거나 많은 나라 말을 배우는 것을 뜻하지는 않는다.

사람들이 사용하는 말은 지역에 따라 사회에 따라 천지차이까지는 아니더라도 각인각색으로 차이가 있다. 때때로 사회에 따라 표준적 언어 또는 주축 언어를 우선시하는 압력이 형성되기도 한다. 언어는 사회의 다양한 역학 관계 속에 질서 있게 확립된 기호 체계인데 이것이 개인의 언어능력으로 내면화 된다. 그만큼 언어는 개인과 사회의 연결 관계를 확보해 주는 통로이다.

이 책에서 언어를 구성하는 하위 부문들에 대해 돌아보고 이를 통해 언어에 대한 이해를 탐색해 보고자 한다. 이 책은 언어학의 유명한 이론들이나 학자들을 소개하는 데에는 충실하지 못하다. 그것보다는, 언어 현상에 관한 원천적인 의문을 제기하고 그에 관해 예를 들어가며 상세하게 설명해 나가는 데에 중점을 두었기 때문이다.

1.3. 언어에 관해 알고 생각하기

두 가지 개념을 구분하는 것에서부터 시작해 보자: (1) 언어를 배우는 것, (2) 언어에 관해 배우는 것, 이 두 가지는 뜻하는 바가 다르다. 이 책에서 우리는 '언어에 관해' 배우려고 할 뿐, 언어를 배우려는 시도는 거의 하지 않는다. 이를테면 영어를 배우는 일보다 영어에 관해 배우는 일이 이 책의 관심사이다. 마찬가지로 한국어를 배우는 일보다 한국어에 관해 배우는 일이 이 책의 관심사이다.

우리는 한국어를 어릴 때 모국어로 배워서 자유롭게 사용하고 있지만 한국어에 관해 배우기 위해 국어 관련 과목을 수강하기도 한다. 한편 영어를 배우려고 시간 많이 들였는데 영어 구사력이 만족스럽지 못하다 보니 영어를 더 배우는 데에 관심을 둔다. 외국어를 새로 배워서 조금씩 구사능력을 얻는 것은 언어를 배우는 것이다. 하지만 그것이 전부는 아니다. 외국 언어에 얽혀 있는 문법지식 및 문화적, 사회적, 역사적 배경지식을 배우는 것은 흥미로운 일이다. 언어에 관해 배우다가 저절로 해당 언어의 구사력마저 좋아지면 정말 좋을 터인데 실제로 그렇게 되기는 어렵기 때문에 언어에 관한 지식이 학문 중심의 고고한 영역으로 비춰질 수도 있다. 언어 구사력을 높이는 것만 해도 힘든 일인데, 언어에 관해 배우는 것은 실용적 목적과 직접 비례 관계에 있지는 않다. 그럼 무엇 때문에?

우리가 언어에 관해 배우고자 하는 것은 언어 현상 그 자체만을 통해서도 세상에 대한 이해를 넓힐 수 있기 때문이다. 언어에 관해 배우다 보면, 언어를 통해 세상을 바라보는 새로운 관점을 얻을 수 있고, 세상에 관해 이야기하는 서로 다른 방식에 대한 이해도 얻을 수 있다. 이러한 인식의 바탕 위에 이 책이 자리한다. 언어의 가치를 설명하고 언어 현상에 대해 다양하게 돌아보며 설명하는 것이 이 책의 목적이다.

언어 현상을 설명한다는 것이 어떤 성격을 지니는지는, 이런 비유를 들어 말할 수 있다. 두 가지 현상 X와 Y가 서로 관계가 있는 것으로 주어졌을 때, X로 인해 Y가 발생했음이 드러날 수 있다. 이때 X를 밝혀내는 것은 Y를 설명하는 것이다. 여기에 언어적 선택의 문제가 등장한다. Y를 발생시키기 위해 왜 우리는 X를 선택하는가? X 이외의 다른 방식을 선택할 수도 있었을 터인데 굳이 X를 선택하는 이유는 무엇인가? 언어에 관한 사람들의 선택은 그때마다 이유가 있다. 선택 가능성이 있을 때 그 중 한 가지를 선택하는 것은 언어 사용자가 자신이 세상에서 어떻게 받아들여지고 싶은지에 대한 욕구나 기대감을 반영한다.

우리는 세상을 바라보며 세상에 관해 이야기 하려고 할 때 언어를 사용한다. 그리고 세상 속에서 언어를 배운다. 또한 언어를 배우면서 세상에 관해 배우기도 한다. 그래서 언어를 배운다는 것과 언어를 통해 배운다는 것은 동시에 일어나는 일이다. 언어에 관해 돌아보려고 할 때에는, 커다란 그림만 보고 말 것이 아니다. 멋들어진 그림을 감상할 때를 떠올려 보자. 시선을 한 곳에 멈추어 눈을 열고 마음을 열어 들여다보면 큰 그림 안에 자그마한 그림들이 담겨 있다. 그림 전체의 풍경 속에 크고 작은 구도가 조화를 이루고 있다. 언어의 분포로 볼 때, 세계어나 힘 있는 언어가 큰 그림으로 그려질 것 같으면, 상대적으로 작은 그림에는 지역어, 소수 언어, 위기에 처한 언어들이 들어 있다. 소멸 위기에 놓인 언어들은 흔히 정체성의 위기를 수반한다. 특히 2개 언어가 병용되는 사회 환경에서 모국어 교체가 일어나는 것은 문화적 의식의 변동을 수반한다.

언어와 문화는 밀접하게 관련이 있다. 하나의 외국어를 배워서 안다고 그 언어를 사용하는 나라의 문화를 깊숙하게 알게 되는 것은 아니다. 그러나 언어를 모르면 체류국의 문화에 접근하기 어렵고 방문국의 문화를 경험하는 데에도 제약을 받는다. 외국에 나가서 말이 전혀 안 통하면 연약한 심성을 가진 사람으로 취급 받아도 하소연할 곳이 마땅치 않다. 외국 언어는 우리가 살아가면서 지켜보고 여행과 경제 활동을 통해 경험하는 현실이다. 말이 안 통하면 무슨 말인지 하나도 못 알아듣겠다고 말해 버리고 그만두어도 되지만, 외국 문화에 직접 접촉하고 외국어를 생활에서 사용하는 환경에 놓이게 되면 긴박한 생활 문제로 등장한다. 익숙하게 알고 있던 것 이외에, 낯설고 처음 경험하는 것을 받아들일 수 있는가? 이 질문은 문화적 갈등일 뿐만 아니라 문화적 감수성의 문제이기도 하다.

여기 1장은 총론 부분이다. 총론이라는 명분에 기대어 알듯 말듯 한 이야기를 이어가도 그건 오로지 나무 대신에 숲을 보기 위해 어쩔 수 없는 것이라고 말해 볼 수 있다. 그게 바로 총론의 미덕이므로 여기 1장도 그러한 미덕의 혜택을 누리고 싶다. 언어에 관한 가장 총론적 키워드는 '보편성'과 '개별성'이다. 언어의 보편성과 개별성이라는 것은 언어학에서 항구적인 주제가 되어 왔다. 언어의 개별성은 한국어, 영어, 혹은 그밖에 어떤 개별 언어를 통해 드러난다. 언어의 보편성이라 하면 개별 언어마다 공통된 부분이 있음을 뜻하기 때문에 언어 보편성은 개별 언어를 통해 실현된다. 이런 점에서 보편성과 개별성은 밀접하게 관련된다.

언어를 연구하기 위한 관점을 크게 3가지로 구분해 볼 수 있다. 언어의 생리적, 인지적, 사회적 가치가 그것이다. 생리적 가치라고 하면 사람의 신체 구조에 따라 언어가 활성화 될 수 있는 생리적 조건을 말한다. 인지적 가치라고 하면 언어활동이 사람의 마음과 두뇌에 어떤 대응을 이루는가에 관해서이다. 사회적 가치라고 하면 개인의 언어 사용이 사회 속에서 어떤 역할을 하는가에 관한 것이다.

언어는 언제 어디에서 시작되었으며, 어떤 경로를 거쳐 변화되었으며, 오늘날 세계 곳곳에서 다양한 언어들이 있는데 그 차이는 얼마 만큼이고 그것을 체계적으로 설명하는 방법은 무엇일까? 언어에 대한 관심 중에서 이런 질문은 가장 기본적으로 제기된다. 평범한 말로 반복해 보겠다. 사람들은 육하원칙의 틀을 가지고 이야기를 진행한다. 누가 언제 어디에서 왜 무엇을 어떻게 하였는가? 이것은 사람들이 일상생활에서 언제나 겪어나가는 일이므로 그에 관련해 언어에 관한 지식과 특징을 거론할 수 있다. 다음과 같이 열거해 보자.

누가?	한국인, 미국인, 영국인, 중국인, 일본인, ….
언제?	기원전, 고대, 중세, 근대, 20세기, 21세기, 미래
어디에서?	한반도, 유럽, 아메리카, 중국, 서유럽, ….
무엇을?	발음, 형태, 의미, 문장 구조, 대화 구조
어떤 목적?	의사소통, 대인 관계 설정, 정보 전달
어떤 방식으로?	다른 사람과 비슷하게, 혼자만의 방식으로, 사람들을 의식하며, 그냥 자연스럽게

이 표에 적은 항목들끼리 조합해 보면 그 중 어떤 조합도 언어 연구의 관심사가 될 수 있다. 언어 현상에 대해 체계적으로 알아보려면 언어학에서 구획되어

있는 세부 분야에 따라 접근하는 것이 분별력 있는 방도이다. 언어학의 세부 분야로는 어림잡아 열 가지 이상 있다. 적어보면 아래와 같다.

- 말소리 특징과 발음 원리를 연구하는 [음성학]
- 말소리 체계를 연구하는 [음운론]
- 단어 형성 원리를 연구하는 [형태론]
- 문장 구조를 연구하는 [통사론]
- 단어나 문장의 의미를 연구하는 [의미론]
- 언어사용의 현상과 원리에 대해 연구하는 [화용론]
- 의사소통의 단위로서 담화 구조에 관해 연구하는 [담화분석]
- 언어의 역사에 관해 연구하는 [역사언어학]
- 언어와 사회의 관계를 연구하는 [사회언어학]
- 말을 어떻게 습득하는지에 관한 [언어습득]과 [심리언어학]
- [언어정보] 처리기술

우리의 관심사가 될 수 있는 언어 현상은 도처에 있다. 몇 가지 질문을 들어보겠다. 21세기 한국인이 효과적으로 의사소통하는 방식은 어떻게 드러나는가? 외국어 학습은 왜 힘이 드는가? 모국어 습득과 외국어 학습은 어떻게 다른가? 언어들이 서로 관련되어 있다는 게 무슨 뜻인가? 뉴욕 사람들은 가정에서 영어 이외 언어를 사용하는 비율이 높은데 그 이유는 무엇인가? 언어와 방언들이 어떻게 서로 관련되는가? 사물을 표현하는 데에 옳고 그른 방식이 있는가? 그것은 누가 결정하는가? 이러한 질문들은 얼핏 까다로워 보이기는 하지만 일상의 언어생활에서 언제든지 어디에서든지 경험하는 일이다.

1.4. 이 책의 순서

이 책은 모두 16개의 장으로 구성되어 있다. 영어를 중심으로 외국의 언어문화, 언어습득, 언어의 구조와 의미, 발음 등에 관해 알아보자. 그리고 세계 곳곳의 다양한 언어 상황에 대해 과거로부터 21세기에 이르기까지 돌아보도록 하자. 각 장에서 취급하는 주제가 무엇이며 그 내용 및 취지가 무엇인지에 관해 적어 두면 다음과 같다.

1장은 총론이다. 언어에 관해 알고 생각한다는 것은 무슨 의미를 가지며 언어 연구의 관심사로는 어떤 것이 있는지를 서술하였다.

2장~4장은 단어 구조, 문장 구조, 언어습득에 관해 돌아보았다. 2장 「단어의 구조」는 단어 형태의 특성을 파악하고 실제 단어 형성에 관해 알아본다. 3장 「언어습득과 인지능력」은 어린아이가 언어를 배우는 습득 기전에 관해서이다. 생성주의 습득가설, 두뇌 기능, 제2언어습득에 관한 이론도 함께 소개하였다. 4장 「문장의 구조: 통사론」은 문장의 구조를 설명한다. 문법 규칙에 의해 인간 언어의 규칙성을 어떻게 파악하는지에 관해 생성문법의 관점에서 알아보았다.

5장과 6장에서는 영어를 중심으로 세계 곳곳의 다양한 언어 상황에 대해 돌아본다. 언어의 다양성과 정체성은 문화권마다, 나라마다, 언어마다 곳곳에 산재해 있다. 5장 「언어와 사회(1): 언어의 다양성」은 언어변이, 방언 차이, 세계영어, 변이체 영어, 흑인영어, 피진과 크레올 등에 관해 알아본다. 다언어 사회의 언어 문제를 확인하고 소수 언어에 대해서도 소개하였다. 6장은 「언어와 사회(2): 언어의 정체성」이다. 사회 계층, 다언어 사회, 언어 표준화, 이중언어 사회, 언어 정책, 국제어로서의 영어 등의 주제를 취급하고 있다.

7장~8장은 의미론, 화용론, 담화에 관해서이다. 7장 「언어의 의미: 의미론」에서는 의미 현상에 접근하는 여러 가지 관점을 소개한다. 개념구조로서의 의미, 지시로서의 의미, 논리형식으로서의 의미, 범주 인식, 문화 상대적 의미 등에 걸쳐 돌아보았다. 8장 「의미와 언어사용: 화용론과 담화」는 화용론과 담화의 기초 개념을 소개한다. 맥락, 추론, 함축, 대화 격률에 관해 지면을 할애했다. 담화 개념과 텍스트 개념을 소개하고 대화분석 및 대화의 일상성에 대해서도 소개하였다.

9장~12장에서, 발음의 원리와 실제를 알아본다. 9장 「자음의 음성학」에서 자음의 발음 동작과 개별 자음마다 발음 특징을 소개하였다. 10장 「모음의 음성학」은 국제음성기호를 중심으로 영어 모음의 발음 특징에 관해 해설하였다. 11장 「말소리의 연속체」에서는 음장, 강세, 억양 등의 초분절음에 관해 소개하고 있다. 12장 「말소리의 체계」는 음소 개념을 정의함에 의해 말소리 체계의 특징을 이해하고 음운 자질에 관해 소개한다.

13장~16장은 언어의 역사성에 관한 것이다. 13장 「언어의 역사」는 유럽 문명의 언어적 기원과 계통에 관해 게르만 제어와 로망스 제어를 중심으로 서술하였다. 14장은 「영어의 역사」에 관해서이다. 영어가 걸어온 발자취와 변화 경로를 연대기 순서에 따라 알아보고 현대영어에 미친 영향을 소개하였다. 15장은 「한국어의 과거와 현재」이다. 한국어의 역사와 문화, 그리고 한글에 관해 돌아보았다. 마지막 16장에서는 알파벳 문자를 비롯해 세계 곳곳의 문자에 대해 알아보았다.

이 책을 이용하는 순서는 필요에 따라 변화를 줄 수 있다. 한 학기 수업 분량으로 너무 많다 싶으면 장에 따라, 절에 따라 뛰어넘는 방법을 취할 수 있다. 상세한 설명을 하는 것과 간결한 설명을 하는 것은 동전의 양면과 같다. 필자는 이 책 전체에 걸쳐 절충하는 것에 초점을 맞추려고 하였다:

언어의 이해를 구하는 것은, 언어가 생리적으로 인지적으로 사회적으로 어떤 가치를 지니는지를 알아내려는 시도에 바탕을 둔다. 이러한 본질적 물음에 대해 이 책을 통해 앎의 범위를 조금씩 넓혀 보기로 하자. 언어적 지식은 그 자체만으로 인간 본래의 특징을 드러내 보여준다. 언어는 사람을 세계 내에서 독특하게 사유하는 존재로 만들어 준다. 그렇기 때문에 언어는 그 자체로 매혹적이다. 이런 인식을 얻어나가는 데에 이 책이 디딤판 구실을 하면 좋겠다.

2장

단어의 구조

2.1. 단어 기억하기: 사회의 약속

단어의 구조와 형태 그리고 의미는 '사회의 약속'으로 정해져 있다. 단어 형성은 규칙성 있게 이루어진다. 예를 들어 unkind, unhappy, unpleasant와 같은 단어들을 살펴보면 접두사 'un-'이 붙어서 만들어졌음을 우리는 금방 알아차린다. 이미 오래 전부터 그런 단어들은 만들어져 있었고 사회적으로 통용되어 왔으며 현재에도 통용되고 있다. 한 개인이 마음대로 기존의 단어 용법에 없거나 벗어난 말들을 사용하기는 어렵다. 언어 공동체 내에는 언어 상태를 일정하게 유지시켜 주는 압력이 작용하고 있다. 마치 물속에 수압이 일정하게 유지되듯이, 언어공동체 내부에서 모든 사람들이 각자의 머릿속에 기억하는 사전은 언어적 압력의 균형점을 지향하며 열리고 닫힌다.

단어는 의미, 발음, 철자법의 짝을 이루어 기억된다. 한 언어 사회에서 살아가는 대다수 사람들의 머릿속 사전에 들어있는 언어 정보를 추적해서 세밀한 부분까지 밝혀내고 체계적으로 기록해서 출판물로 만들어 놓은 것이 종이 사전이다. 머릿속 사전에 들어있는 단어 정보의 거의 전부는 사회적으로 이미 확립되어 있는 것이며, 다만 조금씩 새로운 단어가 생겨날 가능성이 있을 뿐이다. 언어는 시간이 지남에 따라 변화하기 마련이지만 워낙 오랜 시간에 걸쳐 조금씩 변화하기 때문에 다만 한두 세대의 인생을 살아가는 개인에게는 언어 변화의 큰 폭이 느껴지지 않는다.

단어들이 서로 모여서 결합하는 데에는 일정한 원리가 있다. 원리에 벗어난 예외적인 것이라 하더라도 따지고 보면 또 다른 추가적 원리로 설명되고는 한다. 단어의 내부 구조에 대해 연구하고, 단어가 형성되는 규칙에 대해 연구하는 것을 형태론(morphology)이라고 한다. 단어는 '형태소'라고 불리는 작은 조각 성분들이 일정한 방식으로 서로 결합하여 구성된다. 이것을 이해하기 위해 우리는 형태소 개념을 우선 도입하여야·한다. 다음 절에서 형태소란 무엇인가에 관해 알아보기로 하자.

2.2. 단어보다 작은 단위: 형태소

한국 사람은 한국어를 사용하면서 단어 형성의 규칙성을 암묵적으로 배운다. 영어 단어들의 규칙성도 적지 않게 알고 있다. 형태소는 단어보다 작은 단위로서 단어를 구성하는 요소이다. 단어들을 보고 단어의 뜻을 알면 그 안에 들어있는 구성 요소들을 '형태소'로 나누어 보는 것을 우리는 어렵지 않게 할 수 있다. 형태소는 단어의 구성 성분을 가르는 데에 기본을 이루는 단위이다. 예를 들면 '책상'은 '책'과 '상'의 두 개 형태소로 구성된다. '하늘'은 '하'와 '늘'로 나누면 처음 뜻을 유지하지 못하므로 더 이상 나눌 수 없이 '하늘' 그 자체가 한 개의 형태소이다.

단어의 구조를 이해하기 위해 우선 형태소 개념을 구체적으로 이해하고 그에 뒤이어서 굴절과 파생의 두 개념을 알아보기로 하자. 단어에는 내부 구조가 있다. 단어의 내부 구조가 있다고 함은 단어를 구성하는 요소들이 규칙적인 배열을 이룬다는 것을 뜻한다.

형태소(morpheme)를 정의하면 '의미를 가진 최소 단위'이다. 음성-형태소-단어-구절-문장 등으로 크고 작은 언어 단위를 구분할 수 있는데 그 중에 한 가지 단위가 형태소이다. 크고 작은 언어 단위를 구분하고 각각의 구성 요소들 사이의 결합 관계를 정하려면 일정한 규칙이 세워진다. 예를 들어 'cat'이라는 단어는 더 이상 나누어서는 단어의 뜻을 유지할 수 없기 때문에 그 자체로 '의미를 가진 최소 단위'이며, 그래서 단음절어 형태소이다. 'unhappy'라는 단어는 'un-'과 'happy'로 나누어지므로 두 개의 형태소가 합쳐서 만들어진 말이다.

형태소의 의미는 일정해야 한다. 예를 보자. driver와 father, 이들 두 단어의 뒷부분은 er로 끝나기 때문에 형태가 같다. driver는 'drive 행위를 하는 사람'이며, 여기에서 형태소 -er은 '-하는 사람'의 뜻인데, father라는 단어의 -er은 'fath 행위를 하는 사람'이라는 의미를 지니지는 않는다. 이 두 개의 -er은 우연히 형태가 같은 것일 뿐, driver의 -er 형태소와 달리 father에서는 -er을 형태소라고 볼 수 없고 그저 father 전체를 하나의 형태소로 구성된 한 개의 단어라고 보아야 한다.

가령 "형태소란 무엇인가?"라는 시험 문제를 상상해 보자. 어떤 답을 적어야 하겠는가? 단어의 형태를 예로 들어 설명하면 된다. 의복을 만들 때 바늘 한 땀 한 땀 들어가고, 타일을 이어 붙여 벽을 구성하듯이, 형태소란 것도 단어를 구성 하기 위해 필요한 요소이다. '뜻을 가진 최소 단위'라는 단순한 정의에서 보면, [뜻을 가짐]에 따라 형태소의 경계를 나누면 되는 일이다. 그런데 여기에서 '뜻'이 란 어휘적 뜻뿐만 아니라 문법적 뜻도 포함된다. 문장 예로 "John sleep."은 잘못 되었고, "John sleeps."가 되어야 하는데, 여기에 3인칭 단수를 표시하는 '-s'는 문 법적 뜻을 실현시켜 주는 형태소이다.

내용어와 기능어, 이 두 가지 용어를 구별할 수 있도록 알아보자. 예를 들어 'the miracle of the year'라는 표현에서 miracle, year는 내용어이며 of, the는 기 능어이다. 기능어들은 한정된 수의 목록으로 고정되어 있다. 어떤 언어이든지 간 에, 기능어를 있는 대로 모두 모아 그것의 집합적 성격을 살펴보면 폐쇄적 부류 를 이룬다. 새로운 항목을 추가하기 어렵다는 뜻에서 폐쇄적 부류이다. 이에 비 해 내용어를 있는 대로 모두 모아 주더라도 그 집합은 새로운 단어를 더 받아들 일 가능성이 남아 있다. 이런 의미에서 내용어는 개방적 부류를 이룬다.

기능어는 문장의 짜임새를 맞추기 위해 문법적 역할을 표시하는 것이 주된 기 능인 것에 비해, 내용어는 단어 개념을 나타낸다. 기능어들은 그 수가 적음에도 불구하고 사용되는 빈도는 아주 높다. 즉 기능어와는 달리, 내용어들은 그 수는 아주 많지만 사용되는 빈도는 상대적으로 낮다.

영어에서 가장 빈번하게 사용되는 단어 10가지를 조사해 보니 (내용어는 하나 도 없이) 모두 기능어들이었다. 사용 빈도가 높은 순서대로 적어보면 the, of, and, to, a/an, in, that, is, was, he 등이었다(Francis and Kučera 1982 조사 결과). 코퍼스(corpus: 대규모 언어 자료)에서 검색해 보아도, 영어에서 정관사 the의 사 용 빈도는 대략 5% 내외이다. 일반적인 수준의 글에서 전체 글에 사용된 단어 개 수 중에 기능어가 차지하는 비율은 17%에서 21% 사이라고 한다.

기능어는 문장 형식을 갖추는 데에 필요하므로 사용 빈도가 높을 수밖에 없 다. 비유로 한 마디 붙여 보겠다. 어떤 작가가 새로 쓰기 시작하는 글의 서두를 열기 위해 온종일 창작의 고뇌에 휩싸여 있다가 간신히 첫 번째 단어를 타이핑할 수 있었다. 그 단어는 바로 'the'였다. 문장 첫 구절로 등장하는 주어 성분은 처음 도입되는 정보를 표현하는 것이었을 터이므로 첫 문장의 내용이 무엇이든지간에 첫 문장의 첫 단어는 아마도 'the'일 것이기 때문이다.

2.3. 단어 형성의 규칙

형태소 개념을 확인해 보기로 하자. 루이스 캐롤 이야기에 자주 등장하는 '험프티-덤프티'의 말을 예로 들어 보자.

"They gave it to me," Humpty Dumpty continued, "for an un-birthday present."

"I beg your pardon?" Alice said with a puzzled air.

"I'm not offended," said Humpty Dumpty.

"I mean, what is an un-birthday present?"

"A present given when it isn't your birthday, of course."

[루이스 캐롤 Lewis Carroll, 「Through the Looking Glass」에서]

험프티-덤프티(Humpty Dumpty)라는 이름은 영국에서 찰스 1세와 의회 간에 시민전쟁이 벌어졌을 때 등장했던 대포를 지칭하는 단어였는데, 그 뜻이 전성되어 키 작고 뚱뚱하며 현학적인 체 하는 인물을 가리키는 데에 사용되었다. 위에 적은 대화에서 '생일 아닌 날에 받은 선물'(un-birthday present)에 관해 말을 주고받는 중인데 생일이 아닌 날을 괴짜인 험프티-덤프티는 엉뚱하게도 'un-birthday'라고 부르고 있다. 이런 말을 처음 들어본 엘리스는 무슨 말인 줄 몰라서 어리둥절해 한다. 'un-birthday'가 비록 실제로 존재하는 단어는 아니지만, 위의 대화에 담겨 있는 엉뚱함을 우리가 알아차릴 수 있는 이유는 'un-'이라는 요소가 단어 앞에 붙었을 때 발생하는 의미를 금방 파악할 수 있기 때문이다.

사람들은 'un-'이 추가되어 나타나는 단어 형성의 규칙성을 머릿속에서 이미 알고 있다. 다음 예에서 보듯이, 'un-'은 형용사와 결합하는 것이 흔한 일이다. 그러나 마지막 예의 unuse와 같은 결합은 일어나지 않았다(unuse의 좌측 상단에 스타(*) 기호는 단어로 '성립하지 못함'을 표시한다).

desirable － undesirable
likely － unlikely
inspired － uninspired
use － *unuse

한 개의 단어는 한 개 형태소만으로 이루어질 수 있기는 하지만, 훨씬 많은 단어들이 두 개 이상 형태소가 결합하여 구성된다. 다음 예를 보자.

1형태소: care
2형태소: care + ful
3형태소: care + ful + ness
4형태소: un + care + ful + ness

길이가 긴 단어들은 그 안에 여러 개의 형태소가 결합해서 생겨났다. 하나의 단어를 만들어 내는 데에 형태소가 몇 개쯤 결합하는 것이 적당할까? 형태소는 몇 개까지 결합할 수 있을까? 특이한 예로 가장 긴 영어 단어는 floccinaucinihilipili-fication이라고 언급된 적이 있다(Pinker 1994, p190). 여기에 들어있는 알파벳의 개수는 29개나 되고, 말뜻은 '무언가를 의미 없고 시시한 것으로 범주화 하는 것'으로 풀이된다. 실제로 이런 말을 과연 사용할 일이 있을까 싶지만, 아무튼 형태소가 여러 개 결합하면 아주 긴 단어를 만들 수 있다는 것을 보여준다. 시간을 가지고 천천히 찾아보면 이것보다 더 긴 단어를 찾아볼 수 있을 것이다.

형태론적 지식은 2가지 부문으로 구성된다. 첫째, 개별 형태소에 관한 지식이 있다. 둘째, 형태소들을 결합시키는 규칙들에 관한 지식이 있다. 형태소들의 결합 규칙에 관해 이해하려면 구속형태소(bound morpheme)와 자립형태소(free morpheme) 개념을 구분해야 한다. 하나의 형태소는 홀로 쓰일 수 있으면 자립형태소로 분류되며, 다른 형태소와 연결되어야만 사용될 수 있으면 구속형태소로 분류된다. 구속형태소의 종류는 접두사(prefix)나 접미사(suffix)로 구분된다. 이러한 접두사와 접미사는 단어의 '파생'을 만들어낸다. 그러면 파생이란 무엇인지에 관해 굴절과 대비해서 다음 절까지 설명해 나가도록 하겠다.

우선 파생에 관련하는 단어 형성 규칙 한 개를 알아보자. 다음 두 가지 규칙을 가지고 엘리스 이야기를 통해 생각해 보자.

- 형용사 + ify → 동사
- 동사 + cation → 명사

"I never heard of 'Uglification'," Alice ventured to say.
"What is it?" The Gryphon lifted up both its paws in surprise.
"Never heard of uglification!" it exclaimed. "You know what to beautify is, I suppose?"
"Yes," said Alice doubtfully: "it means - to make - anything - prettier."
"Well, then," the Gryphon went on, "if you don't know what to uglify is, you are a simpleton."
[루이스 캐롤(1871), 「이상한 나라의 엘리스」에서]

엘리스(Alice)와 대화를 주고받는 괴짜 그리폰(Gryphon)은 uglification이라는 본래 있지도 않은 단어를 억지로 만들어서 사용하고 있다. uglify로부터 uglification 이라는 단어를 얻어낼 수 있다고 여기면서 그 단어를 못 알아듣는 엘리스를 멍텅구리로 몰아세우고 있다. uglification은 동화 작가 루이스 캐롤이 엘리스 이야기에서 사용하기 전에는 영어에 없었는데, 그 후에 새로운 단어로 받아들여졌다. 엘리스 이야기에서는 '무언가를 더 예쁘게 하는 것'이라는 엉뚱한 의미로 등장했지만 실제 현실에서는 '무언가를 더 추하게 하는 것'이란 뜻으로 사용하게 되었다.

일반화된 규칙성에 부합하기만 하면 형태소 규칙을 사용하여 새로운 단어를 만들어 낼 가능성은 열려 있다. 위의 예와 같은 방식으로 등장한 영어 단어들을 몇 개 적으면 이런 것이 있다: purify → purification, amplify → amplification, simplify $\rightarrow$ simplification, falsify $\rightarrow$ falsification

2.4. 굴절과 파생

파생(derivation)은 하나의 단어나 어근에 기반을 두어 새로운 단어를 만들어가는 것이다. 굴절(inflection)은 한 단어가 문장 내에서 사용될 때 적절한 형식을 취하는 것이다. 즉, 굴절이란 한 단어의 표면 형태에 관해서이고, 파생은 여러 단어들 사이의 관계에 관해서이다. 굴절 접사는 문장의 문법을 온전하게 만족시키기 위해 필요한 것이며, 파생 접사는 단어 형성에 관련한 것이다. 우리는 머릿속 사전에 파생 형태소들의 목록을 보유하고 있으며, 각각의 파생 형태소가 어근에 어떤 방식으로 결합되어야 하는지에 대해 알고 있다. 파생 형태소가 부가되어 나타나는 단어를 파생어라고 부른다.

굴절형태소에 관해 알아보자. 굴절형태소는 성, 수, 격, 인칭, 시제 등을 나타내는 것이 많다. 굴절이란 어떤 단어가 어근으로서의 지위와 품사를 유지하면서 여러 가지로 형태가 변화되어 나타나고 그에 따라 문법적 기능도 변화하는 현상을 말한다. 굴절에는 곡용과 활용이 있어 다음과 같이 정의되는데 이 둘을 따로 구분하지 않고 굴절로 묶어서 부르는 것이 보통이다. 동사의 활용에 관여하는 굴절접미사를 한국어 문법에서는 '어미'라고 부른다. 즉 '용언의 활용어미'라는 말을 사용하는 것은 바로 '굴절'을 말하는 것이다.

1. 곡용(declension): 명사, 형용사, 대명사, 수사 등에 있어서
    성, 수, 격에 따라 일어나는 어형 변화
2. 활용(conjugation): 동사에 있어서 인칭, 수, 시제, 성, 격에 따라
    일어나는 어형 변화

굴절과 파생에 대해 어려운 설명을 듣고 금방 이해가 안 되는 학생들은 이렇게 질문하기 마련이다. "파생(형태소)과 굴절(형태소)의 차이가 무엇입니까?" 이 질문에 대해서는 가장 손쉬운 답을 해 볼 수 있으니, 그건 바로 "굴절과 파생을 구

분할 때, 굴절형태소가 아니면 파생형태소이며, 파생형태소가 아니면 굴절형태소입니다."
이처럼 순환되는 답변은 단순히 말장난을 위한 것이 아니다. 굴절형태소이면 굴절형태소이고, 파생형태소이면 파생형태소이지, 하나의 형태소가 굴절과 파생을 겸하는 것이 아니라는 것을 뜻한다. 어떤 형태소가 굴절형태소인지를 요모조모 생각해 보아도 그렇지 않아 보인다면 그건 바로 파생형태소일 것이라는 뜻이다.

굴절형태소는 문장 형성을 위해 필요한 문법적 관계를 표시한다. 대부분의 유럽 언어들은 굴절을 풍부하게 사용한다는 점에서 굴절어로 분류된다. 프랑스어, 독일어, 스페인어, 러시아어, 그리스어 등을 비롯해 영어에 이르기까지 굴절어로 분류된다. 굴절어에 속하는 언어들은 단어 형태의 굴절 변화가 풍부하다. 성, 수, 격, 인칭 등의 굴절 변화가 명사에도 일어나고 형용사에서도 일어나고 동사에서도 일어난다. 굴절이란 곧 문법 정보를 드러내는 것이기 때문에 하나의 문장을 표현하려고 하면 그 안에 들어있는 문장 성분들은 제각각 굴절 형태를 갖추어 나타난다.

그런데 영어는 굴절어로 분류되기는 하지만, 유럽의 굴절어들 중에서는 굴절 변화가 가장 적게 나타나는 언어이다. 영어가 과연 굴절어인지에 대해서는 역사적인 관점에서 더 알아볼 필요가 있다. 17세기 이후 현대영어는 더 이상 굴절이 많은 언어가 아니며, 오늘날 유럽 언어들 중에 가장 단순한 굴절 체계를 가지는 언어는 영어이다. 영어의 변천 과정을 고대영어, 중세영어, 현대영어로 구분하고 보면, 고대영어에서부터 굴절을 지키는 언어였지만, 현대영어로 넘어오면서 굴절 변화의 대부분을 없애고 단순화 시켰다.

중세영어보다 더 오래된 고대영어 문헌에서 확인해 보면, 굴절 변화 가능한 모든 경우에 대해 제각각 굴절형태소를 갖추고 있던 것이 아니었다. 이를테면 어떤 언어에서 형용사 굴절 변화에 성 3가지, 수 2가지, 격 5가지가 있다면 모두 합해 30개의 굴절 형태 결합의 수가 계산된다. 그러나 고대영어에서는 적은 수의 굴절형태소를 여러 가지 굴절 정보를 겸해서 나타내기 위해 사용했었다. 즉 영어는 라틴어나 프랑스어에 비교해 보더라도 본래부터 굴절형태소의 종류가 적었던 언어이다.

현대 영문법에서 일반적으로 인정하는 굴절형태소를 대략 8가지 들어볼 수 있다. 아래와 같다. 여기 8가지를 품사별로 구분해서 다시 말해 보면, 명사에서 복수 표시와 소유격 표시만 남았고, 형용사에서 비교급과 최상급 표시만 남았다. 동사에서는 시제 관련 표시만 남았고 고대영어에서의 인칭 표시는 상실되었으며, 동사의 성과 수를 일치시키는 굴절에 있어서도 3인칭 단수만 남았을 뿐이다.

-s(3인칭 단수)	-s(복수)
-ed(과거 시제)	-'s(소유격)
-ing(진행형)	-er(비교급)
-en(완료형)	-est(최상급)

한편 불규칙 굴절도 굴절의 한 가지이다. man – men, woman – women, 이 예들은 복수 형태소 '-s'에 의한 변화가 없는 불규칙 굴절이다. 불규칙 형태들은 역사적으로 아주 오래 전부터 사용되던 것으로 영어가 라틴어의 영향을 받기 이전 앵글로색슨 기원에서부터 생겨난 것이다. 사용 빈도가 높은 일상 단어이기 때문에 외래에서 유입되는 문법 변화에 휩쓸리지 않고 본래 형태를 유지할 수 있었다.

유럽 언어들에서는 성, 수, 격 등을 굴절형태소로 표시한다. 러시아어에서 남성 표시하는 접미사 -ø, 여성 표시하는 접미사 -a, 중성 표시하는 접미사 -o 등이 있기 때문에 남성 명사 dom 'house'이고 여성 명사 ulic-a 'street'이고, 중성명사 tʃuvstv-o 'sensation'으로 표시된다.(남성 표시 접미사 -ø 는 영-형태(zero form)라고 해서 형태 표지 없이 표시된 것임)

격의 종류는 언어마다 차이가 있다. 예를 들어 러시아어는 6격 체계이며 라틴어는 5격 체계이다. 그리고 독일어는 4격 체계이다. 터키어에서는 6격을 표시한다. 동사의 굴절 형태 예를 하나 적어두기로 하자. 이탈리아어에서는 다음과 같이 제각각 다른 굴절 변화가 있다. 붙임표 오른쪽으로 연결된 -o, -i, -a, -iamo, -ate, -ano 등이 굴절형태소이다.

단수 1인칭 parl-o 'I speak'
단수 2인칭 parl-i 'you speak'
단수 3인칭 parl-a 'he/she speaks'

복수 1인칭 parl-iamo 'we speak'
복수 2인칭 parl-ate 'you speak'
복수 3인칭 parl-ano 'they speak'

라틴어는 굴절 형태가 꽤나 복잡하다. 아래에 적은 명사 예를 보더라도, 단수 주격과 목적격을 제외한 나머지 굴절 형태들이 단어마다 차이가 난다. 라틴어에서 영어로 대역하면, hort-us 단어 뜻은 'garden'이고 grad-us 단어 뜻은 'step'이다. 명사의 굴절은 o-굴절과 u-굴절의 두 가지 방식이 있다. 다음 예에서 보듯이, -us 명사가 단수 소유격 표지로 ㅋ가 쓰이면 복수 소유격 표지로 -ōrum이 쓰인다. 단수 소유격 표지로 -ūs가 쓰이면 복수 소유격 표지로 -uum이 쓰인다.

	o-굴절	u-굴절
단수 주격(nominative)	hort-us	grad-us
목적격(accusative)	hort-um	grad-um
소유격(genitive)	hort-ī	grad-ūs
대격(dative)	hort-o	grad-uī
탈격(ablative)	hort-o	grad-ū
복수 주격(nominative)	hort-ī	grad-ūs
목적격(accusative)	hort-ōs	grad-ūs
소유격(genitive)	hort-ōrum	grad-uum
대격(dative)	hort-ī	grad-ibus
탈격(ablative)	hort-ī	grad-ibus

현대 영어는 굴절 변화가 단순하다. 동사의 성과 수를 일치시키는 굴절에 있어서도 영어는 3인칭 단수만 남았을 뿐이다. 고대영어에서는 굴절어미가 문장을 형성하는 데에 필수적인 정보를 나타냈었다. 그러나 중세영어에서 굴절이 단순화되다가 현대영어에 이르러 확연하게 굴절어미가 적은 언어로 변모되었다. 오늘날 유럽 언어들 중에 가장 단순한 굴절 체계를 지닌 언어는 영어이다.

2.5. 파생에 관해 더 알아보기

파생어는 파생접사와의 결합에 의해 얻어진다. 단어의 기본 형태에 접사(affix)를 더해 파생어를 도출하는 것은 새로운 단어를 만들어 내는 것에 해당한다. 굴절은 규칙적인 것에 비해, 파생은 유추적이다. 파생이 유추적이라고 함은 무슨 뜻인가? 아마 파생이 성립할 것으로 짐작되지만 실제로 확인해 보니 성립하지 않는 경우를 찾아 볼 수 있다. 파생접사 'un-'에 의해 happy에서 unhappy로의 파생이 성립하며, kind에서 unkind로의 파생이 성립한다. 유추적으로 brave에서 unbrave로의 파생도 성립할 것으로 짐작되지만 실제는 그렇지 못하다. 'un-'이 동사에 연결되면, use에서 unuse는 안 되지만, tie에서 untie로, learn에서 unlearn으로는 가능하다.

굴절과 파생의 차이점을 규칙성의 정도 차이에서 찾기도 한다. 굴절은 적용되어야 하는 위치에서 언제나 규칙적으로 일어나는 것에 비해, 파생은 일어나는 경우와 일어나지 않는 경우가 혼재한다. 적용 가능한 환경이 있기만 하면 언제든지 적용되어야만 한다면 이를 두고 규칙적이라고 하는데, 굴절 변화는 그에 관련되는 모든 단어들에 대해 '규칙적으로' 적용된다. 동사의 굴절 변화로 3인칭 단수, 과거 시제, 완료 시제 등을 나타내려면 언제든지 -s, -ed, -en 등의 굴절 접사와 결합한다. 불규칙 굴절도 표면 형태에서만 차이가 있을 뿐이며, 이것 역시 굴절의 한 가지로 보아야 한다.

등급의 정도 차이를 나타내는 형용사라야만 비교급, 최상급의 굴절 변화가 될 수 있다. 가령, Asian에 대해 품사 정보를 무시한 채로 Asian-er, Asian-est 등으로 굴절 변화를 시킬 수는 없다. 그러나 파격적인 표현으로 '가장 아시아적'이라는 말을 Asian-est라고 말해 보거나, 더 벗어난 표현으로 'most Asian'을 특이한 말투로 말해 볼 수는 있다. 이것은 실제로 광고 문구에서 '가장 아시아적'이라는 뜻을 주장하기 위해 사용된 적이 있다.

파생 접두사 'un-'은 다음 예에서처럼, unhappy를 만들어 내고, 그 외에도 unpleasant, unreliable, unimportant 등을 만들어낸다. 그렇지만 sad, brave, obvious 등과는 결합하지 않는다. 'un-'은 생산성이 높은 편이기는 하나 그렇다고 해서 모든 형용사에 다 결합 가능한 것은 아니다. unsad, unbrave, unobvious 등의 결합은 만들어 내지 못한다.

happy → unhappy
timely → untimely
used → unused
sad ↛ unsad
brave ↛ unbrave
obvious ↛ unobvious

파생은 무조건 품사 정보만 맞으면 일어나는 것이 아니라, 되는 경우와 안 되는 경우가 단어마다 다르기 때문에 파생 접사의 결합 가능성을 미리부터 예단할 것이 아니다. 틀린 말로 unsad, unbrave, unobvious 등의 단어를 사용하는 일이 있을지라도 그것은 개인의 부주의이거나, 영어를 서툴게 구사하는 사람이거나, 혹은 일부러 파격적인 말을 만들어서 사용하는 경우일 뿐이다.

단어의 모양을 살펴보면 형태소 결합의 우선순위를 알 수 있다. 예를 들면 'happy'로부터 'unhappyness'를 만들어 내기 위해 접두사 un-과 접미사 -ness 중에 어느 쪽이 먼저 결합한 것일까? 'un-'은 *unknowledge, *unhealth, *uninjury 등에서 보듯이 명사와는 결합하지 못한다. unable, unkind, unhurt, 이런 예에서 보듯이 'un-'은 형용사와 결합한다. 그러므로 'un + happy'가 먼저 일어나고 그 다음에 unhappy + ness로 접미사가 결합한 것으로 보아야 한다. un-은 형용사와만 결합할 수 있도록 정해져 있으므로, un-에 명사 system이 결합한 unsystem같은 단어는 없다.

재미있는 예를 보자. Uncola라는 단어는 un-에 명사 cola가 연결되어 음료 광고에 사용된 적이 있다. 음료회사에서 '콜라' 광고를 하면서 자기네 제품은 'cola' 이상의 굉장한 음료임을 표시하기 위해 'UNCOLA'라고 말했다. 사람들의 주목을 끌어보기 위해 일부러 규칙에서 어긋나는 단어를 만들어 본 것이다. 이 말은 단어의 형태 규칙에 위배되는 것이지만, 광고의 중요 기법인 파격의 효과를 위해 도입되었던 단어이다.

파생은 모든 단어에 대해서 적용되는 것이 아니다. 일부 단어에 대해서는 적용되지만 다른 일부 단어들에 대해서는 적용되지 않는다. 파생에서도 여러 가지 목록이 있으니만큼 그 중에 어떤 것은 다른 파생 규칙보다 상대적으로 더 생산적이라고 말할 수 있다. 즉, 새로운 단어를 많이 만들어 낼 수 있는 파생 규칙은 생산적이다. 사람들은 머릿속에 파생 형태소의 목록을 보유하고 있다. 이를테면 un-, dis-, non- 등의 파생 접사는 omni-, ante- 등의 파생 접사보다 사용되는 빈도가 높기 때문에 상대적으로 더 생산적이다. 영어의 파생 접두사들을 뜻을 기준으로 열거해 적으면 다음과 같다.

- 계량-접두사: a- (asymmetric), ambi- (ambigouous), arch- (archbishop),
  bi- (bicycle), di- (ditransitive), mono- (monograph),
  multi- (multiple), omni- (omnipotent), uni- (univocal)
- 판단-접두사: dis-, dys-, extra-, mal-, mis-, pro-, proto-
- 처소-접두사: circum-, counter-, de-, en-, ex-, in-, inter-, per-, pro-, sub-
- 측량-접두사: hyper-, mid-, semi-
- 부정-접두사: dis-, in-, non-, ob-, un-
- 시간-접두사: ante-, fore-, neo-, post-, pre-, re-

영어의 접미사들 중에 자주 쓰이는 목록을 모아서 적으면 다음과 같다. 접미사들은 파생어의 품사를 결정해 준다.

- 명사/동사에서 형용사 형성하는 접미사: -able, -al, -ful, -ic, -ive, -less, -ly, -y
- 추상명사 형성하는 접미사: -ation, -icity, -ism, -ity, -ment, -ness, -ship
- 행위자 명사 형성하는 접미사: -ant, -er, -ist
- 어근으로부터 동사를 형성하는 접미사: -ate, -en, -ify, -ize

접두사, 접미사들 중 상당수는 처음부터 영어에 있던 것이 아니라, 외래 언어로부터 유입되어 정착되었다. 예를 적으면, 게르만어 기원의 접두사들로 a-, be-, for-, fore-, mis-, out-, over-, un-, under-, up-, with- 등이 있다. 라틴계 기원의 접두사들로는 a(d)-, com-. de-, dis-, ex-, en-, in-, ob-, per-, pro-, re-, sub-, sur- 등이 있다.

파생접사가 여러 개 결합할 때에는 순서가 있다. 형태소들이 여러 개 결합할 때 일정한 순서에 따라 덧붙는다. 그래서 계층적 구조를 이룬다. 예를 들어 'unsystematically' 단어는 다음 (a)에서부터 (d)의 순서로 일정하게 결합된 것이다.

unsystematically

(a) system + atic $\rightarrow$ systematic

(b) un + systematic $\rightarrow$ unsystematic

(c) unsystematic + al $\rightarrow$ unsystematical

(d) unsystematical + ly $\rightarrow$ unsystematically

구조적으로 중의성이 있는 단어가 있다. 예를 들어 unlockable이라는 단어를 살펴보자. 'un-'은 형용사 혹은 동사와 결합할 수 있으므로 다음 두 경우가 모두 가능하다.

· [un- + [lock + able]] '잠길 수 없는'
· [[un- + lock] + able] '풀어질 수 없는'

이것은 un- 규칙과 -able 규칙이 서로 결합의 우선순위가 결정되어 있지 않기 때문에 나타나는 중의성이다. 겉모습은 비록 같지만 내부적으로 구조 분석이 서로 다르며 그에 따라 의미도 다르게 나타나는 것으로 설명된다.

굴절과 파생에는 결합 순서가 있다. 파생접사가 먼저 결합되고 난 다음에야 비로소 굴절접사가 결합할 수 있다. 파생에 의해 적절한 단어가 도입되고 이것이 문장 내부에서 적절한 모양으로 사용되기 위해 굴절접사와 결합한다. 다음 예에서 보듯이 결합 순서가 정해져 있다.

· industrializes:
    industry(어근) + al(파생접사) + ize(파생접사) + s(굴절접사)
· 염려하겠으나:
    염려(어근) + 하(파생접사) + 겠(굴절접사) + 으나(굴절접사)

형태소 중에 동음어 관계인 것이 있다. 접미사 중에서 굴절접미사 -ing는 진행 시제를 나타내며 파생 접미사 -ing는 명사로 바꾸어 주는 역할이다. -s는 두 가지 굴절접미사로 구분되어 3인칭 단수 시제 혹은 명사의 복수를 나타낸다. 소리는 같지만 서로 다른 의미를 나타내는 것은 별개의 형태소이기 때문이다.

예외적인 경우로서 접사가 없는 파생도 있다. 아무런 형태가 더해지는 것이 없으면서 기능이나 뜻에 있어서 파생어 역할을 보이는 경우들이다. 이것은 영-파생(zero derivation)이라고 부른다. 다음 예문에서 account와 trouble 단어들은 동사와 명사를 겸해서 사용되는 영-파생에 해당한다.

(1) a. My account is overdrawn.
    b. I can't account for where the money went.
(2) a. It's no trouble at all.
    b. Don't trouble yourself.

아래 예를 하나 더 보자. mail, fax, e-mail 등은 명사로 사용되는 것 말고, 여기에서 보듯이 동사로 사용되기도 한다. 동일한 형태를 유지하면서 명사로부터 동사로 용법이 확대된 영-파생이다.

Transcripts are released only by written request with the student's signature. The request may be mailed, faxed, e-mailed or submitted in person.

이처럼 표면 형태가 동일한 파생어들은 사전에서 한 개의 표제항으로 처리하는 경우가 일반적이었다. 그런데 최근 편찬되는 사전에서는 각각 별개의 표제항으로 독립시켜 기술하기도 한다. 위의 예에 들어있는 e-mail의 'e-'는 접두사 치고는 특색 있는 접두사이다. 인터넷 시대 서막이 오르던 무렵에 'electronic'을 뜻하는 'e-'는 신어를 만들어 내기 위한 접두사 역할을 했다. e-commerce, e-book, e-business, e-cash, e-money, e-newsletter, e-shop, e-text, e-zine 등의 단어들이 만들어졌다.

2.6. 한국어 파생어

우리말의 파생접두사와 파생어 예를 아래와 같이 적어 보았다. 단어의 앞에 덧붙는 의존적 형태소를 접두사라고 한다.

군-: 군소리, 군불, 군침
풋-: 풋사과, 풋사랑, 풋내기
맨-: 맨몸, 맨주먹, 맨땅, 맨입
헛-: 헛수고, 헛일, 헛디디다, 헛짚다
짓-: 짓누르다, 짓밟다
겉-: 겉치레, 겉절이, 겉멋
강-: 강다짐, 강밥, 강행군

한국어에서 파생 접두사는 파생 접미사에 비해 그 수가 적다. 여기에 일일이 예시하지는 못했지만 파생 접두사들에 대한 보다 풍부한 목록은 국어 문법 서적을 참조할 것을 권한다.

다음으로 접미사에 의한 파생에 관해 알아보자. 한국어에서 파생 접미사는 그 수가 많다. 거의 200 ~ 300여 가지는 된다. 접미사는 종류에 따라 흔히 파생어의 품사를 바꾸어 준다. 가장 빈번하게 사용되는 파생 접미사를 파생어 예와 함께 아래처럼 들어보았다.

-이: 높이, 길이, 넓이, 개구리, 뻐꾸기
-개/게: 덮개, 지우개, 찌개, 집게
-자: 기술자, 과학자, 연구자

특이한 예를 몇 개 돌아보자. 다음에 예시한 단어들도 파생어이다. 여기 예들은 얼핏 보면 파생어인줄 못 느끼는데 알고 보니 파생어인 경우이다. 왜 그런가 하면, 뒤에 접미사가 붙어 있기 때문이다.

꼬락서니(꼴 + 악서니)

이파리(잎 + 아리)

지붕(집 + 웅)

미덥다(믿 + 업 + 다)

거멓다(검 + 엏 + 다)

 이런 단어들은 어근 및 접미사 형태를 밝혀 적지 않고 소리 나는 대로 철자법을 적은 것이다. 예를 들어 '꼬락서니' 대신에 '꼴악서니'로 적는다 하더라도 뜻을 파악하는 데에 유리한 바가 없으므로 소리 나는 대로 '꼬락서니'로 적는다. 파생 접미사 '-악서니'는 '꼬락서니'에서 들어있는 것을 제외하고는 쓰이는 예가 없다. 그래서 '꼬락서니'는 파생 접미사가 없이 그 자체로 그냥 본래부터 한 단어인 것으로 생각되기 쉽다. 그렇지만 위의 예들에서 "-악서니, -아리, -웅, -업, -엏" 등은 모두 접미사이다. 즉, '꼬락서니, 이파리, 지붕, 미덥다, 거멓다' 등은 모두 파생어이다. 이런 예들은 파생 접미사의 생산성이 쇠퇴해 버리고 거의 고립된 단어로만 남은 경우이다.

 한편 파생 형용사의 예를 들어보면 다음과 같다. 파생 접미사에도 나름대로의 의미가 들어 있다. 아래처럼 '-스럽다'와 '-롭다'의 말뜻을 가지고 살펴보자.

자랑스럽다   *자랑롭다

수치스럽다   *수치롭다

어른스럽다   *어른롭다

고민스럽다   *고민롭다

걱정스럽다   *걱정롭다

*껄끄스럽다   껄끄럽다/꺼끄럽다

*명예스럽다   명예롭다

*괴스럽다   괴롭다

 이 접미사들은 그 앞에 결합하는 말의 의미 속성이 풍부하게 갖추어져 있음을 나타낸다. 그러면서도 '-스럽다'와 '-롭다'는 미세한 의미 차이가 있다. '-스럽다'는 주어가 되는 사람의 내면적인 의식에서 당연하게 드러낼 만한 특징에 관해 말하는 것이다. '-롭다'는 주어가 되는 사람에 대해 외부에 드러나는 특징을 말하는 데에 쓰이며, 추상적 의미를 가지면서 받침 없이 모음으로 끝나는 어근하고만 결합한다.

한편, '-하다'는 파생 동사 또는 파생 형용사를 만들어낸다. 문답 퀴즈 한 개를 풀어보자. 대학생 '하롱이'(-__-)가 국어 문법을 공부하게 되었다. '공부하다'라는 단어가 파생어라는 말을 듣고 그게 어째서 파생어인지에 대해 의아하게 생각했다. 그래서 국어 실력 좋은 친구에게 그건 왜 그러냐고 물어 보았더니 다음과 같은 답변을 들었다.

'공부하-'는 단순어가 아니라 파생어이다. '공부'가 어근이고 여기에 접미사 '-하-'가 결합하여 파생어 '공부하-'가 어간으로 만들어진 것이다. 그래서 '-하-'가 포함된 용언은 파생어이다. 어근은 어간보다 작은 단위인데 독립해서 사용되지 못하므로 접미사 파생을 거치고 나야만 어미와 결합하여 실제 단어의 형태를 취한다. 즉, "어근 + 접미사 = 어간"을 파생 규칙으로 기억하면 '-하다' 유형의 단어들이 모두 파생어임을 분명하게 기억할 수 있다.

'-하다'는 매우 생산적인 접미사이다. 그러다 보니 간혹 틀린 말을 만들어 내는 데에 지나치게 이용되기도 한다. 예를 들어 '염두'(念頭)에 '-하다'가 결합해서 만들어진 '염두하다'는 없는 말이다. '염두에 두다'가 옳은 말이다. 인터넷 네이버 검색 창에서 '염두하다'를 검색해 보면 사용 예를 볼 수 있기는 하지만 '염두하다'가 아니라 '염두에 두다'가 맞는 말이다. '생각'으로부터 '생각하다'는 되지만 '염두'에서 '염두하다'는 도출될 수 없다. '염두에 두다'가 본래 있는 말이므로 '염두하다'라는 표현은 잘못된 어법이다. 비슷한 예로 '기반하다'를 들 수 있다. '기반을 두다'라는 표현이 본래 있는 말이므로 '기반하다'는 잘못 만들어진 오류 어법이며 그것의 활용 형태 '기반해서'도 역시 오류 어법이다.

필자는 '약간한 견해'라는 말을 우연한 기회에 듣게 되었다. '과도하다', '과소하다'라는 말은 들어본 적이 있으나 '약간하다'라는 말은 들어 본 기억이 없었다. 그래서 우리말에 없는 단어라고 생각하면서 「표준국어대사전」에서 검색해 보았더니 의외로 표제항으로 실려 있었다. '약간하다'는 예전부터 있던 단어였으나 요즘음 시대에는 드물게 사용되는 말로 보인다.

한편 외래어 단어들로부터 명사에 '-하다'를 결합시켜 파생어를 만들어 내는 경우가 있다. '스터디, 미팅'으로부터 '스터디하다. 미팅하다'가 만들어진 것이 그 예이다. '올인하다, 오버하다'는 흔히 쓰이는 말이다. 이것들은 외래어 어근에 접미사 '-하다'가 결합해서 만들어진 파생어이다.

　파생접사가 어근의 앞뒤에 붙은 파생어도 있다. '족집게, 돋보기, 옹고집쟁이, 헛고생하다, 드높이, 재빨리' 등의 예를 들 수 있는데, 이 단어들은 하나의 어근에 대해 앞으로 접두사가 결합하고 뒤로 접미사가 결합한 것이다.

2.7. 시간을 되돌리는 단어 만들기

　일반적인 파생 결합의 순서와는 반대 방향으로 단어가 생겨나는 경우가 있다. 그것은 역-형성(Back Formation)이라고 한다. 역-형성은 기존 단어에 '이미 결합되어 있는' 파생접사로 여겨지는 부분을 떼어내고 남은 것을 새로운 단어로 만들어 내는 것이다.

　역-형성에 의해 떼어 내는 것은 파생접사가 아니다. 그것은 얼핏 보기에 파생인 것처럼 보일 수 있을 뿐이다. 이미 기존 단어가 단일어로 있었을 뿐인데 형태상의 유사성을 보고 마치 파생어인 것으로 받아들이고 그로부터 파생어 이전의 단어를 유추적으로 도입해서 그 사용이 안정화 된 것이 역-형성이다.

　간단한 예를 가지고 파생과 역-형성을 비교해 보자. 우선 파생의 다음 예를 보라. 어근에 파생접사로 -er 혹은 -or을 결합시켜 파생어를 얻어낸다.

drive + er → driver
hunt + er → hunter
act + or → actor
boil + er → boiler

X + er → X', 이것을 하나의 규칙으로 받아들이기 때문에 다음과 같은 비례식에 대비해서 단어 성립을 판단할 수 있다.

A : A' = B : B'

역-형성의 예로 다음 단어들을 살펴보면서 단어가 만들어지게 된 방향성을 찾아보자.

typewriter → typewrite
editor → edit
laser → lase

이미 기존 단어가 단일어로 있을 뿐이지만, 유추적으로 마치 파생접사가 포함된 것으로 받아들여 [X + er/or] 형태 이전에 X라는 단어가 당연히 있으리라고 보고 단어 X를 사용할 수 있다. 여기 제시된 예에서 X = typewrite, edit, lase 등인데, 이 단어들은 역-형성이 일어나기 이전에는 존재하지 않았다. 그러나 역-형성에 의해 새로운 단어로 도입되었다가 점차로 언중에게 익숙한 단어로 자리 잡았다.

본래는 (1)의 비례 관계에서 밑줄 친 부분에는 단어가 존재하지 않는 것이었다. 그런데 (1) 대신에 화자의 머릿속에는 (2)의 틀이 연상되어 typewriter가 있는 바에야 당연히 typewrite라는 단어도 있다고 여기게 되었다. 이런 유추가 언중에게 받아들여짐에 의해 typewrite라는 단어가 등장하게 되었다.

(1) drive : driver = _____ : typewriter
(2) drive : driver = typewrite : _____

역-형성에 한 가지 별명을 붙여보자면, '착오 유추'라고 불러볼 만하다. 위 예에서 typewriter는 그냥 한 개의 단일어일 뿐인데, 철자법 '-er' 형태와 '-하는 사람'의 의미가 관련된 것은 우연이었다. 이상 단어들의 철자 -er은 (본래는 그렇지 않음에도 불구하고) 마치 접미사 -er인 것처럼 언중에게 받아들여졌다. 이처럼 역-형성에 의해 등장한 단어들이 세상 사람들의 머릿속 사전에 기억되기 시작했고 결국 사전에 수록되었다.

역-형성의 예를 여러 개 들어보면 다음과 같다. 이 단어들에 대한 뜻풀이를 여기에 일일이 적어 놓지는 않았다. 사전에서 찾아보고 역-형성의 방향을 확인해 보는 작업을 직접 해 볼 것을 권한다.

author → auth	tailor → tail
butcher → butch	coauthor → coauth
hawker → hawk	stoker → stoke
swindler → swindle	resurrection → resurrect
preemption → preempt	television → televise
jugglar → juggle	burglar → burgle
fluorescent → fluoresce	

신대륙 개척기의 초기 미국영어에서 역-형성에 의해 새로운 단어를 만들어 낸 예가 여럿 있다. 예를 들어 locate, commute 단어들이 생겨났으니, location → locate, communication → commute, 이와 같은 방향으로 역-형성의 단어를 만들어 냈다. 최근에는 laser → lase, 이런 역-형성 단어도 생겨났다. laser는 본래 Light Amplification by the Stimulated Emission of Radiation의 어두줄임말로 생겨난 말이며 접미사 -er을 지닌 단어가 아니지만 마치 -er을 포함하는 것처럼 인식되어 당연히 lase라는 단어도 성립하는 것으로 여겨지게 되었다.

유추는 기존 단어로부터 새 단어를 도입하는 데에 작용한다. 또 다른 예를 들면, 비키니(bikini)는 남태평양에 위치한 섬 이름일 뿐이었는데, 앞부분 철자 bi-가 두 쪽을 뜻하는 bicycle, biannual 등에 유추되어 'bi- + -kini'는 수영복의 두 쪽을 말하는 것으로 해석되었다. 그래서 두 쪽으로 구성된 bikini 이외에 한 쪽의 monokini가 나오고, 세 쪽의 trikini가 나왔다.

정확하게 말해, 역-형성은 파생이 아니다. 그것은 유추(analogy)에 의해 제한적으로 일어나는 단어 형성법이다. 유추는 사람의 사고 능력 중에서 매우 강력한 인지 책략 중의 하나인데 언어적 사고와 추론 능력에 있어서도 상당히 중요한 역할을 한다. 언중의 마음속에 자연스럽게 생각이 떠오르는 것이면 그것을 표현하는 말이 생겨나기 마련이다. 이런 측면에서 볼 때 유추에 의한 연상을 통해 새로운 단어를 만들어 낼 수 있다.

한 가지 일화를 들어보겠다. 2008년 유로 축구 대회에서 러시아 대표팀의 히딩크 감독은 4강 진출에 성공했다. 그에 앞서 2002년 월드컵에서 한국의 4강 진출은 우리에게 잊을 수 없는 기억이다. 히딩크 감독은 2008 유로 축구 대회에서 경기에 이기고 난 후 인터뷰를 하다가 러시아와 한국 두 팀 모두 좋은 팀이었다고 말하기 위해 '가르치기 좋은 팀'이라는 뜻으로 'coachable team'이라는 표현을 사용했다. 그런데 실제로 'coachable'이라는 단어는 영어 사전에 실려 있지 않으며 쓰이지 않는 단어였다. 그럼에도 이 단어가 무슨 뜻을 전달하는지를 사람들은 유추적으로 알아차렸다. 히딩크는 부정확한 단어를 새롭게 만들어서 사용한 것이었는데 그래도 뜻은 통하는 것이었다.

유추적 사고는 없던 단어를 처음으로 만드는 데에 작용한다. 본래부터 없던 것을 유추에 의해 새삼스럽게 만들어 낼 수 있다. 금방 새로 만들어낸 말임에도 불구하고 마치 예전부터 당연히 있었던 것으로 언중에게 받아들여지기도 한다. 앞서 살펴본 역-형성 단어들은 유추 기제에 의해 단어를 만들어 내는 경우이다. 유추 작용에 의해 빚어낸 단어들 중에는 지속적으로 사용되기보다는 지나가면 사라지는 것이 많다. 유추는 기존에 있는 단어들의 용법을 확대하는 데에도 작용한다. 다음 예를 비교해 보자((3)의 * 표시는 비문법적임을 뜻함).

(1) Michael summered in Los Angeles.
(2) Caroline wintered in Florida.
(3) *Sabathia midnighted at the club.

위의 예에서 시간을 나타내는 동사 summer, winter 등의 표현들은 명사로부터 용법이 확대된 것이다. (3)의 예는 '사바시아가 클럽에서 밤을 새웠다.'는 뜻을 나타내려는 것인데 midnight가 동사로는 성립하지 않기 때문에 문법에 어긋난 문장이다. 동사로서 midnight의 뜻은 유추에 의해 짐작이 가지만 단어의 품사 정보가 동사로 쓰일 정도까지 확대되지는 못했다.

2.8. 합성어

　두 개 이상의 자립형태소가 결합하여 나타나는 것을 합성어라고 한다. 앞서 살펴본 것처럼, 파생어는 자립형태소에 의존형태소가 결합하여 나타난 것이다. 그에 비해 합성어는 두 개 이상 독립적 어근을 결합시켜 만들어진다. 즉 [A+B] 형식의 단어에서 A와 B가 모두 독립적인 어근의 지위를 가지는 것은 합성어이다. 국어 문법에서는 '합성어'와 '복합어', 이 두 개의 용어가 서로 호환되어 쓰이는 경향이 있으며, 영문법에서는 'compounds'(합성어)라는 용어가 사용된다.

　합성어는 곧잘 신어로 등장한다. 새로운 개념을 표현하기 위한 적절한 표현이 없을 때에 합성어를 만들어서 나타내는 것이 효과적일 수 있다. 걸리버 여행기에서, 휘늠즈(the Houynhnms) 종족 사람들의 말에서는 사악한 것을 표현하는 단어가 없기 때문에 욕해 주고 싶은 대상에 대해서는 사람 모습을 한 짐승 '야후'(Yahoo)의 나쁜 특징에 빗대어 말한다. 이를테면, 하녀의 어리석음, 발 다치게 만드는 돌덩어리, 변덕 심한 날씨, 실수의 연속 등과 같이 욕 해 주고 싶은 대상에 대해 그 뒤로 'Yahoo'라는 말을 덧붙여 주면 '젠~장'이라는 뜻이 추가된다. 이런 말은 [··· + yahoo] 형식으로 합성한 것이다.

　오늘날 '뉴욕'의 옛날 지명은 '뉴 암스테르담'(New Amsterdam)이었다. 신대륙 개척기에 동부 해안가에 진출했던 네덜란드 사람들이 유럽 대륙의 길목으로 번성을 누리던 암스테르담에 비교해서 '뉴 암스테르담'이라고 불렀는데, 얼마 뒤에 영국 사람들은 그 도시의 이름을 뉴욕(New York)으로 바꾸었다. 한편 자동차가 만들어졌을 때 그것을 무엇이라 불렀을까? 19세기에 'road engine'이라고 명명된 적이 있고 이후 automobile이라는 말을 거쳐 car라고 불리기 시작했다. 현대 미국 사회는 영화와 광고, 우주 산업, 전자 산업을 비롯해 다양한 분야에 걸쳐 많은 수의 합성어를 신어로 만들어 냈다.

　영어의 합성어는 거의 대부분 품사가 명사, 동사, 형용사이다. 합성명사 예로는 sunshine, afterthought, rattlesnake 등이 있고 합성형용사 예로는 skin-deep, easygoing, outspoken 등이 있다. 영어 합성어는 철자법에 차이가 있다. football처럼 한 단어로 붙여 적거나, hand-ball처럼 붙임줄을 넣어 적거나, rugby ball처럼 띄어서 적는다. 용법이 안정된 합성어는 두 어근이 녹아 붙어 하나의 단어로 인식되기에 이른다. breakfast가 그런 예이다. 그리고 명사 결합에 의한 합성어가 많다. scandal investigation committee chairperson처럼 여러 개 명사로 이루어진 합성어가 마치 하나의 명사처럼 기능할 수 있다. 합성어는 새로운 의미를 만들어 내는 경우가 많으며 관용어가 되기 마련이다.

현대 영어 합성어 중에는 더 이상 자립적이지 못한 어근을 포함해서 만들어진 것도 있다. 이런 예는 과학기술 관련 단어들에서 쉽게 찾아볼 수 있으며 그리스 어나 라틴어로부터 차용된 어근을 지닌 경우가 대부분이다. 그리스-라틴계 어근 들은 그 자체만으로는 홀로 사용될 수 없는 형태소이지만 뜻에 있어서는 독립된 역할을 한다. 예를 들면 psych-에서 psychology, psychiatry가 만들어졌고 tele-에 서 television, telephone, telegraph 등이 만들어졌다.

우리말 합성어는 통사적 합성어와 비통사적 합성어로 나누어 볼 수 있다. 통 사적 합성어는 앞말에 연결 어미가 사용되어 뒷말과 결합한다. 이에 비해 비통사 적 합성어는 동사 어간이 연결 어미가 없이 뒷말과 결합하는 방식으로 구성된 말 이다. 예를 들어보자. '먹을거리'는 문장 구조를 갖추기 위해 용언이 활용된 형태 를 가지고 그대로 붙여 연결해서 하나의 단어로 만든 것이므로 통사적 합성어라 고 한다.

통사적 합성어 '먹을거리'에 비해, '먹거리'는 어근의 활용 형태를 거치지 않고 어근만 가지고 뜻을 새겨 연결한 것이므로 비통사적 합성어라고 분류된다. 새로 운 단어를 만들기 위해 비통사적 합성어를 취하는 경우가 많다. '늦은가을' 대신 에 '늦가을', '오고 가다' 대신에 '오가다'와 같은 단어를 비통사적 합성어라고 한 다. 비통사적 합성어는 우리말의 옛날부터 단어를 합성하는 중요한 방식이었다. 비통사적 합성어의 예를 더 들어보면 이런 것들이 있다. "먹거리, 덮밥, 뭉게구름, 늦잠, 미닫이, 뻥튀기, 나들다, 여닫다."

한편 우리말 합성어를 딸림 관계와 맞섬 관계로 나누어 이해할 수도 있다. [A+B] 형식의 합성어에서 두 어근 A와 B가 의미적으로 융합되는 방식을 따져볼 때, 한 어근이 다른 어근에 종속적으로 뜻을 보태는 것은 딸림 관계이고, 두 어근 이 서로 대등한 관계로 병립하는 것은 맞섬 관계이다. 딸림 관계의 예로는 '열쇠, 쓴소리, 비빔밥, 돌아가다, 붙잡다' 등이 있고, 맞섬 관계 예로는 '밤낮, 손발, 안 팎, 오르내리다, 굳세다' 등을 들 수 있다.

우리말 합성어는 딸림 관계가 많다. 딸림 관계 합성어는 파생어와 혼동될 수 있지만, 어근의 지위를 기준으로 구별하면 된다. 예를 들어 '헛소리, 허튼소리, 쓴소리, 잔소리, 볼멘소리, 우는소리, 판소리' 등을 놓고 구별해 보자. 이 중에 '헛소리'만 접두사 '헛-'으로 등재된 파생어이고 나머지는 모두 [어근 + 어근]의 형식에서 각각의 어근이 낱말 뜻을 보유하는 합성어이다.

2.9. 단어 형성의 여러 가지 기제들

사람들은 새로운 단어를 만들어낸다. 새로운 단어는 이미 존재하는 단어에 바탕을 두고 여기에 얼마간의 혁신적 조작을 가해 창조될 수 있다. 기존 형태에서 새로운 형태를 만들어 내는 데에는 여러 가지 방식이 있다.

예를 한 개 보자. karaoke는 일본어에서 영어로 새로 유입된 차용어이다. 이것은 형태를 새롭게 바꾸고, 이어서 뜻도 새롭게 바꾼 경우이다. '가라오케'는 kara + oke로 구분되는데, kara의 뜻 'empty'와 oke의 뜻 'orchestra'가 합쳐진 말이다. 직역하면 '빈 오케스트라'에서 '녹음된 음악의 비디오 연출을 가지고 노래하기'로 뜻이 바뀌어 정착된 말이다. '가라오케'의 '오케'는 영어와 이탈리아어에서 '오케스트라'의 앞부분을 가져온 것으로 일본어의 음절 구조상 받침이 없는 특성에 맞추기 위해 'orche'의 첫음절 받침 'r'을 지우고 'oke'로 적은 것이다.

새 단어를 만들어 내는 방법을 여섯 가지로 구분해서 돌아보기로 하겠다. (1) 절삭, (2) 어두줄임말, (3) 혼성, (4) 이름 단어 만들기, (5) 차용, (6) 새 단어 만들기

(1) 절삭(clipping)

더 빠르고 쉽게 발음하는 습관에 의해 단어를 생성하는 방식을 절삭(clipping)이라고 한다. 강세를 받는 음절을 남겨두고 강세가 없는 음절을 절삭한다. 예를 여러 개 적어보면 다음과 같다.

refrigerator → fridge

fanatic → fan

microphone → mike

facsimile → fax

influenza → flu

aeroplane → plane

hamburger → burger

petite → pet

electronic mail → e-mail

스타를 좋아하는 사람들을 팬(fan)이라고 한다. 본래 이 말은 'fanatic(광적인)'에서 뒷부분 '-atic'이 절삭되어 만들어진 것이지만 그 말의 기원이 의식되지 않는다. 그래서 '광적'이지 않아도 순순히 '팬'이라고 한다. 프랑스어 쁘띠(petite)에서 '-ite'가 절삭된 말인 팻(pet)은 사랑 받는 애완동물을 뜻한다. 한편 '절삭'에 의해 축약된 이름이 있다. 수잔(Susan)을 수(Sue)라고 줄여 부르거나, Peter를 Pete로 줄이고, Jeffrey를 Jeff로, Christopher를 Chris로 줄여서 부르는 경우가 흔하다. 헐리웃 여배우 '엘리자베스(Elizabeth) 테일러'를 리즈(Liz) 테일러라고 줄여서 불렀다.

(2) 어두줄임말(acronym), 축약어(abbreviation)

여러 개의 단어로 구성된 구절에 대해 각 단어 첫 글자만을 이어 붙여서 축약시킨 단어들을 사용하는 일이 있다. 예를 들어 WTO, FTA 등은 어두줄임말이고 AIDS는 축약어이다. 두 경우 모두 단어 첫 글자를 사용하지만 읽어주는 방식에서 차이가 난다. 어두줄임말은 알파벳 한 개씩 분리해서 읽는다. 반면에 축약어는 전체를 한 개의 단어처럼 음절 단위로 읽는다. AIDS는 '에이-아이-디-에스'가 아니라 '에이즈'로 읽는 것에 비해, FTA는 '에프-티-에이'로 읽는다.

심지어 OK (또는 okay)는 본래 'all correct'의 줄임말로 등장한 말이다. 어두줄임말은 벌써 1800년대부터 영어에서 사용되기 시작하던 방식이었는데 특히 20세기 후반에는 그 쓰임새가 활발해졌다. 20세기 이후 복잡한 개념을 나타내는 복합어구의 등장이 많아진 만큼 첫 글자만을 활용해 간소화 시킨 단어들이 많이 생겨났다. 컴퓨터 용어 중에 줄임말이 등장하였고 제도 기관의 복잡한 명칭을 줄여서 부르게 되었다. 예를 들어 보자면 워낙 많겠지만 그 중에 RAM, IP, UNICEF 등이 있다. (RAM = random access memory, IP = Internet Protocol, UNICEF = United Nations International Children's Emergency Fund)

인터넷에서 줄임말이 많이 등장했다. 새롭게 등장하는 줄임말의 대부분은 곧 사라지지만, 그 중에 일부는 살아남아 마침내 사전에 등재될 정도로 쓰임새가 안정되는 길을 걷는다. 영어 어두줄임말의 예를 몇 개 더 들어보자. FAQ는 빈번한 질문을 뜻한다. 인터넷 홈페이지 게시판에서 FAQ Best 5라는 항목을 클릭하는 일이 있다. 빈번하게 묻는 질문(Frequently Asked Questions)을 줄인 말이다. 글자 소리를 재미있게 반영한 줄임말도 있다. BCNU는 'be seeing you'를 나타내고, ICQ는 'I seek you'를 나타내며, cu @ 5는 'see you at five'를 나타내는 줄임말이다.

한국 사회에 등장한 어두 줄임말에는 이런 것이 있다. SUV 자동차의 이름인 모하비(MOHAVE)는 '최고 기술 자동차의 최강자'(Majesty of Hightech Active Vehicle)에서 어두 글자로 줄여 도입한 말이다. NEIS는 교육행정정보시스템(National Education Information System)의 약어인데 'NEIS is not Nice!'라고 리듬을 맞추어 말해볼 수 있다.

(3) 혼성(blending)

'혼성'은 절삭과 혼합에 의한 복합어 형성이다. 의식적으로, 의도적으로 만들어낸 단어들이다. 예를 들면 motel (motor + hotel), smog (smoke + fog), brunch (breakfast + lunch) 등이 있다. 한국 사회에서 등장한 혼성어로는 '인포테인먼트', '에듀테인먼트'가 있다. info(mation) + (enter)tainment의 연결에서 '인포'와 '테인먼트'에 독립성을 부여해 '인포테인먼트'가 도입되었다. 이와 마찬가지로 '에듀테인먼트'는 edu + tainment로 구성된 혼성어인데 교육 사업을 광고하는 신어로 등장했다. '시트콤'은 'situation + comedy'에서 나왔다. '패셔놀로지'라는 말도 등장했다. 보도 기사를 보면, " …. 애플의 MP3 플레이어 아이팟은 패션과 기술의 만남인 '패셔놀로지(패션+테크놀로지)' 개념의 액세서리를 탄생시켰다."

(4) 이름 단어 만들기

아래 예시한 단어들은 모두 본래는 고유 명사였는데 그 뜻이 확대되고 일반화되어 상품이나 물품, 속성 등을 나타내는 데에 쓰이게 된 것이다. 개별 단어마다 사전 정보를 찾아서 알아보자. 이 책에서 이 단어들에 대한 뜻풀이 해설은 하지 않았다.

  1. 고유 명사에서 생겨난 이름 단어
     보이코트 boycott, 가디건 cardigan, 로봇 robot,
     점보 jumbo, 린치 lynch, 니코틴 nicotine,
     사디스트 sadistic, 샌드위치 sandwich, 파파라치 paparazzi
  2. 지명에서 생겨난 이름 단어
     비키니 bikini, 체다 cheddar, 치나 china
     데님 denim, 햄버거 hamburger, 진 jean
     터키 turkey
  3. 민간어원, 문예, 신화에서 생겨난 이름 단어
     아트라스 atlas, 카사노바 casanova, 키메라 chimera
     모르핀 morphine, 패닉 panic, 새터나인 saturnine
  4. 상표명에서 생겨난 이름 단어
     리바이스 Lewis, 제록스 Xerox, 지퍼 Zipper

(5) 차용, 차용어

차용(借用)에 대해서도 단어 형태를 살펴볼 필요가 있다. 예를 들면 영어에는 본래 o로 끝나는 단어가 없었으며 tomato, disco, rancho 등은 차용어이다. 차용어는 정치적, 사회적, 문화적 관계에 기인해서 등장한다.

우리말에서 외래어와 한자어는 모두 차용어이다. 한국어의 어휘는 세 겹의 층위로 이루어져 있으니, 고유어-한자어-외래어의 층위가 덧대어져 있다. 한자어는 대부분 중국의 영향을 받은 차용어이다. 하지만 도입된 지 오래된 차용어는 동화되어 외래적인 느낌을 주지 못하는 경우가 흔히 있다. 예를 들어 김치, 배추, 썰

매, 서랍 등은 한자어이다. '김치'는 沈菜에서, '배추'는 白菜에서, '썰매'는 雪馬에서, '서랍'은 舌盒에서 발음과 철자가 조금씩 변해서 나타난 말이다.

차용은 단어, 발음, 문법 등에 걸쳐 일어날 수 있다. 그 중에서 유독 단어의 차용이 가장 쉽게 일어난다. 그에 비해 발음의 차용, 문법 구조의 차용은 쉽게 일어나기 어렵다. 차용 개념에 관해서는 이 책 후반부 13장~15장에서 좀 더 취급하고 있다.

이제까지 단어 형성의 기제에 관해 다섯 번째까지 알아보았다. 여섯 번째 유형으로 '새 단어 만들기'에 관해 다음 절에서 소개하기로 하겠다.

2.10. 새로운 단어 만들기

'새로운 단어'(新語)로 등장한 말이 그 쓰임새가 얼마나 안정될지의 여부는 한 세대 이상 두고 볼 일이다. 새 단어 도입에는 두 가지 경로를 구분해 볼 수 있다. 외부 사회에서 새로운 단어를 가져오는 경우가 있는가 하면, 세상 어디에도 없는 완전히 새로운 단어를 처음으로 만들어 내는 경우가 있다. 그런데 비록 완전히 새로운 단어라고 하더라도 발음, 형태, 의미, 구성 방식 등에 있어 기존에 있는 단어들의 특징을 이용하려는 경우는 가끔씩 있다. 아무튼 외부 세계에서 새로운 단어를 유입하는 것은 앞 절에서 소개한 차용(borrowing)에 해당한다.

신어 창조는 언어 정책에 의해 배려 받는다. 외래어는 이미 우리말 속에 동화되는 과정을 완성해 버린 것이 있는가 하면, 아직 동화 과정을 거쳐 한국말로 인정받지 못했고 다만 그 쓰임의 크고 작음에서 편차를 보이기도 한다. 아직 완전하게 동화되지 못한 외래어일 것 같으면 오히려 한국어에 있는 단어 만들기 방법을 활용하여 새로운 단어를 만들어 대체하는 것이 좋다. 외래 단어의 사용을 가급적 줄이고 가능하면 모국어 본래의 단어로 대체하며, 대체할 모국어 단어가 없는 경우라면 신어를 새로 만들어 쓰려는 노력이 필요하다.

영어에서 신어의 등장은 워낙 그 경로가 다양하고 오랜 역사에 걸쳐 이루어졌기 때문에 차용 경로를 단순하게 말할 수는 없다. 영어의 고대사, 중세사를 거쳐, 산업화와 식민지 항해 시대를 거치면서 세계의 거의 모든 곳에서 많은 수의 차용어가 영어에 유입되어 영어 어휘를 풍부하게 만들어 주었다. 신어가 공식적으로 인정받는 것은 사전에 수록됨에 의해서이다.

「옥스퍼드 영어사전」은 1928년에 처음으로 발간되었다. 이 사전의 최근 개정판에서 수록하고 있는 신어들을 돌아보면 이미 생활에서 익숙하게 접해 본 단어들이 상당수 있고 뜻을 대강 짐작해 볼 만한 단어들도 있다. 가라오케(kara-oke), 김치(kim-chi)는 영어에 유입된 차용어로 옥스퍼드 사전에 표제항으로 수록되었다. 옥스퍼드 사전에 근년에 등장한 신어로 다음과 같은 예가 있다.

screenager, Viagra, bar-b-q, bizarro, DNR
Jedi, ladette, Taliban, B2C, multiculti, fabless
areligious, conjubilant, heightism

우리말에서 신어는 어떤 경로를 통해 등장하는가? 「우리말 다듬기」홈페이지를 보면 신어를 만들어 내기 위해 필요한 단서를 얻을 수 있다. 인터넷 주소는 www.malteo.net이다. 여기에서 다듬은 말의 수는 아직까지 많은 것은 아니지만 앞으로 지속적으로 말을 다듬기 위해 필요한 시사점을 알려준다. 「말터」에서 다음은 단어 중에 눈에 띄는 몇 가지 예를 들어보겠다. 화살표 좌측에는 외래어, 화살표 우측은 다듬은 말이다: 네티즌 → 누리꾼, 원샷 → 한입털이, 올인 → 다걸기, 탈북자 → 새터민, 홈페이지 → 누리집, 스카이라운지 → 하늘쉼터, 블루오션 → 대안시장, 인터체인지 → 나들목.

필자는 제주도 여행 갔을 때 드라마 「올인」의 촬영지 섭지코지에 들러 본 적이 있다. 드라마 「올인」방영 이후 올인(all-in)이란 말이 더 자주 사용되면서 외래어의 지위를 얻었다. 이 말은 '다걸기'로 다듬은 것이 참 잘 어울린다. 신조어 외래어를 다듬는 문제는 시기적으로 민감하게 고려해야 한다. 이미 정착된 외래어는 다른 말로 다듬어서 대체하기가 어려워진다. 예를 들면 '핸드폰'은 정착된 단어이므로 이제 와서 '손전화'로 (바꾸면 좋기는 하겠지만) 당장에 바꾸기는 어렵다. 처음부터 다듬어 주는 것이 중요하다. 차용된 외래어가 완전히 정착하기 전에 우리말로 다듬어 주면 언중이 그것을 수용할 가능성이 더 많기 때문이다.

한편 한국어로 된 고유 명사 명칭을 알파벳을 이용한 약어로 바꾸어 부르는 경우가 있다. 브랜드 명칭이나 기관 명칭을 바꾸는 데에도 나타났다. 브랜드 단일화 결과로 대기업 이름이 SK, LG가 된 지는 오래되었고 사람들은 그 이름을 익숙하게 사용하게 되었다. 그러나 알파벳으로 적는 어두줄임말을 공적 용도에서까지 지나치게 사용한다는 비판도 있다. 필자는 2005년에 서울 양재동에 소재하고 있는 에이티(aT) 센터 빌딩을 방문한 일이 있었는데 aT가 무슨 말인지 확인해 볼 겨를이 당시에는 없었다. 나중에 알고 보니 농수산물유통센터가 변해서 에이티 센터가 된 것이었다.

2.11. 사전 만들기, 사전 활용하기

사전은 단어에 대한 정보를 풍부하게 담고 있는 저장소이다. 단어의 형태, 구조, 의미, 발음, 연원 등에 걸쳐 웬만한 언어 정보는 사전에 실려 있다. 단어의 구조와 결합에 관련된 형태론적 정보를 담고 있음은 물론이고, 단어가 문장 내에서 어떻게 사용되는지에 관해 문형 정보를 담는다. 그리고 어원이나 역사적 기원, 단어들 사이의 개념적 관계, 의미, 뜻풀이 등을 필수적인 정보로 포함한다. 사전을 만들어 내는 작업은 대단히 오랜 시간이 걸려 이루어진다.

사전은 언어의 가장 현시대적 모습을 동시대 사람들에게 보여주는 것이어야 한다. 그렇지만 이미 과거에 만들어진 사전들은 시간이 지나감에 따라 현시대 언어 상태에 어쩔 수 없이 한 걸음씩 뒤진다. 새로운 사전 혹은 개정판 사전을 만들어 내려면 현 시대 사람들이 실제로 어떻게 말을 하고 글을 쓰는지를 잘 보여주어야 한다. 이를 위해 깁고 보태는 작업이 이루어진다.

사전을 만들어 내는 일을 전문적으로 수행하는 사람을 '사전편찬자'라고 한다. 현대 사람들에게 사전은 당연하게 주어진 것처럼 여겨지지만 최초의 사전이 편찬된 역사는 아직 300여 년을 넘지 못한다. 1755년에 사무엘 존슨 S. Johnson에 의해 간행된 'Dictionary of the English Language'가 처음으로 만들어진 영어사전이었다. 그 시절에 '사전'이란 물건은 한 사람의 학식 있는 사람이 혼자 힘으로 만들어 내는 것이었다.

사무엘 존슨의 사전은 개인의 영감과 통찰력에 바탕을 두고 만들어졌다. 그래서 때로는 유별난 정보를 포함하기도 했다. 예를 들어 사전편찬자(lexicographer)라는 단어의 뜻풀이를 역설적으로 제시했었다. "단어의 뜻을 상세하게 찾아내는 일에 몰두하되 사회적 해악을 주지 않으면서 허드렛일을 하는 사람(a harmless drudge)"이라고 'lexicographer'의 뜻을 풀이했다. 또한 'oats'라는 단어를 찾아보면, "잉글랜드에서는 말에게 주는 곡물이지만 스코틀랜드에서는 사람에게 주는 곡물"이라고 풀이했다.

영어가 발달하고 확산된 이후 20세기 전반기까지 가장 기념비적 사전은 「옥스퍼드 사전」(Oxford English Dictionary)이었다. 옥스퍼드 사전은 18세기 중반부터 편찬이 시작되어 1928년에 첫판이 출간될 때까지 70여 년이 걸려 제작되었다. 옥스퍼드 사전 편찬의 고단한 여정 자체가 하나의 길고 긴 이야기로 되돌아 볼 정도였다. 그 힘든 여정에 관해 보고해 주는 책으로 윈체스터(Winchester 1998, 2003)의 저서가 출판된 바 있다. 「교수와 광대」, 「영어의 탄생」이라는 제목으로 우리말 번역서로도 출판되어 있다. 이 책들은 영어에 대한 애정과 열정을 실천하려고 했던 사람들이 얼마나 많은 헌신적 노력을 기울였는지에 대해 사전 편찬의 숨겨진 역사와 함께 알려준다.

대부분 사전에서는 필수적인 단어 정보로서 (i) 철자, (ii) 표준 발음, (iii) 뜻풀이, (iv) 품사, (v) 어원이나 역사, (vi) 작품이나 문헌에서 인용한 예문 등을 포함한다. 오늘날 사전 편찬은 자료를 수집하고 실제로 동시대 사람들이 어떻게 사용하는가를 파악해서 사전 정보로 분류하고 가공해서 축적하는 과정을 거쳐 이루어진다. 사전의 성격은 규범 사전과 기술(記述) 사전의 두 가지로 양분해 볼 수 있다. 예를 들어 'irregardless'와 같은 단어는 맞는 말인가 틀린 말인가? 규범주의자 입장에서는 틀린 말인데, 기술주의 입장에서 보면 'irregardless'는 사용되기는 하지만 신중한 영어 사용자라면 피해야 하는 말이라고 설명한다. 오래 전 사무엘 존슨 시대에는 사전 편찬의 목적은 단어에 관한 정보를 기술하기보다는 처방하는 것에 두고 단어의 올바른 발음과 의미를 밝혀 적는 것을 중시하였다.

요즈음 판매되는 영어사전들은 세련되게 만들어졌기에 딱히 어느 사전을 구입해야 한다고 말하기 어려울 정도이다. 대형 서점을 방문해서 시간 여유를 가지고 직접 골라보면 어떨까? 필자는 서점에서 사전 코너에 들러 마법에 홀린 것처럼 사전의 유혹에 빠져들었던 적이 여러 번 있다. 내용에 있어, 디자인에 있어 학습 의욕을 자극하는 멋들어진 사전들을 이것저것 비교하다 보면 시간 가는 줄 모른다. 용도와 목적에 따라 최근에 개정되어 나온 사전을 사용할 것을 권하고 싶다. 휴대용 전자사전 하나만 있으면 된다는 생각을 해 본 적이 있는가? 하지만 전자사전에 수록된 것은 조금씩 낡은 사전들이다. 전자사전 화면은 종이 사전이 주는 느낌과는 사뭇 다르다. 종이 사전에서 시각적으로 느낄 수 있는 신속한 브라우징(browsing) 학습 효과가 전자사전에서는 느껴지지 않는다.

필자가 느끼기에는 절대적으로 우위에 있는 영어사전을 단정하기는 어렵다. 상대적으로 더 좋다거나 덜 좋다는 정도 차이인데 어떤 사전이든 편집 스타일과 디자인은 익숙해지기 나름이다. 코빌드 사전의 쉬운 뜻풀이는 학습자 사전의 특징이다. 필자가 좋아하는 영어 사전 이름을 몇 개 적어 두겠다. 시각 효과에 있어 맥밀란 사전이 가장 눈에 잘 들어왔다(Macmillan English Dictionary for Advanced Learners). 필자의 연구실 책상 위에는 맥밀란 사전이 놓여 있다. 집에서는 캠브리지 사전을 본다.

Cambridge Advanced Learner's Dictionary는 영국발음, 미국발음을 충실하게 병기하고 있으며 책상 위에 항상 올려두고 싶은 사전이다. Oxford Advanced Learner's Dictionary(7판)는 흠잡을 데 없이 좋은 사전이다. Cambridge English Pronouncing Dictionary는 발음사전이다. 음성학자 다니엘 존스가 만든 발음사전을 캠브리지 출판사에서 다시 발간한 것이다. Cobuild Advanced Dictionary of American English는 2007년에 나왔는데 말뭉치에 기반을 두고 만들어졌으며 시각적으로 잘 디자인 되어 있다. 단어 난이도 수준이 다소 낮다는 평도 있다. 그리고 Cobuild Compact Leaner's Dictionary는 휴대하기 좋다. 한 손에 앙증맞게 잡히기 때문에 손에 들고 있는 것만으로도 기분이 좋아지는 물건이다. 기초 어휘 점검용으로 권하고 싶은 사전이 하나 있다. Longman Study Dictionary of American English이다. 어법 사전으로는 Collins Cobuild English Usage가 좋다.

1세대 국어사전 편찬은 일제 강점기로부터 해방 직후 격동 시대를 거치면서 이루어졌다. 국어사전이 처음 편찬된 것은 주시경 선생에 의해서였다. 주시경 선생은 1911년부터 「말모이」라고 이름 붙인 최초 국어사전의 편찬 작업을 수행하였다. 1929년부터 조선어사전편찬회가 조직되었고 이후 조선어학회에 의해 편찬 작업이 이루어졌다. 1947년과 1957년에 여섯 권의 「조선말큰사전」이 을유문화사를 통해 발간되었다.

2000년대에 들어서면서 잘 만든 국어사전들이 세상에 나왔다. 「연세 한국어 사전」, 「표준국어대사전」 등이 그것이다. 「표준국어대사전」은 세 권으로 구성되 었으며 50만 개에 가까운 어휘를 수록하고 있는 큰 사전이다. 1990년대 이후 한 국어 사전 편찬자들의 노력이 많았고 그 과정에서 사전 만드는 기술이 축적되었 다. 현재 출간되어 있는 국어사전들은 이전 시대보다 한층 좋아진 것이다. 국어사전 은 생활의 필수품이다. 「표준국어대사전」은 국립국어원 누리집(www.korean.go.kr) 에서 이용할 수 있다. 글을 쓰다가 용법을 잘 모르는 표현에 직면했을 때 그때마 다 알 만한 사람을 찾아가서 직접 물어볼 수 있다면 유익하기는 하겠지만 일상 생활에서 쉽지 않은 일이다. 그 대신 필요할 때마다 온라인에서 「표준국어대사 전」을 통해 검색하면 궁금한 정보를 찾아서 확인할 수 있다.

〈참고문헌〉

서정수. 1996. 「국어문법」, 한양대학교 출판부.

Bauer, Laurie. 1983. *English Word Formation*, Cambridge: Cambridge University Press.

Bragg, Melvyn. 2006. *The Adventure of English: The Biography of a Language*, New York: Arcade Publishing.

Finegan, Edward. 2004. *Language: Its Structure and Use.* (4th edition), Boston: Thomson Wadsworth.

Francis, W. Nelson and H. Kučera. 1982. *Frequency Analysis of English Usage: Lexicon and Grammar*, Boston: Houghton Mifflin.

Fromkin, Victoria, Robert Rodman and Nina Hyams, 2003. *An Introduction to Language* (7th edition), Boston: Thomson Wadsworth.

Harley, Heidi. 2006. *English Words: A Linguistic Introduction*, Malden: Blackwell Publishing.

Hudson, Grover. 2000. *Essential Introductory Linguistics*, Malden: Blackwell Publishing.

Pinker, Steven. 1994. *The Language Instinct: How the Mind Creates Language*,

New York: Harper Collins Publishers.

Winchester, Simon. 2003. *The Meaning of Everything: The Story of the Oxford English Dictionary*, Oxford: Oxford University Press.

3장

언어습득과 인지능력

사람이 언어를 습득하는 것은 복합적으로 얽혀 있는 작용을 통해 이루어진다. 그만큼 언어습득(language acquisition)의 문제는 흥미롭다. 이 장에서는 언어습득의 중요 개념 및 특징에 관해 알아보기로 하자. 어린아이가 말을 습득하는 과정은 보이지 않는 힘에 의해 이끌어지는 듯하다. 사람들은 유아기 시절부터 의식하지 않고서도 모국어를 성공적으로 습득한다. 반면 성장한 이후에 외국어로서 언어를 배우려는 의식적 시도는 언어를 '학습하는 것'이다. 언어를 학습하는 것은 습득으로 전이되기 어렵다는 점에서 습득은 학습과 구별된다. 나이 들어 배운 외국어를 모국어 수준으로 끌어올리려고 해도 깊이 몰입하지 않고서는 뜻대로 되지 않는다. 이에 비해 어릴 때부터 배운 모국어는 마음속에 든든한 토대로 자리하고 있다.

아이들은 말을 어떻게 배우는가? 사람들은 외국어를 어떻게 배우는가? 이런 문제에 답하기 위해 이 장에서 모국어 습득 및 제2언어습득에 관해 소개하겠다. 또한 언어학자 촘스키가 언어습득에 관해 제시한 견해를 비롯해, 언어습득에 관련되는 인지과학적 관점을 소개하겠다. 이 장의 앞부분은 주로 모국어 제1언어습득에 관해 돌아보며, 뒷부분에서는 두 번째 언어(2nd language; L2)의 제2언어습득에 관해 돌아본다.

3.1. 어린아이의 언어습득: 모국어 습득

3.1.1. 무엇을 습득하는가

출생한 지 얼마 되지 않은 어린아이들이 옹알거리는 소리를 내기 시작하고 한 마디 단어를 처음으로 말하기 시작하고 시간이 지나면서 조금씩 말을 하기 시작하는 것은 아이의 부모에게 대단히 놀랍고 기쁜 일이다. 3살 전후 무렵의 불과 몇 개월 사이에는 유창하게 말하는 비율이 급격하게 증가한다. 아이들이 불과 3~4세 무렵이면 말을 배워서 사용하게 되기까지에는 어떤 단계를 거치며 어떤 기제가 작용하는가?

어린아이가 유아기와 아동기를 거쳐 궁극적으로 도달하려는 단계는 성인의 언어능력 수준이다. 이 과정에 있어 얼마만큼의 단계성을 밟게 되는지에 관해 자력학습(bootstrapping) 개념을 우선 언급해 보겠다. 자력학습은 언어 단위의 모든 부분에 걸쳐 일어나는데, 말소리를 배우고 말의 의미를 학습해 나가는 데에 있어서도 물론 자력학습이 발생한다. 이 개념은 다음과 같이 정의된다.

(1) 음성적 자력학습: 연속적으로 들려오는 말소리는 어린아이들이 언어 단위의 존재를 발견하는 데에 지각적 단서가 된다.
(2) 의미적 자력학습: 언어적 경험 노출의 초기에는 언어의 구조 형식에 대해 파악하지 못하다가 조금씩 익숙해짐에 따라 의미를 알아차리고 이로부터 언어 구조의 형식과 단위들을 자력학습으로 획득한다.

어린아이가 말의 패턴을 찾아내는 능력은 대단하다. 어린아이가 조금씩 말을 배우기 시작하는 것은 말을 더 작게 나누어서 그 의미를 알아듣는 것이다. 이를 위해 자음과 모음을 알아듣는 것 이외에도 운율적 규칙성에 영민한 관심을 기울인다. 성장 과정의 어느 날부터 음성적 규칙성을 알아차리는 단계에 도달하면 그 이후에는 더 큰 단위로서 말의 '리듬' 패턴을 알아차리게 된다.

아직 단어를 배울 정도에 이르지 못한 유아 시기에는 음성의 세밀한 부분에 주의를 기울이다가, 단어를 배우기 시작하게 되면 세밀한 음성을 구분하는 데에 주의력을 집중하지 못하는 경우가 생길 때도 있다. 스태저와 워크(Stager & Werke 1997)는 다음과 같은 실험 결과를 보고하였다: 8개월 유아들과 14개월 유아들을 모아 놓고 TV 화면에 동일한 물체를 반복해서 보여주며, 'dih'라고 말해주는 방식에 의해 물체의 이름이 'dih'임을 알게 해 주었다. 그리고 나서 조금 있다가 슬그머니 'bih'로 바꾸어 들려주었을 때 오히려 8개월 유아들이 14개월 유아들보다 'dih'와 'bih' 사이의 차이를 더 잘 알아차렸다. 이 현상에 대해 연구자는 이

런 가설을 제시했다: 8개월 아이들은 단순히 음성 구별에만 집중하는 것에 비해 14개월 아이들은 말소리의 연결체를 배우는 데에 집중하다가 약간의 음성적 차이에 대해서는 주의를 덜 기울인 채로 듣는다.

음성 지각(speech perception)은 사람의 두뇌가 진화하면서 발달된 능력이다. 하나의 개별 언어에 노출되어 모국어를 습득하는 과정에서 그 언어의 발음 패턴을 받아들이는 방식으로 음성 지각 능력을 수립한다. 어린아이들은 시각 정보보다는 음성 정보를 더 편하고 익숙하게 받아들인다는 보고가 있다. 아이들은 특정한 청각 자극에 바탕을 두고 음성적 단서를 인식해 말소리를 처리하고 분석한다.

가장 기본적인 수준에서 보면, 음성 지각이란 음소 정보를 처리하는 것을 포함한다. 어린아이가 음성 언어를 습득하는 데에 있어 분절음과 초분절음을 따로 배우지는 않는다. 자음과 모음의 음소들을 하나씩 하나씩 체득하는 과정과 병행해서 길이, 강세, 억양, 리듬 등의 운율적, 초분절적 소리들을 동시에 체득한다. 이 점에 있어서는 성인의 외국어 학습도 다를 바 없다. 외국어 학습에서 분절음을 다 배우고 난 이후에 그 뒤를 이어 초분절음을 배우려는 시도는 오류이다.

말을 배우기 위해 아이들은 언어에서 일어나는 것들을 경험해야 한다. 어른들이 아이에게 들려주는 말은 추론의 잠재적 연쇄를 제공한다. 음성 연쇄체는 음성적 단위에 대해 불명료하게 주어지고 경계가 분명하지 않은 덩어리로 주어지더라도 시간이 지나면 아이들은 이것을 분할된 표상(表象)으로 전환한다. 아이들은 언어적 단위를 발견하고, 자신에게 주어지는 원초적 언어 자료를 변환시켜 체계적으로 기억해 두고 마침내 모국어 구사력을 자신의 머릿속과 마음속에 안정적으로 수립하는 상태에 도달한다.

아이가 배워 나가는 언어 지식에 관해 말소리, 단어 형태, 통사 구조, 의미 획득 측면으로 나누어 습득 양상을 살펴보기로 하자.

3.1.2. 말소리의 습득 단계

언어습득의 과정에는 일정한 단계가 있다. 어린아이들이 사람의 목소리를 알아듣고 익숙하게 기억하는 것은 일찍부터 시작된다. 음성과학 연구자들이 보고하는 바에 의하면, 어린아이가 출생 이후 10개월~12개월 정도 지나면 사람 목소리에서 가장 필수적인 소리들의 목록과 특징을 지각할 수 있다. 이로부터 옹알거리며 한두 마디 단어로부터 시작해 조금씩 어절을 이루고 단순한 문장을 사용하는 단계로 나아간다.

아이들이 말을 배우는 초기 단계에서 우선적으로 발음하는 말소리들은 세계 어느 나라 말이든지 간에 큰 차이가 없다. 이것은 사람의 얼굴에서 구강 구조가 생리적으로 비슷하기 때문이다. 말을 배우는 초기 단계에서는 쉽게 발음할 수 있고, 쉽게 분간해 낼 수 있는 말소리들에 조금씩 익숙해진다. 구강 앞쪽에서 나는 소리들은 쉽게 발음할 수 있는 말소리이다. 구강 앞쪽에서 발음 기관을 최소한으로만 움직여서 나는 소리들은 발음하는 동작의 노력이 가장 적게 들기 때문이다.

아기는 한 살이 되기 이전까지 음성을 지각하는 능력이 발달한다. 출생 후 몇 달 지난 유아들은 유사한 소리들을 구분해 내기 시작한다. 말소리의 연쇄를 의미 있는 단위로 분절하고, 비슷한 소리들의 차이를 분간한다.

아기가 언어를 습득하는 단계를 구분해 보면, 옹얼거림(cooing)을 하다가 출생한지 4개월에서 6개월 사이에 유아들은 옹알이(babbling)를 시작해서 거의 한 살에 도달할 때까지 지속한다. 한 마디 단위로 말을 하기 시작하는 것이 옹알이 단계이다. 이 시기에 유아의 혀는 구강 내에서 상대적인 크기가 증가하며 경구개음이나 입술소리를 발음하기 시작한다. 어른들의 귀에는 'pa~pa, ma~ma, 아~빠, 마마~' 등과 같은 소리로 들리는데, 이런 말에는 자음과 모음이 어울려 있고 자음은 p, b, m 등의 입술소리가 주로 사용된다.

어린아이들은 한 마디 옹알이 단계 이전에 이미 음성 지각을 할 수 있다는 보고가 있다. 아이는 스스로 말을 하기 이전부터 귀에 들려오는 말소리를 인식한다. 출생 5개월 무렵이면 주변에서 들려주는 말소리 연쇄를 흉내 내어 발음하기 시작하며, 출생 6개월 때부터 아이는 귀에 들려오는 사람들의 말소리를 구분하기 시작한다. 개별적인 자음과 모음의 차이로만 듣는다기보다는 억양의 굴곡 차이를 지각하고, 말소리 연쇄에서 빈번하게 나타나는 패턴이나 리듬의 차이를 지각한다.

아이가 말소리 목록을 습득하는 데에는 정해진 순서가 있다. 다음 (1)에서 (3)의 순서로 말소리 목록을 기억한다(말소리 용어는 뒤의 9장을 참조).

(1) 모음을 자음보다 먼저 습득한다.

(2) 비음을 먼저 습득하고 폐쇄음, 접근음, 설측 접근음, 마찰음, 파찰음 순서로 나온다.

(3) 자음의 조음 위치에서 보면 성문음이 먼저 나오고 양순음, 연구개음, 치경음, 치음과 순치음, 구개음 순서로 배운다.

아이가 구별할 수 있는 자음 목록은 연령에 따라 차이가 있다. 폐쇄음을 먼저 배우고, 비음을 배우는 시기도 빠르며, 그보다 늦은 시기에 파찰음을 배운다. 그리고 마찰음 모두를 배우는 시기가 가장 늦게까지 진행된다. 접근음을 배우는 시기는 개별음에 따라 차이를 보인다.

옹알이 단계에서는 겨우 유성 폐쇄음 [b, d, g] 그리고 비음 [m, n] 정도에 불과한 자음 목록을 지닌다. 2세 무렵에는 무성 폐쇄음 [p, t, k]를 사용하고 2세를 넘기면서 마찰음 몇 개를 사용한다. 4세 무렵에 도달하면 더 많은 수의 마찰음을 보유하며 파찰음과 접근음을 사용한다.

개별 말소리의 습득 시기는 실험 연구를 통해 알려져 있다. 샌더(Sander 1972)는 아이들이 자음을 발음하게 되는 시기를 다음과 같이 보고하였다.

2세 이전부터 3세까지: p, m, h, n, w, b

2세부터 4세까지: k, g, d, t, ŋ

2.4세부터 4세까지: f, y

3세부터 6세까지: r, l

3세부터 8세까지: s

3.5세부터 7세까지: ʧ, ʃ

3.5세부터 8세까지: z

4세부터 7세까지: ʤ

4세부터 8세까지: v

4.5세부터 7세까지: θ

5세에서 8세까지: ð

6세에서 8세까지: ʒ

여기에 인용한 보고는 오래 전 연구 결과였고 다른 연구자들의 보고를 찾아보면 약간씩 편차가 있다. 일부 사실에 대해 동의하기 어려운 경우도 있을 수 있다. 그렇지만 말소리 습득 순서의 전체적 경향은 거의 비슷하게 나타난다. 그러므로 위에 인용한 보고는 전체적으로 큰 오류가 없는 실험 결과로 참조할 수 있다.

사람들의 실제 말은 말소리의 연쇄체를 끊어지는 부분이 없이 연속적으로 붙여서 발음한다. 이것은 말소리를 녹취해 음성분석기를 통해 관찰해 보면 확인되는 사실이다. 그럼에도 불구하고 다른 사람들의 말소리를 들을 때에는 단어와 단어 사이에 마치 휴지부가 있는 듯이 경계를 알아차리면서 음성을 지각한다. 실제로 경계가 거의 없다시피 이어지는 말을 전해 들으면서 경계가 있는 것으로 분절해서 알아듣는 것이 어째서 가능한가?

이런 차이에 대해 아이들은 음성적 단서를 사용해서 대응한다. 이러한 음성적 단서로는 두 가지를 들 수 있다. 그 중 하나는 음절 강세(syllable stress)이고 다른 또 하나는 전이 확률(transitional probability)이다.

첫째, 음절 강세는 단어 경계를 알아차리는 단서로 작용한다. 단어마다 강세가 규칙적으로 분포하는 언어들이 있는가 하면, 문장의 길이와 말하는 속도에 따라 강세의 위치가 가변적인 언어들이 있다.

둘째 단서로서, 전이 확률은 음절들끼리 어울리는 확률적 가능성이다. 사람들은 전이 확률 정보를 기억하고 있다가 단어 경계를 분간해 내는 단서로 사용한다. 예를 들어 'a pretty flowered cotton dress'에서 경계를 어떻게 구별하는가? pre, ty, fl, ower, ed, cot, on, dr, ess 등의 형태를 개별 음절이나 자음군으로 기억하고 있으며 이들이 어울린 연결체를 들었을 때 형태들 사이의 전이 확률에 의거해서 단어 경계가 있음을 즉각적으로 알아차린다. pretty의 뒷음절 -ty는 단어 경계로 이어짐을 아이는 기억하고 있다. 전이 확률에 대해 존슨-저스직(Johnson & Jusczyk 2001)은 출생 8개월 아이를 대상으로 해서 연구를 시행하였다.

3.1.3. 발달 시기별로 관찰하기

어린아이는 출생 이후 한 살을 넘기는 무렵에 이르면 뜻을 지닌 단어를 하나씩 말하기 시작한다. 이 단계를 '한마디 단계'(holophrastic stage)라고 한다. 한 마디 단어만을 말하면서도 여러 가지 용도로 말의 뜻을 전달하려고 한다. 예를 들어 'mama'라고 말함에 의해 아이가 나타내려고 하는 의미는 여러 가지일 수 있다. 엄마를 부르는 것 이외에 안아 달라거나 놀아 달라는 의미를 그때그때 상황에 따라 전달할 수 있다. 아이들은 줄여서 말하기도 한다. 흔한 예로, What's that?을 'whatdat'으로 발음하거나 give me를 'gimme'로 발음하는 말을 들을 수 있다.

아이들은 일상생활에서 경험하는 구체적 사물을 나타내는 단어들을 우선 배운다. 단어를 배워서 사용하는 데에는 과대확장과 과소확장이 빈번하게 작용한다. water라는 단어를 통해 단순히 마시는 물만을 나타내기보다 juice, milk, soda 등으로 확대해서 나타내게 되면 과대확장이다. 이에 비해, baby라는 단어를 나이 어린 동생에게만 사용하고 밖에서 마주치는 다른 아이들에게는 사용하지 않는 것은 과소확장이다. 단어를 이해하는 능력은 단어를 실제로 발음해서 사용하는 것보다 시기적으로 앞선다. 이해한 단어를 사용하는 수준으로 나아가는 데에는 4~5개월 정도의 시간 간격이 있는 것으로 보고되었다.

아이들이 습득하는 단어 수는 18개월을 넘기면서 증가한다. 아래 그림에서 보듯이 12개월 이후 18개월 사이에 사용하는 단어 수가 50여 개에 불과하다. 이후 아이가 18개월이 지나면서부터 단어 급증기(vocabulary spurt)에 진입해 부쩍 증가된 속도로 단어를 습득하기 시작한다. 그래서 24개월 무렵에는 500개 단어들을 기억해서 사용하는 수준에 도달한다.

2살이 지나가면서부터 2개 단어를 붙여서 말하는 단계에 접어들고 어휘력은

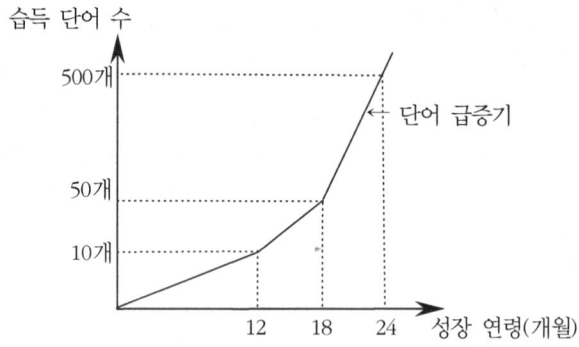

급격하게 늘어나기 시작한다. 2살 반 정도부터는 여러 개의 단어로 구성되는 문장을 말하기 시작한다. 이를 多단어 단계(multi-word stage)라고 하는데, 문법을 제대로 갖추지 못하고서도 여러 단어를 대강 이어 붙인 말을 간단하게 사용한다는 점에서 전보치는 말투(telegraphic speech)라고도 이름 붙여졌다.

아이가 가장 먼저 배워서 사용하는 말은 부모로부터 자주 듣는 말 중에서 얻어진다. 예를 들어 "엄마, 아빠, mama, papa"는 아이가 가장 일찍 배우는 단어들이다. 이 단어들은 첫머리에 입술소리를 포함하고 있기 때문에 일찍부터 습득하기에 수월한 말이다. 아이는 심지어 직접적으로 배우지 않은 단어들도 말하는 경우가 있다. 이미 알고 있는 단어들의 관계에 비추어 머릿속에서 새로 짜내어 말함에 의해서이다. 이것은 종종 틀린 단어 형태로 나타나기는 하지만 이런 과정을 통해 아이는 말을 배워 나간다.

새로운 단어를 배우는 속도는 출생 18개월 무렵부터 더 큰 비율로 증가한다. 이 단계를 단어 급증기(vocabulary spurt)라고 부른다. 세상의 모든 사물은 이름을 가지고 있음을 아이가 마음속에서 깨닫게 되면 그 이후로 아이는 이름을 탐색하고 기억해 내는 일에 적극성을 보인다. 10개월 무렵에 배운 단어 수가 50여 개에 불과하던 것이 하루에 10개 정도씩 학습하면서 6세에 이르면 1만 4천 개에 달하는 단어를 습득한다. 6세 이후로는 단어를 습득하는 속도가 빨라진다. 단어 급증기 이후 6세 무렵에는 하루에 20개 이상의 단어를 습득하는 정도에 이르고 이후 18세 무렵에는 거의 6만여 개 이상의 단어를 알게 된다.

아이들은 단어에 대해 체계적으로 배운 바 없이도 시간이 흘러감에 따라 점점 더 많은 수의 단어들을 습득해서 사용한다. 가장 초기에 배우는 단어들은 그 품사가 대부분 명사이다. "(이게) 뭐야?"라고 물어보면서 사물이나 개체에 대해 이름을 붙여 나간다. 이 과정에서 명사를 많이 배운다. 아이들이 처음으로 단어를 사용하게 되는 시기는 생후 10개월에서 18개월 사이라고 보는 것이 알려진 견해이지만, 모든 아이들이 동일한 속도로 언어를 습득하는 것은 아니다. 개인 간의 편차가 나타나는 것은 특이한 일이 아니다. 아이들이 말을 배우는 단계는 동일하다고 하지만 그 목표 수준에 도달하기까지는 개인 차이가 어느 정도는 나타난다.

3.1.4. 규칙을 기억하는 능력: 문법 형태

아이가 말을 배우는 과정을 아주 단순하게 특징 지워 보자면, 그것은 곧 흉내내기에 해당한다. 아이들은 습득의 초기 단계에서부터 언어적 경험을 일반화 시키는 방식을 알아차린다. 언어학자들이 설명하는 바에 의하면, 아이가 언어에 대해 일반화 시킨다고 함은 언어 규칙을 기억한다는 것으로 환원된다. 규칙의 예를 한 개 들어보자. 명사의 복수형을 만들어 내는 굴절 형태 정보를 배워 나가는 과정이 있다. 이에 관해 잘 알려진 실험 예로 '워그 테스트'라는 게 있는데 이를 소개해 보겠다(1958년 Gleason의 실험 예로부터).

취학 연령 이전 아이들에게 아래처럼 작은 동물 모양의 워그(wug)를 보여주면서 "This is a wug."(이것은 워그 한 마리예요)라고 말해준다.

곧이어 아래처럼 두 마리 그림을 보여주면서, "지금 여기에 하나 더 있어. 전부 두 마리 있네. 그러면 여기에 두 마리의 ＿＿가 있지?"라고 묻는다. ("Now there is another one. There are two of them. There are two ＿＿＿?")

여기 빈칸을 채우는 질문에 대해 아이들은 'wugs'라는 답을 당연하게 대답한다. 이것은 문법 형태를 만들어 내는 규칙의 존재에 대해 아이들이 이해하고 있음을 나타낸다.

아이들은 이미 알려진 일반화에 기대어 예측하려 하기 때문에 과대 일반화(over-generalization)를 곧잘 한다. 불규칙 형태에 대해서까지 규칙을 적용하는 것이 과대 일반화이다. goed, eated, foots, fishes 등과 같이 규칙을 과도하게 적용한 틀린 형태를 사용해서 말을 한다. run/ran, go/went, eat/ate, sleep/slept, come/came처럼 불규칙 형태를 올바르게 사용하게 되려면 그 이전에 틀린 형태 runed, goed, eated, sleeped, comed 등을 사용하는 단계를 거친다. 이것은 과거 시제 -ed 형태를 나타내는 규칙을 과도하게 확장 적용한 경우인데, 시간이 지나다 보면 아이들은 예외 형태를 기억해서 ran, went, ate 등으로 바로잡는다. 연구 결과에 의하면, 2살~5살 전후 아이들은 불규칙 과거 형태에서 그다지 높은 비율의 오류를 보이지 않으며, 3인칭 단수 '-s'가 필요한 문장에서 90% 이상으로 올바른 형식을 사용하는 단계에 이르게 된다. 다음 예를 비교해 보자.

(1) walked, goed
(2) walked, goed/went(ed)
(3) walked, went

아이들은 (1)에서 더 나아가 (2)를 사용하는 상태를 거쳐 (3)을 사용하는 상태로 나아간다. go의 과거 형태 동사로는 goed와 went가 혼재한다. 아이들은 규칙적 패턴을 일반화 시키다 보니 goed라고 말하고 심지어 wented까지 사용한다. 연구 보고를 보면 출생 후 36~38개월을 전후하는 시기에 불규칙 동사를 올바른 형태로 사용하는 비율이 급작스럽게 많이 떨어졌다가 그 직후 무렵 2~3개월의 짧은 시간 내에 올바른 형태 사용 비율이 다시 증가해서 거의 충분한 수준에 도달하게 된다.

2.5세 무렵에 아이들은 전보문 단계의 발화 수준을 벗어나 문장의 형식을 갖추어 말하기 시작한다. 이 단계에서는 단어의 문법적 기능을 나타내 주는 굴절형태소들이 문장 내에 포함된다. 형태소들의 종류에 따라 예시해 보면, 소유격 굴절형태소 -'s가 나타나고, 과거 형태소 -ed가 나타난다. 아이들은 과거 동사에 익숙해짐에 따라 불규칙 동사들은 한동안 사용하지 않는다. goed, eated 등은 과대 일반화에 의해 만들어진 것이다. 그러나 시간이 흘러 성장해 감에 따라 아이는 규칙 형태와 불규칙 형태를 정확하게 구별해서 사용하는 수준으로 발전한다.

형태소를 습득하는 시기는 개인에 따라 조금씩 차이가 날 수 있다. 그렇지만 넓게 보면 일반적 경향이 있으며 문법 형태소마다 아이들이 습득하는 순서가 정해져 있다. 이미 브라운(Brown 1973)의 연구에서부터 형태소 습득 순서를 보고한 바 있다. 이와 유사하게, 펜스와 저스티스(Pence & Justice 2007)는 다음과 같이 보고하였다.

문법 형태소	나이
현재진행 -ing	19 ~ 28개월
복수 -s	27 ~ 30개월
전치사 in	27 ~ 30개월
전치사 on	31 ~ 34개월
소유격 's	31 ~ 34개월
규칙적 과거 시제 -ed	43 ~ 46개월
불규칙 과거 시제	43 ~ 46개월
규칙적 3인칭 단수 -s	43 ~ 46개월
관사 a, an, the	43 ~ 46개월
축약 동사 be	43 ~ 46개월
축약 조동사	47 ~ 50개월
축약할 수 없는 be	47 ~ 50개월
축약할 수 없는 조동사	47 ~ 50개월
불규칙 3인칭	47 ~ 50개월

복수 형태로 boys, foots을 사용하다가 houses 형태를 접하게 되면 그와 유사하게 boyses, footses라고 사용하는 일이 있다. 올바른 형태를 사용하던 아이가 때때로 과대 일반화에 의해 이상한 형태를 만들어 사용할 수 있다. 아이들은 올바른 문법 형태를 정확하게 분간해서 사용하는 데에 언어 행위의 기준을 두는 것은 아니다. 그보다는 자신이 말하려고 하는 바를 즉각적으로 말하는 데에 집중한다.

아이들은 good의 부사 형태로 goodly를 사용하는 일이 있다. 이것은 틀린 말이기는 하지만 한번쯤 거쳐 지나가는 말로 사용될 뿐이다. quickly, slowly처럼 -ly 형태로 부사를 만들어 내는 것을 일반적 형태로 기억하기 때문에 과도하게 goodly라고 말하기까지 한다. 또한 go의 과거 시제로 goed를 사용하고, foot의 복수 형태로 foots를 사용하기도 한다. 이와 같은 오류 형태는 생활해 나가다 보면 올바른 형태로 수정되어 가는 과정을 밟기 때문에 한동안 틀린 형태를 사용한다고 해서 말을 잘못 배우고 있다고 평가할 필요는 없다. 그것은 말을 배우는 과정에서 흔히 일어나는 일이며 거쳐 지나가는 일이다.

3.1.5. 통사 구조 습득하기

아이들은 문장을 구성하는 요소들 사이의 관계를 이해하기 시작한다. 아이가 문장의 구성 방식을 어떻게 체득해 나가는지를 보여주는 구문 현상의 예로 다음처럼 의문문 형식을 살펴보자.

- Where doggie? Where papa?
- What cookie?
- Why you laughing?
- Could you tell me about that?
- How that opened?

의문문을 처음 사용할 때에는 의문사만을 문장 첫머리에 두다가 조금씩 복합적 표현을 갖추어 의문문을 사용하되 주어-동사 도치의 어순을 갖추지는 못하는 상태에 있다. 그러다가 점차적으로 조동사 도치를 제대로 갖춘 올바른 의문문 형식을 취한다. 5세 정도의 아이들은 의문문에서 조동사 도치와 일치 형태를 잘못 말하는 일이 가끔 있는 것을 제외하고는 성인이 사용하는 의문문과 대등한 형식의 발언을 한다.

또 다른 구문 형식의 예로, 부정문을 도입하는 방식을 보자.

(1) No a polar bear.
    No sit there.
(2) That not chicky-chuck.
(3) I didn't caught it.
    You won't let him go.

(1), (2)처럼 no나 not을 앞에 두는 방식을 취한다. 그 다음에 don't, can't와 같은 부정 형식들이 나타나서 문장 첫머리만이 아니라 동사의 앞자리에 나타나기 시작한다. (1), (2)보다 조금 더 발전한 수준은 (3)이다. (3)에서는 didn't, won't 등이 포함되고 (1)처럼 단어 수준에서 부정하는 표현을 넘어선다.

아이들은 부정문 형성에 있어 아직 완전하게 체득하지 못한 단계에서도 자기 나름대로의 규칙성을 보유한다. 이에 관해 맥닐(McNeil 1966)의 다음 예가 흥미롭다.

아이: Nobody don't like me.
엄마: No, say "Nobody likes me."
아이: Nobody don't like me. (여러 번 반복해서 말한다)
엄마: No, now listen carefully; say "NOBODY LIKES me."
아이: Oh! Nobody likes me.

이 대화에서 '아무도 나를 좋아하지 않아.'라고 말함에 있어, 주어 nobody에 연결되는 동사는 don't like이 아니라 likes가 되어야 함을 엄마는 아이에게 알려주고 있다. 아이는 부정 형식의 수정에 관해 재촉을 받고 나서야 수정하는 반응을 보인다. 아이가 부정문 형식에 잠정적으로 오류를 드러냈지만 머릿속 개념 수준에서는 부정의 뜻을 적절하게 이해하고 있음을 이 예는 보여준다.

3.1.6. 의미 획득과 어휘 발달

의미를 기억하는 데에 있어 아이들은 범주와 개념을 이해하기 시작한다. 범주를 인식하는 것은 이미 친숙해진 것에만 머물지 말고 새롭게 등장하는 외부 경험에 더 많은 관심을 기울일 수 있는 능력을 얻는 것이다. 모양, 크기, 소리 등의 물리적 특징의 유사성만 가지고도 단어 의미를 확대시켜 사용할 수 있으니 이것은 범주를 구성하는 속성들로 작용한다. 아이들은 범주 표상(表象)을 형성해 나간다. 다음 그림을 보자(그림의 출처는; Hurford 외 2007, p87).

　왼쪽에서 오른쪽 방향으로, 그림이 무엇을 나타내느냐고 물어보면 선뜻 고양이와 돼지라고 대답한다. 야옹이와 꿀꿀이라고 답할 수도 있다. 그렇지만 고양이 수염과 돼지 코라고 답하거나 고양이 발톱과 돼지 족발이라고 대답하지는 않는다. 아이들은 개체 범주를 형성함에 의해 세상의 존재를 인식한다. 고양이 범주와 돼지 범주의 차이를 구별해서 기억하는 것이 바로 표상(表象)이다. 겉모습 특징을 단서로 삼아 개체와 개체 사이의 차이를 인식하며 이것을 머릿속에 기억해 두는 방식이 범주 표상이다. 아이는 선택된 몇 가지 속성을 지각 단서로 삼아 범주화를 실행한다. 위의 예에서 보듯이, '돼지'와 '고양이'를 구분할 때 겉으로 드러나는 모든 단서를 같이 인식하기보다는 그 중에서 가장 특징적인 단서를 중심으로 인식한다. '돼지'와 '고양이'의 차이를 드러내는 단서는 고양이 수염, 돼지 코, 꼬리 모양, 몸통 윤곽 등이다.

　어휘 발달은 개념 발달과 밀접하게 연결된다. 아이는 어휘의 범주화를 추구하며, 범주 혹은 개념에 의해 구성되는 언어 정보를 보유하기 시작한다. 머릿속에 기억된 개념들을 이용해 어휘들 사이의 관계를 파악하고 단어들끼리 대체하여 말하는 시도를 한다. 아이들은 문장 구조가 틀린 것에 대해 지적 받을 때에는 금방 받아들이지 않는 경향이 있다. 반면에 틀린 단어에 대한 수정을 요구 받으면 금방 받아들이며 끊임없이 새로운 단어를 찾아내려고 한다. 사물에 대해 "What that?"이라고 하고 때로는 "Whassat?"이라고 붙여 말한다. 행위에 대한 질문으로는 곧잘 "What doing?"이라고 묻는다.

　아이는 새로운 상황을 경험할 때마다 단어들을 필요로 한다. 모든 상황에 대해 딱 들어맞는 단어를 보유하고 있지 못하기 때문에 정확한 단어를 새로 배우기 이전까지는 한동안 원형 단어를 (혹은 비슷한 단어를) 사용하여 말하려고 한다. 어휘 발달의 초기 단계에서는 단어들 사이의 구별을 흐릿하게 인식하다가 점차로 그 흐릿한 경계를 수정해서 더 넓은 범위의 단어 꾸러미를 배워서 사용한다.

단어 경계를 가르는 것은 의미와 개념 망의 발달에 의해서 일어나는 것인데, 중간 단계에서 의미 발달이 신속하게 일어나다 보면 과도하게 일어나기도 한다. 즉, 의미 발달의 과정에서 과대확장이나 과소확장 현상이 흔히 일어난다. 아이들이 말을 할 때 과대확장이 빈번하게 목격되지만, 말을 이해하는 데에도 그와 똑같은 비율로 과대확장에 의존하는 것은 아니다. 과대확장은 정상적인 언어 발달에서 아이에게 다음 단계의 학습을 위한 '디딤판'으로 작용한다.

상하위어 관계에 따라 개념 망을 구성하는 데에 확고한 순서가 있는 것은 아니다. 가장 먼저 접하고 익숙해진 단어는 그것에 연결되는 크고 작은 대상을 가리키는 데에도 사용된다. 아이에게는 개념 망이 조밀하게 학습되지 않았기 때문에 단어 사용에 있어 과대확장과 과소확장을 자주 보여준다. 예를 들어 '마시는 거'는 무엇이든지 다 '물'이라고 부르는 것은 과대확장이다. 혹은 어린 동생만을 'baby(아기)'라고 부르는 것은 과소확장이다. 아래 예를 보자.

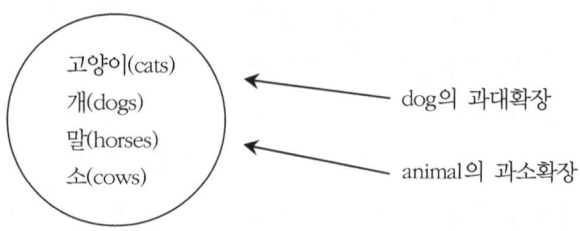

dog를 과대 일반화 하거나 animal을 과소확장 시키면 위 그림에서 동그라미 안에 묶어 놓은 존재들은 모두 'dog' 또는 'animal'이라고 부를 수 있다. 심지어 'poodle'이라는 이름으로 가리키는 존재들 중에는 개(dogs)뿐만 아니라 고양이, 말, 소 등이 되는 경우도 있다. 비록 아이가 개 이외에 고양이, 말, 소 등을 'dog'라고 부르더라도 이것만으로 아이는 모든 동물들을 dog라고 부르기로 결정한 것은 아니다. 다른 동물들에 대한 어휘를 추가로 받아들이기 이전까지 dog라는 단어를 잠정적으로 가져다가 과대확장 상태에서 사용하고 있을 뿐이다.

어떤 단어가 어떤 범주에 속하는지를 알아내는 데에는 단서가 작용한다. 언어 습득의 일반적인 특성에 의해 아이는 명사, 동사, 형용사 범주들에 대해 점점 더 많은 단어들을 보유하는 방향으로 나아간다. 한 부류의 단어 묶음을 배우는 데에 순서가 정해지는 경우를 찾아볼 수 있다. 클라크(Clark 1975)는 공간 지각 형용사의 습득 순서를 보고한 바 있다. 예를 들어 (1) big/little, (2) tall/short and long/short, (3) high/low, (4) wide/narrow and thick/thin, (5) deep/shallow 이 단어들은 (1)에서 (5)의 순서에 따라 습득이 이루어진다. 사용 빈도와 의미의 상대적 단순성에 의해서이다.

3.2. 언어 발달의 환경

다섯 살 무렵까지 아이는 언어습득과정을 대부분 완성한다. 아이가 말을 배우는 과정에서 엄마, 아빠, 가족 중의 어른들로부터 듣는 말은 아이가 말을 배우는 데에 중요한 디딤판으로 작용한다. 어른들은 아이가 쉽게 이해하고 쉽게 따라 할 수 있도록 후견자 말투를 구사한다. 여기에 도입되는 말의 특징을 들어보면, 묻는 말을 빈번하게 사용하고, 과장된 억양을 도입하고, 더 크고 또렷하게 말해주고, 속도를 낮추고, 중간 중간에 더 길게 휴지부 공간을 둔다. 또한 단순한 문장을 많이 사용하며, 거듭 반복해서 들려준다. 어른들이 아이를 마주 보며 아이에게 사용하는 말은 아이의 언어 발달이 이루어지게 만드는 데에 중요한 단서로 작용하며 아이에게 이야기를 진행하는 데에 있어서의 상호작용적 역할을 체득하게 해 준다.

아이가 말을 잘 배우게 하기 위해 어른들은 얼마만큼 배려를 해야 할까? 상식적 수준에서 짐작해 보건대, 아이가 말을 습득하는 단계에서는 언어적 자극과 상호작용에 있어 어른들에게 충분한 배려를 받는 것이 좋기는 하다. 그러나 아이가 정말로 말을 잘 배울 수 있도록 배려하는 데에 어른들이 지나치게 집착할 필요는 없다. 그것은 아이의 자연스러운 발달의 문제일 뿐이며 아이의 빠른 성장을 기대하는 어른의 기대치에 의해 좌우될 문제가 아니다. 혹시나 아이가 말을 부족하게 배우면 어쩌나 하고 염려하는 부모 입장에서는 아이에게 충분하게 말을 가르쳐 줄 필요를 느낀다. 그러나 모국어를 배운다는 것은 출생 당시부터 이미 내재적으로 갖추어진 능력으로부터 발현되는 현상이다. 비록 환경에 따라 발달의 편차가 조금씩 있더라도 기본적으로 도달하게 되는 목표 수준은 거의 비슷하다. '생성주의' 언어학자들이 지적하듯이, 어떤 아이든지 말을 배울 수밖에 없도록 예정되어 있다.

아이들이 말을 배우기 위해 필요로 하는 환경이란 아주 이상적이어야 하는 것은 아니다. 아이가 말을 잘 배우도록 하기 위해 정확하고 풍부하고 주의 깊은 배려를 받는 환경이 준비되어야만 아이가 말을 더 잘 배우는 것은 아니다. 말을 더 잘 배운 아이와 말을 잘못 배운 아이를 구분한다는 것 자체는 의미 없는 일이다. 어떤 아이가 말을 잘 배운 상태라고 판단해 볼 수 있는 근거는 무엇일까? 바로 현재 나이 상태에서 언어 발달의 지체가 없는 것은 기본이다. 이에 더해 아이가 주위 사람들과 상호작용하며 이야기를 주고받고 자신을 표현할 수 있는 단계에 도달하면 그것이 바로 언어습득이 성공적으로 이루어진 것임을 나타내 준다. 정상적인 모든 아이들은 시간이 흘러 조금씩 성장하다 보면 말을 사용하는 능력도 그에 맞추어 성장한다.

어른이 아이들을 대하는 방식에는 문화적 차이가 있다. 아이에게 말을 가르치는 방식은 개별 사회마다 기본적인 행동 방식을 가르치는 것이다. 이를테면 앵글로 계열 미국인 가정에서는 아이들을 마주 보면서 단순하고 짐짓 과장된 말투를 사용하는 것이 일상화되어 있다. 그러나 굳이 그런 방식을 취하지 않더라도 아이가 말을 성공적으로 배워서 구사할 수 있도록 만드는 데에는 본질적으로는 차이가 없다. 왜냐하면 말을 배워서 사용할 수 있게 되는 것은 말을 배울 수 있도록 선천적으로 타고난 능력에서 비롯되며, 양육 방식이나 문화 차이에 따라 습득의 수준 차이가 발생하는 것이 아니기 때문이다. 아이들은 말을 배우는 과정에서 노출되는 언어적 경험이 완전히 '고립된 것'이 아니라면 말을 배울 수 있는 환경에 놓인 것이다.

완전히 고립되어 언어 경험이 전혀 없는 환경은 찾아보기 어렵다. 특이한 예로, 언어 경험에 대한 노출이 박탈되어 말을 배우지 못한 극단적 사례가 보고된 적이 있다. 1990년대에 캘리포니아에서 13세 된 지니(Genie)라는 소녀가 어려서부터 벽장 속에 갇혀 살아온 것이 발견되었다. 딸의 순수함을 보존해 보겠다는 부모의 일탈적 사고로 인해 세상과의 접촉이 완전히 단절된 채로 키워졌고 발견 당시 언어를 전혀 배우지 못한 상태였다. 지니가 발견된 이후 재활특수교육을 통해 5년 이상 언어 경험에 노출되게 해 주었는데 그때까지도 5세 아이의 언어능력에 미치지 못하였다. 언어를 습득할 수 있는 적정 시기를 지나치게 넘어선 경우였다.

아이에게 말을 들려주는 데에 있어 어른이 친절한 후견자 역할을 해 주는 것은 서구 사회의 문화에서 일반화되어 있다. 그러나 이런 사정은 대다수 문화권에서 보편적인 것 같지는 않다. 아이에게 언어적 자극을 부여하는 방식에는 문화적 차이가 있다. 예를 들어 남태평양 사모아 섬의 주민들은 아이를 대화의 상대로 여기지 않고 아이에게 말의 모범을 보여주어야 한다는 문화 규범이 없으며 어른들은 아이에게 과장된 대화를 하지 않는다. 한편 뉴기니 문화권 칼룰리 부족 사회에서는 아이를 어르는 과장된 대화를 하지 않는 가운데, 칼룰리 엄마들은 아이에게 말의 모범을 보여주려는 의식을 가지고 있다.

문화적 차이에 따라 어른들이 아이에게 말을 하는 방식이 달라질 수 있다. 그러나 그것이 아이의 언어습득에 커다란 차이를 가져오는 것은 아니다. 언어습득에 필요한 모든 것은 이미 마음속에 준비되어 있다는 점을 생득주의 언어학자들은 믿어 왔다. 아이들이 모국어를 체득해서 자유롭게 의사소통할 수 있게 되는 데에는 본래부터 타고 난 언어습득능력이 작용한다. 문화적 배경의 개입은 그 다음 순위에서 작용하는 문제이다.

3.3. 언어능력은 어디에: 두뇌의 기능 분화

두뇌에 일어날 수 있는 심각한 손상, 가령 심한 외상을 입었을 때 그 결과로 나타나는 언어 장애 현상을 관찰해 보면, 언어능력에 관한 생리적 지식을 부분적으로 유추해 낼 수 있다. 이 절에서는 두 가지 실어증 현상을 중심으로 두뇌의 기능 분화에 관해 알아보기로 하자.

인간의 두뇌 능력 중에서 언어능력은 하나의 자율적인 체계를 이루는 것 같다. 과연 두뇌 속에 언어 기능을 전담하기 위해 별도의 신경 회로망이 구성되어 있는지에 대해 현대 의학에서는 충분하게 증거를 확보하고 있지는 못하다. 그러나 제한적인 수준에서 언어능력에 관한 신경학적 증거는 알려져 있다.

두뇌의 반구 분화는 가장 기초적으로 관찰되는 현상이다. 먼저 두뇌의 겉모습을 살펴보자. 아래에서 보듯이 좌측 반구와 우측 반구가 뇌량(corpus callosum)이라는 이름의 신경 다발로 연결되어 있다.

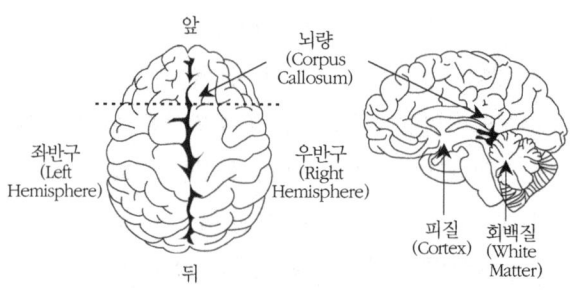

인간의 두뇌에서 좌반구 측면 부분은 언어 및 기억 기능을 담당한다. 이 부위를 '측두엽'이라 한다. 두뇌의 좌반구 아랫부분에 외상으로 인한 손상을 입은 사람에게 실어증 현상이 나타나는 것으로 보고되어 있다. 두뇌에 언어 기능을 담당하는 부분이 산재함을 보여주는 증거를 실어증 현상을 통해 알아보자. 이를 위해 우선 두뇌의 측면화 가설에 대해 언급하고, 대표적인 실어 현상으로 브로카(Broca) 실어증과 베르니케(Wernicke) 실어증에 대해 알아보기로 하겠다.

언어능력은 좌반구에서 담당한다. 두뇌의 좌반구 지역은 말을 하는 데에 관여하며, 우반구는 공간 지각력에 관여한다. 그리고 역측면화 가설에 의하면, 두뇌와 신체는 대각선 방향으로 연결된다. 언어가 좌반구 현상이라는 것을 지지해 주는 증거라면, 잘 알려진 임상적 증거로서 청취 테스트가 있다. 앉아 있는 사람의 등 뒤에서 조그마한 청각 신호를 발신하는 기기를 가지고 좌측 귀와 우측 귀를 무작위로 번갈아 바꿔가며 신호음을 들려주고 소리가 들리는 쪽으로 손을 들어 반응을 표시하도록 해 보았다. 이 실험 결과로는, 언어 신호가 주어지면 우측 귀 자극에 더 빨리 반응한다는 것을 보여준다. 또한 심한 외상으로 인해 반구 절제술을 받은 후에 언어 장애가 더 심해지는 경우가 생긴다는 점도 언어능력이 한쪽 반구에 치우쳐 있음을 시사해 준다.

두 가지 실어증을 구분해서 알아보자. 아래 그림은 좌측 두뇌를 측면에서 관찰한 모습이다(Fromkin 외 2003, p37). 화살표가 가리키는 곳으로 좌반구 앞쪽에 브로카 영역이 있고 좌반구 뒤쪽에 베르니케 영역이 있다.

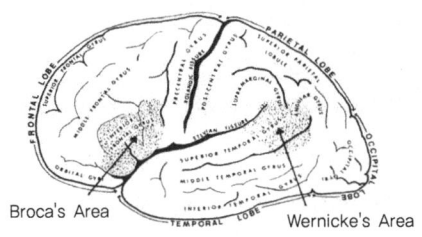

Broca's Area   Wernicke's Area

　브로카 실어증은 좌뇌의 전두엽 위치, 즉 전방부 측면 부분에 손상을 입었을
때 나타난다. 브로카 실어증은 말을 산출하는 능력에 관계한다. 한편, 베르니케
실어증은 좌뇌의 측두엽 후방부, 즉 후반부 측면에 손상을 입었을 때 나타나며
말의 뜻을 이해하는 능력에 문제를 일으킨다. 이 두 가지 실어증은 그 증상에 있
어 성격이 다른 것인데, 좌반구 내에서도 두뇌의 위치마다 제각기 다른 기능을
수행하는 신경 체계가 작용하는 것임을 보여준다.

　브로카 영역은 문법적 구조를 제공하며 음성 기관을 통제하는 미세 근육의 움
직임을 조절하는 데에 작용한다. 브로카 실어증 환자는 더듬거리지만 의미 있는
말을 한다. 그러나 더듬거리는 정도가 심해서 마치 전보 치는 듯한 인상을 준다.
운동 신경 장애에 해당하며, 말의 산출에 어려움을 겪는다. 문법이 틀린 말을 곧
잘 한다. 다른 사람의 말을 잘 이해하지만, 어순이 달라졌을 때 해석에 어려움을
겪는다. 다음 예는 브로카 실어증에 걸린 환자와의 실험 대화 자료 중에서 인용
한 부분이다. 은퇴하기 전에 목수 일을 했다는 말을 하는 것인데 더듬으면서 발
음하고 있다.

　　Examiner: Tell me, what did you do before you retired?
　　Aphasic: Uh, uh, uh, pub, par, partender, no.
　　Examiner: Carpenter?
　　Aphasic: (shaking head yes) Carpenter, tuh, tuh, tenty year.

　한편 베르니케 실어증은 유창하지만 의미가 통하지 않는 말을 하는 현상이다.
이것은 말을 이해하는 능력에 장애를 겪는 것이므로 다른 사람의 말을 알아듣는
데에 어려움이 있다. 브로카 실어증의 경우처럼 말을 더듬는다거나 전보 치듯이

말하는 것이 없고, 정상적인 말투로 보일 만큼 보통의 말 속도에서 끊어짐 없이 말을 한다. 그렇지만 베르니케 실어증은 말의 뜻을 나타내는 데에 문제가 생긴 것으로, 말할 때 단어가 생각나지 않는 경우가 빈번하다. 명사, 형용사, 동사 등의 품사를 가진 단어가 생각나지 않는데, 그 중에서 특히 명사가 생각나지 않는다. 그래서 베르니케 실어 현상을 겪는 사람에 대한 별명으로 '명사가 없는 사람'(the man without a noun)이라고 지칭하는 일도 있었다.

베르니케 실어증 환자는 말의 속도에 있어 끊어지지 않고 유창하지만 단어를 머릿속에서 떠올려 내는 데에 어려움이 있다. 말하고자 하는 바에 정확히 부합되는 단어를 쉽게 가져오지 못한다. 사용 가능한 표현들을 이것저것 가져와서 대충 얼거리 지게 말하는 경향이 있다. 머릿속에 기억하고 있어야 하는 어휘 능력에 문제가 발생한 것이어서, 실제 말하는 내용을 살펴보면 의미적으로 앞뒤가 맞지 않거나 의미가 잘 통하지 않는 단어들을 말하고는 한다. 특히 명사를 기억하지 못하는 장면을 드러낸다. 예를 들어 'water'처럼 일상적인 단어를 떠올리지 못하기 때문에 'what you drink'(마시는 거)로 풀어서 말하는 수가 있고, 'nose'라는 단어를 생각해 내지 못하기 때문에 'what we smell'(냄새 맡는 거)라고 우회해서 표현하는 경우가 있다. 품사 전이에 따르는 정보를 이해하는 데에도 어려움을 겪는다. 예를 들면 'milk'라는 단어에 대해 명사라는 것만 기억할 뿐, 동사로도 가능하다는 사전 정보로 연결시켜 기억하지 못하는 경우가 있다. 이를테면 'a glass of milk'는 기억하고 있으면서 'milk the cow'처럼 동사로 쓰인 milk에서 '소젖을 추출하다'라는 뜻을 이해하지 못한다.

실어증 현상은 두뇌의 기능 분화에 대해 의미 있는 시사점을 알려준다. 대뇌 피질의 표층 부위를 따라 부위별로 서로 다른 역할을 수행하는 신경 체계가 자리하고 있다. 브로카 영역은 조음 기관의 운동 능력을 제어하는 기능이 있음을 알려주었다. 베르니케 영역은 언어 정보를 저장하고 저장된 어휘 정보를 브로카 영역을 경유해 입력-출력하는 신호 전달 기능이 있음을 알려주었다. 사람들이 말을 유창하게 할 수 있고, 또한 의미가 제대로 갖추어진 말을 할 수 있는 데에는 앞서 살펴 본 것처럼 좌측 뇌의 특정 부위에 따라 신호 전달 체계가 수립되어 있기 때문이다.

두뇌 내부에 포함되어 있을 법한 머릿속 사전은 두뇌의 특정한 한 군데 부위에 자리하고 있다고 보기는 어렵다. 고유 명사, 일반 명사, 동사 등의 품사별로 단어 의미가 제각각 다른 위치에 자리하고 있으리라는 점을 입증해 주는 증거를 수집할 수 있다. 사람들마다 명사를 중심으로 정보를 표현하는 것이 수월한 사람이 있는가 하면 동사를 중심으로 정보를 표현하는 것이 수월한 사람도 있다. 이에 대한 이유는 두뇌 조직의 개인적 편차에 따라 특정 부위를 활용하는 정도가 다르다는 점에서 찾을 수 있다.

의료용 전자 기기를 이용해 두뇌를 촬영해 보는 방법을 통해 좌측 뇌가 작용하는 방식을 관찰할 수 있다. fMRI 또는 PET 장비를 이용해서 촬영하면, 두뇌의 특정 부위가 활성화 될 때 혈류량이 증가하는 것을 보여준다. 이를 통해 두뇌가 언어를 생성하고 이해하기 위해 신경 회로망을 작동하는 경로에 대해 부분적으로나마 추적해 볼 수 있다.

두뇌의 좌반구와 우반구가 연결되는 방식에 있어 남녀 차이가 있다. 남녀의 두뇌가 서로 다르다는 것은 사회적 편견에 기인하는 것으로 볼 여지가 있기 때문에 과학적으로 분명하게 결론이 내려지지 못했다. 그렇지만 적어도 좌반구와 우반구를 연결하는 '뇌량' 섬유들은 평균적으로 여자가 남자보다 크며, 이것은 두뇌의 전체 용적이 남자가 더 크다는 사실과는 대조를 이룬다. 머리 뒤쪽 방향에 있는 뇌량의 좁은 부위(isthmus라고 불리는 부위)가 여성의 두뇌에서 남성보다 상대적으로 더 크며 이것으로부터 2개 반구를 더 견고하게 연결하는 것으로 추정된다.

뇌량이 더 크다는 사실만으로 뇌의 기능이 반드시 더 좋다고만 할 수는 없겠지만 아무튼 남녀의 두뇌는 다르다는 해석이 제시되었다. 여성 두뇌의 언어 중추는 좌반구 내에서 그리고 좌우의 두 개 반구 사이에서 더 많은 지역들과 연결되어 있다는 점에서 여성이 남성에 비해 예기치 못한 두뇌 손상으로부터 회복될 가능성이 조금 더 높은 편이다. 한편 난독증(dyslexia)이라는 언어 장애는 말을 하는 데에는 지장이 없으면서 글을 읽는 데에 어려움을 겪는 증상인데, 여학생보다는 남학생들이 더 많이 앓는 증상이다. 난독증은 반구를 연결하는 뇌량의 구성이 불완전하게 이루어졌기 때문에 나타나는 현상이다.

여성은 남성보다 언어 구사력이 앞서는 것으로 간주되어 왔다. 남자는 언어 기능이 왼쪽 뇌에 전부 모여 있는 것에 비해, 여자는 언어 기능이 왼쪽을 중심으로 하면서도 오른쪽에도 부분적으로 분산되어 있다는 주장이 있다. 그래서 여성은 양쪽 뇌를 동시에 사용하는 정도에 있어 남성보다 앞서며 아마도 이런 이유 때문에 여성이 여러 가지 일과 생각을 동시에 하는 작업에서 남자보다 잘하는 경우가 많다는 것이다.

남성들은 객관적이고 분석적이며 여성들은 섬세하고 감성적 능력이 발달해 있다는 인식이 사람들 사이에 유포되어 왔다. 그렇지만 이런 차이는 뇌의 구조 차이에서 발생한 것이라기보다는 문화적 관습에 영향을 받는다고 보는 견해도 있다. 남자들에게 익숙한 문화가 여자들에게, 혹은 여자들에게 익숙한 문화가 남자들에게 부과되는 상황은 늘 발생한다. 상대방 성별에 친숙한 문화적 기대가 갑작스럽고 예기치 않은 상황으로 다가오면 빨리 적응하지 못하고 당황하게 되며 그래서 남녀 차이를 드러내는 것일 뿐이라고 보는 견해가 또 하나의 가능성으로 성립한다.

한편 인지적 결함 중에는 우반구 손상에서 나타나는 것으로 여겨지는 것이 있다. 알려진 임상 실험 결과를 보면, 화용론적 손상이 주로 우반구 손상에서 비롯되는 것으로 보고되었다. 화용론적 추론, 메타포, 관용 표현, 유머 등이 우반구 손상에 의해 직접 영향을 받는 것으로 알려져 있다.

한편 수화(sign language) 사용은 두뇌 좌반구에서 통제되는 것으로 알려져 있다. 음성적으로 말을 할 수 없는 사람들에게 수화는 음성 언어를 대신하는 대안적 언어이다. 수화는 시각적 공간적 정보에 의존하므로 우반구에서 통제될 것이라는 짐작을 해 볼 수 있을까? 아니다, 그것은 좌반구 현상이다. 인지과학의 연구 결과에 의하면, 수화도 음성 언어와 마찬가지로 좌반구에서 통제하는 것으로 밝혀졌다. 수화만을 개인 언어로 사용하는 사람들에게 있어, 수화의 산출 능력은 브로카 영역이 담당하고, 이해 능력은 베르니케 영역이 담당한다. 이런 점에 있어 수화 사용자의 언어는 음성 언어 사용자의 언어와 마찬가지로 좌반구 기전에 의해 산출되는 것으로 평가된다.

3.4. 노엄 촘스키의 언어습득가설: 생득주의자 촘스키

촘스키 Chomsky는 20세기와 21세기에 걸쳐 세계에서 가장 유명한 언어학자이다. 이 장에서 노엄 촘스키 Noam Chomsky에 관해 언급하는 이유는 단순히 그가 유명한 언어학자라는 점에서만은 아니다. 언어습득에 관해 현대과학사상의 흐름에서 가장 영향력 있는 가설을 촘스키 교수가 오래 전부터 제시하였기 때문에 이를 소개해 보기 위해서이다. 습득 가설을 소개하기에 앞서 아주 짧은 프로필을 적어 보겠다.

촘스키는 1928년 생으로 줄곧 MIT 대학에 재직하여 왔으며 미국 대학의 지식 사회에서 학문적으로 커다란 물결을 일으킨 인물이다. 촘스키가 일구어 낸 학문적 성취를 돌아보면, 인류 지성사에서 한 사람의 학자가 보여줄 수 있는 정신적 노력의 소중함이 드러난다. 여기 사진은 2002년에 출판된 「Understanding Power: The Indispensable Chomsky」 책의 표지에 등장한 촘스키 교수 모습이다. 필자는 촘스키 교수의 젊어 보이면서 지적 이미지를 보여주는 좋은 사진을 찾아보다가 초상권을 침해하지 않는 범위

에서 공개된 사진을 아마존-닷컴에서 여기에 복사해 왔다.

촘스키는 모국어 사용자의 내성(introspection)과 직관(intuition)을 중시하였다. 촘스키의 언어 연구는 인간 내면의 인지심리적 실재체에 관해 깊숙하게 파고들었다. 촘스키는 20세기에 워낙 유명한 학자이다 보니 촘스키가 주장하는 언어학적 가설에 반대하는 입장의 연구자들이 나타나는 것도 자연스럽고 필연적인 일이었다. 촘스키의 주장에 반대하는 학자들은 촘스키가 제시한 언어학 이론이 언어에 연루되는 역사적, 사회적, 문화적 요인들을 부적절하게 소거하거나 부당하게 도외시하였다는 비판을 제기하였다. 이와 같은 비판이 있어 왔지만 언어습득에 대한 촘스키 가설은 현대 학문에서 파장을 불러일으켰다.

한두 개 명제만으로 촘스키 교수의 사상과 언어관을 설명하기는 어렵다. 촘스키의 문법 이론들, 이념과 철학에 대한 상세한 이해는 다른 전문 서적으로 돌리기로 하고, 다만 언어습득에 관련해 촘스키의 관점을 간략하게 소개하기로 하겠다. 인간의 언어습득에 관해 촘스키가 주장했던 견해의 요지를 알아보자.

인간이 언어를 습득하는 것은 어째서 가능한가? 촘스키의 견해로는 그건 바

로 인간이 본래부터 타고난 선천적 능력이 있기 때문이다. 인간은 본래부터 인간이라는 종(種) 특유의 고유한 특성으로 언어를 배울 수 있는 능력을 타고났다는 것이 핵심 주장이다. 즉, 언어 기호가 서로 어울려서 구조화되어 사용되는 방식을 통제해 주는 것은 내재적 언어능력에 의해서이며 이것은 선천적으로 타고 난 능력이라는 것이다.

비유적으로 말해보기로 하자. 세상에 아주 똑똑한 사람이 있는데 너무 똑똑한 나머지 하늘을 날게 되지는 않는다. 반면, 아주 똑똑한 새가 있다고 하더라도 그 새가 (판타지 세계에서라면 모르겠지만) 현실 세계에서 사람처럼 말을 하게 되지는 않는다. 생물학적 결정론의 관점에서 보자면, 사람은 언어습득에 직결되는 유전자를 출생에서부터 가지고 태어났고, 새는 언어 유전자는 없지만 사람에게는 없는 날개 발달에 직결되는 유전자를 가지고 태어났다. 날개까지 달고 하늘을 날며 꿈을 펼치는 것은 정말 신나는 판타지이기는 하지만 인간에게 주어지는 능력은 아니다.

서구 철학에서 연역주의와 경험주의는 중요한 축을 이루어 왔다. 촘스키는 언어와 지식 사이의 관계에 대해 예민한 관심을 기울였으며 그가 부각시킨 논쟁거리는 철학의 문제와 맞닿아 있다. 연역주의와 귀납주의의 2가지 철학적 사고 방식을 떠올려 보자. 프랑스 연역주의자 데카르트가 언명한 것처럼, "나는 생각한다. 그러므로 나는 존재한다."라는 말은 연역주의 사고를 대변하는 대명제이다. 존재 그 자체만은 비록 증명하기 어렵더라도 당연히 존재한다고 믿는 경우가 있다. 기독교를 믿으면 여호와의 존재를 믿는데, 그 믿음에 따라 여호와는 스스로 존재하므로 직접 여호와를 만나서 손을 마주 잡아보지 않아도 실제로 존재함을 인정하고 그 존재를 내면화 시킨다. 이런 상황은 종교적 믿음이기는 한데 철학적 믿음으로도 환원해서 말해 볼 여지가 있다. 종교적 믿음으로서 신의 존재를 믿는다는 것은 그 이전에 이미 하나의 선험적 대명제로 "신은 존재한다."의 실재성을 받아들이는 것이다.

언어능력에 관해 촘스키는 철학적 대명제를 선언했다. 그것을 다시 힘주어 적어보면, "언어능력은 존재한다. 생물학적 조건에 있어 언어능력이란 인간에게 선천적으로 주어진 능력이다." 촘스키는 경험과 지식 사이의 관계를 두 가지로 구분해서 언급한 바 있다. 1986년에 촘스키는 저서 「Knowledge of Language」를 통해, 인간이 삶에서 직면하는 철학적 현상에 대해 크게 '오웰의 문제'와 '플라톤의 문제'로 이름 붙이면서 구별한 바 있다. '오웰의 문제'(Orwell's problem)라고 함은, 경험은 풍부하게 주어지지만 그로부터 얻어지는 지식은 적은 경우를 말한다. 한편 '플라톤의 문제'(Plato's problem)라고 함은, 경험은 적게 주어지는데 이로부터 얻어지는 지식은 풍부하거나 안정적으로 나타나는 경우를 말한다.

오웰의 문제는 언제 어디에서든 일어난다. 굳이 어려운 철학적 사유를 들어 거론하지 않더라도 사람들의 하루하루 일상사가 보통 그러하다. 사람들은 옛날에 있었던 많은 기억들을 잊어버리고 묻어버리며 살아간다. 화가 났던 일, 슬펐던 일, 젊은 날을 흔들어 놓았던 사건들, 그 많은 것들이 시간이 흐르고 흘러서 어깨 너머 지나온 세월을 뒤돌아 볼 때쯤 되면 기억의 저변에 가라앉아 희미해지고는 한다. 기억의 한계만큼 사람들은 오웰의 문제를 어깨 위에 짊어지고 살아간다. 정치사회적 현안들을 보고 듣고 기억해 두었다가 시간이 지나가면 잊어버리기도 한다. 사람들이 기억력의 한계 때문에 보고 듣고 경험한 것들의 상당 부분을 잊고 살아갈 수 있는 것은 오웰의 문제이다.

한편 '플라톤의 문제'는 인간의 언어습득 과정에서 두드러지게 나타난다. 말을 배우는 과정 그 자체가 그러하다. 한 사람이 출생해서 아이 때에 언어를 배우는 것은 신비스럽기만 하다. 어린아이들은 두뇌 능력이 아직 제대로 발달하지 못한 단계에서부터 수월하게 말을 배운다. 어른보다는 훨씬 나은 성취 능력을 아이들은 말을 배우는 과정에서 보여준다. 이러한 능력에 대해 촘스키 교수는 연역주의 철학의 관점에서 설명했다. 즉, 언어 습득은 '플라톤의 문제'에 해당한다는 것이다. 사람이 언어를 배워서 모국어로 자연스럽게 구사할 수 있게 되는 것은 적은 경험으로부터 안정된 지식을 얻어내는 것이다. 고대 철학자 플라톤은 적은 경험으로부터 지식을 얻는 것이 '전생의 기억'이 있었기 때문이라는 정도로 신비적으로 이야기하고 말았다. 이에 비해 촘스키는 언어습득 문제에 관해 현대 연역주의 관점으로 설명하였다.

촘스키의 언어철학에서는 '지식'이라는 용어가 자주 등장한다. '지식'이란 거의 언제나 언어에 의해 표현되기는 하지만 꼭 언어로 표현되지 않더라도 경험을 통해 얻어질 수 있다. 사람의 삶에서 경험과 지식은 서로 영향을 주고받는다. 현실 세계에서의 경험과 그로부터 얻을 수 있는 지식 사이의 대응은 동일한 비례 관계에 있지는 않다. 가령 어떤 사람이 직장에서 퇴근해 집에 돌아오는 과정에서 겪을 수 있는 여러 경험이 있겠는데, 그 모든 세밀한 경험을 머릿속에 분명하게 기억해서 담아 두지는 않는다.

일상적 기억들은 개인마다 차이가 있으며 모든 사람에게 동일한 수준으로 수립되는 것은 아니다. 어떤 한 사람이 자신의 일상생활이나 관념 세계에서 겪어 본 모든 경험들을 머릿속에 다 기억해 둘 수 없기에 그 중 일정 부분만을 기억해 두었다가 시간의 경과에 따라 망각하기도 하고 새로운 기억을 머릿속에 추가로 담아 두기도 한다. 기억되어 있다가 필요에 따라 의식의 전면으로 금방 인출될 수 있는 정보는 '지식'이라고 불리는 것이다. 이러한 지식은 망각되지 않는 한에는 머릿속에서 일정한 패턴으로 구조화되어 있으며 끊임없이 새롭게 구조화를 겪는다.

3.5. 내재적 언어능력, 보편문법, 한계연령

나라마다 제각기 말은 다르지만 각 나라 사람들은 모두가 자신이 출생하고 성장한 지역의 언어를 자연스럽게 사용한다. 모국어를 배워서 사용하는 데에 필요한 지식은 개인적 차이가 크지 않고 사람들마다 공통된 특성을 갖추고 있다. 출생 이후 성장하는 언어 사회마다 문화적 조건이 동일하지 않고 한 개인이 누릴 수 있는 사회적 지위나 환경에도 차이가 있다. 그럼에도 불구하고 사람은 누구나 다 하나의 모국어를 일정한 속도로 습득한다. 어른들 눈으로 관찰하기에는 아이들은 힘들이지 않고 말을 쉽게 배우는 것으로 보인다. 모국어를 배워서 사용하는 것은 한 개인의 지적 능력의 우열과는 무관하며 사람은 누구나 다 말을 배워서 사용할 수 있다. 이것은 바로 언어를 배울 수 있는 능력을 모든 사람이 선천적으로 타고 났기 때문이다.

"언어는 학습되는 것이 아니라 성장하는 것이다." 이 명제는 촘스키가 수립한 언어관을 대변해 준다. 학습이란 의식적인 행위로서 개인적 성취의 차이를 가져오지만, 성장이란 무의식적으로 누구에게든지 일정 단계 이상으로 일어나게 예정되어 있다. 아이들은 어른의 눈으로 보기에는 그다지 노력을 기울이는 것 같지는 않으면서도 2～3세 무렵부터 말을 쉽게 배운다. 어린아이들은 언어를 의식적 노력을 통해 학습하는 것이 아니라, 주어진 언어적 환경에 놓여 있으면서 의식하지 않는 가운데에 머릿속에 언어능력을 성장시켜 나간다.

사람은 출생 때부터 이미 언어능력을 보유한다. 이러한 언어능력을 촘스키는 보편문법(Universal Grammar)이라고 불렀다. 촘스키는 "언어능력은 (보편문법으로부터) 성장하는 것이다."라고 강조해서 말했다. 어린아이는 언어에 대한 지식이 없는 상태에서 태어나지만 언어를 배울 수 있는 능력 자체를 출생 때부터 타고 난다. 이 능력은 보편문법에 해당하는 것이며 여기에 일련의 성장 단계를 거쳐 안정된 언어능력을 보유하게 된다. 언어능력의 성장 과정을 단계의 연속으로 구획해 볼 수 있다. S(1), S(2), ... 순서대로 각 단계(State)에 번호를 부여해서 아래처럼 구별해 적어 보자.

$$S(1) \rightarrow S(2) \rightarrow S(3) \rightarrow \ldots \ldots \rightarrow S(n)$$

이 구분에서 마지막 상태 S(n)에 이르기까지 언어능력(= 문법)은 성장한다. S(1)은 태어날 때부터 두뇌 능력의 일부로 보유하는 보편문법의 상태로서 말을 배울 수 있는 초기 상태를 뜻한다. 즉 보편문법(UG)은 S(1)에서부터 시작된다는 뜻이다. S(1)에서 출발해서 여러 번의 중간 단계를 거쳐, 마지막에 도달하는 S(n)은 모국어를 습득하는 목표 수준에 해당한다. 여기에서 '목표 수준'이란 언어능력이 완전하게 발전된 수준을 뜻하기보다는 자연스럽게 말을 하기 위해 최소한으로 필요한 언어능력이 성공적으로 습득된 상태를 뜻한다.

촘스키가 제시한 보편문법 개념은 말을 배울 수 있는 능력 자체를 말한다. 이상의 구분에서 최초 상태 S(1)은 비록 실제로 말을 배우지는 못하였지만 말을 배울 수 있는 능력으로 보편문법을 보유한 상태를 말한다. 그리고 언어습득이 진행되어 마지막 상태 S(n)에 도달하게 되면 보편문법이 개별 문법으로 전환되어 (= 성장해서) 모국어 문법을 습득한 것이다.

습득의 목표 수준인 S(n) 상태는 학령기 전후 연령에서 도달하게 되는데, 일단 S(n) 상태가 여러 해 지속되다가 한계연령이 지나면 더 이상은 새로운 언어를 모국어로 습득할 수 있는 능력을 보유하지 못한다. 새로운 모국어를 배울 수 있는 한계연령(critical age)이 10 ~ 13세 사이라는 것이 바로 이 시기를 말한다. 한계연령을 지나면 모국어를 배울 수 있는 능력이 현저하게 떨어진다. 한계연령에 도달하기 이전에 이미 배운 모국어의 능력이 발현되어 모국어를 자유롭게 사용할 수 있지만, 그 이후 연령에서 또 따른 새로운 언어를 (익숙한 외국어로서가 아니라) 편한 모국어로 배운다는 것은 실현하기 어렵게 되고 만다. 이것은 모국어를 습득하는 능력 자체가 (즉 보편문법이) 수축되었거나 쇠퇴하였기 때문이다. 의식적인 노력에 바탕을 두는 학습은 그 과정에 소요되는 기회비용에도 불구하고 무의식적 습득으로 전이되기는 어렵다.

모국어를 습득할 수 있는 시기를 넘기면, 즉 한계연령을 넘기면 새로운 언어를 학습하는 것은 쉽지 않다. 아주 열성적인 노력을 기울여 외국말을 배우더라도 좀처럼 모국어 수준으로 습득이 되지 않고 다만 잘 배운 외국어 수준에 머물고 마는 경우를 우리는 흔히 보아 왔고 직접 경험해 보았다. 청소년 시기에는 그나마 외국어 학습의 조건이 어느 정도까지는 유연할 수 있지만 성인이 되고 난 이후에는 아주 배우기 힘든 외국어가 되고 만다. 한국 사람들이 영어 배울 때 어려움을 겪으면서 답답한 마음에 한숨짓고 영어 그것쯤이 뭐 그리 어렵냐고 항변하다 보면 조기교육론자도 되고, 몰입 교육을 시도해 보려고도 하며, 우리 문화와 우리말이 더 소중함을 강조하기도 한다. 교육 기관에서 진행되는 외국어 학습에도 불구하고 외국어 구사력에 있어 만족스러운 결과를 얻기 어렵다.

하지만 사람은 누구나 다 자신이 태어나고 성장하는 가정과 사회에서 모국어가 주어진다. 어떤 나라의 말을 모국어로 배우기로 선택 받았는지에 관계없이 모든 사람은 유아기 때부터 자신에게 제시되는 모국어를 성공적으로 습득하는 단계를 거친다. 어린아이들은 일찍부터 습득 대상 언어에 노출되는 환경을 접하면서 모국어를 무의식적으로 두려움 없이 자연스럽게 습득한다.

안정된 언어능력을 확보한 상태에서는 규칙 체계로서의 문법이 언어사용자의 마음속에 자리 잡는다. 이런 상태를 언어능력이 (혹은 문법이) '내재화' 되었다고 한다. 생성문법의 기본 관점을 다음과 같이 응축해서 적어볼 수 있다.

- 누구나 문법을 알고 있다.
- 문법은 규칙의 집합으로 구성된다.

• 유한한 수의 규칙이 내재화되어 있고, 이로부터 무한한 수의 문장을 말
  할 수 있다.

모국어를 습득했다는 것은 말하려는 의도를 가지고 자연스럽게 말을 할 수 있
는 상태를 말한다. 습득에 성공했다는 것은 성인의 수준에서 특정한 직업을 가지
고 고급적인 지식이나 전문 영역에 관해 난이도 높은 말을 할 수 있게 되었음을
뜻하는 것은 아니다. 학령기 전후, 더 늦게는 10세 무렵의 한계 연령대 아이들이
습득한 모국어로 말을 하고자 하면 마음먹은 대로 자연스럽게 말을 할 수 있으므
로, 이것은 모국어 습득이 완성되었음을 뜻한다. 비록 아이들이 어른들의 말처럼
풍부한 어휘와 표현들을 갖추지는 못하고 상대적으로 단순하게 말하기는 하지만,
그 자체로는 모국어를 습득한 상태이므로 자연스럽고 즉각적으로 마음먹은 대로
말할 수 있다.

일정한 연령, 즉 학령기 전후한 시기에 아이들은 언어능력을 이미 완성하였거
나 거의 완성하는 단계에 도달한다. 언어능력이 완성되었기 때문에 아이들은 자
연스럽게 원하는 만큼 말을 할 수 있는 상태에 도달한다. 아이들은 틀린 말을 곧
잘 하거나, 단순한 말만 많이 사용하는 모습을 보여주기는 하지만 그런 정도는
성장하면서 개선된다. 여기에는 언어를 배우는 시기의 습득 과정뿐만 아니라 학
습 과정에서의 경험이 깊이 관련된다. 학교에 취학한 이후부터는 사회적 관계에
놓임에 따라 더 많은 경험을 하고, 지식을 점차적으로 배워 나가는 과정에서 언
어를 더 풍부하게, 적절하게, 효율적으로 사용하는 능력이 체득된다. 사회화 과
정에서 보면, 세상에서 언어를 배우는 것과 언어를 통해 세상에 관해 배우는 것
은 동시에 일어나는 일이다.

규칙 습득이라 함은 보편문법을 개별 문법으로 구체화하는 문제이다. 생성문
법의 관점에서 볼 때, 마음속에 내재화되어 있는 유한수의 규칙 체계를 가지고
무한 수의 실제 문장들을 생성할 수 있다. 모국어 습득은 외국어 학습과는 그 과
정과 특징이 확연하게 구별된다. 암기한 문장을 말하는 수준만으로는 모국어를
배운다고 할 수 없다. 외국어 학습을 위해서는 빈도 높은 덩이말(chunks)과 관용
표현을 암기하며 학습 매체를 활용해서 상황 맥락에 따른 기억 효과를 높이는 방
법들이 강조된다. 그러나 이런 방법들은 '들어보지 않은 문장을 말하는 능력'과는

다르기 때문에 그것만 가지고서는 언어습득의 충분조건을 확보할 수 없다.

어휘 습득에 관해 한 가지 짚어 두어야 할 점이 있다. 규칙의 습득과 규칙 체계는 이른 시기에 완성된다. 이에 비해 어휘 습득은 오랜 시간에 걸쳐 지속적으로 일어난다. 언어습득은 규칙 습득에 의해 일차적으로 완성되며, 규칙 습득이 완성된 상태를 전제로 해서 어휘 습득이 연속적으로 일어난다. 어휘 습득은 모국어 습득의 한계연령을 넘긴 10대 중후반 시기에 활발하게 일어난다. 중고등학생 시절에 어휘 습득은 가장 많이 일어나며 대학 교육을 거치면서 전문 영역에 속하는 어휘들을 많이 배운다. 이후 자기 일을 가지고 살아가는 거의 전 생애에 걸쳐 어휘 습득은 생활의 필요에 따라 지속적으로 일어난다.

3.6. 촘스키 이후: 인지과학의 성립

앞서 우리는 언어습득에 관해 촘스키 교수가 제시했던 가설을 중심으로 정리해 보았다. 학문 세계와 지식 관련 분야에서 촘스키가 미친 영향력에 대해 약간 더 언급해 보기로 하자. 과학철학자 토마스 쿤은 저서 「과학혁명의 구조」에서 학문적 패러다임의 혁명적 등장과 전환, 쇠퇴의 순환 과정에 대해 말한 바 있다. 과학 혁명의 맥락에서 1960년대 이후 언어학에서는 생성주의 언어학 혹은 내성주의 언어학이 힘을 얻었고 이런 영향력은 '촘스키 혁명'이라고까지 근사하게 말해진 적도 있다. 그러나 깊숙하게 알고 보면 촘스키 교수가 추구하던 과학 사상과 언어 이론들이 언어학에서 반드시 전면적 패러다임이었다고만 볼 수는 없다. 왜냐하면 관점과 가정을 달리하는 언어학 분과들이 다양하게 있어 왔기 때문이다.

촘스키의 학문적 성과를 지탱하는 기본 가정들은 확정된 사실이기보다는 가정에 해당한다. 그것은 철학적으로 과학적으로 생리적으로 100% 수준에 가깝게 확인되지 않았다는 점에서 가정에 해당한다. 주목할 만한 또 한 명의 학자에 관해 언급해 보겠다. 스티븐 핑커 Steven Pinker는 MIT 대학에서 촘스키 교수에게 영향을 받았으며 1990년대부터 활동하기 시작한 심리언어학 전공 학자이다. 그는 「언어본능」(Language Instinct)이라는 저서에서 사람이 언어를 배워서 사용하게 되는 그 놀랍고 마법적인 능력을 '본능'의 문제로 돌린 바 있다. 인지과학자들마다 각자의 전공 분야에 따라 언어능력의 본질을 특징짓는 방식에는 차이가 있다. 연구자마다 심리적 능력으로, 신경 전달 방식으로, 병렬적으로 연결된 컴퓨터 망으로, 정신적인 개념 구조 등으로 언어능력의 특징을 설명한다. 이 모든 것에 선행해서 스티븐 핑커가 중시하는 관점에 의하면 언어란 '본능'에 의해 갖추어진 것이다. 언어는 문화적 발명에 의한 것이 아니며, 직립 보행과 마찬가지로 인간에게 본래부터 잠재하는 능력이라는 점을 핑커는 우선 주목하였다.

학계에서 언어학자 촘스키는 생물학적 언어능력을 강조하는 '내성주의자'로 분류된다. 그러나 이와 다른 관점을 취하는 학문 분파도 있다. 그 중에 한 가지로, 환경으로부터의 언어습득 과정을 중시하는 사회적 상호작용론자가 있다. 내성주의자이든, 사회적 상호주의자이든, 입장의 차이에 관계없이 신경학적으로 보자면 언어능력은 기본적으로 신경 체계의 상호 교섭 작용에 의해 실현된다.

스티븐 핑커는 언어사용에 직접적으로 관여하는 유전자의 존재에 대해 파헤치려고 하였다. 그런데 촘스키와 핑커는 약간 관점 차이가 있다. 노엄 촘스키는 두뇌의 언어능력을 규명하는 데에 있어 신경학자의 길을 가기보다는 내성주의/연역주의 철학자의 길을 걸었다. 이에 비해 스티븐 핑커는 인지심리학에서 출발해 신경과학의 가능성을 타진해 보려고 했다. 신경과학의 일부로서 언어를 연구하려는 관점은 그 가능성 자체만으로 관심을 받았지만 과학적 성과는 아직 미지수로 남아 있는 부분이 많다.

신경학적 발견 사례 하나를 소개하겠다. 영국 옥스퍼드 대학 연구진은 유전적 이유 때문에 언어 장애를 보여 왔던 가족 구성원 3대에 대한 관찰 연구를 수행하였다. 이들 가족 구성원 중 대부분 사람은 명사 복수 형태 -s, 과거 시제 형태 -ed 등을 올바르게 사용하는 데에 어려움을 겪고 있었다. 이런 현상에 대해 옥스퍼드 연구진은 원인을 찾아보았다. 연구의 성과로서, 문법 현상을 직접 제어해 주는 유전자 정보가 작용하기 때문인 것으로 입증하는 단계에 도달했다. 마침내 2001년에 언어능력과 직접 관련되는 유전자의 존재를 찾아내어 FOXP2라는 명칭을 부여하는 발표를 하였다. 이것은 언어능력과 직접 관계를 맺는 것으로 보이는 유전자 정보를 발굴하려는 시도에서 얻어낸 구체적 결과였다.

사람의 언어 활동을 제어하는 유전자 정보가 두뇌 속 어디에 있는지를 알아내는 것은 인간의 진화 과정을 설명하는 데에 중요한 단서가 될 것이다. 그러나

FOXP2와 같은 특정 유전자 한 가지만이 다양한 언어 현상을 지배한다고 보기는 어렵다. 그것은 흥미로운 과학적 발견이기는 하지만 그밖에 알려지지 않은 유전적 언어능력은 셀 수 없을 정도로 많다. 유전자 정보가 조밀하게 복잡하게 얽혀 있을 두뇌 구조 및 언어능력에 관해 지금까지의 신경학적 연구에서는 아직 적절하게 규명한 것은 아니다. 그러므로 언어에 관한 전반적 신호 전달 체계에 대한 연구는 아직도 갈 길이 많이 남아 있다.

이 절을 마치기 전에, 인간의 인지 능력에 관해 인지과학에서 중요시하는 개념 한 가지만을 슬며시 언급하기로 하자. 모듈주의(modularism)와 단원주의(holism)의 두 가지 입장이 서로 대비된다. 이 두 가지는 언어능력과 인지능력의 관계에 대해 서로 다른 관점을 취한다. 모듈주의 관점에 의하면, 언어 능력은 인지 능력과 독립적으로 있지 않은 채로 상호작용 체계를 이룬다고 주장한다. 이에 비해, 단원주의 관점에 의하면, 언어능력은 그 자체가 독립된 체계를 구성하고 있으면서 다른 인지 과정과 어울리는 것으로 주장한다. 모듈주의와 단원주의 구분은 인지과학 분야에서는 상당히 비중 있는 토의거리이다.

3.7. 제2언어습득: L1과 L2 사이에서

이제는 제2언어습득(second language acquisition)에 관해 알아보자. 앞서 우리는 제1언어의 언어습득에 관해 돌아보았다. 그에 더해 제2언어습득에 관한 기본 개념과 관점을 돌아보는 것도 빠뜨릴 수 없이 중요하다. 모국어로서 제1언어습득 이후에 새로운 언어를 추가로 배우는 것은 제2언어습득이다. 그러면 우선 L1과 L2라는 용어를 기억해 두자. 첫 번째로 배우는 언어(first language)는 L1이라고 줄여서 부른다. 두 번째로 배우는 언어(second language)는 L2라고 줄여서 부른다.

제2언어습득이란 이주를 통해 새로운 곳에 살게 되었을 때 그곳에서 말해지는 언어를 L2로 습득하는 것을 말하며, 넓은 뜻으로는 일상적인 외국어 학습까지 포괄적으로 나타내는 용어이다. 2차 세계대전 이후 행동주의 시절에는 언어 자극에 대한 반응으로 외국어 학습이 진전된다고 보는 견해가 흔히 받아들여졌다. 그 후로 북아메리카와 서유럽으로의 이민이 많아지면서 제2언어습득이 광범위한 현실 문제로 등장했다. 한국 사회처럼 전적으로 단일 언어를 사용하는 사회와 달리, 미국과 같은 다언어 사회에서는 이중언어 환경이 일상적으로 발생했기 때문에 L2 습득에 대해 관찰할 기회도 많았다. 전 세계 언어들 중에 모국어 L1으로서 사용자 수가 가장 많은 5개 언어들의 순위를 찾아보면 중국어, 영어, 스페인어, 아랍어, 힌디어 등이다. 이들 5개 언어 중에서 L2로서의 사용자 수를 보면 영어 L2 사용자가 절대적으로 많고 또한 스페인어 L2 사용자가 많다. 5개 언어에 대한 L1 사용자의 구체적인 수는 뒤의 5장에서 밝혀 두었다.

제2언어습득은 이중언어습득으로 직결되는 것이 보통이다. 이중언어습득의 연령대를 보면, 성인 이중언어 습득, 유아 이중언어 습득, 아동 이중언어 습득 등으로 나누어진다. 나이가 들어서 새로운 언어를 배우려고 하면 이미 습득한 모국어의 영향으로 습득이 수월하지 않다. 이른 나이에 새로운 제2언어(L2)에 노출될수록 L2의 '습득 또는 학습'에 성공할 가능성이 높다.

L2 습득은 L1 습득과는 여러 가지로 다르다. 그 차이를 이렇게 요약할 수 있다. 첫째, 습득의 성공 여부에 차이가 있다. 이 세상 사람은 누구나 다 첫 번째 모국어 L1을 습득한다. 이것은 사회 계층, 혈통, 거주 지역, 심지어 지능의 차이와도 관계없이 누구에게나 실패 없이 성취된다. L1 습득이 모든 사람에게 일정하게 이루어지는 것에 비해, L2 습득은 개인 차이가 크게 날 수 있으니 나이, 재능, 동기, 생활의 절박한 필요성 등에 의해 습득의 성공 여부가 다르게 나타난다.

둘째, L1에서부터 중간언어 방식으로 L2를 습득하려고 한다. L2 학습자는 목표 언어의 문법을 중간언어문법(inter-language grammar)으로 구성한다. 사춘기 이후에 다른 언어를 배우려면 민감한 기간이 있다. 아래에 그려 본 것처럼, 중간언어 문법의 개입은 어차피 피할 수 없다. 그러므로 중간언어문법이 L2 습득을 위해 얼마나 잘 활용되는가에 따라 L2 습득이 L1 습득과 비슷한 수준으로 일어날 가능성이 남는다.

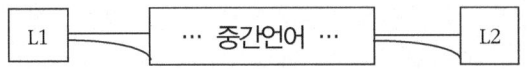

오래 전 행동주의 관점에서 볼 때 제2언어 학습자의 오류는 제1언어인 모국어

로부터의 간섭에 기인하는 바가 크다고 여겨졌다. 예를 들어 한국 사람은 [l]과 [r] 구별이 한국어에 없기 때문에 맥도날드 햄버거 가게에서 주문할 때, French Fry 와 flench fly를 분명하게 구별해서 발음하는 데에 서툴다. 그런데 1970년대 이후 촘스키 내성주의가 등장하면서 행동주의 이론들은 쇠퇴하고 그 대신 학습자의 내적 메커니즘에 초점을 두는 쪽으로 관심이 옮겨 갔다. 제1언어 습득에 있어 환경으로부터 주어지는 자극이 사람마다 고른 것이 아니지만 모든 아이들이 궁극적으로 도달하는 언어습득의 발달 단계가 일정하게 나타나는 것은 생성주의 견해에 의하면 이렇게 설명된다: "언어능력이 본래부터 사람 마음속에 내재된 것이기 때문이다."

대부분 L2 학습자가 겪는 과정이 있다. 발달의 순서로 보면, 우선 침묵기가 있는데, 성인 학습자와 아이들 학습자는 서로 침묵기 상황이 다르다. L2 성인 학습자들은 새로운 이민 국가에서 급히 의사소통하려고 하면 침묵에 의한 잠복기를 갖기 어렵지만, L2 아이들 학습자는 청취하고 성찰하며 이해 가능한 범위를 구분하고 말을 주고받기 위해 적극적으로 준비하는 기간으로 침묵기를 보낸다.

L2 습득이 L1 습득과 얼마만큼 유사할 수 있을까? L1 학습은 습득의 최종 목표 수준에 도달하지만 L2 학습에는 개인 차이가 많이 나타난다. 개인 차이에 영향을 주는 요인으로 제1모국어, 연령, 성별, 기억력, 동기, 학습 환경, 언어적 맥락 등이 있다. 누구나 다 L1 습득에는 성공하지만 L2 습득에서는 사람마다 차이가 있어 많은 사람들이 실패를 경험한다. L1 습득의 목표 수준 달성에는 개인 변이가 거의 없으나 L2 습득에는 개인 차이가 많이 난다. 정의적 요소들이 L2 습득에는 대단히 중요하지만 L1 습득에는 그렇지 않다. 대부분 L2 학습자의 성취도는 모국어 수준에 도달하지 못하는 수준에서 화석화(fossilization) 단계에 머무른다.

습득 시기에 관해 조금 더 알아보자. L2 습득에 결정적 시기(critical period)가 있을까? 일정 연령을 넘기면 새로운 언어의 문법을 습득하기 어려워진다는 점에서 보면 L2 습득에도 결정적 시기는 있는 것으로 보는 것이 일반적인 견해이다. 그러나 이 견해에 동의하지 않는 연구자들도 일부 있다. 실제로 외국어 학습 유형과 사례를 관찰해 본 바에 따르면, 많은 수의 L2 성인 학습자들이 높은 수준의 숙련도(proficiency)에 도달한다. 10세 직후 무렵을 기준점으로 세워서 L2 습득의 점진적 쇠퇴를 정의하는 것이 대체로 타당하기는 하지만, 그렇다고 해서 그것이 예외 없이 꼭 옳은 것만은 아니다. 결정적 시기를 구분하는 것 못지않게 '민감한 시기'를 고려해 보아야 한다. 새로운 언어를 L2로 습득하는 학습자에게도 모국어 사용자 수준에 근접하도록 만들 수 있는 민감한 시기(sensitive period)가 작용할 가능성은 조금씩 남아 있기 때문이다.

발음에 있어서는 민감한 시기가 가장 짧다. 어린아이 시절에 제1언어 사용자의 발음에 노출된 정도가 많을수록 (비록 그것이 어깨너머로 흘려들은 것일지라도) 나중에 그 언어를 제2언어로 다시 학습하게 되었을 때 모국어 사용자 수준의 발음과 악센트를 체득해서 구사할 가능성이 더 많다. 이른 시기에 노출된 언어에 대해서는 노출 흔적이 남아 있다가 나중에 발현되기도 한다. 이러한 노출 흔적은 무엇보다도 발음에 있어 상대적으로 잘 드러난다.

한계연령을 넘긴 사춘기와 청소년 시절에는 비록 새로운 모국어를 배울 환경에 놓이지는 않지만 학교 교육에서 외국어를 배우는 데에 있어 학습의 유연성은 성인에 비해 높은 편이다. 그러나 이것은 학습의 성취와 관련된 문제로서 개인마다 능력 차이가 많이 작용한다. 그나마 학습 효과를 높여주는 효율적 방법으로도 뒷받침되지 못할 때에는 최소한으로 예상했던 기대치 달성에 실패하는 외국어 교육이 되고 만다. 그리고 교차하는 두 언어 사이에서 언어 구조가 크게 다를 때에는 외국어 학습의 어려움이 더 크게 부각된다.

영국이나 프랑스 사람의 외국어 실력은 동유럽 사람보다 낮다는 보고가 있다. 이에 비해 폴란드인과 슬라브인은 외국어 공부를 하기로 마음을 먹은 이후에는 열의를 가지고 전념한다고 한다. 학습 동기는 외국어 학습의 과정과 결과에 중요한 역할을 한다. 외국어 학습의 열의는 사회적 환경과 문화적 배경에 따라 영향을 받는다는 점에서 볼 때에는 더욱 그러하다.

3.8. 제2언어습득의 주요 이론

어른과 아이는 말을 배우는 속도에 차이가 난다. L2를 배우는 환경이 시작된 후로 우선 당장에는 어른 학습자가 기억을 잘하고 더 빨리 배우는 것 같지만, 나중에 두고 보면 결국에는 아이들이 더 빠른 속도로 배운 것으로 드러난다. 이런 역전 현상은 왜 일어나는 것일까? 이 질문에 답하려면 습득 이론 모델에서 제시하는 개념을 통해 이해하는 것이 필요하다. 몇몇 이론들의 개념을 소개해 보겠다.

제2언어습득의 초기 이론으로는 1960년대에 라도 Lado가 제시한 대조 분석(Contrastive Analysis)이 있다. 이것은 행동주의 심리학의 영향으로 자극-반응-강화 과정의 관점에서 언어습득의 특징을 밝히려고 하였다. 라도(1957) 이론에 의하면, L2 습득을 위한 부정적 간섭을 억제하고 긍정적 전이가 일어나야 하는데, L1과 L2 사이에서 L2 구조를 배워 나가려고 함에 있어 형식, 의미, 분포에 걸쳐 대응이 있어야만 L2 습득이 가장 수월하게 일어난다. 형식 대응이 없더라도 의미와 분포 대응이 이루어지면 L2 구조의 습득이 아주 어려운 것만은 아니다. 하지만 부분적으로 겹치기만 하고 대응이 정해지지 않는 구조에 대해서는 부정적 간섭이 끼어들기 때문에 L2 습득이 가장 어려워진다는 사실이 보고되었다.

제2언어습득 초기 이론 중에서 가장 주목을 끈 것은 크라쉔(Krashen 1978)이 제시한 **모니터 모델**(Monitor model)이었다. 여기에 소개해 보겠다. 크라쉔의 모니터 모델은 5가지 부문을 포함하는데, (1) 습득-학습 가설, (2) 모니터 가설, (3) 습득의 자연 순서 가설, (4) 입력-이해가능성 가설, (5) 정의적 필터 가설 등이다. 그에 대해 아래와 같이 번호에 따라 간략하게 소개해 보겠다.

(1) 습득-학습(acquisition-learning) 가설: 습득과 학습이 구별되는 근거를 정의하는 가설이다. 습득은 무의식적이고 학습은 의식적이다. 학습은 습득으로 전이되지 못한다. 그러나 습득은 학습 과정을 거치지 않고 일어나기도 한다. 외국어 교실수업이나 교습 환경에서 L2 학습의 특성이 드러난다.

(2) 모니터(monitor) 가설: '모니터'라는 개념은 언어 학습자가 자신의 언어 사용이 어긋나지 않도록 지켜보는 역할을 하는 것을 뜻한다. L2 습득에 모니터는 부담을 안겨 준다. 학습자는 모니터 수준을 유지하려면 올바른 언어 형식을 인식하고, 규칙을 알며, 말하면서 생각할 시간을 갖는다. 하지만 모니터가 없을수록 언어를 쉽게 배울 수 있다. 어린아이들은 모니터를 사용하지 않는다. 그래서 아이들은 움츠리지 않고 적극적으로 말하려는 시도를 하게 된다.

(3) 자연 순서 가설: 형태소를 배우는 데에는 정해진 순서가 있다. 적절한 입력에

노출되고 적당한 태도가 수반되면, 정해진 순서에 따라 L2 습득이 진행된다.

(4) 입력 가설: 현재 능력에서 이해가능입력(comprehensible input)에 대해서만 이해함에 의해 언어를 습득한다. L2 학습자는 대상 언어를 배우기 위해 특별한 종류의 입력에 노출될 필요가 있다.

(5) 정의적 필터(affective filter) 가설: 이 가설은 L2 학습 능력의 개인 차이를 밝혀주는 중요한 이유이다. 감정, 정서, 기분에 관한 것이다. 두려움은 학습 효과를 저해한다. 정의적 필터는 어떤 말투를 배울지, 언제 습득 시도를 중단할지, 어떤 부분에 주의를 기울일지, 얼마나 빠른 속도로 배워야 할지 등에 관한 것을 결정한다. 학습 성취 결과를 확인해 보고 이로부터 얻어 내는 동기가 정의적 필터로 자리하면 긍정-부정 효과를 함께 지닌다. 학습자의 정의적 필터가 일종의 정서적 장벽으로 작동하지 않고 충분히 낮은 수준에서 비활성화되었을 때에 L2 습득이 순탄하게 진행될 수 있다.

제2언어습득에 관해 그밖에 다른 이론들도 있다. 그 모두를 여기에서 돌아볼 수는 없지만 최소한의 몇 가지 가설을 슬쩍 엿보기로 하자.

첫째, 상호작용 가설이 있다. 롱-가스 Long & Gass에 의해 제시된 상호작용 가설에 의하면 제2언어 발달은 학습자가 L2 환경에서 다른 사람들과 소통의 상호작용을 더 많이 추구할수록 학습 성취가 순탄하게 이루어진다. 상호작용은 중간언어와 대상 언어 사이의 간격에 학습자가 주의를 기울이게 만들어 주고 되돌아보며 수정하게 만들어 준다. 그 결과로 언어 발달이 목표 수준에 근접하게 일어난다.

둘째, 제2언어습득의 사회적 맥락을 중요시하는 관점이 있다. 하임즈(Hymes 1972)가 제시한 '의사소통 능력' 개념은 '개별 언어 사회 내에서 적절하게 의사소통하기 위해 화자가 알아야 할 필요가 있는 것'으로 정의된다. 이중언어 능력을 일구어 내는 데에는 L1과 L2 사이에 근본적으로 사회적 기능 차이가 있다. 문화가 전수되는 것을 통해 사회적 관계가 유지되는데, 제2언어습득과 문화적 학습의 관계는 개별 학습자가 몸담고 있는 사회 환경이나 맥락에 따라 차이가 현저하게 나므로 그러한 사회적 맥락을 가장 우선시하는 시각이다.

그밖에, 사회문화 이론이 있다. 비고츠키(Vygotsky 1978)로 대표된다. 비고츠키는 벨로루시 태생의 발달 심리학자였고 1934년에 세상을 떠났는데 소비에트 체제의 정치적 이유로 한참 후에 서구 학계에 알려졌다. 비고츠키 이론에 의하면, 개인의 언어는 사회적 상호작용을 통해 발달하며, 협력자와의 상호작용 환경을 통해 아이들은 더 높은 수준의 인지 발달과 언어 발달 상태에 도달한다. 사람의 내적 정신 활동이 기능으로 전환되려면 상호작용을 제공해 주는 중재자가 개입한다. 이러한 중재의 유형을 근접발달영역(ZPD)이라고 한다. 아이들은 자신보다 앎의 상태가 앞서는 협력자의 후원을 통해 ZPD로 진전되어 나가고, 현재 도달하고 있는 ZPD에서 협력자와 상호작용을 지속적으로 유지해 나간다는 것이다. 우월한 능력을 지닌 외부 협력자가 학습자의 언어 발달에 도움을 주는 효과적인 방식은 디딤판(scaffolding)을 놓아주는 것이다. 마지막으로 한 가지 첨언해 둘 것이 있다: 롱-가스의 상호작용 가설은 상호작용의 '인지적' 측면에 초점을 두었다. 이에 비해 비고츠키 사회문화 이론은 상호작용의 '사회적' 측면에 초점을 두었다.

이제까지 제2언어습득에 관해 이 책의 지면을 빌어 이론적 측면에서 소개해 보았다. 자유로운 2중언어 사용자가 되는 것은 세심하게 준비된 환경에 놓였을 때에 가능하다. 어렸을 때부터 2개 언어가 사용되는 가정에서 생활해 온 경험이 없이는 2중언어 사용자가 되기 어렵다. 미국 이민에 의한 한국계 미국인들이 보유하는 언어 상황은 영어와 한국어 사이 2중언어습득 사례로 관찰되었다.

제1, 제2언어습득에 관해 한국어 자료를 이용해서 설명하는 것이 합당한 일이기는 하지만, 한국어 습득의 실험적 연구에 관해 이 책에서 자유롭게 소개할 만한 형편은 아니다. 이 장의 참고문헌이 외국 책 일색인 것은 필자의 앎의 범위에서 어쩔 수 없는 선택이었다. 아이들의 언어 자료를 언어습득 연구자들이 활용할 수 있는 곳이 한 군데 있다. 홈페이지 CHILDES(Child Language Data Exchange System)를 방문해 보자. 이곳은 어린아이들의 말을 녹음, 음성전사 기록과 함께 가공해서 의사소통 상황에 따라 데이터베이스로 구성해 두었다. 인터넷 주소는 http://childes.psy.cmu.edu이다. 자료 구동에 필요한 프로그램을 다운로드 받을 수 있는데 사용법은 쉽지 않은 편이다. 활용 안내서로 맥휘니(MacWhinney 2000)를 참조할 수 있다.

〈참고문헌〉

Bonvillain, Nancy. 2003. *Language, Culture and Communication: The Meaning of Messages* (fourth edition), New Jersey: Prentice Hall.

Brown, R. 1973. A *First Language: The Early Stages*, Cambridge: Harvard University Press.

Brown, Steven and Salvatore Attardo. 2005. *Understanding Language Structure, Interaction, and Variation* (2nd edition), Ann Arbor: The University of Michigan Press.

Chomsky, Noam. 1986. *Knowledge of Language: Its Nature, Origin and Use*, New York: Praeger.

Clark, E. 1975. The lexicon; words old and new, In: Clark, E. *The Lexicon in Acquisition*, Cambridge: Cambridge University Press.

Cummings, Louise. 2005. *Pragmatics: A Multidisciplinary Perspective*, London: Lawrence Erlbaum Associates.

Fasold, Ralph W. 2006. *An Introduction to Language and Linguistics*, Cambridge: Cambridge University Press.

Finegan, Edward. 2004. *Language: Its Structure and Use* (4th edition), Boston: Thompson Wadsworth.

Fromkin, Victoria, Robert Rodman and Nina Hyams. 2003. *An Introduction to Language* (7th edition), Boston: Thompson Wadsworth.

Gass, Susan M. 1997. *Input, Interaction and the Second Language Learner*, Mahwah: Lawrence Erlbaum.

Hymes, Dell. 1972. On communicative competence, In: J. B. Pride and J. Holmes (eds.) *Sociolinguistics: Selected Readings*, Harmondsworth: Penguin, p 269-93.

Johnson, E. K. and P. W. Jusczyk. 2001. Word segmentation by 8-month-olds: when speech cues count for more than statistics, *Journal of Memory and Language* Vol 44, p548-67.

Krashen, Stephen D. 1978. The monitor model for second-language acquisition, In: Gingras, R. C. (ed.) *Second Language Acquisition and Foreign Language Teaching*, Arlington: Center for Applied Linguistics, p1-26.

Krashen, Stephen D. 2003. *Explorations in Language Acquisition and Use*, NH: Heinemann.

Lado, Robert. 1957. *Linguistics Across Cultures*, Ann Arbor: University of Michigan Press.

Lightbown, Patsy M. and Nina Spada. 1999. *How Languages are Learned* (2nd edition), Oxford: Oxford University Press.

Lust, Barbara. 2006. *Child Language: Acquisition and Growth*, Cambridge: Cambridge University Press.

MacWhinney, Brian. 2000. *The CHILDES Project: Tools for Analyzing Talk* (3rd edition), Mahwah: Lawrence Erlbaum.

McNeil, D. 1966. Developmental psycholinguistics, In: F. Smith and G. A. Miller (eds.) *The Genesis of Language: A Psycholinguistic Approach*, Cambridge: The MIT Press, p15-84.

Oates, John and Andrew Grayson. 2004. *Cognitive Language Development in Children*, Malden: Blackwell Publishing.

Peccei, Jean Stilwell, 2006. *Child Language: A Resource Book for Students*, London and New York: Routledge.

Pence, Khara L. and Laura M. Justice, 2007. *Language Development: from Theory to Practice*, New Jersey: Pearson Education.

Pinker, Steven. 1995. *The Language Instinct*, Harmondsworth: Penguin.

Sander, E. K. 1972. When are speech sounds learned?, *Journal of Speech and Hearing Disorders* 37, p55-63.

Saville-Troike, Muriel. 2006. *Introducing Second Language Acquisition*, Cambridge: Cambridge University Press.

Stager, Christine and Janet Werker. 1997. Infants listen for more phonetic detail in speech perception than in word-learning tasks, *Nature* 388, p381-82.

Stewart, Thomas W. Jr. and Nathan Vailette (eds.) 1998. *Language Files*, Columbus: The OSU Press.

Vygotsky, Lev S. 1978. *Mind in Society: The Development of Higher Psychological Processes*, MA: Harvard University Press.

4장

문장의 구조: 통사론

문장의 구조에 관해 연구하는 분야는 통사론(syntax)이다. 통사론을 다른 말로 '문법'이라고도 부르는데 문법에는 종류가 있다. 학교문법, 구조주의 문법, 생성문법 이론 등이 있다. 이처럼 문법에도 종류가 있는 것은 문법의 용도와 목적에 따라 문법 현상을 설명하는 방식이 달라지기 때문이다. 어떤 종류의 문법인가에 따라 사용하는 개념과 용어가 다르다. 학교에서 가르치고 배우기 위한 목적으로 사용되는 문법은 학교문법이다. 언어학에서는 구조주의 문법 이후 생성주의 문법 이론들이 등장했다.

가장 앞선 시대 생성문법은 변형 개념에 기반을 두고 생겨났다. 1950년대 후반부터 언어학자 노엄 촘스키 Noam Chomsky는 변형생성문법을 제안하면서 문장의 구조 기술에 '변형'이라는 기제를 도입하였다. 그 이후로 지난 한 세대 동안 제시되었던 생성주의 문법 이론들은 대략 20여 가지는 된다. 이 장에서는 통사론의 기본 개념을 소개하겠다. 여러 가지 이론들을 개별적으로 소개할 수는 없다. 그러므로 통사론의 개별 이론들에 중립적인 입장을 취하면서 필요한 부분에서만 생성문법의 시각을 가미해 문장 구조를 설명하고 여기에 관련되는 개념들을 돌아보기로 하자.

4.1. 문장에는 구조가 있다

모국어 사용자는 문장의 구조라는 것에 대해 굳이 공부해 본 적이 없더라도 원하는 순간에 원하는 만큼의 문장 형식을 갖추어서 자유롭게 말할 수 있다. 이것은 사람의 언어능력 중에 이미 문장 구조가 잘 짜여서 안정된 지식으로 머릿속에 내재되어 있기 때문에 가능한 것이다. 통사론에서는 이와 같은 머릿속 지식을 문법 형식으로 풀이해서 설명하려고 한다. 이를 위해 문법 용어를 가지고 문장 구조를 설명하는 것이 통사론의 주요 대상이다.

통사 범주는 품사 정보로 대별된다. 통사 범주는 문장을 구성하는 데에 있어 도구나 마찬가지이다. 이를테면 그것은 형식과 기능을 가지는 도구이다. 형식이란 도구를 구성하는 방식, 재질, 모양 등에 의해 나타난다. 기능은 형식이 정해지도록 만들어주며, 형식이 정해지면 그 형식을 기능에 맞도록 사용할 수 있다. 예를 들어 '드라이버'라는 연장 하나를 보아도 형식과 기능이 있으니, 드라이버의 형식이라고 하면 납작한 막대 모양의 금속 재료이고 받침대 재질은 대부분 플라스틱이고 목재도 사용된다. 그것은 형식을 갖춘 물체로서 일정한 기능을 수행한다. 나사를 돌려서 조이고 푸는 일에 사용되기 때문에 그것이 바로 드라이버의 '기능'이며, 다른 도구들의 기능, 가령 망치의 기능과는 하는 일이 다르다.

언어도 방금 언급한 드라이버 비유에서와 마찬가지로 기능과 형식을 보유한다. 동일한 내용의 말을 하려 해도 서로 다른 형식을 사용할 수 있다. 언어의 형식은 기능만으로 정확하게 예측할 것은 아니지만, 그래도 기능의 관점에서 보면 형식에 제약을 부과할 수 있다. 명사구 예를 하나 들어보면, 'the cat'은 그보다 길이가 늘어난 'the cat in the hat'와 기능이 같다. 또한 길이가 더 늘어난 'the cat in the hat with a yellow ribbon'이라고 해도 기능은 마찬가지이다.

언어를 작은 형식들로 나누자면 단어, 구절, 절, 문장, 담화 등이다. 단어들이 통사 형식들로 모여서 하나의 기능을 갖추면 문장이 이루어진다. 반대 방향으로 문장을 분할하면 단어에 이른다. 단어, 구절, 문장 사이에 서로 얽히는 결합 관계에 의해 전체 구조를 이루는 것이므로 이처럼 문장을 구성하는 성분들 사이의 관계를 밝혀서 일반화하는 것이 바로 문장의 성분 구조를 설명하는 것에 해당한다. 문장 구조를 이해하기 위해서는 단어가 모여서 구절을 이루고 구절이 모여 문장을 이루기까지의 과정에 대해 설명해야 한다. 문장 안에 들어 있는 성분들의 내역을 알고 그것들이 서로 어떻게 연결되어 하나로 연쇄체를 이루는지를 설명하는 것이 문법 공부의 바탕을 이룬다.

문장에는 구조가 있다. 구조라고 하는 것에 대해 상징적 비유로 교량의 골격 구조를 들어 보겠다. 구조라는 것은 골격을 갖춘 것이며, 하나의 구조물로서 그 골격이 어떻게 구성되어 있는지를 말하려면 우선 그 구성 성분들의 종류를 열거할 수 있어야 한다. 예컨대 다리의 구조는 [상판 + 하판 + 교각 + ...]으로 구성된다. 건축물과 마찬가지로 문장에 있어서도 골격이 있으며 그것을 '문장 구조'라고 한다. 문장의 구조는 주어, 동사, 목적어, 부사어, 수식어 등으로 구성된다. 그러면 이제부터 문장의 구성 성분들에 관해 알아보기로 하겠다. 다음 예에서 적형성을 지닌 문장과 적형성이 없는 잘못된 문장이 있다.

- Jane likes the drama.
- *Likes the drama.
- *Likes Jane the drama.

이 예문에서 좌측 상단에 스타(*) 표시는 비문법적 문장임을 나타낸 것이다. 통사론에서는 비문법적 문장을 나타낼 때 문장 처음에 * 기호로 표시한다. 위의 예는 어순을 비롯해 성분 위치가 잘못된 것을 보여주는데 이처럼 아주 단순한 문장에도 구조 적형성이 갖추어져야 한다. 단어가 모여 문장을 이루는 방식에 일정한 제약이 있으며 이에 대한 지식을 밝혀내는 것이 통사론이다.

통사론의 목표는 해당 언어에서 모든 가능한 문장들의 구조를 명시적으로 설명하는 것이다. 문장의 구조를 설명하려면 구성 성분끼리의 결합 관계 및 어순이 중요한 정보이다. 문장 내에서 하나의 성분이 다른 성분과 맺는 관계를 밝혀내는 것이 필요하다. 무엇보다도 문법적 관계, 품사, 중심어-수식어 관계 등은 문장 구조를 설명하는 데에 필수적인 정보이다.

통사적 위치는 문장 내에서 입증된다. 이것은 슬롯(slot) 자리라고도 하는데 문장 구조를 구성하는 기본 단위이다. 슬롯 자리는 언어 사용자들에게 직관적으로 수용되는 방식으로 채워진다. 예를 들어 "That boy ate the pizza."는 성립하지만, "The pizza ate that boy."는 이상한 문장이다. 문법적으로는 둘 다 괜찮아 보이지만 의미를 따져보면 뒤의 문장은 말이 되지 않는다. 둘 다 문장의 구조는 성립하지만 의미를 따져 보면 차이를 보인다.

통사 구조는 의미와 긴밀하게 연계된다. 문장이 제대로 된 것인지를 판단하는 것은 통사 구조와 의미 정보를 함께 고려해야 한다. 문법의 편의에 따라서는 일단 통사 구조만을 독립적으로 점검하고 추가로 의미 정보를 점검하는 순차적 방식을 취할 수 있다. 이때 문장의 통사 구조가 의미와는 독립적으로 성립한다고 말할 여지가 있다. 촘스키가 1957년 저서 「Syntactic Structures」에서 사용했던 예문으로, "Colorless green idea sleep furiously." 이 문장의 뜻을 떠올려 보자. '색깔 없는 녹색 사고가 격렬하게 잠을 잔다.'는 묘한 말로 해석은 되지만 그게 무슨 뜻인지 어리둥절하다. 주어—동사—부사 순서로 성분 구조의 문법만 따지면 가능해 보이지만 의미 제약에 있어 가능하지 않다. 이것은 문장의 적격성에 있어 구조 따로 의미 따로 작용함을 보여준다. 이 예문을 통해, 통사 정보와 의미 정보가 서로 영향을 주고받지만 일단은 독립성을 지닌다는 점을 지적해 주었다.

생성문법에서는 문장의 문법성(grammaticality)과 허용성(acceptability) 차이를 설명하는 것에 집중하였다. "언어는 사고를 창출한다."거나 "언어는 존재의 거처이다."라는 말은 제대로 이해할 수 있는 문장이다. "나는 밥을 먹었다."에 비해, "나는 밥이 먹고 싶다."와 "나는 밥을 먹고 학교에 가고 싶다."에서 '밥이/밥을'의 격 조사 교체에 따른 문법성 차이는 한국어 사용자의 내성적 직관에 따라 곧장 분별되는 문제이다.

각각의 언어마다 나름대로 문장 구조의 특징을 가지는데, 문법의 구체적인 내역에 있어서는 언어들마다 차이가 있다. 한국어의 문장 구조와 영어의 문장 구조가 다른 것은 그것을 지배하는 문법 규칙이 다르기 때문이다. 문법 규칙의 가장 단순한 형식은 구절구조규칙에 의해 표시할 수 있다.

4.2. 구절구조규칙 세우기

구절구조규칙(phrase structure rule)이란 문법을 구성하는 성분들이 결합하는 순서를 지정해 주는 것이다. 예를 들어 "That boy ate the pizza."라는 문장을 가지고 문장을 구성하는 성분들로 나누어 보기로 하자. 명사구 that boy와 동사구 ate the pizza로 나누어지며, 동사구는 다시 하나의 동사 ate와 하나의 명사구 the pizza로 나누어진다. 다음과 같이 명료하게 적어 볼 수 있는데, 이것은 구절구조 문법의 규칙에 해당한다.

• 문장(sentence) → 명사구(noun phrase) + 동사구(verb phrase)

- 명사구(noun phrase) → 한정사(determiner) + 명사(noun)
- 동사구(verb phrase) → 동사(verb) + 명사구(noun phrase)

화살표는 '~으로 구성된다'를 뜻한다. 화살표 좌측 항목이 화살표 우측에 있는 항목들로 구성된다는 것을 나타낸다. 이때 화살표는 좌측 성분과 우측 성분들의 맞바꿈 관계를 나타내는 기호이다. 여기 규칙에서 각각의 항목들은 문법 범주 혹은 통사 범주라고 부르며 명사, 동사, 한정사 등의 범주(category)마다 그에 소속될 수 있는 단어들이 정해져 있다. 가령 boy라는 단어는 명사 범주에 속하지만 동사 범주나 한정사 범주에 속할 수는 없고, the라는 단어는 한정사(= 관사) 범주에 속하지만 동사 범주나 명사 범주에 속하지는 않는다.

이상의 구절구조규칙에 의해, "That boy ate the pizza." 문장에서 that−boy− ate−the−pizza 순서로 연결되는 성분들 사이의 의존 관계를 determiner−noun −verb−determiner−noun, 이런 범주 결합의 순서로 말해줄 수 있다. 여기에는 규칙들의 우선 결합 순위가 정해져야 하는데, 한 언어에서 사용되는 수많은 문장들의 기본 문형들을 추출하고 여기에 관여하는 규칙들의 전체 목록과 결합 가능성의 순위에 관해 지정해 주게 되면 '구절구조문법'의 기본 골격을 말해준 것이다.

"문장 → 명사구 + 동사구", 이 규칙은 하나의 문장은 명사구와 동사구로 이루어진다는 것을 뜻한다. 또한 명사구와 동사구의 구성에 대한 규칙들도 정해진다. 명사구와 동사구는 짝을 이루어 결합해서 문장을 구성할 수 있다. 다음 예를 보면, (1)번 문장이 적격이며, 순서가 뒤바뀐 (2), (3) 예들은 영어 문장이 아니다. 문장을 구성하는 성분들은 규칙성 있게 어울려서 결합한다. 이러한 규칙성에 벗어나는 결합은 적격한 문장을 이루지 못한다.

(1) The new factory will bring over 500 jobs to the area.
(2) *Factory the new will bring over to the area 500 jobs.
(3) *Bring the new factory will over 500 jobs to the area.

여러 가지 품사를 지닌 단어들이 모여서 문장을 구성한다. 품사 명칭을 적어 보자.

Determiner — Adjective — noun — auxiliary verb — verb — adverb
— adjective — noun — preposition — determiner — noun

이것을 시각적으로 잘 드러나게 표시해 보면, 다음과 같이 나타낼 수 있다. 품사 명칭은 머리글자로만 줄여서 적었으며 관사는 Det, 부사 Adv, 형용사 Adj, 조동사는 Aux로 줄여 적었다.

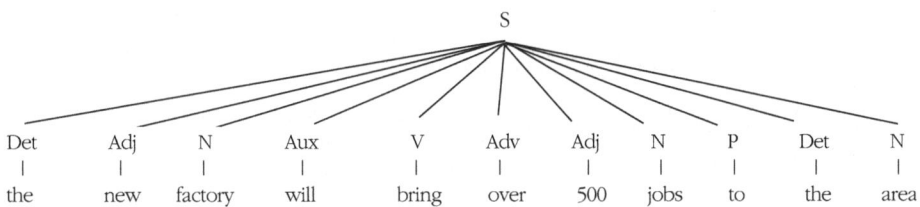

```
                              S
      ┌────┬────┬────┬────┬────┬────┬────┬────┬────┬────┐
     Det  Adj   N   Aux   V   Adv  Adj   N    P   Det   N
      |    |    |    |     |    |    |    |    |    |    |
     the  new factory will bring over 500 jobs  to  the area
```

위의 그림은 하나의 문장(sentence)을 나타낸다. 머리글자 S로 전체 문장을 표시하고, 문장을 구성하는 성분들에 대해 좌측에서 우측 방향으로 열거했다. 위의 그림에서 갈라치기 된 모양을 규칙으로 바꾸어 적으면 아래와 같다.

S → Det Adj N Aux V Adv Adj N P Det N

여기에서 S 바로 다음에 나타난 화살표 기호는 그 좌측에 나타나는 성분들을 우측에 나타나는 성분들로 다시 바꾸어 줄 수 있음을 뜻한다. 즉 S라는 성분이 그것을 구성하는 여러 개의 성분들로 이루어진다는 문법 정보를 지정하고 있다. 그러나 이 규칙은 제대로 된 규칙은 아니다. 비록 이것이 '**화살표 좌측으로부터 우측 성분들이 생성된다.**'는 규칙의 모습을 드러낸 것이기는 하지만 제대로 된 구절구조규칙이라고 할 수는 없다. 왜냐하면 구성성분들 사이의 결합 순위를 지정해 주지 못하기 때문이다.

규칙다운 규칙이 되려면 문장 구성 성분들 사이의 계층적 관계를 표시해 주어야 한다. 위에 예시한 평면적 구조는 구성 성분들 사이의 관계를 단순히 이어 붙여 순서대로 나열한 것에 불과할 뿐 문장 구조에 관해 어떤 의미 있는 정보를 나타내고 있지는 못하다. 여기에 추가되어야 할 정보는 성분들 간의 결합 순위를 밝혀주는 계층성에 관한 것이다. 위 예문에서 'the new factory'는 Det-Adj-N으로 연결되어 하나의 명사구(noun phrase)를 이룬다. 'to the area'는 preposition-determiner-noun으로 연결되어 하나의 전치사구(preposition phrase)를 이룬다. 구절 명칭을 대문자 줄임말로 NP, PP, VP 등으로 부른다. 이상 예문에서 NP에 해당하는 성분, PP에 해당하는 성분, VP에 해당하는 성분들을 다음과 같이 구분해서 적을 수 있다.

> NP = the new factory, 500 jobs, the area
> VP = will bring over
> PP = to the area

여기에서 NP, VP, PP 등은 통사 범주(syntactic category)에 해당한다. 이런 통사 범주들을 구절구조규칙의 형식으로 엮어서 문법(grammar)을 구성할 수 있다. 구절구조규칙을 적으려면 실제 단어들을 대신해서 중립적인 기호인 통사 범주로 나타내 준다. 통사 범주라는 것은 문장을 구성하는 매 단계마다의 성분 단위에 해당하므로 어휘 범주일수도 있고 구절 범주일 수도 있다. 명사 noun, 동사 verb, 전치사 preposition, 형용사 adjective 등은 한 단어를 대신하는 어휘적 통사 범주 기호로 N, V, P, A 등으로 적으며, 이것들이 구절을 형성할 때에 이를 대신하는 구절 통사 범주들은 NP, VP, PP, AP 등으로 적는다.

규칙은 구성 성분들 사이에 결합의 절차를 정해주는 것이고 문법은 규칙들의 집합으로 구성된다. 예컨대, 문장(S)이 주어 명사구(NP)와 서술어 동사구(VP)로 구성된다는 것을 규칙으로 표현하면 S → NP VP이다. 이 규칙에서 화살표 왼쪽의 기호 S는 비종단(non-terminal) 기호로서 화살표 오른쪽의 기호 연결체 NP-VP와 맞바꾸어 생성된다. 규칙 오른편에 들어있는 기호 중에 소문자는 종단(terminal) 기호로서 더 이상 맞바꿀 데가 없이 최종적으로 드러나는 어휘이다.

규칙의 역할과 문법의 구성을 이해하기 위해 아래 (1)에 적은 장난감 문법(toy grammar)을 가지고 규칙의 성격을 이해해 보도록 하자.

(1) S → aX

X → bX

X → b

(2) {ab, abb, abbb, abbbb, abbbbb, abbbbbb, ⋯ }

(3) {aX, abX, abbX, abbbX, ⋯ }

　(1)의 장난감 문법은 규칙들의 집합을 모아 적은 것이다. 여기에서 규칙 개수는 겨우 3개뿐인데 그렇기 때문에 장난감 문법이다. S는 시작(start) 기호로부터 화살표 우측 'aX'로 바뀌고, 그 중에 대문자 기호 'X'는 다시 'bX'로 생성되는 과정을 거듭하면 (2)처럼 여러 가지 소문자 연결체가 생성된다. 대문자 기호는 비종단 범주이고, 소문자 기호는 종단 범주로서 실제 단어에 해당한다. (3)처럼 대문자 기호가 아직 남아있는 것은 아직 생성이 마무리되지 못한 연결체이다.

　(1) ~ (3)을 비교해 볼 때, (1)과 (3)에서 규칙 오른편에 있는 대문자 기호들은 비종단 범주들이므로 다시 이와 맞바꾸어 생성될 수 있는 성분들을 탐색한다. 규칙 집합체에는 알고리듬이 실현될 수 있다. 프로그래밍 언어의 알고리듬 측면에서 보면, 모든 규칙들을 읽어보고 규칙 왼쪽에 나타난 입력 기호가 규칙의 오른쪽 성분들로 바뀔 수 있으면 제약 없이 가능한 대로 언제든 생성이 일어날 수 있다.

　규칙의 입력이 되는 왼쪽은 언제나 하나의 기호만 들어있고, 출력으로 나오는 규칙 오른쪽에는 한 개 이상 (대부분 2개 이상) 기호들이 들어있기 때문에, 규칙의 적용은 더 많은 수의 문자열로 확산되는 것이다. 이것이 바로 생성(generation)에 해당한다. 이러한 맥락에서 생성문법(generative grammar)이란 생성 규칙을 사용하는 문법이라고 가장 단순하게 정의할 수 있다. 위의 (1)에서 S → aX, 이 규칙에 뒤이어 X → bX, 이 규칙을 반복해서 적용시켜 줌에 의해 생성 가능한 문자열이 계속 이어질 수 있다. 그리고 X → b 규칙은 규칙의 무한 생성을 어디에선가 중지시켜 준다. 하나의 규칙을 몇 번이고 반복해서 사용할 수 있는 것은 구절구조규칙 문법의 기본 특징이다. 사람이 사용하는 문장 구조도 이와 같은 귀환성을 지닌다.

　생성 가능성은 트리구조(tree structure)로 나타낼 수 있다. 이를테면 위의 문법 규칙들을 적용해서 abbb 문자열을 생성할 수 있는데 이에 대한 트리구조는 다음과 같이 그려진다.

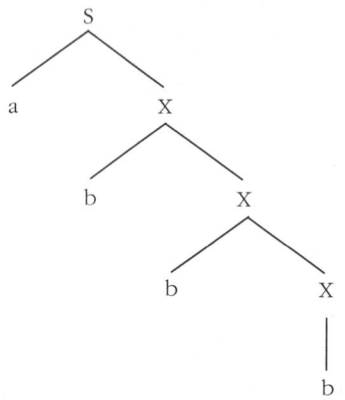

이 구조를 인간언어로 치환해 보자면, 소문자 기호는 실제 단어이고 대문자 기호는 실제 단어를 대표하는 중립적인 통사 범주 기호이다. X → b, 이 규칙에 서 화살표 오른쪽에 소문자만 있는 것은 트리구조의 말단을 도입하며 문자열 (string)의 생성이 끝나는 위치를 지정해 주는 역할을 한다.

4.3. 구절구조규칙과 계층 구조

사람의 말을 문법으로 표시하기 위해 필요한 구절구조규칙들의 예를 몇 개 들 어보기로 하자. 영어의 명사구, 동사구, 전치사구, 형용사구에 대해 구절구조규칙 (phrase structure rules)을 세울 수 있다. 예를 들어 'I like an onion Bagel.'처럼 단순한 예문에서 문장(S)을 구성하는 성분들은 주어 NP, 동사 Verb, 목적어 NP 로 이루어진다. 다음과 같이 적는다.

S → NP Verb NP
"하나의 문장은 명사구와 그 뒤에 이어지는 동사,
그리고 그 뒤의 명사구로 이루어진다."

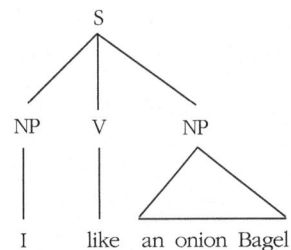

그러나 이상의 구조는 불완전하다. 주어와 서술어 사이에 계층 구조를 나타내기 위해 VP 범주 성분을 세워야 한다. 문장은 주어와 서술부로 구분되는데, 주어는 NP 범주이고 서술부는 VP 범주이다. S 범주 성분을 구성하기 위해서는, NP 범주 성분을 취하고 그것을 VP 범주 성분과 결합시킨다. 즉 다음과 같이, 2개 규칙의 조합으로 문장의 구절구조를 표시한다.

(1) S → NP VP
   "하나의 문장은 명사구와 그 뒤에 이어지는 동사구로 이루어진다."
(2) VP → V NP
   "동사구는 동사와 그 뒤에 이어지는 명사구로 이루어진다."

VP 범주는 문장 구조의 계층성을 반영한다. 다음 구조는 VP 성분을 설정한 것이다.

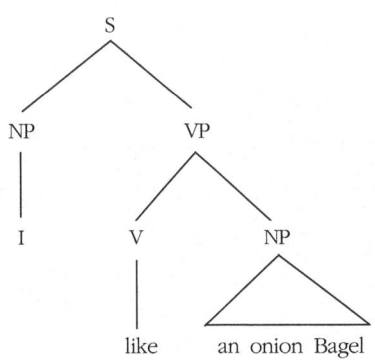

이 구조에서 VP 성분을 형성하기 위한 규칙이 필요하다. 문장 내에 VP 성분을 설정하는 것은 문장을 구성하는 성분들의 계층성을 더 잘 드러내 준다. 이것은 앞서 S → NP Verb NP, 이 규칙에 의한 단층 구조에 비해 VP 범주를 세우면서 규칙 개수는 1개 늘었지만 동사구 범주의 계층성을 표현할 수 있게 되었다. 즉 VP는 내부에 목적어 NP를 포함하고 있음을 나타내며 외부적으로는 주어 NP와 결합해서 문장 성분 S를 형성한다는 것을 나타내 준다.

앞에서 살펴본 트리구조에서 삼각형 모양의 기호는 NP 성분을 간단하게 나타내 준다. 이것은 더미(dummy)라는 이름으로 불리며 2개 단어 이상으로 구성되는 어절 구성 성분이 자리하고 있음을 표시한다. 이상 예에서 목적어 'an onion bagel'은 3개 단어가 붙어 있으면서 하나의 구성성분을 이룬다. 한 성분 자체의 계층 구조를 일일이 적지 않으려면 단순히 삼각형 더미 기호로 묶어주면 된다. 이 중에서 Bagel은 명사(N)이고 an onion Bagel은 명사구(NP)인데 NP 성분의 내적 구조는 'Determiner-(Modifier)-Noun'으로 구분된다.

"I like an Onion bagel."이라는 문장에서, 주어 자리에 나타난 대명사 I는 그것을 수식하는 관사나 형용사가 없으므로 성분의 자격이 우선 명사(noun)이며 그와 동시에 명사구(NP) 자격도 얻는다. 어째서 그런가? NP → (Det) (Adj) N, 이 규칙에서 괄호로 묶인 선택적 성분들이 없으므로, NP → N, 이것이 규칙으로 선택된다. 이에 대응하는 실제 단어로 'I'가 명사구 성분의 자격을 얻어 문장 내에서 주어의 역할을 취한다. 이처럼 한 개의 단어가 그것만으로 구(phrase) 성분의 자격을 겸하는 경우에는 트리구조 말단의 통사 범주에서 아래로 실선을 직접 내려 그리고 그 밑에 단어를 적어 준다.

구절구조규칙은 사전 정보와 연결된다. 앞에서 거론한 구절구조규칙들은 단어들의 연결체를 가져오기 위해 일정한 순서에 따라 작용한다. 하나의 문장을 생성해 내는 데에는 그에 관련된 규칙이 더 이상 적용되지 않을 때까지 통사 범주마다 필요한 규칙이 적용된다. 지극히 단순한 규칙 예로, (i) S → NP VP, (ii) VP → V NP, 이 두 개의 규칙들이 적용될 때 규칙 왼쪽의 통사 범주 S로부터, 그리고 VP로부터 규칙 오른쪽의 통사 범주들로 생성되어 NP-Verb-NP의 연결체가 나온다. 여기에 NP → Det N 규칙이 적용되어 Determiner-Noun-Verb-Determiner-Noun 연결체가 생성된다. 이와 같은 연결체에서 보듯이, 더 이상 구절구조규칙 오른쪽으로 생성될 수 없도록 마지막에 남겨진 어휘적 통사 범주 N, V, A, P 등에 이르면 실제 문장들에서 사용되는 단어로 바뀐다.

다음 예에서 보듯이, 문장을 도출해 내는 중간 과정에서 통사 범주 기호를 지닌 연결체가 있다. VP, NP와 같은 범주 기호가 실제 단어로 대체되지 않고 남아 있으면 그것은 문장이 아닐 뿐만 아니라 규칙의 적용도 미처 거치지 못한 것에 해당한다. 그러므로 범주 기호에 대해 하나도 빠뜨리지 않고 생성 규칙을 적용하고 어휘 삽입을 하였을 때에야 비로소 문법적으로 완성된 문장 구조를 표시할 수 있다.

- The postman VP.
- The postman delivered NP
- NP delivered the letter.
- The postman delivered the letter.

문장 구조 분석의 예를 한 가지 더 살펴보기로 하자.

VP → V NP PP
   "동사구는 동사와 그 위에 이어지는 명사구 하나와
   전치사구 하나로 이루어진다."

위의 규칙이 작용하면 S → NP NP, 이 규칙과 연결되어 다음과 같은 트리구조를 생성할 수 있다.

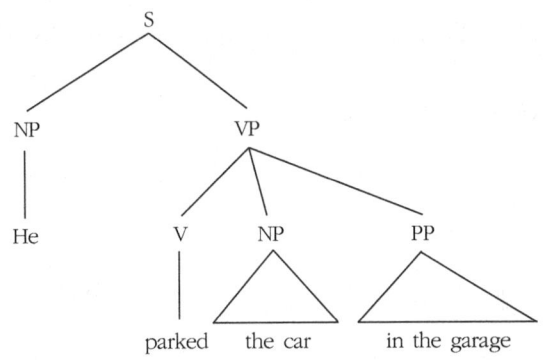

영어에서 명사구를 위해 필요한 규칙을 몇 개 더 추가해 보겠다. 명사구(NP)는 하나의 명사를 중심으로 그 앞에 한정사를 (여기에 관사도 포함됨) 받아들일 수 있고, 형용사도 한 개 이상 받아들일 수 있다. 그러므로 다음과 같은 규칙들이 있어야 한다.

NP → N
NP → Det N
NP → (Adj)* N
NP → Det Adj N

이들을 하나의 규칙으로 묶어줄 수 있다. 다음과 같이 선택 괄호를 사용해서 표시하면 된다.

NP → (Det) (Adj)* N

선택적 성분들을 나타내기 위해 괄호로 묶어 주면 간결성의 효과를 얻는다. 성분이 나타나는 경우에 한해 구절구조규칙에서 자리를 취하는 것임을 하나의 규칙으로 지정해 준다. 성분이 여러 번 출현할 수 있음을 나타내기 위해서는 별(*) 표시를 괄호의 우측 상단에 적어 준다. 위의 규칙이 정하는 바는, "명사구는 한 개의 선택적인 한정사를 앞에 둘 수 있고, 그에 뒤이어서 하나 이상 여러 개까지 형용사를 둘 수 있고, 그 뒤에 이어지는 한 개의 명사로 구성된다."

NP → (Det) (AdjP) N, 이처럼 구 범주 AdjP를 사용하는 것이 더 일반성이 높은 규칙이다. 그밖에 몇 개의 규칙을 추가하면 아래처럼 적어볼 수 있다.

VP → V ({NP, S}) (PP)
PP → P NP
AdjP → (Deg) Adj

전체 문장에 대해 가능한 구절 구조를 다음과 같이 괄호로 묶어서 표시해 줄 수 있다.

[[(Det) (AdjP) N (PP)]$_{NP}$ [V ({NP, S}) (PP)]$_{VP}$]$_S$

구절구조규칙은 귀환적이다. 위 규칙에서 선택적으로 적용되는 구성 성분들의 있고 없음의 차이에 따라 경우의 수를 좌측 성분에서부터 우측으로 가며 세어 보자면 아래에서 보듯이 가능한 경우가 상당히 크게 나온다.

$2 \times 2 \times 1 \times 2 \times 1 \times 4 \times 2 = 64$

VP 범주의 위상에 관해 더 언급해 두겠다. 동사는 문장 성분들을 긴밀하게 엮어주는 역할을 한다. 이것은 고정어순을 취하는 영어에서는 상당히 필요한 제안이다. 우리가 규칙을 세우면서 너무 집착하지 말아야 할 사안으로서, 구절구조규칙의 체계를 세울 때 문장 구조의 기본적인 성격을 반영하면 되며 개별 언어마다 세부 규칙을 설정할 때 나타나는 차이는 당연히 있을 수밖에 없다. 규칙 목록의 개별적인 명세를 밝히는 것은 개별 언어마다 필요에 따라 정하는 사항들이다.

영어의 문장 구조를 기술하기 위해 필요한 규칙들은 전부 몇 개 정도 있어야 할까? 한국어에서는 몇 개나 필요할까? 적어도 200개 이상이라고 막연하게 답할 수 있겠으나 정확한 수를 결정하기는 어렵다. 어떤 종류의 문법을 설계하는가에 따라 구절구조규칙 수는 달라진다. 단순한 구절구조문법에서 최소한으로 예시할 수 있는 규칙들이 있다. 몇 가지 규칙들을 적어보면 아래와 같다.

S → NP (AUX) VP

NP → (Det) (AdjP) Noun (PP)

VP → V (NP) {(PP), (AdvP)}

PP → P NP

AdvP → (Deg) Adverb

CP → Comp S

트리구조를 그리는 대신에 구절구조규칙 적용의 알고리듬에 의거해서 문장 생성 예를 적어보면 아래 표와 같다. 가장 좌측에서부터 우선적으로 생성되는 좌측우선도출(leftmost derivation) 알고리듬을 선택한 것이다. 마지막에 완전한 문장이 생성되기까지 중간 도출 단계에서는 비종단(non-terminal) 기호들이 포함된다. 맨 처음에 S 범주로부터 시작해 모든 비종단 범주들을 종단(terminal) 기호들로 바꾸어 나감에 의해 실제 문장이 생성된다.

적용 규칙	생성되는 문장
	S
S → NP VP	NP VP
NP → Noun	Noun VP
Noun → I	I VP
VP → Verb CP	I Verb CP
Verb → think	I think CP
CP → Comp S	I think Comp S
Comp → that	I think that S
S → NP VP	I think that NP VP
NP → Det Noun	I think that Det Noun VP
Det → the	I think that the Noun VP
Noun → man	I think that the man VP
VP → Verb NP	I think that the man Verb NP
Verb → scratched	I think that the man scratched NP
NP → Adj Noun	I think that the man scratched Adj Noun
Adj → my	I think that the man scratched my Noun
Noun → car	I think that the man scratched my car

4.4. 하위범주화와 규칙의 집합

어떤 단어가 구절구조규칙에서 구체적으로 어느 자리의 통사 범주에 속하는가를 정하려면 머릿속에 기억하고 있는 사전 정보의 도움이 있어야 한다. 머릿속 사전이라고 함은 한 개인이 즉각적으로 떠올려 적법하게 사용할 수 있는 언어 정보의 저장소를 말한다. 예를 들면, 다음과 같은 패턴으로 많은 수의 단어 목록을 무리지어 기억할 수 있다.

N ∋ {onion, orange, Bagel, ⋯ }

V ∋ {like, hate, feel, run, sleep, ⋯ }

A ∋ {new, happy, ⋯ }

Det ∋ {the, that, a, ⋯ }

위에 적은 것처럼, 명사는 주어진 목록 {onion, orange, Bagel, ⋯ }에서 가져 올 수 있다. 마찬가지로 동사, 형용사, 한정사 등을 제각각 주어진 단어 목록들에 서 가져올 수 있다.

여기에서 하위범주 개념을 도입하여야 한다. 범주(category)라고 함은 고전논 리에서 인식 부류(部類)를 나타내는 개념을 말하는데, 문장 구조에서 통사 범주 (syntactic category)는 품사 명칭으로 대표된다. 즉 동사, 명사, 부사, 형용사 등이 범주 명칭으로 그대로 사용된다. 단어 수준에서 범주와 구절 수준에서의 범주를 다음과 같이 구분해야 한다. 여기에서 명사(N), 동사(V) 등은 어휘 범주인 것에 비해 명사구(NP), 동사구(VP) 등은 구절 범주에 속한다.

- 어휘 범주(lexical category): N, V, P, Adj, Adv, ⋯
- 구절 범주(phrasal category): NP, VP, PP, AP, AdvP, ⋯

하나의 범주는 그 내적 성격에 따라 여러 가지 하위범주(subcategory)로 종류 가 나누어진다. 동사의 하위범주 예를 들어보겠다. 동사의 하위범주는 전체 문장 의 구조를 염두에 두고 구분해야 한다. 개별 동사마다 문장 구조를 이루기 위해 몇 개의 명사 구절과 결합할 수 있는가에 따라 구분된다. 자동사와 타동사를 구별 하며, 목적어 한 개 혹은 두 개인 경우, 목적어가 그 자체로 내포절인 경우 등으로 구분한다. 아래 예문 오른쪽의 범주 표기에서 동사 자리를 밑줄로 표시해 두었다.

• He left.	NP _____
• We bought a new one.	NP _____ NP
• She gave me a smile.	NP _____ NP NP
• Everyone knows that the earth is round.	NP _____ S

동사의 어휘 정보로 가장 중요한 것이 하위범주화 정보이다. 하위범주화는 우선 VP 범주 이내에서만 표시해 주면 된다. 즉 [주어 NP + 동사구 VP]의 연결체에서 주어 NP는 일단 남겨두고 동사구 VP 자체만에 대해 그 내부의 하위범주화 정보를 밝혀 적는다. 어떤 동사든지 주어는 반드시 있게 마련이므로 '주어가 있어야 한다'는 정보를 군이 모든 동사마다 밝혀 두지 않아도 된다. 다음에서 보듯이, 동사의 하위범주화를 VP 범주 내의 정보만으로 적을 수 있다. 아래에서 언더바 (__)는 동사의 어순 위치를 나타낸다.

    leave: V, __
    buy: V, __ NP
    give: V, __ NP NP
    know: V, __ S

하나의 동사는 실제 문장에서 사용될 때 두 가지 이상의 하위범주에 속하는 것으로 분류될 수 있다. 가령 'eat'는 자동사로서 'I ate.'에 나타나거나, 타동사로서 'I ate an apple.'에 나타나기도 한다.

하위범주는 품사마다 개별적으로 정해진다. 형용사 예를 들어보자. 정적(stative) 형용사와 비정적(non-stative) 형용사로 양분해 볼 수 있다. 정적 형용사는 말뜻에 있어 영속적 속성을 나타내며 현재 시제에서 쓰이지만 진행형 시제와는 같이 사용되지 못한다. 정적 형용사 'tall'의 예문을 보면, "You are very tall."은 온전한 것에 비해 "You are being very tall."은 사용될 수 없다. 반면에 비정적 형용사는 말뜻에 있어 일시적이거나 바뀔 수 있는 속성을 나타내며 현재 시제뿐 아니라 진행형 시제문에서도 사용된다. 비정적 형용사인 'kind'의 예문을 보면, "You are very kind." 또는 "You are being very kind." 이 두 문장이 제각각 사용 가능하다.

문장을 구성하는 성분들에 대한 지식은 규칙으로 기술된다. 구성성분들이 서로 모여서 결합하는 방식에 대해 규칙으로 나타내 줄 수 있기 때문이다. 유한한 수의 규칙이 내재화되어 있고 이로부터 무한한 수의 문장을 사용할 수 있다는 점에서 문장의 기본적인 구조는 구절구조규칙의 집합으로 기술(記述)된다. 여기에서 문법이란 '규칙들의 집합'을 나타낸다.

문장의 구조를 드러내주는 '문법'이란 구절구조규칙의 집합 체계 내에서 규칙들 사이에 어떤 원리와 제약을 수반해서 규칙들이 서로 연결되고 결합하는지에 관해 지정해 준다. 어떤 나라 말이든지 간에, 문법 이론의 관점에서 보자면, 가능한 문장들은 무한히 많이 있지만, 그것을 생성해 낼 수 있게 만들어 주는 규칙 집합은 유한한 개수로 한정해서 나타낼 수 있다.

　규칙은 구조의 적형성을 정해 준다. 다음 예에서 규칙에 의해 허용되지 않는 구조는 어떤 것이 있는가? S → NP VP, 이 규칙에 의해 생성되는 구조이니만큼 이에 상응하지 않는 범주를 포함하거나 성분들 사이의 순서가 다르면 허용되지 않는 구조이다. 이를테면 "I ate an apple." 이 문장의 성분 구조는 NP에 뒤이어 VP로 이어진다. 반면에 "Ate an apple I." 이 문장이 성립하지 못하는 것처럼, NP-VP 순서가 아닌 VP-NP 순서는 걸러진다. 또한 NP-V, 이처럼 동사구 성분이 설정되지 못한 성분 구조는 걸러져서 나타나지 않는다.

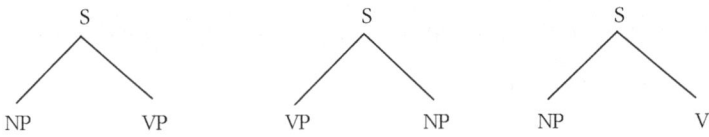

　문장 구조의 계층성 정보를 표시하기 위해 다음과 같은 트리구조로 층위를 구분한다.

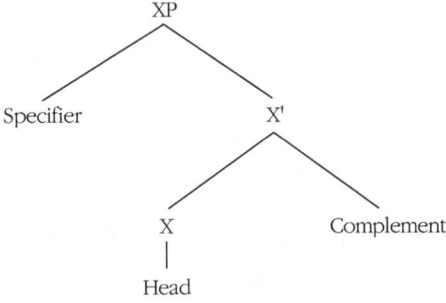

　개별 통사 범주들의 구조를 예시해 보기로 하자. NP, AP 성분들의 내부 구조는 다음과 같이 그려진다.

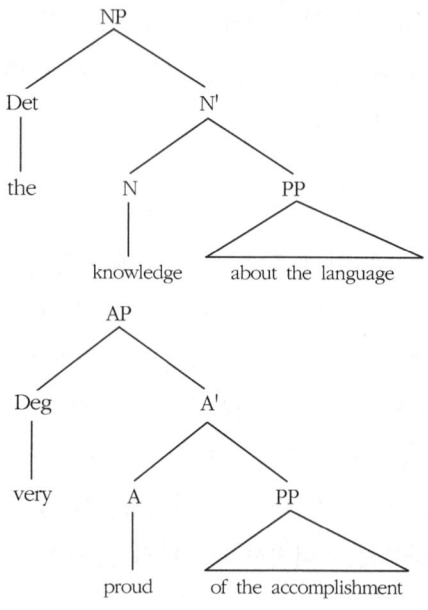

PP 성분의 내부 구조는 굳이 따로 그리지 않았다. VP 성분의 내부 구조에 부가어(adjunct)까지 추가된 예를 보자.

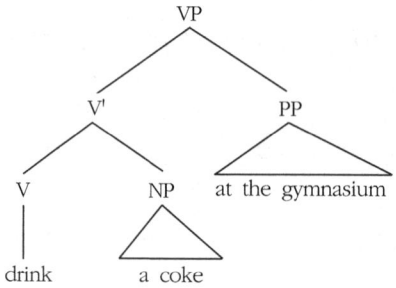

여기에서 V' 범주는 부가어가 없을 때에는 그냥 생략하고 그리면 된다. 그밖에 문장 규칙은 조동사 INFL(= 굴절 inflection을 뜻함)을 포함해 설정된다(S → NP INFL VP). 내포절 성분을 위해서는 내포절 보문소와 문장 범주가 연결된 규칙이 설정된다(S' → COMP S). 아래 트리구조에서 보듯이 문장과 보문소(COMP, complementizer)가 연결되어 투영된 것을 S' 범주로 정의한다.

COMP 범주의 도입에 의해 한 개의 절(clause)이 다른 문장 내부의 한 성분으로 포함되는 관계를 기술할 수 있다. 예를 들면 다음 문장들의 구조를 트리구조로 표현할 수 있다. 여기에서는 트리구조 그리기를 생략하고 괄호 표시만 해 두었으니 직접 그려볼 것을 권한다.

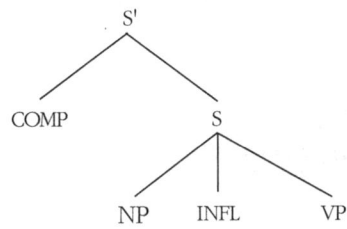

- The rumour [that [Jane bought a new car]] will turn out to be true.
- I believe [that [the new venture will lose its competitive edge eventually]].

문법에서 통사 규칙으로 설명하려는 바는 최소한 다음과 같은 점이 포함된다.

1. 문장의 문법성
2. 어순
3. 문장의 계층적 조직
4. 주어, 목적어를 비롯한 문법적 관계
5. 다양한 구조가 서로 다른 의미를 갖거나 동일한 의미를 갖는 것

통사적 기능이란 무엇인가? 문장 구조 내에서 하나의 성분이 다른 성분과 맺는 관계를 통사적 기능이라고 한다. 문장을 구성하는 성분들 사이의 배열 순서는 통사적 기능을 나타내는 중요한 기제가 된다. 현대영어는 굴절이 적게 일어나는 언어이므로 문법 기능의 중요한 정보를 어순에 의해 표시하여 준다. 주어, 목적어 등과 같은 정보는 문장 내에서 성분들의 상대적인 배열 순서에 의해 드러난다.

언어학을 처음 공부해 보는 입문 단계 학습자들은 트리구조의 의미를 금방 이해하지 못하고는 한다. 눈에 잘 보이게 하려고 가지치기를 해서 갈라놓은 것이라고 직감적으로 이해하고 말기도 한다. 물론 트리구조로 표시하면 눈에 더 잘 보

이기는 한다. 그러나 그것은 그 정도 용도에 그치는 것이 아니다. 트리구조는 단어의 사전 정보인 하위범주화 정보에 의거해서 통사 범주들 사이 계층 구조를 표현해 주는 통사적 구조체이다. 집합적 명제논리 또는 프로그래밍 언어 논리로 풀이해 보았을 때 트리구조 및 규칙 체계는 규칙 수순에 관한 알고리듬을 보유한다. 그렇기 때문에 통사론 규칙에 의해 표현되는 정보는 트리구조에서 등가적으로 맞바꾸어 표현될 수 있다.

4.5. 변형, 변형문법, 생성문법

언어학자 촘스키에 대해 약간이라도 교양을 지닌 사람은 심층구조 또는 표층구조라는 용어를 들어본 적 있다. 아울러 변형(transformation)이라는 용어도 들은 적이 있을 것이다. 변형이란 무엇인가에 대해 여기에서 알아보도록 하자.

하나의 문장 구조를 그와 연관성이 있는 또 다른 문장 구조와 연결시켜 주는 작용을 변형이 떠맡는다. 구절구조규칙만으로는 한 언어의 수많은 문장들의 구조를 다 밝힐 수 없기 때문에 구절구조규칙의 수를 효과적으로 늘려주는 역할을 하기 위해 변형 규칙이 필요하다. 변형은 문장 구조에 일종의 제약을 부여하는 것이다. 변형 규칙에 의해 심층구조로부터 표층구조로 이어진다. 심층구조가 입력이라고 하고 표층구조는 출력에 해당한다고 이해해도 되겠다. 변형이라는 기제를 도입한 촘스키의 초기 이론은 1957년 「통사 구조」(Syntactic Structure), 1965년 「통사 구조의 제 면모」(Aspects of the Theory of Syntax)라는 두 권의 저서가 기산점이다. 그 당시의 초기 이론이 '변형생성문법'이었다.

변형생성문법은 1970년대부터 후속 이론들로 대체되었다. 변형문법보다 훨씬 넓은 범위의 용어는 생성문법(generative grammar)이다. 초기 이론부터 최근 이론에 이르기까지 여러 이론들의 기저에 흐르는 문법관은 '생성주의'이며 이들 모두를 '생성문법'에 속하는 것으로 크게 묶어 부를 수 있다. 1980년대부터 촘스키의 또 다른 후속 이론들인 지배결속 이론(GB theory)이나 최소주의 이론(Minimality theory)에서는 변형이라는 기제를 버리고 그것을 대신하는 다른 문법적 기제들을 도입하였다. '변형문법'이란 용어는 1970년대부터 한국의 대학과 지식 사회에서 자주 등장하던 용어였다. 그렇지만 언어학의 학문 내적 사정으로 볼 때 변형이라는 기제는 문장 구조를 밝혀내는 데에 설명력이 부족한 부분이 많았다. 촘스키 학문의 가장 초기에 등장한 변형문법 개념들은 촘스키가 뒤에 대체 이론으로 제시한 이론들을 공부하는 전공자들에게는 설명력의 한계를 배우게 해 주는 고전이 되었다.

한국 학계에서는 촘스키의 언어관에 대해 일찍부터 소개되었다. 미국에서 수학하고 돌아온 언어학 전공 학자들이 1970년대 이후 미국의 학풍을 적극적으로 소개했기 때문이다. 촘스키의 언어 이론들에 관해 공부하는 것은 일부 연구자들에 한정된 일이기는 했지만, 촘스키가 제시한 언어관의 기본 관점은 1970년대 이후 한국 대학에서 언어학 관련 교과목 운영에 반영되었다. 그리고 영어 교과와 국어 교과의 교육 과정 설계에도 촘스키의 생성주의 언어관은 직접적으로 영향을 주었다.

변형문법이 유행하던 시기는 1960년대부터 1970년대에 이르기까지이다. 1960년대 이전에는 문장의 구조를 설명하는 이론이라고 해야 구조주의 문법만이 전부인 것 같은 시기였는데 이는 분류학(taxonomy)의 성격을 띠는 것이기에 학문적으로 성숙한 문법이 아니었다. 구조주의 학문의 전통에서 벗어나 촘스키가 제시한 변형문법은 그 당시에는 대단히 새롭고 이질적이며 설명력을 강조하는 것이었다.

이미 1960년대 ~ 1970년대에 변형문법은 문법학자들이 받아들이거나 거부하거나 둘 중에 한 가지를 선택해야 할 정도로 영향력이 큰 이론으로 성장했다. 적어도 언어학에서만큼은 촘스키는 구조주의를 마감하고 생성주의 언어학의 서막을 열어주었다. 그래서 촘스키는 현대 문법학자이다. 문법 연구는 중세 시대에도 수행되었고 고대 그리스 로마 시대에도 이루어졌다. 이에 대비해서 20세기에 나타난 촘스키 문법은 '현대문법'의 시작이었다.

비전공자가 순수하게 지적 호기심을 가지고 교양의 수준에서 촘스키 변형 문법을 처음으로 공부해 보려고 하면 기대와는 달리 촘스키 교수의 유명세를 실감할 정도로 감동을 느끼게 되지는 않는다. 일단 이론이 어렵다. 어려운 공부임을 직감하면 지적 호기심이 흔들린다. 구조 분석의 미세함에 재미를 발견하지 못하는 학습자에게는 '변형'이란 다분히 구조상의 '조작' 정도로 보일 수 있을 터이다.

이 책에서 우리가 아직 그에 대해 신바람 나게 공부해 보지도 않았지만 말이다.

촘스키의 초기 이론인 변형생성문법은 자세히 배워 보면 언어학뿐만 아니라 철학적, 심리학적, 인지과학적 의의를 그 안에 내포하고 있다. 언어와 관련된 문제가 본래부터 다면적 현상과 특징을 안고 있기 때문에 언어에 관한 연구도 다양한 측면에 걸쳐 이루어져야 한다. 그 중에 한 가지 중요한 측면을 촘스키 교수가 주도한 생성문법 학파에서 취급한 것이다. 사람들이 언어를 산출해 내기 위해 사용하는 내적 능력을 규명하는 것이 언어 연구의 핵심을 이루어야 한다는 것이 촘스키의 입장이었다.

그러면 이제 우리는 변형의 기본 특징을 알아보도록 하자. 문장의 구조 분석을 할 때 변형이란 과연 어떤 용도로 필요한 것인가? 단순한 예를 가지고 말해 보자. 다음 규칙에서 괄호 표시는 괄호 안에 들은 기호의 출현이 선택적임을 뜻한다.

$$X \rightarrow (a)Y$$
$$Y \rightarrow (c)d$$

첫째 줄에 적은 규칙의 적용에 의해 X로부터 생성되는 문자열은 Y 혹은 aY이다. 둘째 줄 규칙에 의해서는 Y로부터 d 혹은 cd가 생성된다. 그런데 이들 두 개의 규칙만으로는 첫째 규칙에 'a'가 나타나는 것과 둘째 규칙에서 'c'가 나타나는 것의 관계를 말할 수는 없다. c는 Y → (c)d 규칙의 일부이지 다른 규칙 X → (a)Y, 이것의 일부가 아니기 때문이다. 그렇지만 문장 구조를 설명하는 데에 있어서는 이처럼 서로 다른 규칙들에 들어 있는 성분 요소들 사이의 관계를 해명해야만 구조를 설명할 수 있는 일이 부지기수이다. 두 개 규칙의 적용 순서를 다시 한번 아래 그림을 통해 떠올려 보자.

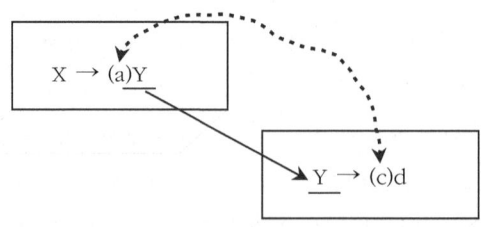

위의 2개 규칙에서 나타날 수 있는 문자열들로는 acd, ad, cd, d 등이 가능한데, acd에서 a와 c는 서로 어떤 제약 관계에 놓이는 것인가? 혹은 만약 a와 c가 동시에 나타날 수 없는 제약이 부과된다면, ad나 cd만 가능하고 acd는 생성될 수 없는데, 이런 분포는 어떻게 제약할 수 있는가? 바로 이런 일을 '변형'이라는 기제에서 담당한다.

구절구조규칙만으로 서로 다른 규칙들 사이의 의존관계를 나타낼 수 없다. 변형 규칙은 심층구조에서 표층구조를 도출해 준다. 변형 규칙은 규칙들의 집합에서 규칙들의 집합으로 연결해 준다. 변형 규칙은 한 개의 규칙을 또 다른 한 개의 규칙과 연결하는 것이 아니다. 왜냐하면 심층구조란 규칙들의 집합으로 구성되는 트리구조이며, 표층구조 역시 규칙들의 집합으로 구성된 트리구조이기 때문이다.

변형이란 트리구조와 트리구조 사이의 대응(tree-to-tree mapping)을 나타내 주는 연산이다. 이것은 한 개의 구절구조규칙만을 가지고 이야기 할 수 있는 게 아니라, 하나의 트리구조가 또 다른 트리구조로 변형되는 것이다. 실제 문장의 예를 들어보건대, 가령 의문문 구문에서 의문대명사의 위치는 변형 규칙의 연산 작용에 의거해서 설명한다. 다음 예문에서 의문사 위치는 변형 규칙의 작용에 의해 앞으로 이동해 나간 것이다.

- Andy will chase the cat.
- What will Andy chase?

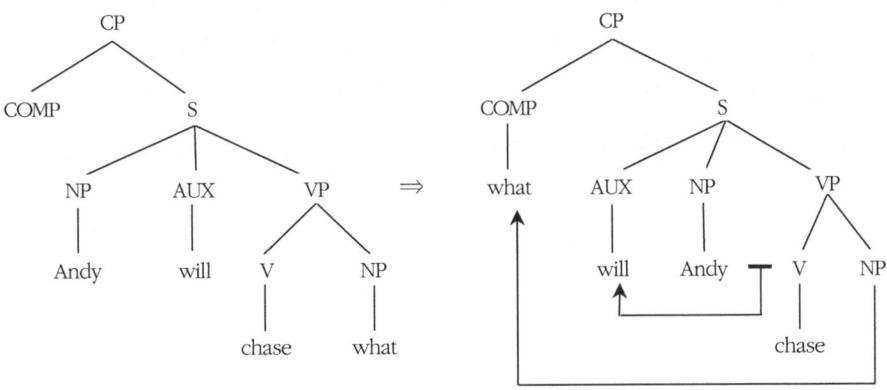

4.6. 엑스-바 규약과 통사적 개념

지배(government) 개념, 성분통어(c-command) 개념, 장벽(barrier) 개념이 어떤 것인지 소개해 보겠다. 개념을 이해하기 위한 설명을 적극적으로 하지는 않겠다. 이런 개념들이 있다는 것을 피상적으로만 예시하고 말겠다. 이 책만 읽고 이해하기에는 너무 세부적인 개념들이므로 난해한 부분은 연연하지 말고 지나가도 되겠다.

초기변형문법 이후, 생성문법에서는 구절구조규칙을 보다 더 일관성 있게 적는 방식을 고안해 냈다. 구절구조규칙을 엑스바(X-bar) 형식으로 일반화 시켰다. '엑스바'란 문장 내부의 여러 가지 '성분들'을 대표하는 구절구조 형식이다. 중심성분(head) 및 그에 관련되는 보어성분(complement), 머리성분(specifier), 부가성분(adjunct) 등이 엑스바 성분으로 표시된다. 명사, 동사, 형용사, 전치사 등의 주요 범주 구별을 일일이 하지 않아도, 이들 범주들이 하나의 변수 '엑스'(X)로 지정될 수 있다. 범주 중립적인 한 개의 대표 규칙 XP → (SPEC) X YP*, 이것으로 응축해서 표현할 수 있다. 이 규칙에 대한 트리구조를 아래에 적었다.

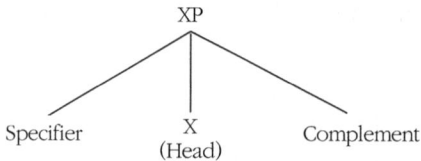

모든 성분 구조는 최대투영 구조에 의해 기술되며 최대투영들 사이의 연결 관계로 지정된다. 이상의 최대 투영은 약식으로 그린 것이다. 보다 정확하게 그리면 아래와 같다. 중심성분이 최대투영 X"로 올라가는 중간 단계에 어휘 투영(lexical projection) 성분을 세운 것이다.

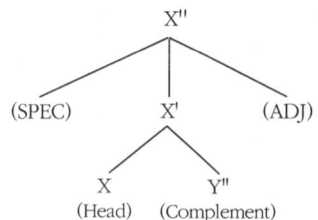

우선 범주 구분에 있어서 V, N, A, P의 어휘 범주와 I, C의 비어휘 범주로 나 눈다. 어휘 범주는 다음과 같이 복합 기호로 구분되며, 비어휘 범주는 INFL과 COMP를 나타낸다.

$$V = [+ V, - N]$$
$$N = [- V, + N]$$
$$A = [+ V, + N]$$
$$P = [- V, - N]$$

특정 범주 기호 대신에 범주 중립적 기호인 범주 변항 X를 사용하고 기호 우 측 머리 위에 프라임 줄을 하나 혹은 두 개까지 부여해, X' 또는 X"를 최대투영 으로 삼는다. 최대투영 성분은 그 내부 구조를 가지며, 외부적으로도 더 큰 문장 구조에 포함되는 하나의 성분으로 참여한다. 중심성분(head)을 X라 하고, 거기로 부터 투영되어 나온 성분을 X', X"으로 세운다. 문장 성분들 사이의 계층적 관계 를 일반성 있게 표시해 주는 규칙 형식이 엑스바 규약이다. 중심성분은 그것이 속해 있는 구절 내에서 주요 특징들을 공유한다. 엑스바 규약에서 중심성분과 보 어성분이 함께 어울리는데 그에 관한 중요한 정보로서 동사의 하위범주화 얼거 리(framework)가 있다. 가령 'John loves Sandy.'라는 문장에서 동사 love는 John 과 Sandy라는 두 개의 논항을 하위범주화 정보로 가진다.

1980년대 초반 지배결속 이론은 촘스키 생성문법 이론들 중에서 중요한 분기 점을 이루었다. 이후 장벽(Barriers) 이론이 나오고 뒤이어 1990년대 후반까지 최 소성(Minimality) 이론으로 이어졌다. 이 책에서는 1980년대 지배결속 이론에 한 정해서 단편적으로 몇 개념만을 돌아보는 데에 그치고자 한다. 지배결속 이론에 서는 엑스바 규약 이외에 의미격 이론, 격 이론, 결속 이론, 지배범주 이론, 통제 이론, 지배 이론 등의 하위 원리들이 모듈(module)을 이루며, 이것들이 문법의 매개변항(parameter) 결정 과정에서 상호작용하는 것으로 보았다.

지배결속 이론에서 사용된 기본 개념들의 정의를 몇 개만 소개하겠다. 이 정 의에 대한 해설은 이 책에서는 하지 않기로 하겠다. 통사 개념은 트리구조의 형 상성을 설명하기 위해 필요하다. 무엇보다도 성분통어(c-command) 개념은 기본 개념이다. 예컨대 문장에서 주어는 동사구 성분을 성분통어하며, 동사는 목적어 성분을 성분통어 한다.

성분통어(c-command) 개념: A c-commands B if and only if the first branching node dominating A also dominates B, and A does not itself dominate B.

아래와 같은 모양의 트리구조에서 볼 때, 어떤 임의의 A 성분을 지배하는 첫 번째 교점으로부터 반대편 갈림길에 놓인 성분들 B, B', B'' 등을 A가 성분통어 한다.

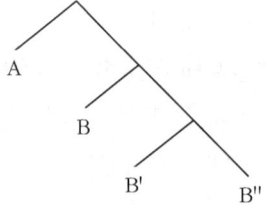

위 구조를 괄호 표시로 나타내 보면, [A [B [B' B'']]]이다. 성분통어는 문장 내 성분들의 문법적 관계를 설명하는 데에 기본을 이룬다. 위에 예시한 단순 트리구 조에서 보더라도 A, B, B', B'' 성분들 사이에서 성분통어가 성립한다. 한편 '지배' 개념이 있다. 아래와 같이 정의되었다.

지배(government) 개념: X governs Y if Y is contained in the maximal X'-projection of X, and X*max* is the smallest maximal projection containing Y, and X c-commands Y.

1980년대 후반에 제안되었던 장벽(barriers) 이론에서 '장벽' 개념이 도입되었 다. 문장 성문들 사이에 성립할 수 있는 관계와 성립할 수 없는 관계를 구분하는 데에 장벽(barrier) 개념이 사용되었다. 다음처럼 정의되었다.

ϒ is <u>a barrier</u> for β   if and only if   (a) or (b)

(a) ϒ immediately dominates δ, δ a BC for β,

(b) ϒ is a BC for β, ϒ ≄ IP

여기에 포함되어 연결되는 개념 몇 가지는 아래처럼 정의된다.

- ϒ is a BC(blocking category) for β,

  if and only if ϒ is not L-marked and ϒ dominates β.

- α L-marks β if and only if α is a lexical category that θ-governs β.

- α θ-governs β if and only if α is a zero-level category that θ-marks β,
  and α, β are sisters.

1980년대 LGB 문법 이후부터는 통사론 개념들이 부쩍 어려워졌다. 위에서 본 것처럼 장벽(barriers), 차단범주(BC), L-마킹 등의 개념들은 일상적인 단어 뜻으로는 이해할 수 없는 개념들이다. 이런 것이 있다는 정도로 예시해 보는 차원에서 여기에 가져와 보았다. 처음 공부 시작한 입장에서 통사론 개념들을 들추어 보니 '왜 이렇게 어려울까? 이렇게 어려워서야?' 하는 생각이 떠오를 것이다. 문법이란 게 정말 복잡다단하고 무슨 자연과학적 연산 작용 정도 되는 것인가 하는 느낌도 들 것이다. 생성문법을 전반적으로 소개하는 일은 이 책에서 충분하게 할 바가 아니다. 많은 지면을 할애해서 이해하기 힘든 내용을 취급하는 것은 개설서에서 감당할 수 있는 내용의 범위를 넘어선다. 부족하지만 이 책에서는 여기에서 그치기로 하겠다.

생성문법은 1960 ~ 70년대 이후 21세기로 넘어오기까지 이론적 변천 과정의 모든 단계에서 난이도 높은 개념을 도입해서 문법 구조를 설명하여 왔다. 생성문법 이론의 이론적 성과는 20세기 언어학에서 통사론 중심의 언어 연구를 수행하는 데에 주도적 역할을 담당했다.

4.7. 통사적 제약 현상: 아일랜드, 재귀사 결속

아일랜드 제약(Island Constraints) 구문들은 이미 1960년대 변형문법 초기 시대에서부터 자주 인용되어 오던 실험적 예문들이다. 처음에는 MIT 대학의 존 로스 J. Ross가 일반화해 놓은 현상들인데 문법 구성의 적격성을 판별해 주는 문법 현상으로 여러 나라 언어들에 대해 검토되는 일이 잦았다. 그 결과 아일랜드 제약 현상은 대체로 언어 보편적 가치를 지니는 것이라는 데에 생성문법 연구자들은 합의점을 두었다.

아일랜드 제약 구문들 중 몇 가지 대표적인 부류를 들어보면 다음과 같은 것이 있다. 문장 좌측에 * 기호는 비문법적 문장임을 표시한 것이다. 여기 예문에서는, 트리구조를 그리지 않고 괄호 표기로 나타내었다. 이것은 표시 방법의 차이에 불과하다. '괄호 표기'(bracketing)는 트리구조와 등가성을 갖는다.

(1) 복합 NP 제약(constraint): wh-의존관계는 절과 그 절을 포함하는 NP
    의 경계를 넘어설 수 없다.
    · What do you believe [that Michael saw __]?
    · *What do you believe [the claim [that Michael saw __]]?
(2) 문장주어 제약: 주어 자리의 명사절에서는 그 안에 있는 성분이 절
    경계 바깥으로 넘어나갈 수 없다.
    · *Who did [that Sandy was going out with ___] bother you?
    · *What would [for me [to give up ___]] be a pity.
(3) wh-아일랜드 제약: wh-의존관계는 종속하는 wh-의문문의 경계를 넘
    어설 수 없다.
    · Do you wonder [what he did to her]?
    · *Who do you wonder [what he did to __]?
(4) 접속구조 제약: wh-의존관계는 접속 구성에서 그 안에 모든 접속구를
    옮기지 않는 한에서는 접속 구조 경계를 넘어설 수 없다.
    · Andy is [[proud of his father] and also [proud of his mother]].
    · *Who is Andy [[proud of this father] and also [proud of ____]]?

(5) 보문소 공백 제약: wh-의존관계는 보문소에 의해 도입되는 절 내의 주어 위치에서 나타날 수 없다.
- Who do you think [that Michael saw __]?
- *Who you think [that __ saw Michael]?

한편 재귀사 용법이 통사 개념을 검증하는 데에 쓸모 있는 자료로 고려되었다. 다음 예에서 재귀사 himself의 분포 적형성에 차이가 있는데 이것을 통사 개념에 바탕을 두는 원리로 설명할 수 있다. 밑의 예문에서 보듯이, 재귀사의 선행사는 절 경계를 가로질러 자리할 수 없다.

- John expects himself to win.
- *John expects [that himself will win].

재귀사의 분포를 설명하는 데에 결속 개념이 관련된다. 지배결속 이론에서 재귀사 결속 조건은 다음과 같이 정해졌다. 이 정의에서, 지배범주(governing category) 개념은 어떤 X라는 범주를 포함하면서 상위 교점으로 가장 근접한 명사구(NP) 혹은 문장(S) 범주를 말한다. (영문으로 적어두면: α is the governing category for X, if and only if α is the minimal NP or S containing X and a governor of X.)

- 재귀사는 지배범주 내에서 결속되어야 한다.
  (A reflexive must be bound in its governing category.)
- 재귀사는 그것을 성분통어 하는 선행사를 가져야 한다.
  (A reflexive must have a c-commanding antecedant.)

아래 예문을 보자. (1a)에서 목적어 himself는 Bill에 의해 성분통어 되고 결속되지만 (1b)에서는 주어 자리 himself는 Bill에 의해 성분통어 되지 못한다. (2a)는 Michael이 himself를 성분통어하고 결속하지만 (2b)는 Michael이 재귀사 himself를 성분통어하지 못한다. 그러므로 (1b)와 (2b)는 재귀사의 선행사가 결정되지 못하는 비문법적 문장이다.

(1) a. Bill scratched himself.

   b. *Himself scratched Bill.

(2) a. Michael talked to himself.

   b. *Michael's mother talked to himself.

이상에서 아일랜드 현상과 재귀사 현상에 대해 단순한 예문 몇 개만 가지고 돌아보았다. 아일랜드 현상은 초기 변형생성문법에서 문장 현상 중에 통사적 제약을 부과하는 예로 등장했었다. 재귀사 현상은 지배결속 이론이 수립되면서 지배 개념과 결속 연산의 작용권을 알아내려는 통사론적 탐색에서 특징 있는 예로 사용되었다. 낱낱의 문장으로 떼어놓고 고립시켜서 보면 사소하기 짝이 없는 문장 현상으로 보인다. 그렇지만 작은 문장 현상 하나하나마다 생성주의 문법 이론에서 수립한 통사 제약이 미세하게 작용하고 있음을 확인할 수 있다.

4.8. 내재화 문법: 문법(1)과 문법(2)

우리는 누구나 문법을 알고 있다. 문법을 이미 알고 있음에도 불구하고, 문법 수업을 들으면서 문법을 공부하고 시험도 치른다. 여기에서 우리는 문법에 관해 '안다는 것'과 '공부한다는 것'의 차이를 구별해 둘 필요가 있다. '문법을 안다는 것'은, 내재화 된 문법지식에 의거해서 언어 사용이 가능한 것을 말한다. 이것을 '문법(1)'이라고 불러보자.

반면에 '문법을 공부한다는 것'은, 내재화 된 문법지식이 어떤 것인지를 문법 용어를 사용해서 설명할 수 있는 것을 말한다. 이것을 '문법(2)'라고 불러보자. 굳이 문법을 공부한 적이 없더라도 하나의 모국어를 사용할 수 있는 모든 사람들은 해당 언어의 문법을 알고 있는 셈이다. 여기에서 우리는 문법이라는 용어의 뜻을 문법(1)과 문법(2)의 두 가지로 구분해 다음처럼 정의하면 된다.

· 문법(1) = 말을 사용할 수 있는 (무의식적) 능력이 내재화된 문법이다.
         누구나 문법(1) 수준의 문법은 잠재적으로 알고 있다.

• 문법(2) = 내재화된 문법(1)에 대해 (의식적으로) 학습하고 설명할 수
　　　　　있는 것

　문법(1)은 누구나 알고 있는 것이며(비록 그에 관해 설명하지는 못하더라도 마음속에서 무의식적으로 내재화 시켜 알고 있는 것임), 문법(2)는 문법에 관해 의식적인 노력을 기울여 체계적으로 공부해 본 사람들이 알게 되는 것이다. 문법 (1)은 모든 사람이 모국어를 구사할 수 있게 되는 상태에서 획득하는 능력을 말한다. 문법(1)은 '내재화 된 문법'이란 것인데, 가령 한국어를 습득해서 말할 수 있게 된 5~6세 무렵의 한국인 아이는 문법(1)의 능력을 마음속에 내재화 시키고 있기는 하지만, 그 문법 능력의 본질이 무엇이며 문법 능력의 내부 작동 원리가 무엇인지를 설명하는 것은 5~6세 아이에게 기대할 수 있는 성질의 것이 아니다. 그렇지만 아이는 한국어로 자연스럽게 말할 수 있다. 바로 이 점에서 아이에게는 문법(1) 능력이 '무의식적으로' 내재화되어 있는 것이다.

　그러면 '내재화 된 문법'은 어떻게 구성되는가? 이 질문에 답하려면, 위에 적은 두 가지 종류의 문법을 거듭해서 언급해야 한다. 우리는 문법(1)에 대해 설명하기 위해 문법(2)를 필요로 한다. 모국어 화자라면 누구든지 문법(1)을 당연하고도 자연스럽게 습득해서 사용하고 있다. 그런데 이처럼 문법(1)을 체득하고 있는 어떤 사람이 국어 문법이나 영어 문법에 대해 따로 공부해 본 적도 별로 없으면서 다만 어릴 때부터 말을 습득한 것에 기반을 두고 모국어를 자유롭게 사용할 뿐이라고 가정해 보자. 이때 그 사람은 바로 '문법(1) 사용자'이다.

　이에 비해, 다른 어떤 사람은 언어학 관련 과목을 수강하면서 문법(1)과 문법 (2)를 구분하는 설명을 들어본 적이 있다. 그뿐 아니라 문법 관련 과목을 따로 수강해서 공부했다면 그 사람은 '문법(2) 학습자'이다. 문법(2) 학습자로서의 경험을 지닌 사람들은 문법 용어를 이용해서 문법 현상을 설명할 수 있다. 문법(2) 학습자가 된다고 해서 반드시 전문적인 문법학자나 문법 선생님이 되어야만 하는 것은 아니다. 고등 교육을 받은 사람들의 대부분은 문법(2)에 관한 지식을 약간씩은 알고 있고 그에 관해 조금씩은 설명할 수 있다.

　"문법은 너무 너무 너무 어려워."라는 문장/말의 구조를 설명하는 과제를 부여받았다고 가정해 보자. 이 문제를 어떻게 풀이하면 될까? 부사는 용언을 수식할

수 있으며 부사를 몇 번이고 반복해서 사용할 수 있다는 것을 우리는 알고 있다. 이것을 차근차근 설명하려면 "부사, 용언, 수식한다"와 같은 문법 용어를 사용하게 되는데 이것이 바로 문법(2)에 속하는 지식이다. 예를 들면 "[문법은 [너무 [너무 [너무 [어려워]]]]]"의 문장 구조를 문법(2) 용어를 사용해서 설명할 수 있다. 이 예문에서 괄호로 묶어준 수만큼 문장 성분들 사이에 결합이 반복적으로 이루어진 것으로 설명하면 된다.

문법(2)에 관해 풍부한 지식을 지니고 있는 사람은 문법 선생님이 될 수 있을 터이다. 생성문법을 가르치는 선생님이 되려면 '통사 범주, 하위범주화, 구절구조 규칙'등은 물론이고 '성분통어, 지배범주, 변형 규칙, 엑스바 규약' 등에 대해서도 배워 둔다. 문법(2)를 잘 배운 사람들은 문법 현상에 대해 문법 용어를 사용해 설명할 수 있는 문법 전문가 역할을 할 수 있다.

언어습득에 있어 규칙은 어떤 역할을 하는가? 규칙의 내재화는 언어습득의 초기 단계에서부터 시작된다. 무의식적으로 습득되어 마음(mind) 속에 내재화되는 지식이다. 사람들은 무한한 수의 문장을 암기하지 않더라도 필요에 따라 즉각적으로 문장의 형식으로 말을 주고받는다. 말을 하려는 의도가 있으면, 생각을 나타내는 데에 주저함이 없이 예전에 똑같이 들어 본 적이 없는 문장 형식을 갖추어 표현할 수 있다. 모국어 습득의 경우에는, 말할 수 있는 문장을 미리 암기하고 있다가 꼭 그대로 재현해서 말하는 것이 아니다. 모국어 사용자는 마음속에 내재화되어 있는 유한수의 규칙 체계를 가지고 무한수의 실제 문장들을 얼마든지 말하려고 하는 만큼 생성해 낸다. 이에 비해 외국어 학습의 경우에는, 빈도가 높은 말덩이(chunks), 관용 표현, 상황 맥락에 대비한 기억 효과 등이 중요하기는 하지만, 이런 방식의 암기는 "들어보지 않은 문장을 말하는 능력"과는 다르다.

문법을 배우는 데에 있어 규칙의 원리를 이해하는 것은 가장 기본을 이룬다. 문법이란 규칙성을 지닌 원리 체계이므로 많은 수의 규칙들이 서로 어울려 조합하는 방식이 곧 문법에 해당한다. 한편, 규칙의 습득과 어휘의 습득은 그 성격이 다르다. 규칙 체계는 이른 시기에 완성되지만, 어휘 습득은 오랜 기간에 걸쳐 지속적으로 진행된다.

4.9. 생성주의 한계와 코퍼스 기법

생성문법은 비문법적 문장인 경우에 그것이 왜 그럴 수밖에 없으며, 문법적 문장이 되기 위해 필요한 통사론적, 의미론적 제약은 어떻게 되어야 하는 것인지를 설명하는 데에 집중하였다. 통사론 중심의 생성문법 이론에서는 비문법적 문장의 비문법성을 설명하는 작업을 통해 언어 구조의 생성과 해석 과정에 대한 연역적 지식 체계를 밝혀내고자 하였다. 이것은 곧 '언어능력'의 본질을 밝히는 것으로 받아들여졌다. 통사론 연구는 분석 대상을 관찰하고, 기술하고, 설명해야 하는데, 생성문법 연구자들은 우선 관찰의 단계에서 모국어 화자의 직관 (intuition)에 의존하는 내성적 판단을 중시하였다.

그러나 실제 '언어활동'의 측면에서 보자면 변형생성문법의 분석 자료는 그 선정의 적절성이 의문시되는 측면이 있다. 생성주의 언어학에서 의존하는 '직관'이란 과연 믿을 만한 것일까? 사람들이 실제 생활에서 거의 사용할 일이 없는 일탈적인 문장을 언어학자의 직관을 통해 일부러 만들어 내고 그것이 왜 나타나지 말아야 하는지를 설명하는 연구에 대해 반감도 일어났다. 다른 한편으로 분석 자료를 연구자의 직관에 의존해서 가져올 것이 아니라 실제 언어 상황에서의 용법을 통해 연구하려는 관점이 등장했다. '코퍼스'를 이용하는 언어연구가 바로 그것이다.

코퍼스(corpus)란 대규모 언어 자료를 가리키는 용어이다. 이 용어를 처음 들으면 '코퍼스라니? 특이한 용어인 걸?'이라고 생각할 수 있겠다. 우리말 번역 용어로 '말뭉치'가 동의어로 쓰이지만 '코퍼스'라는 외래어 용어가 우세하게 사용되는 편이다. 언어 자료들의 집합체를 코퍼스라고 하기 때문에 우선 가장 원시적인 텍스트들의 뭉치는 그 자체로 코퍼스이다. 코퍼스는 컴퓨터가 읽을 수 있는 형태로 기록(태깅 tagging)되어 집적되며 그것을 검출할 수 있는 프로그램이 사용된다. 텍스트 분석자가 텍스트로부터 얻어 내려고 하거나 관찰하려는 언어 현상들이 그때마다의 연구 목적에 따라 있기 마련이므로 이러한 목적에 맞게 텍스트에서 필요한 부분만을 검색하고 추출하고 분류해서 디스플레이 시킬 수 있는 소프트웨어 환경이 필요하다. 한글 문서 작업을 할 때 Ctrl-Q-F 키를 사용하는 것은 가장 초보적인 단어 검색 방법인데 생각하기에 따라서는 Ctrl-Q-F가 일종의 코퍼스 검색 도구가 아닐까? 구글(Google)이나 네이버도 넓게 보면 코퍼스 비슷한 것이다.

　문장 구조를 설명하는 생성문법 이론은 직관과 내성을 중시하는 생성주의에 기반을 둔다. 통사론 중심의 생성주의 언어학에서는 언어학자의 머릿속 직관에 의거해서 연구 자료를 떠올려 내는 데에 익숙해 있었다. 언어 현상이 왜 중요하고 의미 있는지를 판단하는 것은 모국어 화자의 직관에서 얻어진다고 지적했다. 하지만 직관 중심의 생성문법 연구는 인지과학적 성과에도 불구하고 보완해야 하는 단점을 노출했다. 그러던 중에 코퍼스 연구는 직관 중심의 언어학 연구를 보완할 수 있을 것으로 여겨지면서 1990년대 후반부터 언어학 전공자들을 중심으로 인기 있는 도구로 채택되기 시작했다.

　코퍼스라고 함은 원시 텍스트 자료를 검색 엔진이 읽어 들일 수 있는 범위 내에서 보유하고, 원 텍스트 자료를 읽고 검출하고 비교해서 결과를 디스플레이 해주는 것까지 포함한다. 문어체 혹은 구어체 언어 자료를 대규모로 모아서 컴퓨터가 읽어 들일 수 있는 데이터베이스로 저장해 두고, 이것을 필요와 목적에 맞추어 검색 엔진을 사용해 가공 또는 구동해서 실제 언어 연구에 활용하는 것이다. 검색 엔진 프로그램이 텍스트 뭉치와 결부되었을 때 코퍼스 학습자나 연구자는 하나의 코퍼스를 손 안에서 작동시킬 수 있다. 코퍼스의 질적 수준은 목적 장르에 따라 얼마나 대표성 있는 언어 자료를 포함하는가에 크게 의존한다. 책상 앞에서 연구자가 아주 오래 걸려서 확인할 수 있는 통계적 사실을 코퍼스 프로그램은 빠른 시간 내에 알려줄 수 있다. 가령 유명 작가들이 구사했던 언어 차이를 비교하려고 하면, 직관 중심의 문법 연구로는 방대한 언어 자료를 검토하는 데에 어려움이 있지만 코퍼스를 활용하면 효과적으로 접근할 수 있다.

　그러면 코퍼스 프로그램에 어떤 것이 있는지를 언급해 두겠다. 가장 많이 사용되어 온 것은 모노콩크(Monoconc) 프로그램이다. www.athel.com/mono.html을 찾아보자. 최근에는 워드스미스(Wordsmith) 프로그램도 많이 사용되는데 홈페이지 www.lexically.net/wordsmith/에서 임시 버전을 다운로드 받을 수 있다. 모노콩크와 워드스미스를 비교해 볼 때, 검색 기능 위주로는 모노콩크가 다루기 쉽고, 통계적 요인을 참조하려면 워드스미스가 유용하다. 온라인 붙박이 방식의 코퍼스도 적지 않게 있다. 영국의 BNC 코퍼스는 유명한 사례이며 좋은 코퍼스의 기준으로 인정되어 상당수 다른 코퍼스 구축에 참조되었다(www.natcorp.ox.ac.uk/). 브리검영 대학에서 관리하는 BNC 코퍼스가 사용하기 편리하다(corpus.byu.edu/bnc/) 한편 한국어 코퍼스는 2007년까지 진행된 '21세기 세종계획' 연구의 일환으로 구축되었으며 www.sejong.or.kr에서 부분적으로 이용할 수 있다.

코퍼스는 만들어 내는 목적에 따라 종류가 달라진다. 어떤 목적을 가지고 코퍼스를 구축하였는가에 따라 코퍼스의 구성이 결정된다. 이를테면 International Corpus of English(ICE)는 전 세계 영어 변이체들의 비교 연구를 목적으로 1990년대 이후에 만들어졌는데, 특히 ICE-GB(영국편)은 통사적 관점에서 영국영어의 최근 변화에 대한 분석 기회를 마련하고 있다. www.ucl.ac.uk/english-usage/projects/ice-gb

언어학 연구에서 컴퓨터를 활용하는 시각은 코퍼스 방법론이 처음은 아니었다. 벌써 1970년대부터 전산언어학(computational linguistics) 또는 자연언어처리 분야의 연구가 활발하게 이루어져 왔다. 이 분야에서는 인간언어를 지능형 컴퓨터로 이해하고 생성하는 시스템을 추구하는데 문장 구조를 분석하는 구문분석 알고리듬의 설계 및 구현은 전산 지향적 연구의 기본을 이루었다. 자연언어처리 전공학자들은 언어학적 난제들에 대해 고민해 왔다. 한편 코퍼스는 자연언어처리와는 전혀 다른 출발점에서 시작되었다가 그 효용성이 주목 받게 되었다.

코퍼스를 활용하는 목적은 여러 가지 있다. 이 장에서 돌아본 문장 구조에만 한정된 것이 아니라 언어학의 다양한 분야에서 연구 방법으로 이용된다. 특히 언어의 사회적 변이 현상을 설명하는 데에 코퍼스 방법론은 필수적이다. 코퍼스에 관한 소개는 꼭 이 장에서만 이루어져야 하는 성격은 아니지만 그럼에도 굳이 여기에서 소개한 이유라고 하면 다음과 같다: 생성주의 통사 이론은 추상적인 언어 능력을 우선시해서 언어 본질이란 어떠어떠하다고 논증하는 데에 집중하였다. 이에 비해 코퍼스는 언어 자료를 관찰하고 언어활동을 분석하는 관점을 제공해 주었다. 이 장은 초기 생성문법을 위주로 소개하는 것이 주요 목적이었는데, 다만 여기 마지막 절에서는 문법 현상을 취급하는 대안적 방법으로서 코퍼스의 효용성에 관해 언급해 보았다.

〈참고문헌〉

Borsley, Robert D. 1991. *Syntactic Theory: A Unified Approach*, London: Edward Arnold.

Chomsky, Noam. 1981. *Lectures on Government and Binding Theory*, Dordrecht: Foris.

Chomsky, Noam. 1986. *Barriers*, Cambridge: The MIT Press.

McEnery, Tony and Andrew Wilson. 2003. *Corpus Linguistics* (2nd edition), Edinburgh; Edinburgh University Press.

Radford, Andrew. 1981. *Transformational Syntax: A Student's Guide to Chomsky's Extended Standard Theory*, Cambridge: Cambridge University Press.

Stewart, Thomas W. Jr. and Nathan Vailette (eds.) 1998. *Language Files* (8th edition), Columbus: The OSU Press.

van Riemsdijk, Henk and Edwin Williams. 1986. *Introduction to the Theory of Grammar*, Cambridge: The MIT Press.

5장

언어와 사회(1): 언어의 다양성

어떤 사회이든지간에 그 사회 내에 자리하고 있는 문화적 배경 속에서 사람들이 말을 사용하는 방식이 결정된다. 다양한 언어를 살펴보는 것은 다양한 사회를 들여다보는 일이기도 하다. 현재 전 세계에는 200여 개의 국가 경계가 있고, 세계에 현존하는 언어들 중에 소멸 위기에 있지 않으면서 사용자 수가 1만 명을 넘는 언어의 수는 3백여 개에 달한다. 언어변이는 언어의 다양성에 의해 나타나고 그렇게 나타난 언어변이는 다시 언어의 다양성을 순환적으로 발생시킨다.

이 장에서는 특히 영어가 지구상에서 다양한 방식으로 나타나는 현상에 관해 돌아볼 것이다. 영어의 다양성을 중심으로 세계 곳곳에서 영어가 어떻게 이식되고 일상생활의 소통 언어로 자리 잡았는지를 시대적 배경과 함께 알아보겠다. 영어라는 1개 언어가 보여주는 변이의 폭을 돌아보면서, 다른 한편으로 힘을 잃어버린 소수 언어들의 다양성 및 소멸 위기에 관해 생각해 보자. 20세기와 21세기 현재까지 언어 소멸을 불러들이고 가속화시키는 가장 큰 요인 두 가지를 들면 첫째 영어의 세력 확산이 있고, 둘째 이중언어 사회에서의 언어 교체가 있다. 역설적이게도 현대 사회에서 영어의 확산은 언어의 다양성을 위협하는 가장 큰 이유로 작용했다. 영어와의 세력 경쟁에서 밀려난 소수 언어들이 그만큼 많아졌기 때문이다.

5.1. 언어변이: 분리되는 언어

언어의 다양성이 만들어지는 데에는 각 사회가 안고 있는 크고 작은 정치, 사회, 문화, 경제, 인종 등의 요인이 작용한다. 이 모든 요인들이 합해져서 발생한 결과를 후대 사람들은 '역사'라고 부른다. 동일한 내용을 서로 다른 형식으로 표현하는 것을 언어변이(language variation)라고 한다. 지리적으로 멀리 떨어지고 국가 경계에 의해 분리되어 있으면 사용하는 말도 달라진다. '방언'이라는 명칭은 일상생활에서 흔히 듣는 말인 것에 비해 '언어변이'라는 명칭은 언어학에서 사용하는 학술 용어이다. 언어변이는 곧 방언을 뜻하므로 이 둘은 동의어이다. 언어변이는 방언보다 더 넓은 범위의 언어 현상을 가리키는 포괄적 용어라는 점에서 두 용어의 말뜻에 약간의 차이가 있기는 하다.

하나의 국가 내에서는 왕래가 활발하기 때문에 지역마다 방언 차이에도 불구하고 의사소통의 통로가 확보되며 언어 접촉이 끊이지 않는다. 그러나 지리적으로 멀리 떨어져 살다 보면 본래는 동일한 말이었더라도 점점 차이가 벌어져 서로 의사소통이 쉽지 않을 정도에 이르기도 한다. 영국영어와 미국영어처럼 국경을 넘어 멀리 떨어진 경우라도 지속적 교류가 있으면 방언 차이에도 불구하고 여전히 의사소통이 자유롭다. 이것은 지리적 경계뿐 아니라 경제적, 문화적 접근성이 중요함을 보여준다.

언어의 변이를 가져오는 데에는 두 가지 힘이 작용한다. 언어가 단일하게 유지될 수 있도록 하기 위해 작용하는 힘이 한 가지이고, 다른 한 가지는 언어가 서로 다른 변이체 언어들로 분리되어 나가게 만들기 위해 작용하는 힘이다. 즉, 언어를 유지하는 힘은 하나의 표준화된 언어를 중심으로 언어적으로 단일한 사회를 구성하는 것이다. 반면에 분리되는 힘에 의해 언어변이는 발생하고 확산된다. 그 결과로 지역마다 서로 다른 언어가 통용되고 언어 다양성이 사람들의 문화적, 사회적 삶에서 중요한 가치를 형성한다.

"언어는 __에 따라 다르다"는 말을 영어로 작문해 보면 "Language varies from _____ to _____"이다. 여기에서 밑줄 친 빈칸에 들어갈 수 있는 변수로는 어떤 것이 있을까? 나라(country), 지역(region), 계층(class), 시대(era), 문화(culture), 직업(occupation), 성별(gender), 혈통(ethnicity), 스타일(style) 등이 있다. 이런 변수들 중에 지역(region)이나 계층(class)은 가장 중요하게 작용한다. "**언어는 지역에 따라 다르다**(Language varies from region to region)." 그리고 "**언어는 계층에 따라 다르다**(Language varies from class to class)." 그밖에 시대에 따라, 국가에 따라, 문화에 따라, 직업에 따라, 성별에 따라, 혈통에 따라, 스타일에 따라 사람들이 사용하는 언어는 다르다. 이 모든 변수들에 관련해 언어의 사회적 다양성을 경험하고 그에 관해 연구할 수 있다.

단일 언어로 분류되어 하나의 국가 경계 내에서 사용되는 언어라고 하더라도 그 언어가 실제 사용되는 모습을 들춰보면 지역적으로 사회적으로 변이가 있다. 언어변이는 크게 지역변이(regional variation)와 사회변이(social variation)로 양분해서 구별된다. 지역변이를 가리키는 또 다른 명칭은 방언(dialect)이다. "그건 방언(方言)에서 사용하는 말이야!"라고 할 때, 방언은 다른 지역에서 사용되는 말을 나타낸다. 그런데 때로는 사회변이를 가리키기 위해 방언이라는 명칭을 사용하기도 한다. 즉 방언은 주로 지역 방언을 나타내는 용어이기는 하면서도 경우에 따라서는 사회 방언을 나타내는 용어로 사용되기도 한다.

사회 방언이란 무엇인가? 연령, 성별, 인종, 국적, 종교, 사회경제적 경계 등에 의해 사용하는 언어가 달라질 수 있다. 미국에서는 비록 같은 도시에서 살더라도 백인 영어와 흑인 영어 사이에는 사용하는 말에 차이가 있으며, 중산 계층과 노동 계층 사이에도 말의 차이가 있다. 남자와 여자가 쓰는 말에는 차이가 있고, 노년 세대에서 쓰는 말과 젊은 세대 동년배들끼리 사용하는 말에는 차이가 있다. 특정 방언을 사용하는 사람은 같은 방언을 사용하는 사람과 친근 관계를 돈독하게 이어갈 수 있고 여타의 다른 방언 사용자들과는 상대적으로 조심스러운 관계를 모색하기도 하다.

방언에 상대되는 개념은 표준어이다. 정치적이거나 사회적인 이유를 따지지 말고 순전히 언어적 관점으로만 볼 때, 표준어가 방언보다 우월하다거나 발달된 언어라고 규정할 수는 없다. 그렇지만 소통의 편리함을 비교해 볼 때에는 표준어가 방언보다 사용하기 편리하다. 표준어는 정치적으로 다수이며 지리적으로 세력이 강한 중심 지역에서 사용되는 말이다. 표준어는 언어 정책에 의해 선택된 하나의 방언일 뿐인데 때로 사회 분위기에 의해 특권적 지위를 인정받기도 한다.

방언은 '사투리'라고 불리는 것보다 훨씬 광범위한 개념이다. 방언의 차이로 시작되었다가 그 차이가 아주 크게 벌어지면 별개의 언어로 독립되는 경우가 발생한다. 유럽 역사에서 로망스 언어들의 분화가 대표적인 예이다. 이탈리아어, 프랑스어, 스페인어, 포르투갈어, 루마니아어 등은 로마 제국의 각 지역에서 사용되던 지역 방언으로부터 발달해 나온 것이다. 이들 언어들은 문법, 발음, 어휘 등에 걸쳐 공통된 특징들이 있지만, 오늘날에는 각 나라마다 독립된 언어를 사용한다고 생각할 뿐이며 방언 차이를 가진 하나의 언어를 사용한다고 보지 않는다. 언어와 방언의 차이를 다음 그림을 통해 이해할 수 있다.

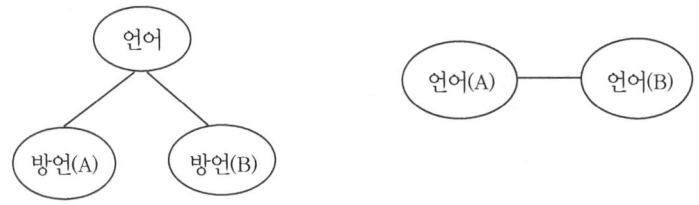

어떤 두 지역의 서로 다른 말을 각각 A, B라고 했을 때 왼쪽 그림에서 보듯이 방언(A), 방언(B)의 관계일 때에는 동일 언어에 속하면서 변이를 보이는 경우이다. 이에 비해 오른쪽 그림에서 보듯이 서로 다른 두 지역에서 사용되는 말이 언어(A)와 언어(B)로 마주 보는 관계일 때에는 한 언어의 변이를 넘어서는 서로 다른 언어로 구별된다. 언어와 방언 사이의 경계를 구별해 내는 기준은 무엇인가? 의사소통을 할 때 상호 이해 가능성이 있으면 한 언어 내의 방언들로 보며, 서로 간에 이해할 수 없으면 별개의 언어들로 분류하는 것이 일반적이다. 예외가 있기는 하다. 스웨덴어와 노르웨이어는 상호 이해 가능하지만 독립된 언어들로 간주된다. 한편 중국 내의 방언 사용자들은 지역이 달라지면 서로 소통하는 데에 어려움이 많음에도 불구하고 각 지방어는 중국어라는 한 언어 내에 묶여 있는 방언들로 인정받는다. 중국어는 음성 언어의 방언 차이가 크지만 하나의 국가 체제 내에서 한자 문화권으로 결속되어 있기 때문에 그러하다.

프랑스어와 독일어만 해도 우리가 알고 있기로는 단일 언어이다. 그런데 파리 사람들은 프랑스 남부 방언인 프로방스 지방어를 이해하는 데에 어려움을 겪는다. 베를린 사람들은 독일 북부 방언인 저지 독일어(Low German)을 이해하는 데에 어려움이 있다. 방언 차이가 있기 때문이다. 서로 호의를 가지고 대화하지 않으면 방언 차이는 편하지 않은 말투로 들린다. 언어와 방언의 구별점이 언제나 불변적으로 고정되는 것은 아니다. 시간의 경과에 따라 방언 차이에서 더 진행되어 언어의 차이로 벌어지는 일이 발생하기도 한다.

1977년에 보이저(Voyager) 우주 탐사선이 발사되면서 그 안에 55개 언어로 짧은 인사말 녹음 기록이 수록되었다. 한국어 인사말은 서울말로 녹음되었을까? 아니면 경상도 말로 녹음이 되었을까? 영어 인사말은 어떤 종류의 영어 방언으로 녹음이 되었을까? 다음과 같은 상상이 떠오른다. 지구에서 보낸 우주 탐사선의 녹음 기록을 우주 저쪽 편의 외계인이 발견했을 때 거기에 담겨있는 목소리가 지구 언어임을 과연 알아차릴 수 있을까? 어쩌면 외계인이 보기에, 지구 사람들은 하나의 단일어로서 '지구어'를 사용하는데 다만 사용하는 단어가 지구 곳곳에서 방언 차이를 보일 뿐이라고 파악하는 일이 생길 수 있겠다.

5.2. 다언어 사회의 링구아 프랑카

링구아 프랑카(lingua franca)라는 용어가 있다. 한 사회 내에서 여러 가지 언어가 사용될 때 언어가 다른 사람들끼리 서로 의사소통을 하기 위해 통상적으로 사용하는 언어를 '링구아 프랑카'라고 부른다. 다언어 사회에서는 언어적 경계를 넘어서는 의사소통 수단을 택하는 것이 실제 생활에서 중요한 가치를 가진다. 사람들은 소통하기에 수월한 언어를 사용하려고 한다. 이를 위해 채택되는 공통어는 링구아 프랑카로 작용한다.

가령, 한 사회 내에서 모국어로 습득한 제1언어가 지역에 따라 혹은 집단에 따라 차이가 있어 A, B, C, D, … 등으로 열거되는 여러 언어들이 함께 사용되고 있을 때 그 중에서 가장 범용성이 높은 언어 하나를 선택해서 공통어로 정해두는 것이 필요하다. 사용하는 제1언어가 서로 다른 사람들 사이에서 공통어로서의 지위를 지니는 것이 링구아 프랑카이다. 예를 들면 탄자니아에서는 스와힐리어가, 서아프리카에서는 하우사어가, 파푸아 뉴기니에서는 톡피진이 링구아 프랑카이다. 예전 소련 연방 시대에는 러시아어가 링구아 프랑카였고, 아랍 국가들에서는 고전 아랍어가 링구아 프랑카이다.

어떤 언어를 링구아 프랑카로 사용하는가 하는 문제는 다언어 사회 구성원들의 선택에 의해 결정된다. 그것은 역사성의 산물일 뿐만 아니라 현 시대 사회의 관습과 생활상을 반영한다. 다언어 사회에 살고 있는 사람들이 집단적으로 원하기만 하면 제1 모국어 언어를 예전 시대와 다른 언어로 바꾸어 선택할 수 있고 그 결과로 모국어 전환이 이루어질 가능성이 생긴다. 많은 사람들 사이에서 가장 세력 있는 언어로 선택된 것은 링구아 프랑카로 작용한다.

지구촌 권역 별로 나누어 조금씩 이야기 해 보자. 우선 중국의 언어 상황에 관해 잠시 살펴보겠다. 중국어는 방언 차이가 대단히 심하게 진행되어 있다. 중국 한어는 주나라 시대 때에 이미 방언 차이가 있었고 이에 대해 아언(雅言)이라는 표준적 언어 개념을 고대 국가에서부터 세워둔 바 있다. 중국의 언어는 크게 7대 방언권으로 나누어진다. 한족(漢族)이 중국 인구의 90% 이상 다수를 이루며 한족 이외에 55개 소수 민족이 어울려 살아왔다. 2008년 북경 올림픽 개막식에서 한족을 비롯해 56개 민족을 상징하는 출연자들이 전통 옷을 입고 입장하는 장면은 인상적이었다.

홍콩에서 사용하는 광동어와 북경에서 사용하는 만다린어는 서로 의사소통하지 못할 정도로 언어 차이가 크다. 방언 차이가 크게 나기 때문에 말뜻을 알아듣기 어렵다. 그렇지만 이런 차이는 중국어라는 하나의 틀 내에서 방언 차이로 분류된다. 중국 전역에서는 표기 문자를 공유하고 있다. 구어적으로 다양한 말이 사용되지만 문어적으로 단일한 표기 체계를 사용하는 것이다. 중국 방언 중에 가장 사용자 수가 많은 것은 관화(官話) 방언이다. 전체 중국 인구의 70%가 관화 방언권에 거주한다. 이곳은 양자강 북쪽 전체와 양자강 중상류 남쪽을 포함하는 넓은 지역이다. 관화 방언 전체는 다시 4개 지역으로 하위 구분되는데, 북경어 중심의 북방 관화가 있고 서북 관화, 남방 관화, 서남 관화가 있다.

중국 방언들 중에는 벌써부터 독립된 언어로 분리되어 나갈 지경에 처해 있었으나 아직도 정치적으로 방언 차이에 묶여 있는 지역어들이 있다. 흥미로운 사례 하나를 말해 보겠다. 새천년 초반에 중국 TV에서 만화 영화 「톰과 제리」(Tom and Jerry)가 상하이어로 더빙 녹음이 되어 인기 있게 방영되었다. 「톰과 제리」는 2004년 무렵까지 인기를 끌었으나 북경 정부의 개입으로 방영이 중단되었다. 방언의 대표성에 관한 정치사회적 입장 차이가 방영 중단을 가져온 이유였다. 더빙 녹음되어 사용하는 말이 상하이 말이었기 때문에, 이처럼 지역 방언에 의한 방송을 그만하고 공식 언어인 만다린 중국어로 대체되어야 한다는 명분이 개입했다.

만다린 말에 바탕을 두는 중국 공용어는 보통화(普通話 putonghua)라고 이름 붙여졌다. 북경 만다린 말을 중심으로 하는 중국 북방계 말을 기본으로 삼으면서도 중국 전역에서 통용될 수 있는 정도의 말을 보통화로 인정했다. 중국 인구의 3분의 2 정도는 보통화로 말이 통하지만 나머지 3분의 1은 보통화로는 말이 잘 통하지 않는다.

만다린어, 광동어, 상하이어 등의 중국 방언들은 의사소통이 자유롭지 못하고 서로 별개의 언어로 들릴 만큼 지역 차이가 많이 난다. 상하이어로 녹음된 「톰과 제리」는 중국 내의 다른 방언 지역에서는 알아듣기 어려운 경우가 있었다. 미디어에서 사용되는 중국어라도 소통의 범용성이 완전하지는 못하다. 북경 방송에서 들려주는 아나운서의 말은 중국 내의 다른 권역에서는, 예컨대 상하이 혹은 광동 지역 사람들은 방송을 알아듣기 어려워서 자막으로 처리해서 시청해야 하는 정도이다.

한편 인도의 언어 상황에 대해 알아보자. 인도는 다언어 사회의 전형을 보여준다. 인도는 역사적, 사회적, 문화적 이유로 인해 30여 개에 달하는 영역으로 구분되기 때문에 최대한 많은 수의 언어들을 공식적으로 인정하는 정책을 시행하고 있다. 인도에서는 3백여 개 이상의 언어가 있으며 그 중 대다수는 서로 방언 차이로 연결되어 있다. 인도의 공식 언어는 힌디어와 영어이며 그에 더해 권역별로 각 주마다 필요로 하는 공식 언어를 추가로 인정하고 있다. 인도는 언어적 차이에 대해 관대한 다언어 정책을 펼쳐 왔으며, 힌디어와 영어를 비롯해 18개 언어를 주 정부에서 공식어로 정하고 있다. 인도에서는 400여 개 이상의 언어가 존재한다고 보고되거나, 100개 혹은 200개 등으로 다르게 보고되기도 하는데, 이런 분류는 방언 차이를 언어의 수로 산정한 측면이 있기 때문에 분류 기준에 따라 방언 수가 다르게 말해진다.

여러 개의 방언들을 묶어서 하나의 언어로 분류하는 것이 일반적이지만, 방언 차이가 크게 벌어질 때에는 독립된 언어로 세어보는 경우가 있다. 또한 방언 차이에 불과한지 언어 차이로 귀속될 것인지를 판정하기가 불투명한 경우도 있다. 덴마크어와 독일어, 자메이카 크레올과 영어, 미국흑인영어와 미국일반영어, 광동어와 만다린어를 비롯한 중국 방언들을 살펴보면 방언과 언어의 경계가 분명하지 않은 사례들을 접하게 된다.

표준적인 언어로부터 벗어나는 또 다른 언어가 있을 때, 이들 언어들이 한 언어 내부의 방언 차이인지, 아니면 제각각 독립된 개별 언어로 구분되어야 하는지의 문제는 언어적 기준뿐만 아니라 사회적 기준을 고려해야 한다. 국가적이거나 종교적 태도에 영향을 받는 경우도 있다. 가령 인도 북부 지역에서 힌디어와 우르드어는 몇 십 년 전에만 해도 단일 언어로 분류되어 힌디-우르드어(Hindi-Urdu)

로 통합되어 그 문법이 기록되었다. 그러나 근래에 이르러 힌디어와 우루드어는 별개 언어로 간주되고 있다.

20세기 이후 현재 21세기에 이르기까지 영어는 세계의 가장 넓은 지역에서 사용되는 링구아 프랑카로 등장하였다. 모국어 사용자 수만을 보면 중국어가 가장 많고 영어, 스페인어, 아랍어, 힌디어 등이 그 다음 순서이다. 통계 수치에 관해 인터넷 사이트 한 곳을 방문해 정보를 확인해 보자. 그곳은 「세계언어연감」으로서 주소는 www.ethnologue.com이다.

지난 시대에 영어는 프랑스어와 경합하였다. 19세기까지 프랑스어는 링구아 프랑카로서의 비중이 매우 컸다. 20세기에 지구의 전 대륙에 걸쳐 사용자가 분포하고 있으면서 국제기구 공식어로 사용되는 언어는 영어와 프랑스어 두 개뿐이다. 18세기와 19세기에 프랑스어의 세력이 가장 강했던 것에 비해 20세기에는 영어가 프랑스어의 위세를 상당 부분 대신하게 되었다. 영어는 11세기 노먼 정복 이후 18세기까지 거의 700여 년을 프랑스어와 밀접한 관계를 맺고 발달되어 왔으므로, 영어와 프랑스어 사이에 세력의 우열을 논한다는 것이 어색하기는 하다. 20세기 중반 이후 국가 간 교역과 지식, 정보, 교통, 통신이 발달하고 경제 활동의 효율성이 강조되다 보니 영어의 힘은 더 강조되고 프랑스어의 힘은 위축되었다. 단 하나의 국제어를 선택해야 할 때 영어를 선택하는 상황이 확산되었다.

언어 접촉은 다언어 사회를 가져온다. 역사를 돌아보면 특히 지난 몇 세기 동안에 언어들 사이의 접촉이 깊게 일어났다. 유럽 국가들이 식민지 개척에 나선 결과로 아프리카, 아메리카, 아시아-태평양 등지에서 언어 접촉이 일어났다. 20세기 현대 사회에서는 이민과 교역에 의해 서로 다른 언어 사회 구성원들이 섞여서 소통함에 따라 언어 접촉이 일어났다. 2중 언어주의(bilingualism)는 다언어 사회에서 흔한 현상이다.

2개 언어를 병행해서 사용하는 것을 인정하고 배려하는 사회 현상을 이중언어주의라고 한다. 가정, 학교, 직장 등에서 사용하는 언어가 구별되며 하나 이상의 언어를 습득하는 사회가 있다. 인도, 파푸아 뉴기니 등지에서 한 사람이 여러 언어를 배우는 경우가 흔하다. 특히 파푸아 뉴기니에서는 여러 언어를 배워서 사용하는 것이 지역 사회에서 개인의 능력을 높여주는 가치 기준이다. 미국에서는 이중언어가 이민자 지역 사회에만 몰려 있고 주류 사회 바깥에 있다. 미국 이외 지구상 다른 지역에서의 이중언어 사용은 상호작용적인 것에 비해, 미국 영토 내에서 이중언어 사용은 단일 방향적이다. 2개 이상의 언어가 병용되는 사회에서는 언어와 문화 차이에 대한 이해심과 감수성이 수반되어야 사람들 사이에 상호작용이 원활하게 일어날 수 있다. 그렇지만 영어가 워낙 힘이 센 언어로 작용하는 사회에서 영어 이외 다른 언어 사용자는 하루라도 빨리 영어를 능숙하게 구사해야 한다는 압박감을 받는다. 이런 이유 때문에 미국 영토 내의 이중언어 사용은 잠정적 언어 병용으로 비춰지며 하나의 주축 언어로 통합되어야 하리라는 사회적 기대와 압력에 직면한다.

5.3. 지구촌에서 영어 사용하는 지역

대서양을 사이에 두는 문화 교류의 상징적 단서로서 뉴욕과 런던의 거리 모습을 한 가지 떠올려 보자. 19세기 후반 뉴욕의 부둣가에서 영국 작가 찰스 디킨즈의 최근작 소설이 배에 실려 오기를 기다렸다면, 이에 비해 20세기 이후 런던 광장에 줄지어 서 있는 군중은 바로 헐리웃 블록버스터 영화의 시사회를 관람하기 위해 모여들었다. 미국과 영국 사이에 교류는 양 방향적이었으므로, 영어의 표준을 지목하려고 해도 꼭 짚어서 미국과 영국의 어느 한 쪽만을 정전(canon)이라고 말할 수는 없다.

영어에서 표준어라고 할 만한 것을 유일하게 지목할 수는 없다. 국가별 기준에 따라 여러 가지를 열거할 수 있을 뿐이다. 영국영어, 미국영어, 호주 영어, 캐나다 영어 등이 세계 영어의 지역적 표준에 포함된다. 표준영어를 정하는 경로는 두 가지로 나누어 볼 수 있다. 첫째, 규범주의 입장에서, 특정한 환경에서 특정한 활동을 위해 사용되어야 하는 표준 영어를 정할 수 있다. 둘째, 결과주의 입장에서, 표준화 과정을 겪은 변이체를 문법과 사전에서 잘 드러내 줌으로 해서 표준으로 인정하기도 한다.

사회언어학자 카즈르(Kachru 1985)는 영어 사용 지역을 3가지 경계로 구분하였다. 영어를 사용하는 국가와 그렇지 않은 국가로 양분해서 말하는 것은 무의미하다고 보고, 그 대신 아래 그림에서 보듯이 3가지 권역을 구분하였다.

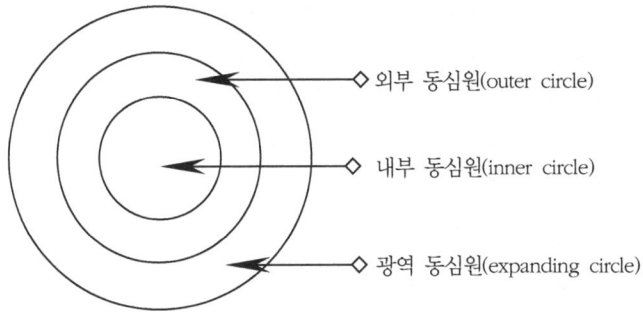

◇ 외부 동심원(outer circle)

◇ 내부 동심원(inner circle)

◇ 광역 동심원(expanding circle)

여기 3개 권역에 속하는 나라들을 적어보면 아래와 같다.

(1) 내부 동심원(inner circle)은 표준을 제공하는 지역(norm-providing region)이다. 영국, 미국, 캐나다, 뉴질랜드, 오스트레일리아 등이다.

(2) 외부 동심원(outer circle)은 표준을 발전시키는 지역(norm-developing region)이다. 15억 인구가 이 지역에 거주하며, 영어는 토착 언어들과 공존하면서 2개 이상 언어 사이에 간섭 현상을 보인다. 아프리카 지역에서 가나, 케냐, 나이지리아, 탄자니아, 잠비아 등이다. 인도 인근 지역에 인도, 파키스탄, 방글라데시, 스리랑카 등이다. 태평양 지역에 말레이시아, 싱가포르, 필리핀 등이다. 그밖에 중남미 자메이카도 포함된다.

(3) 광역 동심원(expanding circle)은 표준에 의존하는 지역(norm-dependent region)이다. 이 지역에서 영어는 제2언어로 학습된다. 동아시아 지역(한국, 일본, 중국, 인도네시아, 네팔, 타이완 등), 중동 지역(이집트, 이스라엘, 사우디아라비아), 아프리카 지역(짐바브웨), 유럽 지역(이탈리아, 브라질) 등이 포함된다.

식민지 시대 이후 오랜 동안, 다언어 사회에서 영어가 중요한 제2언어로 사용되어 왔다. 한편 20세기 이후부터 국제어로서 영어의 중요성을 인식하는 국가들 중에 상당수는 식민지 역사가 없고 자국 내의 언어 정책에서 영어에 특별한 공식적 지위를 부여하지는 않는다. 한국은 단일 언어 사회이지만 세계 경제에 참여하기 위해 영어 학습을 중시하는 나라이다.

「세계언어연감」(Ethnologue)에서 보고하는 바에 따르면, 사용자 수가 많은 언어들의 1순위에서 10순위까지는 아래와 같다. 2009년 보고는 1999년 보고와는 약

간의 차이가 있다. 상세한 정보를 확인하려면 인터넷 사이트 www.ethnologue.com
을 방문해 보자(책으로 간행된 것은 Lewis(2009)이다).

	L1 사용자 수	사용자 거주국 수
1. 중국어	12억 1300만	31개 국가
2. 스페인어	3억 2천 9백만	44개 국가
3. 영어	3억 2천 8백만	112개 국가
4. 아랍어	2억 2천 1백만	22개 국가
5. 힌디어	1억 8천 2백만	20개 국가
6. 벵갈어	1억 8천 1백만	10개 국가
7. 포르투갈어	1억 7천 8백만	37개 국가
8. 러시아어	1억 4천 4백만	33개 국가
9. 일본어	1억 2천 2백만	25개 국가
10. 독일어	9천 30만	43개 국가

이 중에서 영어 L1 사용자 수는 중국어 L1 사용자 수에 훨씬 못 미친다. 이 통계에서 영어는 스페인어에 아주 간발의 차이로 뒤지는 3위에 자리하고 있다. 그렇지만 영어는 제2언어로 사용되는 비율이 (다른 언어들의 경우보다 압도적으로) 높다. 생활 언어로서의 사용자 수를 기준으로 하면 영어는 중국어 사용자 수를 추월할 정도로 전 세계에서 가장 많이 사용되는 언어이다. 일반적인 통념으로 판단해 보건대, 영어를 중요한 언어로 사용하는 사용자 수는 15억 인구를 훌쩍 넘어설 것으로 여겨진다. 보다 엄격한 기준으로 이중언어능력 내지 제2언어(L2)로서의 사용자 수를 추정해 보건대, 크리스털(2003)의 보고에 따르면 4억 2268만 명이라고 한다. 이 보고에 따라 영어 L1과 L2 사용자 수를 합하면 7억 5천만 명을 넘어선다.

5.4. 변이체 영어들: 세계영어

영어는 한 개의 언어인가? 그렇지 않고, 여러 가지 종류 영어들의 집합체인가? 이것은 관점의 차이를 드러내 주는 질문이다. 국제어로서의 영어(English as an international language)라고 말할 때 영어란 단수 개념으로 보는 것이다. 그러나 영어는 사회언어학자 카즈르가 지적했듯이 다양한 변이 현상에 의해 특징이 드러난다. 습득 과정에서, 기능에 관련해서 혹은 상황 맥락에 관련해서 변이를 보인다.

오늘날 21세기 시점에서 볼 때, 영어는 단 하나의 균일한 표준적 영어가 아니다. 다양한 변이체 영어들이 세계 곳곳에 분포하고 이것을 합친 집합체로서 영어가 자리한다. 전 세계에 걸쳐 영어가 지역에 따라 변이(variation)의 폭을 드러내는 현상에 대해 변이체 영어(Varieties of English)라고 이름 붙여 부른다. 혹은 세계영어(World Englishes)라고 부르기도 한다. 영어는 곧 국제어(the global language)라고 말하게 되면 이것은 마치 영어가 단일하게 표준화된 언어라는 느낌을 준다. 그러나 실제로 지구촌 곳곳에서 사용되는 영어를 돌아보면 지역마다 변이의 폭을 지닌 영어가 사용되기 때문에 이것들을 묶어서 부르는 집합 개념으로 '세계영어'가 성립한다.

영어가 가장 힘 있는 세계어의 위상을 얻게 된 시기는 20세기 후반기에서부터이다. 영어는 짧은 시간 내에 확산되었으며 다양한 변이체 영어들이 세계 곳곳에 분포하고 있다. 21세기에 이르기까지 영어의 확산은 다양한 지역에서 다양한 결과로 나타났다. 영어는 지역어의 영향을 받으며, 다언어 혹은 이중언어 환경에서 토착화되거나 지역어와 혼합되었다. 2개 이상 언어가 병존하는 사회에서 언어 접촉의 영향과 결과를 주고받으면서 변이체 영어로 형성되어 왔다.

여기에서 우리는 영어 변이체들이 전 세계에서 어떤 지역으로 크게 구분될 수 있는지를 알아보고, 각 지역마다 변이체 영어로서의 개별적인 특징, 문화적 배경과 역사적 맥락을 돌아보는 방식으로 알아보도록 하자.

우선 내부 동심원(Inner Circle) 지역인 영국과 미국 그리고 오스트레일리아-뉴질랜드 이외에, 세계에서 영어가 중요한 언어로 사용되는 지역을 권역에 따라 크게 구별하면 다음과 같다: (1) 인디아에서, (2) 아프리카에서, (3) 동남아시아에서, (4) 홍콩과 중국에서, (5) 유럽에서. 그밖에 파푸아 뉴기니, 대양주, 카리브 해 연안 지역에 대해서는 뒤에서 살펴볼 것이므로 여기에서는 언급하지 않기로 한다.

(1) 인디아(= 인도, India) 영어부터 소개해 보자. 인도의 언어적 상황은 아주

복잡하다. 여러 가지 언어들이 복잡하게 얽혀 있다. 1961년 조사로 1652개 언어가 있었고 학교에서 사용하는 언어만 해도 67개나 된다. 힌디어가 공식어인데, 인도 정부 정책으로 3개 언어를 부과해 왔다(힌디어, 인도 내 다른 지역어 1개, 영어). 힌디어 지역에서는 영어 그리고 다른 인도 언어 중 하나를 학교에서 배워야 한다. 그리고 힌디어 이외 지역에서는 영어와 힌디어를 학교에서 배워야 한다. 이 정책의 실제 효과는 성공적이지는 않았다. 힌디어는 인도 대륙 북쪽에서만 사용되고, 남쪽의 드라비다어군 언어 사용 지역에서는 힌디어보다 영어를 선호한다. 힌디어 사용 지역에서는 제2언어로 인도 언어 중 하나를 배우기보다는 오히려 영어를 선호하기 때문에 많은 힌디어 사용자들은 힌디어와 영어 2개 언어만을 구사할 수 있다. 아무튼 인도 영어는 변이체 영어의 한 가지이다.

(2) 아프리카에서 토착화 된 변이체 영어가 있다. 아프리카 국가들은 (특히 사하라 이남 지역은) 곳곳에서 다언어 사회로 구성되어 있다. 아프리카에서 영어 사용자는 교육 받은 소수 계층 사람들인데, 이들 중 대다수는 3개 언어를 경험한다. 여기에서 3개 언어라는 것은 (i) 영어와 프랑스어가 혼합된 링구아 프랑카 (lingua franca), (ii) 아프리카 링구아 프랑카, (iii) 아프리카 개별 지역어 등이다.

아프리카 사하라 이남 지역을 크게 나누면 서쪽으로 카메룬, 가나, 나이지리아 등이 포함되고, 동쪽으로 케냐, 탄자니아 등이 포함된다. 남쪽으로는 남아프리카 공화국이 포함된다. 서아프리카에서 나이지리아, 카메룬, 가나, 라이베리아, 잠비아, 시에라리온 6개국은 영어를 공식 언어로 정하고 있으며 영국 식민 지배의 유산으로 영어가 변이체 형태로 잠재한다. 스와힐리어는 동아프리카 탄자니아, 케냐 등지의 링구아 프랑카이지만 아프리카 전역을 대표하지는 못한다. 아프리카에서 영어에 능통한 엘리트는 1개 부족 대표자에서 벗어나 비중 있는 대표자로 나설 역량을 갖춘 것으로 비춰진다. 학교 교육의 매개 언어로 어떤 언어를 선택하는 것이 합당할지는 아프리카 문화와 정서에 비추어 볼 때 미묘한 문제이다.

아프리카 내부의 링구아 프랑카로, 지식의 매개 언어로, 세계 문화와의 접촉 수단으로 영어는 아프리카에서 중요시되어 왔다. 영어를 선택하는 경우에도 아프리카 내부에서 토착화 된 변이체 영어 중에 어떤 종류의 영어를 선택하는가 하는 것은 나라마다 고유한 상황에 따라 결정되는 문제이다. 그것은 나이지리아와 남아프리카 공화국에서 통용되는 정도의 영어이면 될 듯하다.

(3) 동남아시아에는 1967년 이후 아세안(ASEAN) 연합 10개국이 있다. 1967년 방콕 회의에서 연합 결성 당시 영어를 링구아 프랑카로 채택하는 것이 당연시되어 토의 없이 결정되었다. 아세안 10개국 중에 4개국은 영어를 사용하는 외부 동심원(outer circle)에 속하며, 6개국은 광역 동심원(expanding circle)에 속한다. 외부 동심원 4개국으로 말레이시아, 싱가포르, 브루나이, 필리핀 등이 있다. 아시아 국가들에서 영어는 소통을 위한 국제어로 작용하므로 변이체 영어에 대한 협력과 이해가 수반된다.

4개국 중에 싱가포르의 언어 상황에 관해 조금 알아보자. 싱가포르 특유의 영어는 싱글리쉬(Singlish)라는 별명의 변이체 영어를 형성하였다. 싱가포르에서 영어는 만다린 중국어, 타밀어, 말레이어 등과 영향을 주고받으며 언어 혼합이 일어났다. 1980년대부터 만다린어 말하기(Speak Mandarin) 캠페인이 중국계 주민들의 언어 통합에 성과를 거두기도 했으나 오히려 말레이-남부아시아 계 주민들과는 언어 분리를 가져오는 것이었다. 이런 상황에서 영어는 만다린어를 대신해 싱가포르 사회 내의 언어 통합을 위해 중요한 위치를 차지해 왔다. 1987년 이후 싱가포르에서 영어가 학교 교육의 유일한 매개 언어로 지정되어 있으며, '잉글리쉬 프러스 원'(English + 1)이라는 이중언어 정책에 의해 영어 이외에도 1개 언어를 추가로 배워서 사용하도록 정하고 있다. 싱가포르 영어는 음절 개수에 맞추어 강세를 고르게 배분하는 방식으로 읽기 때문에 영국영어와는 다른 악센트로 들린다.

싱가포르 영어는 표준영어에서 벗어난 정도가 심하다는 우려가 있었다. 이에 대해 싱가포르 정부는 '영어 제대로 말하기'(Speak Good English) 캠페인을 펼친 적이 있다. 예를 들어보자. "Wah lau you maken yet? So kiasu one. Hey he talk cock lah." 이것은 두 명의 중국계 싱가포르 학생이 대학 캠퍼스에서 주고받는 말로 관찰되었던 발언이다. 이것이 과연 영어로 표현된 말인지를 분간하기 어려울 정도이다. 이들에게 다가가서 방금 어느 나라 말로 대화를 하고 있었는지를 물어보았더니 자신들은 물론 영어를 말한 것이라고 당연하게 대답하면서 (왜 그런 질문을 할까 하는 듯하게) 다소 어리둥절한 표정을 지어 보였다고 한다(Nunhan 2007). 이 말을 온전한 영어로 번역을 하자면, "Have you eaten yet? He's really aggressive. He talks a lot of nonsense."이다.

(4) 중국에서 사용되는 영어에 관해 돌아보자. 중화민국을 건국한 신해혁명(1911 ~ 23년) 시기에는 러시아어와 독일어가 중국에 영향을 주는 언어였다. 그때에는 앵글로 계 철학(러셀, 듀이)보다는 유럽계 철학(헤겔, 막스)이 더 중요시되었다. 1949년 ~ 1950년대 말 사이에 러시아어가 제1외국어였다가 이후 영어가 일류 언어가 되는 듯했던 정도였으나 오히려 1966년 ~ 76년 문화혁명 시기에 영어 잘하는 사람은 이념적으로 의심 받는 존재였다. 그러다가 현대화를 위해 영어가 다시 등장하고 1986년부터 학교에서 중요하게 가르치는 외국어로 영어가 부각되었다.

중국 사회에서 영어를 배우려는 열의는 문화의 영향력에 의해 이루어졌다. 코카콜라와 마이크로소프트가 생활의 한 부분으로 유입된 이후에는 영어를 배우려는 필요성이 커졌고 더 많은 중국인이 영어 사용 장면을 접하게 되었다. 현재 중국 도시 산업화 지역을 중심으로 교육 받은 세대에서 영어를 배우는 열기는 대단히 높다. 그리고 홍콩 영어는 광동어 발음의 영향으로 지역 악센트를 드러낸다. 7대 방언권으로 구분되는 중국에서 중국식 영어는 학습자의 모어 방언에 따라 제각각 다른 악센트를 갖는다. 가까운 미래에 중국식 영어가 아시아 지역의 영어 변이체 중에서 가장 흔히 사용되는 변이체로 등장할 것으로 예견하는 의견이 있다. 여기에는 중국계 영어 사용자가 워낙 많다는 점이 주된 이유이다.

한편, 홍콩 상황을 돌아보자. 19세기 말 아편 전쟁 이후 영국에 조차되기 이전부터 홍콩 거주 중국인들은 영어를 별로 사용하지 않았으며 다만 소수 중개인들이 영어와 광동어 사이에서 통역을 담당했다. 오늘날에도 홍콩 특유의 영어는 없다는 의견까지 나온 바 있다. 홍콩은 영어 학습이 중시되는 지역이기는 하지만 싱가포르만큼 영어가 링구아 프랑카 역할을 하는 곳은 아니다. 홍콩 주민 대다수는 중국계이며 광동어(Cantonese)를 사용한다. 그러나 1997년 중국 반환을 앞두고 열성적 영어 학습자가 급증하던 시기도 있었다.

(5) 유럽 영어를 돌아보자. 세계 대전 이전에는 독일어가 동유럽 지역에서 세력 있는 링구아 프랑카였다. 전쟁 이후 소련 연방이 세워지면서 러시아어가 동유

럽에서 독일어를 밀어내고 사용되었다. 1990년대 소련 연방 해체 이후 독일어에 대한 관심이 다시 살아나기도 했으나 무엇보다도 영어에 대한 관심이 급증하였다. 영어는 유럽 연합(EU) 국가들 사이에서 교역과 협상의 언어이며 학술회의와 출판에 있어서는 절대적 언어로 작용한다. 유럽에서 한때 링구아 프랑카였던 독일어는 영어에 밀려 지역어로 밀려난 것이라고 말해지기도 한다.

유럽에서 영어를 중시하는 정도는 나라마다 조금씩 사정이 다르다. 스칸디나비아, 벨기에, 네덜란드 등지에서 영어가 대단히 중요한 위상을 지니는 제2언어이다. 이에 비해 남부 유럽의 스페인, 포르투갈, 이탈리아 등지에서는 상대적으로 영어를 덜 중요하게 인식한다. 유럽 사람들이 학교 교육에서 제2언어로 배우는 비율을 보면 영어가 89%, 프랑스어 32%, 독일어 18%라고 보고된 적이 있다. 이탈리아어, 스페인어를 배우려는 학습자는 최근까지 늘어나지 않고 있으며 덴마크어, 네덜란드어, 포르투갈어는 소홀하게 취급받는다. 전통적으로 프랑스어를 기꺼이 배우던 스페인과 이탈리아 젊은 사람들은 이제는 프랑스어 대신 영어를 배우기도 한다. 벨기에는 네덜란드어와 프랑스어 사이에 미묘한 견제 관계가 있기 때문에 그 긴장의 틈새에서 상대적으로 영어가 중시된다. 젊은 세대 유럽인들은 영어로 소통할 수 있는 비율이 높다. 유럽 공동체에서는 영어의 효용성이 너무 분명하기 때문에 영어 공부에 집중하도록 격려를 받는 일이 없을 정도로 영어 학습의 필요성이 당연시되고 있다.

이상에서 세계영어를 다섯 개 권역으로 나누어 돌아보았다. 이 장에서는 설명을 줄이기 위해 이처럼 다섯 권역으로만 제한하였다. 이외에 영어 변이체를 모두 열거하자면 그 수가 많다. 영어 변이체들의 목록을 충분하게 적어두면 다음과 같다.

- 미국영어(일반미국영어, 미국북동부 영어, 미국중서부 영어, 미국서부 영어, 미국남부 영어, 네트워크 영어)
- 미국 내 비표준 영어(미국흑인영어, 스페인계 미국영어)
- 영국영어(잉글랜드 영어, 구어체 런던영어)
- 영국 내 비표준 영어(스코틀랜드 영어, 웨일스 영어, 아일랜드 영어)
- 캐나다 영어

- 오스트레일리아, 뉴질랜드 영어
- 유럽식 영어
- 아프리카 영어(서아프리카 영어, 남아프리카 영어, 인도양 영어)
- 지중해/중동 영어
- 카리브 해 영어
- 인도 영어
- 동남아시아 영어
- 중국식 영어
- 태평양 군도 영어
- 남대서양 영어
- 국경선 없는 인터넷 영어

세계 곳곳에 산재하는 영어의 다양한 변이체들은 집합적으로 '세계영어'라고 불린다. 영어는 서로 다른 지역에서 서로 다른 변이체로 실현되어 있다. 그런데 외국어로서 영어를 학습하고 배우는 입장에서 볼 때 마치 영어는 단일하게 표준화된 언어인 것처럼 느껴진다. 짐작해 보건대, 영어 학습자들은 대표성 있는 영어를 선호하는데 그것은 미국영어이거나 영국영어쯤 되겠다. 그러나 그것만이 세상에 하나밖에 없는 유일한 영어는 아니다. 단순하게 질문해 보자. 지구촌 곳곳에 분포하는 변이체 영어들은 순수하지 못하며 오염된 것일까? 이 질문에 대해 사람들이 어떤 태도를 지니는가에 따라 변이체 영어에 대해 서로 다른 생각을 말해 볼 여지가 생긴다.

5.5. 미국의 인종적 변이체 영어: 흑인영어

지리적 구분으로부터 방언 차이가 생겨날 뿐만 아니라, 사회적 거리에 의해서 방언 차이가 생겨나기도 한다. 문명의 발달은 언어 분화의 지리적 경계를 흐릿하게 만들어 주지만, 여전히 특정 집단이 다른 사회적 집단으로부터 구별되게 만들어 주는 사회적 분리의 벽이 현대 사회에서도 여전히 작용한다.

미국영어에서 가장 두드러진 사회적 변이는 인종적 변이이다. 흑인들의 영어는 식민지 역사가 시작된 17세기에서부터 형성되었다. 개척 시대 미국 사회에서 서로 다른 계층 사이에 상호 접촉이 지속적으로 일어나지 않았기 때문에 중산 계층과 노동 계층 사이에 언어 차이가 생겨났다.

흑인영어를 가리키는 가장 일반적인 명칭은 아프리카-미국 토속영어 African-American Vernacular English(AAVE)이다. AAVE는 다른 용어로 AAE, 흑인영어 (Black English), 에보닉스(Ebonics), 도시흑인영어(Inner City English; ICE)라고도 불리며, 로스엔젤레스처럼 인종적으로 다양한 도시에서 접할 수 있다. 용어를 통일하기 위해 이 책에서 우리는 흑인영어를 AAE로 부르기로 하자. AAE라는 용어는 인종에 관련된 어떤 편견을 개입시키지 않은 중립적 뜻으로 사용된다.

AAE는 미국 사회에서 백인과 흑인 사이에 접촉이 많았던 역사에 기인해서 표준적 미국영어와는 성격이 다른 방언으로 발전했다. 도시 지역의 아프리카계 미국인들의 말에서 잘 나타난다. 예를 들어 필라델피아 시내에서 시간을 보내다가 마주치는 아프리카 혈통 주민들의 말에 귀를 기울여 보면 백인 주민들의 말과 다른 특징이 있다.

다음 예문은 흑인들이 사용하는 말을 기록한 것으로 미국이나 영국의 표준적 영어와는 차이를 보여준다(Bonvillain 2003, p140).

(1) "Where's toity-toid street?"
(2) "It's just not convenient 'cause the office be closed on weekends."

(1)은 서른셋(thirty-three) 단어를 말할 때 마찰음 'th'를 폐쇄음 [t]로, 'ir' 발음을 이중모음 [oy]로 바꾸어 발음한 것이다. (2)는 습관적 현재를 나타내는 데에 불변 형태 be를 사용한 것이다. 이러한 표현들은 표준적 어법으로 볼 수 없지만 AAE를 사용하는 지역 공동체에서는 익숙하게 수용할 수 있는 표현이다.

성공한 디즈니 만화영화 중에 「정글북」, 「라이언 킹」을 보면 흑인영어를 사용하는 캐릭터는 사람보다는 동물에게 부여되었다. 흑인영어는 거칠고 정제되지 못하고 우악스런 캐릭터에 덧씌워진 것이었다. 흑인영어는 그 태생에 있어 힘없는 사람들끼리 주고받는 말로 시작되었지만, 현 시대 미국 사회에서 흑인영어는 그저 힘없는 언어에 불과한 것이 아니다.

미국 44대 대통령 오바마의 당선에 큰 힘이 되어 준 것은 흑인영어를 사용하는 미국 사람들이었다. 1960년대 초에 흑인영어 말투를 사용하는 마르틴 루터 킹 목사가 들려준 「I have a dream」 연설문은 유색 인종 미국 사람들의 마음을 흔들어 놓았다. 그런데 2008년 오바마 대통령 후보가 「Yes, we can」, 「Inspire a nation」 연설문에서 구사한 말투는 흑인영어는 아니었다. 오마바 후보의 음성은 교육 수준 높은 엘리트 계층의 악센트를 지니는 말투였다.

흑인영어의 특징이 모든 흑인들의 말에서 다 나타나는 것은 아니다. 몇 세대 이상을 미국 북부 지역 도시에서만 거주해 온 흑인들은 일반적인 미국영어를 사용하며 AAE와 반드시 관련을 맺는 것은 아니다. 그래도 도시에 거주하면서 경제적으로 빈곤 계층에 속하는 흑인들이 사용하는 말에서 흑인영어의 특징은 상대적으로 뚜렷하게 나타난다.

AAE 사용자는 일상생활에서 언제나 AAE만을 사용하는 것은 아니며 일반영어도 같이 사용한다. 아프리카 혈통 미국인(African-American)이 주로 AAE를 사용하지만 그들만이 AAE의 유일한 사용 계층은 아니다. 아프리카 혈통과 관계없는 사람들 중에 AAE를 사용하는 예를 볼 수 있다. 가령 푸에르토리코 계 미국인, 이탈리아 계 미국인 중에 일부는 뉴욕 지역에 거주하면서 AAE를 사용한다. 중국이나 베트남 출신 부모를 둔 10대 청소년들도 AAE를 체득해서 사용한다. 이와 같은 상황은 피부색과 관계없이 성장 지역에서 밀접하게 노출되는 환경에 따라 배우는 방언의 종류가 달라진다는 점을 확인시켜 준다. 아프리카 스타일의 문화에 관심을 처음 가지는 사람들에게는 AAE가 힙합(Hip-Hop)과 비슷하게 보일 수 있겠다. 그런데 알고 보면 AAE는 '힙합'에 비해 훨씬 더 긴 역사를 지닌다.

미국 사람들은 흑인영어에 대해 어떤 태도를 보여 왔는지에 관해 알아보자. 영국의 상황과 대비해 볼 필요가 있다. 산업화 시대 이후 영국에서는 언어 사용에 대해 사회적 계층과 관련된 우열의 주관적 판단과 인식이 개입했다. 사람의 수준을 그 사람이 사용하는 말투를 놓고 판단하려는 것이 영국의 전통적 사회문화였다. 반면에 미국의 사정은 그렇지 않았다. 미국 사회에서는 미국 내 지역 방언 사용자에 대해 사회적 오명이나 편견을 덧씌우지는 않았다. 그러나 이러한 미국적 자유주의 상황에 예외가 되는 방언이 한 가지 있으니 그건 바로 AAE이었다. 즉, 미국에서는 오랫동안 흑인영어가 편견의 대상이었다. 백인 주도적 시각에서 볼 때 AAE는 다수 백인들의 눈과 귀에 열등한 말로 비춰졌다.

AAE는 넓은 범위의 용어이다. AAE는 아프리카 혈통을 가진 미국인들에 의해 말해지며 주류 미국 사회에서 흑인들을 격리시키던 역사의 결과이다. 불평등의 시대 때에는 흑인들이 열등한 지능이나 문화적 후진성을 지닌 것으로 보는 편견이 불거져 나왔다. 그 와중에 흑인영어는 결함이 있고 불완전한 언어로 보는 태도가 형성되었다. 백인 중심의 사회 구성을 힘으로 여기면서 흑인을 소수자로 보는 사회적 문화적 인식이 확산되었던 시절에 흑인영어는 뒤떨어지고 열등한 언어라는 편견을 뒤집어썼다.

문법에 대해 알 만한 사람들이 AAE 문법에 대해 내렸던 해석은 과거와 최근에 견해 차이가 있다. 흑인영어는 문법에서 지나치게 벗어난 것으로 보았던 시절이 있다. 그러나 언어학자들이 객관적으로 관찰해서 내린 해석에 의하면, 흑인영어는 영어의 다른 변이체 방언들과 마찬가지로 나름대로 완전하게 규칙적이고 문법적이다. 정확한 문법이란 언제나 한 가지로만 고정되는 것은 아니다. 예를 들어 흑인영어에서 빈번하게 사용되는 다중 부정은 현대영어에서 점잖지 못한 말투로 보지만, 오히려 빅토리아 여왕 시대에는 귀족들이 많이 사용하던 어법이었다.

순전히 언어학적 관점에서 볼 때에 흑인영어는 충분한 관심을 받아 왔다. AAE의 기원과 발달 과정에 대해 완전하게 알려진 것은 아니지만 그것의 발음, 형태, 어휘, 문법 등에 관해서는 잘 알려져 있다. 사회언어학자 라보브(Labov) 교수의 지적에 의하면, AAE는 영어의 한 방언이며 그 나름의 음운적 통사적 규칙성을 지닌다. 미국 남부 방언과 특징을 공유하며 남부 방언과 계속 접촉해서 영향을 주었다. 흑인영어(AAE)의 구조적 특징들 몇 가지를 소개하면 다음과 같다.

(1) 단모음화: now, sad, time
(2) 어말 자음군 축약: last night 대신에 las' night으로 발음한다.
　　　　　　　　　　desk는 [dɛs]로 발음한다.
(3) 모음 뒤에서 /r/ 발음 생략: interested는 inte'ested로 발음한다.
　　　　　　　　　　Carol은 Ca'ol로 발음한다.
(4) 3인칭 단수 -s의 생략: He need to get a book from the shelf.
　　　　　　　　　　She want us to pass the papers to the front.

(5) 소유격 's 생략: John's cat 대신에 John cat 이라고 한다.

(6) 다중 부정: I didn't have no lunch.

                 I don't never have no lunch.

(7) habitual be: 습관적 현재 시제를 표현하는 데에 be를 사용한다.

                 The coffee always be cold.

                 She be late everyday.

(8) be의 생략: 표준영어에서 축약이 일어날 수 있는 자리이면, AAE에서
     는 be를 생략할 수 있다.

                 She is pretty. → She pretty. (cf. She's pretty.)

                 He is going. → He going.

위에서 (1)~(3)은 발음의 특징이다. (2)의 자음군 축약은 AAE에만 한정된 것은 아니다. 그것은 영어의 대다수 방언에서 나타나기는 하지만 그 정도에 있어 AAE에서의 자음 축약이 가장 두드러진다. (4)~(5)는 굴절 형태의 특징이다. 그리고 (6)~(8)은 문장 구조의 특징이다. (5)에 적은 것처럼 AAE에서는 소유격 's 생략이 나타난다. 표준영어에서 소유격 's로 나타나는 것에 비해, AAE에서는 그대로 두 명사를 연결시키는 것만으로 된다. John's cat 대신에 'John cat'이라고 한다. "This is John coat. That is my brother coat."로 말한다. 뒤에 명사가 없는 경우에는 오히려 's를 붙여 "This is John's."라고 하며, mine에 대해서도 This is yours/ours.와 마찬가지로 "This is mines."라고 한다. 소유격 대명사의 형태가 구별되지 않으므로 "I don't know who book it was."라고 말한다.

be 동사의 용법에서도 AAE의 통사론적 특징이 드러난다. 예를 들어 표준영어에서 "He's sick."이라고 말하면 두 가지 의미를 나타낼 수 있다. '그가 지금 아프다.'는 뜻과 '그가 그동안 아파 왔다.'는 뜻을 동시에 지닐 수 있기 때문에 뜻을 더 명료하게 하려면 앞뒤에 추가적인 말을 하게 된다. 흑인영어에서는 이런 차이에 대해 문법적으로 서로 다르게 나타낸다. 다음에서 보듯이 be의 차이에 따라 뜻의 차이를 드러낸다.

· He sick. ("그가 지금 아프다.")

· He be sick. ("그가 그동안 아파 왔다.")

AAE는 조동사류 상(aspect)을 나타내는 방식이 일정하게 구별되어 있다. 예를 들면 아래 발언들은 괄호 안에 적은 표준영어 문장과 뜻이 대응한다.

- She work. (= She works.)
- She workin. (= She is working.)
- She be workin. (= She's at work sometimes.)

AAE 사용자들은 사회적 압력에 자주 직면한다. 어릴 때부터 집과 동네에서 일찍부터 익숙하게 사용해 오던 말이 있었다. 그런데 학교와 직장에 소속되면서부터 표준적 미국영어에서 벗어나지 않게 말하는 것이 좋다는 사회적 압력을 받는다. 그래서 개인적 말투와 사회적으로 기대되는 말투 사이의 간격을 줄여보려고 시도한다. 이런 노력을 기울여 올바르게 말하려고 하다 보면, 문법 규칙을 과도하게 확대 적용해서 표준 형태를 지나치게 만들어 내기도 한다. 예를 들면, 3인칭 단수뿐 아니라 1인칭에서까지 "I really likes going to school."이라고 말한다거나, 동사 love의 과거 시제로 loveded라고 말하는 일까지 있을 수 있다.

흑인영어는 영어의 방언인지 아니면 영어와 다른 별개의 언어인지에 관해 정치적으로, 문화적으로 또는 학술적으로 견해가 달라질 수 있다. 출발점에서의 질문을 이렇게 던져보자. 흑인영어는 서아프리카 나이지리아-콩고 지역 인근의 토착어에 더 가까운가? 아니면 식민지 미국영어의 변종인가?

성장 환경에서 AAE에 익숙해진 흑인 청소년에게는 백인 중심 미국 사회에서 통용되는 표준영어는 '새로운 영어'이다. 미국 내 학교에서 교수학습의 매개 언어는 표준영어이므로 학교 내의 생존을 위해 흑인 아동들은 새로운 영어를 배울 것으로 기대를 받는다. 좋은 직장에서 성공하기 위해서도 새로운 영어를 배울 것이라는 기대에 직면한다. 이처럼 흑인영어 사용자는 표준영어를 다시 배워야 한다고 보는 관점은 문화적, 경제적 여건에 대한 현실 인식에서 일어났다. 그렇지만 문화적으로 흑인영어를 '나쁜 영어' 또는 '게으른 영어'로 보는 시각은 옳지 않다. 왜냐하면 21세기 현 시대에 흑인영어를 생활 언어로 사용하는 계층이 있으며 그것은 영어의 한 방언으로서 역사적으로 계승되어 내려온 것이기 때문이다.

5.6. 언어 혼합: 피진과 크레올

바다를 횡단하는 항해와 식민지 교역 시대 이후 늘어난 언어 접촉의 결과로 피진(pidgin)이나 크레올(creole)이 발생했다. 피진이란 주로 식민 사회에서 상업적 목적을 위해 임시변통으로 사용되던 혼합 언어를 말한다. 언어들의 접촉 과정에서 한 언어가 아주 간략화 된 형태로 변형되어 사용되는 것을 언어학자들은 피진 언어라고 이름 붙였다.

교역에 관여하는 사람들끼리 서로 공통 언어가 없을 때가 있다. A와 B 두 개의 언어를 제각각 사용하는 사람들끼리 교역을 하려 해도 A와 B 어느 언어로도 소통할 수 없기 때문에 (A와 B를 혼합해서) 제3의 언어 C를 고안해 내기에 이르면 이때 C 언어가 '피진'이다.

근대 식민지 개척 시대에 스페인어, 포르투갈어, 영어 등을 사용하는 유럽 사람들이 인도, 중국, 아프리카, 아메리카 해안 지방에까지 항해해서 접촉을 시도할 때 교역 당사자들 양측이 공통으로 구사하는 언어가 없었다. 그래서 서로 간에 어떻게든 말을 주고받을 수 있도록 시도하는 노력에 의해 중립적 언어를 고안해 내기에 이른다. 그것은 배를 타고 온 서양 사람들의 언어와 해안 지방 토착민의 언어를 혼합해서 만들어 낸 임시방편적 언어였다. 다양한 피진 언어들이 전 세계 해안가 지역을 중심으로 생겨났다. 18 ~ 19세기 서아프리카, 카리브 해, 극동, 태평양 일대에서 영어, 프랑스어에 영향을 받은 피진 언어가 등장했다. 중국 해안 지방에서도 17세기에서 19세기 무렵까지 피진 언어가 등장하였다.

피진은 일종의 국제어(lingua franca)처럼 작용한다. 사용하는 언어가 다른 사람들이 교역을 위한 의사소통을 하기 위해 피진 언어를 만들어 냈다. 이것은 식민 시대의 지배-피지배 관계에서 일어난 언어 접촉의 결과였다. 정치경제적으로 열악한 위치에 놓였던 사람들이 보다 우월적 위치에 있는 사람들의 언어를 배우기는 하지만 그 언어의 구조를 단순하게 변화시키고 특히 단어와 문법을 단순화해서 편리한 용도로 사용하는 것이 피진이었다. 피진은 그것을 유일한 언어로 말하는 모국어 사용자가 따로 있는 것이 아니다. 피진어를 경험하기 이전부터 이미 모국어를 가지고 있는 사람들이 낯선 외부 사람들과 교류하기 위해 임시방편 언어로 사용할 뿐이었다. 피진은 교역의 필요에 의해 짧은 시간 내에 나타났다가 사용할 필요성이 없어지면 사라져 버렸다.

　피진보다 더 주목해 볼 것은 크레올이다. 크레올(creole)이라는 명칭은 문화 접촉의 양상을 드러내는 개념으로도 자주 언급된다. 피진이 사용되는 지역에서 태어난 사람들이 피진을 제1의 모국어로 습득하면 이것을 크레올이라고 한다. 크레올은 피진보다 더 복잡한 체계를 가진다. 크레올은 개인끼리의 편차가 피진어의 경우만큼 변이의 폭이 크지 않고 일정하게 조절된 상태에서 새로운 세대의 사용자들에게 모국어로 습득된다. 카리브 해와 하와이 군도에서 크레올 언어를 사용하는 사람들을 어렵지 않게 만날 수 있다. 서아프리카에서는 크레올을 문헌 기록의 언어로 사용할 만큼 안정된 사용자를 확보하는 경우도 있다.

　멜라네시아 지역 파푸아 뉴기니에서는 크레올이 신문, 라디오 매체에서 사용되며 톡피진(Tok Pisin; 'Talk Pidgin')이라는 명칭으로 불린다. 파푸아 뉴기니 주민들은 크게 뉴기니어로 분류되는 700여 개 종류의 토착 방언들을 100만 명 인구가 사용하므로 소통의 매개 언어가 단일하지 않았다. 그래서 이를 극복하기 위한 공통 언어로 톡피진을 도입하였다. 톡피진은 2차 세계 대전 중에 뉴기니에서 확산되었고 요즈음 시대에도 공식 행사나 대학 내에서 사용되고 있다.

　톡피진 어휘의 대부분은 영어에서 도입되었고 일부 어휘는 파푸아 뉴기니 토착어들에서 도입되었다. 톡피진의 표현 예를 들어보면, 'two big newspaper'를 톡피진으로는 'tupela bikpela pepa'라고 한다. 영어와 인칭대명사를 비교해 보면 다음과 같다. 1인칭 복수에서 yumi는 'you and I'를 뜻하며, mipela는 'you and I'를 제외한 1인칭 집합을 나타낸다.

영어	톡피진
I go	mi go
you go	yu go
she goes	em go
we go	yumi go / mipela go
you go	yupela go
they go	ol go

톡피진의 단어 예를 몇 개 들어보면 아래와 같다.

영어	톡피진
dog	dok
find	painim
hook	hukim
no good	nogut
by and by	baimbai
shake hands	sekan

　　파푸아 뉴기니 사회에서 톡피진으로 표현된 대화문을 하나 소개해 보겠다. 아래 발언은 코미디 프로그램에서 주고받은 대화이다. 이것을 그 아래에 붙여 적은 영어 번역과 비교해 보면 발언 내용을 짐작할 수 있다. 톡피진은 영어와는 모습이 다른 또 다른 언어임을 여기에 인용한 짧은 대화 자료에서 엿볼 수 있다.

"Sapos yu kaikai planti pinat,
　bai yu kamap strong olsem phantom."
"Fantom, yu pren tru bilong mi. Inap yu ken helpim mi nau?"
"Fantom, em i go we?"
(출처: http://logos.uoregon.edu/explore/socioling/pidgin.html)

번역: 'If you eat plenty of peanuts,
　　　you will come up strong like the phantom.'
　　　'Phantom, you are a true friend of mine. Are you able to help me now?'
　　　'Phantom, where did he go?'

　　영어에 기반을 두고 생겨난 크레올은 그 수가 많다. 몇 가지 예를 열거해 보면, 파푸아 뉴기니 톡피진 크레올, 솔로몬 군도와 남태평양 지역 멜라네시아 크레올, 미국 사우스 캐롤라이나 주와 조지아 주의 굴라어(Gullah) 크레올, 하와이 크레올, 마이애미와 뉴욕의 아이티(Haiti) 크레올 등이 있다.

　크레올 언어는 전 세계적으로 분포되어 있다. 그 중에서 태평양 지역이나 북 아메리카 지역은 관심 있게 지켜볼 지역이다. 태평양 지역은 언어적으로 대단히 다양하다. 파푸아 뉴기니, 솔로몬 군도, 뉴칼레도니아, 피지 등의 남서 태평양 멜라네시아 지역은 1500여 개 언어 군(群)이 몰려 있으며 그 중 절반가량은 파푸아 뉴니기에 분포하고 있다. 태평양 지역 언어들 중에 상당수는 크레올어로서의 성격이 있다. 미국영어와 관련해서는 카리브 해 자메이카 크레올이 대표적이다. 그 밖에 프랑스, 스페인, 포르투갈 식민지의 대농장 지대나 섬 지역에서 크레올 언어가 생겨났다. 그러면 다음 절에서는, 미국 영토에 인접한 지역에서 발생한 크레올어에 관해 알아보기로 하자.

5.7. 북아메리카 지역의 크레올 언어

　미국 땅에서 생겨난 크레올 언어들 중에 가장 대표적인 3개 언어를 들어보면 (1) 굴라어, (2) 루이지애나 크레올, (3) 하와이 크레올이 있다. 이 언어들은 발음, 문법 형태, 어휘 등에 있어 여러 가지 경로를 통해 혼합된 결과이다. 굴라어와 루이지애나 크레올은 아프리카 언어들과 영어, 불어가 혼합되어 생겨났으며, 하와이 크레올은 영어, 하와이 토착어, 아시아-태평양 언어들로부터 생겨났다. 이 세가지 크레올어에 대해 하나씩 차례대로 알아보기로 하자.

　우선 굴라어(Gullah)에 관해 소개해 보겠다. 굴라어는 미국 남부 조지아 지역해안가 섬 지역을 비롯해 남부 노스캐롤라이나에서 북부 플로리다에 이르는 대서양 인근 지역에서 사용되었다. 20세기 말에는 대략 30만 명에 달하는 사용자가남아 있다. 17 ~ 18세기에 걸쳐 아프리카 노예들의 후손들이 사용하는 언어였다. 20세기에 접어들기까지 굴라어는 미국의 일반영어나 남부 영어와 많이 접촉하다보니 크레올어 특징이 조금은 줄어들었다. 그렇지만 흑인영어 방언들에 비교할때 굴라어는 지역적 고립성으로 인해 서아프리카 언어의 흔적을 상대적으로 더간직하고 있다. 굴라어 특징을 보여주는 다음 예문을 보자.

When Christmas come I had gone to <u>my Aunt house</u>. Then my aunt <u>say</u> have to beat my little sister 'cause she had, she had broke a glass, with the cocoa in <u>um</u>. [...중략...] I had gone to my <u>aunt house</u> <u>fuh</u> see my baby sitter. And then we had one and play. And then I had ride her bicycle. And <u>she bicycle</u> had broke. And say, "Oh, see what you <u>done</u> do; broke <u>that girl bicycle</u>." (Nichols 1981, p72)

이 예문에서 드러나는 특징은 다음과 같다.

· 3인칭 목적격 대명사는 3성 모두에 대해 'um'을 사용
· 명사는 소유격 굴절 표시하지 않음: aunt's house 대신에 aunt house
· 단순 과거 시제는 표시하지 않음: "Then my aunt say have to beat my little sister."
· 동사의 상적 표시를 다르게 함: 습관 표시 원형으로, 완료 표시는 done
· 부정사 구를 fuh로 표시

　오늘날에도 조지아 주, 플로리다 주 등지에서 아프리카 혈통의 미국인들이 영어와 굴라어 사이에서 2개 언어를 사용하는 것을 볼 수 있다. 영어로 말을 하다가도 친구나 가족과 말을 하게 되면 굴라어로 말을 바꾸고는 한다. 굴라어는 영어의 한 방언으로 여겨지지 않으며, 영어와는 별개의 독립된 언어로 인정된다. 굴라어 사용자는 굴라어 특유의 멜로디를 과거 아프리카의 기원과 연결해서 자랑스럽게 생각하는 전통이 있어 왔는데, 요즈음에 와서는 미국 주류 문화에 더 긴밀하게 접촉하다 보니 굴라어 사용자가 급격히 감소하고 있다.
　루이지애나 크레올은 프랑스어와 아프리카 흑인 노예들의 서아프리카 언어로부터 생겨났다. 사용자 수가 대략 8만 명 정도 있다고 보고되어 있다. 그 특징은 모든 명사에 여성 정관사 la를 사용하고, 3인칭 주어에서 성을 구별하지 않고, 동사의 시제를 표시하지 않는 것 등이다. 루이지애나는 토마스 제퍼슨 대통령이 1803년에 프랑스 나폴레옹으로부터 땅을 사들이기 전에는 프랑스 영토였다. 루이지애나에 프랑스어가 유입된 경로는 여러 가지였다. 프랑스로부터 식민지 개

척을 위해, 혹은 프랑스 대혁명으로부터 피신하기 위해 루이지애나로 옮겨온 프랑스계 사람들이 있었다.

루이지애나 남부 지역에서 프랑스어에 바탕을 두고 발생한 변종 언어로는 케이준(Cajun) 어가 있다. 노바 스코치아(Nova Scotia) 해안가 지역의 프랑스계 이민자들이 17세기에 프랑스와 영국 사이 식민지 영토 분쟁의 결과에 의해 등장한 영국 지배를 거부하자 추방되었다. 그래서 루이지애나 지역으로 피난해 갔다. 이 사람들은 '케이준'이라고 불리었다. 미국 시인 롱펠로우가 지은 시 「Evageline」에서는 추방이 일어나던 시절에 연인과 헤어진 소녀가 연인 남자를 찾아다니는 여정을 소재로 삼아 17세기 케이준 사람의 애절한 이야기를 묘사하였다.

하와이 크레올은 하와이 원주민, 미국 식민주의자, 아시아-태평양-유럽 이민 노동자들 사이에서 언어 접촉의 결과로 생겨났다. 다언어적 맥락에서부터 생겨났던 하와이 피진어가 인종간의 융합을 거쳐 크레올로 변화되었다. 하와이 크레올 사용자는 80여 만 명이 있으며, 그들 중 대부분은 이중언어 사용자이거나 다언어 사용자이다. 하와이 크레올의 특징을 예시하면 다음과 같다.

- 정관사 없고, 부정관사는 wan으로 표시
- 과거 시제는 표시되지 않거나 혹은 동사 앞에 wen으로 표시
- 미래 시제는 동사 앞에 gon으로 표시
- 진행이나 습관의 상은 동사 앞에 stay로 표시
- 부정문에서 비과거 시제이면 no 또는 not으로 표시, 과거 시제이면 never로 표시
- 부정사 구는 for로 표시

이상에서 언급한 3가지 미국 크레올 언어들은 공통점이 있다. 명사 복수, 대명사 성, 동사 시제 등을 나타내는 표지가 없기 때문에 형태적 복잡성이 최소화되었다. 그러나 시제와 상의 구별은 잘 되어 있다.

한편 역크레올화(decreolization 逆크레올화)라고 불리는 현상이 있다. 표준적 언어와 접촉해서 혼합과 분리의 길을 동시에 걸어 나가던 언어가 일정 시기 이후부터는 변화의 방향이 전환되어 다시 표준적 언어에 근접해 가는 것이 역크레올

화이다. 즉, 크레올 언어가 접촉의 모태가 되었던 두 언어 중에서 세력이 강한 언어로 동화되어 가는 경로에 들어서는 것이 역크레올화이다. 역크레올화가 진전되는 이유는 크레올 사용자들의 삶의 여건 변화에 의해서이다. 도시 지역에서 살거나 전문 직업에 종사하는 크레올 사용자들은 말솜씨를 더 좋게 하려는 내면 의식이 있다. 이 때문에 크레올 사용자가 표준적 언어를 더 가까이 하려는 욕구를 가지며 이것이 곧 역크레올화로 나타난다.

자메이카에서의 역크레올화는 주목을 끄는 현상이다. 자메이카 크레올 사용자들은 영어에 더 가깝게 말하려고 시도함에 의해 최근 시대에 이르기까지 역크레올화를 진전시켜 왔다. 자메이카에서 영어를 습득하는 것은 직업 고용 기회에 영향을 준다. 상황에 따라 자메이카 아이들은 크레올과 표준영어를 선택해서 말한다. 자메이카 크레올에서는 농촌 계층의 하층 크레올과 도시 중심의 상층 크레올이 혼재한다. 그밖에도 하와이, 카리브 해에서도 역크레올화가 일어난 사례가 있다. 미국 도시 지역 흑인영어에서도 서아프리카의 흔적을 지우는 방향으로 역크레올화가 일어나고는 한다.

카리브 해 지도를 아래에 붙여 놓았다(Svartvik & Leech 2006, p175에서). 여기에서 자메이카, 쿠바, 바하마, 아이티, 도미니카, 푸에르토리코의 위치를 기억해 두자.

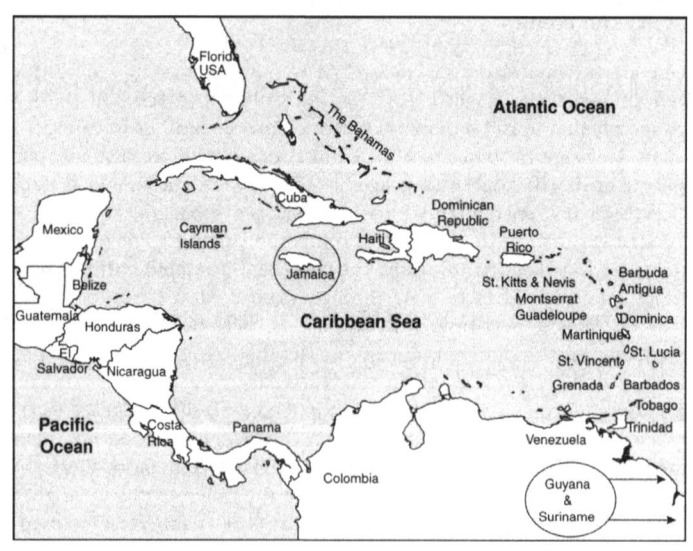

이중언어 사회에서 크레올은 사용자가 상당히 많은 기능적 언어로 작용한다. 크레올 사용자들은 전적으로 크레올 언어만을 사용하는 경우는 드물고, 대부분 크레올 이외에도 지배 문화권의 힘 있는 언어를 사용한다. 경제적으로 뒤지고, 교육 수준이 떨어지며, 지역적으로 고립된 지역일수록 크레올 언어를 사용하는 비율이 높다. 표준영어를 선호하는 사회적 태도에 직면하게 될 때, 크레올 사용자들의 말투는 틀린 말로 격하되고 낙인찍히는 사회적 상황에 직면하는 일이 있어 왔다. 그렇지만 학교 교육에서 크레올어는 민감한 사안이다. 미국 내의 학교 교육에서 크레올 언어와 표준영어 사이에는 이중언어교육 문제가 상존해 왔다. 교육을 위한 매개 언어를 선택하는 문제는 대단히 민감한 현안이다.

5.8. 아프리카 언어와 변이체 영어

17세기 이후 오늘날에 이르기까지 아프리카 혈통 사람들이 영어와의 접촉 과정에서 주고받은 영향을 가장 잘 보여주는 표를 소개해 보겠다. 아래 그림은 버링(Burling 1973, *English in Black and White*)에서 제시되었던 것으로 우리의 이해를 얻는 데에 도움을 준다.

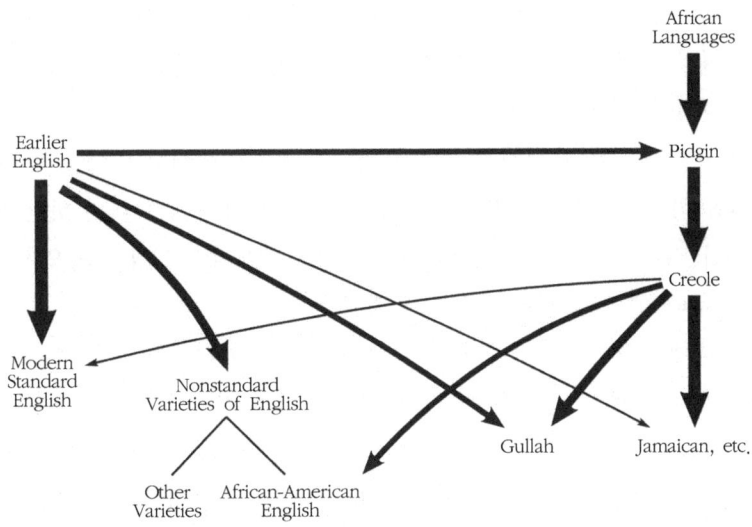

이 그림은 영어와 아프리카 언어들 사이의 상호 접촉과 영향 관계에 따라 발생한 언어 분리를 표시한 것이다. 화살표의 굵기가 두꺼우면 영향력의 강도가 크다는 것을 나타내며 화살표가 얇으면 영향력의 강도가 상대적으로 약하다는 것을 나타낸다.

위 그림을 더 단순하게 그려보기로 하자. 영어와 아프리카 계열 크레올어 사이에 나타난 변이체 언어들은, 다음에서 보듯이, 화살표가 표시해 주는 거리와 기울기의 차이에 따라 영향력의 밀도 차이가 드러난다.

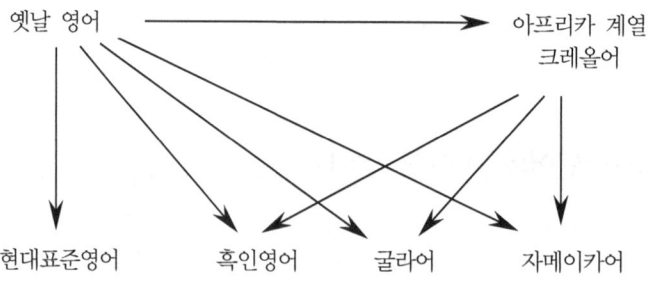

옛날 영어로부터 현대표준영어로 연결되는 선은 단일 언어로서의 연대기적 계승 관계를 나타내는 것이다. 이것을 '작은 그림'이라고 할 때, 영어가 주변 언어들과 영향을 주고받음에 의해 생겨난 언어 혼합의 제 면모를 포함하는 '큰 그림'을 그릴 수 있다. 앞의 그림에서 본 것처럼, 지난 수백 년 동안 영어와 아프리카 언어 사이에는 접촉과 혼합을 통해 다양한 변이체 언어들이 발생하여 계승되어 왔으니, 이것은 북아메리카 지역에서 언어적 생태계의 한 축을 이루는 것이다.

흑인영어 AAE는 그 형성 과정에 있어 두 가지 방향에서 영향을 받은 것으로 설명된다. 하나는 초기 미국영어에 의한 영향으로 귀속되며, 다른 하나는 크레올어에 의한 영향으로 귀속된다. 굴라어 그리고 자메이카 크레올도 역시 두 가지 방향으로부터 영향을 받은 것으로 설명된다.

이 자리에서 필자는 두 가지 힘에 관해 강조해서 언급하고 싶다. 표준영어와 변이체 영어는 서로 다른 언어적 상태이다. 하나의 언어적 사회의 균일함을 흐트러뜨리는 힘이 작용하였을 때에는 언어적 다양성이 확대된다. 이와 반대 방향으로, 하나의 언어적 사회를 균일하게 묶어주는 힘이 작용할 수 있다. 묶어주는 힘의 결과는 표준화된 언어의 출현이다. 반면에 한 언어가 외부 세계로 확산되면서 접촉과 분리의 힘을 거치면 변이체 언어들이 발생한다. 이것에 대한 가장 두드러진 사례는 지난 300여 년 동안 영어를 중심으로 일어났다. 그것을 지칭하는 학술 용어는 '변이체 영어'(Varieties of English)이다.

5.9. 미국의 방언

미국의 방언 차이는 크게 남부 방언과 그밖에 지역으로 구획된다. 미국에서 가장 흔하게 사용되는 표준 방언을 일반미국영어(General American: GA)라고 부른다. GA의 경계선을 지도로 보면 아래와 같다.

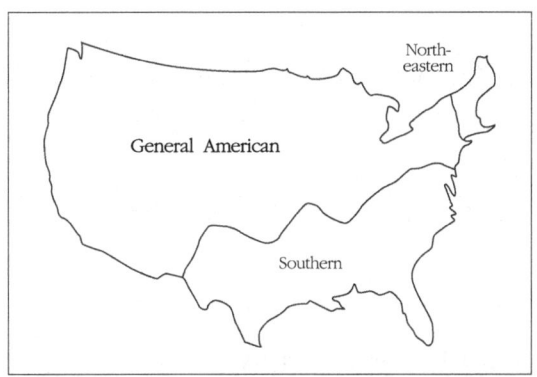

좁은 의미로 보면 GA는 미국 중서부(Midwestern) 일대의 일리노이, 인디애나, 오하이오 등지에서 흔히 사용되는 영어인데 넓은 의미에서는 미국영어를 대표하는 뜻으로 사용되기도 한다. 용어 사용의 범위를 확대하면 GA는 미국 중서부 지역의 광활한 지역을 포함할 뿐만 아니라 여기에 더해 미국 남부와 동부 일부 지역을 제외하고 미국 전역에 걸쳐 널리 사용되는 미국식 영어를 지칭한다. 이것은 지방색을 드러내지 않는 중립적 미국영어를 지칭하기 위해 등장한 용어이다.

치카노 영어(Chicano English)와 히스패닉 영어(Hispanic English)는 사용자 수가 많은 변이체 영어이다. 치카노 영어는 멕시코 문화권 사람들에 의해 미국 대도시와 남서부 시골 지역에서 사용되는 말이다. 그런데 치카노 영어에 대해 편견을 가지는 사람들이 있어 왔다. 스페인어 사용자들이 영어를 제대로 배우지 못해서 틀리게 사용하는 말이 곧 치카노 영어라는 편견이 형성되어 왔다. 혹은 도시 갱단(gangster)이 사용하는 말이라고 보는 편견도 있는데, 영화배우 중에는 진짜 갱처럼 연기하기 위해 일부러 연습해서 연기에 활용한 경우까지 있었다.

라틴계 영어는 다른 명칭으로는 히스패닉 영어라고 부른다. 미국의 주요 대도시 지역과 남서쪽 시골 지역에서 멕시코 계열의 후세들이 사용한다. 이 지역의 라틴계 영어는 AAE처럼 많이 연구되지는 못했으나, 다른 지역의 히스패닉 영어와 비슷한 점이 많다. 마이애미 쿠바 영어, 뉴욕의 푸에르토리코 출신 지역의 영어도 히스패닉 영어로 분류된다. 라틴계 영어는 나름대로 특징이 있으며 미국영어의 변이 형식 중의 하나이다.

대도시 지역에서 스페인어 계열의 이주민은 영어를 외국어로 배웠지만 그들의 2세~3세 자녀는 영어를 모국어로 습득하였다. 스페인계 미국인들이 사용하는 영어의 변이체는 히스패닉 선조와의 연관성을 보여준다. 아프리카계 미국인의 영어와 스페인계 영어는 모두 미국영어의 특징을 상당 부분 공유하면서 일부분에 있어서는 구별되는 특징을 지닌다.

인종 차이에 따른 방언 차이는 사회적 정체성을 형성하고 혈통적 연대성을 확인하는 데에 중요한 요인이다. 미국 TV에서 뉴스 통신원으로 출연하는 방송 리포터들은 지역 사회의 악센트를 드러내지 않고 말을 하지만 보도를 마무리 하면서 제일 끝에 자신의 이름을 혈통과 관련되는 발음으로 사용하는 경우가 있다.

미국에는 히스패닉 인구가 4500만 명을 넘어선다. 이 중에서 스페인어를 제1 모국어로 사용하는 인구는 1500만 명으로 추산된다. 스페인어는 미국 내에서 영어 다음으로 사용자 수가 많은 제2의 언어이다. 로스엔젤레스와 마이애미 지역에서 스페인어 TV 방송은 청취자 수가 아주 많다. 미국 영토 내에서 어디를 가나 라틴계 사람들이 살고 있다고 말할 정도로 일상생활의 도처에서 스페인어로 말하는 목소리를 들을 수 있다. 외국어로서 스페인어를 배우는 사람들이 많으며 수강 대상 외국어로 스페인어가 선택되는 비율이 거의 70%에 달한다고 한다. 스페인어와 영어 사이에서 혼합된 말투를 스팽글리쉬(Spanglish)라는 별칭으로 부를 만큼 영어와 스페인어는 긴밀한 접촉 관계에 놓여 있다. 뉴멕시코 주에서는 영어와 스페인어의 2개 언어를 공식 언어로 선언하고 있다.

한편 미국 영토 내 고립된 지역에서 발생한 방언으로는 아팔라치안 영어 (Appalachian English)가 있다. 아팔라치안 산맥과 그 주변 지역 거주민들이 사용하는 미국영어의 변이체이다. 오하이오 주 남쪽과 동쪽에서부터 웨스트 버지니아, 캔터키 동부, 테네시, 캐롤라이나, 남부 미주리에서 북부 아칸소에 걸친 지역을 말한다. 아일랜드와 스코틀랜드 출신의 사람들이 1640년 이후 아팔라치안 산맥 지역에 대규모로 이사를 가서 살기 시작했던 역사가 있다. 아팔라치안 방언은 무지하고 교육을 받지 못한 사람들의 말투로 외부 사람들에게 비춰지는 경우가 허다했다. 심지어 아팔라치안 거주민 사이에도 자신들이 사용하는 말이 저급한 영어인 것으로 인식하는 경우도 있었다. 이와 같은 사회적 낙인은 생활 수준의 우열을 비교하는 의식에서 나온 것일 뿐이며 아팔라치안 방언 언어 자체에 구조적 결함이 있어서 그런 것은 아니다.

미국 남부 지역 방언에도 특징이 있다. 마크 트웨인 Mark Twain의 「허클베리 핀」 이야기에는 미주리 지역과 남서 지역 산림 지대의 방언을 풍부하게 보여주었다. 트웨인의 작품에서 형상화 시킨 인물과 세계관은 19세기 후반 미국에서 방언에 관한 문화적 논쟁의 불씨를 지펴주는 것이었다. 윌리엄 포크너 W. Faulkner는 남부 미시시피 지역을 무대로 삼았다. 포크너는 남북 전쟁 이후 남부의 일그러진 모습을 통해 미국 모더니즘의 도전 정신과 부조리 문학 세계를 그려내었다.

미국영어 내부의 방언 차이에도 불구하고, 미국을 하나의 연합 국가로 바라보는 외래인의 시각으로 보면 미국의 언어는 단일한 언어로 인상 지워진다. 그러므로 그것은 상징화해서 '미국어'라고 이름 붙여 볼 수 있다. 미국의 광활한 영토와 다민족 사회의 다양성에 비추어 볼 때 미국영어에 방언 차이가 있는 것은 당연하다. 영토의 광활함과 문화의 다양성에 비해서는 미국영어의 방언 차이가 그다지 크지 않다고 보는 시각도 있다. 미국의 역사적 전통에서 볼 때 방언 차이를 쉽게 느낄 수 있는 주요 방언이라고 하면 버지니아 방언, 텍사스 방언, 보스턴 방언 정도이다. 그밖에 미국 영토 내의 크레올어도 넓게 보면 미국영어의 방언에 속하는 것으로 볼 수 있다.

5.10. 소멸 위기에 놓인 언어들

과거에 존재했던 언어들 중에 지금은 사용자가 하나도 없이 소멸되어 버린 언어들이 있다. 현재 존재하는 언어들 중에도 소멸 위기에 직면하고 있는 언어들이 있다. 이처럼 소멸 위기에 놓인 언어를 부르는 용어는 'endangered languages'이다. 옛날부터 전수되어 오던 토착 언어(indigenous language)가 '힘 있는 언어'(power language)에 밀려나 사용자 수가 얼마 되지 않는 소수 언어에 머물고 그 정도가 심하면 소멸 위기에 놓인 언어가 된다. 현 시대에 전 세계에는 6천여 개 언어들이 존재하는 것으로 알려져 있다. 구체적으로 6900여 개라고 지목되기도 한다. 이 모든 언어들 중에 60%에서 많게는 90%에 이르기까지 앞으로 100년 이내에 소멸할 것이라는 우울한 예측이 벌써부터 공공연하게 말해져 온 바 있다. 유네스코 홈페이지에서 가져온 아래 그림은 2500여 개로 추산되는 소수 언어들의 사용 지역을 표시해 준 것이다. 모든 대륙마다 소수 언어들이 분포하고 있다.

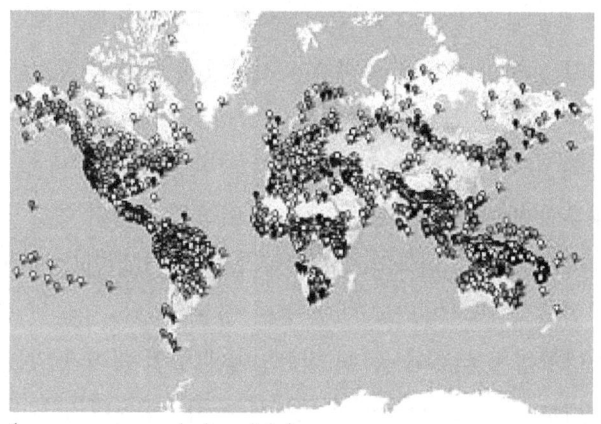

(www.unesco.org/culture/ich/)

어떤 문화권에서든지 사람들은 자신이 태어날 때부터 획득한 언어, 문화, 정체성을 쉽사리 포기하지 않는다. 고유 언어를 포기할 이유가 따로 절박하게 있지 않은 바에는 후대에까지 고유 언어를 전수하려고 한다. 그럼에도 지구상 많은 언어들이 소멸 위기에 직면하리라는 예측이 성립하는 이유는 무엇일까? 이 질문에 대한 가장 뚜렷한 답변은 국가 체제의 존재와 국가 내부의 언어 경쟁에서 찾아진다. 전 세계 언어들의 80% 이상은 겨우 20여 개 국가의 국경선 내에 분포하고 있다. 한 국가 내부에서 사용자 수에 따라 다수 언어와 소수 언어가 구분된다. 하나의 국가 내부에서 다수 언어에 밀려난 소수 언어는 힘을 잃고 소멸 위기에 직면하게 된다. 위기 언어 문제는 고립된 언어에서 나타난다기보다는, 더 정확하게 말하자면, 다수 언어와 소수 언어 사이의 언어 병용에서 파생되는 현실 사회의 문제이다.

단순하게 질문해 보자. 언어는 왜 소멸하는가? 제대로 보호받지 못하는 정도가 얼마나 깊고 오랫동안 지속되었기에 마침내 소멸되는 단계에 이르게 되었을까? 이 질문에 대한 가장 근본적 이유는 '이중언어 사회'에서 찾아진다. 20세기는 많은 지역에서 사람들이 이민 또는 강렬한 문화 접촉을 겪는 과정을 통해 모국어를 전환하였다. 이런 언어 전환의 중간 과정으로 이중언어 사회가 생겨난다. 언어를 바꾸기로 하는 결정은 주로 가정 내에서 일어난다. 소수 언어를 사용해 오던 가정의 사람들은 다수 언어를 사용하는 사람들과 접촉하면서 언어 교체에 영향을 주는 사회적 요인 및 심리적 요인을 경험한다.

새로운 언어를 배워서 사용하기로 결정하면, 부모들은 예전부터 사용해 오던 언어를 자녀들이 배우도록 하는 데에 힘을 기울이지 않는다. 생각해 보라. 만약 자녀에게 소수 언어를 집중적으로 배우도록 가르칠 것 같으면 그 아이들이 성장하고 결혼하고 자녀를 낳으면 부모 세대에서와 마찬가지로 언어 선택을 결정해야 하는 단계를 경험하는 상황이 반복될 것이다. 그러므로 그런 불편함을 다음 세대에 물려주지 말아야 하겠다고 인식하고 "바로 지금" 언어를 교체해야 한다고 결정하는 부모들에 의해 언어 교체가 시작된다. 이러한 언어 교체의 과도기 현상으로 일상생활에서 2개 언어가 함께 사용된다.

이중언어 사회 또는 다언어 사회에서 나중 시대에 태어난 다음 세대 어린아이들은 자신들이 소속된 국가 내에서 통용되는 주도적 언어를 우선 배운다. 그렇기 때문에 다음 세대 아이들은 더 이상 예전부터 내려오는 토착 언어를 모국어로 배우지 않기에 이른다. 이러한 과정을 통해 언어 교체의 비율이 더 높아져, 나이 든 세대 중에 토착 언어를 모국어로 사용하던 마지막 한 사람이 사망했을 때 토착 언어 자체가 소멸해 버리는 것이다. 지역 사회 내에서 사람들이 삶을 살아가는 데에 있어 차별 받지 않고 언어적으로, 문화적으로 다수에 편입되기를 원하기 때문에 토착 언어를 '자발적으로' 포기하기에 이른다.

사람들이 지금까지 모국어로 사용해 오던 언어 말고 또 다른 언어를 모국어로 선택함에 의해 모국어는 바뀔 수 있다. 세대가 바뀌어 가며 사회적, 문화적, 경제적으로 삶의 여건이 변화되고 이중언어 사회가 이루어지면서 주도적 문화, 편리한 문화의 영향을 받아 주류 문화권에서 사용하는 언어로 편입되는 일이 어쩔 수 없이 생긴다. 이런 측면에서 보면 사람들이 언어를 선택하기만 하면 모국어는 바뀔 수 있다는 견해가 문화 현상을 통해 확인된다.

영국의 위기언어 재단(Foundation for Endangered Languages)에서 발행하는 뉴스레터는 1995년에 부고 기사 한 개를 전해 주었다. 부고 내용은 이런 것이었다. 위기 언어 연구자 브루스 코넬은 1994 ~ 1995년 동안 카메룬 지역에서 그때까지 학자들에게 알려진 적이 없었던 카사베(Kasabe) 어를 발견했다. 이 언어의 마지막 남은 사용자였던 보곤(Bogon) 씨를 만남에 의해서였다. 이후 1996년에 카사베 어에 대한 후속 조사를 위해 카메룬을 다시 찾았을 때 보곤 씨는 이미 여러 날 전 사망하고 난 뒤였다. 그의 죽음과 함께 카사베 어도 죽음을 맞이했다. 새 언어를 발견한 직후 마지막 사용자가 사망하면서 언어 체계를 기록으로 남겨둘 시간을 확보하지 못한 경우였다. 보곤의 남은 가족들 중에 여동생은 카사베 어를 알아듣기만 할 뿐 말할 줄 모르며, 자식과 손자들은 아무도 카사베 어를 알아듣지 못하는 상태였다.

위기에 처한 언어들이 소멸하게 된다고 해서 그 지역 사람들이 사용하는 모국어를 잃어버리는 것은 아니다. 새로운 언어를 모국어로 배워나가기 때문에 모국어 '상실'이라기보다는 모국어 '교체'가 일어난다. 대체로 이중언어 사회에 놓여 있다가 병용되는 두 언어 중에 세력이 더 강한 쪽의 말을 주로 사용하게 되면서 본래의 토착 언어가 쇠퇴하는 것으로 나타난다. 예를 들어, 러시아 공화국 내에 뷰라트 족은 뷰라트 어를 사용하는데 최근에 이르러 40대 이상은 뷰라트 어를 사용하지만 40대 이하에서는 대부분 러시아어를 사용하는 것으로 보고되어 있다. 이런 상황은 언어 전이이며 토착 언어의 소멸 과정으로 진전할 수 있다.

소수 언어 사용자들은 차별에 직면하기도 한다. 예를 들어 남아프리카에서 부쉬맨이라는 별명으로 불렸던 호텐토드 부족은 코이산 어를 토착 언어로 사용하는데 학교에서 코이산 어를 사용하면 푸대접을 받았다. 쓸모없는 언어를 사용하는 유색 인종이며 아무런 가치도 없는 전통을 지닌 사람으로 취급받았다.

지구상에 존재하는 언어의 수는 한 언어의 경계선을 어디까지 인정하느냐에 따라 달라지므로 정확하게 헤아리기 어려운 점이 있다. 하나의 언어에서 방언들로 갈라진 것을 두고 대개는 한 언어로 묶어서 분류한다. 이와 같은 방언 차이가 역사의 어느 순간부터 일정 단계 이상을 넘어 현저하게 달라져 버리면 또 하나의 새로운 언어로 분류하게 된다. 언어와 방언 사이의 경계를 구분하는 기준이 일정하지 않기 때문에 지구상에 정확히 몇 개의 언어들이 (단순한 방언 차이를 훌쩍 뛰어넘어) 제각각 독립된 언어로 사용되고 있는지를 단정하기는 어렵다. 엄격한 학술적 기준으로 경계를 가르지 않더라도 통념적으로 언급되는 바에 의하면, 지구촌 사람들은 대략 6천 5백 ~ 6천 9백 개의 언어들을 사용하고 있다. 이렇게 수많은 언어가 있다고 해도 그 중에서 1백만 명 이상의 사용자가 있는 언어는 3백개 정도뿐이다. 7천여 개에 근접하는 언어들 중에 많은 수의 언어들이 현재 겨우 살아 있다고는 하지만 사용자가 급격하게 줄어들거나 극소수에 불과해 조만간 소멸되어 버릴 위기에 처해 있다.

소멸 위기에 처한 언어들의 경쟁 상대는 '힘 있는 언어'이다. 언어 접촉의 일반적 상황에서 볼 때 지배적인 언어는 작은 언어들을 집어 삼키는 것으로 평가된다. 20세기 이후 세계 곳곳에서 영어 사용에 관련되는 언어 경쟁의 상황이 바로 그러하다. 한 언어가 다른 언어를 누르고 그 세력을 넓히는 것은 지구촌 곳곳에서 비일비재하게 일어났다. 예를 들면 북아메리카 원주민 언어들은 영어와 심각한 생존 경쟁의 관계에 놓여졌다. 그 결과로 많은 수의 원주민 언어들이 소멸의 길을 걸었다.

이중언어 사회에서 소수 언어가 다수의 지배적 문화에 흡수되는 과정에서 지배 문화의 주축 언어가 힘을 얻는다. 한 국가 내에 소수 문화와 다수 문화가 함께 있을 때 소수 문화 사회의 언어는 힘을 얻을 기회가 거의 없고 자칫하면 살아가는 데에 불편함을 안겨주는 일탈적 언어로 낙인찍히는 상황이 발생하기까지 한다.

현대 사회에서 언어의 생명력은 국가 경계 내에서 채택되는 언어 정책의 영향을 받는다. 프랑스의 상황을 들어보자. 프랑스어의 지역 방언들은 라틴어에 바탕을 둔 로망스 언어인 것에 비해, 대서양에 접하고 있는 브르타뉴 지방은 5세기 영국 섬에서 켈트족이 이주해 온 결과로 켈트어에서 계승된 브루타뉴어가 그 지역에서 사용되는 말이다. 프랑스어의 힘에 밀려 브루타뉴어 사용자가 급감하자 보존 운동의 필요성이 거론되었다. 프랑스는 1958년 헌법에서 "프랑스어만이 유일하게 국가 공식어이다."라고 규정하고 표준어 정책을 우위에 두어 왔다. 그러다가 2008년 개정 헌법에서 "각 지역 언어를 프랑스 문화유산으로 인정한다."는 조항을 추가했다. 이것은 관점의 변화였다. 아카데미 프랑세즈는 이 조항에 대해 반대 입장을 밝혔는데 그 이유로는 "헌법에서 지역 언어를 인정하는 것은 프랑스 정체성을 위협한다."는 것이었다.

5.11. 언어 소멸은 안타까운 일

세상에서 언어가 소멸하는 경우는 오래 전 옛날에 일어났고, 오늘날에도 일어나고 있다. 언어 소멸은 미래에도 일어날 것이다. 일부러 무덤덤한 척하며 다음과 같이 말해 보기로 하자. "소멸되어 버릴 위기에 처한 언어라는 게 멀고 먼 곳에 있는 조그마한 지역의 사정이므로 그다지 안타까울 게 없어 보인다." 이런 말을 들었을 때 우리는 어떤 대답을 할 수 있는가? 어차피 명맥을 유지하기 어려울 운명에 놓여 왔던 언어라면 굳이 그 언어의 보존을 위해 시기적절한 대비책을 준비해야 한다고 호소할 필요가 있을까? "어차피 (소멸)할 바에는 (소멸한다)고 아쉬울 게 뭐 있는가?" 이런 형식의 질문에 대해 우리는 어떻게 이해하여야 하는가?

사람은 자신이 태어나고 자라난 지역에서 통용되는 언어를 모국어로 습득해서 그것을 생활 언어로 사용하며 살아간다. 소멸되는 언어가 있다는 것은 바로 그 언어를 사용하는 사람들이 사라지고 더 이상 생겨나지 않음을 뜻한다. 그 지역 사람들은 소멸되는 언어를 대신해서 더 영향력 있는 언어를 새로운 모국어로 받아들인다. 소수 민족 사회에서 본래부터 사용하던 고유 언어가 있지만 부모에서 자식으로 연결되는 세대교체 과정에서 보다 더 주류적이고 영향력 있는 인접 문화에 동화되고 편입되는 과정을 밟는 일이 지구촌 곳곳에서 일어났다. 아버지 세대까지 사용되던 토착 언어를 배우는 것을 그만두고 그 대신에 주류 사회의 공용어를 새로운 모국어로 배워서 사용함에 의해 모국어 교체가 이루어진다.

언어 교체를 이끌어가는 동력에 대해 우리가 간과하지 말아야 할 점이 있다. 소수 언어 사용자들이 언어 교체를 시도하는 것은 가족 내에서 원하기 때문에 이루어지는 경우가 대부분이다. 언어 교체를 결정하는 것은 크게 보면 지역 공동체 사회에서 일어나는 것이지만 여기에는 각 가정마다 개별적으로 결정하는 교육 방식이 가장 중요하게 작용한다. 가정 내에서는 생활 언어를 주류 문화권의 언어로 바꾸어 더 활동적인 사회생활과 경제생활을 얻으려는 기대가 항상 자리한다. 새로운 모국어를 배우는 것이 힘겨운 부모 세대에 비해, 자녀들이 새로운 언어를 배우도록 결정해 주는 것은 부모들에 의해서이다. 소수 언어 사용 지역에서 학교의 공식어는 주류 문화의 다수 언어인 경우가 대부분이므로 2개 언어 병용 상태가 전개된다. 이런 환경에 놓인 학교에서 이중언어 사용 문제를 보완하기 위해 소수 언어로 교육을 시키는 방법을 절충해서 실행해 보려고 했던 사례가 있다. 그러나 이와 같은 소수 언어 교육 방법을 오히려 회피하는 쪽은 소수 언어를 사용하는 가정의 부모들이었다. 이런 이유 때문에, 언어 교체를 하려는 사람들의 마음을 되돌리기 위해 언어학자가 열성적으로 노력하는 것은 부적절하다고 비판하는 견해마저 나온 적이 있다. 언어를 교체하거나 혹은 교체하지 않거나 하는 문제는 사용자가 스스로 결정해 나갈 문제라는 데에 언어 보존 정책의 고민이 있다.

세대교체를 통한 모국어 교체는 산업화 사회에서 자주 일어났으며 21세기에도 여전히 일어나고 있다. 북아메리카 신대륙 개척 시대에는 상당히 풍부한 수의 원주민 언어들이 사용되고 있었지만 그 언어들이 20세기 초반까지 대규모로 교체되었다. 북아메리카에는 어림잡아 200여 개 토착 언어들이 있었는데 이들 대부분은 영어의 세력에 밀려 이미 소멸하였고 간신히 살아남은 몇몇 언어들도 조만간 소멸될 위기에 처해 있다. 지난 20세기 초반에 북아메리카 토착 언어들의 발견과 보존에 미국 구조주의 학자들이 관심을 기울였지만 많은 수의 북미 지역 인디언 언어들이 아쉽게도 시간이 흐르면서 하나씩 소멸되어 갔다.

반복해서 질문해 보자. 언어의 죽음이 왜 중요한 것일까? 소수 문화권의 토착 언어들을 사용하는 인구가 감소하였고 더 이상 새로운 세대의 어린아이들이 모국어로 배우려고 하지 않을 정도에 이르게 되었을 때에 언어는 소멸 위기에 처한다. 이런 상황에서 소수 언어는 그 지역의 미래지향적 삶을 위해서는 현실적 유용성을 잃어버린다. 사정이 이러한 것을 두고, 소수 언어 사용의 직접 당사자가 아닌 외부 사람들이 불안하게 생각하고 염려해야 할 이유가 무엇인가? 이 질문에 대해 영국의 저명한 저술가 데이비드 크리스털(D. Crystal 2000)은 다음과 같은 이유를 지적하였다.

- 우리에게는 다양성이 필요하다.
- 언어는 정체성을 나타낸다.
- 언어는 역사의 저장고이다.
- 언어는 인류의 지식 총량에 기여한다.
- 언어는 그 자체로 흥미롭다.

크리스털은 더 나아가서 이런 언급을 하였다. "언어는 민족 정체성을 나타내는 것이고, 역사를 간직하며, 지식을 보유하는 데에 사용된다. 그리고 언어는 그 자체로서 매혹적인 것이다. 그렇기 때문에 언어의 다양성은 중요하며 존중되어야 한다." 이 말 중에서 '언어는 그 자체로 매혹적이다.'라는 표현은 두고두고 기억에 남겨두고 싶은 말이다.

어디에서라도 하나의 언어가 없어진다는 것은 애석한 일이다. 아름다운 언어들이 하나 둘씩 세상에서 사라져 버린다는 것은 애석한 일이다. 비록 사용자 수가 적은 언어일지라도 그것은 아름다운 사람들의 아름다운 삶이 반영되어 있던 언어이다. 지금 이 시대에 세상 어디에서든 살아 있는 언어가 다음 세기에는 더 이상 살아 있지 못하고 없어질 것이라고 예상해 보는 것은 서글픈 일이다. 언어 소멸은 지역 사람들이 옛날부터 가꾸어 오고 계승해 온 귀중한 유산을 급격히 잃어버리게 만든다. 소멸되는 언어와 함께 전통문화가 해체되고 역사성의 상실이 가속화 된다.

언어 소멸의 어두운 예상은 한반도에서 멀리 떨어진 남의 나라, 다른 대륙의 사정인 것만은 아니다. 북아메리카 원주민 언어들만 절멸하는 수준으로 사라졌고 태평양 연안 지역의 소수 언어들만 없어진 것이 아니다. 아시아 지역에서 알타이 계열의 현존하는 언어들도 존립의 안정성이 우려되고 있다. 그 중에는 이미 소멸 과정에 들어선 것으로 판단되는 언어들이 있다. 시베리아, 만주, 퉁구스, 중국 북서부와 북동부 변방, 중앙아시아 지역에 걸쳐 50여 개 이상 알타이 소수 언어들이 있는데 그 중 대부분은 20세기 현대 사회에서 러시아어, 중국어처럼 세력 강한 언어와 경합 관계에 놓여 왔던 언어들이다.

소멸된 언어라는 것은 옛날에 있었다고 기록으로 전해지거나 혹은 기록이 없더라도 예전 시대에 존재했던 언어이다. 지금은 없어져 버린 언어가 당당하게 살아 있는 언어로 사용되던 시절에 그 사회의 사람들은 바로 자신들의 언어를 통해 생각을 나누고 문화를 만들고 세상을 개척하였다. 현재의 소수 언어는 옛날부터 끊임없이 전수되어 오면서 지금도 살아있는 언어이며 아직도 소멸되지 않은 언어이다. 소멸되는 언어들에 대해 안타까운 마음을 갖는 것은 몇몇 문화론자들의 호소나 감상으로만 볼 것이 아니다. 비록 현 시대에서 사용자 수가 급격히 감소해 소멸 위기에 직면한 언어일지라도 바로 그 언어 자체는 매혹적인 것이다.

5.12. 생태계와 언어인권

언어의 죽음은 문화의 죽음이라고까지 말해진다. 언어의 소멸은 문화를 파괴하는 것이므로 박물관에 폭탄을 떨어뜨리는 것과 마찬가지라고 말했던 학자도 있다. 언어는 사람들의 정체성을 구성하는 데에 필수적인 부분이다. 언어란 삶을 꾸려가는 사람들의 입을 통해 생활 언어로 구술되며 동시대 사람들이 공유하는 사회적 상징체계로 살아서 움직인다. 사람들이 추구하고 필요로 하는 바가 바뀜에 따라 동시대 사람들이 사용하는 언어는 조금씩 변화한다.

소멸 위기에 놓인 언어가 다시 생명력을 회복하는 것이 과연 가능할까? 소멸 위기 언어 지역의 젊은 학습자들은 토착 언어에 대해 충분한 노출을 확보하지 못한다. 언어 재생이 이루어진 경우가 많지는 않지만 인위적으로, 제도적으로 노력을 기울여서 되살아난 사례가 몇 가지 있다. 소멸 위기를 겪으면서도 부분적으로 되살아난 언어의 예로 체로키어와 마오리어의 상황을 소개해 보겠다.

북아메리카 원주민 언어의 일종인 체로키어(Cherokee)는 사용자가 급감하면서 위기 상황에 놓여 왔다. 그러한 와중에 체로키어 재생 프로그램을 오클라호마 주에서 시행한 사례가 있다. 예전부터 체로키어 토착 지역이었던 오클라호마에서 3 ~ 4세 무렵 아이들에게 유아원 교육에서부터 학령기 이후까지 지속적으로 체로키어를 생활에서 집중적으로 가르쳐 보았더니 긍정적인 결과를 얻을 수 있었다. 이렇게 배운 아이들은 장래에 유창한 체로키어 사용자들이 될 수 있을 것으로 기대하게 되었다.

소멸 위기에 처했다가 되살아난 언어들의 예는 또 있다. 예를 들면 아일랜드 갤리그어, 뉴질랜드 공용어가 된 마오리어, 이스라엘 공용어로 부활한 히브리어 등이 있다. 히브리어는 조각물과 의식을 통해 명맥을 유지해 오던 중에 현대 이스라엘에서 국가언어로 재생되었다.

한편, 마오리어의 쇠퇴와 재생 과정을 돌아보면 토착 언어에 영향을 주는 요인들을 조망할 수 있다. 뉴질랜드 영토의 식민 지배 이후, 영어의 간섭으로 마오리어는 쇠퇴 과정을 겪었다. 1900년대 5만 명으로 줄었던 마오리어 사용자 수는 1970년에 40만 명으로 늘어났다. 그럼에도 마오리어를 일상 대화 언어로 유창하게 사용하는 사람들의 수는 감소하는 추세에 있어 왔다. 이와 같은 상황은 마오리어에서뿐만이 아니다. 지구촌 어디에서든지 토착 언어가 소멸 위기에 놓이는 상황이 전개되고 있다.

유네스코에서 제안한 격언에는 이런 말이 있다. "가르치기 위한 가장 최선의 매개체는 학생 자신의 모국어이다." 얼마 남지 않은 시간 내에 소멸되어 버릴 위기에 처한 언어들을 연구해서 기록으로 보존하는 것은 단순히 학술적 용도에만 그치는 것은 아니다. 위기에 처한 언어의 보존은 인류 문화유산을 보존하는 취지에서 볼 때에 뜻깊은 일이다. 사용자가 얼마 남지 않은 소수 언어 사용 지역을 방문해 현지 조사를 벌이고 음성 자료와 영상 자료를 확보해 두는 것은 자연 환경의 생태를 잘 보존하려는 시도와 다를 바 없다. 언어적 생태를 보존하기 위한 현지 조사는 위기 언어들에 대한 최소한의 배려에서 시작된다. 사용자 수가 급감하다 못해 마침내 소멸해 버리는 언어가 되더라도 최소한 기록을 통해서라도 한 언어의 온전한 모습을 보존해서 남겨두어야 한다. 그러지도 못한 채 소멸되어 버리면 다시는 그 언어를 복구하고 재현하지 못할 것이므로 아쉬움과 안타까움은 크게 남는다.

언어는 생태계(ecology)에서 빼놓을 수 없는 중요한 부분이다. 위기에 처한 소수 언어를 보존하는 것은 생태계를 보존하기 위한 노력이기도 하다. 앞으로 불과 몇 세대 이내에 전 세계 7천여 개 언어들 중에 절반 이상이 소멸되어 버릴 것이라고 예견하는 사람들도 있다. 국가의 공식어로 사용되지 않고 학교에서 사용되지 않으며 미디어에서 사용되지 않는 상태에 놓이게 되면 언어 소멸은 단지 시간 문제일 뿐이라고 예견할 수 있다.

이런 이유 때문에 UN 산하 UNESCO에서는 언어의 다양성을 유지하기 위한 상징적 노력의 일환으로 「유네스코 소멸위기언어 프로젝트」(UNESCO Endangered Languages Project)를 1993년부터 UN 총회에서 채택해 진행하여 왔다. 유네스코에서 무형문화유산 보호의 일환으로 진행하는 위기언어 보존 사업은 토착 언어와 소수 언어를 보호하여 언어의 다양성을 확보하려는 것이다. 아래 그림은 유네스코 홈페이지에서 가져온 포스터이다.

(http://portal.unesco.org/culture)

그림 속에는 전통적인 생태 환경을 배경으로 언어의 여신을 상징하는 얼굴이 들어있다. 언어의 여신은 지역 생태에 숨결을 불어넣고 있다. 여신의 숨결을 받아 지역 사회에서 꿈틀대는 언어는 삶에 부과되는 주술적 언어라기보다는 삶 그 자체에 녹아 있는 일상 언어이다. 그것은 뜻 모를 말이 아니라 사람들끼리 주고받는 소통의 언어이다. 유네스코는 2008년을 언어의 해(The International Year of Languages)로 정했던 바 있다. 유네스코는 다언어주의와 관련하는 국제적 합의점을 기준으로 언어인권(linguistic human rights) 개념을 수립하였다. 서로 다른 언어를 사용하는 사람들이 국가 경계 내에서 언어사용의 기본 인권을 무시당하거나 차별당하지 않으면서 성공적인 삶을 살아나갈 수 있도록 하자는 취지에서 언어인권 개념이 중요하게 받아들여진다.

그러나 현대 사회의 실제 현실을 돌아보면, 세계 곳곳의 국가 정책은 다언어주의 가치를 거부해 왔다. 특히 교육을 위해 하나의 언어만을 인정하는 것은 대다수 국가들에서 채택해 온 정책이다. 하나 이상 복수 언어들을 교육 목적을 위해 인정하는 국가의 수는 지구상 전체 국가들 중에 4분의 1을 넘지 않는다. 2개 언어 이상이 사용되는 상황에서는 사회적으로 문화적으로 제도적으로 선호되는 언어가 있다. 그래서 국가마다 선호되는 언어를 배워서 익숙하게 사용하는 것이 우선시 되는 상황은 세계 곳곳에서 언제나 펼쳐지고 있다. 다수 언어의 문화 수준에 도달하지 못하고, 소수 언어의 문화권에 머물러 있는 사용자들은 주류 문화에 포함되지 못하고 불이익이나 불편함을 감수하는 상황에 처할 수 있다. 그래서 이런 상황을 벗어나려고 시도하며 실제 생활에서 살아가는 데에 도움이 되는 언어를 배우려고 한다. 직업을 구하거나 소득을 높이기 위해 유리한 언어를 배워서 사용하는 것을 선호한다. 또한 거주 지역에서 주도적인 문화에 접근하기 위해 소통에 수월성 있는 언어를 선호한다.

전 세계 대다수의 국가에서는 1개 언어에만 대표성을 인정하고 있으며 그에 맞추어 정치적으로 인준된 사회 환경이 수립되어 있다. 거주 국가 내에서 공식어가 아닌 소수 언어를 모국어로 사용하는 사람들은 2개 언어 사용자 입장에 놓이게 된다. 두 언어 사이에서 어떤 언어를 우선 배워서 사용해야 할 것인지의 문제는 대단히 현실적인 사안이다. 가령 A와 B라는 2개 언어가 병용되는 사회에서, A는 현실 생활에서 소통의 편리함이 높은 언어인 것에 비해 B는 소수 언어이므로 B 언어 사용자는 소통의 불편함을 감수해야 한다면 B 언어를 사용하는 가정의 부모들은 다음 세대 자녀들이 어떤 언어를 모국어로 배우기를 원할까? 많은 부모들은 그때까지 자신들의 모국어는 B 언어였음에도 불구하고 자녀들은 A 언어를 모국어로 습득하기를 원한다. 이와 같이 언어를 선택하는 결정을 각 가정마다 내린다. 이런 결정은 언어 교체가 일어나게 만드는 가장 중요한 요인이다. 자녀들이 부모들의 언어 B와는 다른 새로운 언어 A를 모국어로 배우게 하기 위해 A 언어를 학습 언어로 사용하는 학교로 아이들을 취학시킨다.

언어 교체는 소수 언어 소멸의 가장 직접적인 원인이다. 소수 언어가 보존되려면 가급적 언어 교체가 일어나지 말아야 할 것인가? 이 문제는 단순하지 않다. 여기에는 예민한 가치 판단이 개입하고 문화적 배경이 작용한다. 한편으로 조금 다른 관점에서 이런 지적이 나온 적도 있다. 언어 교체의 선택은 가정에서 개인이 내리는 것이지, 국가 정책에 의해 압력을 부과할 성질의 것이 아니며 또한 그렇게 해서도 안 된다는 견해가 제시되었다. 이런 측면에서 볼 때에는 정치적 차원에서 한 언어의 생존에 관련된 압력을 행사하는 것은 문화적으로 윤리적으로 지나친 간섭이라는 비난이 제기될 여지가 있다. 하지만 언어 문제는 인권 문제이기도 하다.

'언어인권'의 중요성을 강조하면서 소멸 위기 언어 문제를 인권의 측면에서 접근하는 연구자들이 있다. 그 분들의 견해에 따르면, 언어인권은 본래부터 사람에게 주어진 것이므로 개별 문화권마다 전통으로 계승된 문화적, 언어적 정체성을 유지할 권리가 있다. 그럼에도 불구하고 이런 권리들이 침해 받은 개인들에게 아무런 보상을 할 수 없다면 그것은 언어인권이 위축된다는 것을 뜻한다. 유네스코에서 옹호하는 언어인권 선언에 의하면, 사람은 누구나 다 타고난 모국어로 자신을 드러낼 수 있어야 한다. 언어인권은 언어의 다양성을 토대로 해서 성립한다. 언어의 다양성은 문화를 지탱하는 중요한 축이면서 인간의 기본 권리에 밀접하게 관련된다. 언어 다양성은 자연 자원과 마찬가지로 신중하게 배려 받고 보호되어야 할 필요가 있다.

〈참고문헌〉

Bolton, Kingsley. 2006. World Englishes, In: A. Davies and C. Elder (eds.) *The Handbook of Applied Linguistics*, p367-396.

Bonvillain, Nancy. 2003. *Language, Culture and Communication: The Meaning of Messages* (fourth edition), New Jersey: Prentice Hall.

Bragg, Melvyn. 2006. *The Adventure of English*, New York: Arcade Publishing.

Burling, Robbins. 1973, *English in Black and White*, Orlando: Holt McDougal.

Clark, Urszula. 2007. *Studying Language: English in Action*, New York: Palgrave

Macmillan.

Crystal, David. 2000. *Language Death*, Cambridge: Cambridge University Press.

Crystal, David. 2003. *The Cambridge Encyclopedia of the English Language*, Cambridge: Cambridge University Press.

Davies, Diane. 2005. *Varieties of Modern English: An Introduction*, Harlow: Pearson Education.

Edwards, John. 2006. Language minorities, In: A. Davies and C. Elder (eds.) *The Handbook of Applied Linguistics*, Malden: Blackwell Publishing, p451-475.

Holmes, Janet. 2008. *An Introduction to Sociolinguistics* (3rd edition), Harlow: Pearson Education Limited Pearson.

Kachru, Braj B. 1985. Standards, codification, and sociolinguistic realism: The English language in the Outer Circle, In: R. Quirk and H. Widdowson (eds.) *English in the World*, Cambridge: Cambridge University Press, p11-30.

Lewis, M. Paul. (ed.) 2009. *Ethonologue: Languages of the World* (16th edition), Dallas: SIL International. (also In: www.ethnologue.com)

Nettle, D. and S. Romaine. 2002. *Vanishing Voices: The Extinction of the World's Languages*, Oxford: Oxford University Press.

Nichols, Patricia. 1981. Creoles of the USA. In: C. Ferguson and S. Heath (eds.), *Language in the USA*, Cambridge: Cambridge University Press, p71-91.

Penhallurick, Rob. 2003. *Studying the English Language*, New York: Palgrave Macmillan.

Rickerson, E. M. and Barry Hilton (eds.) 2006. *The Five-Minute Linguist: Bite-sized Essays on Language and Languages*, London and Oakville: Equinox.

Romaine, Suzanne. 2000. *Language in Society: An Introduction to Sociolinguistics* (2nd edition), Oxford: Oxford University Press.

Romaine, Suzanne. 2008. Language rights, human development and linguistic diversity in a globalization world, In: Piet van Sterkenburg (ed.) *Unity and Diversity of Languages*, Amsterdam: John Benjamins Pub.

Stewart, Thomas W. Jr. and Nathan Vailette (eds.) 1998. *Language Files*, Columbus: The OSU Press.

Svartvik, Jan. and Geoffrey Leech. 2006. *English: One Tongue, Many Voices*, New York: Palgrave Macmillan.

6장

언어와 사회(2): 언어의 정체성

정체성은 사람들이 자신을 어떻게 인식하고 어떻게 표현하는가에 관한 문제이다. 그리고 언어의 정체성이란 개인 또는 집단의 정체성이 언어에 반영되는 방식을 말한다. 사용하는 말을 증거로 삼아 어떤 사람의 특징을 확인하고 인준하는 절차가 진행되는 일은 종종 일어난다. 이런 점에서 볼 때 사용하는 말이 다르다는 것은 정체성(identity)의 문제와 연결된다.

언어가 사람들을 가르는 기준점이 되었을 때 언어는 정체성을 드러내 주는 징표로 작용한다. 지역마다 서로 다른 언어를 사용하는 것은 지역마다 고유한 정체성의 형성과 밀접하게 연결된다. 사용하는 언어가 사람들의 정체성 의식에 어떤 영향을 주는가? 사람들은 마음 속 정체성 의식을 어떤 방식의 언어를 통해 표현하는가? 이런 물음에 관련해서 중요한 논제들을 살펴보기로 하자.

6.1. 정체성을 드러내는 언어

멀리 떨어져서 사는 사람들끼리 동일한 정체성을 보유할 가능성은 매우 낮다. 같은 문화권에 사는 사람들이라고 해도 똑같은 정체성을 지니고 있는 것은 아니다. 단일 사회 내에서도 다양한 문화적, 인종적, 계층적 분화 요인에 따라 정체성 차이가 존재한다.

영국 사회에 대해 극작가 버나드 쇼 Bernard Shaw는 이런 말을 남겼다: "영국 사람들은 말투 때문에 증거가 잡혀 다른 사람에게 얕잡아 보이는 일이 없이는 입을 열어 말하지 못한다." 이 발언에서 지목하는 시대는 산업화 단계를 거친 영국 근현대 사회였다. 영국 사회를 근대 국가로 발전시키는 사회 통합의 역사적 과정과 맞물려 영어를 표준화하는 과정이 진행되었기 때문에 발음, 어휘, 문법 등에 걸쳐 사용하는 말투의 차이는 사회 계층 차이를 드러내 주었다.

쉽게 이해할 만한 예를 영화에서 찾아볼 수 있다. 뮤지컬 영화 「마이-훼어-레이디」(My Fair Lady)는 영국 극작가 버나드 쇼의 1913년 작품 피그마리온 (Pygmalion)을 원작으로 삼아 제작되었다. 이 영화는 노동자 계층 사람이 상류 사회의 구성원이 되려면 어떤 말투를 갖추어야 하는지를 보여주었다. 어떤 사람이 사용하는 말투를 들어보면 그것을 기준으로 삼아 그 사람의 사회적 위상을 분류해 볼 수 있다는 사회 현실을 배경으로 설정해서 이야기가 진행된다. 다음 사진은 「마이-훼어-레이디」 DVD 영화에서 인상적인 화면 하나를 복사해 온 것이다. 이것은 파티 장면인데 연회장 계단에 서 있는 사람들끼리는 말쑥하게 차려 입은 의복뿐만 아니라 상류층에 어울리는 말투를 사용하고 있다.

「마이-훼어-레이디」 영화를 보면 음성학 교수가 노동자 계층 여성의 말투를 변화시켜 상류층 사람으로 인도하는 이야기가 나온다. 오드리 햅번이 배역을 맡은 엘리자 아가씨는 극장 앞에서 볼품없이 꽃을 팔아 생활하는 모습으로 등장한다. 극장 앞을 지나던 음성학자 히긴스 교수와 피커링 대령은 이 여인이 귀부인으로 신분 변신을 할 수 있을지를 두고 내기를 건다. 그래서 일이 꾸며진다. 엘리자 아가씨가 런던 노동자 계층의 투박한 사투리에서 벗어나 우아하게 말하는 법을 히긴스 교수의 도움으로 배워 나간다. 엘리자는 실험 문장 "The rain in

Spain stays mainly in the plain." (스페인에서 비는 평원에 내려요.)을 기품 있게 발음하는 것을 비롯해 상류층 발음을 익힌다. 발음 연습의 어려움을 극복해 내고 향상된 말투를 구사할 수 있게 되자 그녀는 흠 잡을 데 없는 상류층 숙녀로 변신할 수 있었다.

그 당시 런던 노동 계층 발음으로 'ai' 철자가 들어있는 단어들은 [aI]로 발음했다. 그렇기 때문에 영화에서 본래 엘리자 아가씨는 '스페인에 비 내려요.'라는 문장을 "The rhine in spine sties minely in the pline."으로 발음하는 투박한 말투를 지니고 있었다. 하지만 히긴스 교수로부터 개인 지도를 받은 후에 상류층 발음으로 말할 수 있게 되었다. rain, Spain, stays, mainly, plain 등을 말할 때에 표준발음(= RP) [eI]로 우아하게 발음하는 데에 성공을 거둔다. 말투를 바꾼다는 것이 힘들기는 하지만, 말투를 바꾸면 상류 사회에 편입할 수 있으며 상류 사회에 편입되려면 말투를 바꾸는 것이 필요한 현실을 상징해 주는 영화였다.

런던의 노동 계층 사람들을 '커크니'라고 하며 그들이 사용하는 말투를 커크니 영어(Cockney English)라고 한다. 이것은 영화 'My Fair Lady'에서 엘리자 아가씨와 그녀의 아버지가 사용하는 말투였다. 18세기 이후 영국 중산층이 성장하고 문법 서적이 집필되면서 올바른 영어(proper English)에 대한 인식이 확립되기 시작했다. 이 무렵에 이르러 노동자 계층이 사용하는 영어는 '올바른' 영어로 받아들여질 수 없었다.

사용하는 말투가 다르면 어떤 느낌을 받는가? 어떤 사람이 사용하는 말투만 가지고 그 사람은 어느 정도 수준에 속해 있는지를 평가할 수 있을까? 우화 이야기의 한 장면을 떠올려 보자. 「서울 쥐와 시골 쥐」 이야기에서 서울 쥐가 어느 날 시골에서 막 올라온 시골 쥐를 만나 말을 주고받을 일이 생겼다. 그런데 서울 쥐가 보기에 시골 쥐는 말하는 폼이 촌스럽고 우스꽝스러운 정도였다. 이때 시골 쥐와 서울 쥐가 말을 주고받으면서 선택할 수 있는 최선의 행동은 무엇일까? 이런 우화적 상황은 실제로 사람 사는 세상 어디에서든 발생할 수 있다. 윈퍼드(Winford 2003)의 말을 인용해 보겠다. "언어의 혼합은 강력한 정서적 반응을 불러일으키는 것이 대부분이다. 여기에서 정서적 반응이란 것은 목격되는 언어적 차이에 대해 희극화 해서 우습게 여기거나, 격렬하게 비난하거나, 혹은 명백하게 거부감을 드러내는 것이다."

지구촌 사람들은 거주 지역에서 사용하는 언어와 밀접하게 결부되어 정체성을 보유한다. 영어 쓰는 사람들이 모두가 다 동일한 영어를 사용하는 것이 아니기 때문에 정체성 의식도 지역에 따라 다르게 형성되어 왔다. 말이라는 것은, 언어라는 것은, 사용자의 마음속에 자리하고 있는 정체성을 반영하는 것이므로, 서로 다른 언어마다 서로 다른 정체성이 깃들어 있다. 같은 시대를 살아가는 사람들 사이에서도 사용하는 말의 차이가 곧바로 정체성 차이를 나타내는 것으로 비춰질 때가 있다.

연대감이나 소속감을 형성해서 편입되기를 원하는 사회의 정체성을 지니기 위해 사람들은 어떻게 말해야만 하는가? 혹은 적어도 어떻게 말할 것으로 예상되는가? 이것은 사람들이 삶의 숨결을 드러내 보이는 것이기 때문에 대단히 섬세하고 실제적인 성격을 지닌다. 말의 차이는 사람들의 내면 의식뿐만 아니라 사회 속 정체성의 문제와 관련을 맺는다. 이에 관해 이 장에서는 영미권 사회에서 알려진 현상들을 통해, 사회 내에서 한 개인이 어떤 방식으로 소통 행위를 하는가에 대해 돌아보기로 하자.

6.2. 말투에 대한 태도: 지방색을 드러내는 악센트

사람들은 자신이 태어나서 살아온 지역과 환경에 따라 서로 다른 말투를 습득한다. '말투'라는 것은 곧 악센트(accent)라고 부른다. '말투가 다르다'는 것은 달리 말해 '악센트가 다르다'는 뜻이다. 즉 악센트가 다르다는 것은 음성언어로 말을 할 때 드러나는 차이를 가리키며 그 중에 주로 발음 차이를 가리킨다. 이를테면 어떤 사람이 스코틀랜드 악센트를 사용한다고 하는 것은 스코틀랜드 말투를 사용한다는 뜻이다. 언어의 지역변이 또는 사회변이에 따라 발생하는 말투 차이는 기본적으로 방언 차이에 해당한다. 방언 차이 중에 발음 차이를 나타내는 개념이 곧 악센트이다.

방언 차이는 발음뿐만 아니라 문법 특질이나 단어 차이를 포괄하는 용어이다. 그래서 방언 개념은 악센트 개념보다 더 포괄적이다. 악센트는 변이체 언어의 발음 방식을 말한다. 방언은 적어도 3가지 층위로 발음, 문법, 어휘에 걸쳐 나타난다. 미국영어와 영국영어의 방언 차이를 몇 가지 들어보자. 발음 차이의 예로, 'ate'를 미국에서는 [eit]로 발음하고 영국에서는 [εt]로 발음한다. 문법 차이로, 미국에서 He has gotten used to it.으로 말하는 것을 영국에서는 He has got used to it.으로 말한다. 어휘 차이로는, 승강기를 미국에서 elevator라고 하는 것에 비해 영국에서는 lift라고 한다. 다른 지역 방언 사용자의 말을 귀로 들었을 때 가장 뚜렷하게 말의 차이를 느낄 수 있는 부분은 발음이 다르다는 데에 있다.

사용하는 말이 사회적, 계층적 지위를 드러내 주는 중요한 징표로 작용하는 사회에서 살아가는 사람들은 자신이 편입되기를 원하는 사회의 표준어에 가깝게 말하려고 한다. 혹은 반대 방향으로 행동하는 경우도 있기는 하다. 원형적이며 순수한 사람으로 보이기를 원하기 때문에 오히려 지방색을 드러내는 말투를 일부러 계속 사용하는 일도 있다.

악센트에 대한 사람들의 태도는 언제나 똑같은 것만은 아니다. 시간이 지나가면서 사람들의 태도는 변화되기도 한다. 이에 관해 영국의 언어 상황을 통해 이해해 보기로 하자. 영국 표준발음은 '수용되는 발음'(received pronunciation, 약어로 RP)라고 부르며, 공영방송 BBC에서 사용하는 발음이었다. (용어에 관해 한 마디 언급해 두겠다. RP 자체에 이미 발음(pronunciation)이란 용어가 들어있기 때문에 'RP 발음'은 중복된 용어이다. 그러나 용어 사용의 리듬감을 위해 RP와 'RP 발음'을 함께 사용하도록 하겠다.) RP 발음은 BBC 방송에서 진행자들이 사용하던 악센트이며 높은 교육 수준을 연상시켜 주는 악센트이다. 그것은 영국 사회의 문화적 배경과 영국 사람들의 의식 속에 최선의 영어 악센트로 각인되어 왔다.

그런데 RP가 영국 내에서 영향력이 감소하는 과정을 밟아 나오면서 영국 사람들이 RP 악센트에 대해 취하는 태도에도 변화가 일어났다. 최근 시점의 영국 사회에서 가장 표준적이고 가장 런던 사람다운 말투라는 것도 지난 30~50여 년 전의 표준과 동일하지는 않다. RP 발음과 표준영어라는 것도 알고 보면 언어 변화의 결과로 등장한 하나의 단면이며, 시간이 흐르면 다른 모습으로 변화되어 나갈 가능성을 안고 있다.

지역마다 대부분의 사람들은 다른 사람들의 말에서 나타나는 악센트에 대해 태도를 지니게 된다. 각 지역 방언마다 고유한 악센트가 들어있는데, 다른 지역 방언의 악센트에 대해서는 각 지역 사람들마다 나름대로의 느낌으로 평가를 내리고는 한다. 여기에는 한 가지 흥미로운 경향을 볼 수 있다. 사람들은 자기 지역에 고유한 악센트에 대해서는 그것이 다른 지역 악센트와 구별되는 특징에 대해 별다른 자각을 하지 않는다. 심지어 자신은 어떤 종류의 악센트도 사용하지 않으며 대단히 중립적 성격의 말투를 사용하는 것으로 여기기까지 한다. 즉 자신은 지방색을 드러내는 말투를 사용하지 않는다는 것이다. 같은 말투를 사용하는 사람들에 대해서는 악센트가 없다고 생각한다. 악센트를 가지는 것은 다만 다른 지역의 사람들이라고 생각한다. 자기 지역 방언의 표준어법 악센트를 사용하는 사람들에 대해서는 악센트가 없다고 생각한다. 다른 지역 방언을 들었을 때 느낌의 차이를 전달해 주는 말투, 그것이 곧 악센트이다. 즉 악센트를 사용하는 것은 바로 지방색을 드러내는 것이다.

영국 사람들이 악센트에 대해 어떤 태도를 지니는지에 대해 사회언어학적으로 조사한 사례가 있다. 악센트에 관한 평가 항목으로는 다음과 같은 것들이 있다(Bauer 외 2006, p182).

[능력 있다(competent), [듣기 좋다(pleasant), [믿음직하다(reliable), [진지하다(sincere), [우호적이다(friendly), [교양 있다(intelligent), [교육 수준 있다(highly educated), [직업 수준 있다(high status job) 등이다. 그리고 이 항목들을 등급화 했을 때 최하 등급은 반대편으로 역전된 평가 항목이 된다. 평가 항목들에 대해 5개 등급 차이로 구획할 수 있다(예시: 1. extremely pleasant, 2. pleasant, 3. neutral, 4. unpleasant, 5. extremely unpleasant). '듣기 좋다'거나 '듣기 싫다'는 가장 기본적인 평가 항목이므로 응답으로 선택되는 비율이 높다. 자기 지역 말투에 대해서는 '듣기 좋다'(pleasant)는 반응을 보이면서, 다른 지방 말투에 대해 '듣기 싫다'(unpleasant)라고 주관적 반응을 표현할 수 있다.

사람들은 자기가 사용하는 말에 대해 어떤 방식으로든지 느낌을 보유한다. 말투에 대한 반응은 사람마다 자기 자신의 입장을 중심으로 형성된다. 19세기 이래 영국 사람들이 보유해 온 언어 의식을 추적해 보았더니 한 가지 흥미로운 경향이 관찰되었다. 즉, 많은 영국인들은 자신들이야말로 '악센트가 없는' 표준발음 RP를 사용하며, 다른 지방 사람들은 RP에서 벗어난 악센트를 사용한다고 생각해 왔다. 어차피 영국의 각 지역마다 현지 발음이 RP 발음과 편차를 보이지만 RP의 특권적 지위에 가치를 부여하는 영국인들은 자기 자신의 말투가 RP에서 벗어난 비표준적 악센트임을 인정하고 싶어 하지 않았다. 그래서 자신들이 사용하는 말투가 RP와 별반 다를 게 없다고 인식하거나, 또는 자신들이 사용하는 말투는 비록 RP와 똑같은 것은 아닐지라도 다른 지역 사람들의 악센트보다는 상대적으로 더 잘 정돈된 말투로 믿어 보려는 의식을 암묵적으로 지니고 있었다.

악센트에 관한 사회적 특징을 평가하는 것은 언어의 내재적 특질에 의해 이루어지는 것은 아니다. 이 평가는 사람들의 주관적 느낌에 의해 이루어진다. 이를테면, 어떤 사람이 자기가 줄곧 살아온 지역 특유의 악센트야말로 진짜 사람 사는 인정을 느끼게 해 주는 말투로 평가하면서 다른 지역의 악센트에 대해서는 낯설고 어색하고 투박하고 거친 말투라고 부정적 평가를 내리는 상황이 자주 일어난다.

사람들은 듣기 좋은 말투와 듣기 싫은 말투를 구별한다. 익숙한 악센트 말투는 듣기 좋다고 인식하며, 익숙하지 않고 기억이 좋지 않은 악센트는 듣기 싫다고 인식한다. 언어가 사람을 가르는 기준으로 작용하는 사회에서는, 문화적으로 세력이 강한 지역에서 통용되는 악센트는 '특권적' 말투로 여겨지고, 그렇지 못한 외곽 지역 출신 아웃사이더 사람들이 사용하는 악센트는 '안 좋게 찍힌' 말투로 여겨지는 일이 발생한다.

6.3. 영국의 표준영어와 언어 의식

21세기 현재 시대에 영어는 단일한 언어가 아니듯이 19세기 전후 무렵에 이르기까지도 영어는 완전히 단일한 언어로 확립되어 있지는 않았다. 중세 시대 이후 17 ~ 18세기에 이르기까지 영어 발달의 변화 폭은 풍부했다. 1755년 사무엘 존슨의 사전 편찬이 있은 이후, 19세기는 영어 발달사에서 뚜렷하게 특징을 분별해 낼 만한 언어적 단서가 상대적으로 적은 시기였다.

19세기 후반에 이르자 영국에서는 영어의 표준에 대한 기준이 마련되었다. 교육받은 런던 사람들의 말씨를 토대로 18세기에 이미 표준발음이 확립되어 오늘에 이르렀다. 영국영어의 표준적 말투를 대표하는 RP는 여왕의 영어(the Queen's English), BBC 영어 등의 별칭으로도 불리었다. 발음의 차이가 사회 계급을 드러내 주는 영국 사회의 분위기에서 BBC 발음은 '나이 지긋하신 아주머니'라는 별명으로 불릴 정도였다. 런던 대학교 다니엘 존스(Daniel Jones) 교수가 출현하는 음성학 방송 강의는 「영어발음사전」의 자료가 되었다. 「영어발음사전」은 현재 캠브리지 출판사에서 English Pronouncing Dictionary로 간행되어 판매되고 있다.

영국 RP 발음은 19세기 후반부터 런던 인근 사립학교에서 권장되는 말투로 등장하였다. 옥스퍼드 사전에 의하면, RP라는 용어는 1869년에 처음 등장하였다. 런던의 음성학자 다니엘 존스는 1926년 발음사전에서 '사립학교 발음'이라고 이름 붙인 발음에 관해 설명해 주었다. RP는 19세기 후반 경에 잉글랜드 거의 모든 지역의 교양 있는 사람들 사이에서 상당히 단일한 표준적 언어로 사용되었으며, 지역 방언의 성격보다는 사회 방언의 성격을 더 진하게 지니는 것이었다. RP 발음의 위상은 다음 그림에서 보듯이 피라미드 모양의 정점에 위치하는 것으로 평가된다.

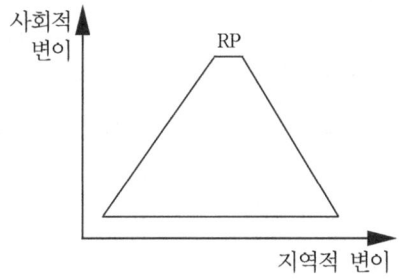

이 그림에서 수평축은 지역 변이를 나타내며 수직축은 사회 변이를 나타낸다. RP 발음은 지역적으로 어느 한 쪽 변방으로 치우치지 않고 중립적인 위치에서 사용되며 사회적 계층에서 보면 교육을 잘 받고 사회적 영향력이 강한 계층에서 사용된다. 피라미드 상층부에서 RP 발음에 근접할수록 변이가 적게 나타나며 지방색의 악센트가 없는 표준화된 영어에 가깝다. 악센트가 있다고 함은 지방색을 드러내는 말투가 있음을 뜻하는데 위의 그림에서 삼각형 정점에 위치한 RP를 제외하고 그 나머지는 모두 악센트 말투를 나타내는 것으로 여겨질 수 있다.

영어의 표준화는 계획적이거나 체계적인 방법으로 이루어진 것이 아니다. '표준영어'라는 용어가 자주 등장하는 것에 비해 표준영어의 정의를 내리는 것 자체가 힘겨운 일이다. 그럼에도 불구하고 교육 받은 사람들은 표준영어가 무엇을 나타내는 것인지를 마치 알고 있는 것처럼 표준영어라는 용어를 사용한다. 예전 시대에 RP와 더불어 표준영어 SE는 가장 특권적인 언어사용을 상징하는 용어였다. 표준영어(Standard English; SE)라는 이름은 옥스퍼드 사전에 의하면 1836년에 처음으로 사용되었으며 19세기 후반에 자주 언급되던 명칭이다. 구어체 발음의 표준은 RP인 것에 비교되어 문어체 표준은 SE이라고 지칭되는 게 보통이다. 즉, SE는 구어체 말투에만 한정되지 않기 때문에 '문어체'의 표준영어로 정의된다. 문어체 표준으로 문법, 어휘, 철자, 정서법 등의 문제를 포함한다.

한편, 구어체 표준영어의 기준이 국제어 수준에서 확정되어 있는 것은 아니다. 영어가 사용되는 지역이 전 세계적으로 확산되면서 구어체 영어의 변이체들은 예전 시대 표준영어와는 잘 들어맞지 않는다. 개별 국가마다의 문화적 배경 및 정체성과 미묘하게 결부되면서 영어의 변종들이 형성되고 20세기 이후 지역마다 서로 다른 표준적 영어를 수립하기에 이르렀다. 변이체 영어가 사용되는 지역으로 스코틀랜드, 미국, 캐나다, 오스트레일리아, 뉴질랜드, 남아프리카, 카리브 해, 나이지리아, 인도 뿐만 아니라 싱가포르, 홍콩, 중국까지 추가되었다.

BBC 방송은 1930년대 설립 당시부터 방송 진행자가 RP 발음을 지키며 표준적인 영어를 말하도록 하는 데에 엄격한 기준을 적용했다. 그러나 최근 세대로 넘어오면서 BBC 방송의 방송 정책은 허용적인 입장을 취하게 되어 지방색을 띠는 방언 발음의 말투를 BBC 방송에서 조금씩 들을 수 있게 되었다. 2005년에 BBC가 제시한 VOICES 캠페인은 지역에 따라 달라지는 언어적 다양성을 자축하고 권장하기 위해 기획된 것이었다.

표준영어란 영국 내에서는 가장 특권적인 영어였다. 그것은 문화적으로 앞서고 지성이 높은 것을 나타낸다. 표준영어 사용에 관해 배워서 익숙해지고 나면 사람들 앞에 나서서 말을 할 때 더 당당하게 말한다고 한다. 그렇지만 비표준적 방언 사용자가 표준영어로 바꾸려면 이미 몸에 베인 습관을 떨쳐 버려야 하기 때문에 표준영어를 사용한다는 것이 상당히 어려운 일이다. 잉글랜드와 웨일즈의 교육부 당국은 1995년에, 학생들의 비표준어 사용은 그 가치가 격하되어서는 안 된다고 공식적인 입장을 정해 발표했다. 표준영어 사용이 가장 문제시되는 곳은 학교에서이다. 학생들은 표준영어에 숙달할 수 있어야 하리라는 기대에 직면한다.

하지만 어릴 때부터 가정과 동네에서 익숙하게 사용하던 말이 있는데 이것이 학교에서 기대하는 말과 다를 때에 금방 취학한 학생들은 당황하게 된다. 이때 표준영어를 새로 배우게 하는 것은 쉽지만은 않은 타협을 학생들에게 요구한다.

21세기 현대적 기준에서 볼 때, 표준영어는 시대에 "한 걸음 뒤떨어져 있다." 최근에 이르러 영국에서 비표준적 말투가 영국 방송 매체에서 더 자주 등장하게 되었다. 한 세대 전에는 RP 발음의 원형을 BBC 방송에서 폭넓게 청취할 수 있었는데 이제는 BBC 발음도 수십 년 전에 비해 달라져 있다. 예전에는 RP만이 적절하다고 받아들여지던 사회 분위기였는데 요즈음에는 비표준적 말투에 대해 보다 수용적인 분위기가 자리하기에 이르렀다. 사회 계층에 대한 엄격한 구분이 약해지면서, 요즈음 시대에는 RP 발음이 사회 엘리트임을 표시하는 역할을 예전만큼 뚜렷하게 보여주지는 못한다. 영국에서 RP 발음은 50년 전처럼 널리 사용되지는 않는다. 왕실, 교회, 의회, 법원, 국가 기관 등에서 RP가 여전히 사용되고 있지만 그래도 가장 순수한 RP 발음 사용자는 영국 인구의 3% 정도에 불과하다고 한다. 요즈음 시대에 교육 수준 높은 수많은 영국 사람들은 순수한 RP를 사용하기보다는 RP와 지역 방언이 혼합된 '변형된 RP'를 사용한다.

런던대 음성학자 웰스(Wells) 교수는 20세기 후반에 RP가 수정되어야 함을 지적하였다(1998년 시사잡지 「Guardian」 9월 10일 보도). 예를 들면, 런던 노동 계층 커크니(Cockney) 영어로 'Quite nice, it seems.'를 발음하려면 'Qui? nice, it seems.'로 발음되는 것이 보통이다. 이처럼 성문폐쇄음이 단어 끝자리에서 [t] 대신에 나타나는 경향이 이제는 런던 사람들의 말투에 확산되었다. 이와 같이 [t] 발음을 탈락시키는 발음 혁신을 RP 발음에 수용해야 한다는 것이 웰스 교수의 지적이다.

1980년대와 1990년대에는 RP 발음에 대한 의식이 수정된 시기이다. RP는 표준영어의 일부로 포함되지 말아야 한다고 보는 입장까지 등장한 적이 있다. 사회언어학자 트러드길 Trudgill은 RP가 표준영어 정의에서 제외되어야 한다고 주장하여 공적인 논쟁거리가 일어났다. 표준영어는 학교에서 권장되는 모델이기는 하지만, 비표준적 화자가 표준적 말씨를 습득하도록 요구하는 학교 정책은 불합리하다는 견해가 쟁점화 되었다. 비표준적 발음을 사용하는 학생들이 RP를 습득하지 못한다고 해서 낙인찍히는 일이 계속 일어나는 것은 바람직하지 못하다는 것이 쟁점의 요지이다. RP에 대해, 미국 전역의 교육 과정 내용 중에 이와 같이 정하고 있다: "구어체 표준영어는 RP와 다르며 다양한 말투로 표현된다."

20세기 후반 이후 런던의 젊은 세대 성인들은 전통적 RP 발음과는 다른 새로운 종류의 말투를 구사한다. 이것은 에스튜어리 영어(Estuary English) 혹은 런던 구어체(New London Voice)라고 불리는 악센트로서 RP와 커크니 영어 사이에서 절충된 것이다. 예를 들면 'little, gateway, seatbelt'에 들어있는 [t] 소리는 [d] 소리로 약화시켜 발음하고, 'real, always'에서 [l] 소리 대신에 [w] 소리로 발음하는 것은 본래는 런던 노동 계층 발음이었다. 이런 발음이 에스튜어리 영어에서 점점 더 많이 사용되고 있다.

요즈음 시대 영국 사회에서 지역마다의 발음 차이는 더 이상 (빅토리아 여왕 시대 1839 ~ 1901년 때만큼이나) 낙인찍히는 발음으로 간주되지는 않는다. 온전하게 표준적이지 않은 발음을 사용하더라도 그것이 때로는 사람들끼리 연대감을 느끼도록 자극해 주고 현실적인 발음으로 받아들여진다. 순수한 RP 발음은 오히려 스코틀랜드, 웨일즈 지역에서는 우호적인 반응을 얻지 못했다. 요즈음 시대에 영국영어는 세계 곳곳의 변이체 영어들 중에서 사용자 수가 적은 방언에 해당한다. 외국어로 영어를 배우는 나라 사람들에게 발음 교육을 함에 있어 제2언어로서의 학습 기준이 등장했는데 이때 영국영어보다는 미국영어가 부각되기 시작했

다. 영국 출신의 영어 교사들이 RP를 사용하는 비율은 줄어들었다. 그래서 과거에 RP에 수반되던 특권적 지위가 미래에는 더욱 감소할 것이라고 예측하는 견해가 자주 등장하고 있다.

우리가 외국 언어를 배운다고 해도 정작 그 나라의 지도 정보에 어두운 경우가 있다. 참고로 여기에 영국 지도를 붙여 두었다(지도: Collins & Mees 2003, p143에서). 런던, 버밍엄, 맨체스터, 뉴캐슬, 에든버러, 더블린 등의 지명을 지도 위치를 통해 기억해 두자.

6.4. 사회 계층에 따른 언어변이: 뉴욕에서

언어는 계층에 따라 변이를 드러낸다. 뉴욕 사람들 말투에서 사회 계층에 따라 언어변이가 관찰된 것이 있다. 이것은 계층 변이를 보여주는 현상으로 흔히 거론되는 예이다. 뉴욕의 맨해튼 5번가에 들러 색스 백화점이나 메이시즈 백화점을 돌아보는 일을 상상해 보자. 뉴욕 사람들의 말을 어깨 너머에서 유심히 관찰해 보면 어떤 특징을 찾아낼 수 있을까? 굴림소리(rhoticity)란 모음 뒤에 나타나는 [r] 발음을 말하는데 이에 관해 보고된 현상이 있다. 소개해 보겠다.

[r] 발음의 차이는 사회문화적 변수와 상관관계를 맺는다. 우선 [r] 발음의 변화에 대한 역사적 배경을 먼저 소개하고 뒤이어 뉴욕시의 언어 상황을 알아보기로 하자. 다음 지도에서 하얗게 표시된 부분에서 [r] 발음은 18세기에 거의 사라졌다 (그림: Collins & Mees 2003, p145).

모음 뒤에 [r]은 18세기 영국 동남부와 런던 발음에서 나타나지 않게 되었고, 미국 동부 해안과 남부 지역에서도 없어져 버렸다. 즉, 18세기부터 [r] 발음이 런던과 보스턴에서 사라졌다. 19세기 뉴욕 시인 각운법에서 'shore = pshaw'로 사용된 것을 보더라도 그 당시에 이미 [r] 발음이 더 이상 사용되지 않는다는 것이 드러난다. 1930년대까지 뉴욕에서 [r] 발음이 거의 사라졌다.

그런데 20세기 중반에 미국의 많은 지역에서 모음 뒤에 [r]을 다시 삽입하여 발음하는 현상이 나타났다. 오히려 1960 ~ 1970년대 뉴욕 사람들은 [r] 발음을 더 많이 사용하기 시작했다. 그 이전 시대와 달리, 1960년대 이후 뉴욕 사람들의 말에서 [r] 발음은 표준적인 미국영어를 나타내는 표지로 인식되기 시작한 것이다. 그러므로 [r] 발음을 포함하지 않고 말하는 사람은 뉴욕에서 경제적으로 낮은 계층에 속하는 사람일 것이라는 추측을 불러일으키거나 혹은 그렇지 않다면 잠시 뉴욕을 방문한 런던 사람일 것이라는 정도의 추측이 가능하겠다.

펜실베이니아 대학교 라보브(Labov) 교수의 1966년 연구는 언어와 사회 계층 사이의 관계에 관해 조사 방법을 통해 알려주었다. 뉴욕 시내에서 나타나는 언어 변이를 탐색하기 위해 라보브는 맨해튼의 백화점 3군데를 선택해서 실험적 연구를 수행하였다. 3개 백화점을 이용하는 고객들을 사회 계층 서열에 따라 구분해 보면 색스(Saks) 5번가는 상류 계층, 메이시즈(Macy's)는 중류 계층, 에스클라인 (S. Klein)은 하류 계층이 주로 이용하는 곳으로 구별된다.

백화점 직원들에게 다가가서 미리 준비된 질문을 자연스럽게 던져보고, 잘못 들은 척하며 다시 한번 되물어 봄에 의해 직원들이 분명하게 대답하려는 말투의 발음을 구사하도록 유도하였다. 백화점 4층 매장에서 여성 신발을 팔고 있으므로 'fourth floor'를 백화점 직원들이 발음하도록 유도해서 알리지 않고 녹음을 해 두었다. 백화점 직원들에게 다가가 "Excuse me, where are the women's shoes?"라고 물으면 그에 대한 대답에는 'fourth floor'가 포함되는 상황이었다.

이 질문에 대한 백화점 직원 대답으로는 [fɔːrθ], [flɔːr]가 포함되거나 [fɔːθ], [flɔː]가 포함되었다. 조사원들은 백화점 직원이 동일한 대답을 한 번 더 말해 주도록 유도하기 위해, 잘못 들은 체 행동하며 "Excuse me?"라고 다시 묻기까지 했다. 매장에 서 있는 판매원에게도 "Excuse me, which floor is this?"라고 물어보았다. 제보자 1인당 /r/ 발음이 포함될 가능성이 네 번까지 있는 설정이었다.

백화점 연구는 가정을 세우고 출발하였다. 백화점 직원은 고객들의 말투를 흉내 내어 말하는 경향이 있으므로 백화점 직원들의 발음 습관은 곧 그 백화점을 이용하는 고객들의 말투를 따르는 것이라고 가정하였다. 이 가정은 연구 결과에서 사실로 드러났다. 백화점에서 녹취한 자료는 사회 계층에 따라 조사 집단을 선택한 효과를 주었다. "On the fourth floor."를 두 번 대답하면서 나타날 수 있는 최대 4번의 [r] 발음 중에 '한 번 이상' 혹은 '전부 다' [r]을 발음한 회수를 세어 보니 그 결과는 아래 표와 같았다. 색스 5번가 백화점 직원들은 가장 높은 비율로 r-발음을 사용하였다.

	Saks 5th	Macy's	S. Klein
전부 [r]	30%	20%	4%
한번 이상 [r]	32%	31%	17%
사용 안 함	38%	49%	79%

백화점 직원들은 상황에 따라 [r] 발음 사용 빈도를 조절하는 경향이 관찰되었다. 고객 질문에 대답하는 말투는 주의 깊고 조심스러운 말투에 해당한다. "Excuse me, ..." 형식으로 다시 묻는 질문에 대해 답을 반복해서 대답할 때에는 모음 뒤에 [r] 발음을 더 많이 사용하는 것으로 드러났다. 고객이 못 알아들었으니 'fourth floor'를 다시 말해 줄 것을 요청해 왔을 때 백화점 직원은 의식적인 말투로 고객이 사용하는 말투에 가깝게 [r]을 발음하려고 하기 때문이었다.

라보브 교수는 실험 연구를 먼저 해 보고 난 후에 조사 대상을 확대해 연구를 수행하였다. 여기에서 얻은 결론은 처음에 백화점 조사에서 얻은 결론과 같은 것으로 나왔다. 뉴욕에서 상류 계층 제보자들은 일관되게 r-발음을 하며 하류 계층 제보자들은 그보다 적은 비율로 r-발음을 사용하였다. 사회 계층을 3분해서 r-발음을 사용하는 비율을 상황 맥락의 유형에 따라 구분해서 조사한 결과를 라보브 (1972)는 다음과 같이 보고하였다.

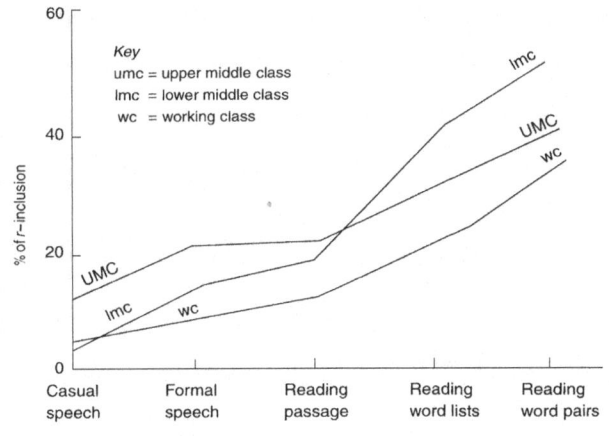

위의 세 개의 선에서 오른쪽으로 갈수록 변화의 폭이 큰 것은 중간계층(lower middle class) 사람들에 대한 것이다. 수평선 x축에서 가장 좌측은 일상 대화(casual speech)이며 오른쪽으로 가면서 신중한 말투(careful speech)이다. 즉, x축의 오른쪽으로 가면서 더 격식 있고 상대방을 의식하며 또렷하고 조심스럽게 말을 하게 되는 상황을 나타내는 것으로 가장 우측에 있는 '단어쌍 읽기'(reading word pairs)는 가장 의식적인 말투를 나타낸다.

중간 계층은 상황에 따라 변화의 폭이 크게 나타났다. 중간 계층은 x축의 오른쪽으로 가는 맥락에서 r-발음의 빈도를 급격하게 증가시키고 심지어 상류 계층의 빈도를 추월하기까지 한다. 중간 계층(lower middle class) 사람들은 상류 계층(upper middle class) 또는 노동 계층(working class) 사람들보다 [r] 발음의 변화 폭이 더 크게 나타났다. 이것은 노동자 계층에서 벗어나 있음을 분명히 하고 상류층에 가까워 보이려고 하는 중간 계층의 내적 의식이 말투에 반영되었기 때문이다. 즉, 중간 계층에 속하는 뉴욕 사람들은 발음 스타일에 있어 변화의 폭을 크게 가져갔으며, 이것은 말투에서 드러날 수 있는 계층적 지위에 대해 중간 계층 사람들이 더 민감하게 반응한다는 점을 보여준다.

이 절을 마치기 전에 마지막으로, 언어학자가 취할 수 있는 관점에 대해 짧은 언급을 덧붙여 두고 지나가겠다. 사회언어학자 라보브와 생성주의 언어학자 촘스키를 비교해 볼 필요가 있다. 라보브가 연구했던 언어의 사회적 변이 현상은 촘스키의 관점에서는 별로 중요한 연구 대상이 아니었다. 여기에는 언어를 바라보는 관점에 차이가 있기 때문이다. 촘스키가 주도적으로 개척한 생성주의 언어학에서는 언어 사회가 동질적이라고 가정한다. 이에 비해 라보브처럼 언어의 사회적 변이 현상을 연구하는 학자들은 언어 사회가 이질적 복합체라고 가정한다.

생성주의 언어학에서는 사회적 변이 현상은 언어의 표면 현상이므로 언어능력의 중심이 되지 않는다고 보았다. 반면에 라보브를 위시한 사회언어학자들에게는 언어변이 현상이란 사람들이 사회 속에서 언어를 어떻게 사용하는지를 보여주는 중요 단서이다. 촘스키 언어학에 동조하지 않는 학자들은 촘스키의 생성주의 언어학이 언어와 관련되는 역사적, 사회적, 문화적 요인들을 송두리째 소거해 버렸다는 비판을 제기하였다.

6.5. 미국영어 표준화

미국영어와 영국영어의 가장 뚜렷한 차이는 어휘와 발음이 다른 데에 있다. 미국 방언 차이의 일례로, 탄산 비알콜 음료에 대한 명칭은 지역마다 차이가 난다. 사는 곳에 따라 pop, soda, dope, tonic, soda/pop, bottle, cold drinks 중에 한두 가지 표현이 사용된다. 단어의 뜻에서도 차이를 보이는데, 손쉬운 예를 들어보자면, 영국에서 mad는 angry를 뜻할 수 있고, "Are you through?"는 "Are you finished?"를 뜻하며, bad나 wicked는 good을 뜻할 수 있다.

미국영어가 영국영어와 분리된 것은 신대륙 이주 이후에 생겨난 변화에 의해서이다. 아메리카 신대륙으로 이주가 시작된 1620년 이후 청교도 초기 이민자들은 표준영어를 사용하는 사람들이었다. 당시의 미국영어는 이미 영국 표준영어에서 존재하는 문법과 통사 구조에 바탕을 두고 시작되었다. 17세기에 영국에서 건너온 신대륙 개척자들이 미국 동부의 대서양 연안을 따라 정착했을 때 그들이 사용했던 영어는 영국의 표준영어와 별반 다를 바 없었다.

초기의 미국영어에서는 영국영어에서처럼 언어적 변이와 사회 계층을 연관시키는 언어적 의식은 찾아볼 수 없었다. 그러나 차츰 시간이 지나갈수록 미국에서는 미국의 문화와 정체성을 반영하는 언어 의식이 자라났으며, 점차 미국영어가 영국영어와 구별되는 또 하나의 새로운 방언으로 형성되었다. 또한 동부로부터 서부 지역으로 거주 지역을 넓혀가는 과정에서 다양한 배경의 사람들이 서로 섞이게 되면서 미국영어 자체에도 방언 차이가 생겨났다. 남북 전쟁 이후 미국 남부와 북부, 동부와 서부 사이에는 예전보다 더 많은 접촉이 이루어졌다. 그 시기에는 미국의 언어적 사회적 정체성이 점진적으로 흔들리게 될 것이라는 두려움을 당대 사람들에게 가져다주기도 하였으나 다른 한편으로는 자유정신에 대한 기대감을 사람들의 마음속에 심어 주었다.

영국에서 표준영어(SE)란 교육 받은 계층의 말을 나타낸다고 하지만 미국에서는 구체적으로 그 실체가 어떤 모습인지를 말하기 어렵다. 그래서 표준적인 미국영어라고 하면, 막연하게나마 지역을 초월하는 말투임을 나타내기 위해 'General American'(일반미국영어, 약어로 GA)라는 명칭을 도입하였다. 미국의 빠른 발전에 발맞추어 미국인이 사용하는 언어는 영국영어와는 독립된 또 하나의 새로운 표준으로 세워져야 한다는 믿음이 생겨났다.

"Hello!"라는 표현은 미국영어에서 만들어진 말이다. 전화기를 발명한 에디슨이 1931년 그의 자서전에서 다음과 같은 일화를 밝힌 바 있다. 전화기가 처음 세상에 등장한 1880년대 초에 사람들은 전화기 건너편에 있는 수신자에게 조심스럽게 "Are you there? Are you ready to talk?"라고 말하는 정도였다. 그러던 어느 날 에디슨이 "Hello!"라고 한 마디 말을 건네기 시작한 이후부터 그 말이 세상에 널리 퍼져 나갔다고 한다.

미국의 노아 웹스터 Noah Webster는 1828년에 웹스터 사전을 펴냈다. 웹스터는 미국어의 발달에 중요한 역할을 한 인물이며 그가 주관한 웹스터 사전이 「An American Dictionary of the English Language」로 발간되었다. 미국과 영국의 문화를 언어적으로 구별하기 위해, 웹스터는 철자법 체계를 보완하였다. 웹스터는 철자법을 단순하게 만들어 놓아야만 농업에 종사하는 사람들이 글을 쓰는 법을 쉽게 배울 수 있다고 보고 그것이 미국 문화의 발전에 도움이 된다고 주장했다.

미국식 철자법의 예를 보자. 영국영어에서 -our-, -re, -c 등을 대신해서 -or-, -er, -s 등으로 대체하였다. honour는 honor로, re로 끝나는 theatre는 theater로, centre는 center로, defence는 defense로, travelling은 traveling으로, programme은 program으로 바꾸었다. 웹스터는 영어가 영국 사람들의 것이며 영어를 변화시키는 것은 오직 영국인의 특권이라고 보는 영국인의 통념에 동의하지 않는 사람이었다. 신대륙에서는 새 단어들이 많이 생겨났다. 초기 미국영어에서 역형성이나 단어 혼성에 의해 영국영어에 없는 새로운 단어들을 추가했다. 예를 들어 location에서 locate, commutation에서 commute가 역형성 되었고, housekeep, burgle, shoplift, babysit 등의 혼성어들이 새로 등장했다.

미국영어가 전 세계로 확산되는 데에는 20세기 엔터테인먼트와 미디어 산업이 큰 영향을 주었다. 또한 1990년대 이후에는 인터넷 네트워크가 영어의 확산에 중요한 역할을 했다. 19세기 후반까지 영국 작가 찰스 디킨즈의 소설을 즐겨 읽었던 미국인 모습을 상상해 보자. 그리고 20세기 이후 헐리웃 블록버스터 영화를 즐겨보는 세계 사람들을 상상해 보자. 미국영어의 세력을 확대시켜 준 요인을 20세기 미국의 군사력, 경제력만으로 한정할 수는 없다. 그에 더해 미국식 대중문화의 세계적 확산에 힘입은 바가 크다.

한편 네트워크 영어(Network English)라는 용어도 쓰인다. 미국영어의 발음은 하나로 동질적이지 못하고 지역마다 차이를 보인다. 그래도 텔레비전이나 라디오 매체의 진행자들이 사용하는 발음들을 두루 묶어서 네트워크 표준이라고 부른다. GA가 미국영어 학습자들에게 기준으로 간주되기는 하지만 매체를 이용하는 학습자들은 네트워크 영어를 학습 자료로 접하게 된다.

발음 차이에 관해 중요한 사실 몇 가지를 정리해 두자. 발음에 있어서도 미국영어와 영국영어의 차이가 생겨났다. 영국 발음은 주로 영연방 국가 지역에서 사용되었고, 미국 발음은 미국 및 캐나다 일대 북미 지역에서 주로 사용되어 왔다. 예를 들어 미국 발음과 영국 발음 모두에서 cat, fat, mat 등의 단어들을 같은 소리로 발음하지만 fast, path, half 등을 발음할 때에는 미국과 영국 간에 차이가 있다.

한국인 영어 학습자 중에 다수는 영국 발음과 미국 발음의 차이에 관해 당혹스러워 한다. 미국영어를 따라잡는 것만 해도 힘 드는데 영국영어와 구별까지 하다니! 그렇지만 어렵게만 생각할 것은 아니다. 실제 발음 예를 차근차근 검토해 보면 이해하기에 크게 어려운 것은 아니다. 자음 발음과 모음 발음의 예를 몇 개만 소개해 보기로 하겠다. 발음기호에 관련해 우리는 아직 학습하지 않았다. 뒤의 9장과 10장에서 취급하고 있으므로, 아래 설명에서 이해하기 어려운 부분은 건너 띄었다가 발음 지식을 학습하고 난 후에 읽어도 되겠다. 모음 차이에 관해 이해되지 않는 부분은 10장을 참조하면 도움이 될 것이다.

그러면 몇 개의 예를 언급해 보겠다. 자음 발음에서 가장 두드러진 차이는 모음 사이 [t] 발음이다. pity, city, bitter 등에서 미국영어는 [t]를 [ɾ] 발음으로 동화시켜 발음하지만 영국 RP는 동화 없이 [t]로 발음한다. latter와 ladder의 발음을 비교해 보아도 차이를 느낄 수 있다. 영국 발음에서 [t]의 변이음인 성문폐쇄음 [ʔ]는 음절 끝자리에서 나타날 수 있다. 예를 들어 mountain, curtain, kitten 등에서 [tn] 대신에 [ʔn]으로 발음할 수 있다.

굴림소리 [r] 발음은 중요한 차이를 드러낸다. 미국영어에서는 [r] 발음에 적극적이다. car, near 등의 어말 위치에서 [r] 발음, 그리고 cart, beard 등의 자음 앞 위치에서 [r] 발음이 미국영어에서 나타난다. 영국 RP에서는 이런 단어들에 대해 [r]을 발음하지 않는다.

모음 발음에도 차이가 난다. 예를 들어 hot, frog, box, dock 등의 모음 발음이 다르다. 미국영어에서는 [ɑ] 또는 [ɔ]의 양쪽으로 발음된다. 반면에 RP에서는 입술을 훨씬 둥그렇게 열어주는 [ɒ]로 발음한다.

북미 영어 발음에서 주목할 것으로는 모음 합류 현상이 있다. 모음 합류는 다음과 같이 두 가지로 구분할 수 있다. 첫째 후설 저모음을 둘러싼 조음 위치에서 cot ~ caught 합류이다. hock와 hawk의 발음이 거의 비슷한 것이 그 예이다. 후설 저모음 합류(low-back merger)라고 부른다. 두 번째는 전설 고모음 주변에서 pin ~ pen 현상이다. 비음 n, m 앞에서, IN ~ EN 합류 현상이라고도 부른다. 가령 'safety pin'과 'straight pen'을 발음할 때 pin과 pen이 비슷하게 발음된다. 이상 두 가지 합류 중에서 후설 저모음 [ɑ] ~ [ɔ] 합류는 언제나 일어나는 합류이다. 반면에 IN ~ EN 합류는 [n], [m] 앞에서 모음이 나타날 때만으로 한정된다.

6.6. 미국의 에보닉스 논쟁

2개 언어 환경에서 언어 차이는 매우 민감한 사안이다. 영어를 공용어로 사용하는 나라에서는 학교에서 영어를 사용하는 것이 지극히 당연하므로, 가정에서 다른 모국어를 사용하는 학생들이 학교에 와서 불완전한 영어를 사용하는 상황에 대해 불편한 현실로 지목하고 정책적 해결책을 모색하기도 한다. 언어사용의 대표성 및 정체성에 관련해 주목을 끄는 사안으로서, 학교에서 언어적으로 소수 집단에 대한 이해가 필요하다는 인식이 1990년대 이후 미국에서 제기되었다. 오클랜드 시에서 촉발되었던 에보닉스 논쟁은 학교 교육에서 표준 언어를 정하는 문제에서 시작되어 흑인영어가 표준영어에 대해 어떤 위치에 놓이는가에 관한 문제 제기로 확산되었다. 오클랜드의 흑인영어 논쟁은 처음에는 교육 환경 개선을 위해 시작된 것인데 쟁점이 확대되어 명분론적 논쟁으로 이어졌다.

1996년에 캘리포니아 오클랜드 시에서 AAE에 관해 주목을 끄는 현안이 일어났다. 오클랜드에 소재하는 학교들에서는 그때까지 흑인영어 'Ebonics'를 가정의 언어로만 여기어 오던 관점에서 벗어나 학교의 공적 문제로 고려하였다. 아프리카 혈통 학생들의 학업 부진에 대한 중요 원인은 이중언어 사용에서 오는 것으로 보았다. 뒤이어 오클랜드 학교 위원회의 정책 발표에 의하면, 에보닉스(Ebonics:

AAE의 또 다른 명칭)의 역할을 인식하고 존중하는 교육 방법을 실행하는 계획을 세우기로 하였다. 이런 결정은 아프리카 계 미국인들이 사용하는 흑인영어 AAE 가 사실상 영어와는 다른 별개의 독립된 언어로 작용한다는 인식에 기반을 두었다.

AAE를 사용하는 아동들이 경험하는 상황은 학교에서 사용하는 교수학습 언어에 대한 당혹감이며 그로부터 있을 수 있는 학업 부진이었다. 학교에서 학업을 잘 수행하기 위해 필요한 언어는 표준영어인 것에 비해, 또래 집단에서 인정받는 말투는 AAE이다. 이런 측면에서 볼 때 그들의 학업 부진을 지적 능력 부족으로 돌리고 마는 것은 교사의 문화적 이해가 부족하기 때문이라는 인식이 대두되었다. 가정에서 사용하는 흑인영어와 학교에서 사용하는 표준영어가 다르기 때문에 그 사이에서 힘들어 하다가 학습 부진으로 이어진다는 견해이다.

이런 견해 제안자들의 의도는 표준적 미국영어에만 의존해 오던 교수학습 언어에 추가로 흑인영어를 이용하려는 것이었고, 과도기적으로 이중언어 교육을 시행해 보자는 것이었다. 표준영어를 배워서 익숙하게 사용할 수 있도록 교육 프로그램을 운영하고 그 기간 동안만큼은 흑인영어를 매개 언어로 삼아 교과를 배울 수 있도록 하자는 제안을 했다. 흑인영어를 교육 정책 및 언어 정책에서 합법화 하려는 시도는 예민한 논쟁거리가 되는 것이었다. 흑인영어가 일반적인 미국영어의 한 가지 방언인지 아니면 영어에서 벗어나는 또 하나의 새로운 언어인지에 대한 정의를 내리는 문제가 부각되었다.

처음에 제시된 오클랜드 주의 이중언어 교육 정책은 흑인영어의 독립성을 인정하는 견해였다. 그러나 연방 교육부는 (오클랜드에 이중언어 교육 자금을 추가로 제공해야 하는 상황에 직면해서) '에보닉스'가 독립된 하나의 언어가 아니라 영어의 방언 중 하나일 뿐이라고 확인하는 것으로 공적인 입장을 정리하였다. 에보닉스 논쟁의 결말은, AAE가 영어와는 독립된 별개의 언어가 아니라 영어의 변이체 중의 하나라는 것이며, 그래서 미국 내의 (영어 이외) 다른 소수 언어에 대한 정책과 마찬가지 방식으로 AAE에 접근해서는 안 된다는 취지였다.

오클랜드 논쟁의 배경을 이해하려면 미국 사회의 언어문화를 이해하는 것이 필요하다. 2개 이상 언어 사용에 관해 두 가지 입장이 양립해 왔다. 첫째, 영어를 말하는 지배적 다수주의가 가장 우선시 되어야 한다는 관점이 있다. 반면 그와 다른 입장에서, 다언어적 문화를 적극적으로 반영하고 존중하는 관점이 우선시되어야 한다는 관점이 있다. 이런 두 가지 가치가 조화를 이루지 못하고 합의되지 못하는 갈등이 표출되면 그것은 미국 내부의 언어적 갈등일 뿐만 아니라 도덕적 갈등이기도 하다.

미국 언어학회에서는 1997년에 에보닉스 문제에 관해 토의하고 의견을 수렴해서 공식 입장을 발표하였다. 이 발표에서는, 에보닉스와 AAE를 비롯한 흑인영어는 규칙성 있고 체계적인 언어로 인식되어야 한다고 지적하였다. 흑인영어가 지속적으로 유지될 수 있게 해 주는 사회적, 정치적 환경에 대한 배려가 중요하다는 데에 인식의 합의를 두었다.

AAE를 사용하는 흑인 아동들은 정체성의 혼동을 경험할 수 있다. 가정과 동네를 벗어나 학교 공간에 들어서면서 지금까지 사용하던 언어와 다른 학교 언어를 경험한다. 이 시기에 흑인 아동들은 발언 스타일을 낙인찍어 주는 사회적 태도에 직면하게 된다. 이러한 언어 차이에 대해 학교 기관에서는 교육적 배려를 제공하려고 한다. 발달된 교육 프로그램은 가정 언어와 지역에 기반을 두는 발언 기법을 존중하면서도 표준영어를 수월하게 배울 수 있도록 이끌어 주는 것이어야 한다는 점이 미국 언어교육 정책의 기본 가정으로 배어 있다.

흑인들이 사용하는 영어가 어떤 방향으로 바뀌어 갈 것인지에 대해 분명하게 예측하기는 어렵다. 이에 관해 학자들 사이에도 견해가 엇갈린다. 어떤 학자들의 견해로는, 흑인영어는 산업화 도시 지역에서 일반적인 영어로 동화되어 탈크레올화 과정에 놓이게 될 것으로 예상한다. 사회언어학자 라보브는 다른 견해를 말했다. 흑인영어는 표준영어와는 여전히 멀리 있으며 백인들이 사용하는 말과 지속적으로 구별되어 있을 것이라고 라보브는 전망했다.

흑인 계층을 사회적으로 얕잡아 보던 시절에는 백인 중심의 시각에서 흑인영어는 제대로 된 영어가 아닌 것으로 간주되었다. 이런 인식에 대해 다음처럼 반문해 볼 필요가 있다. "만약 흑인들이 사용하는 영어는 'English'가 아니라고 한다면 그래서 흑인영어는 'English' 이외 어떤 종류의 언어인가?" 굳이 미국 사회에만 한정하지 않더라도, 세계 곳곳 이중언어 사회의 학교에서 다음과 같은 질문은 쉽게 해결되기 어려운 현실 문제이다: "표준적 언어가 학교에서 절대적으로 인정받아야 하는가? 혹은 지역 방언과 사회 방언 변이체 언어가 사용되는 것이 (적극적으로 또는 최소한으로) 허용되어야 하는가?"

6.7. 미국의 다언어 사회와 언어 정책

2000년도 미국 인구조사에 의하면, 5세 이상 전체 미국인의 17.9%에 해당하는 4700만 명이 가정에서 영어 이외의 언어를 사용한다. 이들 중 93%에 달하는 사람들은 자신의 제1의 모국어 말고도 영어를 사용할 수 있다. 미국은 멜팅팟(melting pot, 용광로)으로 이름 붙여진 다문화 사회이다. 미국 영토 내로 이민 온 사람들이 '멜팅팟' 미국 사회에 정착하고 나면 예전 모국어는 영어에 밀려 그만 사용하는 것을 당연하게 여기던 시절이 있었다(이런 사정은 지금도 마찬가지이기는 하다). 미국 내 어디에서든지 영어 사용은 당연시된다. 대다수 미국인들은 영어만을 말하기 때문에 단일 언어 사용이 미국인에게는 당연하게 여겨진다.

미국 이민자들이 영어를 사용하는 것은 생활에서 긴급한 사안이다. 직장에서는 업무 언어로 영어만을 사용하는 것을 정당하다고 여긴다. 다른 언어를 직장에서 사용하는 것은 안전에 방해가 되거나, 고객을 떨어뜨리게 만들 것으로 여겨진다. 알아들을 수 없는 외국 말로 이야기하는 동안 누군가의 흉을 보는 것으로 느껴지면 단일 언어 사용자들을 불편하게 할 것이라는 부정적 인식도 있다. 20세기 전반기에만 해도 미국에 금방 이민 온 외국인들은 연약한 심성을 가진 사람으로 간주하는 시각이 있었다. 영어를 못하기 때문에 행동에 있어 적극성을 보이지 못하는 것을 두고 생겨난 선입견이었다. 미국인 학생들이 고교나 대학에서 영어 이외 외국어 강의를 수강해서 좋은 점수를 받았더라도 의사소통 숙련도(proficiency)를 확보하는 수준까지 공부하는 것은 아니다. 대다수 미국인은 영어 이외의 외국어 학습에 힘든 노력을 기울인 경험이 거의 없으며, 영어가 서툰 외국인 거주자의 답답한 말에 친절하게 귀 기울여 들어주려는 인내심이 적다.

그러나 미국 이민 인구의 생활사를 관찰해 보면, 훨씬 많은 사람들이 2개 언어를 사용하는 환경에서 생활하고 있다. 이중언어능력을 갖추는 것은 출생 이후 말을 배우는 단계에서부터 2개 이상 언어를 배우는 환경에 놓이는 데에서 시작된다. 예전 거주국 모국어를 제1의 생활 언어로 사용하는 사람들은 취학 이후부터 제2의 언어로 영어를 배우는 경우가 상당히 많다. 미국으로 이주해 온 사람들의 경우, 영어 이외의 언어를 능숙하게 말한다는 것은 영어로는 능숙하게 말하지 못하며 그래서 미국인 정체성을 받아들이지 못한 상태인 것으로 비춰지고는 한다. 미국으로 이주하는 외국 이민자들의 대부분은 3세대 이내에 영어만을 유일한 모국어로 습득해서 사용하게 된다는 보고가 있다. 이런 상황은 1900년대 유럽으로부터 이민자들이 그러했고, 최근 1~2세대 이내에는 라틴 아메리카와 아시아로부터의 이민자들이 그러했다.

뉴욕은 다문화, 다인종 도시 환경에 있기 때문에 뉴욕 인구의 절반 정도는 집에서 영어를 사용하지 않는다. 미국 영토 내에서 전적으로 영어만을 사용하는 지역은 미국 남부 또는 중서부의 인구 밀도가 낮은 시골 지역 위주이다. 반면 대도시 지역에서는 이중언어 내지 다언어를 사용하는 사람들이 많이 있다. 영어만을 사용해서 부족함을 느끼지 않는 미국인은 미국 내의 언어적 다양성을 국가 자원으로 보는 인식이 희박한 경향이 있다. 미국 내에서 영어 이외 외국어 학습에 대한 열의는 미국 바깥에서 영어를 배우려는 욕구에 비해 한참 낮은 편이다.

미국에는 공식 언어가 있을까? 이 질문에 답하려면 3가지 관점을 인용할 필요가 있다. 영어만을 공식 언어로 인정하는 잉글리쉬-온리(English Only) 관점, 영어 이외에 1~2개 언어를 추가로 인정하는 잉글리쉬-플러스(English Plus) 관점, 여러 언어의 공존을 입정하는 다언어주의(multilingualism) 관점이 있다.

이런 3가지 관점중에서 잉글리쉬-온리 관점을 미국의 언어 정책으로 채택하자고 주장해 온 사람들이 있다. 특정 상황에서는, 특히 학교의 언어로서는, 영어 이외 언어들의 사용을 금하자는 것이다. 이러한 주장의 주된 배경으로는, 학령기 아이들이 표준 영어를 제대로 배우지 못하는 상황이 흔히 일어나기 때문이다. 그렇지만 잉글리쉬-온리 정책에 의존하면 다문화 가치에 대한 배려가 확보되지 않는다. 이와 다른 측면에서, 언어적 다양성이 나타내 주는 사회적, 문화적, 정치적 가치를 중시하며 언어 유산을 보존하기를 원하는 입장은 잉글리쉬-플러스 관점이다.

미국에서는 공공 기관의 업무가 영어로 이루어지기는 하지만 연방 정부 차원에서 영어가 공식 언어라고 선언해 주는 법률은 없다. 영어를 제1의 공용어로 사용하는 국가들은 국가 영토 내에서 영어가 가장 지배적 언어임을 분명하게 명시하는 것이 보통이다. 그렇지만 미국의 사정은 다른 영어 사용 국가의 상황과는 차이가 있다. 미국 연방 헌법에는 영어가 독점적인 언어로서 제정되어 있지 않기 때문에, 연방 정부는 영어의 지배적 위상을 단언할 수 없으며 영어 중심의 언어 정책을 입법화하는 데에도 한계를 지닌다. 그러나 이와 같은 모호한 법적 지위가 실제 생활에서도 그대로 나타나 있는 것은 아니다. 미국 사회에서 영어는 지배적인 생활 언어이다. 미국 사회에서 영어와 관련을 맺는 관습, 제도, 교육의 복합적인 사회 조직망은 영어를 사용하는 사회 공동체에 의존하면서 이루어져 왔다. 단적인 예로, 미국 시민권을 얻으려고 하는 이민자들은 영어로 된 질문에 응답해야 한다.

1980년대에 영어를 공식 언어로 채택하려는 움직임이 일어났다. 이것은 한동안 법적 논쟁을 거치면서 연방 정부 차원에서는 채택되지 못하고 주 정부에서 결정할 사안으로 정리되었다. 1986년 연방 의회 청문회에서 영어를 공식 언어로 선언하는 것에 관한 헌법 수정안을 다루었지만, 헌법 수정을 가져오지 못했다. 이후 유사 법안이 제안되어 왔지만 현재까지 채택되지 못했다. 헌법 수정안 시도에 실패한 이후 잉글리쉬-온리 운동은 각 주마다 개별적으로 공식 언어를 정하는 방향으로 전환되었다. 그래서 2000년도에 이르기까지 50개 주 가운데에 24개 주에서만 상징적으로 영어를 공식 언어로 정하기에 이른다. 각 주 이름을 다음 지도에서 확인해 보자.(지도 그림: Kirkpatrick 2007, p54)

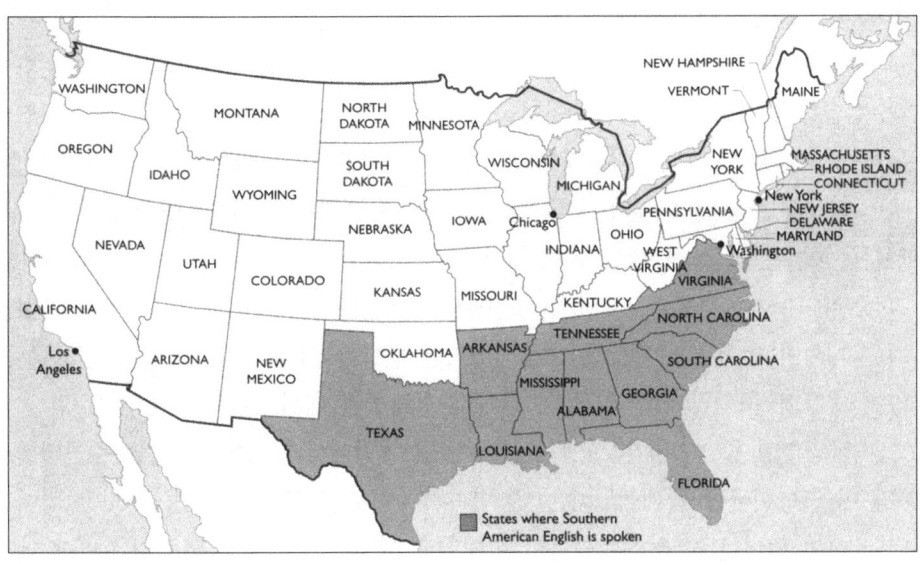

States where Southern
American English is spoken

캘리포니아를 비롯해 중부와 동남부 지역 일원의 많은 주에서 영어가 공식 언어인 것에 비해, 동부 지역에서는 대체로 공식 언어가 정해져 있지 않다. 영어가 공식 언어로 정해진 주의 이름들을 적어보면 다음과 같다.

"앨라배마, 알래스카, 애리조나, 아칸소, 캘리포니아, 콜로라도, 플로리다, 조지아, 하와이, 일리노이, 인디애나, 켄터키, 루이지애나, 미시시피, 몬테나, 네브래스카, 뉴햄프셔, 노스캐롤라이나, 노스다코타, 사우스캐롤라이나, 사우스다코타, 테네시, 버지니아, 와이오밍"

이들 24개 주 중에서 앨라배마, 알래스카는 공식 언어 지정의 적법성에 관해 법원에서 재심 중이며, 애리조나는 그 적법성이 기각되어 효력을 상실하였다. 애리조나 주에서 행정 기관은 히스패닉, 멕시코 계 인구에 대한 공공 업무를 보는 데에 스페인어 사용이 꼭 필요하다는 점에서 재심 청구가 제기되었고 그에 근거해서 판결이 내려졌다. 일부 주에서는 복수의 공식 언어를 선언하고 있다(하와이, 뉴멕시코 등). 클리블랜드를 비롯한 몇몇 도시에서는 다문화, 다언어, 다인종 정책을 선언하기도 하였다.

미국에서 공식 언어 지정에 관련된 사회적 동기와 요건은 무엇인가? 다문화적, 다인종적 사회에서 하나의 언어를 공식 언어로 선언하면 어떤 결과가 파생되는가? 미국 개척 시대를 떠올려 보자. 신천지로 개척되기 이전에는 원주민 언어들이 사용되던 곳이다. 원주민들(native American)의 토착 언어는 미국 역사의 한 부분을 이루는 문화적 유산이다. 미국 영토 내에는 380여 개 언어들이 있는데, 그 중 100여 개 이상은 원주민 언어들에서 유래한다. 이러한 소수 언어를 보존하려는 계획이 벌써 1960년대에 수립되었지만 연방 국가의 사회 통합을 의식하는 영어 공용화 움직임에 밀려 소수 언어의 정체성에 대한 관심은 줄어들었다.

미국인 7명 중 한 명은 집에서 영어 이외의 언어를 사용하고, 이들 중 5명에 3명 비율로 미국에서 태어났다. 1990년 미국 인구 조사에 따르면, 3180만 명이 영어 이외 언어를 모국어로 습득한 상태였고 이것은 5세 이상 인구의 14%에 해당한다. 미국인 중에 얼마나 많은 사람들이 L1과 L2 사이 이중언어 환경에 있는지를 구분하는 기준은 가정생활에서 영어 이외의 말을 사용하는지 여부에 의해 결정된다. 가장 많은 이중언어 인구가 보고된 것은 스페인어로서 1739만 명이었다. 이중언어 교육 사례는 스페인어와 영어 사이에서 가장 많이 관찰되었다. 1990년 인구 조사에 의하면, 스페인어 계열 히스패닉(Hispanic) 인구의 출신 국가별 비율은 멕시코 계 60%, 푸에르토리코 계 12%, 쿠바 계 5%, 그밖에 모든 계열 23%였다.

미국의 언어 정책 중에서 중요한 축은 영어 교육을 효율적으로 시행해서 미국인과 미국 거주민의 영어 사용 능력을 확보하는 것이다. 미국 영토 내에서 영어의 위상은 지극히 확고한 것이므로 언어 존속의 안정성이 위협받는 것과는 거리가 멀다. 그럼에도 영어를 굳이 공식어로 정하려는 움직임은 어떤 취지에서 나온 것인가? 미국 영토 내에서 영어는 다른 언어에 의해 위협 받지 않음에도, 어째서 영어 사용을 강화하려고 하는 것일까? 이 질문에 대해 우리는 일반적인 기준으로 답해 볼 수 있다. 그 기준이라고 함은, 국경선 내에 여러 언어들이 사용되는 다언어 국가에서는 (가능하면 수를 줄여) 그 중 한두 가지 언어만을 선택하는 정책을 선호한다. 다언어 사회에서 언어 교체에 소요되는 사회적 비용은 대단히 크기 때문에 국가 행정의 입장에서는 공용어 정책을 처음부터 시행하는 것을 선호하기 때문이다.

미국의 잉글리쉬-온리(English Only) 운동에서 공용어를 정하려는 관점에 대해 찬성론자와 반대론자로 갈라진다. 찬성론자는 영어에 익숙하지 못한 이민자를 위한 이중언어 교육 지원을 줄이고 그 대신 언어 전환을 위한 프로그램 비용으로 바꾸려고 한다. 선거 용지나 홍보물을 여러 언어로 인쇄하는 법안을 폐지해야 한다고 본다. 반면에 반대론자는 이민자의 영어 학습은 법으로 강제할 것이 아니라고 여긴다. 영어만을 공식 언어로 선언하는 것은 부정적 결과를 가져올 수 있다고 보는데, 가령 선거에서 이중언어 투표를 폐지하게 된다거나, 살충제를 비롯한 각종 제품의 안전 메시지를 영어 이외 언어로 병기하는 데에 공공 기금을 사용하는 것을 금지하는 법안이 등장할 수 있다고 우려한다.

언어적 다양성은 사회 집단의 통합을 저해하는 것으로 보는 시각이 있다. 미국 사람들이 공용어로 영어를 사용하게 되면 미국이라는 거대한 다인종사회(melting pot)에서 어울려 살고 있는 '미국인들(Americans)'을 하나의 공동체로 통합시켜 주는 데에 기여하리라고 보는 것이 공용어 정책 찬성론자들의 인식이다.

그렇지만 공식 언어 정책은 영어 이외의 언어들을 낮추어 보려는 편견을 (부당하게!) 정당화 시키는 방향으로 작용할 여지가 있다. 미국인은 각자 자신에게 가장 익숙한 언어를 사용할 수 있는 권리가 있으며 인종 간의 다양성을 존중해야 한다는 지적이 제기된다. 이런 취지의 주장이 지난 한 세대 동안 미국의 공식어 지정 운동을 지연시키는 방향으로 개입해 왔다.

6.8. 힘 있는 국제어: 영어는 힘이 센가

지난 200여 년 동안 영어는 빠른 속도로 확산되어 왔다. 1950년대 세계 질서가 재편되던 무렵에만 하더라도 영어가 20세기 내에 절대적인 세계어가 되리라고 선뜻 전망하기는 어려운 상황이었다. 불확실한 요인들이 있었기 때문에 단정할 정도는 아니었다. 그런데 1950년대 이후 영어는 세계 곳곳에서 부쩍 힘을 얻었다. 21세기 현재까지 영어가 가장 힘 있는 세계어의 위상을 얻는 데에 걸린 시간은 불과 50~60년에 불과하다. 오늘날 지구촌에서 영어는 가장 힘 있는 국제어(링구아 프랑카)로 작용하고 있다. 태어난 곳에서 모국어로 습득한 사용자들 말고도, 제2언어로서 영어를 성공적으로 구사하는 사람들의 수를 기준으로 작용권을 따져 보면 영어 사용자 인구의 규모는 중국어 사용자 인구를 넘어설 정도이다.

지구촌에서 경제적, 사회적, 정치적으로 성공을 거두기 위해 영어는 가장 효과적이며 우선시 되는 의사소통 수단이다. 한국 사회에서도 영어 하나 잘 배워 사용할 수 있는 것이 대단히 중요한 직업 능력으로 인식되어 왔다. '영어 하나만 잘 해도'라는 관용 표현이 한국 사회에 등장한지도 오래되었다. 영어를 학습하는 목적에는 한국 사회의 복잡다단한 사회적 가치가 연결된다. 사회 계층과 영어 구사력의 상관관계에 대해 심지어 잉글리쉬 디바이드가 말해지기도 했다. 잉글리쉬 디바이드(English divide)란 영어 구사력에 따라 사회적으로 미래의 가능성이 열려 있는 사람과 영어를 못하기 때문에 할 수 있는 일에 한계를 안고 살아가는 사람을 구분하는 개념이다. 한국 사회에서는 인재를 선발하기 위한 전형 요소로 영어 성적이 중시되어 왔다. 공인된 영어 시험에서 취득한 높은 점수는 개인의 성취 목표를 이루는 데에 힘을 발휘했다. 그러나 학교 교육에서는 한국인의 영어 구사력 숙련도(proficiency)를 높이는 데에는 성공을 거두지 못했다.

외래 언어가 한 사회 내에 밀고 들어와 힘을 발휘하는 것에 대해 사람들은 서로 다른 입장을 보유할 수 있다. 부정적 견해와 긍정적 견해로 나누어진다. 마치 그리스 신화에 나오는 '트로이 목마'처럼 외래 언어가 사회를 쇠퇴하게 만들어 갈 잠재적 위험 요인이라고 보는 부정적 견해가 있다. 반면에 긍정적 견해도 있다. 힘 있는 외래 언어를 수용하는 것이 사회에 새로운 동력을 불어넣어 준다고 믿고 기대하는 보편주의 견해가 그것이다. 다국적 기업에서 공식적으로 사용하는 언어는 주로 영어이기 때문에 높은 수준의 영어로 의사소통하는 능력을 확보하기 위해 힘쓰는 직원들에게 회사 내부에서는 공식적으로 보상하고 격려한다. 한편 언어의 힘에 관해 헤게모니 경쟁의 차원에서 해석해 보려는 관점이 있다. 영어의 국제적 확산은 20세기에 되살아난 제국주의를 나타낸다는 비판도 제기된 바 있다. 경제적으로 사회적으로 언어 제국주의의 성공이라고 비판하는 견해가 그것이다.

한국 사회에서 영어 공부를 위해 지불해야 하는 경제적 대가가 너무 크고 그래서 그 비용을 가볍게 볼 수 없으므로, 차라리 국제어인 영어를 공용어로 지정하자는 주장이 등장했던 적이 있다. 1990년대 끝자락에서부터 2000년대 초반에 일어났다. 영어 공용화 논쟁이 비록 가상적 논쟁으로 지나간 일이었지만 잠시 동안은 민감한 화두였다. 영어 하나 잘 배워서 사용하는 것이 그토록 힘겨운 일이라니! 영어처럼 힘 있는 언어를 처음부터 모국어 수준으로 배운다면 얼마나 좋을까! 이와 같은 잠재의식의 틈새에서 영어 공용화 논쟁이 불씨를 지필 수 있었다.

영어를 배우려면 진짜 원어민으로부터 제대로 된 영어를 배워야 한다고 인식하는 경우가 있다. 영어다운 영어를 제대로 구사하는, 혹은 영어 발음다운 발음을 제대로 구사하는 영어 교습자는 모름지기 변방 국가 출신이 아니라 본토 영어 출신이어야만 한다는 인식이 한국인 영어 학습자의 마음속에 암묵적으로 자리하는 경우가 있다. 이런 심리적 상태를 원어민 중심주의(native speakerism)라고 하는데 이런 인식의 옳고 그름을 정하는 것은 사람마다 기준이 다르다. 원어민 중심주의는 사회적으로, 문화적으로 꽤나 미묘한 의식의 단면을 보여준다.

미국영어만을 영어다운 영어로 보는 관점은 미국영어를 뒷받침하는 미국의 힘에 근거한다. 그렇지만 미국영어가 아니면 제대로 된 영어가 아니라고 보는 관점은 변이체 영어의 기능을 존중하지 않는 것이다. 비유를 들어보겠다. 그리스 신화에는 카산드라 신화(Cassandra myth)가 나온다. 신화 이야기 속의 세상에서 카산드라가 하는 말은 모조리 거짓말로 여겨졌다. 지구촌 내에 영어 쓰는 마을에서 미국영어가 아닌 변방 영어 사용자들은 제대로 영어 쓰는 사람이 못 된다고 여길 것 같으면, 미국영어 아닌 다른 종류 영어를 사용하는 사람들은 마치 신화에 나오는 카산드라처럼 미덥지 않고 이질적 존재가 되고 만다. 그렇지만 이런 시각은 21세기 언어 현실과 문화 다양성에 부합하지 않는다.

요즈음 시대에는 영어의 변이체에 대해 중립적이어야 한다는 시각이 강조된다. 지구촌에서 사용되는 영어 변이체가 워낙 다양하게 형성되어 있기 때문에 그 중 어느 하나를 가장 대표적이고 우월한 영어라고 보기 어렵다는 견해가 공감을 얻는다. 미래 지구촌에서는 일상생활에서 영어를 사용하는 사람들의 수에 있어 비모국어 사용자가 모국어 사용자의 3배에 달할 것이라고 한다. 영어의 변화 방향은 다수 사용자에 의해 주도 될 가능성이 많다고 보았을 때, 미래 사회에서 영어의 변화는 아마도 비모국어 사용자이면서 영어를 성공적으로 구사하는 사람들(SUE: successful users of English)이 다수 인구를 차지하는 문화권에 의해 주도될 것이라는 예견이 설득력을 얻고 있다.

영어가 한두 세대 내에 얼마만큼 변모할지에 대해 현재로서는 분명하게 예측하기는 어렵다. 영어란 오로지 그리고 당연히 미국 말에 해당하거나 혹은 적어도 영국 말 정도가 되어야 하는 것만은 아니다. 영어만 쓰는 중심 지역 사람들이 보기에 북미 지역 이외의 변방 사람들이 사용하는 영어는 제대로 된 영어가 아니라고 단순하게 말할 수는 없다. 외국어 학습이 목표 수준에 훨씬 미달해서 서툴기 짝이 없는 영어를 사용한다면 제대로 된 영어는 아니다. 그러나 일상생활 언어로 자연스럽게 소통할 수 있는 수준에서 변이체 영어를 사용하는 사람들에 대해 그 말투의 적절함을 한 가지 잣대로 평가하고 말 것이 아니다. 변이체 영어에 대한 평가는 문화적 상대성과 다양성의 측면에서 이루어져야 한다.

6.9. 이중언어사용과 다이글로시아

이중언어사용(bilingualism)과 다이글로시아(diglossia), 이 두 가지 개념은 사회

언어학 분야에서 중요하게 취급된다. 이에 관해 알아보자.

우선 미국의 이중언어 상황에 관해 더 이야기해 보자. 미국 영토 내에서 영어 이외에 다른 언어를 보유하는 것은 개인마다 개별적 상황과 동기가 작용한다. 이민은 이중언어사용을 발생시키는 가장 큰 이유이다. 1세대 이민자의 자녀들이 영어만을 모국어로 습득하더라도 이중언어 사회는 상당 기간 지속된다. 새로운 이민자들이 영어 이외의 언어를 모국어로 지니고 미국 내로 이주해 오기 때문에 지속적으로 제2언어습득이 문제시된다. 가장 대표적인 경우가 스페인어를 사용하는 라틴계 이민자들이다. 미국에서 가정생활에 영어 이외의 언어를 사용하는 인구의 절반 이상은 스페인어 사용자이다. 스페인어 이민자들은 미국으로 이주한 이후에 2세대에서부터 이중언어 능력이 발달하고 영어를 능숙하게 구사할 수 있는 수준에 도달하는 것으로 보고되었다. 3세대에서는 영어만 사용하고 스페인어 능력을 거의 상실하는 것으로 보고되어 있다. 그럼에도 1～2세대 스페인 이민 인구가 계속해서 미국으로 이주해 들어왔기 때문에 미국에서 스페인어 이중언어 사회는 일정한 규모로 유지되어 왔다.

이민자 가정의 혈통을 따라 관찰해 보면, 이중언어 단계를 거쳐 모국어 교체가 완전하게 일어나는 데에 적어도 3세대가 걸린다. 이민 세대 자녀들이 가정과 학교를 오가며 2개 언어를 사용하다가 새로운 공동체에 편입되고 결혼을 해서 자녀를 낳으면 그 아이들은 외국인 악센트가 없는 (혹은 외국인 악센트가 최소한으로 남아 있는) 유창한 말투로 새로운 모국어를 습득해서 사용할 수 있다. 2개 언어를 병행해서 사용하는 시기가 얼마만큼 지속될 것인지는 가정마다 사정이 조금씩 다른 것으로 관찰된다.

이중언어를 유지하는 것은 정체의식과 연결된다. 유창한 영어 사용자들의 대부분은 생활 언어로 영어만을 사용하는 사람들이다. 미국인은 2개 이상 언어를 구사하는 사람을 보기 좋아한다. 이러한 호의적 평가는 영어를 주축 언어로 삼은 상태에서 성립한다. 영어를 모국어로 지니는 사람이 영어 이외 다른 언어를 배워서 유창하게 구사하는 장면을 목격하면 지성적인 사람으로 생각한다. 그러나 영어가 제1언어일 때에만 그런 시선이 성립한다. 영어 이외 언어가 모국어인 상태에서 영어를 보조 언어로 사용하는 것은 교육 수준이 부족한 것으로 보일 수 있다. 미국 사람들은 영어 못하는 거주민에게는 냉담하다. 예를 들어, 스페인어 쓰는 사람들은 북아메리카 신대륙 개척기에 영어 쓰는 사람들보다 더 먼저 북미 대륙에 상륙해서 개척을 시작했다. 하지만 20세기 이후 현대 미국 사회에서는, 스페인어 배경의 사람이 영어를 배우고도 계속 스페인어 모국어 상태에 머물러 있으면 국가적 정체성이 다른 사람으로 보일 여지를 드러내는 것이다.

미국에서 이중언어 교육 문제는 정치적으로 예민한 쟁점이 되어 왔다. 영어 구사력이 부족한 학생들에게 영어를 가르치는 데에 있어, 2개 언어를 모두 구사하도록 하는 데에 목표를 두는 교육 프로그램이 있는가 하면, 모국어를 영어로 전환하게 하는 데에 목표를 두는 교육 프로그램도 있다. 몰입(immersion) 프로그램은 1965년 캐나다 퀘백에서 프랑스어 집중 훈련을 위해 수립되었다. 몰입 훈련이 일반적인 외국어 교육 방법보다 효과가 좋은 것으로 해석되었다. 다수 언어인 영어를 모국어로 사용하는 학생들이 몰입 프로그램을 통해 소수 언어인 프랑스어를 성공적으로 배운 것으로 결과가 나타났다(Genesse 2003).

이중언어 사회에서 소수 언어 사용자는 마음 아픈 경험을 하기도 한다. 그것은 언어에 대해 사람들이 보유하는 태도에 의해 드러난다. 2개 언어 사용자에 대한 사회적 인식은 주축 언어가 무엇인지에 따라 달라진다. 소수 언어를 사용하는 학생들에게 자긍심을 낮추고 실패를 두려워하게 만드는 방향으로 사회적 편견이 유포되는 것은 도덕적 갈등이며 사회적 갈등이다. 오래 전에는 이중언어가 아동 발달에 부정적 영향을 줄 것으로 추정했던 적이 있다. 그러나 지속적으로 연구해 보니 그렇지 않은 것으로 나타났다. 이중언어습득이 아동 발달에 별로 어려움을 주지 않는 것으로 재해석 되었다.

여기에서 잠시 한국어와 영어 사이 이중언어사용에 관해 돌아보자. 한국인 혈통의 한국계 미국인은 제2언어습득을 해서 이중언어 사회에 놓이고 2 ~ 3세대에 걸쳐 모국어 교체의 경험을 해 보았다. 그 사례는 미국 영토 내에 한국계 미국인의 수가 1백만 명을 넘어서는 데에서 관찰된다. 한국계 미국 이민자와 그 후속 세대에서 영어와 한국어 사이 언어 교체는 문화적으로 언어적으로 대단히 중요한 경험이었다.

신사라(Shin 2005)는 한국계 미국 이민자들의 언어교체에 관해 보고한 바 있다. 그녀의 관점을 여기에 짧게 소개해 보자. 미국 영토에 입국한 이후 영어 숙련도가 부족한 한국인은 제2언어로서의 영어(ESL) 교실에 참여한다. 초급반에서는 ESL 교사들이 제1모국어(L1)를 사용하는 것을 어느 정도 허용하다가 학생들의 영어 숙련도가 올라갈수록 제1모국어를 사용하지 말도록 수업 환경을 통제한다. 습득하고자 하는 제2언어(L2 = 영어)에 완전하게 몰입되어 학습 효과를 높이려면 제1언어(모국어 = 한국어)가 개입하지 말아야 한다는 관점에 기반을 두기 때문이다. 그러나 제1모국어가 제2언어습득에 방해가 된다는 가정을 인정하지 않고 오히려 제1언어를 활용하는 것이 제2언어습득에 중요한 역할을 한다고 보는 연구자들도 있으며 Shin(2005)도 그러한 관점을 취하고 있다. 그녀 자신이 미국 이민 1.5세대로서 10대 나이에 미국 학교생활의 경험과 기억을 보유하고 있는데, 모국어와 모국 문화는 미국인으로서의 삶을 이어가는 데에 유익하게 활용할 수 있는 자원이 된다고 지적한다. 앞선 세대의 제1모국어가 다음 세대에 제2언어로 전환되는 과정에서 앞 세대 제1언어가 매우 중요한 중간 언어로 작용하는 것을 간과하지 말아야 한다는 관점이다.

'진짜 미국인'이 되려면 영어를 잘 말할 수 있어야 한다는 의식은 한국계 미국인의 마음속에 자리 잡았고 그것은 회피할 수 없는 현실이었다. 생활 언어로서 영어에 대한 노출이 일찍 시작될수록 한국계 미국인 아동의 영어습득 성취도는 높았고, 영어와 한국어 사이에서 2중언어사용의 숙련도는 낮게 나타났다. 이민 1세대 부모 마음으로는, 자식 세대 아이들은 동양인 악센트가 묻어나지 않는 유창한 영어를 습득해서 구사하기를 원했다. 가정에서 언어 교체를 결정하였기 때문에 자녀와의 대화는 영어를 주축 언어로 사용하는 소통 방식이 일상화 되었다. 한편 언어교체가 일어나고 난 이후에, 부모 세대 L1언어가 자식 세대의 삶에서도 중요한 자산으로 인식되는 계기가 마련되기도 한다. 이를테면 한국계 미국인이 영어를 모국어로 습득해서 언어적으로 '진짜 미국인'이 되었을 때 "Why can't you speak Korean?"(왜 한국어는 말하지 못하는가요?)라는 질문을 받는 일이 생긴다. 문화적으로뿐만 아니라 경제 활동과 직업 능력에 관련해서도 그와 같은 질문이 등장한다. 그러므로 세대교체에 의해 영어로 언어 교체가 일어난 사람들에게 한국어는 '안 배워도 그만'이라고 가볍게 보아 넘기기에는 너무 아까운 자산이다.

그러면 이제부터는 이중언어사용(bilingualism)과 대비해 다이글로시아(diglossia 상하 관계)라는 개념에 관해 알아보자. 이 용어는 2개 언어가 병용되는 사회에서 언어들 사이에 상하 우월적 관계가 발생하는 현상을 뜻한다. 2개 언어가 상용되는 사회에서 두 언어는 대체로 동일한 지위를 갖지 못한다. 이중언어 사회에서 1개 언어가 사회 계층적으로 특정 목적을 위해서만 사용되며 두 언어 사이에 상하 관계가 형성되는 현상을 다이글로시아라고 부른다. 그것은 이중언어 사회의 특수한 분화 현상이며 기능적 언어 분화 관계를 말한다. 아래에 적은 것처럼, 이중언어 사회의 유형을 (1) 다이글로시아 없는 경우, 그리고 (2) 다이글로시아 있는 경우로 구분할 수 있다.

    (1) [이중언어 사회]
    (2) [이중언어 사회] + [다이글로시아]

    한 언어 공동체 내의 사회 계층에 관련하는 특정 용도에 따라 2개 언어가 서로 다른 기능으로 사용되는 상태가 다이글로시아이다. 다이글로시아 2개 언어 중에 상위 기능(high function)으로 사용되는 언어가 있고 하위 기능(low function)으로 사용되는 언어가 있다. 줄임말로 각각 H-언어, L-언어라고 부른다. H-언어는 일상 언어로 사용되는 일이 거의 없이 사회적으로 제한된 장소와 용도를 위해서만 사용된다. 이에 비해 L-언어는 일상생활 언어로 사용된다. 예를 들어, 현대 아랍어에는 공적인 용도로 사용하는 고전 아랍어가 H-언어이고, 집에서 친구 사이에 사용하는 일상 구어체 아랍어는 L-언어로 분화되어 있다.

    남아메리카에서 스페인어와 지역어가 상하 관계에 놓이는 지역으로 페루와 파라과이를 들 수 있다. 페루에서 스페인어는 H-언어이고 케츄아어(Quechua)는 L-언어이다. 파라과이에서 스페인어는 H-언어이고 과라니어(Guaraní)는 L-언어이다. 이 두 나라에서 이중언어사용과 다이글로시아 현상은 이미 정착되어 있는 상태인데, 그동안에 학교 교육에서 교습언어로 케츄아어, 과라니어를 사용하려고 시도했던 적이 있지만 오히려 지역 사회의 반대를 받았다. 현지 지역 사회의 일상 언어는 스페인어가 아니지만 학교는 아이들이 H-언어로서 스페인어를 배울 수 있는 장소가 되어줄 것을 학부모들은 기대하기 때문에 그에 벗어나는 학교 운영을 지지하지 않았다. H-언어와 L-언어의 구획은 2개 언어 사회뿐 아니라 다언어 사회에서도 나타난다. 그러므로 다이글로시아는 폴리글로시아(polyglossia) 상황으로 확대해서 이해될 수 있다. 사례로는 싱가포르의 다언어 상황을 들 수 있다. 싱가포르에서는 2개의 H-언어와 3개의 L-언어로 구분된다. 싱가포르에서 만다린어와 격식체 영어는 H-언어이고. 광동어, 말레이어(= 호킨어), 비격식체 영어는 L-언어이다.

H-언어를 배울 기회를 확보하는 것은 사회적으로 민감한 사안이 될 수 있다. 정치적 이유가 작용할 때도 있다. 1970년대 남아프리카 공화국에서는 초등학교 교육을 영어로 실시하지 않겠다는 언어 정책에 항의하는 소요가 일어났다. 아프리카 혈통 주민들이 아프리카 언어만 배워서는 소통의 범용성이 부족할 수밖에 없는데 영어를 배울 기회를 제한하는 정책이었기 때문에 반감을 불러일으켰다.

마지막으로 코드-스위칭(code-switching) 개념을 언급하고 지나가겠다. 이중언어 구사력이 있는 사람이 일상 대화에서 2개 언어 표현을 배합하고 필요에 따라 상대편 언어로 신속하게 넘나드는 말을 사용하는 현상을 코드-스위칭이라고 한다. 2개 언어 사용자는 말하는 순간에 한 쪽 언어에서 딱 맞는 말이 떠오르지 않으면 다른 쪽 언어에서 그에 상응하는 단어를 인출해 내려고 한다. 또한 코드-스위칭은 이런 데에만 한정된 것이 아니다. 단일 언어 사용자는 대화 상대방과의 사회적 거리를 어떤 순간부터 덜 친근한 스타일로 바꾸려고 원할 때 더 격식 있고 공식적인 말투로 전환한다. 이에 비해 이중언어 사용자는 언어들 사이에 코드-스위칭을 함에 의해 효과를 거둔다. 이를테면, 가깝게 지내는 두 사람이 대화하는 중에 또 다른 사람이 접근하면 그때마다 서로 간에 가깝거나 먼 관계를 조절할 필요에 따라 2개 언어를 배합하고 교차하는 어법을 사용할 수 있다.

코드-스위칭은 이중언어 사용자들에게 중요한 의사소통 전략이다. 단일 언어 사용자는 대화 상황을 전환하고자 할 때 발언 스타일을 전환해서 말하려고 한다. 이런 대화 목적의 효과를 얻기 위해 이중언어 사용자는 코드-스위칭을 통해 표현하는 경향이 있다. 의미 전달을 효과적으로 하거나 대인간 협상과 조율을 위해 제1 모국어와 제2언어를 교차해서 말할 수 있다. 단일 언어 사용자라면 목소리를 높이거나 힘주어 말하는 방식으로 행동할 지점에서 이중언어 사용자는 두 언어 간에 코드 전환을 통해 말할 수 있다. 일본 영화 「냉정과 열정 사이」를 보면, 주인공 아오이가 친근한 상황에서는 일본어로 말하다가 거리감을 느끼는 상황에서는 사용 언어를 영어로 바꾸어 말하는 장면이 나온다. 거리를 조율하기 위한 발언 형식으로 두 언어 사이 코드-스위칭이 일어난 것이다.

6.10. 분리와 결집 그리고 미래

하나의 언어가 동질성을 잃지 않고 단일한 언어로 묶여 있기 위해서는 어느 정도까지 다양성을 감당할 수 있을까? 다양성이 지나쳐서 의사소통이 안 될 정도로 언어변이가 심해지면 별개의 언어로 분리되고 만다. 하지만 의사소통하기에 상호 이해 가능하다는 것만이 언어 경계를 나누는 기준의 전부는 아니다. 예를 들어 스칸디나비아에서 스웨덴어와 노르웨이어는 서로 소통할 수 있는 정도로 유사하지만 별개의 언어로 구분되고 있다. 반면 상호 이해 가능성이 떨어졌음에도 하나의 언어권으로 묶여 있는 경우도 있다. 중국의 언어 상황을 떠올려 보자. 중국어는 의사소통에 있어 이해 가능성이 없을 정도로 방언 차이가 크지만 이런 사정은 음성 언어에 있어서만 그러하다. 한자를 사용하는 문자 언어에 있어서만큼은 중화권 지역은 하나의 중국어로 통합되어 있다. 문자의 통일성이 확보되어 있기 때문이다. 최근에는 구어체 중국어에서도 북경 만다린어를 공통어로 삼아 언어 통합의 영향력을 확대하려는 언어 정책을 시도하고 있다.

지구촌 곳곳을 돌아보면 영어는 변이체로 분포하고 있다. 이것은 [분리와 결집의 두 가지 힘]이 작용해서 그 결과로 나타난 것이다. 영어는 오늘날 지구촌 세계에서 다양한 분포와 문화 현상을 보여준다. 그래서 우리가 이 책에서 영어의 다양한 모습에 주목하는 것은 바로 세계를 바라보는 눈을 열어 보려는 시도이기도 하다.

영어의 변이체는 곧 분할된 용법이다. '최선의 영어'가 말해지는 지역이 있다는 정도로만 생각하지 말아야 하며 비표준에 대한 관대함이란 어디에서든지 익숙하게 살고 있는 곳이 좋은 곳이라고 생각하게 됨을 뜻한다. 표준(norm)이란 사람들을 결속시켜 주는 데에 기여하기는 하지만, 표준어가 아닌 다른 방언들이 반드시 표준화된 언어와의 거리감에 따라서만 그 일탈의 정도가 평가받아야 하는 것은 아니다. 그뿐만 아니라 표준화된 언어가 반드시 좋고 나쁨을 가르는 기준점이 되어야만 하는 것도 아니다.

영어가 공용어로 사용되는 사회에서 "I seen that. They was there. He didn't do nothing. He ain't here." 이런 말을 사용하는 사람들을 만날 수 있다. 미국 대도시 흑인 사회에서 자주 사용되는 표현들이다. 이를 듣고 다른 집단의 사람들은 부정적인 느낌을 떠올릴 가능성이 있다. 표준영어 사용자들이 보기에 일탈적이라고 여겨지는 말을 지속적으로 사용하면서 학교에서 인정받고 좋은 직장을 구하는 것은 힘들지 않겠는가? 이런 속마음을 겉으로 표시하게 되면 그것은 바로 사회적 편견이 들어서는 것이다.

"그들은 왜 우리처럼 말하지 않을까? 만약 표준적인 언어로 말투를 바꾼다면 좋은 일이 생길 터인데!" 이 말은 '우리'라고 지칭되는 집단의 정체성을 보유한 사람들이 언어를 정체성 확인의 중요한 표식으로 인식하기 때문에 떠올리는 질문이다. 말투를 바꾼다는 것은 자신이 누구이며 어떻게 보이고 싶은가에 관한 변화를 뜻한다. 사회적으로 유동성이 강한 사람들은 자신이 현재 소속되어 있는 집단의 발음보다는 자신이 편입되고 싶어 하는 집단의 발음을 따라 하는 경향이 있다. 그러나 모든 사람이 다 그런 것은 아니다. 성장기 준거 집단의 말투에 밀착된 사람들도 많이 있다.

비표준적 변이체 언어들이 고유한 어법이나 말투를 유지하는 것은 나름대로 이유가 있다. 지역마다 말이 다른 것은 그 언어의 사용자들이 이제까지 살아왔고 앞으로 살아가는 집단 내의 지역적, 인종적 정체성과 문화적 가치를 반영하는 것이기 때문이다. 언어 사회마다 조금씩 다른 말을 사용하는 것은 사용자의 경제적 사회적 지위에 상관없이 객관적으로 인정받아야 한다. 언어에 관해 연구하는 언어학자는 다양한 언어 현상들을 보면서 좋고 나쁨의 우열을 가르는 데에 중요한 가치를 두지 않는다. 그보다는 여러 가지 언어 현상들이 제각각 어떻게 작용하는가에 대해 그 내재적 원리를 밝혀내는 데에 힘을 기울인다.

20세기 언어적 생태(ecology)의 현장에서 영어는 커다란 성공을 거두었다. 영어의 확산과 힘은 영어 자체의 특징이 다른 언어들보다 더 우월하기 때문에 얻어진 것은 결코 아니다. 영어 자체의 우수성과는 별개의 문제로서 영어 쓰는 국가들의 정치적 경제적 군사적 성공에 의해 영어의 힘이 늘어났다. 그리고 더 큰 힘은 문화의 확산에 의해 얻어졌다. 영어를 표현의 매개 언어로 삼아 만들어진 문화 산업 콘텐츠가 세계 곳곳에 배포된 것이 큰 역할을 했다. 헐리웃 영화로 대표되는 미국 대중문화와 소비 산업의 확대는 미국영어가 세계의 주축 언어로 자리 잡는 데에 대단히 큰 견인력으로 작용하였다.

현대영어는 지속적으로 변화해 나가고 있다. 영어의 표준어를 유일하게 지목할 수는 없으며 사용 권역의 수만큼 표준의 기준도 여러 가지이다. 오늘날 영어 사용자 중에 모국어로 영어를 쓰는 사람에 비해 제2언어로서 (혹은 일상에서) 영어를 쓰는 사람의 수는 3배 이상이다. 영어를 생활에 중요하게 사용하는 문화권에서, 영어가 모국어는 아니면서도 영어를 성공적으로 구사하는 사람들에 의해 영어의 미래 모습이 주도될 것이라고 보는 견해가 자주 언급된다. 영어의 미래를 다수 사용자와 관련해 예견해 보려면 표준영어뿐 아니라 지역적 비표준 영어에 대한 인식과 이해가 수반되어야 한다.

언어란 삶을 꾸려가는 사람들의 입에 살아서 움직이는 것이므로 사람들이 추구하고 필요로 하는 바가 바뀜에 따라 언어는 변화하기 마련이다. 과거에 언어가 변화하면서 어떤 정황이 있었다는 것을 이미 알고 있다는 것만으로 미래에 그 언어가 변화해 나갈 방향성을 미리부터 알아차릴 수는 없는 것이다.

〈참고문헌〉

Bauer, Laurie, Janet Homes and Paul Warren (eds.) 2006. *Language Matters*, New York: Palgrave Macmillan.

Baugh, Albert C. and Thomas Cable. 2002. *A History of the English Language* (fifth edition), London and New York: Routledge.

Bonvillain, Nancy. 2003. *Language, Culture and Communication: The Meaning of Messages* (fourth edition), New Jersey: Prentice Hall.

Brown, Steven and Salvatore Attardo. 2005. *Understanding Language: Structure, Interaction, and Variation* (2nd edition), Ann Arbor: The University of Michigan Press.

Clark, Urszula. 2007. *Studying Language: English in Action*, New York: Palgrave Macmillan.

Crystal, David. 2000. *Language Death*, Cambridge: Cambridge University Press.

Crystal, David. 2003. *The Cambridge Encyclopedia of the English Language*, Cambridge: Cambridge University Press.

Duranti, Alessandro (ed.) 2001. *Key Terms in Language and Culture*, Malden: Blackwell Pub.

Genesse, F. 2003. Rethinking bilingual acquisition, In: de Waele, J. M. (ed.) *Bilingualism: Challenges and Directions for Future Research*, Clevedon: Multilingual Matters, p158-182.

Holmes, Janet. 2008. *An Introduction to Sociolinguistics* (3rd edition), Harlow: Pearson Education.

Kachru, Yamuna and Cecil L. Nelson. 2006. *World Englishes in Asian Contexts*, Aberdeen: Hong Kong University Press.

Kirkpatrick, Andy. 2007. *World Englishes: Implications for International Communication and English Language Teaching*, Cambridge: Cambridge University Press.

Labov, William. 1972. *Sociolinguistic Patterns*, Philadelphia: University of Pennsylvania Press.

Lerer, Seth. 2007. *Inventing English: A Portable History of the Language*, New York: Columbia University Press.

Nunan, David. 2007. *What Is This Thing Called Language?*, New York: Palgrave Macmillan.

Penhallurick, Rob. 2003. *Studying the English Language*, New York: Palgrave Macmillan.

Philip, Riley. 2007. *Language, Culture and Identity: An Ethnolinguistic Perspective*, London and New York: Continuum.

Shin, Sarah J. 2005. *Developing in Two Languages: Korean Children in America*, Clevedon: Multilingual Matters Ltd.

Stockwell, Peter. 2002. *Sociolinguistics: A Resource Book for Students*, London and New York: Routledge.

Svartvik, Jan and Geoffrey Leech. 2006. *English: One Tongue, Many Voices*, New York: Palgrave Macmillan.

Winford, Donald 2003. *An Introduction to Contact Linguistics*, Malden: Blackwell Publishing.

7장

언어의 의미: 의미론

의미(meaning)에 대해 과학적으로 연구하는 분야를 의미론(semantics)이라고 한다. 의미는 기호(sign)를 구성하는 데에 필수적인 요소이다. 프랑스 구조주의자 소쉬르 F. de Saussure의 고전적 견해에 의하면, 언어 기호는 형식과 내용으로 양분되는데, 이때 형식을 나타내는 것은 소리이고 내용을 나타내는 것은 의미이다. 한편 언어 기호는 상징이나 개념으로 사용되는 것은 물론이고 행위로서 실천되기도 한다. 모든 언어적 행위에는 '의미'가 있기 때문에 그것이 하나의 행위로서 현실 세계에서 사용된다. 그래서 언어적 행위에 관여하는 여러 가지 요인들은 모두가 다 언어학적으로 의미 분석의 대상이 된다.

'의미론'은 언어학의 한 가지 분야를 이르는 용어일 뿐만 아니라 언어 현상을 바라보는 중요한 통로이다. 구조주의 의미론, 철학적 의미론, 인지주의 의미론, 추론주의 의미론 등을 포괄하는 폭넓은 학문 영역이 '의미론'이라는 하나의 우산 속으로 모여들어 연계성을 맺는다. 이 모든 것을 이 책에서 감당할 수는 없으므로, 이 장에서는 의미론의 기본적인 얼개를 도입하는 정도로만 소개하겠다. 전통적인 의미론의 개념들을 돌아보고, 화용론으로 떼어 내어 소개할 부분은 다음 8장에서 담화 연구의 기본 개념과 연계해서 알아보도록 하자.

7.1. '의미'란 무엇인가

의미란 무엇인가? 일상생활에서 우리는 '의미'라는 단어를 가끔씩 접하게 된다. "[무엇이 [무엇을 의미한다.]"라는 문장 형식에서 '의미한다'라는 말의 뜻을 어떻게 이해하면 되는가? 예를 들어 '장미'라는 단어가 갖는 꽃말의 의미를 생각해 보면, 노랑 장미가 뜻하는 것은 우정 혹은 아름다움이며, 분홍 장미는 사랑의 맹세, 빨강 장미는 열렬한 사랑, 진홍 장미는 수줍음, 흰색 장미는 존경을 뜻한다.

여기에서 엿볼 수 있는 사전적 정의, 정서적 이미지 등은 세계 내에 존재하는 복잡다단한 의미 현상 중의 작은 부분일 뿐이다. 의미에 대한 과학적 연구는 실제 언어 현상에 관해 경험적으로 확인되며 이론적으로 체계화할 수 있는 것이어야 한다. '의미란 무엇인가?', 이런 원론적 문제에 답하려면 의미를 어떻게 정의할 것인가의 문제로 환원해서 풀어 보는 것이 상례이다.

고전적 견해에 의하면, '의미'란 기호(sign)의 한 부분을 이룬다. 언어학의 일부로 의미론이 등장하기 이전에는 기호론적 의미론이 철학적 사유에 기반을 두고 형성되었다. 기호는 내용과 형식의 양면성을 갖는데, 실제 인간이 사용하는 언어 기호는 의미를 내용으로, 소리를 형식으로 갖는다. 소리를 통해 말해지는 언어 기호는 의미를 통해서 '세계 속의 대상'을 나타내어 준다. 이 관계를 기호학자 오그던과 리차즈(Ogden & Richards)는 다음과 같은 기호 삼각형으로 나타냈다.

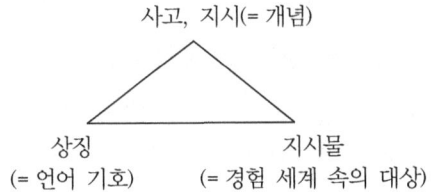

사고, 지시(= 개념)

상징   지시물
(= 언어 기호)   (= 경험 세계 속의 대상)

이 그림에서 의미는 '개념'에 해당한다. 개념(concept)과 언어 기호 사이의 대응은 단순하게 고정된 것이 아니다. 언어 기호는 일단 어휘로 표시되는데, 하나의 개념을 여러 어휘로 나타낼 수 있고, 하나의 어휘가 여러 개념을 나타낼 수 있다. 기호는 의미를 전달하기 위해 형식을 취한다. 가령 아래와 같은 교통 표지판은 일종의 기호인데 이것은 형식과 의미를 보유한다. 차가 유턴하거나 비보호 좌회전 하도록 지시하는 의미를 나타내기 위해 형상과 색채에 의한 시각 정보를 형식으로 갖추었다.

유턴   비보호 좌회전

기호의 본질에 관한 가장 전통적 정의는 19세기에 프랑스 구조주의자 소쉬르 Saussure에 의해 언명되었다. 소쉬르의 프랑스어 용어로는, 기호 형식인 소리는 시니피앙(signifiant)이고 기호 내용인 의미는 시니피에(signifie)라고 한다. 소쉬르가 언명한 것처럼, 언어 기호는 소리와 의미의 두 가지 측면이 동전의 양면처럼 결합되어 있다. 이때 소리와 의미 사이의 대응은 필연적인 관계에 있는 것이 아니라 사회적 규약에 의존하는 자의적(arbitrary)인 것이다. 아래 그림에서 보듯이, 느슨한 접경을 두고 마주한다.

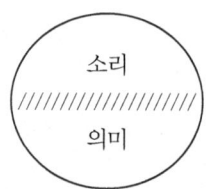

즉, 소리와 의미의 관계는 천부적으로 결정된 것이 아니기 때문에 하나의 언어 공동체 내에서 약속이나 관습 또는 혁신에 의해 정하기에 달려 있는 문제이다. 이를테면 신어 창출도 가능하고, 소멸되는 단어도 있고, 의미가 변화하는 단어들도 생겨난다.

단어를 사용하려면 언어 공동체 내에서 합의가 이루어져야 한다. 「이상한 나라의 엘리스」에 나오는 일화를 들어보면, 엘리스가 여행 중에 만난 '험프티' 녀석으로부터 생일 선물로 'glory'를 전해주겠다는 말에, 그것이 무엇을 뜻하는 것인지를 묻자, 괴벽스러운 험프티는 'glory'란 '너를 아주 꼼짝 못하게 하는 논쟁'이라는 말을 한다. 이것은 험프티 혼자서만 사용하고 마는 말일 뿐이다. 이와 같은 엉뚱한 일화에서 보듯이 언어 기호라는 것은 비록 자의적으로 정의될 수 있기는 하지만 일종의 사회적 규약에 속하는 것으로, 일상의 현실 세계를 벗어나서 한 개인의 의지에 의해 임의로 변경해서 사용할 수 있는 성질의 것은 아니다.

그런데 언어 기호의 형식과 의미는 필연적이지 않은 관계에 있기 때문에 형식에 대해 변형을 부과하면 일상적 의미에서 벗어나는 또 다른 의미와 연결시킬 수 있다. 일상성에서 벗어나는 언어로는, 문학 언어가 그러하고 예술적 기호가 그러하다. 작가들은 '낯설게 하기' 기법을 동원해 기존 일상 세계와 다른 새로운 세계와 맞서는 경험을 독자들에게 던져준다. 소리(또는 글자)와 의미 사이의 비례 관계가 어긋나게 만드는 예술적 창작은 역시 기호론적으로 말하자면 시니피에-시니피앙이 마주 접합된 기호체이다. 불쑥 이런 말, "니 의미론 아나?"라고 들었을 때 그게 도대체 무슨 뜻인지 간파할 수 있을까? 생뚱하기 짝이 없는 말이지만, 적어도 이 장에서만큼은 의미를 얻어서 수용되는 말이다.

언어 기호의 소리와 의미 사이 결합 관계는 양면성을 지닌다. 소리와 의미 사이 관계는 필연적이지 않다고 하지만 그럼에도 소리와 의미의 연결 고리는 쉽게 분리되기 어려운 사회적 규약성을 가진다. 소리와 의미로 구성된 기호는 개인의 사고 영역 밖에서도 존재하며, 사회 구성원 사이에 공유되는 집단의식에 속한다.

존재론적으로, 개념은 어휘의 발생 이전부터 존재하는 것으로 보게 되는데, 개념과 어휘 사이의 대응은 개별 언어 사회마다 차이가 있게 마련이다. 어떤 개념이 개별 언어에서 어휘로 존재하지 않지만 그 개념을 말로 표현하려면 어떻게 해야 하는가? 이런 경우에는 기존 어휘를 활용해 개념을 풀이하거나 외래 언어에서 새로운 어휘를 들여오기도 한다.

7.2. 의미론의 3분법: 어휘의미론, 문장의미론, 화용의미론

언어학에서 의미론(semantics)이라는 분야는 의미와 동일시되는 대상의 존재에 관해 설명하거나, 어떤 말이 나타내는 내용, 표현이나 행위의 의도나 동기 등을 설명하는 것에 집중한다. 의미론의 연구 대상으로 단어(word), 문장(sentence), 발화(utterance) 등의 층위를 구분한다. 즉, (i) 개념의 표상으로서 [단어 의미], (ii) 단어들의 결합에 의해 구성되는 문장의 의미 해석과 관련하는 [문장 의미], (iii) 주어진 상황 맥락에서 문장과 사용자 사이의 관계와 관련하여 [발화 의미]; 이것들에 대해 간단한 정의를 다음과 같이 내려 볼 수 있다.

(1) [단어 의미]는 단일 개념을 표상하는 최소 단위로 인정된다. 세상에 존재하는 다양한 개체, 개념을 나타내 주는 언어적 표현은 곧 단어(word)이다.
(2) [문장 의미]는 문장이 참이 되기 위한 조건에 관한 지식을 포함한다. 문장의

진리조건을 설명하거나, 가능한 시나리오를 재구성하는 것이 관련된다. 단어들이 결합하여 명제의 의미를 합성하는 원리를 취급한다.

(3) [발화 의미]는 문장 형식이 맥락상에서 드러내는 언어적 기능에 관한 것이다. 언어 사용자들이 발화를 사용하는 조건에 관한 지식을 포함한다.

단어에서 문장으로, 문장에서 발화로 이어지는 기호 구성의 방향을 다음과 같이 그려볼 수 있다. 단어, 문장, 발화의 의미를 생성하고 해석하는 데에 의미론의 원리가 작용한다.

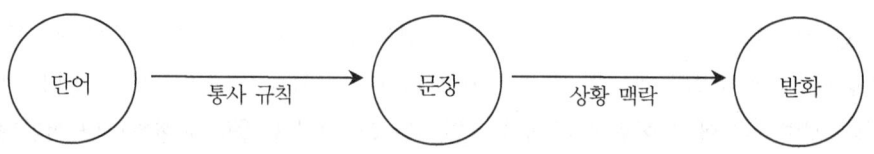

단어의 의미에 관해 연구하는 것은 어휘의미론이다('어휘'와 '단어'는 동의어임). 단어들끼리 결합하여 나타내는 문장의 의미에 관해 연구하는 것은 문장의미론이다. 그리고 문장을 말함에 의해 전달되는 정보에 관해 연구하는 것은 화용의미론이다. 화용의미론은 간단히 화용론(話用論 pragmatics)이라고 부른다. 어휘의미론, 문장의미론, 화용의미론의 구분에서 발화 의미는 문장 의미를 포함하고, 문장 의미는 단어 의미를 포함한다. 단어 의미는 문장 속에 사용되어 하나의 독립된 명제를 전달할 때에만 나타나는 것은 아니다. 화자가 어떤 단어를 안다는 것은 그 단어가 무슨 의미를 나타내며, 발음은 어떻게 하고, 그것을 사용하는 맥락은 어떤 것인지에 대해 알고 있음을 뜻한다. 단어의 결합에 의해 적법하게 구성된 문장이 표면적으로 나타내는 의미를 '문자적 의미'라고 하면, 구체적인 맥락상에서 실제로 전달되는 이면적 의미를 '비문자적 의미'라고 한다.

언어학에서 의미에 대한 접근 방법에는 여러 가지 흐름이 있다. 최소한 아래에 적은 여섯 가지 견해들을 빠뜨릴 수 없다. 이런 방법들은 의미 표상의 내용에 대해 서로 다른 견해들을 지니고 있기 때문에 때로는 서로 융합하기 어려운 부분이 있기도 하지만, 상호 보완적인 관점들을 보여준다. 이제부터 이들 각각에 대해 알아보기로 하겠다.

- 개념 구조(conceptual structure)로서의 의미: 단어 의미
- 지시(reference)로서의 의미
- 문장 구조와 논리형식(logical form)으로서의 의미
- 범주(category)와 인지(cognition) 의미
- 문화(culture)로서의 의미: 문화적 상대성과 어휘 경계
- 맥락(context)과 사용(use)으로서의 의미

7.3. 개념 구조로서의 의미: 단어 의미

내용 단어들은 계층적으로 기억되는 경우가 많다. 단어에 대한 기억은 어째서 견고하게 저장되고 유지될 수 있는가? 사람의 두뇌는 단어 정보를 기억하는 데에 효과적으로 반응한다. 단어들끼리의 개념 망, 반의어/동의어/상위-하위어/유의어 등에 관해 사람의 두뇌는 짜임새를 가지고 대처한다. 많은 수의 단어들을 무턱대고 하나씩 기억하기보다는 일정한 짜임새를 두고 머릿속에 저장해 둔다. 실제로 사람들은 단어에 대한 기억을 지속적으로 유지하는 데에 큰 어려움을 겪지는 않는다. 그러면서도 일부 단어에 대한 기억은 망각의 그물 속에 빠져들어 잊어진다. 기억을 유지하기 위해 사람들은 단어들 사이의 계층 정보를 개념 망으로 엮어서 단어 정보를 유지한다.

세상에 존재하는 다양한 개체, 개념들에 대해 범주화를 통해 인식하게 된다. 외부 세계의 자연 범주는 인간 내면의 개념 범주와 대응함에 의해 의미가 성립한다고 말할 수 있다. 여기에서 개념들 사이의 관계는 개념의 위계를 설정하고 현존하는 지식을 이용해서 상위 항목과 하위 항목 사이에 포섭 관계를 기억하는 것에 의해 서로 연결된다.

개념의 언어적 표현을 나타내는 어휘는 단어(word)라는 명칭으로 부른다. 단어는 단일 개념을 표상하는 최소의 의미 단위이다. 단어의 기본 의미에 관한 지식을 탐구하는 분야로서 어휘의미론(lexical semantics)이 오래 전 구조주의 전통에서부터 계승되어 왔다. '단어'와 '어휘'는 동의어이기는 하지만, 용어 사용의 관행에 있어 '단어의미론'이라고 부르지 않고 언제나 '어휘의미론'이라고 부른다.

단어들 사이에는 그 의미에 있어 일정한 관계를 특징 지워 줄 수 있다. 동일 형태이면서 의미가 다른 동음어, 한 단어 안에서 의미나 용법이 세분된 단어, 형태가 다르지만 동일한 (또는 유사한) 의미를 갖는 동의어, 유의어 등이 있다. 단어의 의미 관계(sense relations)로는 (1) 동의 관계, (2) 상하위 관계, (3) 반의 관계 (4) 분의 관계, (5) 다의 관계, (6) 동음이의 관계, 이런 부류로 구획할 수 있다.

동의 관계(synonym)는 의미가 같은 것으로 어휘의 풍부함을 가져온다. 형용사의 동의어 예를 보자. 'Andy is impudent.'에서 동의어로 바꾸어 주면 'Andy is cheeky.'가 성립하는데, 동의 관계에 놓이는 두 단어는 동시에 부정되기 어려우므로 '*Andy is impudent but he isn't cheeky.'는 성립하기 어렵다. 다음 예문에서 감정 정서를 드러내는 단어들이 밑줄로 표시되어 있다. 모두 동의 관계로 묶이기 때문에 필요에 따라 대체되어 쓰이면서 문장 스타일을 표현해 준다.

> She didn't know where the <u>anxiety</u> stemmed from. She had been <u>angry</u> at first; <u>resentful</u> of how she'd been treated. But the <u>terror</u> had come from nowhere, causing her to feel <u>trepidation</u> at the most ordinary of human interaction.(Jeffries 2006, p169)

동의 관계가 단지 단어들 사이에서만 있는 것은 아니며, 문장 사이에서도 성립한다. 아래 (1), (2) 예문처럼 말을 바꾸어 풀이하는 방식으로 동의성을 표현할 수도 있다. 이처럼 거의 비슷한 뜻을 갖는 말끼리는 말 바꿔 쓰기(paraphrase) 관계에 있다고 하는데, 밑줄 친 부분들은 단어끼리 바뀐 관계가 아니라는 점에서 이것을 굳이 동의어 관계라고 부르지는 않는다.

> (1) Steve is <u>our postman</u>.
> (2) Steve is <u>the postman who delivers our mail</u>.

명제들 사이의 동의성은 정서와 관련하는 표현에서 흔히 찾아볼 수 있다. 심지어 터부(taboo)로 되어 있는 문화에 대해 완곡 어법의 일종으로 등장하는 예도 있다. 동의어만을 추출하고 분류해서 사전으로 만들어낸 것이 동의어 사전이다.

영어 동의어 사전으로는 로제(Roget)가 만든 시소러스(thesaurus)가 유명하다. 「로제 시소러스」는 개정을 거듭해 현재까지 다듬어져 왔다.

동의 관계와 밀접한 관련을 맺는 의미 유형으로 연어 관계(collocation)라는 것이 있다. 연어(連語)란 몇몇 단어들이 서로 연결되어 같이 사용되는 경향을 말한다. 예를 들어 '세상'과 '세계'는 뜻이 거의 비슷하지만, "어머나 세상에!"라고 말하는 것에 비해 "어머나 세계에!"라고 말하지는 않는다. '어머 웬일이니!'라고 말하는 것을 '어쩜 웬일이니!'라고도 말할 수 있지만, '아뿔사 웬일이니!'라고 말하지는 않는다. 연어는 익숙하게 연결되어 사용되는 것으로 관용 표현보다 훨씬 넓은 범위의 언어 현상이다. 어휘들이 서로 어울려서 결합하는 데에는 아무렇게나 가능한 것일 수 없을 뿐만 아니라 일정한 경향으로 나타나는 것임을 구체적으로 조사해서 파악할 수 있다. 이렇게 파악한 정보를 체계화 시킨 것이 연어 정보이다.

표현의 풍부함을 얻으려면 연어 표현을 많이 익혀 두어야 한다. 연어 정보는 통계적인 정보 검색 기법으로 찾아 볼 수 있으며 사전편찬학(lexicography)에서 중요하게 이용된다. 모국어 사용자에게 연어 정보는 당연한 것이므로 의식할 필요 없이 자연스럽게 사용하는 것임에 비해 외국어 학습자에게는 연어 정보에 익숙해지는 데에 노력이 필요하다. 이를 위해 「옥스퍼드 연어 사전」(Oxford Collocation Dictionary)은 책상 위에 비치해 둘 만한 가치가 있다.

상하위 관계(hyponym)는 계층성의 관계이다. 상위어와 하위어 사이 의미 관계에서 하위어들은 다양하게 드러난다. 예를 들어 '과일'이라는 상위어에 대해 '사과, 오렌지, 배, 포도, 파인애플, 딸기, 키위, 수박, 바나나' 등은 하위어들이다. '모양'이라는 상위어는 '세모, 네모, 원' 등의 하위어로 구분된다. 특히 명사는 구체적 사물, 추상적 개념 모두에 걸쳐 의미 특질들이 복합적으로 결합한 것으로 하위 관계에 따라 개념 망을 형성하는 경우가 많다. 하위어 명사에 의해 표시되는 사물은 하나하나가 부분으로 모여서 또 하나의 전체를 이루기 때문에, 부분과 전체 사이에는 상위어-하위어 대응 관계가 성립한다.

문장에서 다른 부분은 다 같고 하위 관계에 있는 단어들만 바꾸어 주었을 때 두 문장 사이에는 함의 관계(entailment)가 성립한다. 다음 예에서 (1)이 참이면 (2)도 반드시 참이 되는데 그 역은 성립하지 않는다. 이처럼 논리적으로 한 방향으로만 불가분의 관계로 성립하는 것이 함의 관계이다.

(1) There are <u>tulips</u> in the vase.

(2) There are <u>flowers</u> in the vase.

반의 관계(antonym)는 비교 대상이 되는 어휘들 사이에 공통점이 많으면서도 어딘가 한 가지만 뚜렷하게 대척되는 부분이 있을 때에 성립한다. 그리고 양 극단의 중간 영역이 존재하는지에 따라 상보적 반의어와 단계적 반의어를 나눈다. dead와 alive는 양 극단의 상태를 가르고 그 중간 영역을 허용하지 않기 때문에 상보적 반의 관계에 있다. 이에 비해 old와 young은 서로 상대적인 정도 차이로 나타나는 단계적 반의 관계에 있다. 가장 늙었거나 혹은 가장 젊은 상태 말고도, "나이 지긋하고, 아직 젊고, 젊어 보이고, 약간 늙었고, 진짜 젊고, 앳되고" 등과 같은 중간 영역 상태가 있기 때문이다. 또 다른 예로, 시내 도로에서 너무 빠른 속도가 고속도로에서는 너무 느린 속도이고, 반바지로서 길이가 아주 긴 옷도 바지 밑단이 짧은 바지보다 더 길지는 못하다. 그래서 길이의 길고 짧음 (long/short), 속도의 빠르고 느림(fast/slow), 이런 말들은 정도 차이를 나타내 주는 단계적 반의어들이다.

반의 관계를 나타내기 위한 논리적 연결 관계는 부정이다. 문장 수준에서 다음 (1)처럼 부정 명제에 의해 나타낸다. 단어 수준에서는 (2)처럼 반대 뜻을 나타내는 접사와 결합한 파생어가 흔하다.

(1) a. The captain is still young.

   b. The captain is not still young.

(2) a. kind - unkind

   b. possible - impossible

분의 관계(meronymy)는 두 어휘 사이에 전체와 부분으로 포함되는 관계이다. 이것을 논리적으로 'X is a part of Y', 혹은 'Y has X.'와 같은 형식으로 드러낼 수 있으므로, "손가락은 손의 한 부분이다."와 "손은 손가락을 포함한다."는 두 명제는 단어들 사이의 분의 관계에 의해 성립한다. 단어들의 덩어리를 분의 관계에 따라 계층적으로 분류할 수 있다. '자전거'를 예로 들면, 아래 그림에서 보듯이 분의 관계에 놓이는 단어들이 계층에 따라 서로 연결된다. 이처럼 전체와 부분 사이의 관계에 놓이는 한 무리 단어들은 분의 관계에 있다.

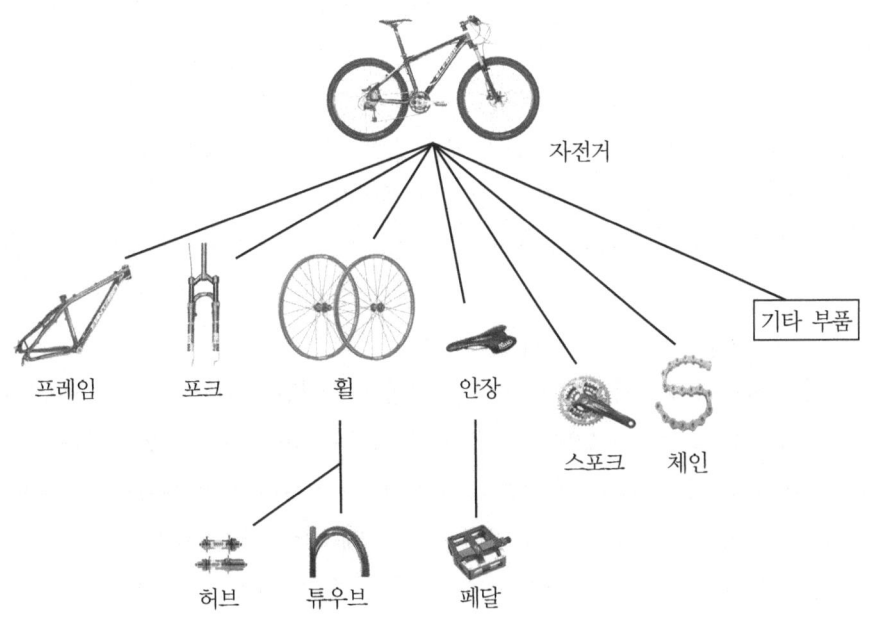

다의 관계(polysemy)란 무엇인가? 다의어(多義語)라는 것은 한 단어가 여러 의미를 갖는 경우를 지칭하는데, 예를 들어 '창밖으로 손을 내다', '곡식을 내다(팔다)', '사업에 돈을 내다(出資)', '책을 내다(出刊)', '길을 내다' 등에서 '내다'는 다의어로 작용한다. 다의어에 의해 여러 뜻이 하나로 표현되는 것에 대해 사람들은 직관을 보유하고 있다. 명사 단어에서 다의어가 많이 표현되며, 동사 중심의 추상 개념을 나타내는 데에도 다의어가 쓰인다. 예를 들면 'run'이라는 단어는 'run a race, run for office, run a program'처럼 다의어로 쓰이며 예문으로 'The bike is running. This street runs towards the downtown. It runs in your family.'처럼 사용된다. 또 다른 다의어 예로 'plain'을 언급해 보겠다. 'plain'이란, '첨가되지 않은, 장식되지 않은, 분명한, 완전한, 예쁘지 못한' 등의 여러 가지 뜻을 지닌다. '플레인 요구르트'라고 하는 말도 그 중 한 가지이다.

한편 환유(metonymy)라고 함은 하나의 존재가 또 다른 존재를 비슷하게 지칭하기 위해 사용되는 비유법이다. 의미적으로 전체와 부분 관계, 포함 관계, 용도 관계, 위치 관계, 장소 관계, 특징 관계 등을 나타내는 데에 환유가 사용된다. 다의 관계와 환유 관계의 구별은 종종 분명하게 이해되지 않는다. 다의어라고 함은 한 단어의 어휘적 외연이 여러 가지로 사용되는 것인데, 이에 비해 환유라고 함은 유사한 언어 표현들이 서로 대체 가능한 관계를 말한다. 예를 들어 '수목원에 가서 숲을 한껏 들이마시자.'라고 말하면 '숲'은 '숲이 내뿜는 신선한 공기'를 대신 나타내는 환유 표현이다. '이제 그 일에는 손을 대고 싶지 않다.'와 '연필이 부러 졌다.'라고 말할 때 '손'과 '연필'은 환유 표현이다.

그밖에 동음이의 관계(homonym)라는 것도 있다. 머릿속 사전에서 동음어들 은 한 짝으로 기억되지는 않는 듯하다. 예를 들어 'allowed와 aloud', 'bear와 bare', 'paste와 paced' 등은 동음어들이다.

단어들 사이에 성립하는 의미 관계를 이상에서 대강 살펴보았다. 간략하게 개 념을 도입해 본 것이므로 상세한 논점이나 자료는 참고문헌을 통해 찾아볼 수 있 다. 그러면 이제부터 우리는 구조주의에서부터 성행하던 의미 개념을 잠시 엿보 고 의미를 구성하는 기본 단위는 어떤 것인지에 관해 살펴보도록 하자.

어휘의 뜻을 드러내는 데에 어휘를 분해하는 입장이 있다. 그것은 성분분석 이 론이라고 하는데 구조주의에서 주목을 끌던 방식이다. 단어의 의미 구조를 찾아내 려고 할 때 의미를 작은 구성 부분으로 해체하고, 그에 대한 결합 방식을 지정하 고, 적은 수의 단어로부터 많은 단어들을 정의하려고 시도한다. 구조주의의 영향 으로, 단어의 의미를 규정하기 위해 우선 단어를 구성하는 의미 자질로 분해해서 그것의 조합에 의해 단어들 사이의 유사점과 차이점을 구분하려고 한다. 성분 분 석 방법론에서 단어의 의미는 더 작은 구성 요소들로 해체될 수 있는 것으로 보았 다. 예를 들어 "성인남자, 성인여자, 소년, 소녀"와 같은 단어 군에서 〈human〉, 〈male〉, 〈young〉 등의 +/− 값의 차이에 따라 뜻의 차이를 구별해 주었다.

	성인남자	성인여자	소년	소녀
human	+	+	+	+
male	+	−	+	−
young	−	−	+	+

이것은 단어를 의미 성분에 의해 해체하는 것이다. 단어들 사이에는 범주 경계가 분명히 있는 것으로 보기 때문에, 구체적인 대상물이 어떤 범주에 속하는 것인지가 드러난다. 의미 성분은 양분적인 값(+ 혹은 −)으로 나타내 주면 된다.

어휘를 해체하는 방법은 70년대 초 변형생성문법 이론의 한 분파로 등장한 생성의미론자에 의해 제시되었다. 예를 들어, 'bachelor'의 한 가지 뜻으로 '총각' 개념은 [human], [male], [adult], [unmarried]의 4가지 의미 자질에 의해 구성되었다는 것이다. 어휘의 뜻을 표시하기 위해 어휘 해체(lexical decomposition)라는 개념이 등장했다. 아래에서 보듯이, 'kill'은 ALIVE라는 의미소에 NOT, BECOME, CAUSE 등의 의미 연산이 작용하여 표층 단어로 어휘화 된 것으로 정의한다. 이때 'kill'을 비롯해 'die', 'dead' 등의 어휘들이 단일한 의미 연산에 놓인 것이다. 어휘를 해체하는 기법은 어휘적 개념이 결합하는 과정에서 의미 원소의 보편성이 중요한 역할을 한다는 점을 부각시켜 주었다.

- kill: CAUSE(y, BECOME(NOT(ALIVE(x))))
- die: BECOME(NOT(ALIVE(x)))
- dead: NOT(ALIVE(x))

이상과 같이 해체된 의미 성분을 이용하면, 문장의 개념 구조를 파악할 수 있다. 예를 들어 '아킬레스가 헥토르를 죽였다.'(Achilles killed Hector.)라는 명제는 어휘 개념에 있어 CAUSE(*Archilles*, BECOME (NOT (ALIVE (*Hector*))))이며 문장의 의미는 다음과 같이 분석된다.

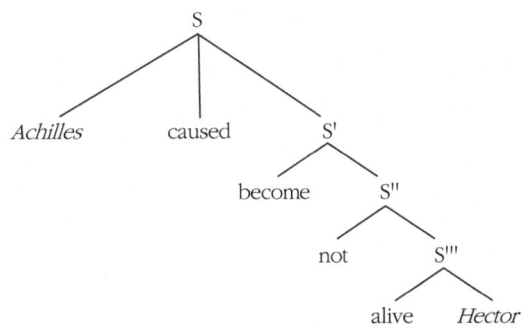

단어 의미는 프레임(frame)을 구성하는 요소들 사이의 관계에 맞추어 정의된다. 예를 들어, '육지'와 '땅'은 동일 대상을 지칭하지만 서로 다른 프레임에 들어 있다. '하늘과 땅', '바다와 육지'라는 접속 어구는 맞는 말인 것에 비해, 상대적으로 '하늘과 육지', '바다와 땅'은 어색하다. "바다거북은 {땅에서는, 육지에서는} 못 살아요."라고 말할 수 있듯이, '육지'와 '땅'은 동의 관계에 있지만 완전하게 동일한 프레임에 연결되어 있지는 않다. 흘러간 노래 가사를 적어보면, "하늘과 땅 사이에 봄비가 내리면....♬", "바다가 육지라면♪♪... 배 떠난 부두에는... ♪" 여기에서 보듯이 서로 어울리는 프레임으로 대구를 이룰 수 있다. 이에 비해 '하늘과 육지', '바다와 땅'은 사용 가능성이 훨씬 떨어지는 어법이다.

어휘 의미의 상당 부분은 경험, 믿음 등의 배경 프레임에 비추어 볼 때 비로소 이해된다. 통사 구조와 의미 구조의 상관관계에 따라 어휘들의 개념 구조를 분석하는 방법이 언어 이론으로 연구되어 왔다. 어휘의미 지식의 데이터베이스가 구축된 것이 있다. 그것은 워드넷(WordNet)이다. 인터넷 주소는 이러하다.
wordnet.princeton.edu

7.4. 지시(reference)로서의 의미

현대 학문의 흐름에서 의미 현상에 대한 관심의 출발점은 20세기 초중반 철학적 의미 연구에서부터 생겨났다. 의미는 세계 내에 존재하는 대응물을 지시한다는 견해를 그 출발점으로 삼는다. 이것을 '철학적 의미론' 혹은 '지시적 의미론'이라고 불러볼 수 있다. 언어표현의 의미는 그 표현이 지시하는 실재 세계에서의 대응물이라는 것이 철학적 의미론의 기본 개념이었다. 철학적, 지시적 의미론에서는 단어뿐 아니라 문장의 사용에 있어 참, 거짓의 진리치를 결정하기 위해 필요로 하는 충족 조건들을 중시하기 때문에 진리조건적 의미론이라고도 부른다.

일찍부터 언어철학자 프레게 Frege(1892=1974)는 지시(= 외연)와 의의(= 내포)를 구분하였다. 영어 용어를 적어보면 지시는 reference(= 외연 extension, denotation)이고 의의는 sense(= 내포 intension)이다. 단어의 의미는 현실 세계 내의 존재에 대응하는 것으로 보는데 고유명사의 경우에는 그 의미가 현실 세계 내에서 분명하게 드러난다. 간단한 예로 '나'의 의미는 어떻게 확인할 수 있는가? '내 이름'으로 불리는 인물이 현실 세계에 실제로 존재하기 때문에 '나'의 존재를 확인할 수 있다. 이처럼 이름과 존재 사이의 관계 그 자체를 의미로 보는 견해가 언어철학적 관점에서 의미를 정의하는 방식이었다.

고유 명사는 그와 등치 관계를 지니는 명사와 대체될 수 있다. 예를 들어, '빌 클린턴'이라는 고유명사는 그 지시 의미가 있기 때문에, 다음 예문 (1)처럼 등치 관계를 보인다. 그러나 (2)처럼 어색한 경우도 있다.

(1) Bill Clinton is married to Hillary Rodham Clinton.
    = The winner of the 1996 U. S. presidential election is married to Hillary Rodham Clinton.
(2) John wanted to know if Bill Clinton was the winner of the 1996 U. S. presidential election.
    ≠ John wanted to know if Bill Clinton was Bill Clinton.

언어 표현의 외연(denotation)과 내포(intension)를 논리형식 언어로 치환하는 작업은 언어학적 의미론이 철학적 의미론으로부터 분리되어 나오는 계기가 되었다. 인간언어에 대해 프레게 Frege, 카르납 Carnap, 타르스키 Tarski 등의 논리철학자들이 추구했던 견해가 언어학 이론의 하위 영역에 수용된 것은 1960년대 몬태규 Montague 의미론의 등장에 의해서이다. 몬태규 의미론의 세부에 대한 소개는 이 책에서는 하지 않겠다. 그 대신 가장 기본적 가정만을 언급해 두기로 한다: "문장이 어떤 경우 참이고, 어떤 경우 거짓인지를 안다는 것에서 문장의 의미가 드러난다."

철학자 타르스키에 의하면 문장의 참(true), 거짓(false)을 판별할 수 있으며 이 때 판정되는 진리치가 곧 의미에 해당한다. "P is true if and only if P." 이와 같은 논리 관계에서 명제 P의 진리치는 P에 대응하는 대상 객체가 세계 내에 존재할 때에 비로소 참으로 결정된다. 이 조건에 맞추려면, 예를 들어 "눈이 오고 있다!"는 명제는 현실 상황에서 눈이 오고 있을 때에만 참이다.

'문장의 의미'란 곧 '문장이 참이 되기 위한 조건'이다. 즉, 문장의 의미는 참 혹은 거짓으로 진리조건을 판별할 수 있다는 데에서 확인된다. 만약 참도 거짓도 아닌 문장이 주어진다면 그 문장의 의미는 취급하기 어렵다. 참/거짓을 판별하려면 가능세계 개념을 이해해야 한다. 가능세계는 시간이나 공간의 제약을 받는다. 다음 예를 보자.

· 일제 시대에는 영자가 흔했다.
· 지난 주말에 영자는 모임에 오지 않았다.

가령, "일제 시대에는 영자가 흔했다."와 "지난 주말에 영자는 모임에 참석하지 않았다."는 두 문장에서 '영자'에 대한 지시 의미를 결정하기 위해서는 시공간적 지표를 설정해서 가능세계를 결정하고 그때마다 진리조건을 논리적으로 구획해서 판단해야 한다.

사람들이 일상에서 하는 말은 시간적 배경을 지닌다. 가령 "경유 값이 너무 올랐어."라고 말하거나 "환율이 너무 많이 올랐어."라고 말하는 것은 구체적인 시기마다 전개되는 상황에 따라 그 의미가 해석된다.

예를 몇 개 더 보면서, 지시(reference)와 의의(sense) 개념을 구분하도록 하자. 다음 (1)에서 'the morning star'와 'the evening star'는 한 가지 의의를 나타내는 서로 다른 지시 표현들이다. (2)는 (1)과 동의어일 뿐만 아니라 동일한 내포를 가진다. '개밥바라기별'의 말뜻은 재미있다. 초저녁에 집안 식구들이 저녁 먹고 났을 시간에 집에 키우는 개도 저녁 하늘에 낮게 뜬 샛별을 바라보며 밥 줄 때를 바란다는 말에서 연유한다.

(1) the morning star, the evening star, the Venus
(2) 샛별, 금성, 개밥바라기별

'이명박 대통령'과 '한국의 대통령'을 비교해 보자. '한국의 대통령'이라는 표현은 2009년 시점에서 '이명박 대통령'을 외연 의미로 갖지만 내포 의미에 있어서는 '이명박 대통령'과 같을 수 없다. 한편 성장소설 「완득이」를 읽어보면 "완득이 그놈 참 나쁜 놈이다."라고 말할 만한 장면이 나온다. 소설 속의 한 장면만 놓고 보면 완득이는 '나쁜 놈'이다. 그렇지만 '나쁜 놈'이 세상에 '완득이'만 있는 것은 아니며 완득이가 항상 '나쁜 놈'인 것만도 아니다. 그러므로 '나쁜 놈'이란 표현의 내포 의미는 '완득이'와 같을 수 없다. '월드컵 우승국'이라고 하거나, '수석 합격자'라는 말에 대응하는 존재는 시간적, 공간적 배경에 따라 변하기 때문에, 개별적으로 성립하는 지시 의미를 모두 합해 주었을 때 전체 의미가 성립하게 된다.

이상에서 고유명사를 위주로 손쉬운 예를 살펴보았다. 하나의 기호에 대해 세계 내에 존재하는 대응 개체를 곧 의미로 보는 관점은 명사에만 국한하는 것이 아니다. 문장을 단위로 하는 진술 행위도 세계와의 대응 관계가 검토 대상이 된다. 일반적인 조건문 형식으로 적어보면, "하나의 진술은 세계 내에 성립하면 참이다"('A statement is true, if the statement holds in a world.') 다음 2개의 예문을 비교해서 성립 조건을 알아보자.

(1) Barack Obama is the President of the U.S.
(2) Hillary Clinton is the President of the U.S.

아래 그림을 통해 이해해 보자. 원으로 경계를 구분해 놓은 '세계'는 실제 세계 또는 모형 세계이다. (1)의 진술은 원으로 그려놓은 '세계' 내에서 대응하는 사실이 있으므로 √ 표시했듯이 참으로 성립한다. 이에 비해 (2)의 진술은 '세계' 내에 대응하는 사실이 없기 때문에 Ⅹ 표시했듯이 성립하지 않는 거짓이다.

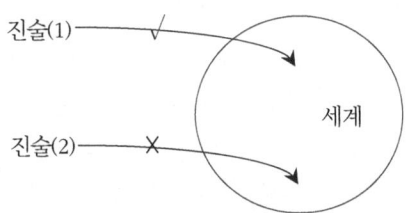

하나의 진술(statement)은 개별적인 세계 내에서 성립 여부가 정해진다. 그런데 현재 시제의 세계로 고정해서 볼 때 진리치가 결정되지 않는 경우가 있다. 예를 들어 'Santa Claus is asleep right now.'라고 말할 때 산타크로스가 실존하지 않는 세상 속에서 산타크로스가 지금 졸고 있다는 명제의 참-거짓을 정할 수는 없다. 막연하게 가능한 모든 세계에까지 진술이 검토될 것 같으면 종잡을 수 없기 때문에 웬만하면 인식의 한도 내에서 가능세계가 정해진다. 즉 '세계'는 무한하게 열려 있는 것이 아니라 시간적, 공간적 제약을 받으며 상황이나 맥락의 제약을 받는다.

실제 상황에서 어떤 사람이 발언 행위를 할 때 초점을 두어 머릿속에서 고려하는 바는 대화의 맥락(context)이다. 예를 들어, 다음 사진은 뮤지컬 공연 장면으로 무대 위에서 비가 내리고 있고 그 비를 맞으며 비옷 입은 배우 3인이 공연을 펼치고 있다(사진 출처: Miller 1996, p225).

무대를 응시하는 관객의 의식은 불 꺼진 객석을 떠나 비 내리는 세계 속으로 들어간다. 관객 중에 어떤 사람이, 동행한 옆자리 친구에게 나지막한 목소리로 "비 온다! 진짜 비가 온다."라고 말했다고 가정해 보자. 객석에는 전혀 비가 오고 있지 않지만 '비가 온다'는 말이 이 상황에서 어울릴 수 있는 것은 '맥락'이 작용하기 때문이다. 그 말을 하는 화자는 단순히 진술 행위를 하는 것 자체만으로 자신이 진술하는 명제가 참이 되기 위한 상황에 개입하는 것이다. 구획된 세계에서 정말로 비가 오고 있는지의 여부에 따라 참 혹은 거짓의 여부가 결정된다.

위의 사진에서는 비가 오는 무대와 비가 오지 않는 객석이 구분되어 있다. 이처럼 서로 다른 세계를 구획할 수 있는 것을 보더라도 '세계'란 서로 다른 세계들이 모여서 이루어지고는 한다. 즉, 서로 구획되는 작은 세계들이 집합적으로 모여서 전체 세계를 구성하며, 이때 구획되는 작은 세계들을 가리키는 용어는 '가능세계'이다. 사람들이 하나의 명제를 말함에 의해 드러내 보이는 지시 의미는 현실 세계를 넘어 확장될 수 있으니 이것은 시공간적 '가능세계'의 구획에 따라 세분된다. "세계를 구획한다고?" 생각해 보자. 예를 들어 시간을 표현하는 것은 세계를 구획하는 일에 해당한다. 인간의 언어는 과거 시제를 갖추어 과거에 일어난 사안에 대해 언급할 수 있다. 이렇게 말해지는 명제는 과거에 정해진 시점에서 세계 내에 대응체가 존재하기 때문에 그로부터 명제의 지시 의미가 성립한다.

인간언어의 의미는 단순히 명제논리로만 의미를 분간할 것이 아니다. 하나의 문장은 그 자체로 구성 부분들이 모여서 문장 전체의 의미가 결정되는 것이므로, 각 구성 부분의 의미를 우선 정하고 난 이후에야 그들 사이에 맺어지는 의미 관계를 확정할 수 있다. 즉, 부분적인 요소들의 의미가 우선 있어야 그것들을 합쳐서 전체 의미가 얻어진다. 이런 취지에서 '합성성 원리'라는 것이 작용한다.

개별 단어들의 의미가 어떻게 결합되어 더 큰 단위의 의미를 구성하는가? 이것에 관한 우선순위나 절차가 당연히 있다는 것이 합성성(compositionality) 원리이다. 다음과 같이 정의된다.

〈합성성 원리〉 문장 의미는 문장 내 단어들의 의미에 의해, 그리고 그 단어들이 결합하는 통사적 구조에 의해 결정된다. (The meaning of a sentence is determined by the meanings of its words and by the syntactic structure in which they are combined.)

'합성성 원리'는 언어 기호가 크건 작건 당연히 지켜질 것으로 기대되는 원칙이다. 그런데 실제로는 합성성 원리에서 벗어나는 예외적 예들도 있다. 특히 관용 표현은 합성성을 따르지 않는다. 관용 표현 예를 보면, 'He kicked the bucket.'는 버킷을 차 버린다는 직접 의미로부터 '죽다'를 뜻하고, 'pull someone's leg'은 '다리를 잡아당긴다'는 것이 직접 의미이지만 '농담으로 무언가를 믿게 만들려고 함'을 뜻한다.

문장의 외연(denotation) 의미는 집합론적으로 정의될 수 있다. 단순한 문장 예로

'Sandy runs.'를 들어보자. 주어부 NP와 술어부 VP로 분할해 다음과 같이 정의된다.

- NP 표현의 외연 의미 = 'Sandy'라는 이름의 개체
- VP 표현 'run'의 외연 의미 = 'run' 행위를 하는 개체들의 집합

'Sandy'는 외연으로서 개체를 나타낸다. VP는 외연으로서 개체들의 집합을 나타낸다. 'run'의 외연은 run 행위를 하는 개체들의 집합이다. 이로부터 "Sandy runs."라는 문장의 외연 의미는 어떤 경우에 참이고, 어떤 경우에 거짓인지를 말할 수 있다. 이를 위해 우선 집합 구성원의 포함 관계를 [구성원 되기]('is a member of')라는 술어 관계로 정의할 수 있다. 서술부가 표현해 주는 '달리는 개체들의 집합'(the set of individuals who run)에 'Sandy'라는 개체가 구성원으로 포함되면 참(TRUE)이 된다. 만약 [달리는 개체들 집합] = {Robin, Sandy}인 상황이라면 이때 구조와 집합 의미의 대응을 다음과 같이 그려볼 수 있다.

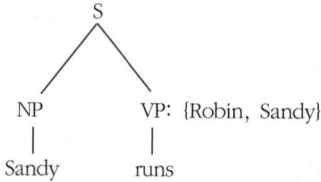

상황이 달라지면 진리치가 바뀔 수 있다. 만약, [달리는 개체들 집합] = {Robin, Lee, Kim}인 상황이라면, 주어로 나타난 개체 'Sandy'가 서술어가 나타내는 개체들의 집합에 포함되지 않기 때문에 [구성원 되기] 관계를 만족시키지 못한다. 그러므로 아래에 제시된 구조의 문장 진리치는 거짓으로 결정된다.

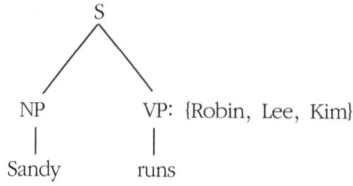

부정문의 경우에는 어떠한가? 지금 Robin과 Sandy가 잠을 자고 있다고 가정하자. 이때, "Kim doesn't sleep."의 외연 의미는 어떻게 결정되는가? 아래와 같이 진술할 수 있다(Universe는 전체 집합임).

- sleep: {Robin, Sandy}
- doesn't sleep: Universe ─ {Robin, Sandy}
- Kim is a member of the set 'Universe' ─ {Robin, Sandy}.
  Therefore, 'KIM DOESN'T SLEEP' is TRUE.

이상에서 돌아본 것처럼 집합론적 포함 관계에 따라 의미를 구분하는 것은 외연(denotation)으로서의 의미이다. 스토리 예를 들어 세계와 명제 사이의 진리조건 대응 관계를 이해해 보자. 다음은 이청준 작가의 동화 「숭어도둑」의 한 대목이다.

> "윤배가 학교에서 돌아와 보니 어머니는 집을 비운 채 바다로 나가고 없었다. 물때가 마침 썰물중이라 마을에서 한참 떨어진 그 개펄로 어머니의 전문인 낙지잡이를 나간 것이었다. 같은 학교에 다니는 준배 형은 아직 수업이 끝나지 않았을 참이라 윤배를 이래라 저래라 성가시게 간섭할 사람이 없었다. 그는 곧 지게와 낫을 꾸려지고 어머니가 바다에서 돌아올 갯나들목 산기슭으로 내려왔다."

이야기를 보면, 학교에서 돌아와 지게를 꾸려지고 나간 인물은 '윤배'이다. 그리고 낙지잡이 나간 행위의 주체는 '어머니'이다. 아래 명제들은 세계와 대응하므로 외연 의미가 참(true)인 것으로 결정된다.

- 윤배가 학교에서 돌아왔다.
- 윤배가 지게를 꾸려졌다.
- 윤배가 갯나들목 산기슭으로 내려왔다.
- 어머니가 낙지잡이를 나갔다.
- 준배 형은 수업이 끝나지 않았다.

문장의 구조 형식에 담겨져 있는 개념적 의미를 명제(proposition)라고 한다. 하나의 명제는 진리치를 갖는다. 문장의 명제 내용이 참으로 성립하기 위한 조건은 세계와의 대응 관계에 의해 결정된다. 진리조건을 안다는 것은 사람들이 세계를 검토해서 사실을 인식하는 것이다.

7.5. 문장 구조와 논리 형식으로서의 의미

문장을 대상으로 문장 내부의 구조 형식과 명제 의미를 설명하는 것을 문장의 미론이라고 한다. 문장의 진리치는 문장과 세계 사이의 관계에 따라 결정되며, 문장이 세계 내에서 참이 되기 위한 조건으로서 진리조건, 가능세계, 모형 등의 개념에 의거해서 문장 의미를 분석할 수 있다. 명제논리로 볼 때 진리치는 의미와 동일시된다. 문장에 진리치가 있다는 것은 곧 문장이 의미를 보유한다는 것이다. 아래 예를 보자.

(1) 'Snow is white' is true iff snow is white.
(2) S is true iff p.

문장의 진리치 결정은 절차적으로 이루어진다. (1)에서 'Snow is white.'라는 문장의 진리치는 실제 세계 내에서 그에 대응하는 진리 조건이 필요하며 이것을 iff 오른쪽에 적는다. (1)을 (2)로 단순화해서 말하면 'iff p'에서 iff(= if and only if)가 요구하는 필요충분조건 p가 충족되어야만 문장 S의 진리치가 결정된다.

다만 형식 논리로만 진리치가 결정되는 명제 형식을 꾸려볼 수 있다. 세계 내의 경험을 통해 결정되기 이전부터 논리적으로 이미 결정되고 마는 경우가 그러하다. 아래 예를 보면, 하나의 명제가 동시에 참도 되고 거짓도 될 수는 없으므로 (p ∧ ~p = F) 논리에 의해 (1), (2)는 거짓이다. 반면 (3)은 형식 논리 (p ∨ ~p = T)에 의해 참이다.

(1) 오늘은 날씨가 정말 화창하고 그리고 화창하지 않다. (거짓)

(2) 키우던 거북이가 지난달에 죽었고 요즈음 살아 있다. (거짓)

(3) 금년 겨울은 따뜻하거나 혹은 따뜻하지 않을 것이다. (참)

문장의 내적 구조는 의미에 영향을 준다. 화자는 단어들을 결합하는 일련의 규칙 체계에 의존해서 문장의 진리치가 성립하기 위한 조건을 알고 있다. 논리학 명제논리로 환원해 볼 것 같으면, 문장의 내적 구조 형성에 관해 연접, 이접, 조건, 부정 등의 문장 연결사에 의해 문장들 사이의 결합을 정의할 수 있다.

한편 논항 구조(argument structure)라는 것이 있다. 의미 이론은 단어 의미에 관한 지식을 기술하는 것뿐 아니라 단어들이 결합하는 방식에 관한 지식도 포함한다. 합성성 원리에 어긋나지 않도록, 문장 의미는 통사 구조에 의해 영향을 받는다.

서술 관계(predication)란 주요 단어 부류들의 의미 기능을 나타내는 것이다. 동사의 서술 관계를 나타내기 위해 함수-논항의 연산 작용이 필요하다. 주어진 동사 자체를 함수(functor)로 잡고 이에 대응하는 논항(argument)의 수와 그에 결부되는 의미 역할을 구분하고 일반화 시킬 수 있다. 이를 위해 필요한 서술 관계를 논리식으로 적기 위해서는 상위언어(meta-language)를 필요로 한다. 상위언어라는 것은 본래부터 존재하는 언어를 기술(記述)하기 위해 추가로 도입한 논리형식 언어에 해당한다.

문장의 명제논리를 기술하기 위해 서술어(predicate), 개체 정항(constant), 개체 변항(variable) 등을 도입한다. 예를 들어 아래 예문 (1)은 (2a)로 바꾸어 적는다. 몰리와 프로도는 개체 정항이고, '__는 __의 아저씨이다(is an uncle of)'는 서술어 'UNCLE'로 표시하였다. 즉 (2b)에 메모한 것처럼, UNCLE은 주어와 목적어의 관계를 연결시켜 주는 서술어이다.

(1) "Molly is an uncle of Frodo."

(2) a. UNCLE(Molly, Frodo)

b. | Molly ↩ | UNCLE | ↳ Frodo |

한편 임의의 변항 x, y를 포함하는 예문인 "x is an uncle of y."에 대해서는

(3a)처럼 UNCLE(x, y)로 나타낸다. 이해를 돕기 위해 (3a)는 (3b)로 바꾸어 보았다. (3b)에서 보듯이, 변항 x로 묶인 집합과 변항 y로 묶인 집합을 서술어 UNCLE이 연결시켜 준다.

(3) a. UNCLE(x, y)

   b. {. . . x . . .} ↶ UNCLE ↷ {. . . y . . .}

간명한 예를 하나 더 들어보면, 'Ann loves Brad.'라는 문장에 대한 술어 표현은 LOVE(a, b)로 적으면 되며 이때 LOVE는 서술어이다. 술어논리에서 서술어 자체만으로는 명제 내용을 나타내기에 불완전하다. 서술어 LOVE의 의미를 실현하기 위해서는 Ann과 Brad라는 개체와 연결되어야 하는데, 이러한 개체들은 서술어가 지니는 슬롯(slot) 자리를 충족시켜 주는 논항(argument)이다.

의미의 합성성 원리나 통사 구조 생성의 측면에서 보면, 서술어와 논항의 결합 관계는 함수로 정의된다. 실제 문장의 구조를 기술하려면 서술 관계는 필요에 따라 확대될 수 있도록 정의해야 한다. 여기에는 논항 구조 관계뿐 아니라 시제, 양상, 양화, 사건 구조 등을 비롯한 여러 가지 언어 정보가 포함된다. 많은 수의 문장을 기술하기 위한 문법 이론은 술어논리에 기반을 두는 논항구조 정보를 포함한다. 여기에는 정보 결합의 우선순위를 미리 정해 놓은 절차적(procedural) 지식으로 나타낼 수도 있고, 정보 결합의 가능성과 제약을 우선시해서 선언적(declarative) 지식으로 나타낼 수도 있다.

서술어와 논항 사이의 의미 관계를 지칭하는 용어는 의미 역할(thematic roles)이라고 한다. 의미 역할의 수를 최대한 줄였을 때 문법 기술의 간결성은 높아지지만, 실제 언어 자료에 대한 설명력은 떨어지게 되기 때문에 적정 수의 의미 역할을 확정하는 것은 새로운 문법 이론이 등장할 때마다 가볍게 취급될 수 없는 문제였다.

또한 논항 구조는 문법적 관계(grammatical relation) 혹은 격(case) 이론과 밀접하게 관련된다. 문법적 관계라 함은 생성문법의 흐름에서 보면 통사 범주들 사이에 존재하는 구조적 형상 개념에 의거하여 주어, 목적어, 부사어 등의 분포적 형성과 통사론적 직능을 설명하기 위한 개념이다.

한편, 격(case) 개념은 두 가지 측면, 즉 표면격과 심층격으로 구분된다. 표면격은 문법적 관계 개념과 거의 대동소이하며 논항 구조의 통사론적 정보를 포함하는 것에 비해, 심층격은 논항 구조의 의미론적 정보를 포함한다. 이미 1970년대부터 생성문법에 대한 대안적 접근으로 등장한 필모어 Fillmore의 '격 문법'(Case grammar)은 논항의 의미 기능을 설명하기 위해 문장의 표면 구조와는 별개의 정보로서 심층 구조에 대해 의미격을 설정하였다. 격 문법 이론에서, 의미격으로는 동작주, 경험자, 대상, 도구, 시발점, 목표점, 장소, 시간 등의 8가지가 우선적으로 인정되었다. 격(case) 정보에 관한 연구는 언어 이론으로서뿐만 아니라, 인지과학이나 언어공학 분야에서도 사용된다. 기계번역이나 자연언어 이해 시스템을 비롯해 언어 정보처리 관련 분야에서 서술어의 결합가(valency), 필수적 논항 성분의 의미 역할 세분화에 관한 연구가 수행되었다.

모형 이론을 공학 분야에 응용하려면 계산처리 확률성(computational feasibility)이 중요한 평가 척도가 된다. 그러나 계산처리는 인지과학에서 중시하는 마음(mind)의 내적 구조와는 별개의 것이다. 공학적 계산처리 효율이 좋은 지식표현 방식이라고 하더라도 그것이 반드시 인지과학적 타당성에 있어서까지 더 적합한 것만은 아니다. 언어 정보를 공학적으로 응용하는 데에는 어려운 난제들이 도사리고 있으며 이런 어려움은 피할 수 없는 것이다.

7.6. 범주 인식과 인지주의

인지과학의 관심사로 이런 것들이 있다: 인간의 마음이 어떻게 작용하는가, 외부 정보를 어떻게 받아들이고 처리하는가, 새로 인지되는 정보가 무엇인지를 어떻게 인식하는가, 예전부터 지니고 있던 정보와 비교해서 새로운 정보를 기억 속에 어떤 방식으로 저장하는가; 이런 문제들이 인지과학의 논점으로 등장했다.

범주화는 사물을 분류하고 인지의 기저에 작용하는 범주를 형성하는 정신적 행위이다. 인식의 대상물을 범주화 한다는 것은 그 대상물을 하나의 종류로 묶어서 인식한다는 것을 말한다. 하나의 대상물은 여러 가지 범주의 구성원으로 속할 수 있다. 예를 들어 John은 person, man, bicycle owner 등의 범주에 동시에 속할 수 있다.

범주의 구성원은 대표성을 지닌 개체 집단이다. 범주들 사이에는 하위 범주를 구분할 수 있으니 man, woman, bicycle owner 등은 person의 하위 범주들이다. 세상 사람의 절반은 남자이고 절반은 여자이기 때문에, 남자와 여자는 사람 범주를 구분하는 개체 집단이 된다. 자전거 주인(bicycle owner)은 남녀(man-woman) 구분과 성격이 다르기는 하지만, 자전거 있는 사람 집단을 대표하는 뜻으로 보면 범주 구성원이 될 수 있는 정도이다. 그러나 지나치게 개별화 된 집단은 범주 구성원이 될 만한 대표성을 확보하지 못한다. 예를 들어 '오늘 아침 지하철역에서 나의 발뒤꿈치를 밟았던 어떤 사람'이란 말은 개별 상황의 예시일 뿐이기 때문에 범주의 대표 구성원으로 보기 어렵다.

경험으로 체득한 지식을 이용하기 위한 방법 중의 하나는 범주화 하는 것이다. 고전적 범주 인식에서는 어휘들 사이의 경계가 뚜렷하게 구분되는 것으로 보았다. 반면 인지주의 접근 방식에서는 하나의 범주에 속하는 어휘들은 그 경계가 불명확하면서 원형적 보기를 중심으로 방사형으로 기억되는 한 무리의 어휘 군을 형성한다고 보았다. 뢰브너(Löbner 2002, p196)에서 가져온 다음 그림을 통해 이해해 보도록 하자.

 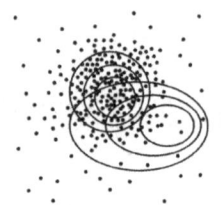

왼쪽 그림은 인지주의 원형 이론의 관점을 상징한다. 경계가 분명하게 그어지지 않고 산재하는 구성 요소들이 가장 중심부에 원형적 보기를 주축으로 해서 범주화 된다는 것을 나타낸다. 이에 비해 오른쪽 그림은 구성 요소들의 선택 기준이 경계선으로 구획되는 고전주의 범주 인식을 상징한다. 여기에서 보듯이, 고전적 어휘의미론에서의 범주 인식은 인지의미론에서의 범주 인식과 대비된다. 고전 범주화 입장에서는 범주의 경계가 뚜렷하며 범주 구성원들은 동등한 자격을 갖추고 있다고 본다.

　반면에 인지주의 관점의 원형 범주화 입장에서는, 범주의 경계란 불분명한 것으로 보았다. 이처럼 불분명한 경계에 놓이는 범주 구성원들 간에는 원형적 보기와 주변적 보기의 비대칭성을 이루고 있다. 즉, 하나의 범주로 묶이는 구성원들이 모두 똑같은 지위를 가지는 것이 아니다. 그 중에서 더 전형적이고 대표적인예가 있고 대표성이 떨어지는 예들이 있다. 대표적인 예를 '원형 보기'라고 하는데, 원형 보기를 중심으로 주변적 보기가 외곽에 방사형으로 배치되어 기억된다고 인지주의 연구자들은 주장하였다. 예문을 한 개 보자.

(1) A robin is a bird.

(2) A duck is a bird.

(3) There is a bird on the porch.

　실험을 통해, 이 예를 접했을 때 사람들이 이해하는 속도를 측정해 보았다. 사람들은 (1)보다 (2)를 이해하는 데에 시간이 더 소요되는 것으로 보고되었다. 울새(robin 참새 류)가 오리(duck)보다 새를 대표하는 원형성이 강하기 때문에 사람들 머리에 빠르게 인식되기 때문이다. 한편 (3)에서 'a bird'라는 것은 울새(혹은 참새)가 현관 위에 앉아 있는 것으로는 이해되지만 독수리나 바다갈매기가 현관에 앉아 있음을 말하는 것으로 이해될 가능성은 희박하다.

　원형 보기는 비원형 보기에 우선한다. 비원형 보기에 비해 원형 보기는 먼저습득된다. 왜냐하면 원형 보기는 머릿속 사전의 중심부에 저장되며, 짧은 시간내에 낱말 연상에서 일차적으로 반응이 일어나기 때문이다. 로쉬 Rosch의 연구에서 제시한 원형 보기, 비원형 보기의 예를 몇 가지 들어보면 아래와 같다.

예	원형 보기	비원형 보기
가구	의자, 소파	서랍장, 스툴
과일	사과	참외, 바나나
꽃	장미	카네이션
새	참새	오리, 올빼미

'가구' 범주를 대표하는 원형 보기는 '의자, 소파' 등이다. 비원형 보기는 '전화, 선풍기' 같은 것들이다. '과일, 꽃, 새' 등의 범주들에 대한 원형 보기로는 '사과, 장미, 참새' 등이 대표적이다. '피클, 패랭이꽃, 박쥐' 등의 예들은 대표성이 떨어지는 비원형 보기이다. 이러한 비원형적 보기는 원형 보기에 비해 언어사용자들이 더 힘들게 더 느리게 더 드물게 떠올린다.

한편 인지주의 이론에서 제시된 중요 개념으로 '이상적 인지모형'(ICM)이란 것이 있다. 레이코프 Lakoff가 이름 붙인 이상적-인지모형(Idealized Cognitive Model: 이하 ICM)에 의하면, 사람들은 세계를 체험하는 과정에서 얻은 판단 기준들을 ICM으로 보유한다. 예를 들어 '월-화-수-목-금-토-일요일'이라는 ICM은 주기적 순서를 나타내지만 인지모형에서는 체험 과정(태양, 수면, 달력)에서의 관습과 관련을 맺는다. ICM 개념에 의하면, 원형 이론에 등장하는 대표 보기들은 근본적으로 문화적 경험의 결과물에 해당한다. 개체에 대한 '백과사전적 지식'과 세계에 관한 견해 구성을 가져오는 '문화적 지식'이 병렬적으로 작용해서 언어적 프레임(frame)이 세워진다. 즉 ICM은 현실 세계 내에서 실재하는 것이 아니라 사람들의 의식 속에서 만들어지며 원형 효과는 ICM에 의해 발생한다는 것이 인지주의 의미론에서 취하는 견해였다.

범주화와 관련하여 인지의미론의 주된 관심사 중의 하나는 다의어(多義語) 문제였다. 다의어로의 의미 확장은 원형 의미를 중심으로 주변의 확장 의미와 방사형의 범주를 이룬다. 다의어의 존재는 하나의 어휘 항목이 여러 개의 의미를 표시할 수 있게 함으로써 인지적으로 머릿속에 저장하는 기억의 부담을 줄여준다. 다의어는 동음어와 구별하기 어려운 경우가 흔한데, 다의어와 동음어의 관계에서 다의어가 유연성을 잃어버리면 동음어가 된다. 다의어와 동음어 구별은 특히 사전 편찬을 위한 표제어 설정에 어려움을 준다. 다의어인 경우에는 하나의 표제어로, 동음어인 경우에는 독립된 표제어들로 정해야 한다.

7.7. 문화적 상대성과 어휘 경계

문화(culture)의 가치를 반영하고 표현하는 데에서 의미가 나타난다고 보는 관점이 있다. 이에 따르면 언어적 의미는 언어 기호가 사용되는 문화적 맥락에 의해 결정된다는 것이다. 이와 같은 문화적 환원주의 견해로는, 문화라는 것은 세계가 운행되는 것에 대한 사람들의 믿음 체계이고, 언어는 세대 간에 정보를 전승시켜 주고 표현하는 주요 수단이다. 언어는 서로 다른 문화적 맥락을 반영한다. 예를 들어, 에스키모 사회에서는 백색을 나타내는 단어가 많다. 미국영어는 가정법 표시를 점점 덜 사용하고 그 대신에 직설법으로 나타내는 경우가 많아진다고 한다.

사피어-워프(Sapir와 Whorf) 가설은 문화적 환원주의를 대표한다. 언어, 문화, 사고는 모두 밀접한 관련이 있다는 점을 중시하였다. 의미 구별은 문화에 의해 생성되는 심리적 범주를 통해 이루어진다는 것이다. 사피어-워프 가설 이후, 개념과 어휘 사이의 대응이 문화권 별로 차이를 보일 수 있는 것과 관련해서 언어적 상대성에 대한 관심이 높아졌다.

언어에 따라 어휘 구분이 다른 것을 보여주는 익숙한 예로 에스키모어에서 눈(雪)을 가리키는 단어를 들 수 있다. 에스키모 사회에서는 눈을 4가지로 구분한다. aput(땅에 쌓인 눈), qana(내리고 있는 눈), piqsirpok(바람에 날리는 눈), qimuqsuq(바람에 실려 쌓이는 눈) 등이 있다. 문화의 필요에 따라 언어가 있고 언어에 의해 사고가 결정된다고 보는 견해를 사피어나 워프 같은 학자들은 제시하였다. 그런데 오히려 영국영어에는 눈에 대한 단어가 에스키모어에서보다 더 많다. snow(눈), flake(함박눈), sleet(진눈깨비), slush(진창눈), drift(싸락눈), blizzard(눈보라), snowfall(강설), snowstorm(눈보라) 등이 있다. 여기 괄호 안에 한국말로 번역어를 넣어 두었는데 이것 또한 한국어에 눈 관련 단어가 영어 못지않게 다양함을 슬쩍 보여준다. 이런 예는 문화 개별성이 언어 체계에 직접 영향을 주는 것이라고 가정했던 사피어-워프 가설의 객관성을 조금씩 의심하게 만들어 준다.

사피어-워프 관점과는 달리, 문화와 사고가 언어 형식에 직접적으로 반영되지는 않는다고 보는 견해도 있다. 이런 의견으로 주목할 만한 학자는 스퍼버와 윌슨(Sperber & Wilson)이다. 그들의 견해에 의하면, "의미 표상과 전달되는 사고 사이에는 간격이 있다. 이 간격은 기호 산출에 의해 채워지는 것이 아니라 추론에 의해 채워진다." 즉 문화는 단순히 의미론적 기호 산출을 넘어 화용론적 추론의 측면과 더 긴밀하게 관련된다는 것이다.

한편 '의미場'이라는 개념이 구조주의 어휘의미론 시대에서부터 도입되었다. 의미場 개념의 필요성을 예시하는 좋은 예로는 색채어 어휘가 있다. 이것은 개별 언어마다 범주화에 차이가 있음을 보여준다. 색채어에 대한 구조주의자들의 전통적 견해에 의하면, 색채어 구별이 개별 언어마다 차이가 있는 것은 문화적 선택에 기인하는 것으로 보았다. 그러나 인지주의 견해에서는 기본 색채를 중심으로 주변 색채를 지각하는 방향으로 확대되어 나간다는 점에 주목하였다. 베르린과 케이(Berlin과 Kay 1969)는 여러 언어들의 색채어를 실험적으로 비교해 본 결과, 다음과 같은 단계별로 기본 색채어 발달이 이루어진 것임을 알아냈다.

(1) 검정(black) 혹은 흰색(white)
(2) 빨강(red)
(3) 노랑(yellow) 혹은 녹색(green)
(4) 파랑(blue)
(5) 갈색(brown)
(6) 회색(grey), 핑크색(pink), 오렌지색(orange), 자주색(purple)

아래 표에서 오른쪽으로의 색상이 존재하는 경우, 그보다 왼쪽으로의 색상도 반드시 존재한다. 예를 들어 (4)가 있으면 그보다 좌측으로 (1), (2), (3) 색상들이 반드시 있다. 그렇지만 (4)가 있다고 해서 그것의 우측으로 (5), (6)의 색상들이 있는지의 여부는 제약되지 않는다. 표로 보인 것처럼, 꼭 있는 경우는 √ 표시로, 제약되지 않는 경우는 ?로 표시하면, 가장 우측에 표시된 √로부터 좌측으로 순위가 매겨진 색채어는 반드시 존재한다.

(1)	(2)	(3)	(4)	(5)	(6)
√	√	√	√	?	?
√	√	?	?	?	?
√	√	√	√	√	?

여러 언어들을 비교해 보면, 언어에 따라 한 개의 색채어가 더 넓은 범위의 자연색을 뜻한다. 만약 어떤 언어에서 녹색과 파랑의 색채어 구분이 되어 있지 않다면 그 둘을 통칭하는 색채어를 'grue'(= green + blue)라고 부를 수 있지 않을까? 실제로 웰쉬어에서 'glas', 반투어에서 'rihlaza', 이런 단어들은 녹색과 파랑을 동시에 나타내는 색채 스펙트럼을 나타내는 어휘들이다.

한국어에서는 기본 색채어를 어떻게 구별하는지에 관해 찾아보자. 무지개의 '빨-주-노-초-파-남-보' 중에서 '빨강-노랑-파랑'을 제외한 '주황-초록-남색-보라'는 서양의 외래어에서 유입된 색채어들이다. 고유어의 색채어는 '빨강-노랑-파랑' 이외에 '거멍-하양'을 합해 다섯 가지이다. 그 근거로는 색채 어휘들의 파생 관계를 보면 알 수 있다.

- 검다/거멓다 → 거멍
- 희다/하얗다 → 하양
- 빨갛다 → 빨강
- 노랗다 → 노랑
- 퍼렇다 → 파랑

위에 적은 것처럼 파생의 선후 관계를 화살표로 구분해 보면 고유어들인 "거멍, 하양, 빨강, 노랑, 파랑" 등은 용언으로부터 명사 파생이 일어났다. 그러나 한 자어 계열의 색채어 명사들은 파생을 통해 생겨난 것이 아니기 때문에 그에 대응하는 색채 형용사가 없다. 예를 들어, ? → 주황, ? → 초록, ? → 보라 등에서 '?' 자리를 형용사로는 채울 수 없다. 주황, 초록, 보라 등은 파생에 의해 생겨난 것이 아니기 때문에 그러하다.

단어 구획은 문화적 배경에 따라 달라지게 마련이듯이, 색채어 경계 구분은 문화에 따라 차이를 보인다. 에스키모 사회에서는 눈 덮인 자연을 항상 보면서 살기 때문에 백색을 나타내는 색채어의 종류가 다양하게 존재한다. 한국어 고유의 색채어들로 연지빛, 등황빛, 치자빛, 쪽빛 등이 있는데 이것은 서양의 먼셀 색상표에 들어 있지 않다. 청명한 가을날 저녁 해 질 무렵에 노을빛으로 물들어 가는 풍경은 한국뿐 아니라 외국에 가서도 볼 수 있다. 한국 사람들은 그 아름다운 풍경을 '노을빛'이라는 말로 표현해 왔다. 외국 사람들은 '노을빛'을 뭐라고 표현할까? 제주도 성산 일출봉과 우도 앞 바다의 물빛은 에메랄드 빛이다. 가슴이 파랗게 물들어오는 느낌이 드는 시원한 색상이다. 우리말로 그것은 '쪽빛'이라고 부르는 것 같다. 블루(blue)는 생동감을 주는 색채인데 상징으로 사용되면 내면 의식과 연결된다. 버지니아 울프의 소설 「등대로」(To the lighthouse)에서는 등대가 블루 색깔 안개 속으로 녹아 들어가는 장면을 묘사함에 의해 블루는 예술가의 본능적 욕구를 상징하는 색깔로 그려졌다.

언어 표현의 구분은 상대적일 때가 흔히 있다. 표현의 범주 경계가 모호한 경우도 있다. '남자의 집합', '자연수의 집합'은 그 외연 범위가 일정하게 드러나는 것에 비해, '아름다운 사람', '키가 큰 사람'의 경우에는 기준이 되는 경계를 분명하게 정하기 어렵고 주관적 판단이 개입할 여지가 있다. 아래 예를 보자. (1)의 '많은'과 (2)의 '많다'는 수를 세는 말인데 그것을 만족시켜 주는 개체의 수량을 일정하게 결정하기 어렵다.

(1) 많은 사람들이 전쟁터에서 죽거나 다쳤다.
(2) 우리 반에는 왼손잡이가 많다.

이처럼 수량 표현을 해석하는 데에는 절대 경계선이 분명치 않은 경우가 흔하다. '많다'는 말은 절대 기준을 세우기 어렵고 기준에 따라 정도가 다르게 해석된다. 가령 "지각을 많이 했다."고 할 때, 지각 안 한 날이 더 많음에도 불구하고 여러 번 지각했기 때문에 지각을 많이 한 것으로 해석될 수 있다. "너무 많이 결석하면 학점 F 나온다."는 말에서 '많음'의 기준은 무엇인가? 결석한 날보다 출석한 날이 더 많을지라도 여러 번 결석하면 F 나올 수 있다. "모임에 사람들 많이 나왔어?"라고 물을 때 '많음'의 기준은 그때그때 상황에 따라 달라진다.

정도 표현의 예를 한 개만 더 들어보기로 하자. 부사어 '너무'의 경계는 어디에서 나누어질까? 「언어의 이해」는 너무 어려워요.'라고 말하는 사람들이 많은데, 「언어의 이해」 은근히 재미있어요.'라고 말하는 사람들도 없지 않아 있다. 이런 말의 경계를 가르는 기준을 일정하게 정할 수 있을까? 그냥 조금 재미있는 정도가 아니라 훨씬 더 재미있는 정도를 필자의 개인 어법으로는 '되~에~게 재밌어.'라고 말한다.

7.8. 맥락과 사용으로서의 의미

언어를 사용하는 사람들이 사회적 상호작용 속에서 구체적으로 어떤 말을 선택해서 사용할지를 결정하게 만들어 주는 요인들은 어떤 것이 있는가? 선택된 표현들이 어째서 그밖에 다른 대안적 표현들에 우선해서 선택되었으며 그 사용의 결과로 다른 사람들에게 어떤 영향을 주는가? 이런 문제에 관해 설명하려는 분야는 화용론(pragmatics)이다.

화용론에서는 주로 화행, 함의, 함축, 전제, 직시 등에 관한 연구 현안들을 취급하며, 비진리조건적 의미와 맥락에 관해 주목한다. 화행(話行) 이론에서는 행동으로서의 언어에 주목해서, 발언의 형식과 기능 사이에 상관관계를 부여하였다. 의사소통의 과정에서 언어적 정보의 복원 가능성에 대한 일반 이론으로는 그라이스 Grice가 제시한 대화 격률 원리가 있다.

화용론은 언어에 대해 다양한 관점에서 연구하는 분야이니만큼 앞서 살펴보았던 의미론의 영역 중에서 진리조건적 의미론의 범위를 넘어 비진리조건적 의미의 제반 측면을 포괄한다. 비진리조건적 의미를 우선적으로 가장 수월하게 정의해 보자면, 사람들이 언어적 표현을 사용함에 있어 이미 주어졌거나 기왕에 새로이 수립하고자 하는 '맥락'에 의해 결정되는 의미를 말한다. 언어 표현의 의미를 구체적으로 이해하기 위해서는 그것이 사용되는 맥락을 고려하여야 한다.

맥락은 크게 두 가지 종류로 구분할 수 있다. 언어적 맥락(linguistic context)과 상황적 맥락(situational context)으로 구분한다. '언어적 맥락'이란 주어진 구절이나 문장을 해석하기 위해 고려하는 담화 구조에 관한 것이다. '상황적 맥락'이란 화자, 청자를 비롯한 참여자들, 그리고 그들의 믿음, 물리적 환경, 대화 주제, 시간 등의 요인들을 포함한다. 현실 세계의 맥락이 의미와 상호작용하는 방식은 다양하다.

예를 들어 "I was near that bank yesterday."라는 발화를, (i) 강가에서 말했다면 'bank'는 '강둑'을 뜻하지만, (ii) 월스트리트 지역에서 말했다면 'bank'는 강둑

이 아니라 '금융기관'을 뜻한다. 이것은 대화의 맥락을 고려하여 실제 의미가 결정된다. 또 다른 예로, "I left my heart in San Francisco."라고 말함에 의해 전달하는 의미는 여러 가지일 수 있다. 샌프란시스코에 추억이 있다는 말일 수 있고, 그때 생각이 난다고 말하려는 것일 수 있고, 그때가 좋았는데 또 가고 싶다는 의도를 표시하는 말일 수도 있다. 이처럼 하나의 문장 형식이 여러 가지 의미로 해석될 수 있는 것은 '맥락'이 작용하기 때문이다.

식당에서 식사 중에 옆 사람에게 "Can you pass the salt?"라고 말하는 것은 소금을 건네 줄 수 있는 능력 여부를 묻기보다는 직접 건네줄 것을 요청하는 것이다. 붐비는 지하철에서 발을 밟혔을 때 "You are standing on my foot."이라고 말하는 것은 발을 빼어 달라는 요청이다. 겨울철에 난방이 안 된 실내에 들어서며 "It's cold in here." 라고 말하면 그에 대응하는 행동을 유발하는 효과가 생긴다.

7.9. 화용론의 형성

1960년대부터 화용론이 독립된 학문 분파로 등장하였다. 화행 의미론이 등장하기 이전 시대에는 분석주의 철학, 논리형식주의 철학이 성행하였다. 여기에는 언어철학자 비트겐슈타인 Wittgenstein이 분석주의 전통에서 이탈하여 독자적 언어관을 형성한 것이 분기점이 되었다. 비트겐슈타인에 의하면, "단어의 의미를 안다는 것은 그 단어를 사용할 줄 아는 것이다." 이것을 비트겐슈타인은 가족 유사성(family resemblance)이라는 개념으로 이름 붙였다.

원래 20세기 초중반 분석주의 철학에서는 언어 문제에 접근함에 있어 의미라는 것은 논리적 대응물에 해당하는 것으로 보았다. 이에 비해, 비트겐슈타인은 논리실증주의가 의미의 본령에서 벗어난 것으로 보았다. 그 대신 언어게임(language game)이라는 용어를 제시하면서 언어표현의 의미는 개별적 맥락에서 나타나는 언어 사용의 문제로 보았다.

비트겐슈타인 이후 언어철학은 일상 언어(ordinary language)에 대해 관심을 기울였다. 1950 ~ 1960년대 이후 등장한 일상 언어 철학자들은 단어의 의미를 안다는 것은 주어진 단어를 일정한 방식으로 사용할 줄 아는 것이라고 주장하였다.

일상 언어 사용을 설명하기 위해 맥락(context)을 중시하는 접근은 화용론(pragmatics)이 성립하는 계기가 되었다.

오스틴 Austin, 써얼 Searle 등이 선도한 화행(speech act) 이론은 행동으로서의 언어에 주목하였다. 화행 이론에서는 언어란 것이 행위의 한 형태라는 측면을 강조하며 발언의 형태와 기능 사이의 관계에 주목하였다. 예를 들어 선언, 질문, 약속, 제안, 명령 등의 행위들은 화자가 겉으로 드러내서 말을 함에 의해서야 비로소 성립하는 것인데, 이와 같은 화행이 적절히 수행되기 위한 적정 조건들을 정하고 그것의 충족 여부를 검토하였다. 화행 이론에서는 화행을 3가지로 나누어 발언행위(locution), 발언수반행위(illocution), 발언효과행위(perlocution)를 구분하였다. 오스틴은 언어가 행위를 수행하는 형식인 것으로 보기 때문에 화자의 발화가 청자에게 미치는 효과를 연구하는 것이 당연한 관심사였다. 화자가 선택하는 발언 형식은 행위의 목적을 성취하기 위해 작용하는 경우가 많다. 예를 들어 "Someone forgot to shut the door."(의역하면, '문은 왜 열어두고 가~.')라는 발언 행위를 함에 의해 다른 사람에게 문을 닫아 달라는 요청의 기능을 수행할 수 있다.

일상 대화에서 서로 다른 대안적 표현이 가능한 경우에 화자가 그 중 어느 한 가지 표현을 선택해서 사용하는 것이 단순히 임의적이고 임시방편적으로 일어나는 것이 아니라 그럴 만한 문화적 배경이나 인지심리적 발언 동기에 의거해서 유인된다고 보는 견해가 잘 알려져 있다. 이와 같은 견해는 지난 시절 언어학에서 오스틴, 써얼 등의 화행 이론 이후 여러 분파의 연구 흐름에서 포괄적으로 수용되었다.

한편 그라이스 Grice는 언어사용을 지배하는 사회적 관습에 대해 파악하려고 하였다. 그라이스가 제시한 대화 격률 원리는 의사소통의 과정에서 언어적 정보의 복원 가능성에 대한 일반 이론이다. 그것은 격률(maxim) 체계에 의거해서 언어 사용을 지배하는 사회적 관습을 밝혀보려는 시도였다. 대화 격률 이론에 관해서는 다음 장에서 더 알아보기로 하겠다.

〈참고문헌〉

Berlin, Brent and Paul Kay. 1969. *Basic Color Terms: Their Universality and Evolution*, Berkeley: University of California Press.

Cruse, Alan. 2000. *Meaning in Language: An Introduction to Semantics and Pragmatics*, Oxford: Oxford University Press.

Hurford, James R., Brendan Heasly, and Michael B. Smith. 2007. *Semantics: A Coursebook* (2nd edition), Cambridge: Cambridge University Press.

Jeffries, Lesley. 2006. *Discovering Language: The Structure of Modern English*, New York: Palgrave Macmillan.

Löbner, Sebastian. 2002. *Understanding Semantics*, London: Arnold.

Miller, George A. 1996. *The Science of Words*, New York: Scientific American Library.

Stewart, Thomas W. Jr. and Nathan Vailette (eds.) 1998. *Language Files*, Columbus: The OSU Press.

8장

의미와 언어사용: 화용론과 담화

8.1. 말을 분석하는 데에는 단위가 있다

언어 표현이 주어진 맥락(context)에서 실제로 쓰이는 상황적 의미를 연구하는 분야가 화용론(pragmatics)이다. 이 장에서는 화용론 분야에서 잘 알려진 이론을 한두 가지 소개하고 관련되는 현상을 예시하기로 하겠다.

화용론은 발화(utterance 發話)를 분석의 단위로 삼는다. '발화'라는 개념은 문장 형식을 갖추어 상황에 따라 전달되는 메시지를 뜻한다. 상황 맥락에서 주고받는 말의 기본 단위를 발화라고 한다. 사람이 한 마디 말을 문장 형식으로 말할 때에는 발언 의도나 동기가 있고 그 말을 듣는 사람은 말뜻을 해석한다. 이렇게 주고받는 말은 하나의 장면이나 상황에서 이루어진다.

아무리 작은 세부 항목일지라도 가리지 않고 그 모두를 음성적으로 말하려 한다면 말하는 데에 수반되는 부담이 아주 많을 것이다. 실제 말은 모든 세부 내역을 다 말하는 것이 아니라 일정 부분에 걸쳐 소거를 거친다. 가령 아래 (1)을 말하면 되는 상황에서 (2)처럼 전부 다 말하지는 않는다. (2)에서 가로줄로 표시한 부분들을 덜어 내고 짧게 (1)로 말하기만 해도 배고픔에 연결되는 발언 정보를 대화 상황으로 이끌어 들일 수 있다. 군더더기가 될 만한 것은 소거해서 현재 대화 상황에 관여하는 것을 중심으로 실제 발언을 구성하면 된다.

(1) 배 고프다.
(2) 오늘 아침에 잠을 조금 더 자고 싶었다. 그러다가 아침을 안 먹고 학교에 왔더니 처음에는 그럭저럭 참을 수 있는 정도였는데 아까 휴식 시간에 커피를 한 잔 마시고 오전 수업을 마치고 난 지금은 정말 **배 고프다.** 빨리 식당에 가서 점심 식사를 해야지.

분명하게 말해지지 않더라도 실제로 말해진 것만 가지고서도 추론에 의해 자연스럽게 전달되는 정보가 있다. 일상 대화에서 우리는 모든 내역을 하나도 빠뜨림 없이 입을 열어 발언하는 것은 아니다. 아래에 적은 것처럼, 추론 기제는 사람들의 발언 행위에서 [직접 말해진 것]과 [전달되는 것]을 연결시켜 준다.

[직접 말해진 것] --- (추론) ---> [전달되는 것]

말하는 것에 관련하는 모든 내역을 일일이 말하는 것은 부담이 많이 되기 때문에, 사람들은 부담을 적게 짊어지는 방향으로 말하려고 한다. 그래서 추론에 의해 알아차릴 수 있는 내용은 일일이 언급하지 않고 다만 추론의 중요 단서가 되는 내용만을 말하는 방식을 선택할 수 있다.

화용론은 의미론과 긴밀한 관련을 맺는다. 의미론과 화용론의 경계에 대해서는 연구자마다 조금씩 다른 견해를 보유하기도 한다. 어느 한 쪽으로의 포섭 관계로 보는 입장이 있는가 하면, 접경을 맞대는 관계로 보는 입장도 있다. 간단하게 비유해 보건대, 다음처럼 3가지 입장을 대비할 수 있다

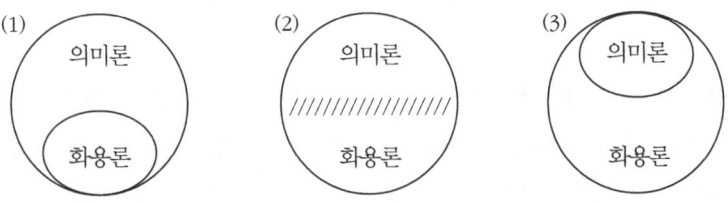

(1)은 화용론을 의미론에 포함하려는 입장이다. (2)는 의미론과 화용론 사이에는 느슨한 접경을 마주한 상태에서 상호 보완적인 역할을 담당한다고 보는 입장이다. (3)은 의미론을 화용론에 포함하려는 입장이다.

화용론에서 확립된 연구 영역으로는 화행 이론, 대화 원리, 공손성, 직시어, 전제, 함축 이론, 언어적 추론 등이 있다. 화용론의 세부 주제는 매우 다양하기 때문에 그 모두를 이 장에서 언급할 수는 없다. 그 중에서 대화 함축 및 언어적 추론을 중심으로 기본 개념에 관해 돌아보기로 하자.

8.2. 맥락: 텍스트와 함께 하는 컨텍스트

'맥락'이란 컨텍스트(context)를 번역한 용어이다. context는 라틴계 어원에서 찾아보면 'con-'과 'text'가 결합된 것인데 여기에서 con-은 'together'를 뜻한다. 즉 '텍스트와 함께 하는 것'이 컨텍스트이다. 하나의 텍스트가 사용될 때 그것을 에 워싸는 상황적 요인이 텍스트와 함께 한다. 즉 텍스트 사용의 주변에 컨텍스트가 자리한다. 이러한 관계를 아래처럼 그려 보았다.

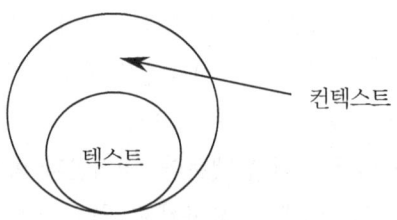

화용론 분야에서는 문장 단위를 대신하는 개념으로 발화 단위를 설정하고, 문장 의미보다는 '발화 의미'에 비중을 두어 의미 현상을 설명하려고 한다. 즉 발신자, 수신자, 발화, 맥락 사이의 상호 관계에 중점을 두고, 발화의 효력(force)에 관해 이야기한다.

문장과 발화의 차이점을 간단한 예를 통해 알아보자. '개가 짖는다.'는 하나의 문장이다. 이 문장은 주어와 술어가 연결되어 하나의 명제를 표현해 주는 것이며 문법 형식을 갖추었다. 문법 형식에 있어 문장이라고 하는 것이 실제 대화 장면에서 사용되면 발화에 해당한다. "개가 짖는다."라고 말함에 의해 발언자가 청자에게 전달해 주는 뜻은 상황에 따라 달라진다. 사나워 보이는 개가 짖고 있으니 조심하라는 메시지일 수 있고, 짖어대는 개를 한번 쳐다보라고 말하는 것일 수도 있다. 혹은 집 안에서 듣기에 개 짖는 소리가 나는 것을 보니 대문 바깥에 누가 찾아왔는지 확인해 보라는 말일 수도 있다. 이처럼 문장 형식을 갖추어 실제 상황에서 사용되는 '한 마디 말'을 '발화'라고 한다.

화용론에서는 발화가 전달하는 의미를 해석하기 위해 화자와 청자를 포함해 주변 상황을 고려한다. 다음 예처럼 완전한 문장 형식을 갖추지 않고 말할 수 있다. 이런 경우는 맥락에 의거해서 발화의 의미가 전달되고 해석된다.

> A: Coffee?
> B: Sure!
> A: Cream and Sugar?
> B: Black.

일상의 대화에서 하나의 발언은 대화에 관여하는 사람들이 보유하고 있는 공동의 가정, 믿음, 지식 등에 기반을 두고 의미를 전달한다. 다음 예를 보자.

> [A와 B, 두 사람이 살고 있는 아파트에 전화벨이 울린다]
> A: 나 지금 화장실에 있거든.
> B: 내가 받을 게.

이 발언을 이해하는 것이 어째서 가능한가? 처음 화자가 의미를 명시적으로 드러내지 않고 비슷하게만 말하더라도 추론 과정이 청자에게 부과된다. 앞선 화자에 의해 시작된 대화에 청자가 반응 행위를 함에 의해 대화가 진행된다.

언어 사용자는 상황에 관한 모든 세부 정보를 하나도 빠뜨리지 않고 일일이 음성적으로 말해야만 하는 것이 아니다. 실제로 그렇게 말하는 사람은 거의 없다. 머릿속에서 빠르게 스쳐 지나가는 생각에 비해, 말이나 글로 그 모든 생각을 자유롭게 표현한다는 것은 힘들고 부담이 많이 가는 일이므로 하나도 빠짐없이 말할 수는 없다. 정황이나 맥락에 의거해서 발화의 의미를 알아차리는 부분이 있기 때문에 말하는 사람이 힘들여서 빠짐없이 말하지 않더라도 대화 상대방은 화자가 전달하고자 했던 정보를 추론해 낼 수 있다. 겉으로 드러나는 언어적 표현은 상황에 따라 조금씩 달라진다. 아래 예를 보자.

> A: 이번 주말에 뭐 할 거야? 영화 보러 갈래?
> B: 다음 주 월요일에 시험 봐. 할 거 너무 많아.

A의 요청에 대해 B는 거절 의사를 아주 또렷하게 공언하기보다는 요청을 받아들이기 어렵게 만드는 요인에 대해 언급함에 의해 간접적으로 거절 의사를 드러내고 있다. 이 상태에서 요청에 대한 거절은 확정된 것만은 아니다. 시험공부 때문에 시간이 중요하지만 그럼에도 불구하고 영화 보러 가겠다는 말을 이어 나갈 가능성은 완전히 없어진 것은 아니다. B가 시험공부 할 거 많다고 하면서도 영화 보러 가자는 제의를 받아들이는 상황이 전개된다면 그것은 곧 '맥락의 변화'이다.

직접적으로 명백하게 말하지 않더라도 말해진 것으로부터 성공적으로 전달될 수 있는 의미에 대해 왜 그런 의미가 성립하고 전달되며 여기에 관여하는 대화 참여자의 의도와 목적은 무엇인지를 잘 설명하려고 하는 것이 화용론 연구의 주요 논제이다. 어떤 한 가지 사안에 대해 표현하는 방식은 딱 한 가지로 정해져 있는 것이 아니므로 서로 다른 대안적 표현들 중에 상황에 따라 적절하게 말하는 방식이 결정된다. 사람들은 왜 그렇게 말하며, 그러한 행위를 결정하는 사회적, 문화적 요인들은 무엇인지를 잘 설명하면 언어에 대한 이해를 한 차원 높일 수 있다. 이런 설명을 통해 사람들의 언어 행위는 언어적 선택의 연속으로 구성되며 언어적 선택은 맥락 속에서 일어난다는 점을 이해할 수 있다.

맥락(context)이란 과연 무엇인가를 정의하는 일에 대해 학자들은 부담스러워한다. 맥락에 포함될 수 있는 요인들이 워낙 많기 때문에 딱히 "이것만 포함시키면 된다."고 말하기 어렵기 때문이다. 그래서 맥락에 대한 정의는 언제든지 완전하지 못하다. 한두 가지 정의를 소개해 보도록 하자. 1970년대 화용론 연구자 바히렐 Bar-Hillel이 지적한 바에 의하면, 맥락이란 것은 진리조건적 의미 영역을 벗어나는 모든 것을 한 통 속에 묶어두는 수거함(wastebasket)이나 마찬가지라고 보았다. 그 무렵 하임즈(Hymes 1972)는 SPEAKING 모형을 제시함에 의해 맥락 정의를 구체화 하였다. SPEAKING은 어두줄임말이다. 여기에서 S는 상황(situation), P는 참여자(participants), E는 목적(ends), A는 행위 연쇄(act sequence), K는 어조(key), I는 발언형식(instrumentalities), N은 상호작용 기준(norms), G는 장르 유형(genres)을 나타낸다.

화용론과 담화 연구의 최근 동향에서 볼 때, 맥락을 구분하는 가장 일반적인 방식은 (i) 언어적 맥락, (ii) 상황적 맥락, (iii) 문화적 맥락으로 나누는 것이다. 아래에 그려본 것처럼, 발화를 둘러싸는 더 큰 범위에서 맥락이 작용한다.

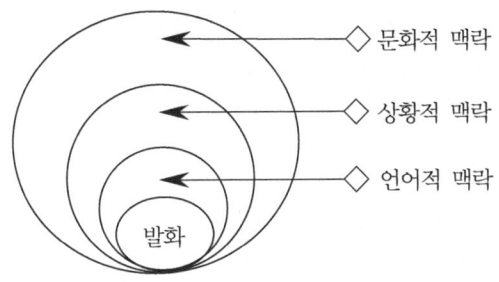

　언어적 맥락(linguistic context)이라 함은, 개별 발화가 앞뒤에 등장하는 발화와 맺어지는 관계에 관한 것이다. "어제 밤에 눈이 내렸다. 길이 미끄럽다."라는 말을 듣고 어제 눈 때문에 바로 오늘 아침부터 길이 미끄럽다는 연결 관계로 이해하는 것은 인접 발화 사이에 언어적 맥락을 부여함에 의해서이다.

　상황적 맥락(situational context)이라 함은, 의사소통의 개별 상황마다 언어사용이 어떻게 조직화 되고 여기에 맥락이 어떤 작용을 하는지에 관해서이다. 무엇에 관해 이야기하고, 담화 참여자들이 어떤 역할을 맡아서 대화 상황을 전개하는가에 관한 것이다.

　문화적 맥락(socio-cultural context)이라 함은, 개별 상황보다 더 넓은 측면에서 언어사용에 영향을 주는 문화적 요인을 말한다. 문화가 다르면 표현하는 방식에도 차이가 있다. 문화적 맥락에 속하는 지식으로는 예를 들면 이런 것이 있다.

- 외국 여행을 가서 관찰해 보니, "그 나라 사람들은 [이러이러한] 행동 방식을 지닌 것으로 보였다."
- 대화가 이어지는 중간에 침묵을 지키는 것에 대해 평가하는 척도는 문화권마다 다르다. 침묵은 긍정을 나타내며 좋은 뜻으로 받아들여지는 문화가 있는가 하면, 침묵이란 대체로 불편한 뜻을 전달하는 것으로 받아들여지는 문화가 있다.
- 남자가 결혼을 제의했을 때, 일본 여인은 말없이 다소곳하게 아래를 내려다보면 승낙하는 것으로 받아들일 수 있다. 그러나 또 다른 문화권에서는 말없는 침묵은 거절로 해석되며 그냥 달아나 버리는 것이 오히려 승낙의 뜻으로 해석된다.

- 한국인은 식사를 같이 하고 나서 각자 계산하는 것을 쑥스러워 하는데 할 수 없이 그러는 경우에 '각자 내지요.'라고 말한다.

8.3. 화용론적 추론: 함의, 함축, 전제

하나의 명제를 둘러싸고 언어적 추론에 의해 발생하는 의미들이 있다. 추론(inference)은 사람들이 사용하는 말에 배어 있다. 가장 뚜렷하게 언급되는 것으로는 함의, 전제, 함축 등이 있다.

발언 행위가 일어나기만 하면 이에 결부되어 추론이 언제든지 즉각적으로 발생하거나 성립한다. 추론의 한 종류로 함의(entailment)에 대해 알아보자. 하나의 명제가 이미 성립하면 그로부터 당연하게 성립하는 또 다른 명제가 있을 수 있다. 명제 내용의 포섭 관계에 따라 나타나는 언어적 추론을 두고 함의 관계라고 한다. 함의는 한 쪽 방향으로만 성립하는 것이다. 다음 예문들에서 화살표 왼쪽 발화는 화살표 오른쪽 발화를 함의한다. 그러나 화살표 반대 방향으로는 함의가 성립하지 않는다.

- Jane baked a cake. → Jane baked something.
- Bill caught a trout. → Bill caught a fish.
- Achilles killed Hector → Hector died.

언어적 추론의 중요한 유형으로 함축(implicature)이란 것이 있다. 함축은 크게 두 가지 유형, 즉 대화함축과 고정함축으로 나누어진다. 고정함축은 특정 단어나 구절에 의해 발생하는 추론이다. "Why not?"이라고 말하면 이유를 묻기보다는 동의, 권유, 제안 등의 의미를 전달한다. 다음 예에서 'even'은 선행 정보와의 대조를 함축한다. 우리말에서 '-도'를 포함해서 "나도 그렇게 생각한다."라고 말하면 나 이외에도 그렇게 생각하는 사람이 있음을 고정적으로 함축한다.

A: John had a party.
B: Even Fred showed up.

'대화 함축'이란 대화의 맥락을 고려하였을 때 발화자가 전달하려고 의도하는 의미가 드러나는 경우이다. 대화 함축은 맥락에 의존하여 발생하는 추론인데 잠시 뒤에 그라이스 화용론을 소개하면서 설명하기로 하겠다. 함축 의미가 발생하는 예문을 몇 개 들어보면 아래와 같다(Hurford 외 2007, p323).

A: Did you buy the salt?
B: I tried to.
 (함축: B tried, but B couldn't do that.)

A: Do you use your local swimming pool very much?
B: The salt water hurts my eyes.
 (함축: B's local swimming pool has salt water.)

A: How much do I owe you now?
B: I will have to get my calculator.
 (함축: A's debts to B are large and complicated to work out.)

한편 전제(presupposition)라는 것이 있다. 전제란 하나의 명제나 발화가 주어졌을 때 그것이 성립하는 한에서 또한 당연하게 성립하는 명제이다. 다음 예에서 화살표 왼쪽 발화는 오른쪽 명제를 전제한다.

· Where has Faye looked for the keys? → Faye has looked for the keys.
· Did you buy this awful wine? → This wine is awful.
· Don't sit on Annie's sofa. → Annie has a sofa.
· Stop being lazy. → You are being lazy.
· Lucy knows that George is a crook. → George is a crook.

전제란 의사소통 참여자들이 서로 당연한 것으로 받아들이는 언어 정보이다. 이러한 전제를 불러일으키는 표현들이 있다. 문장 형식에서 전제를 불러오는 경우가 있는가 하면 어휘 표현만으로 전제를 불러일으키는 경우도 있다. 예를 들어

"[대]세]는 그런 일을 하고 싶지 않아."라고 말했을 때 '다시'라는 부사가 포함됨으로 해서 언급된 사건이나 상태가 이미 일어났다는 전제를 유발하여 준다.

문장 형식이 바뀌어도 전제는 그대로 유지되는 경향이 있다. 아래 예를 보면, 밑줄 친 내포절의 사실성이 전제되고 있으며 의문문이나 부정문에서도 원래의 전제가 변하지 않는다. 즉, (1)은 'Harry is here.'를 전제로 지니는데 이러한 전제는 (2)와 (3)에서도 유지된다.

(1) John regrets that Harry is here.
(2) Does John regret that Harry is here?
(3) Tom doesn't regret that Harry is here.

전제에 관해 연구했던 20세기 전반기 철학자들로 스트로슨(Strawson)과 러셀(Russell)이 있다. 다음 예문을 가지고 스트로슨과 러셀의 견해 차이를 구별해 보도록 하자.

(1) The present king of France is bald.
　　(프랑스 현 국왕은 대머리이다.)
(2) 현재 프랑스에는 국왕이 있다.

(1)에서 언급하는 대머리 프랑스 왕의 예는 전제를 설명하는 데에 등장한 하나의 논쟁거리였다. (1)이 주어졌을 때 (2) '프랑스에 현재 국왕이 있다.'는 말은 전제로서 당연히 성립한다. (1)의 발화가 16세기 정도에 (탈모 증세가 있는 국왕이 프랑스를 통치하던 시절에) 말해졌다면 참(true)인 명제가 되겠지만, 오늘날 시점에서 프랑스에는 국왕 제도 자체가 없기 때문에 명제 (1)은 그 자체가 거짓으로 보아야 한다는 것이 러셀의 주장이었다. 이에 비해 스트로슨의 주장은 다르다. (2)와 같은 전제 자체가 현실에 부합되지 않는 거짓이기 때문에 그것에 연결된 (1)이 참인지 거짓인지를 결정할 수 없으며 그렇기 때문에 (1)은 단지 '진리치 공백'으로 보아야 한다고 스트로슨은 주장했다.

함축에 관해 조금 더 언급해 보겠다. 함축은 일상의 언어사용에서 거의 언제나 발생하는 추론 의미의 일종이다. 함축은 취소되거나 번복될 수 있다. 등급 함축(scalar implicature) 현상의 예로 다음을 보자.

(1) I like some of Arnold Schwarzenegger's movies.

(2) I don't like all of Arnold Schwarzenegger's movies.

(3) I like some of Arnold Schwarzenegger's movies. In fact, I like all of them.

(1)은 (2)를 함축한다. ⟨all, some⟩의 등급에서 등급이 낮은 some 유형의 표현을 사용하는 화자는 그보다 등급이 강한 all을 지닌 발화의 부정을 함축한다. 즉, (1)을 말함에 의해 아놀드 슈왈제네거 주연 영화 중 '터미네이터' 시리즈를 좋아하지만, '토탈 리콜'을 비롯해 슈왈제네거의 초기 출연 영화는 안 좋아한다는 함축 의미를 내재할 수 있다. 그런데 (3)처럼 슈왈제네거의 영화 몇 편을 좋아한다고 말했다가 사실은 그의 모든 영화를 다 좋아한다는 쪽으로 강화해서 말해도 모순이 생기지 않는다. 함축 의미는 (3)에서 보듯이 취소 가능성이 있다는 점에서 (진리치가 바뀔 수 없는) 진리조건적 명제내용과는 구분된다.

함축의 발화 형식은 화용론에서 중요 관심사가 되었다. 함축 의미를 알아듣기 위해 화자는 맥락에 의존하고 비진리조건적 배경 정보가 필요하다. 이에 비해 함의는 맥락 독립적이고 진리조건적이다. 함축, 전제, 함의에 관련하는 정보 등급 차이는 다음과 같이 구분할 수 있다.

대화함축 > 고정함축 > 전제 > 함의	
화용론	의미론
비진리조건적	진리조건적
맥락 의존적	맥락 독립적
취소 가능함	취소할 수 없음

8.4. 맥락 해석의 예: 직시어 용법

'This/That', 'It'와 같은 표현들은 지시 대상을 가리키는 표현들이다. 이것은 직시어(deixis)라고 한다. 직시어는 그것을 사용하는 사람이 어떤 배경에 놓여 있는가에 따라 그 의미 해석이 결정된다. 인칭 직시(person deixis), 시간 직시(time deixis), 장소 직시(place deixis) 등이 있다.

직시어의 말뜻을 해석하는 데에는 말하는 사람이 발언 내용에 대해 보유하는 심리적 거리가 반영된다. 다음 예는 A와 B의 두 사람이 주고받는 말이다.

> A: Overnight parking on the street is prohibited in Brookline.
> B: (i) That's absurd. (관광객의 목소리: "그건 너무하다.")
>   (ii) It's absurd. (브루클린 주민의 목소리: "그건 너무하다.")

뉴욕시 브루클린에서 야간 시간에 도로 위에 주차를 금한다는 정책이 새로 발표되었을 때 그 이야기를 하고 있는 A에게 B가 "그건 너무하다(터무니없다)"의 반응을 표현하는 말이다. 만약 B가 뉴욕에서 일상생활을 경험하는 뉴욕시 브루클린 주민이라면 '그건'을 'It'로 나타내며, 외지에서 와 잠시 머무는 관광객이라면 남의 일 말하듯이 거리를 두고 말하기 위해 '그건'을 'that'으로 나타낸다.

이와 같이 it와 that은 그 의미가 비슷하기는 하지만 간과할 수 없는 차이가 있다. 말하는 사람의 의식 속에 이미 선행지식이 있는지 없는지의 여부에 따라 그 선택이 달라진다. it을 사용하려면 그것이 지시하는 것이 화자에게 선행지식으로 알려져 있거나 기억되어 있어야 한다. 반면에 that가 가리키는 지시체는 그렇지는 않다. 대체로 that은 새로 유입되고, 새로 등장하는 정보를 가리키는 데에 사용된다. 다음 예는 1990년대 일본 전자회사 소니가 인기를 누리던 시절에 사용하던 광고 카피 문구이다.

> "It's SONY." (*That's SONY.)

소니가 만들면 역시 좋은 물건이라는 점을 부각시키려는 의도에서 고안된 카피로서, "그거 (우~와 다름 아니라 바로) 소니다."라는 말뜻을 가진다. 이런 정서를 전달하기 위해 대명사 it가 가리키는 지시체는 화자의 마음속에 이미 선행지식으로 자리하고 있다. 이미 알려져 있는 정보를 환기시켜 주려고 할 때, 이런 효과를 얻기 위해 직시어로 'it'가 선택된다. 'that'을 선택해서 'That's SONY.'라고 말할 맥락이 아닌 것이다.

한편 'that'이 어울리는 예문을 들어보자. 아래 문장은 출판되어 인기를 끌었던 책의 제목이며 뒤이어 제작된 영화 제목에서도 나왔다. 이 예문에서 'that'을 사용함에 의해 그가 그 정도로 반한 것은 아니라는 정황을 긴박감 있게 전달한다. "전화 약속을 지키지 않는다면, 당신의 감정을 존중하지 않는다면, 그는 당신에게 반하지 않았다."

"He's just not THAT into you." (「그는 당신에게 반하지 않았다」)

직시어의 주된 기능은 발화의 연쇄에서 가리키는 대상의 선후 연결 관계를 드러내 보이는 데에 있다. it와 that 사이에서 어느 쪽을 선택할 것인가는 선행사의 정보 상태와 밀접한 관계를 맺는다. 다음 예문에서 보면, (1)의 it는 선행절 내의 한 어절을 가리키고, (2)의 that는 선행절 전체를 가리킨다. 선후 문맥에서 가리키는 말의 정보 지위에 따라 직시어가 각각 다르게 선택됨을 보여준다.

(1) The authorities regretted <u>the strike</u>, but <u>it</u> was inevitable.
    (it = the strike) (authorities = 노동조합)
(2) <u>The authorities regretted the strike</u>, but <u>that</u> was inevitable.
    (that = 선행절 전체)

It와 that, 이 직시어들은 문장 내부에서 선행사를 반드시 지녀야 하는 것만은 아니다. 앞 문장에 직접 나타난 부분을 되받아 가리키는 것 이외에, 머릿속에 떠오른 정보 상태를 가리키는 데에도 that이 사용된다. 아래 예는 아마존 닷컴에서 킨들(Kindle DX)이라는 전자책 단말기를 구입한 고객들의 평에서 발췌해 온 것인데, 밑줄 친 '(not all) that'은 화자가 청자에게 상정한 이야기를 넓게 가리키는 직시어이다.

- ・ . . .(상략). . . If you are someone like me, looking to use the kindle as a way to carry around your entire academic library, be forewarned — it works, just *not all that* well.
- ・ there is a LOT to like about the DX: (중략)

  But . . . the DX just isn't *all that*. It has drawbacks that are really making me consider sending it back before my 30 days are up.

8.5. 그라이스 화용론: 대화 격률과 함축 의미

사람들은 의사소통을 하는 데에 있어 아무렇게나 말을 주고받는 것은 아니다. 의사소통이 성공적으로 이루어지기 위해서는 발언의 생성과 해석에 관해 화자와 청자의 협약이 성립한다. 사람들은 일상적으로 말하는 방식이 있다. 사람들이 말하는 방식에 대해 논리적으로 설명하려면 중요한 개념을 통해 "바로 그게 사람들이 말하는 방식이다."라고 설명할 수 있어야 하겠다. 이런 측면에서 의사소통의 일반 원리를 설명하려는 이론으로 그라이스 화용론(Gricean pragmatics)이 수립되었다.

의사소통에 참여하는 사람들은 의사소통을 위한 규약을 알고 받아들이며, 대화의 상대방도 역시 의사소통 규약들을 받아들이고 그에 의거해서 음성적으로 발언을 수행한다. 그라이스 Grice는 사람들이 말하는 방식에 관해 설명하였다. 그라이스는 예일 대학 언어학과 교수였는데 1975년에 발표한 논문 'Logic and Conversation'에서 대화 격률(conversational maxim) 체계를 제시하였다. 이것은 대화에 참여하는 화자와 청자 사이의 언어적 행위를 설명하기 위한 일반 원리로 제안되었다. 발언의 정보량, 발언의 진실성, 발언이 이루어지는 방식 등에 걸쳐 사람들이 언어를 사용하는 패턴의 차이를 조절해 주는 데에 보편적인 원리가 작용하는 것으로 설명한다. 의사소통을 하는 데에는 우선 협력 원리가 지켜진다고 가정하면서 대화 격률 중의 하나가 지켜지지 않았을 때 발생하는 대화 함축을 추론함에 의해 발화가 전달하는 간접적 의미를 해석할 수 있다.

그라이스는 대화의 진행을 일정한 방향으로 이끌어가는 최우선의 원리로 '협력 원리'(Cooperative Principle)를 설정하였다. 협력 원리에서 지정하듯이 대화는 '일정한 방향'으로 진행되기 마련이다. 여기에서 '일정한 방향'이라는 것은 대화 참여자들이 대화에 임하면서 보유하고 있는 대화상의 가정에 따라 예견되는 방향으로 대화가 진행되어 가는 것을 말한다. 협력 원리는 가장 상위에서 언제나 지켜지는 보편적 원리이다. 그리고 대화 격률은 구체적인 발언의 내용과 형식을 해석하기 위해 필요한 세부 원리로 작용한다.

대화를 주고받을 때 화자가 자신의 의도에 입각해서 사용할 수 있는 여러 가지 잠재적 표현들이 있다. 그 중에 어느 한 가지 표현 방식을 화자는 선택하게 된다. 가령 다음 대화에서 A가 하는 말은 그릇을 처리해 달라는 요청을 직접적으로 나타낸 것은 아니지만 함축 의미로 전달하려고 한 것인데, B는 A의 의도를 제대로 추론해서 그에 대해 언어적 반응을 보인다.

> A: I have to go or I'm going to be late for work . . .
>   I know it's my turn . . .
>   [아침 식사 후에 세척되지 않은 식기를 돌아보며 하는 말]
> B: Oh, I'll do them for you.

예를 더 보자. 아래 예에서 '기름 많은 음식은 별로'라고 말함에 의해 갈비탕 먹으러 가는 게 내키지 않으므로 다른 음식을 찾아보자는 뜻을 함축한다. 그리고 그 다음 예는, 모기와 귀뚜라미에 관해 언급함에 의해 민박집 숙박이 불편했다는 뜻을 함축한다.

> A: 점심 어디서 먹을까요?
> B: 갈비탕 어때요?
> A: 기름 많은 음식은 좀 별로예요.

> A: 그 민박집에서 하루 숙박했던 거 어땠어?
> B: 밤새 모기가 앵앵거리고 귀뚜라미까지 뛰어다녔어.

여기 예에서 보듯이, 하나의 발언은 자구적인 뜻 말고도 추가적으로 함축 의미를 전달할 수 있다. 발화의 표면 형식에 의해 일차적으로 드러나는 자구적 의미 이외에, 발화의 맥락이나 배경 정보가 작용해서 추가적으로 전달되는 의미를 함축(implicature)이라고 한다. 의사소통에서 관련된 모든 정보를 화자가 일일이 열거하지 않고 특징적인 시나리오만을 말하더라도 청자는 함축 의미를 추론할 수 있다. 함축은 겉으로 '분명하게/노골적으로' 말하지 않고서도 발언자가 자신이 의도하는 바를 전달하는 기제이다.

세상에 대해 사람들은 통념과 기대감을 보유한다. 이것은 화자의 내면 심리 상태인데, 그것이 언어적으로 표현되는 방식은 여러 가지로 이루어질 수 있다. 사람들은 세상에 대한 기대감을 언어적 형식을 통해 표현한다. 그라이스 이론에서 제시한 대화 격률은 언어적 형식의 사용 방식을 제약해 주는 일반 원리에 해당한다.

8.6. 대화 격률의 체계와 역할

협력의 원리에서 지정하는 것처럼, 대화의 목적에서 필요하며 합당한 것은 무엇이며, 어떻게 말을 해야 대화의 목적에 부합하는 말을 하는 것일까? 이것을 설명하기 위해 그라이스 화용론에서는 세부적으로 대화 격률 4가지를 제안하였다. 양(quantity), 질(quality), 관계(relevance). 양태(manner) 등에 관한 4가지 격률들은 아래와 같다. 이 격률들 중에 양의 격률, 질의 격률, 방법의 격률 등은 더 세부적인 하위 격률들로 나누어져 있다.

  (1) 협력의 원리: 대화에 참여할 때, 대화의 목적과 방향에 의해 대화가
                일어나는 단계마다 요구되는 만큼의 기여를 해야 한다.
  (2) 대화의 격률
  · 양의 격률 : 1. 최대한 많이 말하시오.
                (Say as much as necessary.)
              2. 필요 이상으로 말하지 마시오.

(Say no more than necessary.)
- 질의 격률 : 1. 거짓이라고 믿는 것을 말하지 마시오.
            2. 충분한 증거가 없는 것을 말하지 마시오.
- 관계의 격률 : 적합한 발화를 하시오.
- 방법의 격률 : 명료하게 말하시오.
            (애매성 피하시오. 중의성 피하시오.
            간결하게, 순서대로 말하시오.)

이상의 격률들은 아래처럼 영어 문장으로 적어두기로 하자. 기억하기 더 수월하다. 이것은 그라이스(Grice 1975)의 원문을 따라 적은 것이다.

- Quantity: Give appropriate amounts of information, not too little and
            not too much.
- Quality: Try to be truthful when communicating.
- Relevance: Contributions should be relevant to the assumed current
            goals of the people involved.
- Manner: Utterances should be clear: brief, orderly, and not obscure.

'양의 격률'(maxim of Quantity)은 다시 양-1번과 양-2번의 세부 격률로 구분되며, 질의 격률(maxim of Quality)도 마찬가지로 세부 격률 두 개로 구분된다. 양의 두 가지 격률에 의해, 즉 (1) **필요한 만큼으로 최대한 말하는 것**, 그리고 (2) **필요하지 않은 바에는 더 이상 말하지 않는 것**, 이런 두 가지 힘의 작용에 의해 의사소통의 경제성을 설명할 수 있다. 화자가 격률을 준수하거나 혹은 일부러 어겨서 말을 하는 것으로 청자는 가정하고 있다. 그래서 이에 상응하는 해석 과정을 통해 화자가 부호화한 메시지를 청자는 이해하게 된다.

양의 격률에 의거해서 다음 예문을 살펴보자. A의 선행 발언에 대해 B의 답변에서 '똑똑하다'고 말함에 의해 '그녀는 똑똑하기는 하지만 착하지 않음'을 함축한다. 두 개의 명제 X와 Y가 주어졌고 [X + Y] 모두를 갖추어 말할 것으로 기대되는 상황에서 단순히 [X]만을 말한 것은 [Y]를 부정하는 함축 의미로 추론된다.

A : I like Mary. She's intelligent and good hearted.
  (메리는 착하고 똑똑해.)

B : She's INTELLIGENT. (그래 메리는 [똑][똑][해].)
  (함축 의미: B doesn't think Mary is good-hearted.)

사람이 말을 하는 데에 있어 직접 발언을 통해 언급할 수 있는 정보량에는 한도가 있다. 예를 들어, 인사를 주고받은 사이에서 사는 곳에 대한 질문을 받고 대답하려면 "한남동이요."라거나 "용산구요." 정도면 된다. "용산구 한남동, 자이 아파트 102동 902호입니다."라고까지는 대답하지 않는다. 그렇지만 우편물을 보내기 위해 주소를 물어 본 경우라면 "102동 902호"까지 정확하게 말해주어야 한다.

비록 화자가 매 순간마다 격률의 존재를 겉으로 의식해 가며 말하지는 않지만 내재적으로 격률에 의해 인도되어 발언 형식을 가늠한다. 화자가 어디까지 말할 것인지를 결정하는 데에 대화 격률이 작용한다. 예를 하나 더 들어보면, 이름을 소개하는 상황에서 다음 (1)처럼 말하면 될 것을 두고 (2)처럼 부풀려서 말하는 사람은 없다. (2)로 말하지 않고 (1)을 말하는 것은 양의 격률이 작용하기 때문이다.

(1) 제 이름은 김영수입니다.
(2) 저는 이름이 김영수입니다. 그리고 저는 김용수가 아니고, 김용철이 아니고, 김용진이 아닙니다. 또한 김민수가 아니며, 김진수도 아닙니다. 김영호는 제 친구 이름이지 저의 이름은 아닙니다. 저는 다름 아닌 바로 김영수입니다.

한편 다음 예는 관계의 격률을 준수하고 있으며 대화의 목적이나 방향을 지키고 있다. 대화의 진행에 관련되는 말을 하고 있으며 간결하고 순서 있고 중의적이지 않다.

A : 어서 오세요. 손님 무얼 드릴까요?
B : 아침이슬 두 병하고 쓰레기봉투 한 묶음 주세요.

사람들은 격률에 부응하는 방식으로 발언 형식을 조절한다. 만약 어떤 사람이 자신이 말하려고 하는 바를 확신할 수 없거나, 자신이 말하는 정보의 진지성에 대해 다른 사람이 어떻게 추론할까를 염려하거나, 또는 자신이 말하는 정보에 대해 확신이나 믿음을 부여하기 원하는 경우를 연상해 보자. 이런 상황에서 화자는 태도를 표현하기 위해 가감어(hedge) 표현을 덧붙여서 말하는 방식을 사용한다. 가감어 예를 들어보면 다음과 같은 것들이 있다.

· 질의 격률을 의식하며, 'I may be mistaken, but …'
　　　　　　　　　　　　　'Well, to cut a long story short, ….'
　　　　　　　　　　　　　'As far as I know, …'
　　　　　　　　　　　　　'To the best of my knowledge, …'
· 양의 격률을 의식하며, 'I won't bore you with all the details'
· 관계의 격률을 의식하며, 'by the way', 'anyway',
　　　　　　　　　　　　　'I mean, just going back to your point, …'
· 방법의 격률을 의식하며, 'This may be a bit confused, but …'
　　　　　　　　　　　　　'. . . just to clarify one point'

함축은 격률을 지킬 것으로 가정함으로써 얻어지는 경우가 있는가 하면, 격률을 어길 때에 발생하기도 한다. 대화의 격률들을 완전하게 준수하여 말한다면 대단히 논리적인 발언이 되겠지만 그런 말은 오히려 어색하고 거의 쓰이지 않는 말이 될 수 있다. 일상 대화에서 주고받는 말의 상당수는 격률들 중의 적어도 하나 또는 몇 개를 의식적으로 또는 무의식적으로 지키지 않는 가운데에 이루어지며 그러한 과정을 통해 '의도된 의미'를 함축하여 전달한다.

양(quantity)의 격률을 화자가 일부러 위배하는 예를 보자. 다음 예에서 B의 화자는 충분한 정보를 응답해 주지 않고 있다.

　A : 요즈음 어디에 사세요?
　B : 대한민국 어딘가에 살고 있어요.

사는 곳이 구체적으로 어디인지를 묻는 질문에 대해 어디에서든지 살고 있다고 답한다. 화자가 정보를 알고 있기는 하지만 그 정보를 구체적으로 제공하기를 '원하지 않는다'는 것을 함축한다. 질문에 즉각 대답하지 않고 말머리를 돌려 다른 부분에 관해 이야기를 함에 의해 질문에 응답하고 싶지 않음을 함축한다.

관습적 표현의 사용에도 격률이 작용한다. 직장 지원자와 인사 담당자가 인터뷰를 하면서 마지막에 말하기를, "이 회사는 아주 작습니다. 지원자께서는 여기보다 더 큰 회사에 들어가야만 만족하실 거라고 생각합니다."와 같이 말하면 지원자가 입사 인터뷰에 통과하지 못했음을 알려주는 셈이다. 정보의 양에 있어 은근하기는 하지만 의식적으로 부족하게 말하는 예이다. 양의 격률에 의거하자면, 화자가 알고 있는 정보는 최대한 말할 것이고 모르는 정보라면 더 말할 것이 없다.

다음 대화 자료는 양의 격률을 위배하는 예이다. 이 예는 실제 상황 같지 않고 가공된 이야기 같아 보인다. 하지만 격률의 상호 작용을 이해하는 데에 보탬을 주는 예이다.

A: Does your dog bite?

B: No.

A: [허리를 굽혀 개를 만져 보려다가, 물린다]

　　Ow! You said your dog doesn't bite!

B: That isn't my dog.

A는 공원에 나가서 눈에 띄는 개를 보고 가까이 다가갔다. 개 옆에 있는 사람 B에게 (그 사람이 당연히 개 주인이라고 생각하며) "Does your dog bite"라고 물어보니까 "No."라는 대답을 들었다. 그래서 그 개는 만져도 물지 않는다고 판단하고 개를 만져 보다가 급기야 물리게 되었다. A는 B에게 왜 물지 않는다고 대답했는가에 대해 힐책하는 말을 하게 된다. 그러나 '그 개'는 '자신의 개'가 아니라는 말이 B에게서 돌아온다. B는 현재 두 사람 옆에 있는 개가 자신의 개가 아니기 때문에 그저 어딘가 다른 곳에 있을 법한 '당신의 개'(your dog)는 물지 않는다는 것을 말했을 뿐이다. 이처럼 부족한 정보를 제공하는 것은 양의 격률을 위배한 것이다. 또한, 개에게 물린 사람 A가 느끼기에 개 옆에 서 있던 사람 B가 거

짓 정보를 알려주었다고 인식하는 한에 있어서는 질의 격률까지도 위배한 것이다. 한 번의 말에 두 개 이상 여러 개의 격률들이 문제시되는 상황은 일상생활에서 일어난다. 위의 예처럼 개에게 물리는 상황은 양의 격률과 질의 격률이 동시에 문제되는 경우이다.

한편 다음 예는, 대답하는 것이 별로 내키지 않는 민감한 질문에 대해 '좀 된다'는 정도로 뭉뚱그려 말하고 말았다. 이 예문은 구체적 정보를 제공하기를 원하지 않는다는 것을 함축하는 것으로, 양의 격률을 일부러 위배함에 의해 함축의미를 발생시킨다.

    A: 하루에 가게 매출이 얼마나 나오세요?
    B: 좀 됩니다.

다음으로 질의 격률에 관해 알아보자. 양의 격률과 마찬가지로 질의 격률도 역시 대화 참여자들에 의해 지켜질 것으로 기대된다. 그러나 질의 격률이 일부러 지켜지지 않는 경우도 있다. 거짓말을 하는 것은 질의 격률을 어기는 경우이다.

격률은 절대 규칙이라기보다는 대화에서 가정되고 기대되는 바이다. 다른 사정이 있으면 격률은 지켜지지 않기도 한다. 질의 격률을 어긴다고 해서 대화가 곧바로 틀어지는 것은 아니다. 오히려 질의 격률을 어기는 것이 상황에 잘 어울리는 경우도 있다. 일부러 질의 격률을 어김에 의해 비유법의 효과를 얻을 수 있다. 이에 관련된 비유법의 종류로는 은유, 아이러니(= 반어법), 과장법 등이 있다. 하나씩 예를 들어보자.

은유(metaphor)는 'X = Y'의 형식으로 말함에 의해 이루어진다. 현실 세계의 사실만을 놓고 볼 때 분명히 X는 Y와 동일하지 않음에도 불구하고 'X는 곧 Y'라고 말함에 의해 비유법이 성립한다. 오래된 은유 표현으로 '내 마음은 호수다.', 'You are the cream in my coffee.'라는 말이 있다. 이성 친구에게서 전화를 받을 때 첫마디에 '오, 나의 심장!'(You are my heart.)이라고 말하는 것을 필자는 우연한 기회에 옆자리로부터 흘려들은 적이 있다('오, 맙소사!'). 이런 은유는 질의 격률을 일부러 어긴 비유법이다. 다음 예에서, 암벽타기를 밧줄 없이도 아주 잘 한다는 말에 대해 B가 말하기를 '그는 스파이더맨'이라고 표현한다. 그는 거미처럼 잘 타고 오른다는 것을 (he = spiderman)의 형식을 취하는 은유법으로 나타낸 것인데 격률 체계에서 보면 이 발화는 질의 격률을 일부러 어긴 것이다.

A: John climbed up the rocks without a rope.
B: He is a spiderman.

마찬가지로 아래 예에서 (he = terminator)를 말하는 것은 은유법이다. 사람들은 은유 단계에 대해 가정을 보유하고 있으므로 은유 형식으로 추론되는 의미를 곧장 알아듣는다.

A: Wow! Ramirez rocketed a game-winning homerun last night.
B: Yeah, he is a TERMINATOR.

아이러니(irony, 반어법)는 실제 상황이나 실제 사실에 반대되는 방향으로 말함에 의해 발언자의 태도와 정서를 드러내 보인다. 사실에 반대되는 방향으로 말하는 것이 질의 격률에 위배되는 것으로 보이지만, 이를 통해 발언자의 의도가 전달된다. 예를 들면, 대학교 같은 과 학우들이 뜻을 모아 엠티 가기 위해 학교에 모인 상황을 설정해 보자. 그 날 아침부터 비가 쏟아지기 시작했을 때, 하늘을 올려다보며 푸념하는 말투로 "What a lovely day!"라고 말해 버릴 수 있다. 이런 방식의 표현법이 '아이러니'이다. 무슨 일을 하다가 틀어져 버렸을 때 낙심한 나머지 "아 참 잘 한다. 잘 해!"라고 말하는 것은 반어법이다.

다음 예는 과장법(hyperbole)이다. 실제 상황보다 정도를 훨씬 강하게 언급하는 것은 질의 격률을 일부러 위배하는 경우이다. 이에 의해 과장법 의미가 함축된다.

(시험 보는 날에 학교에서 두 사람이 만나자마자 묻기를)
A: 시험공부 많이 했어?
B: 말도 마, 어제 공부하느라고 죽을 뻔 했어. (과장법)

앞에서 질의 격률까지 알아보았으니 이번에는 방법의 격률에 관해 알아보겠다. 그라이스가 제시한 다음 예문을 보자. 성악 실기를 측정하는 자리에서 심사자가 (1)의 말을 나타내기 위해 군이 (1) 대신에 (2)로 말한 상황을 상정해 보자.

(1) Miss X sang 'Home Sweet Home.'
(2) Miss X produced a series of sounds that corresponded closely with the score of 'Home Sweet Home.'

(1)처럼 간결하게 말하면 그만일 때 일부러 (2)처럼 늘여서 말을 하게 된 데에는 무언가 다른 뜻을 함축해서 전달하기 위한 것이다. 'Miss X'의 노래 실기는 뚜렷한 결함을 드러내었기에 그것을 마음속에 떠올려 염두에 두고 말한 것이 (2)이다. 이처럼 방법의 격률을 의도적으로 위배하는 방식에 의해서도 함축 의미를 표현할 수 있다.

지금까지 격률에 의한 함축 의미의 발생에 관해 알아보았다. 이 절을 마치기 전에 보태어 언급할 점으로, 그라이스 화용론의 철학적 배경에 대해 부연하기로 하자. 그라이스 이론에서 바라보는 의사소통 행위자는 합리적인 인간이다. 합리적 생각을 하는 사람들은 보통의 경우 자신이 참여하는 대화의 목적이나 방향에 합당한 말을 한다. 가령, 대화의 목적이 서로를 속이거나 감추는 데에 있지 않고 정보나 감정을 교환하는 데에 있다면 그런 목적에 맞게끔 말을 하라는 것이며, 또한 실제로 그렇게 말을 한다는 것이다. 성서적 비유를 들어보자면, 의사소통 행위자는 마치 '사마리아인'처럼 선량한 사람에 해당한다.

그라이스 격률 이론은 의사소통에서 화자 의도(speaker intention)가 어떻게 내재되고 발현되는지에 대해 일반 이론의 차원에서 접근했다는 점에서 연구자들의 호응을 불러일으켰다. 합리적 대화 참여자들은 대화의 공통 목표를 달성하는 방향으로 대화의 방향을 이끌어 가면서 공동의 노력을 기울인다. 대화 참여자들은 협력 원리를 지키려고 하면서 발언 행위를 한다. 이러한 발언 행위 속에서 대화 격률에 의거하여 추론되는 의미가 '함축'인 것이다.

8.7. 대화 격률과 문화적 차이

대화 격률은 보편성을 갖는다고 일반적으로 주장되었는데 그것이 과연 그러한지에 대해 문화론적 관점에서 돌아볼 여지가 있다. 그라이스는 협력 원리와 세부 격률들이 인간 의사소통의 일반 원리로 작용한다고 보았으나, 서로 다른 사회의 문화적 차이에 대한 고려가 부족하다는 비판도 있다. 키넌(Keenan 1974)의 연구는 그라이스 격률의 보편성에 예외가 되는 문화권 현상을 관찰함에 의해 격률의 보편적 가치에 한계가 있음을 지적하였다.

연구자 키넌은 인도양 마다가스카르 섬 지역에 머물면서 말라가시語(Malagasy) 사용자들의 언어사용 동기와 표현 방식을 관찰해서 보고하였다. 서구 문화권에서는 질문을 받았을 때 (답변을 회피할 이유가 없는 바에는) 청자가 그에 대한 답을 알고 있다면 바로 그만큼의 정보를 (그라이스 격률 중에서 양의 격률이 지정하는 대로, 더도 말고 덜도 말고 필요한 만큼의 정보량으로) 대답할 것으로 기대된다. 그러나 말라가시어 사회는 친족 관계가 뚜렷하고 새로운 정보를 외부인과 공유하기를 꺼리며 자신의 발언에 대한 책임을 회피하려는 심리가 강하다. 그래서 질문을 받았을 때 답이 되는 정보를 엄연히 알고 있으면서도 일단은 어중간한 대답을 말한다고 한다.

'말라가시어에서는 새로운 정보가 드물다.'는 격언이 있다. 예를 들어, 사람을 찾던 중에 그 자녀와 마주치게 되어 "당신 어머니가 지금 어디에 계시지요?"라고 물으면, "어머니가 지금 집에 있거나 밭에 있으세요."라는 대답을 듣기 일쑤이다. 실제로는 어머니가 밭에 나가 일하는 중이라는 사실을 뻔히 알면서도 그렇게 말한다고 한다. [A]로 말하면 그만일 것을, 일부터 [A 혹은 B]의 형식으로 모호하게 말하는 것은 그라이스 양의 격률에 어긋나는 것이다.

어느 사회를 막론하고, 대화에서 효과적인 정보 교환을 목표로 할 것인데 어떻게 말해야 효과적인 것인가에 관해 개별 사회마다 기준이 똑같지는 않다. 그라이스 격률 체계는 대화의 기본적 틀과 언어적 추론의 방식을 정형화 했지만, 개별 문화권에서 대화 원리의 적용 방식이 어떻게 차이가 날 수 있을지에 대해 충분하게 설명하지는 못했다. 그라이스 격률 체계와 협동 원리가 절대적인 법칙은 물론 아니므로, 그것이 적용 가능한 범위는 한도가 있게 마련이다. 그라이스 모델의 주요 한계는 문화론적 관점에서 찾아볼 필요가 있다. 서로 다른 문화에서 흔히 설정되는 구체적 상황에 따라 격률을 이용하는 방식에 차이가 난다.

또 다른 상황 예를 들어보자. 영국에서는 고용 인터뷰를 마치면서 "We will call you in about two weeks."라고 말하고 난 후에 2주가 지난 후에도 연락을 하지 않는 것은 질의 격률을 위배하는 것으로 간주되어 진실성이 부족하다는 비난을 듣게 될 가능성이 있다. 한편 영국 이외의 다른 문화적 환경에서는 이런 어법이 "We are not interested."의 뜻을 넌지시 전달할 수 있다. 그러므로 다시 전화하지 않고 연락이 두절되어도 정직하지 못하다는 비난을 받지는 않는다. 한국 사회에서 '다음에 연락드리겠습니다.'라는 발언은 어떤 의미를 전달하는가?

특히 양의 격률은 서로 다른 문화에서 그 실현 방식에 차이를 보인다. 미국 사회에서 'How are you?'라는 질문을 들었을 때 'Fine'이라는 대답을 보통으로 기대하는데, 그보다 더 많은 양의 정보로 자신의 건강 상태에 대해 상세하게 대답하면 그것은 양의 격률을 위배하는 것이다. 그러나 다른 문화권에서는 그런 질문이 근황에 대해 진정으로 자세하게 알고 싶으니 알려 달라는 요청으로 기능할 수 있다. 이런 문화적 맥락에서는 그 질문에 답하려면 건강 상태를 포함한 세부적인 내용을 많이 이야기해서 답변하는 것이 자연스러운 어법이 된다.

한편, 대화 격률 못지않게 중요한 발언 기준으로 공손성(politeness)이 있다. 언어학자 레이코프는 공손성 규칙을 아래와 같이 세 가지 들었던 바 있다.

- 파고들지 마시오. (Don't impose.)
- 선택권을 주시오. (Give options to others.)
- 우호적인 자세를 견지하시오. (Be friendly.)

예를 들어, '창문을 열자!'는 요청 또는 제안을 말하기 위해 직설적으로 'Open the window.'라고 딱 떨어지게 말하지는 않는다. 그 대신 다음과 같이 말하는 것은 공손성을 의식하기 때문이다.

- I wonder if I might open the window a little.
- Do you mind if I open the window.
- It would be nice to have the window open a little, wouldn't it?

상대방에게 부담을 지우는 내용을 가급적 적게 말하고, 부담 되는 부분은 차라리 화자 자신에게 귀결시키는 방향으로 말하는 것이 공손성의 기본 원칙이다. 발언 내용을 명확하게 말하는 것이 공손성과 상충되는 경우에, 명확함을 노골적으로 드러내기보다는 공손성을 우선 배려함에 의해 사람들은 대화 상대방과의 관계를 우호적으로 유지하려고 시도한다. 부드럽게 말하거나, 완곡하게 말하거나, 부담스러운 언급을 피하려는 언어 행위는 공손성의 보편 원리에 따라 이루어진다. 화용론 학자들 중에는 공손성을 아주 중요한 격률로 설정하고 이것이 그라이스 대화 격률들보다 더 우선적으로 작용하는 최상위 격률(Super-maxim)로 인정하는 견해를 제시한 적도 있다.

그라이스 이론은 1980년대 후반 이후 영국에서 윌슨(Wilson)과 스퍼버(Sperber)를 중심으로 적합성 이론(Relevance Theory)이라는 대안 이론의 성립으로 이어졌다. '적합성'이라는 것은 화자가 의사소통을 성공적으로 성취하기 위해 주고받는 발언들의 자연스러운 특질을 말하는데 모든 격률들을 하나로 묶어서 적합성(relevance) 격률로 환원시킬 것을 제시했다. 양의 격률은 '적합성 있는 정보의 분량을 제대로 제공하는 것'으로 환원되며, 질의 격률은 '진정으로 적합성 있는 정보를 제공하는 것'으로, 태도의 격률은 '애매한 부분이 없이 적합성 있는 정보를 제공하는 것'으로 환원된다. 일상생활에서 읽고 듣는 발화들이 의미 있는 내용을 담고 있기 때문에 전체 이야기 속에서 개별적인 발화들은 모두 적합성을 갖는 것이다.

8.8. 담화는 무엇인가

생성문법 언어학에서는 언어를 독립적이고 자율적인 내적 체계를 이루는 것으로 보고 문장을 가장 큰 단위로 취급했다. 이에 비해 1970년대 이후 담화텍스트 연구와 화용론에서, 언어란 의사소통의 목적을 달성하기 위해 사용되는 매개체로 보는 관점을 취한다.

담화(discourse)는 연속적으로 서로 연결된 언어 행위의 복합적 덩어리이다. '담화'에 관한 연구는 추상적 체계로서의 언어에 중점을 두는 것이 아니라 언어를 사용하면서 이루어지는 사건들에 관심을 둔다. 전통적으로 문장을 단위로 하는 언어 연구에서는 고립된 문장의 문법적 적격성과 이상화된 언어 사용자를 가정하였지만, 담화분석 연구의 관점에서 보면 언어란 일련의 연결체로 구성된 덩이말로서 맥락 속에서 구체적이고 개별적인 의미를 드러낸다. 언어 연쇄체가 어떻게 하나의 덩이말로 구성되어 그 구조와 의미 내용이 산출되고 이해되는지를 이해하려면 단순히 문장 단위의 형식화된 규칙 체계만으로는 부족하고 언어사용에 관련되는 세계에 대해 고려하여야 한다.

다양한 관점들이 '담화'를 적법화 시키기 위해 경쟁하고 담화분석의 분파로 정의된다. 가장 단순하게 말해보자면, 담화는 '세상에 관해 이야기하고 이해하는 구체적인 방식'이다. 담화에 관한 연구는 추상적 체계로서의 언어에 중점을 두는 것이 아니라 언어를 사용하면서 이루어지는 사건들에 관심을 둔다. 담화를 분석한다는 것은 큰 덩어리의 담화를 일정한 기준에 따라 나누고 각각의 부분을 살펴본다는 것을 뜻한다. 담화 분석은 구조 기술의 수준을 한 단계 끌어올려서 단락, 이야기, 대화 등에 대한 구조 분석을 포함한다.

담화 연구에서 가장 원론적인 수준의 논제로서, 하나의 텍스트가 어째서 현재 주어진 것과 다른 방식으로 나타나지 않고 지금의 모습으로 나타나게 되었는가에 대해 설명하는 작업이 있다. 의사소통을 하기 위해 한 가지 말을 하려고 할 때 서로 다른 대안적 표현이 가능한 경우가 비일비재하며 화자는 그 중 어느 한 가지 표현을 선택해서 사용하게 된다. 이런 상황에 직면했을 때 사람들이 언어적 선택을 할 수 있게 만들어 주는 심리적 동기나 문화적 배경이 무엇인가? 이 질문에 관해 설명하는 것이 담화 연구에서 중시하는 과제이다.

이제 생각해 볼 점 한 가지가 더 있다. 담화가 구조화될 수 있다는 것은 무엇을 뜻하는가? 구조화된다는 것은 사람들이 담화를 생산하고 해석할 때 담화의 각 부분들이 어떻게 만들어지고 배치되어야 하는지를 결정하는 것을 말한다. 이런 결정을 내리기 위해 사람들은 '일반화된 경향'에 의존한다.

담화는 언어학, 철학, 인류학, 사회학, 인지과학, 기호론, 비평이론 등에 걸쳐 여러 분야의 연구자들이 관여하기 때문에 접근 방법마다 변이 폭이 크다. 그러므로 다양한 관점들이 '담화'라는 용어를 적법화 시키기 위해 경쟁한다. 가장 단순하게 말해보자면, 담화는 '세상에 관해 이야기하고 세상을 이해하는 구체적인 방식'이다.

8.9. 텍스트 연구하기

텍스트 이론 혹은 텍스트언어학(text-linguistics)이라고 불리는 분파는 주로 독일과 네덜란드에서 1970년대부터 시작한 담화 이론의 초기 분파이며 영국의 기능주의 언어 연구와도 관련을 맺었다. 지난 세대에 담화 연구 방법론은 형태와 기능 사이에서 드러나는 기술적(記述的) 측면에 집중하였다. 보그란데와 드레슬러(de Beaugrande와 Dressler)가 1981년에 출간한 「Introduction to Text-linguistics」에서는 텍스트가 텍스트성(textuality)을 지니기 위한 기준을 알려주었다.

문장을 아무렇게나 늘어놓기만 해도 텍스트가 되는 것은 아니다. 발화 연쇄가 이야기로 구성되려면 일정한 구조를 갖추어야 한다. 하나의 주제로 통일될 수 있도록 의미적으로 관련된 내용이어야 한다. 그리고 이야기 내용을 드러내기 위해 적절한 언어 형식을 갖추어야 한다. 문장 연결체가 텍스트가 되기 위해, 즉 하나의 텍스트가 텍스트성을 갖추기 위해 충족시키는 기준들로 일곱 가지를 들 수 있다. 텍스트성의 일곱 가지 기준들에 대해 하나씩 개념 정의를 적어 두기로 하겠다. 각 기준마다 실제 언어 자료를 통한 해설을 여기에 다 하지는 않았다. 다만 여기에서는 텍스트 언어학의 기본 개념을 열거해 보는 데에 뜻을 두었다. 텍스트성의 일곱 가지에 대해 번호를 붙여 순서대로 소개하면 다음과 같다.

(1) 결속-응결성(cohesion): 텍스트 속에서 어떤 요소의 해석이 다른 요소들의 해석과 의존 관계에 놓이는 경우를 말한다. 텍스트 표면의 구성 요소들이 문법적인 형식에 따라 배열되기 때문에 문법적인 의존 관계를 바탕으로 한다. 절이나 문장들의 어휘-문법적 연결 관계가 있어야 텍스트로서의 기능을 할 수 있다. 예를 들어 "She had a child. She got married."라는 말이 등장했을 때 두 문장 사이에 therefore, thereafter를 배치할 수 있는 것은 추론에 의해 명제 사건의 선후 관계를 이해하기 때문이다.

(2) 결속-응집성(coherence): 텍스트는 여러 개 문장들로 구성되어 있지만 하나의 주제로 모아질 수 있는 특징을 가졌기 때문에 전체 담화가 하나로 응집력 있게 결속된다. 실제 대화에서 (대화의 구조나 내용이 미리 결정되어 시작하지 않았더라도) 하나의 화제를 이루는 이야기들로 대화가 구성되어 나갈 수 있

으니, 이것이 바로 대화가 가지고 있는 결속성이다. 예를 들어 '어제 밤에 눈이 내렸다. 길이 미끄럽다.'라는 말이 주어졌을 때 길이 미끄러운 것은 언제 어떤 원인에서 발생한 것인가? 전날 밤에 눈 내린 후에 도로가 미끄러운 사정을 배경지식으로 해서 오늘 아침에 길이 미끄러운 것으로 이해할 수 있다.

(3) 의도성: 텍스트의 생산자가 담화 목표를 성취하려고 한다. 가령 정보를 전달하거나 의견을 주장하는 등으로 구체적인 목표를 성취하겠다는 의도를 의식적으로 갖는다.

(4) 수용가능성: 하나의 이야기로서 청자에게 (유용하고 적합한 것으로) 받아들여져야 한다. 문장 사용을 둘러싸고 있는 맥락에 의하여 판단된다.

(5) 정보성: 제시되는 텍스트는 새로운 정보를 담아야 한다. 정보의 양이 너무 적고, 정보 가치가 낮으며, 벌써 알려진 정보를 담은 텍스트는 정보성이 매우 낮으므로 청자나 독자에게 수용될 가능성이 떨어진다.

(6) 상황성: 이야기가 생성되거나 다루어지는 상황을 고려하여야 한다. 하나의 텍스트가 발화 상황에 적합한 것으로 만드는 요인이다.

(7) 상호텍스트성(inter-textuality): 텍스트의 상호텍스트(inter-texts)는 주어진 텍스트를 이해하기 위해 사용하거나 필요로 하는 모든 종류의 텍스트들을 말한다. 텍스트 형성에 관여하는 사회적, 문화적, 역사적 요건들을 총체적으로 모아서 가리키는 거시적 성격으로 이해되어야 한다. 일상생활뿐만 아니라 경제 활동, 예술, 과학을 비롯한 모든 종류의 담화 행위에 상호텍스트성이 작용한다. 가령 병원에서 질병에 관한 이야기를 주고받을 때 의료 전문가들 사이에 말하는 방식은 의료 비전문가와 말하는 방식하고는 차이를 보인다. 상호텍스트성은 이야기의 생성이나 이해가 이미 경험한 다른 텍스트의 지식에 의존하여 나타나는 모든 방식을 포괄한다.

텍스트성의 첫 번째 기준인 결속-응결성(cohesion)에 대해서는 언어 구조체의 형식과 기능의 관계에 주목해서 기억해 둘 필요가 있다. 결속-응결성(cohesion)이 어떤 종류의 문법적 자원과 대응되어 성립하는지에 관해 이 책에서는 용어만 인용하는 수준에서 언급해 두고 지나가기로 하겠다.

결속-응결성(cohesion)이란 문법의 구조적 자원을 넘어서는 것으로, (문장 경계 내부의) 문법 구조를 뛰어넘는 담화 관계를 고려한다. 할리데이와 하산(Halliday & Hasan 1976)에서는 결속을 표시해 주는 문법 자원의 대표적 유형으로 다섯 가지를 들었다; (i) 지시(reference), (ii) 생략(ellipsis), (iii) 대용(substitution), (iv) 접속(conjunction). 이들은 문법적 기제에 해당하는 것이며, 여기에 (v) 어휘적 응결성(lexical cohesion)이 더해진다. '지시/생략/대용/접속' 등은 한정된 부류의 항목들을 포함하는 것으로 '문법적 결속의 응결성'(grammatical cohesion)을 드러낸다. 즉, 접속어, 지시어, 대용어들은 '문법적 결속 장치'에 속하는 표현이다. 이러한 결속 장치는 또한 언어적 선택의 문제이기도 하다. 언어적 선택이라 함은, 단순히 문법적 자원의 구조 형식에만 머무르는 것이 아니라 사회적 맥락과의 유의미한 대응 관계가 정해짐에 의해 텍스트를 생성하거나 이해하게 만들어 준다.

최근 담화 이론의 한 분파를 언급해 보겠다. 비평담화분석(Critical Discourse Analysis: CDA)이라는 이론이 1990년대 중반 이후 형성되었다. CDA는 언어사용의 맥락을 밝히는 데에 있어 언어와 힘의 관계, 언어의 이념적 요소에 특별한 관심을 갖는다. 그래서 언어가 사람들에게 어떤 영향력을 행사하는지에 관해 분석하려고 한다. 언어사용에 의해 표현되고, 신호되고, 구성되고, 합법화되는 사회적 불균형에 대해 비판적으로 논증하는 것이 CDA의 목적이다. 유명한 연구자인 휘어크로우 Fairclough의 격언에 의하면 "언어는 그 자체로 힘을 가지는 것이 아니라 언어를 사용하는 사람들에 의해 힘을 얻는다." 힘의 논리는 사회적 상징체계로서의 언어에 스며들어 있다. 사회 속에서 언어사용은 종종 조작적 의도를 실현하는 방향으로 일어난다. CDA 연구는 언어사용에 대해 그것이 일어나는 사회적, 정치적 맥락과의 관계를 탐색한다. 문화 차이, 제도, 성, 인종, 정치, 미디어, 이념, 정체성 등의 논제들이 텍스트 생성과 유통을 위해 구성되고 반영되는 방식을 밝혀내려고 한다.

텍스트 사용자가 미리 의도했던 방식에 따라 텍스트를 접하는 상대방에게 영향을 주려고 할 때가 있다. 어떤 사실에 관해 표현하고자 할 때 내용의 사실성을 그대로 유지하면서도 다른 방식으로 표현할 수 있다. 예를 들어 셰익스피어 드라마 맥베스에서 이런 말이 나온다. 시작 장면에서 맥베스 부인은 'What's done is done.'(이루어지는 일)라고 자신만만하게 말한다. 그러나 마지막 부분에 가서는 수심에 가득 차서 'What's done cannot be undone.'(돌이킬 수 없는 일)이라고 말한다. 이 두 가지 말의 자구적 의미는 동일하지만 그 효과에는 차이가 있다.

8.10. 대화의 순서구조

대화분석(Conversation Analysis)은 화용론과도 긴밀하게 관련을 맺는 이론으로 1970년대 캘리포니아 대학에서 색스 Sacks, 쉐그로프 Schegloff, 제퍼슨 Jefferson 등의 연구자들에 의해 시작되었다. 사회학적, 인류학적 관점에서 시작된 연구이니만큼 여타의 담화분석 방법들에 비해 구어체 담화에 대한 관찰을 중시한다.

대화분석 이론에 따르면, 사회적 상징체계로서 언어를 이해하는 데에는 순서구조(sequence organization)가 특히 중요하다. 대화분석론자들은 한 사람의 화자가 말하는 것이 그 다음에 말하는 화자의 응대에 미치는 영향에 관해 발언 차례의 교환 구조를 통해 설명한다. 다음과 같은 사항들에 관심을 두었다.

- 화자가 발언권을 어떻게 획득할 수 있는가.
- 발언권이 타협의 과정을 거쳐서 상호작용적으로 취급되는가.
- 다음 화자가 발언 차례를 어떤 방식으로 선택할 수 있는가.
- 발언의 중첩이 어떻게 해소되는가.

대화에는 순서구조가 있다. 대화가 구성되려면 대화 참여자들은 어떻게든 순서대로 발언권을 얻어서 말을 하게 된다. 이러한 측면과 관련해, 연구자들은 구어체 대화의 상호 작용에서 '재현되는 패턴'(recurring patterns)을 밝혀내기 위해 사람들이 대화를 어떻게 시작하며 종결하는지, 그리고 사람들이 대화의 차례를 어떻게 주고받으며, 말하는 중에 말이 겹쳐지는 것은 어떻게 일어나는지를 분석한다. 그밖에 대화 중에 멈추는 것, 말하는 음량이나 피치의 변화 등을 분석한다. 발언의 차례를 구성하는 단위로는 어휘, 구절, 어절, 절, 문장, 억양, 화용론적 단위들이 있다.

"한 사람 화자가 한 번의 기회에 말을 하게 된다."는 점을 기본 가정으로 한다.

대화 참여자들은 제각각 말차례를 잡고서 순차적으로 발화를 이끌어 간다는 것이다. 만약 겹침이나 침묵이 나타나는 경우에 대해서는 보정(repaired) 되어야 할 필요가 있는 것으로 대화 참여자들이 인식한다.

순서교대를 가져오는 행위는 '선택하다'(select) 개념에 따라 규칙성의 지배를 받는다. 순서교대는 다음과 같은 3가지 종류 진술 행위의 순환에 의해 일어난다 (Sacks 외 1974).

(1) 현재의 화자가 다음 화자를 선택하면 발언의 순서가 다음 화자에게로 넘어간다.
(2) 현재 화자가 다음 화자를 선택하지 않으면 다른 누구든지 다음 화자로 나서면서 발언 차례를 얻을 수 있다.
(3) 현재 화자가 다음 화자를 선택하지 않고 다른 누구도 발언 차례를 가져가지 않으면 현재 화자는 발언을 지속할 수 있다.

이와 같은 조건 행위가 일어나기 위해 화자는 음성 언어와 몸짓 언어를 결합해서 교체적정 지점을 신호화 한다. 여기에서 빈번하게 사용되는 단서로는 통사적 단위의 종결, 억양의 굴곡, 휴지부 사용, 시선, 몸동작, 음량 등이 모두 포함된다.

대화에서 상호 작용의 여러 측면 중에는 대화의 시작과 종결, 발언 차례, 인접된 발화의 연쇄, 선호 되는 발화 결합의 조직, 피드백, 대화의 보정 등이 있다. 시작 대화에 관해 쉽게 이해할 수 있는 자료로는 전화 통화가 검토되었다. 전화 통화 녹취 자료에서 드러난 종결은 예비-종결(pre-closing)과 종결(closing)을 포함해 발언 차례를 드러냈다. 예비-종결은 OK, all right 등이 하강 억양으로 나타나고, 종결 부분은 bye-bye, goodbye, see you 등의 말이 들어간다.

종결 부분 앞에는 몇 가지 예비적 종결이 나타난다. 약속을 정하는 것, 앞선 대화에서 말해진 것을 돌이켜 언급하는 것, 새로운 주제를 도입하는 것, 안부 전하기, 전화 건 이유를 다시 말하거나 전화 걸어준 데에 감사의 뜻을 나타내는 것 등이 포함된다. 가령 한참 동안 전화 이야기를 나눈 후에 전하는 말로, "그동안 통 연락을 못해서 전화해 보려고 하다가 오늘 생각나서 연락한 거야." 이렇게 말하는 것은 이제 전화 통화를 마칠 때가 되었음을 암시해 주는 예비적 종결에 해당한다.

인접 쌍(adjacency pairs)은 대화체 자료 분석의 가장 기본 단위이다. 2명의 화자가 연이어 발언하였을 때 둘째 화자의 발화는 첫째 화자의 발화에 뒤이어 예견되는 것으로 이들 두 차례의 발화들을 묶어서 인접 쌍이라고 한다. 단순한 예로, "How are you?"라는 인사말을 듣고 "I am fine."으로 이어지는 발언은 인접 쌍이다. "Hi, there?"에 대해 "Oh, hi!"라고 응답해도 인접 쌍 단위가 된다.

앞선 화자가 말을 멈추면 그 다음 화자가 예견되는 두 번째 발언을 하게 된다. 복수의 화자가 대화에 참여하는 상호 작용에서도 발언 순서는 기본적인 분석 단위이다. 예를 들면 질문과 대답, 불평과 응답, 인사와 인사 등과 같은 인접 쌍이 분석 단위가 될 수 있다.

선호(preference) 개념이 있다. 앞선 화자의 발화에 대해 뒤이은 화자가 응대하는 발화를 함에 있어 선호 되는 것과 선호 되지 않는 것이 있다. 아래 예를 비교해 보자. (1)에서 A 발언에 대해 B의 즉각적인 응답이 선호된다. 그에 비해, (2)에서 B는 'well'에 의해 주저하는 말투를 도입하고 제의를 받아들이기 어려운 이유를 연속해서 말한다. 이것은 제의를 곧장 수용하지 못함을 표현하는 것으로 선호 되지 않는 응답에 해당한다.

(1) A: Could you put the button on?
    B: Sure.
(2) A: Would you like to meet for lunch tomorrow?
    B: Well, I'd like to if I can . . . Tomorrow is Thursday, right? ... Oh, I've already told Andy that I would have lunch with him tomorrow. And it's for cerebrating his publication. It's hard to miss it. So, ... how about the lunch this Saturday?

인접 쌍에서 짝을 이루는 두 발화를 놓고 볼 때, 선행발화 바로 뒤에 이어지는 발화로 몇 가지의 대체적인 표현이 가능한 경우가 많다. 그 중에서 어떤 방식의 표현을 사용하는 것이 더 선호 되며, 반면 어떤 방식의 표현은 선호 되지 않는다. 예를 들면, 요청을 나타내는 발언 행위에 대해 허락하는 것은 선호 되는 것이고,

거절하는 것은 선호 되지 않는다. 선호 되지 않는 거절의 의사를 표시하는 데에는 즉시 말하기보다는 좀 머뭇거리거나 반복 질문, 확인 질문 등의 추가적 표현들을 이끌어 들인다. 기본적인 화행의 유형에 따라 선호/비선호의 구별을 예시하면 다음과 같다.

선행발화 부분	뒤이은 응답 부분
요청	승인이 선호 되고, 거절은 선호 되지 않는다.
제안, 초청	승인이 선호 되고, 거절은 선호 되지 않는다.
평가	동의가 선호 되고, 부동의는 선호 되지 않는다.
질문	예견되는 대답이 선호 되고, 예견되지 않은 대답이나 대답 아닌 대답은 선호 되지 않는다.
비난	부인이 선호 되고, 인정은 선호 되지 않는다.

위의 분류에서 보듯이 질문에 대해 예견되는 대답을 하는 것이 선호 된다. 그리고 예견되지 않은 대답을 하는 것은 선호 되지 않는다. 선호 또는 비선호는 사람의 마음속에 일어나는 심리적 상태이다. 이것이 실제 발언에서 발언 형식과 어떻게 연결되는지에 관해 설명하는 것은 언어학적으로 의미 있는 일이다.

선호 되지 않는 대답은 시간을 지연 시키는 머뭇거림, 앞머리 디딤말, 이유 둘러대기 등을 수반해서 표현된다. 이외에도 불평에 대해 답변을 하는 방법, 칭찬과 그에 대한 감사 혹은 무시의 방법, 거절을 제기하고 그에 대응하는 방식, 요청을 제시하고 처리하는 방식 등에 관한 언어 행위 유형이 알려져 있다.

8.11. 대화 순서와 문화적 차이

대화라는 것은 두 사람 이상이 서로 연대해서 엮어 나가는 것으로 이야기의 차례를 교환함에 의해 진행된다. 대화를 진행하는 순서는 문화적 배경에 따라 차이가 난다. 어떤 방식으로 이야기 하는 것이 효과적인가?

예를 들어, 다국적 회사에 직장을 가진 사람이 월요일에 사무실에 출근해서

'Did you have a good weekend?'(주말은 어떻게 보냈습니까?)라는 말을 일상 인사로 들었을 때, 이에 대해 프랑스계 직원들과 영국계 직원들은 반응하는 방식에 차이가 있다. 영국계 직원이라면 'Fine thanks.' 정도의 의례적인 말로 받고 지나갈 것 같은데, 프랑스어 어법에서는 의례적 인사라기보다는 질문에 대한 답을 듣기를 원해서 말하는 것에 해당한다. 그러므로 프랑스계 직원들은 프라이버시 영역으로 바짝 다가서는 것으로 인식하고 그에 대응해서 반응을 정하게 된다. 사정이 괜찮으면 일을 멈추고 주말에 무슨 일이 있었는지 자세하게 대답하려고 할 것이다.

발언 순서에서 말이 겹치는 것은 어떤 의미를 가지는가? 그 해석은 문화에 따라 다르다. 어떤 곳에서는 우호적 적극성을 나타내는 것이 또 다른 어떤 곳에서는 유쾌하지 못한 끼어들기로 받아들여질 수 있다. 예를 들어, 이탈리아인들은 열띤 분위기 속에서 상대방의 말에 끼어드는 경향이 있음에 비해 미국인들은 순차적으로 말하는 경향이 있다. 영어 사용하는 사회에서 여성은 남성보다 여러 사람이 동시에 말하는 경향이 있다는 지적도 있다. 핀란드 사람들은 다른 유럽인들에 비해 구어적 맞장구 표현을 적게 사용하므로 맞장구 표현을 많이 사용하는 것은 술 취한 사람으로 보일 정도이다. 한편, 일본인들은 구어적 맞장구 표현을 다른 민족보다 빈번하게 사용하는데 친절한 태도를 나타내기 위한 표현 방식이다.

대화가 진행되는 중간에 잠시 말없이 가만히 있는 순간이 있다. 한 순간의 침묵은 대화 진행에서 대단히 의미 깊은 단서로 작용한다. 침묵 지키기는 문화에 따라 그 비중이 다르게 나타난다. 가령 일본어에서는 영어에 비해 침묵에 대해 더 많은 것을 허용한다. 영어 원어민 선생이 인도하는 영어 수업에서 일본 학생들의 참여도를 연구해 본 결과, 일본 학생들이 말을 이어가는 중간에 잠깐씩 침묵을 유지하며 대기하는 시간이 더 길었다. 이에 대해 서양인 영어 선생은 처음에 이상하게 생각했으나 알고 보니 그것은 말할 것이 없어서라기보다는 사려 깊음을 나타내고 직선적이거나 이기적으로 보이지 않기를 원하기 때문인 경우였다고 한다.

일본 문화에서 침묵은 집단 내 조화를 만들어 내는 데에 중요한 역할을 하므로 영어 문화권 대화에서 침묵의 역할과는 그 의미가 사뭇 다르다. 일본 사람들은 사과를 할 때에도 머뭇거리면서 양해를 구하는 표시를 한다. 너무 능숙한 말로 머뭇거림 없는 말투를 사용하면 사과의 진정성이 의심 받기 때문이다.

8.12. 대화 스타일과 남녀 차이

'대화 스타일'이란 이야기하는 방식에 있어 사람마다 차이가 있음을 가리키는 용어이다. 상대방이 듣고 싶어 하는 이야기를 골라서 해 주고, 자신이 듣고 싶은 이야기를 해 주는 상대방을 만났을 때에 이야기는 물 흐르듯이 진행된다. 그러나 이런 순탄한 상황은 언제나 기대하는 만큼 다가오는 것은 아니다. 바라보는 곳이 다르면 서로 엇갈리는 이야기를 주고받다가 어이없어 하는 일이 생긴다. 상대방 말의 진의를 충분하게 이해하지 못하는 것은 일상의 삶에서 언제든 일어난다.

이해 부족은 대화 스타일 차이에서 비롯되는 경우가 있다. 어떤 방식으로 이야기하는 것이 효과적인가? 개인의 신상에 관한 질문을 시도하는 것이 관계 설정에 도움이 되는가? 어떤 사람들에게는 개인적인 주제가 화합 관계를 이끌어 내는 방법이 되는가 하면, 다른 어떤 사람들에게는 프라이버시를 침해하는 것으로 느껴진다. 사람들마다 우호적인 관계 설정을 위해 대화를 주고받을 때에 선호하는 방식이 있다. 이를테면 비개인적인 주제에 대해 말할 때 더 편안하게 느끼고 이를 통해 긴장을 풀고 화합 관계를 세워 나가는 방식을 선호하는 사람들이 있다. 빠른 응답은 대화 주제에 관심을 나타내는 것으로 받아들여지기도 하지만, 다른 어떤 사람들에게는 그보다 더 흥미로운 주제로 옮겨가자는 뜻을 내비치는 것으로 받아들여지기도 한다. 서로 관계 설정이 타결되지 않은 사람들끼리 무언가에 대해 이야기 한다는 것은 참 묘한 데가 있다. 얼굴 마주 대하고 듣고 싶은 대화 주제에 관해 이야기해 주는 것을 듣기 좋아하는 사람이 있는가 하면, 현재 이야기 되고 있는 대화 주제에 관해 더 이야기 하려고 노력하는 사람도 있다.

남자와 여자의 말하는 방식에는 차이가 있다. 남자들이 "난 옛날에 (…을 …게) 했다. […… 그렇게] 했었다."라는 말을 하는 것에 대해 여자들은 곧잘 '그는 그런(= 겨우 그렇게 자랑을 일삼는) 사람이구나.'로 해석하는 일이 일어난다. 남자들은 남자들만의 어법을 가지고 있고, 여자들은 여자들만의 어법을 가지고 있다는 지적은 합리적인 구별일까? 아무튼 남녀 사이에는 서로 쉽게 이해하지 못하는 대화 스타일이 있다. 그래서 첫 만남 뿐만 아니라 반복되는 만남에 있어서도 "왜 아무 말도 안 하느냐?"와 "지금까지 했던 이야기 안 들었느냐?"는 탐색이 긴장 관계 속에서 일어난다. 어느 날 까닭 모르게 상대방이 감정에 휩싸이는 것에 대해 이해하지 못하는 일은 일어난다. 남녀 간에 대화가 필요할 때와 대화를 절제할 때를 어떻게 하면 시기적절하게 알아차릴 수 있을까?

남자와 여자는 대화 스타일에 있어 근본적으로 차이가 있다는 주장을 우리는 흔히 들어왔다. 베스트셀러 서적이었던 「화성에서 온 남자, 금성에서 온 여자」의 저자 존 그레이는 이렇게 말했다. "남자와 여자는 서로 다른 행성에서 건너왔다고 할 정도로 다른 방식으로 의사를 표현한다." 존 그레이가 강조하듯이, 남자는 동굴 사람으로 특징지워진다. 남자가 동굴로 들어가려고 할 때와 동굴에서 나올 때에는 나름대로 그럴 만한 이유가 있다. 이것을 자연스럽게 이해해 주는 여자는 남자에게는 마음 따뜻한 그녀가 된다. 그렇지만 여성들에게는 동굴에 출입하는 남자가 답답하게 느껴진다. 그런데 알고 보면, 남자의 동굴에는 말 못할 고민도 있고, 탄식도 있고, 꿈과 열정 그리고 좌절도 스며들어 있다.

아주 많은 경우에 남녀 사이의 말은 그 안에 들어있는 진의를 알아듣기 어렵다. 사용하는 표현에도 차이가 있다. 한 가지 예를 들어 보자. 레이코프(Lakoff 1975)의 지적에 의하면, 영어에서 부사 'so'는 여성들이 빈번하게 사용한다. "Thank you so much.", "I am so glad to buy the bag.", "You are so kind.", "The child is so lovely." 이 예문에서 보듯이 여성들은 so를 실감 나게 사용한다. 이것 말고도 여성 언어의 특징을 레이코프는 여러 가지 지적했다. sort of, you see, just 등을 자주 사용하고, 부가의문문을 많이 말하고, 서술문에서 상승 억양, 강조 강세를 자주 사용한다는 것 등이다.

이야기를 일구어 내고 풀어 나가는 방식에 있어 남녀 차이는 표시 날 정도로 있다. 남자들은 도전적으로 말해 봄에 의해 기분이 좋아지지만 여자들은 그런 공격적 성향을 높이 평가하지 않고 그 대신 상호 공감을 기대한다. 여자들은 한 가지 주제에 관해 말하더라도 감정의 공유를 기대한다. 그러나 남자들은 여러 주제를 옮겨 가며 이야기하는 방식을 선호하며 각 주제마다 직접 경험했던 일화를 되돌아보면서 추억담으로 말하기를 좋아한다.

대화가 이어지는 방식에 대한 취향에 있어서도 남녀 간에 서로 다르다. 여성은 발언을 독점하는 사람을 좋아하지 않지만 남성은 여성이 말을 하지 않는 사이에는 남자인 자신이 말을 해야만 하는 것으로 여기기 때문에 계속해서 무슨 말인가를 하려고 한다. 여성은 대화에서 사람 관계에 관련되는 사소한 부분에 가치를 두지만 남자들은 그것이 여성의 마음을 끌기 위해 중요하다는 것을 종종 느끼지 못한다. 남자가 관심을 보일 듯한 대화 주제를 도입하는 것은 여자들이 담당하는 것으로 여겨지지만, 일단 시작된 대화 주제를 가지고 남자는 발언을 지배해서 혼자 계속해 말하는 경향이 있다. 주도적으로 말해야 할 것으로 기대를 받고 있다고 여기면서 남자가 계속 말하려고 시도하는 경향이 있다.

　대부분의 여성에게 대화는 정서적 연결의 단서를 제공하고 협력 관계를 맺어주는 소통의 매개체이다. 그래서 여성은 감정을 표현하고 반응을 타진하는 사적 대화에 가치를 둔다. 귀 기울여 이야기를 들어주는 남자에 대해 여자는 존중 받고 있다고 느낀다. 한편 남자는 사회적 지위를 성취하고 유지하기 위해 대화를 사용하며 지식을 알고 있음을 드러나게 표시하려고 한다. 남자는 공적으로 보도하는 방식의 어법에 곧잘 빠져드는데 심지어 사적인 일상사에 있어서도 비슷한 어법에 곧잘 빠져든다. 남녀 간에는 대화에 임하는 내면적 동기에 있어 차이가 있는 것으로 인식된다. 그러므로 남녀 간에는 '이성 간 방언'(gender-lect)이 존재한다고까지 말해진다. 남자와 여자는 각각 다른 말을 사용하는 만큼 그 차이를 이해하면 남녀 사이에 갈등을 멀리하고 소통의 벽을 낮출 수 있겠다. 다음 말을 마음속에 등대로 세워 두면 어떨까? "작은 일에도 함께 공감하며 상대방을 배려하는 마음, 그거면 된다."

　지금까지 여기 8장에서 맥락, 화용론, 담화, 의사소통 등에 관해 살펴보았다. 이 모든 것의 기저에는 문화가 깔려 있다. 공동체 사회의 문화마다 적절한 의사소통적 상호작용을 조절하는 관습들이 있다. 사람들은 일어나야만 하는 행위를 정의한다. 또한 일어날 수 있는 행위를 정의하며 그에 대한 기대감을 표시한다. 주어진 맥락에서 일어나지 말아야 하는 행위들을 규정하기도 한다. 언어사용은 사회적 규약, 문화적 관습, 행위적 기대감을 반영해서 일어난다. 개인의 언어적 행위는 세상에 관해 이야기하고 세상과의 관계를 조율하고 협의해서 타결해 내는 능력에 의해 영향을 받는다.

〈참고문헌〉

김종현. 2008. 담화연구의 방법들, 「청주교육대학교 논문집」 44집.

이성범. 2001. 「추론의 화용론」, 한국문화사.

Beaugrande, R. and W. Dressler. 1981. *Introduction to Text-linguistics*, London: Longman.

Bonvillain, Nancy. 2003. *Language, Culture and Communication: The Meaning of Messages* (fourth edition), New Jersey: Prentice Hall.

Cameron, Deborah. 2001. *Working with Spoken Discourse*, London: Sage Publications.

Cutting, Joan. 2008. *Pragmatics and Discourse: A Resource Book for Students* (2nd edition), London and New York: Routledge.

Fasold, Ralph W. and Jeff Connor-Linton (eds.) 2006. *An Introduction to Language and Linguistics*, Cambridge: Cambridge University Press.

Finegan, Edward. 2004. *Language: Its Structure and Use* (fourth edition), Boston: Thompson-Wadsworth.

Grice, H. Paul. 1975. Logic and conversation, In: P. Cole and J. Morgan (eds.) *Pragmatics (Syntax and Semantics)* Vol 9, New York: Academic Press.

Halliday, M. A. K. and Ruqaiya Hasan. 1976. *Cohesion in English*, London: Longman Pub.

Hewings, Ann and Martin Hewings. 2005. *Grammar and Context: An Advanced Resource Book*, London and New York: Routledge.

Hymes, Dell. 1972. Models of the interaction of language and social life. In: J. J. Gumperz and D. Hymes (eds.) *Directions in Sociolinguistics: The Ethonography of Communication*, New York: Holt, Reinhart and Winston, p35-71.

Keenan, E. 1974. Norm-makers, norm-breakers: use of speech by men and women in Malagasy community, In: R. Bauman and J. Sherzer (eds.) *Explorations in the Ethnography of Speaking*, Cambridge: Cambridge University Press.

Lakoff, Robin. 1975. *Language and Woman's Place*, New York: Harper & Row.

Levinson, Stephen C. 1983. *Pragmatics*, Cambridge: Cambridge University Press.

Paltridge, Brian. 2006. *Discourse Analysis: An Introduction*, London: Continuum.

Sacks, Harvey, Emanuel A. Schegloff and Gail Jefferson. 1974. A simplest systematics for the organization of turn-taking for conversations, *Language* 50, p695-735.

Thornbury, Scott. 2005. *Beyond the Sentence: Introducing Discourse Analysis*, Oxford: Macmillan Publishers.

9장

말소리에 대해: 자음의 음성학

9.1. 소리의 세계

사람은 의사소통을 하기 위해 입을 통해 소리를 내어 말을 한다. 이렇게 발생하는 소리는 말소리 또는 음성이다. 말소리에 관해 연구하는 분야를 음성학(phonetics)이라고 한다. 가령 'phonetics'를 발음하려면 [포네틱스] 정도로 읽어서는 안 되고 [fə'nɛtɪks]로 읽는다. '음성학'을 발음하려면 [ɯmsʌŋhak]으로 읽는다. '음성학자'를 뜻하는 단어 'phonetician'은 [fəʊnə'tɪʃən]으로 발음한다. 사람들이 음성학에 관심을 두고 공부까지 하게 되는 것은 외국어 발음에 도움이 되리라는 기대감이 있어서이다. 그런데 음성학을 공부하는 이유는 그것만이 전부는 아니다. 우리말 발음을 이해하기 위해서도 필요하고, 보편적으로 어떤 말소리 특성들이 작용해서 음성 언어가 산출되는가에 대해 이해하는 데에도 음성학 지식이 필요하다.

사람은 신체 기관의 어떤 부위를 어떻게 작동시키는가에 따라 다양한 종류의 소리를 만들어 내기 때문에, 발음 기관의 움직임을 세부적으로 구분해서 이해하는 작업은 음성학 지식의 기본을 이룬다. 우선 모든 나라의 말소리를 표기하기 위한 공통 기호로 국제음성기호를 알아보고, 영어 발음의 실제 예를 살펴보면서 이해하기로 하겠다.

9.2. 조음 기관의 모습과 기능

발음 원리를 이해하기 위해 가장 먼저 살펴보아야 할 것은 발음 기관의 모습이다. 개별 언어마다 말소리 종류에 차이가 있기는 하지만 기본적으로 발음 기관의 생리적 특징과 구조는 동일하다. 사람의 호흡기는 폐와 기관지를 포함하고 기관지에서 목구멍으로 이어진다. 호흡을 하기 위해 숨을 들이쉬고 내쉬는 비율을 일정하게 하다가도 그 사이에 말을 하게 되면 공기를 빨리 들이마시고 천천히 내쉬는 쪽으로 호흡 속도를 조절한다. 사람의 말은 들이마시는 숨으로는 호흡의 목적은 달성하지만 말을 하기는 어렵다. 폐에서 분출되어 내쉬는 날숨을 타고 발음 기관의 동력을 얻어 말을 한다. 즉 사람은 말을 하기 위해 '날숨'을 사용한다.

폐, 후두, 혀, 치아, 입술, 입천장, 비강 등의 기관을 사용해 사람은 호흡을 하고 음식을 먹는 일을 한다. 또한 그것 말고도 언어를 사용하기 위해 발음 기관을 사용한다. 음성학에서는 '조음'이라는 용어를 '발음'과 같은 뜻으로 사용하므로 이 책에서도 '조음 기관', '조음 위치', '조음 방법' 등의 용어를 사용하기로 하겠다. 발성(發聲)을 하는 '조음 기관'의 단면을 그려보면 아래와 같다.

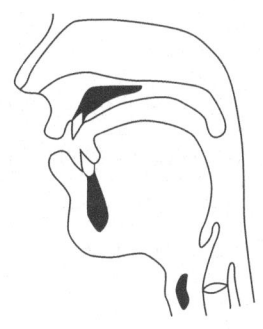

폐에서 분출되는 공기가 기관지를 지나 기관지의 가장 위에서 후두를 통과한다. 후두의 입구는 성대(vocal cords)이며, 성대의 열고 닫힘은 성문(glottis)에 의해 조절된다. 후두보다 더 위로는 식도와 갈라지는 위치에서 기관지로의 통로를 분리해 주는 후두덮개(epiglottis)가 있다. 후두를 지나 인두강을 통과해서 입으로 넘어 들어온 공기는 구강 내에서 조절을 받는다. 위의 그림을 상악과 하악으로 나누어 생각해 보자. 입천장을 구성하는 상악골은 두개골에 밀착되어 하나의 몸체로 고정되어 있고, 상악골에 대해 아래턱을 움직이는 하악골은 상대적으로 위치와 모양을 바꾼다. 상악 부분은 입천장, 윗입술, 치아, 치조, 경구개, 연구개 등이 제각각 고정된 위치를 지닌다. 이에 비해 하악 부분은 턱, 입술, 혀 등이 상대적으로 모양을 바꾸어가며 능동적으로 움직인다.

발음 기관의 단면도를 세분해서 살펴보자. 아래 그림은 조음 위치에 대해 번호를 붙여 놓았다.

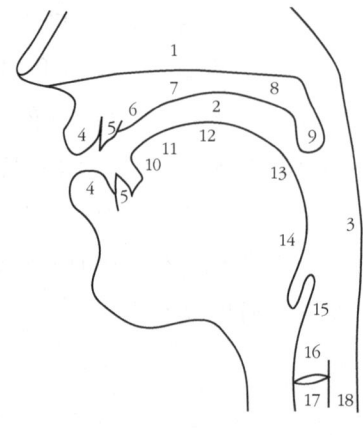

1. 비강 2. 구강 3. 인두강 4. 입술
5. 치아 6. 치경(alveolar) 7. 경구개(palate)
8. 연구개(velum) 9. 목젖(uvular) 10. 혀끝
11. 혓날 12. 전설 13. 후설 14. 혀뿌리
15. 후두덮개 16. 성문 17. 성대/폐
18. 식도

넓은 공간으로 1번 비강과 2번 구강이 있다. 구강 내에는 여러 가지 조음 부위가 포함된다. 1번 비강은 코로 연결되는 공간인데 비강 통로는 9번 목젖의 동작에 의해 개폐가 결정된다. 폐에서 공기 흐름이 올라오면서 목젖에 도달하기 직전의 공간이 3번 인두강이다. 구강 내부의 조음 위치에 있어, 특히 치경과 경구개 부분이 혀끝, 혓날, 전설 등과 어떤 간격을 두고 자리하는가에 대해 기억해 두어야 한다.

치경과 경구개의 경계는 입천장 만곡 부위의 경사도가 바뀌는 부분에서부터 시작된다. 위의 그림에서 6번 위치와 7번 위치에 주목해 치경과 경구개 차이를 기억해 두자. 단단한 입천장을 경구개라고 부른다. 치경은 위 치아에 붙은 치조골 바로 뒤에 연이어 단단한 조직이 굴곡 면을 이루고 있는 폭 1 ~ 2cm 내외의 부분이다. 경구개는 치경의 만곡부를 지나 우묵한 모양으로 펼쳐지는 입천장 부위이다.

혀의 움직임은 말소리를 바꾸는 데에 중요한 역할을 한다. 입천장과 혀가 가장 가깝게 맞닿는 부위는 치경 혹은 치조이다. 치경은 혀를 들어 입천장에 접촉했을 때 혀끝에 가장 먼저 닿는 부위이며, 치조는 치경 앞에서 치아에 직접 연결된 잇몸 부위이다. 치조 및 치경의 좌우측은 혀끝 주변의 혓날과도 가깝다. 혀의 단면을 아래 그림처럼 나타낼 수 있다. 혀의 가장 앞에 뾰족한 부분이 혀끝(tip)이고, 혀끝 바로 옆으로 돌아가며 혀 가장자리 부분이 혓날(blade)이다. 혀 몸체의 윗부분은 전설, 중설, 후설 등으로 나눈다.

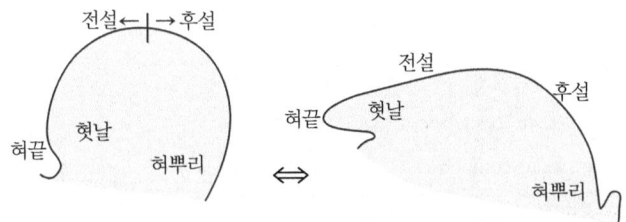

전설(前舌)은 혀 몸체의 앞부분이고 후설(後舌)은 혀 몸체의 뒷부분이다. 혀를 입천장 방향으로 상승시켰을 때 경구개는 전설과 가장 가깝고 연구개는 후설과 가장 가깝다. 입천장 경구개 부위를 향해 가장 높은 위치로 솟아오르는 혀 부위가 전설이다.

9.3. 자음과 모음, 그리고 발음기호

말소리는 크게 자음과 모음으로 대별된다. 자음과 모음을 구별하는 기준이란 무엇일까? 그것은 막힘(= 폐쇄)이나 마찰의 여부에 따른다. 구강 내 아래턱에 붙어있는 조음 기관이 입천장을 향해 폐쇄나 마찰이 생기도록 충분하게 근접한 상태에서 기류의 분출이 일어나면 자음이 발생하고, 폐쇄나 마찰이 나지 않을 정도로 자음보다는 덜 근접한 상태에서 기류가 분출되면 모음이 발생한다. 하나의 소리는 자음 아니면 모음 둘 중에 하나일 뿐이며 자음과 모음을 동시에 겸할 수는 없다. 말을 하는 동안에 입을 열고 닫는 동작을 매 순간마다 반복하기 때문에 그 과정에서 자음과 모음의 교차가 지속적으로 어울려서 나타난다.

철자법과 발음기호는 서로 비슷할 수 있기는 하지만 동일하지는 않다. 예를 들어, 영어에서 /i:/ 소리는 발음기호로서 여러 가지 철자에 대응하는데, e (be), ea (dream), ee (seen), ie (believe), ei (receive) 등으로 적힌 철자법의 발음을 나타낸다. 철자법이란 글을 기록하기 위해 맞추어 적어야 하는 표기 체계이다. 그리고 발음기호는 철자법보다 더 구체적이고 세분된 기호로 적는 것이다.

실제 단어의 예를 다음처럼 모아 보았다. 빈칸은 해당하는 단어가 없다. 철자와 발음은 그대로 일치하는 것이 아니며 차이가 있음을 눈여겨보자.

	첫소리에서	단어 중간에서	끝소리에서
[p]	pay, pair, person	company	cap
[b]	bay, bare, branch	rebound	cab
[t]	time, teach	attack	cat
[d]	dime, diary	describe	hand
[k]	cook, chaos, quite	locking	book
[g]	give, gun	longer	dug
[m]	mill	remain	tomb
[n]	knowledge	innocuous	June
[ŋ]	_____	singing	tongue
[f]	foreign	coffee	tough
[v]	victory	convene	of
[θ]	think, theater	ethics	breath
[ð]	this	weather	breathe
[s]	sing, sun	racing	ass
[z]	zero, zoom	raisin	as
[ʃ]	shine	mission	bush
[ʒ]	_____	pleasure	mirage
[ʧ]	chin	wretched	catch
[ʤ]	jump, giant	engine	lodge
[l]	lady, letter	milk	feel, sell
[r]	rain	terrain	Sir, store
[j]	yes, yacht, use	million	_____
[w]	wire, wing	power	_____
[h]	history, whole	behave	_____

철자와 발음은 그대로 일치하는 것이 아니다. 이 책에서 우리가 말소리를 나타내기 위해 사용하는 기호들은 모두 발음을 나타내는 것이다. 간편하게 적기 위해 [p], [t], [k], [w] . . .와 같이 일일이 발음기호 표시로 묶어두지 않고 p, t, k, w 등으로 적고 말기도 한다. 경우에 따라 발음기호 괄호로 묶어 표시하지 않았더라도 그것이 철자인지 발음기호인지를 혼동하지 말아야 하겠다. 발음과 철자는 1-대-1 대응을 보이지 않는 경우가 워낙 흔하다. 하나의 철자가 여러 개의 발음으로 읽혀지는 경우가 많지만, 발음기호 한 개는 오직 하나의 소리로만 읽혀지는 기호이다. 잠시 후 소개할 국제음성기호는 발음을 나타내는 기호이며 철자를 나타내는 것이 아니다.

발음기호를 표시하는 '괄호'에 관해 한 가지 언급해 두기로 하자. 발음을 표시하는 기호로 / /와 [ ], 이들 두 기호는 같은 뜻이 아니지만 종종 같은 뜻으로 사용되고는 한다. 엄밀하게 말하자면 / /는 기본적인 소리 단위를 표시하는 것이며 이보다 더 세분된 발음은 [ ]로 묶어서 나타내는 것이 원칙이다. 그러나 실제 발음을 표시할 때 (많은 사전에서) / /와 [ ]를 거의 같은 용도로 사용하는 것이 현실이다. 그러므로 이 책에서도 / /와 [ ]는 거의 같은 뜻을 지니는 것으로 사용하겠다. 이 두 가지 괄호 표기의 차이를 설명하려면 '음소' 개념을 도입해야 하는데 이것은 뒤의 12장에서 알아보기로 하자.

9.4. 자음 분류의 기준

자음의 전체 목록을 구별하려면 3가지 기준의 조합이 필요하다. 성(voice)-위치(place)-방법(manner)에 의해 자음이 분류된다. 머리글자를 따라 VPM으로 쉽게 기억할 수 있다. V의 '성', P의 '위치', M의 '방법'의 순서에 따라 조합해서 정한다. 예를 들어 bet의 [b]는 유성-양순-폐쇄음이라고 구분하고 foreign의 [f]는 무성-순치-마찰음으로 구분한다.

어디에서(Where)? 어떻게(How)? 이 두 가지 기준에 따라 자음을 분류한다. 어디에서 발음되는가에 따라 분류하는 것은 조음 위치(place of articulation)에 의한 것이고, 어떻게 발음되는가에 따른 분류는 조음 방법(manner of articulation)

에 의한 것이다. 조음 위치와 조음 방법의 조합을 말하면 그에 해당하는 개별음을 지정하는 것이다. 혀가 입천장의 어느 한 부분을 향해 막힘이나 마찰이 있을 정도로 충분히 근접하였는가? 이것은 조음 방법에 관한 것이다. 가령 막힘(= 폐쇄)를 수반해서 발음되는 자음들은 '폐쇄음'(혹은 '파열음')이라고 부르며, 마찰을 수반해서 발음되는 자음들은 '마찰음'이라고 부른다.

또 하나 중요한 기준이 있다. 울림에 의한 청각적 효과가 발생하는가에 관해서이다. 이것은 '성대 진동'에 의한 것으로 유성성(voicing 有聲性)이라는 음성적 특질의 이름으로 불린다. 즉 유성음(voiced)과 무성음(voiceless)으로 구분된다.

국제음성협회는 영국 런던에 본부를 두고 있으며 모든 언어들에서 나타나는 말소리를 표시하기 위한 발음기호를 정해 두었다. 이것은 모든 가능한 음성들의 종류를 구분해 놓은 국제음성기호(International Phonetic Alphabet)이며 줄임말로 IPA라고 부른다. 국제음성기호는 개별 말소리의 절대 값을 드러내 주는 기준점이다. 자음에 대한 국제음성기호 표를 아래에서 살펴보자. (http://www.langsci.ucl.ac.uk/ipa/에서)

THE INTERNATIONAL PHONETIC ALPHABET (revised to 2005)

CONSONANTS (PULMONIC)   © 2005 IPA

	Bilabial	Labiodental	Dental	Alveolar	Postalveolar	Retroflex	Palatal	Velar	Uvular	Pharyngeal	Glottal
Plosive	p b			t d		ʈ ɖ	c ɟ	k g	q ɢ		ʔ
Nasal	m	ɱ		n		ɳ	ɲ	ŋ	N		
Trill	ʙ			r					ʀ		
Tap or Flap		ⱱ		ɾ		ɽ					
Fricative	ɸ β	f v	θ ð	s z	ʃ ʒ	ʂ ʐ	ç ʝ	x ɣ	χ ʁ	ħ ʕ	h ɦ
Lateral fricative				ɬ ɮ							
Approximant		ʋ		ɹ		ɻ	j	ɰ			
Lateral approximant				l		ɭ	ʎ	ʟ			

Where symbols appear in pairs, the one to the right represents a voiced consonant. Shaded areas denote articulations judged impossible.

IPA 자음 목록은 구강 내에서 발음 가능한 모든 종류의 자음들을 모아 놓았다. 조음 방법을 하나만 선택하고 조음 위치 차이를 확인해 보자. 반대로 조음 위치를 하나만 선택하고 조음 방법 차이를 확인해 보자. 위의 IPA 자음표 다섯째 줄에 들어 있는 마찰음(fricative)에 집중해서 기억해 두자. 마찰음은 모든 조음 위치에서 구별되므로 마찰음의 종류들을 연습하다 보면 입천장 상단의 조음 위치 차이를 금방 암기할 수 있다. 입천장의 위치에 따라 조음 위치를 기억하고, 또한 혀가 입천장과 접촉하는 방식의 차이에 따라 조음 방법을 기억해 보자.

IPA 기호들은 모두 발음기호이다. 그 중에는 알파벳 철자법에서는 본 적이 없는 낯선 기호들도 있다. 소리의 값을 보다 세밀하게 나타내기 위해 '구별 부호'까지 도입하다 보니 일반적인 철자와는 거리가 먼 어려운 모양의 기호가 포함되었다. 알파벳 철자 그대로를 다시 발음기호로 사용하는 것은 사용 빈도가 높은 말소리이며, 구별 부호 또는 낯선 기호로 표기하는 발음은 사용 빈도가 낮은 말소리들이다.

IPA 소리들은 사람의 인체 기관 내에서 생리적으로 발음할 수 있는 소리들을 구분해서 개별적인 발음기호로 나타낸 것이다. 이 모든 소리들이 사람의 목소리를 통해 발음될 수 있으나, 실제로 개별 언어마다 이 모든 소리를 동시에 사용하는 것은 아니며 나라마다 이용하는 소리의 개수와 종류에 차이가 난다. 영어에서 사용되는 발음들을 예시해 보면 다음 표와 같다. 폐쇄음과 마찰음 두 가지 유형에 대해 조음 위치에 따라 발음기호를 위에서 아래로 적었다. 이 표를 보면 영어의 주된 자음들을 한 눈에 돌아볼 수 있다. 이것만 가지고서도 자음 발음기호들을 대강은 소개한 것이다.

	폐쇄음	마찰음
양순음	[p], [b]	
순치음		[f], [v]
치간음	[θ], [ð]	
치경음	[t], [d]	[s], [z]
후치경음		[ʃ], [ʒ]
연구개음	[k], [g]	
성문음	[ʔ]	[h]

조음 방법에 대해 영어 용어들을 (괄호 안에 넣어) 적어 보겠다. 폐쇄음(plosive), 마찰음(fricative) 등이다. 그리고 조음 위치에 대한 영어 용어들을 적으면 양순음(bilabial), 순치음(labio-dental), 치간음(dental), 치경음(alveolar), 후치경음

(postalveolar), 연구개음(velar), 성문음(glottal) 등이다. 영어 자음에 어떤 것들이 있는지 그 종류와 명칭만 확인하려고 하면 우리는 음성학 입문을 여기에서 멈추어도 되겠다. 그러나 이 정도 수준에서 머물고 말면 음성학에 관해 실제적으로 이해한 것은 별로 없는 것이다. 용어 수준에서 한 걸음 더 나아가, 이제부터는 자음의 음성학에 관해 구체적인 설명을 해 나가기로 하겠다.

잠깐 성대의 진동에 관해 살펴보고, 뒤이어 조음 위치와 조음 방법에 대해 살펴보기로 하자. 성대의 진동이 수반되는 소리는 유성음이고, 성대의 진동이 수반되지 않는 소리는 무성음이다. 다음 그림은 성대가 진동할 때 성문을 여닫는 상태를 나타낸 것이다.

닫힌 성대   열린 성대

오른쪽 그림처럼 성문 양쪽 벽이 열린 상태에서 발성되는 소리는 무성음이다. 왼쪽 그림처럼 성문 양쪽 벽이 마주 닿아 진동해서 발성되는 소리는 유성음이다. 성대의 진동을 가져오는 양쪽 벽은 '성문'이다. 성대가 진동하기 위해서는 성문 (glottis)으로부터 위쪽 공간의 공기 압력보다 아래쪽의 공기 압력이 충분하게 커야 한다. 성대는 생체 조직의 특성에 있어 탄력성이 뛰어나기 때문에 대단히 짧은 단위 시간 내에 모양새를 바꾸어 나간다. 그 가장 주된 동작은 성대의 진동이다. 모음을 발음할 때에는 기본적으로 유성음으로 발음되며, 자음을 발음할 때에는 유성음과 무성음의 차이를 구별해서 성대 떨림이 조절된다.

9.5. 조음 위치

구강 내에서 발음되는 소리들은 혀가 입천장의 어느 부위에 접촉하는가에 따라 위치를 정한다. 혀의 끝부분이 위 치아에 접촉하면 치음이라고 하며, 그보다 아주 조금 뒤로 물러나 잇몸 주변에 접촉하면 치경음이라고 한다. 치경음보다 조금 더 물러나서 입천장의 단단한 부분, 즉 경구개에 접촉되어 발음되는 소리는 경구개음이라고 한다. 그리고 경구개보다 뒤로 더 많이 물러나서 입천장 뒷부분의 부드러운 연구개 부위에 접촉해서 나타나는 소리는 연구개음이라고 한다. 그보다 더 뒤로 넘어가면 목젖을 지나 목구멍 너머가 되지만 더 이상 구강의 내부가 아니며 혀가 접촉할 수 있는 범위를 벗어난다. 아래 그림을 보자.

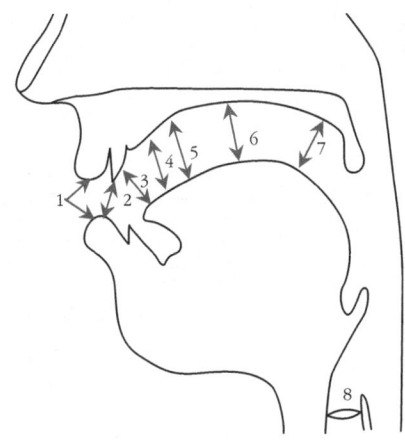

위 그림은 구강 앞쪽 1번에서부터 안쪽 7번까지 번호가 붙어있다. 각 번호가 나타내는 조음 위치마다 그곳에서 발음되는 말소리 명칭을 적어두면 아래와 같다.

1. 양순음   2. 순치음   3. 치간음   4. 치경음
5. 후치경음   6. 경구개음   7. 연구개음   8. 성문음

입술은 얼굴의 전면에서 볼 때 구강으로 들어가는 관문에 해당하는데 음성학에서 고려하는 조음 위치에는 구강 내부의 입천장 부위들뿐 아니라 추가로 입술도 포함된다. 치경음, 경구개음, 연구개음 등을 구분함에 의해 혀가 입천장에 접촉하는 부위를 직접적으로 거론한다.

조음 위치에 따라 양순음, 순치음, 치음, 치경음, 경구개음, 연구개음 등으로 구분한다. 치조와 경구개는 서로 인접한 자리들인데, 치음은 치조 접촉을 통해

나는 소리이고, 경구개음은 경구개 자리에서 접촉해 나는 소리이고, 치경음은 치조와 경구개에 걸쳐서 나는 소리이다. 조음 기관의 단면 그림을 보면서 살펴보자. 아래 그림은 크리스털(Crystal 1997)에서 가져온 것인데 필자가 혀에 음영을 추가해 보았다. 혀가 입천장 어느 부분에 맞닿는지를 눈여겨보자.

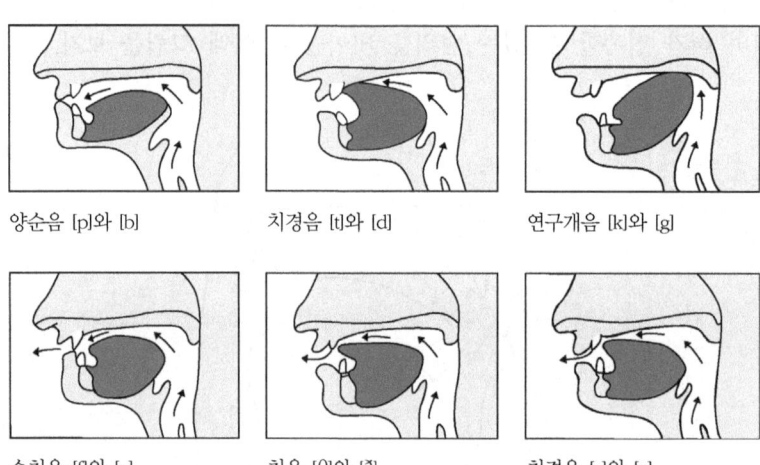

| 양순음 [p]와 [b] | 치경음 [t]와 [d] | 연구개음 [k]와 [g] |
| 순치음 [f]와 [v] | 치음 [θ]와 [ð] | 치경음 [s]와 [z] |

이 그림의 윗줄 좌측부터 1번으로 하고 오른쪽 3번까지, 그리고 아래 줄 좌측부터 우측으로 4번~6번으로 구분하고 보면, 각 그림은 조음 위치와 조음 방법의 조합에 의한 발음 동작을 시각적으로 보여준다. 이 그림들은 성대의 진동 상태는 표시하지 않고 있으므로 유성음과 무성음을 함께 나타낸다. 1번은 폐쇄가 입술 부위에서 일어나는 것으로 유성성의 차이로 [p]와 [b]가 구분된다. 2번은 폐쇄가 치경 부위에서 일어나고 무성음 [t]와 유성음 [d]로 구분된다. 3번은 연구개 폐쇄를 보여주는 것으로 혀의 뒷부분 몸체가 상승해서 연구개에 맞닿아 폐쇄점을 형성한다.

이제부터는 각 조음 위치에 따라 그에 해당하는 말소리 예를 들어 부연 설명하기로 하자. 한국 사람의 발음 습관을 염두에 두면서 영어 말소리를 중심으로 설명해 나갈 것이다. 설명하는 중에 소리 목록을 나타내는 데에는 슬래쉬(/ /)로 표시했다.

양순음(bilabial), 위아래 두 입술을 마주 붙여서 내는 소리이다. 국제음성기호로 /p, b, m/ 등이며, 한국어에서 /ㅂ, ㅃ, ㅍ, ㅁ/ 등이다. 영어에서 강세를 지닌 음절의 첫소리 자음으로 양순음이 나타날 때에는 두 입술을 입 안쪽으로 미세하게 머금어 들이는 모양으로 모았다가 구강 내 기류를 입술 바깥으로 내어보내 발음한다.

순치음(labio-dental) /f, v/ : 순치음 /f, v/는 위의 치아를 아래 입술에 살며시 접근시키고 그 사이로 마찰음을 내는 소리이다. 위 치아와 아래 입술이 접촉함에 있어 그 사이로 좁은 틈을 만들어 발음하면 마찰음이 나타난다. 국제음성기호로 /f, v/ 등이다. /f, v/의 발음 동작에서 주의할 점으로, 윗니가 입술에 살짝 닿는 것으로 여기면 오류이다. 거의 닿을 정도로 가까이 가기는 하지만 마찰을 위한 틈새가 형성되려면 입술에 윗니가 닿는 일이 있어서는 안 된다. 접촉 후 튕겨내 듯이 발음한다면 /f, v/ 소리가 될 수 없으며 /p, b/하고도 구별되지 않는다.

치간음(dental) /θ, ð/: 위 치아의 뒷면 치조 부분에 혀의 앞쪽 끝부분이 닿을 듯한 상태에서 혀끝(tip)을 윗니 뒷면 쪽으로 내밀어서 근접하도록 만들어 발음한다. 치간음은 치경음보다 혀끝이 앞으로 더 나아간 위치에서 나는 소리이다. /θ, ð/와 /s, d/의 차이를 연습하면 think − sink, they − day를 구별해서 발음할 수 있다.

치간음의 발음 연습을 할 때 혀끝을 윗니 뒷면에 바짝 접근시키는 조음점을 형성하는 것에 익숙해지기 어렵다면 차라리 다음과 같은 방법으로 연습해 볼 것을 권하고 싶다. 윗니, 아랫니, 혀끝이 모두 한 가지 지점에 모이며, 이 지점에서의 간격은 아주 좁은 틈새만 남겨 놓는다. 그리고 혀끝을 긴장 시키고 윗니와 아랫니 사이의 좁은 틈새로 바람을 흘려보낸다. 이때 혀끝은 윗니 아랫니 사이 틈새를 향해 앞으로 바짝 전진한 상태이다. 치간음을 발음할 때 조음 기관 모습은 옆의 그림과 같다.

치경음(alveolar), 국제음성기호로 /t, d, n, s, z, l, r/ 등의 소리들이 치간음이다. 혀의 앞부분으로, 혀끝과 혓날을 움직여 치경에 접촉한다. 한국인의 영어 발음에서는 치경음 /s, d/와 치간음 /θ, ð/의 차이를 의식적으로 구별해서 연습해야 한다.

후치경음(post-alveolar) = 치경경구개음(alveolar-palatal): 후치경음으로 /ʃ, ʒ/이다. 혓날이 치경 뒷부분(= 치경과 경구개 사이)에 근접해서 나는 소리이다. /ʃ, ʒ/를 발음할 때에 혓날이 골고루 근접하게 해 놓고 얼굴 앞에서 입모양을 관찰해 보면 윗입술이 살짝 들려서 위아래 입모양이 약간 둥글게 모이게 된다. 한국어 "쉬, 쥐"를 말할 때처럼 모여진 입술을 펼치게 되면 [ʃ], [ʒ]가 아니라 (모음 [i]가 더 들어간) [ʃi], [ʒi]를 소리 내는 것이 된다. 모음 개입 없이 [ʃ], [ʒ]만을 발음할 수 있어야 한다. catch, watch의 끝소리 [ʃ], urge, edge의 끝소리 [ʒ]는 그 뒤에 [i]가 없으므로 입술 모양에 있어 [i]를 발음하는 것처럼 입매(입술 좌우)를 펼치지 말아야 한다.

경구개음(palatal), 혀 몸체의 앞부분, 즉 전설이 경구개 부분에 근접해서 나는 소리이다. 혀끝이나 혓날보다는 혓몸의 앞부분이 솟아올라서 단단한 입천장 부위에 가서 맞닿거나 좁은 틈을 내어 발음한다. 영어에서는 경구개 자음은 따로 두지 않고 치경음이 동화의 결과로 경구개음이 되는 것으로 나타난다. 구개음화 현상이 그 예이다. 국제음성기호 /j/가 대표적이다. 치킨(chicken)과 키친(kitchen)을 번갈아 가며 발음해 보고 혀가 입천장에 접촉하는 위치 차이를 확인해 보자.

연구개음(velar), 혀의 뒷부분 몸체가 솟아올라 연구개 부분에 접촉한다. 연구개가 올라가면 비강 통로가 막히고, 연구개가 내려오면 비강으로 기류가 자유롭게 통과한다. 국제음성기호로 /k, g/ 등이다.

성문음(glottal), 구강 내에서는 조음 위치를 가지지 못하는 소리이다. 그 대신 성대에서 조음 위치를 취한다. 국제음성기호로 /h, ʔ/ 등이다. 이들 소리들은 개별 소리보다는 음성적 특질로서의 성격이 더 강하다. 즉, /h, ʔ/ 등은 그 자체로 독립된 말소리가 되기보다는 다른 말소리들에 얹혀서 추가적인 말소리를 구성하는 데에 중요한 역할을 한다. 성문마찰음 /h/는 유기성을 도입해서 유기음을 만들어 주는 소리이다. 성문파열음은 폐쇄음을 대신하는 소리로 사용되는 경우가 흔하다. 성문파열음 /ʔ/는 영어에서 많이 쓰이는 소리는 아니지만 감탄 어구인

uh-oh [ʔʌʔəʊ], uh-uh [ʔʌʔə] 등에 사용되고, than ever before에서 ever에 힘주어 말하면 [ʔvə]가 된다. 성문음은 한국어 자음을 구분할 때에 중요한 음성적 특질로 작용한다. /ㅂ, ㄷ, ㄱ, ㅈ/에 성문파열음 [ʔ]을 더해 주면 된소리 /ㅃ, ㄸ, ㄲ, ㅉ/ 가 되고, 성문마찰음 [h]을 더해 주면 거센소리 /ㅍ, ㅌ, ㅋ, ㅊ/가 된다.

　　조음 위치가 같더라도 조음 방법의 차이에 따라 말소리가 달라진다. 예를 들어, 'pen'의 첫소리 자음 [p]와 father의 첫소리 자음 [f]는 모두 조음 위치에 있어서는 똑같이 양순음이지만, 조음 방법에 있어서 차이가 있으니 [p]의 조음 방법은 폐쇄음이고 [f]의 조음 방법은 마찰음이다.

　　낱낱의 자음은 조음 위치와 조음 방법의 조합에 의해서 이름을 말할 수 있다. 조음 위치만으로는, 혹은 조음 방법만으로는, 개별 자음을 하나씩 짚어줄 수 없고 다만 몇몇 자음들을 묶어서 드러낼 수 있을 뿐이다. 예를 들면, '(유성)폐쇄음'이라고 말함에 의해 3가지 소리묶음 /p, t, k/를 나타내거나 '(무성)폐쇄음'이라고 말함에 의해 /b, d, g/의 묶음을 나타낸다. 딱 한 개의 소리만을 지목하기 위해서는 조음 위치까지 밝혀서 말해야 한다. 가령 [p]는 양순폐쇄음, [t]는 치경폐쇄음, [k]는 연구개폐쇄음이라고 이름을 말한다.

　　그러면 이제는 조음 방법에 대해 소개할 차례이다. 또한 유성-무성 구별도 같이 언급해야 한다. 유성음이란 성대 진동을 수반하는 소리이고 무성음이란 성대 진동이 없는 소리라는 점에 관해 잠시 뒤에 부연해서 설명하기로 하겠다. 자음의 종류는 입천장, 입술, 혀 등의 조음 기관들이 접촉하여 공기가 흘러나가는 통로가 어떤 모습으로 자리를 잡는가에 따라 구분한다. 조음 방법에서 보면 폐쇄음(= 파열음)이거나 마찰음인 경우가 대부분이고 그밖에 비음, 접근음 등으로도 나타난다. 아래에서 하나씩 구분해 보기로 하자.

9.6. 조음 방법

　　자음을 발음할 때에는 구강에서 공기가 나가는 통로 중에 막힌 곳이나 좁아든 곳이 있다. 각각의 조음 위치마다 막힘이나 좁힘이 형성될 수 있고 이때 조음 위치와 방법의 조합에 의해 개별 자음의 종류가 결정된다. 조음 방법이란 파열음,

마찰음, 비음, 접근음 등으로 구분된다. 영어 용어는 plosive(= stop), fricative, nasal, approximant 등이므로 첫 글자만 따서 P-F-N-A로 외워 두면 어떨까! 혹은 파찰음(affricate)의 A를 마찰음 F 뒤에 추가해서 P-F-A-N-A(화~아~나)로 첫 글자만 기억해도 되겠다. 그럼 이제부터 '화·아·나'의 각각에 대해 알아보기로 하자. 용어가 많아 기억하기 힘들다고 '화~아' 낼 일이 아니다. 차근차근 익히면 금방 외울 수 있다.

파열음(plosive): 혹은 폐쇄음(stop)이라고 한다. 조음 기관의 완전한 폐쇄가 있고 폐쇄 상태를 풀어 주는 단계에서 발음되는 소리이다. 유성 폐쇄음으로 /b, d, g/ 등이고, 무성 폐쇄음으로 /p, t, k/ 등이다. 유성 폐쇄음의 조음 위치를 구분해서 말해 보자면, [b]는 유성-양순-폐쇄음이고, [d]는 유성-치경-폐쇄음이고, [g]는 유성-연구개-폐쇄음이다. 무성 폐쇄음 /p, t, k/에 대해서는, [p]는 무성-양순-폐쇄음이고, [t]는 무성-치경-폐쇄음이고, [k]는 무성-연구개-폐쇄음이라고 부른다.

　파열음의 발음은 접근, 지속, 개방의 3단계로 구분된다. 접근 단계에서 발음의 두 부위가 서로 마주 닿아서 막힘을 형성하고, 막힌 부위에서 구강 내부에 기류 나감을 억제하다가 지속 단계에 가면 막힘을 풀어준다. 영어에서 단어 끝자리 폐쇄음은 거의 들리지 않을 정도의 불파음이다. 런던영어 기준으로 ['stɑː bʌʔn]으로 발음되는 말은 'stop button'이 아니라 'start button'일 수 있다. ['stɑːp bʌʔn]에서 어말 불파음 [p]가 거의 안 들리며 그래서 'stop'인지 'start'인지 분명치 않게 들릴 수 있다.

마찰음(fricative): 입천장에 혀가 바짝 가까이 접근해서 좁은 틈으로 기류가 분출되는 소리이다. 혀끝을 입천장 가까이 접근시켜 '스르륵~스~륵' 소리가 나도록 틈새로 소리를 새어 나가게 하는 것이 마찰음이다. 좁은 틈새로 공기가 비집고 나올 때 난기류가 형성된다. 무성마찰음으로 /f, θ, s, ʃ, h/가 있고, 유성마찰음으로 /v, ð, z, ʒ/가 있다.

　국제음성기호(IPA) 자음 목록에서 보듯이, 모든 조음 위치에 대해 마찰음의 종류가 다르게 나타나기 때문에 조음 위치를 연습해 보기에는 마찰음이 제격이다. 한국어에 없는 마찰음으로 순치마찰음 [f]와 [v]가 있다. 치경마찰음 6개 중에 [s]와

[z]는 우리말 '시옷'과 '지읒' 발음에 유사하나 /θ, ð, ʃ, ʒ/는 연습이 필요하다. 그밖에 양순 마찰음으로 무성 [ɸ], 유성 [β], 연구개 마찰음으로 무성 [x], 유성 [ɣ] 등이 있다. [ɸ]는 '휘파람, 휘~리릭'의 첫소리를 빠르고 생동감 있게 휘몰아치듯이 발음하면 나타나는 소리이며, [x]는 '흙탕물'의 첫소리 [희]를 세게 발음할 때 나타난다.

본래 [h]는 구강 내에 조음 위치를 취하지 않는 성문음이면서 폐쇄자음에 덧붙어 유기음(有氣音)을 만들어 준다. [h]는 성문마찰음이자, 곧 유기음이며, [ㅎ] 소리이다. [h]는 독립된 소리로 사용될 때도 있고 다른 소리에 얹히는 음성적 특질로 사용될 때도 있다. '바람, 다리, 가수'에 [h]가 더해지면 '파람, 타리, 카수'로 소리 난다. [h]가 독립된 소리로 사용되는 경우도 있는데, '한강, 한국인'을 발음할 때 첫소리 [ㅎ]이 [h]에 해당한다.

파찰음(affricate): 파열음과 마찰음이 연이어 결합한 소리이다. 앞부분에서 조음점의 폐쇄를 지니다가 파열하는(= 개방하는) 단계가 시작하며 이에 연이어서 마찰하는 소리가 나오기 때문에 파열-마찰의 두 가지 성격을 동시에 지닌다. 무성파찰음 [ʧ], 유성파찰음 [ʤ]가 있다. 예를 들면 teach, peach에서 [ʧ], urge, edge에서 [ʤ]를 발음한다. 기호 위에 구별 부호를 얹은 것은 미국식 발음기호로서 [ʧ] = [č], [ʤ] = [ǰ]의 관계이다. 마찰음 /ʃ, ʒ/에 대해서도 미국식 발음 표기법으로서 [ʃ] = [š], [ʒ] = [ž]이다. IPA 자음표에서는 파찰음 기호를 정하고 있지 않다. 파찰음이란 파열음에 뒤이어 마찰음이 연속해서 나는 소리이기 때문에 이미 IPA 자음표에 각각 내재되어 있는 것으로 보기 때문이다.

비음(nasal): [m, n, ŋ] 등의 소리이다. 비음은 구강 내에 폐쇄가 있다는 점에서는 여느 폐쇄음과 다를 바 없으나, 연구개 움직임이 추가되어 발음한다. 연구개가 비강으로 연결되는 통로를 막고 있는 상태에서는 비음을 발음할 수 없다. 비음을 발음하려면 연구개 및 목젖 부위가 내려오면서 공기 흐름이 비강을 통해 흘러나가 개방된다. 그리고 구강 내 폐쇄 접촉이 일어나는 동안에 비강 통로는 부분적으로 열려 있기 때문에 구강 내의 폐쇄는 완전하지 못하다. 이런 이유 때문에 [m, n, ŋ]을 단순히 비음이라 부를 뿐, '폐쇄-비음'이라고 부르는 일은 없다.

접근음(approximant): 유음 [l, r]과 전이음 [j, w] 등의 4개가 접근음이다. 접근음이라 함은 성질이 조금씩 다른 소리들을 명목적으로 하나의 부류로 묶어 놓은 것이다. 조음점에서 접근이 일어나기는 하되 마찰음으로 넘어갈 정도까지 충분하게 접근한 것은 아니고 오직 마찰이 일어나기 직전의 한도까지만 접근해서 발음되는 소리이다. [l]과 [r]의 두 소리는 유음(liquid)이라 부르고, [j]와 [w]의 두 소리는 전이음(glide) 또는 반모음(semi-vowel)이라고 부른다. 두 개의 접근음 [j], [w] 중에 [j]는 경구개 접근음, [w]는 연구개 접근음이다.

[j]는 철자법에 있어 'yes, yacht'처럼 철자법에서는 보통 y로 적는다. 'yes'의 첫소리로 [j]가 발음되려면 혀 앞부분이 경구개에 접근하되 마찰이 일어나기 직전까지만 가까이 접근한다. 그래서 이것을 경구개-접근음이라고 한다. [w]는 접근의 위치가 연구개이므로 연구개-접근음이다. 단, [w]는 입술을 둥그렇게 만드는 원순음이라는 점에서 연구개음과 양순음의 두 가지 조음 위치를 동시에 취한다.

접근음은 자음에 속하는 것으로 분류되는가 하면, 모음의 성격을 지니는 것으로도 분류된다. [j, w]는 접근음일뿐만 아니라 반모음으로 분류되고 전이음(glide)이라고도 불린다. 그만큼 그것은 자음과 모음 사이에서 이중적 성격을 지닌다. [j, w]와 기본모음을 대비해 보면 모음 [i]가 약화된 소리가 [j]이고, 모음 [u]가 약화된 소리가 [w]이다. 이처럼 기본모음에서 약화된 [j, w] 이외에도 다른 2개 접근음이 더 있다. 그것은 [r, l]이다. 아래 표를 보자.

접근음			
유음		전이음	
엘(l)	알(r)	이(j)	우(w)

이들 4개의 접근음은 IPA 자음표에 들어있다. 그 중 [r]은 IPA 자음표에서 4~5개의 발음기호들로 세분되어 있고, [w]는 IPA 자음표에서 [ɰ]로 적혀 있다. 다음과 같이 상단에 조음 위치를 구분해서 그에 배속되는 접근음을 적어 보았다.

	치경음	경구개음	연구개음
전이음		[j]	[w]
유음	[l], [ɾ]		

지금까지 소개한 말소리 명칭들은 기본적으로 한자를 이용한 용어들이다. 한 자로 적으면 폐쇄음은 閉鎖音이고 마찰음은 摩擦音이다. 만약 한자어 용어를 사 용하지 않고 고유어 용어를 사용하려면 폐쇄음은 '터뜨리는 소리(터짐소리)', 마 찰음은 '갈아내는 소리', 파찰음은 '터뜨리고 갈아내는 소리'라고 불러야 할 터이 지만 그렇게 하면 간결한 용어가 되지 못한다. 이런 이유로 해서 마찰음, 폐쇄음 등으로 세 글자 길이의 한자어 용어를 사용한다.

9.7. [엘]과 [알]을 구별하기

접근음 중에서 [l]과 [ɾ]의 발음은 특히 유의해서 구별할 필요가 있다. 이 절에 서 설명 편의상 [ɾ]은 [알]로, [l]은 [엘]로 부르기도 할 것이다. [엘]과 [알], 이 두 소 리를 묶어서 유음(liquid)이라고 부르는 게 일반적인 명칭이다. 이 둘 중에서 [l]은 설측음(lateral)이라고 하며, [ɾ]은 굴림소리(rhotic)라고 부른다. 다음 단어 예에서 붙임줄로 짝을 지어놓은 두 소리를 구별해서 읽어보자.

- light — right
- late — rate
- lace — race
- lane — rain
- lock — rock
- flee — free

[l]과 [ɾ]을 구별하려면 혀끝의 위치가 입천장 어디에 자리하는가를 알아차려야 한다. [l]은 혀끝을 들어 올려 치경부에 접촉을 유지하는 상태에서 발음된다. [ɾ]은

혀끝이 입천장에 접근하기는 하되 접촉까지는 일어나지 않도록 한다. 이와 같은 조음 동작 차이를 염두에 두고 [l]-[r]-[l]-[r] 순서로 발음을 교체해서 light ⇨ right ⇨ light ⇨ right ⇨ . . . 순서로 번갈아 발음해 보도록 하자.

[l]은 치경폐쇄음 [d]와 조음 위치는 같다. [l]과 [d]의 차이는 설측(혀의 옆부분)의 움직임에 달려 있다. 예를 들어 'badly' 단어를 발음할 때 [d]에서 [l]로 넘어가며 설측 개방이 일어난다. 치경부 폐쇄를 [d]와 마찬가지로 유지한 채로 혀의 양 옆을 아래로 내린 자세에서 기류를 혀 측면의 열린 틈으로 개방해 주면 설측음 [l]이 발음된다.

아래 그림은 어금니 위치에서 구강의 상하 횡단면을 보여주는 것이다(Collins & Mees 2003, p48을 참조해서 그린 것임). 좌측 그림은 [l]을 발음하기 위해 혀의 양 측면이 내려와 윗 어금니 내측 방향으로 공간을 열어주고 있음을 보여준다. 우측 그림은 [t]나 [d]를 발음하기 위해 혀가 구강을 폐쇄하고 있음을 보여준다.

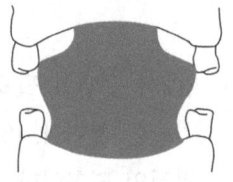
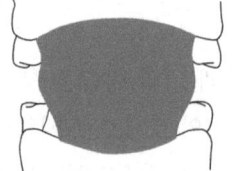

[l]을 발음할 때   [t] 혹은 [d]를 발음할 때

설측음 [엘]은 다시 두 개의 [엘]로 구별된다. '밝은 엘'과 '어두운 엘'의 두 경우이다. 이 두 소리는 실제 단어에서 나타나는 자리가 서로 다르게 정해져 있다. '밝은 엘'(clear [l])이란 [l] 소리의 대표음이다. 그것은 단어의 처음에 나타나는 [엘]로서 lady, landscape, little의 첫소리에 나타난다. 한편 단어의 끝소리에 나타나는 [엘]은 '어두운 엘'(dark [ɫ])이라고 한다. 이 소리의 청각적 인상은 깊숙하게 파묻힌 음색으로 들리기 때문에 '어두운 엘'이라고 이름 붙여졌으며 발음기호는 구별 부호가 붙은 [ɫ]로 표시한다.

[ɫ]을 발음할 때, 설측 개방은 유지하면서 혀의 뒷부분이 연구개 방향으로 상승한다. 혀 뒷부분을 끌어올린다는 의식을 하기보다는 차라리 혀끝이 치경에 맞닿아 혀끝에 가해지는 힘을 한순간 움찔하도록 증가시킴에 의해 결과적으로 혀 뒷

부분이 상승하도록 만들어 주는 연습을 해 보는 것도 괜찮다. 예를 들면 feel, bill, tell, will에서처럼 단어 끝에 나오는 [l]이 '어두운 엘'로 발음되고, 단어 끝이 아니더라도 field, seldom, children처럼 음절 끝에 나오는 [l]은 '어두운 엘'로 발음된다.

그밖에 성절성 '엘'(syllabic [l])이라고 부르는 소리도 있다. little, gentleman 등에서 [t] 발음이 음절을 이루려고 해도 모음이 들어있지 않기 때문에 그를 대신해서 [엘] 발음이 울림 효과를 모음만큼 뚜렷하게 지니는 것이다.

단어 경계를 사이에 두고 뒤에 오는 소리에 따라 [엘] 발음이 달라지는 경우도 있다. 바로 뒤에 모음으로 시작되는 단어가 오면 clear [l]로 발음되고, 그렇지 않을 때는 'dark [ɫ]'로 발음된다. 예를 들면 Sell!은 어두운 [엘]로 발음하고, Sell it!은 밝은 [엘]로 발음한다. feel, feel them 등은 어두운 [엘]로 발음하고 feel it, feeling 등은 밝은 [엘]로 발음한다.

그러면 이제부터는 영어의 [r] 발음에 대해 알아보기로 하자. [r]은 혀가 꼬부라지게 발음한다는 것쯤은 대부분 사람들이 당연히 알고 있겠으나, 혀를 꼬부리는 것이 제대로 일어나는지에 대해 확인해 볼 필요가 있다. 영어의 [r] 발음은 여러 가지로 실현된다. 전동음(trill), 탄설음(flap), 무마찰 지속음, 마찰음 등으로 세분된다. 이들은 서로 특징이 다르며 IPA 자음표에서 보면 여기저기 떨어져 있는 소리들이다. 왜냐하면 조음 방식이 다른 여러 소리들을 나타내기 위해 IPA 자음표에서 세분된 발음기호들을 제각각 설정하고 있기 때문이다. 즉 'r'이라는 글자는 여러 소리들을 하나의 철자 기호로 묶어 표시해 주는 역할을 한다. IPA 자음표에서 [알]을 나타내는 기호들만 따로 떼어 보면 다음과 같다.

	alveolar	retroflex
trill	r	
flap	ɾ	ɽ
approximant	ɹ	ɻ

[r]의 여러 가지 발음 중에 가장 많이 사용되어 소리를 대표하는 것은 무마찰 지속음(frictionless continuant)이다. 하지만 무마찰 지속음은 IPA 자음표에 나오는 용어는 아니다. IPA 자음표에서는 접근음(approximant)으로 분류되는 정도인

데 이것 말고도 '무마찰 지속음'이란 명칭은 음성학에서 자주 사용된다.

무마찰 지속음을 발음하는 조음 동작을 알아보자. rain처럼 단어 처음에 나타나는 대표음은 '무마찰 지속음'이다. 영화 포레스트 검프(Forrest Gump) OST 첫 구절을 불러 보자. "Raindrops Keep Falling on My Head. ~~♬♪" 이때 lane-drops가 아니라, rain-drops를 발음하려면 혀끝이 위로 솟아오른 채로 입천장에 아주 가까이 접근해서 거의 붙을 수 있을 정도까지 간다. 그러나 혀가 입천장에 붙지는 않도록 한다. 즉, 최대한 가까이 접근하기는 하되 가서 붙지는 않을 정도까지만 접근한다. 연주곡 제목인 'Kiss the rain'을 발음해 보자. 'lane'이 아니라 'rain'을 발음하려면 이 책에서 배운 대로 무마찰 지속음이 필요하다.

조음 동작을 조금 더 구체적으로 묘사해 보기로 하자. 혀끝이 최대한 접근하기는 하되 마찰이 일어나기 이전까지만 간극을 유지해서 그 틈새로 울림 소리가 이어져 나오게 하는 것이 무마찰 지속음이다. 이것은 IPA 자음표에서 접근음 [ɹ]로 표기된 발음기호이다. 혀 중간이 마치 '숟가락처럼 우묵하게' 들어간 곡면 모양을 이룬다. 혀끝을 치조 바로 뒤에 두고, 전설 끝의 뾰족한 부분을 치경 부위로 올리되 혀의 측면을 어금니 내측 면에 거의 접촉할 정도로 두고 혀의 몸체 중앙이 '숟가락 모양으로 우묵하게' 들어가도록 만들어 발음한다.

무마찰 지속음은 영어에서 가장 대표적인 [r] 발음으로, 단어 첫머리에서 나타나는 소리이고, 유성 폐쇄음 뒤에 나타나는 소리이다. red의 첫소리 [r], 그리고 great, agree 혹은 bring에서 [r] 발음이 무마찰 지속음이다. 영국영어의 RP 발음을 비롯해 많은 지역에서 널리 사용된다. 첫소리 예로 regard, refuse, register, regular, red 등을 읽어보고 bring, agree 등도 발음해 보자. 한국인의 발음 습관으로 보면 /l/과 /r/을 구분하기 어렵다. [엘]과 [알]을 구별하기 위해 가장 주의할 점으로, /r/ 발음에 있어서는 설측음 /l/ 발음과 달리 혀가 입천장에 붙는 일이 없어야 한다.

이번에는 무마찰 지속음 이외에 [r]의 다른 소리들에 관해 더 알아보자. [r]이 단어 내에서 자음 혹은 모음에 연결되어 발음될 때 나타나는 발음 종류를 알아보자. 탄설음, 전동음, 권설음 등이 있다. 소리가 연이어 나올 때 동화의 결과로 자연스럽게 나타나는 발음들인데 여기에는 말의 속도가 개입한다. 뚜렷한 특징만을 적어보면 다음과 같다.

(1) 어두의 p, t, k 뒤에서, 특히 pr, kr은 무성마찰음으로 발음한다.
praise, crown 등을 발음해 보자.

(2) tr, dr 연속체에서 흔히 (말의 속도에 의해) 파찰음으로 발음한다. try,
true, country, dry, address, laundry 등을 발음해 보자.

(3) 모음 사이에서 흔히 (말의 속도에 의해) 탄설음 [ɾ]로 발음한다.
orange, carry, sorrow 등을 발음해 보자. 치경 부위에 전설 끝과
혓날이 올라가 한번 '틱' 접촉하고 내려오는 것으로 발음한다.

여기 (1)처럼 양순폐쇄음이나 연구개폐쇄음 뒤에 [ɹ]이 이어지면 마찰음으로
발음하고, (2)처럼 치경폐쇄음 뒤에 [ɹ]이 이어지면 파찰음으로 발음한다. (3)처
럼 모음 사이에서 [ɹ]은 (혀를 입천장에 딱 한번만 툭 건드리고 다시 혀가 아래
로 내려오는) 탄설음으로 발음한다. 이 정도 3가지만 기억해도 되겠다.

그밖에 전동음 혹은 탄설음으로 발음되는 경우를 구분할 수 있다. 이것들은
(사용 빈도가 높지는 않지만) IPA 자음표에 해당 기호가 들어있는 것이기에 여기
에 소개해 보았다.

(4) 치경 전동음 [r]: 혀의 앞부분 끝날이 치경 부위에 반복적으로 진동하
면서 맞부딪쳐 발음된다. 스코틀랜드 영어에서 조금 들을 수 있다.
전동음 [r]은 ada(아다)-ada-ada-....를 연속해서 발음할 때 [d] 소리를
잘게 잘라놓은 것과 같다.

(5) 권설음(retroflex): 무마찰 지속음과 한 가지 차이점만 빼고는 동일하
게 발음한다. 권설음이 되려면, 혀끝과 혓날이 치경 후방부로 말려
올라가는 자세를 취하는 것이다. 미국 북부 지역과 영국 남서부 지역
에서 권설음이 사용된다.

[ɹ]을 발음할 때 혀끝을 꼬부리다 보면 입술 모양이 동그랗게 모아지는 느낌이
있을 수 있다. 그러나 이것은 혀끝 움직임에 의한 조음 동작의 결과일 뿐이다.
그와 반대 순서를 떠올려, 입술을 마치 [w]를 발음하듯이 의식적으로 둥그렇게
하는 것은 오류이다.

'폐쇄음 + r' 자음군으로 시작하는 단어들의 발음을 따로 정리해 보자. 조음 위

치와 유성-무성 차이에 따라 어두 자음군으로 pr-, br-, tr-, dr-, cr-, gr- 등의 발음이 구별된다. 표로 그려보면,

양순음	치경음	연구개음
pr-	tr-	cr-
br-	dr-	gr-

이 표에서 음영으로 표시한 자음군 4개에서 [r] 발음은 마찰음 내지 파찰음이다. 그리고 음영이 없는 자음군 2개(br-, gr-)에서 [r] 발음은 무마찰 지속음이다. 반복해서 적어보면, 양순폐쇄음 지니는 pr-과 연구개폐쇄음 지니는 cr-에서 [r] 발음은 마찰음으로 나타나고, 치경폐쇄음 tr-, dr-에서 [r] 발음은 파찰음으로 나타난다.

그런데 어째서 br-, gr-의 [r]은 무마찰 지속음으로 발음되는 것일까? 구강 내에서 공기를 불어내는 세기가 약한 유성 폐쇄음이 포함된 것이 br-과 gr-이다. br-과 gr-의 [r]을 발음할 때 혀끝에 에너지가 상대적으로 적게 실리어 (마찰음이나 파찰음이 아니라) 무마찰 지속음으로 나타난다. 이에 비해 공기를 불어내는 세기가 유성음보다 강한 무성 폐쇄음으로 시작하는 pr-, cr-에서 [r] 발음은 마찰음으로 실현된다. 단어 예를 적어두는 것으로 이 부분의 설명을 마치기로 하자.

- br-: bring, bright
- gr-: great
- pr-: praise
- cr-: crown

'r'은 성질이 조금씩 다른 여러 가지 발음을 하나로 묶어주는 철자이다. 지금까지 알아본 것처럼, /r/은 IPA 자음표에서 서로 다른 소리들을 여기저기 흩어 놓은 모양이다. 그러한 여러 소리들을 하나의 철자 'r'로 적기로 약속한 것이다. 세부 발음에서 차이가 있지만, 철자법에 있어 'r' 한 가지로 똑같이 적은 것이므로 영어 사용자들은 이런 세부 발음들이 마치 한 가지로 동일한 발음일 것으로 인식한다.

마지막으로 발음 기교 한 가지를 언급해 둘 점이 있다. [r]은 모음 발음과 밀접

한 관련을 맺는다. 예컨대 [ɚ] 혹은 [ɝ] 발음에서 [r]이 덧붙어 있다. 영국영어에서 [ə], [ɜ]로 발음되는 것이 미국영어에서 [ɚ], [ɝ] 등으로 발음된다. iron에 대해 영국에서 [aɪən]이고 미국영어에서는 [aɪɚn]이다. cart는 영국 [kaːt], 미국 [kaːrt]로 발음된다. 미국영어는 모음 발음에 뒤이어 [r]이 가미되는 것에 비해, 영국영어에서는 모음 뒤에 [r]이 발음되지 않는다. 영국영어에서 단어 끝 위치에 [r]이 발음되지 않기 때문에 모음 길이를 필요한 만큼 늘여서 길게 발음하는 것이 중요하다.

9.8. 덧대어 나는 음성적 특질: 유성성, 유기성

유성성(有聲性)과 유기성(有氣性)은 자음들끼리 덧대어 나는 음성적 특질이다. 유성음을 만들어 내는 음성적 특질은 유성성이고, 유기음을 만들어 내는 음성적 특질은 유기성이다. 한 무리의 자음들과 또 한 무리의 자음들 사이에 밀접한 관계가 성립하는 경우의 예를 보자. 유성음 /b, d, g/와 무성음 /p, t, k/ 소리들은 성대 진동 차이를 제외하고는 그밖에 다른 모든 소리바탕이 동일하다. 성대 진동의 차이를 유성성(voicing)이라고 부르는데 이것은 유성음 소리들과 무성음 소리들을 연결해 주는 '음성적 특질'에 해당한다.

그리고 /p, t, k/와 /pʰ, tʰ, kʰ/ 사이에는 성문 마찰음의 있고 없음을 제외하고는 소리바탕이 같다. 이 차이를 유기성(aspiration)이라고 부른다. 유기성은 유기음 /pʰ, tʰ, kʰ/와 무기음 /p, t, k/를 연결해 주는 음성적 특질이다. 유성성과 유기성이 조음 음성학적으로 어떻게 실현되며 어떤 역할을 하는지를 이해하는 것은 말소리 체계를 이해하는 데에 필수적이다. 이 두 가지 음성적 특질은 성대를 중심으로 조음 기관에서 즉각적으로 일어나는 반사적 움직임에 의한 것이다.

성대 진동에 대해 더 알아보자. 가장 단순한 설명으로는, 성대는 양측의 성문이 맞닿아 붙어서 진동하면 유성음이 나오고, 양측 성문이 떨어지면 진동이 없으므로 무성음이 나온다. 이런 정도의 설명은 간명하고 이해하기 쉽지만, 연속적이고 유기적인 조음 동작을 이해하기에는 지나치게 간단하다. 이제는 '유성성'의 음성적 특질에 관해 생리적으로 다소 어려운 설명을 부연해 보기로 하자.

유성음은 무성음과 달리 성대 진동에 의해서 발성된다. 두 성대가 떨기 위해서는 성대 벽이 아주 가까이에서 마주 붙어야 한다. 성대는 탄력성이 높은 조직으로 되어 있으므로 압력 차이에 따라 붙었다 떨어졌다 하는 주기를 반복한다. 그런데 유성음을 발음할 때에 성대 양측 벽이 붙은 상태에서 성문이 떨린다고 말하는 것은 너무 단순한 설명이다. 좀 더 정확히 말하자면 아주 짧은 순간에 성대 벽이 붙었다가 미세하게 떨어졌다가를 반복한다. 이런 연속적 동작들을 하나의 연속선으로 생각해 보건대, '붙어서 떠는 것'이라고 말할 수 있다. 인체의 생리적 기준으로 보자면, 성대 위의 공기 압력과 성문 아래 공기 압력 차이가 날 때에 유성음이 발음된다. 상하 압력의 차이가 성문이 붙었다 떨어지기를 신속하게 반복하면서 진동하게 만들어 준다. 즉 유성음은 성문 위의 압력과 성문 아래의 압력이 서로 차이가 있을 때에 발생한다.

모음은 모두 유성음이다. 그래서 울림의 효과가 크다. 모음이 무성음으로 나는 경우라면 그것은 빠른 속도의 말에서 소리 동화의 결과로 나타나는 것일 뿐이다. 그리고 모음을 발음할 때의 성대 진동은 그 진동 빈도에 따라 소리의 높이 차이를 일으킨다. 즉, 진동의 빈도는 바로 높이의 차이인데 이것으로 인해 '한 무리의 말토막'(구절 혹은 문장)에 억양을 불러들인다. 성대 진동을 수반하는 모음은 진동의 빈도(주파수)가 변화함에 따라 억양을 실현한다. 그래서 모음은 기본적으로 유성음일 뿐만 아니라 억양을 불러들여 실현하는 수용체이다.

한편, 유기음은 성문을 통과하는 기류의 속도 차이에서 발생한다. 성문마찰음 [h]가 폐쇄음 /p, t, k/에 얹어지면 유기폐쇄음 /pʰ, tʰ, kʰ/로 나타난다. 성대의 움직임을 관찰해 보면, 성문이 좁은 틈만 남기고 거의 닫혔을 때 좁혀진 성문 틈을 날숨 기류가 통과하면서 '난기류'가 형성된다. 이것에 의해 발생하는 기류의 성질이 유기성(aspiration)이다.

9.9. 발음기호에 익숙해지자

발음은 '기억'이다. 정확한 영어 발음은 원어민 화자를 통해 직접 들어 보아야만 최선인 것은 아니다. 단순히 영어사전에 실려 있는 발음기호를 그대로 읽으면 그것이 바로 정확한 발음이다. 발음기호는 철자법의 근사치로 주어진 것이 아니라 철자법만으로는 제대로 읽을 수 없는 정확한 발음을 알려주기 위해 약속으로 주어진 것이다. 이런 목적을 위해 1개의 발음기호는 1개의 말소리를 나타내도록 채용되었다.

그런데 현실적으로 한국 사람들의 평균적인 영어 구사력에서 보면, 영어 발음기호는 철자법만큼이나 까다롭게 느껴진다. 철자법의 한계를 보충하기 위해 발음기호가 필요한 것인데, 발음기호가 또 하나의 어려운 철자법처럼 느껴지는 것은 영어 학습의 딜레마이다. 이런 딜레마가 왜 생겨난 것인가 하면, 우리가 영어 발음기호에 대해 제대로 학습해 보지 않고 다만 철자법 비슷하게 읽으면서 단어를 암기하고 난 이후에 발음기호도 저절로 따라온다고 예측했기 때문이다. 한글로 발음 토를 영어 단어 옆에 적어 가며 단어를 외우고는 했으니까! 그러므로 한국어에 있는 말소리와 영어에 있는 말소리가 서로 다른 부분에 주목해서 그 차이를 체계적으로 연습해 둘 필요가 있다.

외국어 발음기호의 정확한 소리 값이 우리말에 없는 것이면 그것을 체득할 방도가 마땅치 않다. 학습자의 모국어 발음에 없는 외국 발음기호는 대충 비슷하겠거니 기대하며 읽는다. 그러다 보면 우리말에서 가장 가까운 소리로 발음하려 하는 것이 (맞지는 않지만) 학습 편의를 위해 당연시된다. 영어 발음기호는 어차피 한국 사람에게는 편하지 않다고 보고, 차라리 한글로 발음을 적어서 연습하는 방법을 시도할 때가 있다. 한글 발음기호는 한 눈에 들어오는 기호일 수 있다는 점이 장점이다. 예를 들어 orange [ɔːrɪndʒ] 또는 [ɒrɪndʒ] 대신에 [아륀쥐]로 적고 ([오렌지]가 아님), milk [mɪlk] 대신에 [미여끄]로 적을 수 있다([밀크]가 아님).

영어 구절의 연음(連音)을 보이는 데에는 한글로 발음을 적는 방법은 효과가 있기는 하지만 그래도 극복하기 어려운 점은 여전히 남는다. 개별 모음 자체의 소리 값을 정확하게 배우는 것은 발음기호 자체로부터 학습되어야 한다. 가령 아래 예를 가지고 발음 차이를 어떻게 설명할 수 있는가?

- [i] 대신 [이]
- [a] 대신 [애]
- [ʌ] 대신 [어]
- [ə] 대신 [어]

이에 관해 다음 장 [모음의 음성학]에서 설명하고자 한다. 모음 발음은 어렵게 느껴지더라도 연습해야 한다. 이 책에서 영어 발음의 모든 것을 다 설명하기보다는 가장 기본적인 내용만을 다루었는데, 그래도 모음 발음에 대해서는 상당한 비중을 두었다. 특히 모음 발음기호들 하나하나를 제대로 발음할 수 있도록 하는 데에 중점을 두어 설명하고자 하였다.

음성학 수업에서는 발음 기교를 가르치기도 한다. 발음 수준을 높이려면 학술 목적의 원리뿐만 아니라 실제 기법적인 측면도 과소평가할 수 없다. 그리고 기법이란 열성적 연습에 의해 뒷받침된다. 발음기호를 정확하게 분별하는 능력은 그 중요성이 명백한 것이지만 이것에 관해 강의실에서는 가르치고 배우기 힘든 측면이 있다. 발음이란 사람 마음속에 기억되어 있고 음성 식별의 기준이 되는데, 단기 간 교습을 통해 가르치고 배우기에는 한계가 있다. 마음먹은 대로 성과가 수월하게 얻어지지 않을 때에는 참으로 아쉽다.

〈참고문헌〉

Carr, Philip. 1999. *English Phonetics and Phonology: An Introduction*, Malden: Blackwell Pub.

Collins, Beverley and Inger M. Mees. 2003. *Practical Phonetics and Phonology: A Resource Book for Students*, New York: Routledge.

Crystal, David. 1997. *The Cambridge Encyclopedia of Language*, Cambridge: Cambridge University Press.

Kuiper, Koenraad and W. Scott Allan. 2004. *An Introduction to English Language: Word, Sound and Sentence*, New York: Palgrave Macmillan.

Ladefoged, Peter. 1982. *A Course in Phonetics* (2nd edition), New York: Harcourt Jovanovich Inc.

Ladefoged, Peter. 2005. *Vowels and Consonants: An Introduction to the Sounds of Languages* (2nd edition), Malden: Blackwell Pub.

10장

모음의 음성학

10.1. 왜 모음이 중요한가

'model'과 'mother'를 발음해 보자. 별거 아닌 거 같은데 막상 읽어보면 만만치 않다. 그저 밋밋하게 [모델], [마데]로 읽으면 어딘가 부족함이 느껴진다. [마덜] 혹은 [마더어얼] 등으로 읽어 보더라도 여전히 뭔가 부족하다. 이 짧은 단어에 무슨 큰 어려운 발음이 들어있기라도 한 것일까? 우선 [d]와 [ð]의 자음 발음 차이가 있다. 그리고 그보다 더 큰 어려움은 모음 발음에 있다. 이 장에서 우리는 [모음의 음성학]에 관해 이해의 폭을 넓혀 보기로 하자.

모음(母音)은 하나의 소리 단위로서 음절의 모체를 이룬다. 모음이 있음으로 해서 공기의 울림이 크게 일어나기 때문에 사람이 귀로 알아들을 수 있을 만큼의 소리 전달이 가능해진다. 자음은 입천장에서 접촉 폐쇄나 접근 마찰이 있어야 하는 것에 비해, 모음은 접촉이나 마찰이 일어나지 않도록 혀가 입천장에서 더 떨어져야 한다. 모음 중에 혀가 입천장에 가장 가까이 가는 고모음 [iː]의 경우라고 해도 자음의 경우보다는 입천장에 덜 접근한다. 즉, 고모음 [i]가 아무리 조음점이 상승한다고 하더라도 경구개 자음보다는 조음 공간이 더 열려 있기 때문에 마찰 난기류가 일어나지 않는다.

발음을 개선하려면 틀린 발음을 줄이고 맞는 발음으로 고쳐나가야 한다. 너무나 당연한 말이기는 한데, 그것을 실제로 성취하려고 하면 뜻대로 되지 않는 것이 한두 가지가 아니다. 가장 중요한 원칙은 발음기호를 따르는 것이다. 사전에 실려 있는 발음기호를 그대로만 읽으면 그것이 바로 정확한 발음이다. 1개의 발음기호는 1개의 말소리를 나타낸다. 그런데 이런 원칙을 실천하기는 쉬운 일은 아니다. 모국어에 있는 말소리와 외국어에 있는 말소리가 서로 다르기 때문에 외국어의 낯선 발음 체계를 배우는 데에 어려움이 생긴다. 외국어 학습자가 자신의 모국어 발음에 없는 발음기호는 그 정확한 소리 값을 모르기 때문에 대충 비슷하겠거니 하는 감(感)을 가지고 비슷하게 발음하려고 한다. 기대와는 달리 실제로 소리 내어 말해 보면 부정확한 발음이 되어 버리고 마는 것이 흔한 일이다. 이런 현상은 자음뿐만 아니라 모음에서 나타나고 단어들 사이 연음에서 나타난다.

이 장에서는 모음의 발음기호와 소리 값에 관해 영어 발음을 대상으로 알아보 겠다. 한국인의 발음 습관에 비추어 볼 때 쉽게 배워지지 않는 영어 모음 발음들 이 있다. 발음 연습을 하려 해도 마음만 앞서고 몸이 따르지 않으면 답답한 일이 다. 도움 되는 설명을 제공해 보고자 한다. 영어 발음을 연습하려면 우선 모음의 정확한 발음에 관심을 기울여야 한다.

10.2. 모음 분류의 기준

모음을 분류하는 기준은 3가지이다. 자음과는 달리 모음은 혀가 입천장에 직 접 접촉하는 부분이 없기 때문에 조음 위치를 입천장 접촉점에 따라 정할 수는 없다. 그 대신에 혀가 입천장 방향을 향해 상대적으로 얼마나 높이 올라갔는지의 여부에 따라 구분한다. 또한 혀가 구강 내에서 얼마나 앞쪽으로 전진한 자리에 놓이는지 아니면 뒤로 물러난 자리에 놓이는지에 따라 구분한다. 여기에 한 가지 더해 입술을 둥그렇게 오므렸는지 아니면 평평하게 놓아두었는지에 따라 구분한 다. 즉, 다음과 같은 3가지가 분류 기준이다. 어떤 모음이든지 혀의 높이, 혀의 위치, 원순성에 대해 하나씩 값을 갖는다. 그래서 개별 모음은 여기 3가지 기준 의 조합에 의해 분류된다.

(1) 혀의 높이(tongue height): 고-중-저,
    고모음(high vowel), 저모음(low vowel), 중모음(mid vowel)
(2) 혀의 위치(tongue part): 전설(前舌), 후설(後舌)
    전설모음(front vowel), 후설모음(back vowel), 중설모음
(3) 원순성(lip rounding): 원순, 평순
    원순모음(rounded vowel), 평순모음(un-rounded vowel)

모음은 발생적으로 볼 때 기본 3모음에서, 5모음, 8모음으로 그 수를 늘려 잡을 수 있다. 기본 3모음은 [i], [a], [u]인데 이것들은 구강의 생리적 특성으로 볼 때 가장 일찍부터 습득된다. 지구상의 언어들마다 기본모음의 종류와 수에 있어 차이가 있지만 일단 기본 3모음은 언제나 공통적으로 포함한다. 다음 그림에 나타낸 것처럼 3개의 모퉁이에서 기본 3모음의 조음점을 취한다.

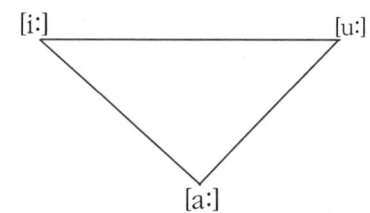

앞의 모음 분류 3가지 기준에 따라 혀의 원순성-위치-높이의 순서로 말하자면, [i:]는 평순-전설-고모음, [u:]는 원순-후설-고모음, [a:]는 평순-저모음이다. [i]는 전설을 최대한 입천장에 근접시켜서 발음한다. [a]는 혀의 앞부분을 최대한 내릴 수 있을 만큼 내려서 발음하고, 혀의 뒷부분은 입천장으로부터 떨어뜨릴 수 있을 만큼 내려서 발음한다. 이렇게 세 모서리를 (또는 네 모서리를) 만들어 놓고, 동일한 조음적, 청각적 간격만큼으로 공간을 구획해서 각각의 점을 정해 준 것이 기본모음들이다.

아래턱을 떨어뜨려 구강을 위아래 큰 폭으로 개방한 모음은 '저모음'이라고 한다. 반대로 입을 적게 열어서 구강을 위아래 좁은 폭으로 개방하는 모음을 '고모음'이라고 한다. 위의 그림은 모음삼각도인데 저모음 [a]에 대해서는 전설모음과 후설모음의 구분을 부여하지 않았다. 저모음에 대해서도 전설-후설의 정도 차이를 구분하고 보면 모음사각도가 된다.

기본모음들을 발음하기 위해 혀가 어느 위치에 자리를 잡는가에 대해 아래 그림을 보면 이해할 수 있다. 이 그림은 UCLA 대학 라드포기드 교수의 책에서 가져온 것이다(Ladefoged 1982, p12). 부챗살이 펼쳐지는 모양을 연속적으로 덧대어 겹쳐 놓아 혀의 움직임에 따른 위치 변화를 보여준다. 혀의 위치마다 번호를 붙여 놓았는데 각 번호마다 단어 예를 예시하면, 1 heed, 2 hid, 3 head, 4 had,

5 father, 6 good, 7 food 등이다.

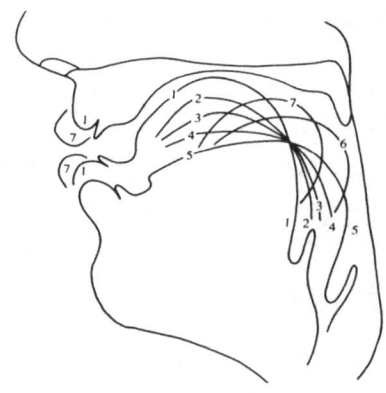

기본 8모음들은 조음적, 청각적으로 모두 인접 모음에 대해 등거리 모음이다. 기본 8모음에 관해 우선 발음기호와 모음사각도 상의 분류 기준을 알아두기로 하자.

전설모음을 발음하려면 혀의 뒷부분은 가만히 둔 상태에서 혓몸의 앞부분이 조음 위치를 만들어낸다. 흔히 전설모음이 '혀의 앞부분'에 의해 발음된다고 (틀리게) 이해하는 경우가 있으므로 다음과 같이 부연해서 설명할 필요가 있다: 전설모음을 발음할 때 '전설'은 '혀의 최고점'을 형성하는데, 이때 '전설'이란 혀의 가장 앞에 있는 끝점인 혀끝을 말하는 것이 아니다. 전설모음이란 혓몸의 앞부분이 위로 올라가서 발음되는 것이다. 그러므로 혀의 앞쪽 끝, 즉 혀끝을 들어 올려 발음하는 것으로 이해하지 말아야 한다. 혀끝 말고 그 뒤의 혀 몸체 중에 앞부분을 위로 솟아오르게 만들어 '혀의 최고점'을 형성하여 발음하는 것이 전설모음이다.

기본 8모음은 장단 표시를 따로 해 둔 것은 아니지만 대부분의 기본모음은 긴장음으로 읽어주어야 어울린다. 긴장음이라는 것은 길이와 크기가 뚜렷하게 실현되는 소리를 말한다. 이에 관해 잠시 뒤에 더 설명하기로 하겠다. 사전에서는 긴장음에 대해 [iː], [ɑː], [uː], [ɔː] 등으로 장모음 표시를 해 준다.

입술을 둥그렇게 만드는 원순성은 혀의 위치에 따라 예견되기도 한다. 구강을 움직이는 생리적 성질에 있어, 전설모음은 평순모음이 기본인 것에 비해 후설모음은 원순모음이 기본이다. 이것을 '생리적 자연성'이라고 부른다. 생리적으로 자연스러운 모양을 취했을 때 발음되는 모음들을 놓고 그것으로부터 원순성이 역전된 모음으로 발음하는 것도 물론 사용된다. 여기에는 다만 빈도 차이가 있을 뿐이다. 한 언어에서 모든 가능한 발음들의 사용 빈도에 있어 생리적으로 자연스러운 모음들이 더 많이 사용되고, 원순성이 역전된 모음들의 사용 빈도는 그보다 뚜렷하게 적다.

국제음성기호(IPA)에서 정하고 있는 기본 8모음의 사각도는 다음과 같다 (www.langsci.ucl.ac.uk/ipa/vowels.html). 기본모음을 정하는 데에 중요한 역할을 했던 음성학자는 다니엘 존스(Daniel Jones) 교수였다.

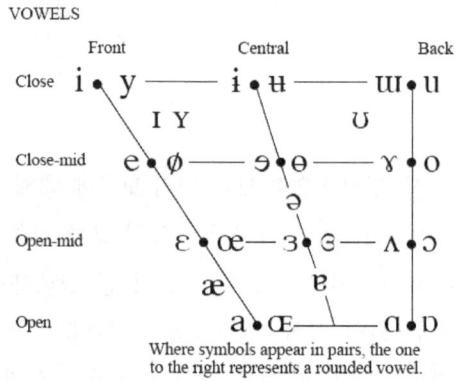

이상의 IPA 기본 8모음도는 기본모음 8개 이외에 2차기본모음과 여타의 부수되는 모음들도 포함하고 있다. 기본 8모음만을 별도로 분리해서 그려보면 다음과 같다. 1번부터 8번까지 번호가 부여되어 있다. 기본모음 1번은 혀의 조음 위치가 가장 높고 가장 앞에서 나는 소리이다. 가능한 한도 내에서 혀를 최대한 위로 올리고, 앞으로 전진시켜 발음하는 것이다.

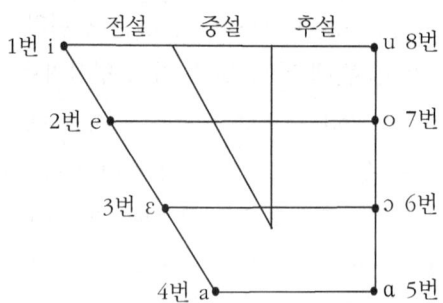

1번에서부터 8번까지 모음들은 절대 기준점으로 설정된 것이다. 절대적 기준점을 미리 정해 두어야만 이에 견주어 각 기준점으로부터 어떤 소리가 얼마만큼의 조음적, 청각적 간격을 지니는지를 판단할 수 있다. 개방성의 차이를 시각적으로 그려보기로 하자. 다음 표에서 음영 표시된 만큼 개방이 일어난다. 4번, 5번 모음의 개방성이 가장 크고 1번, 8번 모음의 개방성이 가장 작다.

1	2	3	4	5	6	7	8

1차 기본모음 8개 중에 1번부터 5번까지 모음들은 모두 평순모음이고 6번, 7번, 8번 모음들은 원순모음이다. 5번 모음 [ɑ]는 모음사각도에서 1번 모음 [i]로부터 대각선 방향으로 가장 반대쪽에 있으며 조음적 기준에서 볼 때 입이 가장 많이 열리고 혀가 가장 뒤로 물러나 발음되는 소리이다. 여덟 개의 기본모음들은 i - e - ɛ - a - ɑ - ɔ - o - u 순서에 따라 조음적으로 청각적으로 모두 같은 간격을 두고 있다. 1번 ~ 8번 1차 기본모음들에 대해 입술 동글림 상태를 역전시키면, 즉 원순은 평순으로, 평순은 원순으로 전환시켜 주면 9번부터 16번까지의 2차 기본모음 8개가 추가로 나타난다. 번호 순으로 발음기호를 적어주면 아래와 같다.

1차 기본모음(1번 ~ 8번): i - e - ɛ - a - ɑ - ɔ - o - u
2차 기본모음(9번 ~ 16번): y - ø - œ - Œ - ɒ - ʌ - ɤ - ɯ

이들 16개 모음의 원순성 여부를 다음과 같이 표시해 보았다. 짙은 음영으로 표시된 공간에 들어 있는 모음들은 원순모음이고, 그렇지 않은 모음들은 평순모음이다.

1차	i	e	ɛ	a	ɑ	ɔ	o	u
2차	y	ø	œ	ɶ	ɒ	ʌ	ɤ	ɯ

　　1차 기본모음과 반대로, 2차 기본모음에서 9번 ~ 13번은 원순모음이고, 14번 ~ 16번은 평순모음이다. 원순모음 6번 ~ 13번은 입술 모양이 동그랗게 오므려져서 유지된다. 이에 비해 평순모음들은 1번 ~ 5번, 그리고 14번 ~ 16번으로 입술 모양이 평평하게 펼쳐진 상태에서 발음된다. 번호를 붙여서 위의 표를 다시 적어두면 아래와 같다. 강의실에서 발음기호를 칠판 위에 하나씩 적어서 지적하지 않더라도 아래 표에서 보듯이 번호만으로 나타내어 말하면 된다. 음성학 학습자라면 번호만 말해도 기억해 낼 수 있을 것으로 기대된다.

1차	i 1번	e 2번	ɛ 3번	a 4번	ɑ 5번	ɔ 6번	o 7번	u 8번
2차	y 9번	ø 10번	œ 11번	ɶ 12번	ɒ 13번	ʌ 14번	ɤ 15번	ɯ 16번

　　2차 기본모음들은 발음기호만 보더라도 낯선 것들이 많고 실제 언어에서 사용하는 빈도도 1차 기본모음보다 훨씬 적다. 그 중에서 영어 발음에는 13번 [ɒ], 14번 [ʌ] 정도만이 자주 사용된다. 특히 13번 [ɒ]는 영국영어 발음을 이해하는 데에 매우 중요하다. 이에 관해서는 뒤의 설명을 참조하자. 그리고 16번 [ɯ]는 긴장도가 높은 [으] 발음 정도라고 대강 말할 수 있기는 하지만 한국어 [으] 발음과는 차이가 있다. 우리말에서 [으]는 후설모음 [ɯ]보다 혀가 조금 더 앞으로 전진해서 중설모음에 가까운 [ɨ] 정도로 발음한다.

　　IPA 기본모음은 절대 소리 값으로 정해져 있다. 녹음 자료를 런던 대학교 음성실험실 홈페이지(www.phon.ucl.ac.uk)를 통해 구입할 수 있다. 런던대 실험실에서는 기본모음 이외에 IPA 자음의 음성 자료를 비롯해 다수의 음성 자료를 제공하고 있다. 음성 파일을 통해 기본모음을 청취해 볼 것을 권하고 싶다.

10.3. 긴장모음과 이완모음의 구분

　모음의 종류를 구분하고 그 음성적 특질을 결정하는 데에 있어 긴장모음과 이완모음의 차이는 대단히 중요한 역할을 한다. 긴장모음이란 '더 길고 더 크게' 발음되는 소리이다. 그리고 이완모음이란 긴장모음에 비해 상대적으로 더 짧거나 더 작게 발음되는 소리이다. 이후로는 긴장모음, 이완모음을 줄여서 긴장음, 이완음으로 부르기도 하겠다. 즉 '긴장모음 = 긴장음', '이완모음 = 이완음'을 뜻한다. 앞 절에서 살펴 본 모음 분류 기준은 세 가지였다. 여기에 긴장음/이완음의 구분을 네 번째 분류 기준으로 추가하는 것이 좋다.

　대부분의 음성학 서적에서 모음 분류 기준으로 [혀 높이, 혀 위치, 원순성]의 세 가지만 꼽고 있으며 긴장음/이완음 차이는 분류 기준으로 보기보다는 별도 설명을 보충하는 것으로 한다. 그럼에도 불구하고 이 책에서 긴장음/이완음 차이를 굳이 네 번째 기준으로까지 거론하는 이유는 긴장음/이완음을 구별하는 것이 영어에서 모음을 발음할 때 대단히 중요한 역할을 하기 때문이다. 다음 그림을 보자.

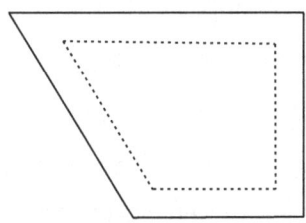

　모음사각도의 가장 외곽으로부터 조금씩 안쪽으로 들어간 위치에 점선 표시를 해 보았다. 여기에서 외곽선은 긴장모음의 조음점에 어울리고, 안쪽 점선은 이완모음의 조음점에 어울린다. 이완음의 조음 위치는 약간 중앙 쪽으로 물러 들어가서 자리한다. IPA 기본모음은 대부분 긴장음을 나타낸다. 긴장음을 발음하려면 기본적으로 일정한 길이 이상으로 지속해서 소리를 내야 하므로 IPA 기본모음들을 모두 긴장음으로 읽으면서 발음을 연습하는 것이 옳다. 그에 비해 이완음은 상대적으로 더 짧고 더 작게 발음한다.

　위의 그림에 나타낸 것처럼 모음사각도 내부에서 점선으로 표시한 내측 공간이 이완음이 발음될 만한 자리이다. 사각도의 가장 외곽에 기본모음 자리에서부터 더 안쪽으로 점선 표시한 부근으로 물러 들어간 조음 위치를 취해서 이완음을 발음한다. 모음사각도 내측 방향으로 물러 들어간 이완음 [ɪ, ʊ, ə, ʌ] 등을 자연스럽게 발음할 수 있을 정도가 되면, 그래서 긴장음과 이완음을 구분할 수 있으면 발음 수준이 상당히 좋아진 것이다.

특히 주목할 점으로, [ɪ, ʊ, ə], 이 3개 모음들은 조음 위치가 인접해 있다. 아래 그림에 나타내 본 것처럼 모음사각도 내측에서 상대적으로 가까이 자리한다. [iː]와 [ɪ], [uː]와 [ʊ] 보다는 [ɪ]와 [ə], [ʊ]와 [ə] 등이 더 가까운 소리이기 마련이다.

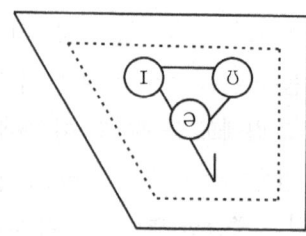

기본 8모음들은 모두 긴장음이라고만 할 수는 없다. 8개 중에서 [ə]는 이완음에 해당하고, 나머지 7개는 긴장음에 해당한다. 긴장음들은 제각각 그에 대응하는 이완음이 있다. 예를 들면 [i, ɪ], [e, ɛ], [u, ʊ] 중에서 뒤에 들어 있는 발음기호들 [ɪ, ɛ, ʊ]가 이완모음(lax vowels)이다. 앞에 들어 있는 기호들 [i, e, u]와 더불어 [o, ɔ]가 긴장모음(tense vowels)이다. 즉, [æ, ʌ, ə] 등은 본래부터 이완모음이며 그래서 장모음으로는 (거의) 사용되지 않는다.

긴장음과 이완음의 구별에 관해 설명을 추가하겠다. 기본모음 중에 다수 모음들은 긴장음의 성격을 지닌다. IPA 모음표에서는 긴장음을 나타내기 위해 [iː, eː, ɑː, ɔː, uː] 등으로 장음 [ː] 표시를 하지 않았으나 단어의 실제 발음을 표기할 때에는 장음 [ː] 표시를 덧붙여 나타낸다. 장음 표시를 꼭 해야 하는지의 여부는 발음 표기의 관습에 따르는 것이기는 한데, 사전에 실려 있는 발음 표기에는 대체로 장음 표시가 포함되어 있다. 긴장음은 장음으로 표시되어야 하지만 때로는 사전에서도 장음 표시가 생략된 채로 표기되는 경우가 있다. 이것은 사전마다의 표기법 차이인데, 관습에 따라 학습자가 알아차린다고 가정하고 사용되는 것이다.

모음들은 상대적인 간격으로 설명하는 것이 중요하다. 긴장음과 이완음, 전설모음과 후설모음, 고모음과 저모음, 입술 모양 등을 골고루 참조해서 모음 발음에 나타나는 발음 기관의 형상을 묘사할 수 있다. 장모음과 단모음의 구별보다 더 넓은 개념이 긴장음과 이완음이다. 길이와 크기는 서로 협력해서 긴장음-이완음 차이를 결정한다. 더 크고 더 길게 발음하면 긴장모음이 나타난다. 예를 들어 고모음 [i]와 [u]는 긴장음을 나타내는 기호이다. 이에 비해 [ɪ]와 [ʊ]는 이완음을 나타내는 기호이다.

10.4. 기본 8모음의 조음적, 음향적 특성

기본 8모음들의 구체적인 음성에 대해서는 특별히 관심을 기울여야 한다. 한국인이 외국어로서 영어를 배우는 데에 있어 자음 발음에 주의하는 것에 비하면 모음을 정확히 발음하는 것에 대해서는 소홀히 하기 쉽다. 그렇지만 모음은 다른 인접 모음들과의 상대적 차이에 따라 그 소리 값이 인식되기 때문에 그에 주목해 개별 모음들의 발음 원리에 대해 연습할 수 있어야 한다.

한국어 모음과 영어 모음을 비교해 보자. 두 언어 사이에서 모음들은 일-대-일로 대응하지 못한다. 예를 들면, [어]는 [ə], [ʌ] 등이 가능하고, [애]에 대해 [a]와 [æ]가 가능하며, [오]는 [o], [ɔ] 등이 가능하다. 다음 그림은 모음을 발음할 때 구강이 열리는 정도를 나타낸 것이다. 입천장과 혀의 최고점 사이의 간극이 달라지는 것을 눈여겨보자.

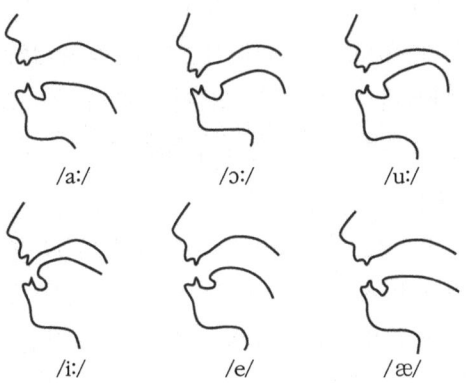

/a:/   /ɔ:/   /u:/

/i:/   /e/   /æ/

다음과 같은 단어 예를 모음 차이에 유의해서 읽어보자.

(1) b_d 형식의 단어:

bead, bid, bayed, bed, bad, body, bawd, bud, bode, booed, bud, bird, bide, bowed, Boyd

(2) b_t 형식의 단어:

beat, bit, bait, bet, bat, bot(tom), bought, boat, boot, but, Bert, bite, bout

이상 단어들을 하나씩 발음해 보자. 그중 일부에 대해 정확한 발음을 판단하기 어렵지 않은가? 한국어 발음을 기저에 둔 상태에서 영어 모음을 소리 내어 읽어보면 발음하기에 까다로운 것들이 있다. 한국어와 영어는 모음 체계의 특징이 일치하지 않기 때문에 영어 모음의 발음을 정확하게 하려면 한국어 발음과는 별도로 연습해야 한다.

기본모음의 간격은 상대적이다. 각각의 모음이 간격을 유지한 채로 구획되어 있다. 기본 8모음의 발음에 관해 가장 원칙적으로 설명하려면 다음과 같이 말할 수 있다. 모음들은 서로 간에 거리를 균등하게 유지하려는 성질을 가지고 있다. 유용한 비유로 엘리베이터 내부 장면을 떠올려 보자. 엘리베이터 내에 탑승한 사람들은 서로 간에 일정한 거리를 유지하려고 한다. 엘리베이터에 사람이 꽉 들어찬 상태라면 거리 유지를 할 수 없지만 중간에 사람들이 내리고 나면 남은 사람들은 거리를 일정하게 다시 벌려서 자리를 잡는다. 그래야만 서로의 영역 내에 침범 당하는 느낌이 없기 때문에 일정 거리를 유지하려는 것은 당연한 반응이다. 이런 비유가 시사해 주는 것처럼, 기본모음들은 서로 일정한 거리를 둔다. 그래야만 서로 구별되기 때문이다. 하나의 모음이 조음적으로 청각적으로 흔들리지 않는 고유한 소리 값을 확보하려면 다른 모음들과 서로 뒤섞이지 않을 정도로 조음 영역을 차지해야 한다.

기본모음에 붙여진 번호는 상대적이다. 가령 3번 모음으로 [ɛ]는 2번과 4번 사이에 상대적으로 자리한다. bet, get, set, letter에 들어 있는 [ɛ]는 [e]보다 더 열려 있는 소리이다. 더 열린 소리로 발음해야 한다거나, 더 닫힌 소리로 발음해야 한다고 설명하더라도, 이런 방식의 설명이 IPA의 절대 기준점을 모르는 사람에게는 금방 실감나게 느껴지는 것은 아니다. 그럼에도 불구하고, 기본모음을 기준으로 삼아 더 열리거나 닫히고, 더 전진하거나 후진한다고 언급하는 방식에 의해 모음의 조음 위치를 기술하는 것은 발음을 이해하고 연습하는 데에 필수적인 정보이다.

기본 8모음 중에, 한국어에서도 [ㅔ]와 [ㅐ]의 구별이 애매할 뿐 아니라, 영어에서도 2번 [e] 모음과 3번 [ɛ] 모음의 구별이 애매하다. 영어 단어들에서 사용되는 것은 2번보다는 3번 [ɛ]에 가깝다. 혼동하게 되는 점으로, 대부분의 영어 사전에서 발음기호로 [ɛ]를 사용하지 않고, 그 대신 [e]를 사용하고 있다. 이것은 다만 발음기호를 쉬운 기호로 나타내기 위한 것이라고 이해하면 된다. 이를테면 코빌드(Cobuild) 사전끼리도 사용하는 기호에 약간 차이가 있다. 대부분의 코빌드 사전에서 [e]를 주로 사용하고 있으나 Cobuild Advanced Dictionary of American English에서는 [ɛ] 기호를 사용하고 있는 것이 그 예이다.

발음을 하는 사람의 얼굴을 전면에서 바라보면 혀의 높고 낮음은 구강 내부에서 자리하는 것이므로 잘 보이지 않지만 그 대신 입술이 열리는 정도에 있어 차이를 보여준다. 실제로 얼굴을 마주 대하고 말을 하면서 상대방의 입 모양만을 따로 관찰한다고 했을 때, 개별 모음의 발음을 위해 작용하는 입술 모양은 다음과 같이 그려진다. 이와 같은 입 모양을 의식적으로 취하면서 단어들을 읽어보자. easy, you, apple, order, bird, option 등의 단어들을 소리 내어 읽어보면 아래 그림의 입 모양들이 차례대로 들어 있다. (그림: Hewings 2004, p42에서 가져옴)

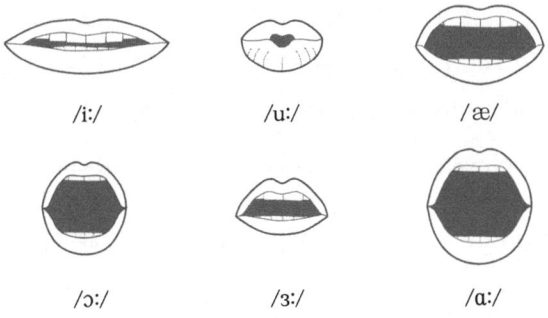

/iː/   /uː/   /æ/

/ɔː/   /ɜː/   /ɑː/

모음 발음을 실제로 연습하는 데에는 될 수 있는 대로 많은 시간을 들여야 한다. 이제부터 기본모음 8개를 하나씩 살펴보기로 하자. 기본모음들은 긴장음을 기준으로 한다. 긴장음이라 함은 또렷하게 발음된다는 것인데, 이를 위해서는 길이나 강세가 수반되는 것이 보통이다.

1번 [i], 전설이 경구개를 향해 올라간다. 혀의 양쪽 측면은 윗 어금니 안쪽에 조금 닿는다. [i]는 혀가 긴장된 상태에서 발음하는 긴장음인 것에 비해, 혀가 이완된 상태에서 발음되는 전설고모음은 [ɪ]이다. 'bit, bid'에서 이완음 [ɪ]는 'beat, bead'의 [i]에 비해 길이가 짧거나 세기가 약하다. 한국인의 귀에 [i:]는 마치 [이]와 [에] 사이에 걸치는 소리처럼 들리고는 한다. easy, ease를 읽고 계속해서 eeeee-e-e-...(이이.....이-이-...)로 발음해 보자.

긴장음 [i:]를 발음하려면 혀의 좌우 측면이 어금니 내측 면에 닿을 정도이며 혀끝은 아랫니에 접촉할 정도의 위치에 자리한다. 한국어 [이:]에 비해 영어 [i:]는 입이 개방되는 정도에 있어 미세하게나마 더 열린다. 장모음뿐만 아니라 단모음에서도 [i]는 한국어 [이] 발음에 비해 더 열린 소리로 들린다. 가령, pin이 거의 pen에 가깝게 들린다거나, six가 sex처럼 들리는 듯 하는 것이 그 예이다. 영어 모음들은 전반적으로 한국어 모음들보다 적극적으로 입을 열어주는 경향이 있다. [i:]를 발음할 때도 한국어 [이]보다 입을 조금 더 적극적으로 개방해야 한다.

사전마다 발음기호를 발음하는 방식에는 약간씩 차이가 있다. 그 한 가지 예로 Cobuild 사전에서 사용하는 발음기호를 인용해 보겠다. 장모음(긴장음)은 [i:], 단모음(이완음)은 [ɪ]로 표기하므로 seem [si:m], me [mi, 강하게 mi:]이고 fit [fɪt], win [wɪn]이다. 장음 표시가 없는 [i]는 [i:]와 [ɪ] 중에 어느 쪽을 나타내는 것인지를 혼동하지 말아야 하겠다. Cobuild 사전의 표기로는 [i]는 2음절 이상 단어에서 이완모음을 나타내는 것이며 fit [fɪt]처럼 1음절 단어에서 이완모음 [ɪ]와 성격이 같다. 예를 들면 very, carrier, carry 등의 발음은 [veri], [kæriə], [kæri]로 표시한다.

2번 [e], 한국어 [ㅔ] 모음과 비슷하다. [ㅔ]을 발음할 때 입술이 열리는 간격은 윗니와 아랫니 사이에 새끼손가락을 넣어보면 들어가다가 치아 사이에 걸리는 정도이다. 얼굴 전면에서 보면 아랫니가 보일 정도로 입술을 열어준다. 2번 모음

[e]와 3번 모음 [ɛ]의 차이는 입을 개방하는 정도에 있으며 이 간격 차이는 새끼손가락을 입에 넣어보는 동작으로 재어볼 수 있다.

3번 [ɛ], 2번 모음보다 더 열린 소리이다. 윗니와 아랫니 사이에 엄지손가락을 넣어보면 약간 들어가다가 걸려서 더 이상 들어가지 못하는 정도이다. 새끼손가락을 밀어 넣어보면 치아 사이를 무난하게 통과해서 입안으로 쏘옥 들어가는 정도이다. 얼굴 전면에서 보면 아랫니 하단과 윗니 상단이 절반 이상으로 상당히 많이 보일 정도로 입술을 열어준다.

영어의 [ɛ]는 한국어 [ㅐ]보다 입을 약간만 더 벌려서 발음한다. 'bet, pet, pear'처럼 영어 단어들에서 사용되는 전설모음은 2번보다는 3번 모음에 해당한다. 코빌드 사전을 찾아보면 발음기호로는 [bet], [pet], [peə] 등으로 [e]를 사용하고 있으나 이것은 간극이 작은 2번을 나타내는 것은 아니다. 쉬운 기호로 [e]를 사용하는 것일 뿐이며 이것이 실제로는 3번의 간극도를 지니는 [ɛ]의 음가를 나타낸다.

4번 [a], 전설저모음이다. 영어에서는 단모음으로는 거의 사용되지 않는 발음이며, 여기에 가장 가까운 발음은 [æ]이다. 영어에서의 [애] 발음은 4번이 아니라 5번 모음 [ɑ]이다. 머리에 투구를 쓴 모양의 [a]가 발음기호에 사용되는 경우는 이중모음 [aɪ]뿐이다(예: iron [aɪən]). IPA 기본모음에 대해 런던 대학교(UCL)에서 제공하는 다니엘 존스(D. Jones) 교수의 음성 파일을 들어보면 4번 모음은 한국 사람들 귀에는 [애로 들리기보다는 거의 [에로 들린다. [a]에서 [æ] 사이의 조음적 거리가 가깝기 때문이다.

5번 [ɑ], 후설저모음이다. 긴장음이 되려면 길이를 수반해서 [ɑ:]로 발음된다. 한국어 [애는 혀가 후설보다 앞서는 중설 정도 위치에 있기 때문에 한국인의 영어 발음에서는 [ɑ]도 한국식 [애 발음으로 소리 나기 마련이다. 그러나 이것은 개선되어야 한다. 즉, 혀가 더 뒤로 물러나게 발음하여야 한다. 혀를 더 뒤로, 입을 더 넓게 열어서 목구멍 넘어가기 직전 깊숙한 위치에서 울려나는 듯한 음성으로 [ɑ:]를 발음해야 한다.

더욱이 한국인의 발음 습관으로는 6번 [ɔ]의 발음을 포함하는 단어들은 5번 [ɑ]에 가깝도록 발음하는 것이 유리하다. 한국 사람은 영어 [ɑ:]의 조음 위치를 최대한 적극적으로 확보해서 발음하는 방향으로 하여야 하며 이것만 익숙하게 체득하더라도 빈번한 발음 오류 한 가지를 줄이는 것이다.

장모음 [ɑ:]는 강세 음절뿐만 아니라 무강세 음절에서도 길이를 확보하여 소리나는 발음이다. start에 대해 영국 발음 [stɑ:t], 미국 발음 [stɑ:rt]인데 [r] 발음 유무에 관계없이 어쨌든 [ɑ:]의 길이를 (강세음이든지 무강세음이든지 간에 상관없이) 발음할 수 있는 것이 중요하다. 영어 [ɑ:]를 한국어 [아]와 구별해서 정확하게 발음하려면 혀의 후설을 적극적으로 물러나게 하는 것, 그리고 입을 더 열어주는 것이 필요하다. 이들 중에, 즉 후설성과 개방성 중에 어느 쪽이 우선하는지는 분명하게 답하기는 어렵다. 더 열리고 더 뒤로 물러난 모음이라고 조합해서 말하는 것이 적절하다. 그런데 미국영어 [ɑ:]는 완전한 후설모음은 아니다. 미국영어 [ɑ:]는 대개 중설모음과 후설모음 사이에 자리한다고 보고되는 것에 비해 영국 RP 발음은 그보다 더 뒤로 물러나 발음되는 후설모음으로 보고되었다.

한국 사람들은 굳이 미국영어 [ɑ:]와 영국영어 [ɑ:]에 차등을 두어 구별하지 않더라도, 어쨌든 한국 사람이 한국어의 발음 습관을 기저에 두고 영어 [ɑ:] 발음을 하려고 할 때에는 입을 더 적극적으로 개방하고 더 후설 깊숙한 쪽으로 조음 위치를 두어야 한다. 즉 IPA 5번 모음에 가깝도록 연습하는 것이 좋다. 한편, 5번 모음 [ɑ]는 평순모음인데, 이에 상응하는 원순모음으로 13번 모음 [ɒ]는 영국영어에서 아주 흔한 발음이다. [ɑ]와 [ɒ]의 차이에 관해서는 잠시 뒤에 설명하기로 하겠다.

6번 [ɔ], 혀의 뒷부분이 연구개 방향으로 약간 올라가서 소리나는 발음이다. 한국어 [오]에 비해 혀가 조금 더 내려오는 소리이다. 청각적 인상에 있어 [오]보다는 [아]에 더 가까운 것으로 들리고는 한다. 즉, [ɔ]는 [ɑ]에 가깝게 들리는 일이 흔한데, 미국 서부 사람들의 발음에서는 이런 현상이 더 두드러진다. 한국인의 발음 습관으로는 6번 [ɔ]에 필요한 개방도가 부족하기 때문에 웬만하면 7번 [o]로 발음하는 것이 보통이지만 이것은 차라리 5번 [ɑ]에 가깝게 발음하도록 의식적인 노력을 기울이는 것이 좋다. 흔히 언급되는 것처럼, orange를 '오렌지'로 읽지 말고 차라리 '아뤈쥐'로 발음하자는 것은 근거가 있는 말이다. [ɔ:]를 발음하려면 [오]보다 입이 더 열린 [아] 정도에 가까운 소리를 내주어야 하기 때문이다. 다음 단어들에서 첫음절 [ɔ:] (혹은 [ɔ:r]) 소리는 한국어 [오]보다 상대적으로 입을 더 열어서 발음한다.

> orbit [ɔ:bɪt], orchestra ['ɔ:kɪstrə], order ['ɔ:də]
> organ ['ɔ:gən], organize ['ɔ:gənaɪz]

미국영어 [ɔ:r] 발음과 영국영어 [ɔ:] 사이에서 [r] 발음 있고 없음에 관계없이 [ɔ:]를 발음하면서 적절한 길이로 늘여서 긴장음으로 발음하는 데에 익숙해져야 한다. 장모음 발음을 지키지 않으면 그 직후에 나오는 [r] 발음으로는 이미 지나 온 모음의 길이 부족을 되돌려 보충할 수 없다.

7번 [o], 이것은 영어의 단모음 발음에는 사용되지 않는다. 영어 단모음 [오]는 7번 [o]가 아니라 6번 [ɔ]이다. 한국어 발음의 [오]와는 거의 비슷한데, 영어에서는 한국어 [오]를 발음할 때보다 입을 더 열어 개방도가 큰 6번 [ɔ]로 발음한다. 단음 절어 영어 단어의 철자 'o' 만 보고 한국인 학습자는 당연히 [o] 발음일 것이라고 받아들이지만 이것은 잘못 받아들인 발음이다. 철자가 'O'로 적힌 단어들 중에 대다수가 이중모음 [oʊ](미국식 발음) 혹은 [əʊ](영국식 발음)을 지닌다. 예를 들 면 cold는 [koʊld] 혹은 [kəʊld], 'Oh!'는 [oʊ] 혹은 [əʊ], old는 [oʊld] 혹은 [əʊld]이 다. open은 [əʊpən] 혹은 [oʊpən]으로 발음된다. 영화 「슈렉」에서 주인공이 '오~ 우~거'(ogre, 괴물)이라고 조롱받을 때 [əʊgɚ] 또는 [oʊgɚ]로 발음된다.

8번 [u], 후설고모음이다. 입술을 둥그렇게 모아서 발음한다. 비유해서 묘사하 자면, 앞으로 내민 입술 사이에 굵은 포도 씨 한 알을 물고 있을 만큼의 크기로 입술이 열리는 모양을 지닌다. 긴장음으로 [u:]를 발음할 때에는 [u], [ʊ]에 비해 두 입술에 긴장을 주어 더 동그란 모양이 된다. 긴장모음 [u:]를 발음하면서 거울 앞에서 보았을 때 휘파람을 '휘이'하고 불 정도의 모양을 취한다. 이완모음 [ʊ]는 휘파람 모양에서 약간 좌우로 누그러지며 휘파람 부는 모양이 이완된다. 즉 [u]에 비해 이완모음 [ʊ]를 발음하려면 입술 동글림이 약간만 누그러지고 윗입술이 조 금만 위로 들린 모습으로 원순성을 유지한다. who [hu:]가 한국말 [후]에 비해 입 술 모양을 더 동그랗게 만들어 발음되는 이유는 긴장성 때문이다. 긴장모음인

[uː]를 발음하려면 조음 동작에서 에너지를 더 적극적으로 실어주므로 당연히 입술에도 긴장성이 더 갖추어지고 입술 모양이 더 분명한 윤곽으로 드러나게 된다.

이상에서 기본 8모음의 발음 특징을 살펴보았다. 한국인이 영어 발음을 효과적으로 하기 위해 가장 보강할 필요가 있는 점을 다시 한번 강조해 보겠다. 한국 사람이 한국어를 말할 때 발음하는 한국어 기본모음의 소리 값은 그와 대비되는 영어의 기본모음에 비해 상대적으로 구강의 개방성이 조금씩 적다. 그러므로 영어 발음을 할 때에는 입술을 조금씩 더 열어서 구강의 개방성을 적극적으로 확보하는 방식이 되어야 한다.

특히 5번 기본모음의 영역을 넓게 인정하고 이것에 대해 기억하고 연습해 보는 것이 중요하다. 개방성뿐만 아니라 혀가 더 뒤로 물러난 후설모음 쪽으로 발음해야 한다. 강조해서 말하자면, 한국어의 발음 습관에 따라 영어의 기본모음을 발음하는 것은 개방성이 부족하므로 더 열린 모음이 되도록 하고 특히 5번 모음을 적극적으로 발음해야 한다. 영어의 [오]와 [애는 한국 사람 귀에는 두 경우 모두 [애로 들릴 가능성이 많다.

10.5. 그밖에 중요 모음들의 조음적, 음향적 특성

그밖에 기본 8모음에 속하지 않지만, 영어에서 중요하게 사용되는 모음들에 대해 알아보기로 하자. 살펴볼 모음들로는 [ə, ɜ, ʌ, ɪ, ʊ, æ, ɒ] 등이 있는데 이 중에 [ɒ]와 [ɜ]만을 제외하고 나머지 모두는 이완모음이다. 여기 이완모음들의 특성을 이해하고 그 조음 동작에 익숙해지는 것은 실제 발음 연습에 있어 필수적이다.

영어는 강세의 있고 없음에 따라 스피치 리듬이 조절되는 언어이다. 이와 관련해 강세 위치를 할당하는 것이 특히 중요하다. 강세를 받아들이는 '수용체'가 모음이므로 긴장모음을 강하게 발음하는 것뿐만 아니라 이완모음을 약하게 발음하는 것도 체득하여야 한다. 그러면 이제부터는 이완모음 하나하나마다 그 조음적, 청각적 특성을 구체적으로 알아보기로 하자.

애매모음 [ə], 혀의 중설 부분에서 혀는 이완되어 있고, 언제나 약하고 짧게 발음한다. 이것은 가장 대표적인 이완음 모음(lax vowel)으로서 슈워(the schwa)라는 고유 이름으로도 불린다. 우리말 용어로는 중앙모음 혹은 애매모음이라고 불리는 것이 일반적이므로, 이 책에서도 '애매모음'이라고 부르기로 하겠다. [ə] 소리는 애매한 특징이 있기 때문에 그렇게 부른다. 그것은 조음 위치로 보면 중설 평순 이완 중모음에 해당한다. 영어는 강세를 중심으로 발음하는 언어인데, 강세를 제대로 드러내기 위해서는 강세가 전혀 없는 약음절을 약하게 발음할 수 있어야만 뒤이은 강세 음절에 대해 적절하게 에너지를 실어줄 수 있다. 약음절과 강음절 사이에서 강-약의 조절을 제대로 하지 못하면 발음이 자연스럽지 못하다. 이런 점에서 볼 때 애매모음 [ə]는 영어 말소리를 리듬감 있게 발음하는 데에 중요한 역할을 한다.

'영어의 모든 모음 중에서 사용 빈도가 가장 높은 모음은 [ə]이므로' 각별한 주의를 필요로 한다. [ə]는 강세가 없이 약화된 짧은 모음의 발음을 나타내기 때문에 그 전후에 연결되는 강세 음절보다 약하게 발음된다. 특히 문장의 문법 구조를 구성하기 위해 필요한 기능적 어구들에 많이 들어있다. 비교해 보면 아래 표와 같다. 강세 있을 때에는 [ə] 이외의 모음 발음을 지니던 음절이 (또는 단어가) 강세를 받지 않을 때에는 [ə] 모음으로 바뀌는 것은 영어에서 아주 흔한 현상이다.

	강세 있을 때	강세 없을 때
a	[ey]	[ə]
an	[æn]	[ən]
is	[ɪz]	[əz]
was	[wʌz]	[wəz]
has	[hæz]	[əz], [həz]
to	[tuw]	[tə]
at	[æt]	[ət]

대부분의 긴장모음들은 이완음으로 전환되면 [ə]에 근접한다. 예를 들면 단어 첫소리에서 강세를 받는 [ɑ] 또는 [ɑː]가 강세를 받지 않아 이완되면 [ə]가 된다. 다음 예의 첫음절에서 보듯이, 품사에 따라 강세가 달라지면 모음 소리가 달라져

서 [ə]가 나타난다.

officer UK [ˈɒfɪsə] → official [əˈfɪʃəl]
US [ˈɑːfɪsə] → official [əˈfɪʃəl]

[ɜ], 중설 중모음으로 긴장음을 나타낸다. 애매모음 [ə]가 이완음으로 쓰이는 것에 비해, [ɜ]는 강세를 받는 단어들의 발음을 표시하는 데에 사용된다. [ə]보다 미세하게나마 약간 전진하고 열린 음가로 발음되는 것이 [ɜ]인데, 강세를 받음에 의해 긴장음으로 발음된다. bird, girl, birth, earth, early 등의 예를 들 수 있으며 흔히 'bird vowel'이라는 별명으로 불린다. 미국영어에서는 음절 끝에 [알] 발음이 가미된 [ɜ]로 나타나고는 한다.

이완모음 [ʌ], 후설저모음이다. IPA 기본모음 중에 [ʌ]는 평순후설저모음으로 14번 모음이다. 한국인의 귀에는 [애]와 [어] 사이에서 어중간하게 들리는 소리이다. 짧게 끊듯이 발음하려고 하는 것이 좋다. 불분명하게 [어] 발음을 해서는 [ʌ]가 발음되지 않기 때문에 차라리 매우 짧게 끊어주는 느낌으로 [애] 발음을 하듯이 발음하는 편이 낫다. 예를 들어 most와 must의 발음 차이를 구별할 수 있도록 연습해 보자. 이 두 단어에서 [məʊst]와 [mʌst]는 소리가 다르다. IPA 6번 [ɔ]의 입술 동글림을 펼쳐서 [ʌ]의 평평한 입모양으로 가져가는 것 이외에는 입을 개방하는 정도는 [ʌ]와 [ɔ]는 동일하다. 즉, [ʌ]는 [ɔ]만큼 입을 열어주어야 한다. 그래서 [ɔ]가 [ɑ]와 비슷한 소리로 들릴 수 있는 것만큼이나, [ʌ]도 [ɑ]와 비슷한 소리로 들릴 수 있다. 예를 들면 'somthing to drink'에서 something [sʌmθɪŋ]은 '썸씽'보다는 거의 '쌈씽'에 가깝게 들릴 수 있다.

조금 더 설명해 보겠다. 미국영어에서 사용하는 [ʌ]는 IPA 14번 모음 [ʌ]보다 중설 방향으로 전진한 소리이다. [ʌ]는 [ɑː]보다 덜 열리고, 뒤로 덜 물러나고, 길이가 짧다. 한국 사람의 귀에는 길이가 짧은 [ɑ]로 들리는 경우가 흔하다. 우리말에서 [어]를 발음하는 것에 비해 영어 [ʌ]는 더 열린 소리로 들린다. 즉, 영어 [ʌ]는 짧게 소리 나지만 입의 개방이 부족하지 않도록 (한국어 [어]보다 더 많이) 열어 주어야 한다. 한편 한국어 [어]는 [어ː]로 길어지면 조음 위치가 다소 상승한다.

경상도 방언 사용자는 [의와 [어:]를 구별하지 못해 뒤바꾸어 말하는 일이 많다. 경남 지역에서 성장한 사람이 "근무 환경, 당근이죠"를 말한다는 것이 실제로는 "건무 환경, 당건이죠"에 가깝게 발음되고는 한다. [증거]를 [정:거]로 발음하거나, 혹은 [거:짓말]을 [그짓말]로 발음하는 것도 경상도 방언에서 나타난다. 경상 방언 사용자는 영어 [ʌ] 발음을 정확하게 배우는 데에 어려움을 겪을 수 있다.

이완모음 [ɪ], 앞서 살펴본 1번 기본모음 [iː]와 대비해서 연습해 보자. [iː] 또는 [i]는 긴장음인 것에 비해 [ɪ]는 이완음이다. 단음절 단어에서 강세를 받지 않는 [ɪ]는 실질적으로 [ə]에 가장 가깝다. 또한 다음절 단어에서 강세 없는 이완음을 표시하는 [i]는 [ɪ]와 마찬가지이다.

이완모음 [ɪ], [ʊ]가 무강세 음절에서 소리 값이 애매모음 [ə]와 거의 마찬가지임을 이해하면 무강세 음절의 발음이 향상될 수 있다. 이완모음은 긴장모음을 준비하는 징검다리 구실을 한다는 점에서 중요한 역할을 분담한다.

이완모음 [ʊ], 앞서 살펴본 8번 기본모음 [uː]와 대비해서 연습해 보자. [u]와 마찬가지로 후설이 연구개 방향으로 상승하며, 이완된다. 다음절에서 강세를 받지 않는 [ʊ]는 실질적으로 [ə]에 가장 가깝다. 즉 [u] 모음이 이완되었을 때가 [ʊ]이다.

[ʊ]는 [우]라고 또렷하게 발음할 것이 아니라 [으] 내지 [어] 정도로 흐릿하게 발음되는 소리이다. 패스트푸드 가게에서 계산을 치를 때 "Here? or to go?"(드시고 가세요? 포장이세요?)라고 묻는다. 실제로 들리는 발음은 [히얼 오어 투 고위]가 아니다. [히어로 (트) `고의 정도로 들린다. 이때 강세 없는 'to' [tʊ]는 [tu]가 아니라 [tə]와 같다.

영국영어 특유의 [ɒ], 이것은 IPA 13번 모음이며 영국영어에서만 사용된다. 입술을 최대한 동그랗게 만들어 발음한다. Oxford, follow, font 등을 발음할 때 사용된다. 5번 모음 [ɑ]는 평순모음인데, 이에 상응하는 원순모음으로 [ɒ]는 영국영어에서 사용 빈도가 높은 발음이다. 영국영어 발음에서 [ɒ]로 나타나는 것이 미국영어에서는 장모음 [ɑː]로도 나타난다. 턱이 아래로 뚝 떨어지는 느낌을 받을 정도로 입을 가장 크게 개방해야만 [ɒ]를 제대로 발음할 수 있다.

원순모음인 [ɒ]를 발음할 때 입이 열리는 정도는 과일 먹을 때 모습으로 비유해 볼 수 있다. 자두의 뾰족한 앞부분을 입안으로 쏙 밀어 넣으려다가 벌어진 입술에 자두 앞부분이 물렸을 때를 상상해 보자. 이때만큼 입술을 동그랗게 모인 채로 벌어지게 해서 충분하게 열어야 한다. [ɒ]는 런던 사람이 아니면 인위적으로 연습하기 어려운 발음이지만 영국영어 발음의 대표적인 특징 중 하나이다.

영국 발음 [ɒ]는 미국 발음 [ɑː] 내지 [ɔː]와 호환되는 관계에 있다. 영국 발음 [ɒ]는 순간적으로 아래턱이 아래로 깊이 떨어지면서 긴장음으로 발음된다. 이 점에 유의하면서 다음 예를 소리 내어 읽어보자.

[ɒ]와 [ɑː]	opposite [ɒfəzɪt]	~ [ɑːfəzɪt]
	option [ɒpʃən]	~ [ɑːpʃən]
[ɒ]와 [ɔː]	foreign ['fɒrɪn]	~ ['fɔːrɪn]
	across [ə'krɒs]	~ [ə'krɔːs]

이완모음 [æ], 전설 저모음이다. 이완음이므로 장모음 [æː]로 발음되는 일이 없다. 한국인의 발음 습관으로는 입매를 좌우로 빠듯하게 당겨 발음을 해야 [ㅐ]와 구별되는 [æ]가 나타난다. 기본적으로 혀는 이완되지만, 입술을 좌우로 펼쳐 당기는 동작을 의식적으로 취하면 이에 수반해서 입술이 위아래로 벌어지는 간격도 커진다. 이것은 apple, cat, bat, actual, adequate 등에서 나타난다. ask는 미국 발음 [æsk], 영국 발음 [ɑːsk]이다. 비슷한 예로 advance, advantage 등에서 강세 음절이 미국 발음으로 [æ], 영국 발음으로 [ɑː]이다. [æ] 발음은 옛날 발음의 흔적이라고 한다. 미국 이민 초기에 영국에서 건너온 [æ] 발음이 미국에서는 변하지 않고 살아남은 것이며 이후 영국영어의 발음 변화로 [æ]가 [ɑː]로 바뀌었기 때문이다.

주의 깊게 비교해 보아야 하는 발음들을 아래에 적어 두었다. 비교되는 2개 모음 사이의 차이점을 오른쪽에 짧게 적어두었다. 모음 두 개씩 비교해서 직접 소리를 내어 읽으면서 차이를 인식하자.

[ə]와 [ʌ]	짧고 열린 정도의 차이
[o]와 [ɔ]	입이 열리는 정도 차이
[ɒ]와 [ɑː]	영국 발음의 특징
[a]와 [ɑ]	혀의 전진 여부에 따라
[e]와 [ɛ]	입이 열리는 정도 차이
[ɛ]와 [æ]	입이 열리는 정도 차이
[ə]와 [ɜː]	조금씩 더 길고 열린 모음
[ɔː]와 [ɑː]	개방성의 차이: 합류하기 쉽다
[ɑ]와 [ʌ]	후설성과 개방성의 정도 차이

지금까지 설명한 조음 동작들을 일일이 의식해가며 말을 할 수 있을까? 실제 대화에서는 그럴 만한 여유가 없다. 말소리를 발음하고 청취하는 것은 매 순간마다 연속해서 일어나는 반사 행위이다. 이런 반사를 결정해 주는 '기억'을 우리는 지속적이고 효과적인 발음 연습을 통해 보유하려고 한다. 하지만 발음 습관은 구강의 움직임에 의한 것만이 아니다. 두뇌 속에서 소리의 기본 값을 기억하고 이것을 기준으로 삼아 음성을 지각하고 산출해 내는 것이기도 하다.

영어에서 긴장모음-이완모음의 구별에 유의하는 것은 발음 연습에 도움이 된다. [iː], [uː], [ɑː] 등의 긴장모음을 발음하면 그 결과로 입과 혀의 모양이 갖추어진다. [ə, ʌ, ɪ, ʊ, æ] 등의 이완모음들에 대해서도 앞서 살펴본 특징을 염두에 두고 연습해 보아야 한다. 기본모음 중에서 특히 1번 [i]와 5번 [ɑ]는 긴장모음으로 발음하는 데에 익숙해져야 한다. 긴장과 이완은 상대적 차이이기 때문에 이완모음을 제대로 발음할 수 있어야 그에 인접한 긴장모음도 제대로 발음할 수 있다. 이완모음은 마치 소리가 없는 듯 짧고 약한 소리로 이완해서 발음한다. 긴장모음을 무조건 강하고 길게 발음하려고 하는 것은 효과적인 방법이 아니다. 오히려 이완모음을 짧고 약하게 발음하는 것이 더욱 중요하다.

10.6. 이중모음에 관해

이중모음(diphthong)은 조음 위치가 서로 다른 두 개의 모음이 합쳐서 하나의 소리로 나타나는 것이다. 단모음을 발음하는 동안에 조음 위치 변화가 없는 것에 비해, 이중모음은 앞의 모음에서 뒤의 모음으로 전이될 때 혀의 조음 위치 변화가 일어난다. 이중모음은 한 개의 단모음과 또 다른 한 개의 반모음(semi-vowel)으로 구성되며, 반모음은 전이음(glide)이라는 용어로도 이름 붙여져 있다.

전이음 /l, r, w, j/ 중에서 /l, r/ 말고 /j, w/는 자음의 성격과 모음의 성격을 절반씩 가지고 있다. 전이음은 IPA 자음표에 [j]와 [w]로 들어 있는가 하면 동시에 IPA 모음표에 [ɪ]와 [ʊ]로 들어 있어 음성학을 처음 공부하는 학습자들을 어리둥절하게 한다. [j]와 [w]는 IPA 자음 목록에서 (구강이 열리는 간극이 작다는 점에 근거해서) 접근음으로 분류된 것이다. 그리고 모음 분류에 있어서는 이완음의 성질을 갖는 반모음 또는 전이음으로 분류되어 [j]는 [ɪ]로, [w]는 [ʊ]로 표시되었다.

영어의 이중모음은 온전한 단모음으로 시작해서 반절짜리 반모음으로 이어진다. 전이음(glide)으로 마감한다는 점에서 또 다른 이름으로는 오프-글라이드(off-glide)라고 불린다. 반면에 한국어 이중모음은 전이음으로 시작한다는 점에서 온-글라이드(on-glide)라는 이름으로 불린다. 영어의 이중모음 예를 발음기호로 적어서 열거해 보자.

전설 전이음 [ɪ](= [j])를 포함하는 [eɪ], [aɪ], [ɔɪ] (= [ej], [aj], [ɔj])

후설 전이음 [ʊ](= [w])를 포함하는 [aʊ], [oʊ] (= [aw], [ow])

애매모음 [ə] 포함하는 [ɪə], [ɛə], [ʊə]

다음처럼 표로 그려 이해할 수 있다. 영어는 이중모음 연결에 있어 뒤가 반모음이다. 모음사각도 공간 내에서 조음 위치가 위로 올라가는 것이 영어의 이중모음이다. 단 중앙의 애매모음으로 건너가는 이중모음은 조음 위치가 약간 아래로 내려온다.

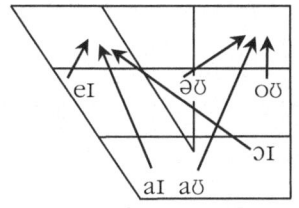 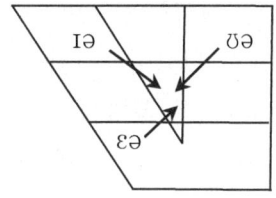

단어 예를 보면 이런 것이 있다.

- found, sound, mouse, crowd에서 [aʊ]
- find. signed, cried, mice, tie 등에서 [aɪ]
- boy, toy, point, oil 등에서 [ɔɪ]

이상에서 살펴본 이중모음들은 모두 다 반모음이 온모음 뒤에 나타나는 것들이었다. 그러면 이와 반대 방향에서, 온모음 앞에 반모음이 나타나는 이중모음도 있을까? 아니다. 그렇지는 않다. 영어 음성학에서는 이런 소리를 이중모음으로 분류하지는 않는다.

예를 들면, we [wɪ], yes [jes]에서 [w], [j]는 반모음으로서가 아니라 다만 '접근음'으로서 일종의 자음으로 취급된다. 즉, 모음 앞에 나타나는 [w], [j]는 자음 취급을 받기 때문에, 발음기호로 적으려면 [wɪ], [we], [je] 등을 [ʊɪ], [ʊe], [ɪe] 등으로 호환해서 적을 수는 없는 것이다. 그러면 이제 아래 발음기호를 구별해 보자.

- [wɪ]와 [y]
- [we]와 [ø]

이것은 입술 동글림의 모양이 변하는지에 달려 있다. [wɪ]는 다음 그림 좌측처럼 원순성이 있다가 오른쪽 그림처럼 입술 좌우 입매가 평평한 모양으로 펼쳐진다.

그러나 [y]는 동글림이 풀어지지 않고 끝까지 원순성을 유지한다. 즉 [wɪ]는 [위~이]처럼 소리 나고 [y]는 [위~위]처럼 소리 난다.

[we]와 [ø]도 입술 모양에 따라 서로 구분된다. [we]는 [웨~에]처럼 소리나면서 앞부분의 입술 동글림이 풀어져서 우측 [e]를 발음하는 데에는 평순 모양으로 변한다. 예를 들어 Wednesday [wenzdeɪ]에서 [we]로 발음된다. 이에 비해 [ø]는 입술 동글림이 풀어지지 않고 끝까지 원순성을 유지한다.

[y]와 [ø]는 독일어 철자법에서는 움라우트(umlaut) 구별 부호로 표시된다. 즉, [y]는 über, München에서처럼 ü로 적고, [ø]는 schön에서처럼 ö로 적는다(주석: über는 전치사, München은 지명, 헤르만 헤세의 작품 「청춘은 아름다워라」(Schön ist die Jugend)에서 schön은 '아름다운'이란 뜻의 형용사임).

한국어의 발음 습관과 비교해서 이해하도록 하자. 다음 예를 소리 내어 읽어 보자.

- [아이]: "아이가 잠자리를 잡았다." ([아이]와 [aɪ]를 비교)
- [아우]: "아우야, 형님이다." ([아우]와 [aʊ]를 비교)
- [오이]: "오이는 비타민 많다." ([오이]와 [ɔɪ]를 비교)
- [에이]: "에이, 이제 그만 하자." ([에이]와 [eɪ]를 비교)

애매모음 [ə]를 포함하는 이중모음들을 다음처럼 비교해서 읽어보자.

- [이어]와 [ɪə]
- [에어]와 [ɛə]
- [우어]와 [ʊə]

한국어의 이중모음에 관해 더 정리해 보기로 하자. 전설 전이음을 포함하는 것으로, {야, 여, 요, 유, 예, 애} 등이 있다. 후설 전이음을 포함하는 것으로 {위, 웨(외), 왜, 와, 워} 등이 있다. 이중모음에 관해 표준 발음법을 언급해 보기로 하겠다. 국어의 어문 규정에서는 단모음 10개, 이중모음 11개를 다음과 같이 정하고 있다.

단모음	ㅏ	ㅓ	ㅗ	ㅜ	ㅡ	ㅣ	ㅐ	ㅔ	ㅚ	ㅟ	
이중모음	ㅑ	ㅕ	ㅛ	ㅠ	ㅒ	ㅖ	ㅘ	ㅙ	ㅝ	ㅞ	ㅢ

그런데 한국어 단모음은 10개로 확정된 것은 아니다. 「표준 발음법」 규정에서는 단모음을 10개로 정하고 있으면서 그 중 2개는 이중모음으로 발음하는 것을 허용한다고 붙임 규정을 두고 있다. 국어의 표준 발음법 3항 붙임 규정에서 정하고 있듯이, '귀, 뒤'처럼 자음으로 시작하는 말에서 /ㅚ/와 /ㅟ/는 이중모음으로 발음할 수 있다. /ㅟ/는 1984년 이전 어문 규정에서는 이중모음으로 분류되어 있던 것이 1984년 「표준 발음법」에서부터 단모음으로 분류되었다. 즉, 10개 단모음 중에서 /ㅚ/와 /ㅟ/, 이들 2개의 모음은 이중모음으로 발음하는 것이 허용되므로 단모음 개수를 10개에서 8개로 줄여 잡을 수도 있다.

더욱이 [ㅚ], [ㅟ]는 이중모음으로 허용되는 정도에 그치고 말게 아니라, 오히려 현실음에 있어 거의 이중모음으로 나타나는 비율이 더 높다는 보고도 있다. 모음 발음의 첫 동작에서 입술 동글림을 취하다가 바로 뒤이어 입술 동글림을 해제하는 입 모양으로 넘어가면 이중모음으로 발음하는 것이다. 이에 비해 입술 동글림을 풀지 않고 처음부터 끝까지 입 모양을 둥그렇게 유지하는 것은 단모음이다.

한편, [ㅢ] 발음은 그 소리 값이 불안정하다. 이중모음의 일종으로 구분되기는 하지만 발음이 불안정하다. 국어 어문 규정에 의하면, ('의사'처럼) 본래 소리를 첫소리에만 유지하며, 첫소리라 하더라도 자음이 앞서면 '띄어쓰기, 희망'에서처럼 [이]로 발음된다. 단어 첫머리 이외의 자리에서는 [이]로 발음되고, 조사로 사용되면 '나의 희망, 우리의 소원'을 말할 때처럼 [에] 혹은 [의]로 발음되기도 한다. 마찬가지로 '파리의 연인'은 [파리에 연인]으로 발음되고는 한다.

[ㅚ]의 음가는 그것이 나타나는 자리에 따라 달라진다. 단어 첫머리에서는 단모음 [ø] 발음과 이중모음 [we] 발음이 섞여 있고(예를 들면, '쇠, 외과, 외갓집, 외항선'에서 이중모음에 가깝고, '쇠고기, 외마디'에서는 단모음에 가깝다), 단어 중간에서는 거의 단모음으로 발음되며(예: '가윗돈'), 단어 끝에서는 거의 이중모음으로 발음된다(예: '모르쇠, 금괴').

[ㅟ]의 음가는 IPA 13번 [y]의 음가와 비슷하다. 이호영(1996)의 보고에 의하면,

[ㅟ]는 단모음으로 발음될 때보다 장모음 [위:]로 발음될 때 [y]에 더 가까운 소리로 실현된다. 표준어 발음을 사용하는 사람들의 경향으로 보면, [ㅟ]는 자음이 앞에 나올 때에는 이중모음 [wɪ]로 발음한다. 예를 들어 '귀지', '귀엽다'의 [귀]를 발음해 보면 '가위'나 '위치'의 [위]보다는 이중모음으로 볼 만한 느낌을 얻을 수 있다. "귀에 귀지가 끼었다. 그래서 귀엣말이 잘 들리지 않는다."라고 말하면 이때 [귀]는 전이음이 살짝 들어간 이중모음에 가깝다.

한국어의 이중모음은 특히 앞부분을 매우 짧게 발음한다. 영어의 이중모음에 비해 상대적으로 전이의 시간 간격이 아주 짧다. 예를 들어, '위'와 'we'의 발음 차이를 보면, 시차의 간격에 따라 이중모음 [wɪ]가 되거나 혹은 단모음 [y]가 된다. 우리말 '위-아래'의 '위' 발음은 영어 대명사 'we'의 발음과는 다른데, 이중모음으로서의 전이 과정이 분명하지 않기 때문이다.

10.7. 발음 연습을 실제로 해 보자

그동안의 공부에도 불구하고 영어 발음은 어렵게 느껴진다. 이런 어려움은 왜 생겨나는 것일까? 가장 큰 이유를 3가지 말해 보고자 한다.

첫째, 한국어의 발음 습관이 개입하기 때문이다. 영어 발음은 조음적 특성에 있어 한국어 발음과 다르기 때문에 두 언어 사이에 발음 체계가 일치하지 않는다.

둘째, 외국어를 배울 때 철자에 기반을 두어 발음을 하고 싶어 한다. 그러나 영어는 철자와 발음의 불규칙성이 높기 때문에 오류가 발생한다.

셋째, 모음의 발음에서 차이가 있다. 이 장에서 돌아본 것처럼 한국어 모음과 영어 모음은 그 정확한 소리 값에 있어 미세하지만 중요한 차이를 지닌다. 모음 발음에 대한 연습이 이루어지지 않으면 발음 수준이 개선될 가능성이 매우 낮다.

지금까지 다양한 발음기호들을 가지고 각각에 대한 음성학적 특징을 알아보았다. 귀찮을 정도로 발음기호들의 종류가 많았다. 그런데 이것들은 단순히 시각 부호인 것이 아니라 음성 기호이다. 소리를 종이 위에 기록해 두기 위한 음성 기호를 뜻한다. 말소리를 구체적으로 기록하려면 철자법에 정해 놓은 기호들보다 더 많은 수로 세분된 음성 기호들이 필요하다. 외국어 공부를 할 때 철자와 발음을 동일시하고 싶은 것은 은연중에 끌려드는 습관과 같다. 그렇지만 철자보다 더 세분되는 발음기호를 익숙하게 수용하는 것은 발음 학습의 첫걸음이다.

외국어 발음, 영어 발음을 배우는 데에 사람마다 성취 수준이 다른 것은 늘 일어나는데, 이것은 외국어의 낯선 발음을 받아들이기 위해 학습자가 얼마만큼 귀를 열고 마음을 여는가 하는 정도가 사람마다 다르기 때문이다. 다음 사진을 보자.

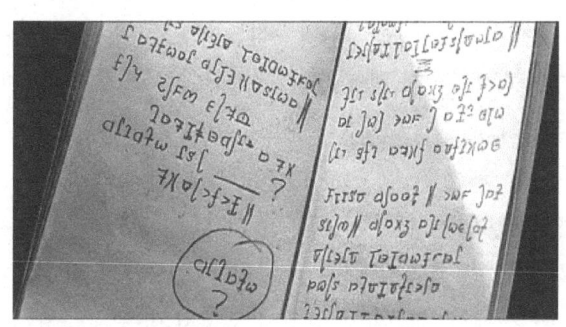

이것은 영화 「마이-훼어-레이디」 DVD에서 화면 한 개를 캡처해서 가져온 것이다. 음성학자 히긴스 교수가 메모장에 적어둔 발음기호를 엘리자 아가씨가 우연하게 들여다보니 이처럼 알 수 없는 기호들이 적혀 있었다. 극장 앞에서 꽃행상을 하며 생계를 이어갈 따름이고 그저 마음 내키는 대로 습관에 익은 대로 발음과 말투를 구사하는 엘리자 아가씨는 어안이 벙벙할 따름이었다. 이 영화에서 형상화하고 있는 언어변이 현상의 의미는 이미 앞의 6장에서 소개한 바 있다. 발음이란 사람마다 (환경에 따라, 경험에 따라) 차이가 있다는 것이 이 영화의 소재였다.

우리는 앞에서 기본 8모음의 특징에 대해 알아보았다. 자음 발음, 모음 발음이 하나같이 다 중요하지만, 한국 사람들이 영어 발음을 할 때 목표 수준에 쉽게 도달하지는 못한다. 발음 개선을 위한 노력을 하려고 해도 어떻게 해야 할지 분간이 잘 안 되고 알아차리지 못하는 경우가 많다. 이런 상황은 특히 모음 발음에서 두드러진다. 기본 8모음을 연습하면서 모음 체계를 실제적으로 이해하려고 시도하는 것은 모음 발음의 향상을 위한 기준점을 설정하는 일이다. 장모음, 단모음, 이중모음뿐만 아니라 강세와 억양에 이르기까지 체계적 방법으로 계속 연습을 해 보아야 한다.

혹시 이 책의 독자들 중에는, 발음이란 재능의 문제로서 본래부터 타고난 것이라고 생각하고 체념하는 일이 있을는지도 모르겠다. 만약 그렇게 생각한다면 그것은 막연한 추측은 될지언정 사실은 아니다. 모국어를 배울 때는 물론이고 외국어를 배울 때에 있어서도 특별한 재능을 가진 사람만이 제대로 배울 수 있는 것이 아니다. 외국어 학습의 동기가 크고 투입하는 시간이 많으면 발음도 좋아지기는 하겠지만, 무작정 언젠가는 좋아진다고 믿고 말 것이 아니라 일찍부터 발음에 대한 연습을 체계적으로 해 보고 적극적으로 반복해 보는 것이 학습 효과를 높여 준다. 세상에 무엇이든지 배우고 연습하면 안 한 것보다 낫다고 하겠지만, 발음 연습이란 막연하게 기대하기만 할 것이 아니다. 의식적으로 연습해서 개선해 나갈 필요가 있다.

발음 개선은 어려운 일이기는 하지만 '할 수 있는' 일이다. 체계적 방식으로 실제 연습을 거듭하면 금방 효과가 나지는 않더라도 시간이 갈수록 조금씩 발음이 개선될 수 있다. 이 책에서 지금까지 설명해 오면서 발음이 중요하다는 말은 많이 했지만 실제 발음 자료를 많이 예시하지는 못했다. 이 책은 발음 연습을 위한 워크북의 성격보다는 개설서로서의 목적을 우선시하므로 영어 발음 자료를 수록하지는 않았다. 일기예보 스크립트를 소리 내어 읽어 보면서 자신감 있게 발음할 수 있을 때까지 연습해 보면 어떨까? www.cnn.com/weather에서 자료를 찾아보자.

10.8. 발음은 지역에 따라 다르다.

발음은 지역에 따라 다르다. 앞에서 기본 8모음의 특성을 한국인의 발음 습관과 영어 발음의 특징을 비교하는 입장에서 이해할 수 있었다. 이것은 모음 체계의 차이를 들여다보는 것이었다. 자음과 모음 발음뿐 아니라 강세, 억양, 리듬 등에 걸쳐 낯선 발음들이 있으며, 그 중 모음 발음만 하더라도 영어 발음을 하는 데에 있어 상당히 중요한 구실을 한다. 모음 체계는 모국어 습득의 초기 단계에서부터 머릿속 기억에 담아 두는 것이다. 모음 체계의 차이는 서로 다른 두 언어 사이에서는 물론이고 한 언어 내의 서로 다른 두 방언 사이에도 있다. 자음, 모음, 초분절음 모두에 걸쳐 방언 차이가 나타나지만 특히 모음의 발음 차이는 그 역할이 중요하다.

한국 사람이 영어의 여러 방언들의 발음 차이를 학습하려고 하면 대부분 학습자들은 이것을 무척이나 힘든 일로 받아들인다. 표준화된 발음 하나만 정해진 대로 배워서 좋은 발음으로 말하면 될 터인데, 그에 더해 방언 발음에도 신경을 쓰는 것은 괜한 헛수고라는 생각이 들 수도 있다. 그렇지만 영어의 방언 발음들의 특징 몇 가지에 관해 조금씩 들여다보는 것은 발음 학습에 도움이 될 수 있다.

미국의 방언을 지역에 따라 크게 구획하면 동부 방언, 남부 방언, 일반 미국영어(GA)의 세 가지로 나눈다. GA는 미국 중서부를 중심으로 미국 전역에서 사용되는 방언으로 동부의 뉴욕 방언이나 남부의 텍사스 방언과는 차이를 가진다. 한국인이 영어를 배울 때 가장 친숙하게 접하기를 원하는 발음은 아무래도 GA를 기준으로 삼는다. 한편 영국의 표준발음인 '허용되는 발음'(Received Pronunciation; 약어로 RP)은 영국 내에서 특권적 발음으로 받아들여졌을 뿐 아니라, 20세기에 외국어로서 영국영어를 배우는 사람들에게도 학습 기준으로 제시되었다. 하지만 21세기 요즈음 시대에 RP는 예전만큼 든든한 위상을 확보하지는 못하고 있다. GA와 RP의 발음 차이에 관해 다음 예를 들 수 있다.

단어 예	RP	GA 발음
palm	/ɑ:/	/ɑ/
caught	/ɔ:/	/ɔ:/
cot	/ɒ/	/ɑ/
coffee	/ɒ/	/ɔ:/

RP는 GA 발음에 비해 상대적으로 5번 기본모음을 발음할 때 혀가 뒤로 물러나는 경향이 있다. 즉, 영국영어에서는 조음점이 후설과 연구개 뒤쪽 방향으로 더 물러나서 발음된다. 그리고 말하는 속도에 있어서는 RP가 GA 발음보다 약간 빠르게 진행되는 느낌을 준다.

10.9. 정확한 발음을 배워야 하는가

발음이란 정확하고, 품위 있고, 듣기 좋아야 한다는 점에 대해 우리는 고개를 끄덕인다. 영어 발음을 정확하게 배우면 좋기는 하겠지만 구체적으로 무엇을 위해 영어 발음을 힘들여 배우는가? 정확한 외국어 발음은 쉽게 성취할 수 있는 것은 아니다. 정확한 발음을 구사하지 않더라도 의사소통 능력이 좋으면 그것만으로도 일단 안심할 수 있으므로 발음은 그 다음 순위의 문제가 아닐까? 외국어로서 영어를 배워서 사용하는 사람은 반드시 영어 모국어 사용자와 똑같은 발음을 구사하기는 어렵다. 서구인들의 귀로 듣기에 한국인을 포함해 아시아 이민자들과 유학생들이 사용하는 영어는 '외래 말투'(foreign accent)로 들린다.

영어 학습자는 자신의 발음 중에서 지속적으로 오류를 보이는 부분들을 알아차리고 수정하기 위한 시도를 한다. 그러나 영어를 구사하는 능력 전반에 걸쳐 부족함이 있는 바에는 발음 한 가지만 빼어나게 잘한다는 것도 쉽지 않은 일이다.

발음 학습의 시기와 집중도에 관해 학자들 사이에도 견해 차이가 있다. 다른 견해 하나를 소개해 보겠다. 발음이 중요하다고는 하지만 필요 이상으로 지나치게 발음에 매달리는 것은 비효율적이라고 보는 견해가 있다. 외국어 발음이란 해당 외국어에 직접 노출되는 환경에서 살다가 보면 저절로 좋아지기도 하므로, 일부러 연습하는 게 힘만 많이 들고 그 노력에 비해 실제 성취도에 있어 별로 도움이 되지 않는다고 보는 견해이다. 이 견해에 의하면, 외국어 실력이 전반적으로 골고루 향상되면 발음 수준도 점차로 좋아질 것이므로 발음 오류에 대해 너무 미리부터 걱정하고 겁먹을 필요는 없다는 것이다. 이에 관해 영국의 응용언어학자 위도슨(Widdowson) 교수의 말을 들어보면 안도감을 느껴볼 만하다. 그 분의 견해로는, 원어민과 똑같은 수준으로 발음할 수 있도록 만들기 위해 너무 힘들게 가르치고 배우는 것은 시간낭비이며 그보다 더 중요한 것은 의사소통능력을 전체적으로 균형 있게 높여 나가는 것이라고 한다. 그러므로 말하기, 읽기, 쓰기, 듣기 등에 걸쳐 골고루 배우고 구사력을 키워 나가야 한다는 점을 위도슨 교수는 강조했다.

이런 견해가 있다는 정도로 언급해 두기 위해 여기에 소개해 보았다. 외국어 발음 잘하면 참 좋을 터인데 뜻대로 되지 않으면 아쉽다. 그래도 이런 상태에 대해 한숨만 쉬고 말 일은 아니다. 학습 성취도에 있어 외국어 발음이 아주 좋은 상태에서 자리 잡지 못하더라도 의사소통능력에 있어 외국어를 잘 구사할 수 있다면 이것이야말로 매우 다행스러울 뿐만 아니라 현실적으로 자연스러운 일이기도 하다.

외국어 발음만 문제 되는 게 아니다. 모국어 발음도 정확하고 교양 있는 말투로 들릴 수 있도록 관심을 기울여야 한다. 한국어에는 표준발음이 있다. 그것을 의식적으로 연습해 보는 노력이 필요하다. 예를 들면, 표준말 한국어에서 모음의 장단을 구별하는 것은 대단히 중요하다. 한국인으로 한국 땅에서 살아가면서 표준어 발음의 우선성을 일부러 인정하지 않으려고 할 때가 있다. 어느 지역 방언이든지간에 그 지역 말씨를 있는 그대로 재현하는 것은 가치를 갖는다. 그런데 한 걸음 더 나아가, 말씨 차이라는 것은 방언의 영향이므로 어쩔 수 없이 필연적인 것이고 그게 전부라는 태도가 성립할 수 있다. 그러나 그것은 주관적 태도이다. 어찌 되었거나 표준발음이란 한국 사회에서 실제로 존재하며 어문 정책에 있어 대표성을 갖는다. 한국어 표준발음에 부합하는 발음을 사용하는 것이 더 반듯하고 단아한 말투가 아닐까?

사람들은 자기 자신이 사용하는 말씨에 대해서는 너그럽게 생각하는 경향이 있다. 자신이 사용하는 말의 발음이 비록 완전하게 표준발음이 아니라 하더라도 표준발음에 가까운 것으로 생각하고 싶어 한다. 태어나서 직접 겪은 환경을 통해 익숙해진 말씨는 당연한 것에 비해, 다른 지역 방언 사용자의 말투는 알아듣기 힘들거나 부담스럽고 심지어 우스꽝스럽다고 생각한다.

외국어를 배울 때, 특히 영어를 배울 때에 영어 사용권에서 대표성이 떨어지는 지역 방언의 발음을 배우는 것은 (혹은 배우고 있음을 알아차리는 것은) 썩 내키는 일이 아니다. 영어권 변방의 학습자가 학습 기준점을 역시 변방 영어에서 찾는다니! 이런 생각을 하는 한에서 그러하다. 이왕이면 영어 사용권의 중심 지역에서 사용되는 발음을 배우는 것에 비중을 두려고 한다. 꼭 그래야 하는 이유를 군이 납득하지 않더라도 그냥 직감적으로 그래야 할 것으로 인식하기도 한다. 지역 간 발음 차이에 대해 얼마만큼 허용적 태도로 수용하는가 하는 문제에는 사회 집단의 가치가 반영된다.

한국 사람이 영어를 학습하면서 정확한 발음을 배운다는 것은 두 가지 의미를 지닌다. 첫 번째 의미로, 한국어 발음 습관에 기대어 영어 발음과는 거리가 먼 오류 발음을 사용하는 것에서 벗어나 의사소통에 걸림돌이 되지 않을 정도로 발음수준을 확보하는 것이다. 두 번째 의미는, 영어 발음에도 지역 차이가 있으므로 그 중에 대표성이 있는 발음을 배우는 것이다. 영어 발음을 배우려면 아무래도 미국영어 발음을 배우는 게 더 유익하다고 생각하는 경우가 일반적이다. 이런 생각이 맞고 틀림을 떠나 학습자 입장에서 미국영어 발음을 배우려는 것은 대표성 있는 발음을 배우고 싶다는 의욕을 표시하는 것이다. 아무튼 정확한 발음을 배운 다는 것은 이상 두 가지 의미 중에서 첫 번째 의미로 우선 이해된다.

예전부터 쉽게 고치지 못했던 발음 오류가 왜 발생하는지를 이해하고 제대로된 발음을 배우기 위해 지속적으로 연습해 보는 것은 유익한 작업이다. 외국어구사 능력에 있어 청취력이 좋은 사람은 대화 능력 향상도 상대적으로 더 빨리이루어지는 것으로 관찰된다. 메시지를 잘 알아듣는 능력에는 말소리를 잘 분별해 내는 능력도 물론 포함된다.

〈참고문헌〉

이현복. 1989. 「한국어의 표준발음」, 교육과학사.

이호영. 1996. 「국어음성학」, 태학사.

Celce-Murcia, Marianne, Donna M. Brinton and Janet M. Goodwin. 1996. *Teaching Pronunciation: A Reference for Teachers of English to Speakers of Other Languages* (10th edition), Cambridge: Cambridge University Press.

Collins, Beverley and Inger M. Mees. 2003. *Practical Phonetics and Phonology: A Resource Book for Students*, New York: Routledge.

Finegan, Edward. 2004. *Language: Its Structure and Use* (4th edition), Boston: Thomson Wadsworth.

Hewings, Martin. 2004. *Pronunciation Practice Activities,* Cambridge: Cambridge University Press.

Jeffries, Lesley. 2006. *Discovering Language: The Structure of Modern English*, New York: Palgrave Macmillan.

Ladefoged, Peter. 1982. *A Course in Phonetics* (2nd edition), New York: Harcourt Brace Jovanovich.

Ladefoged, Peter. 2005. *Vowels and Consonants: An Introduction to the Sounds of Languages* (2nd edition), Malden: Blackwell Pub.

11장

말소리 연속체: 경계를 넘어서는 말소리

11.1. 편리한 허구와 음성적 사실

자음과 모음은 제각각 독립된 하나의 분절음이다. 발음 현상을 설명하려고 할 때 분절음 경계를 나누어 준다. 예를 들어 'in this month' [ɪn ðɪs mʌnθ]의 발음 현상을 설명하려면, 자음과 모음을 구분하는 것 이외에 단어 경계, 첫소리, 중간 소리, 끝소리에 관한 음성 정보를 고려한다.

조금 생소한 견해를 도입하는 것으로 이 장을 시작해 보고자 한다. 말소리 경계를 나누는 것은 그저 편리에 따른 허구(fiction 虛構)에 불과하다고 비판해 볼 수 있다. 그 근거는 이러하다. 음성으로 전달되는 말은 문자로 적어놓은 글과는 다르다. 글은 단어나 구절을 단위로 삼아 경계 구분이 되어 있지만 '말'은 경계 구분이 분명하지 않다. 문자로 글을 적으려면 글의 경계를 띄어쓰기로 끊어 주는 것에 비해, 말을 할 때에는 음성이 끊어짐 없이 이어진다. 단어와 단어 사이 휴지 부(pause)를 모든 순간마다 짧게 비워 가며 말을 하는 사람은 없다. 그저 가능한 대로 재빠르게 말할 뿐이다. 발언의 일부에서만 식별 가능한 휴지부를 둘 뿐이 며, 모든 단어 경계마다 똑같이 휴지부를 두는 것은 아니다. 사람들의 실제 말소 리는 개별 단어 혹은 어절 사이의 경계를 두지 않고 빈틈없이 연속적으로 발음을 한다. 이런 측면에서 보면, 말소리 경계를 구별하는 것은 음성 연구를 위한 편의 에 따라 결정되는 허구일 수 있다.

그러나 이상에서 언급한 '허구' 개념은 다시 번복될 필요가 있다. 왜냐하면 그 것은 부분적으로 허구는 될지언정 모든 경우에 다 허구인 것이 아니기 때문이다. 사람들이 말소리 연속체를 들었을 때 분절음 단위로 끊어서 이해하는 데에는 말 의 뜻이 작용한다. 사람들은 누구나 다 머릿속 사전을 보유하기 때문에 말소리 연속체를 의미 단위로 끊어서 청취한다. 사람들의 머릿속에는 낱낱의 말소리들이 기억되어 있기 때문에 이 소리들을 조합해서 연속적으로 말을 이어간다. 다른 사람의 말을 알아듣고 이해하는 데에 있어서도 이미 머릿속에 내재되어 있는 개별 소리 값에 견주어서 음성을 인식한다. 비록 말소리 연쇄체가 경계도 없다시피 시간 간격이 끊어지지 않고 진행될지라도 이것은 어디까지나 물리적 현상이 그러하다는 것일 뿐이다. 하지만 사람이 귀로 청취해서 말뜻을 이해하는 상태에 있어서까지 그런 것은 아니다.

사람이 의사소통의 단위로 말을 하고 알아듣는 데에는 의사소통 행위자로서의 판단이 작용한다. 말을 전해 듣는 청자의 입장에서는 말소리의 경계를 고려해서 말뜻을 알아듣는다. 그러므로 분절음 경계를 의식한다는 것은 허구와 사실이 결합된 팩션(faction; fact + fiction)에 가깝다. 즉 말소리에 대한 설명은 음성적 사실과 음성적 허구가 절충되어 이루어진다.

자음과 모음의 음성학에 더해, 말소리가 연속해서 나타날 때 인접한 소리들 사이에 발생하는 말소리 현상에 관해 약간 알아보자. 특히 중요하게 살펴볼 현상으로 말소리의 길이, 크기, 높이 등이 있다. 이를 통해 말소리 연쇄체에서 음성적으로 중요한 사실이 무엇인지에 관해 소개할 것이다. 우선 다음 절에서는 동화 현상에 관해 간략하게 알아보고 뒤이은 절에서 음장, 강세, 억양에 대해 살펴보기로 하자.

11.2. 동화 현상: 인접한 소리들

말소리 연쇄에서 인접한 소리들 간에는 서로 영향을 주고받는 동화 현상이 빈번하게 발생한다. 동화는 발음의 편리성에서 비롯된다. 자연스럽게 진행하는 일상 발언에서 말의 속도에 의해 동화가 일어난다. 동화 현상의 예로 '이중 조음'이란 것이 있다. 구강 내에서 조음 위치가 두 군데 형성되는 경우를 이중 조음이라고 한다.

이중 조음에 해당하는 대표적 발음 현상으로는 연구개음화, 구개음화, 원순음화 등이 있다. 이중 조음이 일어나는 자리가 연구개이면 이를 '연구개음화'라고 부르고, 경구개 자리에서 일어나면 '구개음화'라고 부른다. 혹은 입술을 둥그렇게 모으는 동작을 수반하면 '원순음화'라고 부른다. 이런 발음 현상들은 일차적으로 주된 발음 동작이 일어나는 자리가 본래부터 정해져 있는 것 이외에 2차적인 조음 위치가 추가되어 나타난다. 아래 그림을 이용해 조음 위치를 돌아보자. ①~⑤로 표시된 조음 위치에 따라 구분하면, ① = 원순음화, ② = 경구개음화, ③ = 연구개음화, ④ = 비음화, ⑤ = 성문음화

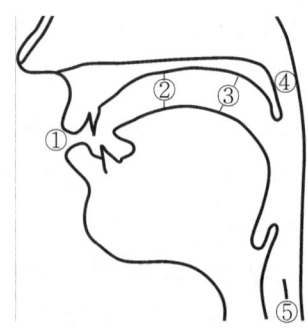

예를 들어 전이음 [w]를 발음하려면 반모음으로서 입술 원순성과 연구개-후설 접근을 동시에 필요로 한다. 이것은 원순음화와 연구개음화를 동시에 수반한다. 구강 내부에서 후설을 연구개 방향으로 상승 시키면 그와 함께 입술을 둥그렇게 만드는 것이 생리적으로 수월하다. 이것을 '생리적 자연성'이라고 한다. 사람의 구강 내에서 구강의 앞부분을 사용해서 말을 할 때에는 입술을 평평하게 하는 것이 생리적으로 수월한 조음 동작인 것에 비해, 구강의 뒷부분을 사용할 때에는 입술을 둥그렇게 만드는 것이 수월하다.

입술을 둥그렇게 하는 동작이 추가되는 것을 원순음화라고 한다. 원순음화의 예를 들어보자. 'language'는 발음이 은근히 까다로운 편에 든다. 발음기호 [læŋ.gwɪ.ʤ](랭귀지)에서 음절 [귀] 부분을 [gwɪ]로 표시하거나, 혹은 [læŋ.gʷɪ.ʤ]의 [gʷɪ]로 표시한다. [g]에 이중모음 [wɪ]가 이어져 나타나기보다는 연구개 자음 [g]에 이차조음으로 원순성 [w]가 얹힌 것으로 볼 수 있다. [gwɪ]와 [gʷɪ], 이 두 가지 중에 어느 쪽인지는 발언 속도에 따라 결정된다. 예를 하나 더 들면, ubiquitous는 [juːˈbɪk.wɪ.təs](유비쿼터스)에서 [k.wɪ]는 자연스러운 발화에서 보

통 [kʷɪ]로 나타난다. 입술을 둥글리는 원순음화 동작을 [kʷ]로 취했다가 입술이 평평하게 펴지는 단계로 진행한다.

한편, 구개음화가 동화 현상으로 나타나는 일이 있다. 다음 예에서 보듯이, 영어에서 [s, z, t, d]가 단어 경계를 사이에 두고 다음 단어 첫소리에 무강세음으로 연결될 때 단어 경계 사이에 구개음 [j]가 개입해 들어가고 그 결과로 구개음화된 자음 [ʃ, ʒ, ʧ, ʤ]가 나타난다.

[s] + [j] → [ʃ] Pass your card. [패 **슈**어 카드]
[z] + [j] → [ʒ] Where's your bike? [웨얼 **쥬**어 바이크]
[t] + [j] → [ʧ] Why don't you get it? [와이 돈 **츄** 겐 잍]
[d] + [j] → [ʤ] Why did you go there? [와이 딛 **쥬** 고 데어]

입천장 뒤쪽에서 일어나는 연구개음화 예로 [ł] 발음을 들 수 있다. 'feel, milk' 등에서 나타나는 '어두운 [엘]'의 발음은 연구개음화 동화 현상이다. [l]은 설측 접근음으로서 조음 위치가 혀끝과 설측면 그리고 치경 부위인 것에 비해, '어두운 [엘]'은 후설과 연구개 사이의 조음 위치를 추가적으로 수반한다.

구개음화의 대표적인 예는 한국어에도 있다. 우리는 국어 수업 시간에 [ㄷ, ㅌ]가 전설모음 앞에서 [ㅈ, ㅊ]로 변한다는 공식을 배운 적이 있다. '굳이'가 [구지]로 발음되고, '같이'가 [가치]로 발음되는 것이 그 예이다. 전설모음을 발음할 때에 전설이 입천장을 향해 가장 근접하는 부분은 바로 경구개이기 때문에 전설모음 바로 앞에 있는 자음도 (뒤이은 전설모음과 마찬가지로) 경구개음 위치로 끌려간다. 간단히 말해, 어떤 자음을 발음할 때 동화의 결과로서 조음 위치가 경구개 이외로부터 경구개로 옮겨가는 것이 구개음화이다.

북한 평안도 방언에서는 구개음화를 겪지 않았기 때문에 '정거장'을 '덩거장'으로 발음한다. 또한 한반도 여러 곳의 방언에서, '기름'을 '지름'이라고 하고, "밥을 잘 먹어야 힘을 쓴다."는 말을 "밥을 잘 무으야 심을 쓴다."고 말하는 (즉 '힘'을 '심'으로 말하는) 경우도 역시 구개음화 예이다. 한반도에서 구개음화는 중세 이후 17 ~ 18세기 무렵에 평안도 일원을 제외하고 전국적으로 일어난 현상이었다. 그래서 구개음화 한 가지만 살펴보더라도 한국 방언의 큰 특징을 알아본 것이라고 말할 정도인데, 음성학 관점에서 보면 구개음화는 동화 현상의 일종이다. 그 밖에도 동화 현상의 또 다른 유형으로 비음화, 성문음화가 있는데, 그 예를 여기에서 소개하지는 않겠다.

11.3. 초분절음: 길이, 크기, 높이

자음과 모음은 제각각 독립된 개별음으로 나타나고 소리들 간에 경계가 나누어져 있기 때문에 '분절음'이라고 한다. 사람들이 사용하는 말소리는 분절음으로만 이루어지는 것이 아니며 분절음 위에 덧씌워지는 초분절음 말소리도 사용된다. 초분절음(supra-segmentals)이라 함은 길이, 크기, 높이 등이 분절음 위에서 실현되기 때문에 초(supra-)를 덧붙인 용어로 불린다. 실제로 말을 할 때에 똑같은 단어, 문장이라도 길이의 차이를 두어 말하고 강약의 차이, 높이의 차이를 두어 말한다. 다음과 같이 3가지로 구분한다.

(1) 길이: 장모음과 단모음
(2) 세기: 강세에서 리듬까지
(3) 높이: 피치에서 억양까지

'길이'는 장모음과 단모음의 차이로 구분한다. '세기'는 강한 소리와 약한 소리를 구분하는 강세(stress)로 나타나며 강세가 거듭되는 패턴에 따라 리듬(rhythm)을 결정한다. 리듬은 일정한 길이의 말토막에 올려지는 발음 패턴을 말하는데, 보통 강세에 의해 실현된다고 보아야 하지만 길이, 억양 등과도 상관성을 보인다. '높이'는 피치(pitch)로 불리는 단위가 분포하는 패턴에 따라 억양(intonation)으로 실현된다.

자음과 모음 분절음들에 비해 초분절음은 그 경우의 수를 한정하기 어렵다. 외국어 학습을 할 때에는 초분절음을 배워나가는 것이 어렵게 느껴진다. 초분절음을 체계적으로 배우는 데에는 각별한 노력이 필요하다. 그렇다고 해서 나중에 배우는 것으로 미루어 둘 것은 아니다. 이제부터 초분절음의 각 부류에 대해 구체적 예를 통해 알아보기로 하자.

11.4. 초분절음(1)(길이): 음장

길이의 특징을 소개하기 위해 흔히 언급되는 예를 들어보자. 우리말에서 "눈에 눈이 들어가면 눈물이 나요."라고 들으면 눈동자가 들어있는 [눈](眼), 겨울에 하얗게 내린 [눈:](雪)을 구별해서 뜻을 이해한다. "밤에 밤을 먹으면 밤 맛이 나요."를 들어도 해가 진 깜깜한 [밤], 고소하게 구운 맛있는 [밤:]을 구별해서 뜻을 이해한다. 이 말에서 뜻을 구별하려면 발음에 있어서도 장모음과 단모음을 구별해야 하는 것이 원칙이다.

우리말에는 장단을 구별해야 하는 단어가 상당히 많다. 가령 [전기](電氣)와 [전:기](傳記), [상품](賞品)과 [상:품](上品)을 구별해서 말해야 한다. 국어의 어문 규정 중에, 표준 발음법을 보면 분명히 길이의 차이가 정해져 있는 단어들이 있지만, 현대 한국 사회에서는 그 차이가 상당히 희석되고 불분명해졌다. 예를 들어 [대답하다]라는 단어를 발음할 때, 젊은 세대에서는 짧게 말하는 경향이 있지만, 나이 든 세대에서는 [대:답하다]로 길게 발음하는 경향이 있다.

영어 발음에서 길고 짧음의 차이는 단어 뜻을 구별하는 데에 역할을 한다. 간단한 예로, bit — beat, 이 두 단어는 모음의 장단 차이에 의해 구별된다. 길이는 모음에 덧씌워져 나타난다. 때로는 똑같은 장모음끼리도 상대적 길이 차이가 있는 경우도 있다. beat와 bead의 발음 차이는 끝소리 자음 발음보다는 오히려 모음의 길이 차이에 의해 드러난다. beat — bead의 단어 끝 폐쇄 자음 [t]와 [d]는 '불파음'으로 실현된다. 이것은 거의 들리지 않을 정도로 아주 약하게 개방 (inaudible release) 되거나 혹은 아예 개방 자체가 되지 않는 소리이다. 이런 예에서, 청자는 끝 자음만으로 단어의 음성적 차이를 구별해서 알아듣는 것이 아니다. 그보다는 오히려 끝 자음 바로 앞에 자리한 모음의 길이 차이에 유의해서 발음하고 청취하는 것이 옳다. 다음 예를 보자.

· sit — seat — seed — see

- beat — bead — bee
- bit — bid
- bet — bed
- cart [kɑ:t] — card [kɑ:d] — car [kɑ:]
- court [kɔ:t] — cord [kɔ:d] — core [kɔ:]

이들 단어들을 발음할 때 유성 자음 앞에 사용되는 모음의 길이는 (무성 자음 앞에 모음을 발음할 때에 비해) 길어진다. 즉 좌측의 단어 모음이 우측의 단어 모음보다 더 짧게 발음된다. 유성 자음으로 끝나는 bead는 무성 자음으로 끝나는 beat보다 모음의 길이가 상대적으로 조금 더 길게 발음된다.

한편, [ɹ] 발음과 관련해서 모음 길이에 유의해야 한다. 앞서 9장 [모음의 음성학]에서 이미 언급한 바 있듯이, 장모음 발음을 지키지 않으면 어말 [ɹ]만으로는 이미 지나온 모음의 길이 부족을 되돌려 보충할 수 없다.

- [ɑ:]와 [ɑ:r]
- [ɔ:]와 [ɔ:r]

끝에 [ɹ] 발음이 있고 없음에 관계없이 두 경우 모두 모음을 길게 발음하도록 연습해 보자. 실제로 영어 단어에서 장모음이 사용되는 예는 상당히 많다. [ɹ]이 있을 때와 없을 때를 번갈아 가며 읽어보자. car, cart 단어들에 대해 [ɑ:]와 [ɑ:r]을 번갈아서 발음해 보자. court에 대해 [ɔ:]와 [ɔ:r]을 번갈아서 발음해 보자. 또한 broad [brɔ:d] — abroad [əbrɔ:d]의 발음도 연습해 보자.

우리말에도 장단 차이는 물론 있다. 표준 발음법으로 읽고 말하려면 장단 구별에 유의해야 한다. 국어의 어문 규범 중 「표준 발음법」 제 6항 규정은 이러하다. "모음의 장단을 구별하여 발음하되, 단어의 첫음절에서만 긴소리가 나타나는 것을 원칙으로 한다. 다만 합성어의 경우는 둘째 음절 이하에서도 분명한 긴소리를 인정한다." 이런 발음 원칙에 부합하도록 말하는 것이 우리말의 표준발음이다. 상상해 보자. 미래 한국 사회에서 말투만으로 사람의 신분을 알 수 있을 정도로 사회 계층에 따른 언어 분화가 이루어질 수 있을까? 만약 그런 날이 온다면 미래 사회에서 품위 있는 한국 사람의 말씨는 모음의 길고 짧음을 구별해서 말하는 사람이 아닐까!

우리말의 표준 발음법에서는 말소리 길이를 규정하고 있다. 음장의 기본 원칙을 여기에 언급해 두겠다. 첫째, 단어의 첫음절에서 길게 발음하는 것을 원칙으로 하고 그 이하의 음절에서는 짧게 발음하는 것을 원칙으로 한다. 다음 예에서 '눈', '밤'의 길이를 구별해서 읽어보자.

- 눈보라 [눈ː보라] — 첫눈 [천눈]
- 밤나무 [밤ː나무] — 쌍동밤 [쌍동밤]

한편 합성어의 경우에는 둘째 음절 이하에서도 분명한 긴소리를 인정한다. 다음 예가 있다.

- 반신반의 [반ː신 바ː니]
- 선남선녀 [선ː남 선ː녀]

문학 작품 「우리들의 일그러진 영웅」, 「봄·봄」에서 한 대목을 여기에 옮겨 적어 두었으니 장단에 유의해서 연습해 보자(장음 어절에 밑줄 표시했음). KBS 음성 독본에 수록된 장음 표시를 참조했다. KBS 한국어 연구회에서 펴낸 표준발음 음성 독본 및 음성 녹음 자료는 표준발음을 연습하는 데에 좋은 길잡이가 될 수 있다.

「이문열, 우리들의 일그러진 영웅」 그때껏 서울에서 내가 보아 왔던 반장들은 하나같이 힘과는 거ː리가 멀ː었다. 집안이 넉넉하거나 운ː동을 잘 해 거기서 얻은 인기로 반장이 되는 수도 있었으나, 대ː개는 성적순으로 반장, 부ː반장이 결정되었고, 그 구실도 반장이라는 명예를 빼면 우리와 선생님 사이의 심ː부름꾼에 가까웠다. 드물게 힘까지 센ː 아이가 있어도, 그걸로 아이들을 억누르거나 부리려고 드는 법은 없ː었다. 다음 선ː거가 있을 뿐만 아니라, 아이들도 그런 걸 참아주지 않는 까닭이었다.

「김유정, 봄·봄」점순이는 뭐: 그리 썩 이:쁜 계:집애는 못: 된다. 그렇다구 또 개:떡이냐 하면 그런 것두 아니고, 꼭 내 안해가 돼:야 할 만치 그저 툽툽하게 생긴 얼굴이다. 나보다 십 년이 아래니까 올해 열여섯인데, 몸은 남보다 두: 살이나 덜: 자랐다.

11.5. 초분절음(2)(크기): 강세

세기의 차이를 두어, 강하게 발음하는 소리와 약하게 발음하는 소리가 있다. 강세(stress)라는 용어는 강한 소리를 발음하기 위해 사용되는 초분절음을 뜻한다. 발음할 때 구강에서 분출되는 기류가 더 강하고, 더 크게 실현되면 강세를 지닌 것이다. [세기]란 [강세]와 거의 동의어인데, 이 두 용어의 뜻은 미세하게 차이가 있을 뿐이다. [세기]는 그저 말소리의 물리적 특성을 뜻하기 위해 사용되는 간편한 용어이며, [강세]는 음절 단위로 실현된다. 즉 세기가 강세보다 더 넓은 개념이다.

음성학 연구자들은 언어마다 [강세]가 말의 속도에 주는 영향에 대해 두 가지 유형을 아래처럼 구분하였다.

(1) 음절에 맞추어 발음하는 언어
(2) 강세에 맞추어 발음하는 언어

한국어는 (1)처럼 '음절에 맞추어'(syllable-timed) 발음 속도를 조절하는 언어이다. 영어는 (2)처럼 '강세에 맞추어'(stress-timed) 발음 간격을 조절하는 언어이다. 영어에서 강세에 맞추어 발음 속도를 조절하려면 강세 음절 사이의 간격을 비슷하게 맞춰 주어야 한다. 반면, 음절 수에 맞추어 발음 속도를 조절하려면 음절마다 할당되는 시간이 비슷하도록 맞추어 주어야 한다.

프랑스어, 스페인어, 이탈리아어, 러시아어 등은 음절 수에 맞추는 언어로 평가되어 영어와는 차이를 갖는다. 한국어는 음절 수에 맞추어 속도가 조절되는 언어로 분류된다. 간혹 음성학자들 사이에는 약간의 견해 차이가 있다. 다른 견해에 의하면, 한국어는 전적으로 '음절에 맞추어' 발음하는 언어라고만 볼 수는 없고, 비록 정도는 약할지라도 '강세에 맞추어' 발음해서 리듬을 맞추는 언어라고 보는 견해도 말해진 적이 있다.

강세의 발음 간격은 '음보' 단위로 설명할 수 있다. 강세 음절 1개를 포함하는 동안에 지속되는 발음 간격을 음보(foot)라고 부른다. 하나의 음보에는 강세 음절 1개는 물론 들어가고 무강세 음절을 1개~2개 포함하고, 때로는 3개 이상 포함한다. 하나의 음보에서 강세 음절과 강세 음절 사이에 들어가는 무강세 음절의 수가 많아지면 '음보' 길이를 일정하게 맞추기 위해 무강세 음절 한 개마다 할당되는 발음 시간을 줄여 준다. 즉, 한 개의 음보 안에 음절 수가 많을수록 무강세 음절을 더 빠르게 발음한다. 아래 예문을 보자. 강세를 동반해서 리듬이 강하게 실현되는 부분(the rhythmic beat)은 ˙ 표시로 적었다.

· Birds · catch · worms.
The · birds · catch · worms.
The · birds · catch the · worms.
The · early birds · catch the · worms.
The · early birds will have · caught the · worms.

이 예문들은 길이가 서로 다르지만 '강세에 맞추어' 발음하면 비슷한 시간 내에 읽어진다. 이처럼 길이가 다른 문장들에 대해 강세 음절의 수는 모두 3개씩 부여해서 읽는다. 길이가 다른 예문들을 모두 같은 시간 내에 읽을 수 있도록 리듬 연습을 해 보자. 단어의 수가 많아지더라도 전체 문장에서 강세 음절의 수는 영향을 별로 받지 않는다. 강세 음절과 강세 음절 사이의 간격을 비슷하게 맞추어 주는 것이 영어의 특징이다. 그러나 한국인이 한국어의 발음 습관에 영향을 받으면서 이 영어 문장을 읽게 되면 음절을 구분해 가며 또박또박 발음하려는 경향이 있으므로 음절 수, 단어 수가 가장 많은 문장을 읽는 데에 시간이 더 많이 걸린다.

영어에서 3음절 이상 단어들에는 제1강세, 제2강세를 구분한다. 강세 음절을 S로 적고 비강세 음절을 W로 적으면, [S-W-S-W-....]로 이어진다. 이런 방식으로 강약을 교차하는 것이 영어의 기본 음보이다. 다음 예를 보자.

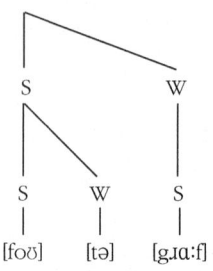

　'photograph'는 2개의 음보로 나누어지는데, 첫째 음보 'photo-'가 둘째 음보 '-graph'보다 더 강하게 발음되며, 'photo-'에서 첫째 음절 [foʊ]에 제1의 강세가 놓이고 둘째 음절 [tə]에 강세가 놓이지 않는다. 셋째 음절 [gɹɑːf]는 앞선 음보 [foʊtə]보다는 약하지만, 바로 앞에 인접한 둘째 음절 [tə]보다는 강하기 때문에 제2의 강세를 받는다.

　단어마다 강세 정보가 완전하게 고정되어 있는 것만은 아니다. 사전에 실려 있는 강세 정보만 가지고는 실제 발언의 강세 분포가 확정되지 않는다. 실제 말을 할 때 앞뒤에 나타나는 강세가 있고 없음에 따라 강세 위치가 달라질 수 있다. 대표적 현상으로, 강세의 위치를 교환하는 '강세 역전'이 일어난다. 예를 들어, 단어 'thirteen'은 [W-S]의 1음절 강세를 지니는데, 어절 'thirteen men'에서 두 개의 강세 음절이 연이어 나와 [W-S-S]가 주어지면 이로부터 강세가 역전되어 [S-W-S]로 바뀐다. 다음 그림을 보며 이해해 보자.

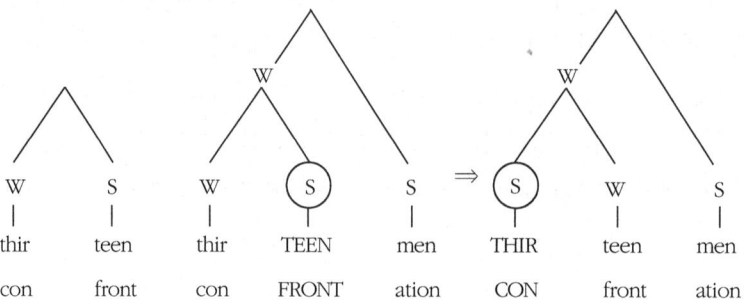

　좌측 그림의 'thirteen'에서 강세가 뒤에 나오지만, 오른쪽 그림에 나타낸 것처럼, 어절 'thirteen men'을 말할 때에는 뒤의 단어 men의 어절 강세와 충돌하는

것을 피하기 위해 'thirteen'의 강세가 앞으로 이동한다. 즉 강세 음절을 대문자로 적어보면, thir.TEEN에서 THIR.teen MEN으로 강세 위치가 이동한다. 또한 한 단어의 파생어 관계에서도 강세 이동이 일어난다. 위에 예시한 동사 con.FRONT에서 파생된 명사는 CON.front.ation으로 강세가 이동한다.

강세 역전은 구절 단위의 복합 어구 표현을 발음할 때에 흔히 일어난다. 예를 들어, academic의 발음은 [æ.kə.dɛ.mɪk]의 4개 음절 S-W-S-W, 2개 음보 W-S로 나뉘어 제1강세는 [dɛ]에 올라가고, 제2강세는 [æ]에 올라간다. 그런데 다음 (1)은 강세 역전이 일어나고 (2)는 강세 역전이 일어나지 않는다.

(1) academic banter → A.ca.de.mic banter
(2) academic advisor → a.CA.de.mic ad.VI.sor

(1)에 대한 강세 역전의 음보 구조를 그려보면 다음과 같다. 이 그림에는 대문자 S, W 그리고 소문자 s, w가 있는데 잘 보이게 하기 위해 대문자 소문자를 구별해 적은 것이다. 음보(foot) 층위의 강세에 대해서만 대문자로 표시하고 음절이나 구절 층위의 강세 정보는 소문자로 적어놓았다.

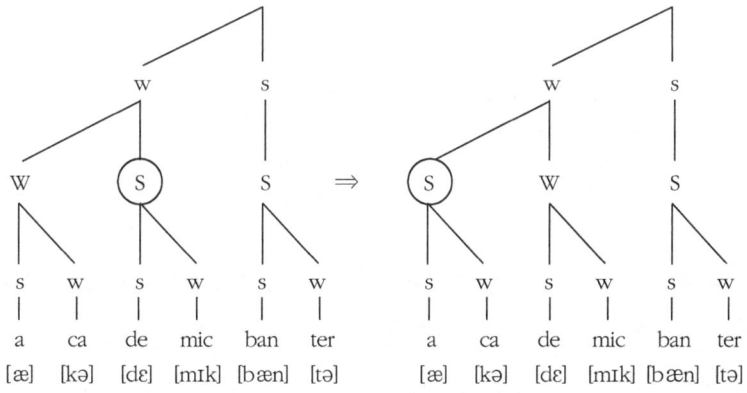

여기에서 보듯이, 영어에서는 복합 어구를 발음할 때 뒷말의 앞 음절에 제1강세가 있으면 앞말의 뒤에 있던 제2강세가 앞의 음보로 이동해 가는 예를 흔히 볼 수 있다. 다음 예도 역시 강세 이동을 보여준다.

- nice_LOO_king → a NI.ce-looking LA.dy
- arti_FI_cial → AR.ti-fi-cial IN-telligence

강세 음보는 단어 수준에서만 실현되는 것이 아니라 구절을 단위로 실현되며 더 크게는 문장을 단위로 실현된다. 영어의 리듬은 강세에 맞추어 발음 속도를 조절하여 나타나므로 강세 음절이 규칙적으로 반복되며 이에 의해 율조(律調)를 실현시켜 준다. 짧은 문장 예를 들어 보겠다. "I want a cup of coffee."를 말하면 (동사구 3개의) 음보 연쇄뿐 아니라 (그 안에 들은 6개의) 음절 연쇄 모두에 걸쳐 강세 비율을 맞추어 율조를 드러낸다. 강세를 맞추어 감에 있어 음절끼리 연음이 자연스럽게 일어나므로, 'cup of'의 발음은 [kʌp əv]보다는 [kʌ pə]에 가깝게 발음 된다. 음보 구조를 그려 보면 다음과 같다. 즉 [아이 원트 어 컵 어브 카피]라고 읽을 것이 아니라 [아이 **원**-터. **커**-퍼. **카**피]라고 발음한다.

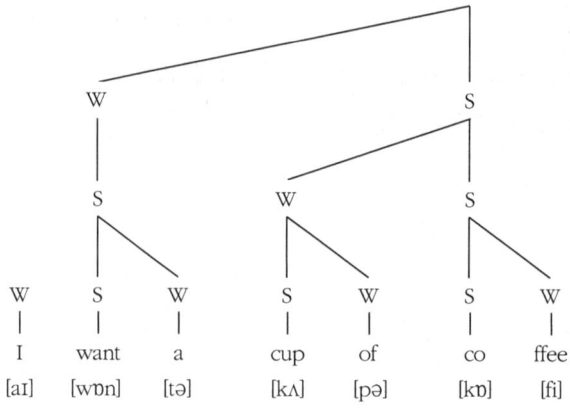

영어의 강세는, 무강세 음절 뒤에 강세 음절이 뒤따르는 것에 의해 리듬을 형성한다. 이것은 셰익스피어 시대 영어의 특징일 뿐만 아니라 현대영어의 특징이다. 하나의 단어에서 강세 음절은 음(pitch 피치) 높이를 조절하고 억양 구성 방식에도 변화를 가져온다.

한국어의 강세는 음절을 기본 단위로 삼아 나타난다. 강세는 상대적 강약의 차이에 의해 만들어지는 것이므로 S(강)-W(약) 유형이 있고, W(약)-S(강) 유형이

있다. 장모음이 있거나 받침 있는 음절에서부터 강세가 놓인다. 예를 들어 [ˈ사:
람], [ˈ굴ː뚝]으로 발음한다. 첫음절이 받침 음절이 아닌 경우에는 그 다음 음절에
강세가 놓인다. 예를 들어 [사ˈ랑], [기ˈ러기], [외ˈ마디]로 발음한다.

　길고 세게 나는 소리를 [땅], 짧고 여림으로 나는 소리를 [디]라 부르기로 하였
을 때, 3음절 이상 단어들의 리듬은 2가지 패턴으로 구분해 볼 수 있다. 이현복
(1989)에서 이름 붙인 용어가 재미있다. '땅-디-디' 리듬과 '디-땅-디' 리듬이 그것
이다. [땅]-[디]-[디] 리듬으로 발음되는 예로는 "쇠ː고기, ˈ사ː람들'이 있고, [디]-
[땅]-[디] 리듬은 '화ˈ장실, 기ˈ자실, 자ˈ전거'를 발음할 때 나타난다.

11.6. 초분절음(3)(높이): 억양과 성조

　성대 진동의 빈도에 의해 높은 소리와 낮은 소리의 차이가 생겨난다. 이처럼
소리의 높이 차이를 조절해서 나타나는 초분절적 음성 특질을 흔히 억양이라고
부른다. 어떤 사람을 두고 경상도 억양을 쓴다거나 전라도 억양을 쓴다고 말의
특징을 구분하듯이, 억양(intonation)은 일상생활에서 자주 언급되는 용어이다. 음
성학의 관점에서 볼 때, 억양이란 어떻게 실현되며 그에 관해 표시할 수 있는 방
법에는 어떤 것이 있을까? 억양은 말의 높이를 조절함에 의해 실현된다. 말의 높
이라는 것을 음성학에서는 흔히 피치(pitch)라는 용어로 부른다. 피치는 성대가
진동하는 비율에 따라 달라지는데, 단위 시간 1초에 진동하는 횟수가 많을수록
고음이 나타나고 진동 횟수가 줄어들면 그보다 낮은 피치의 음성이 나타난다.

　모든 모음은 기본적으로 성대의 진동을 수반하는 유성음이므로 성대 진동의
빈도가 변화함에 따라 높이 차이를 가져온다. 모음은 평균적으로 1초당 60번 내
외의 진동 비율로 주파수를 지니며 그래서 억양을 실현한다. 억양은 모음이 있는
곳이면 어디에서든지 나타날 수 있다. 예컨대 음절은 물론이거니와 단어이든 구
절이든 혹은 문장이든지간에 그 안에 들어있는 다수의 모음 위에 억양이 덧씌워
질 수 있다.

　사람들은 말을 하면서 상대적인 높이 차이를 느끼고 그것이 전달하는 의미 차
이를 알아차린다. 말을 하는 동안에 피치 수준을 변화시킬 수 있으니, 이런 변화

를 피치 굴곡(pitch contour)이라고 한다. 높고 낮음의 차이라는 것은 상대적이다. 연속적으로 말을 하는 과정에서 억양이 있다는 것은 인접한 두 부분이 말소리 높이에 있어 격차를 가진다는 것이다. 주어진 위치에서 더 높은 위치로 변화되면 상승조 굴곡이고, 낮은 위치로 변화되면 하강조 굴곡이고, 올라갔다가 내려가면 상승-하강조 굴곡이고, 내려가다가 올라가면 하강-상승조 굴곡이다. 높이의 차이가 변하지 않고 일정하게 유지되면 수평조이다.

억양은 구절이나 문장을 단위로 높이 차이가 규칙적으로 나타나는 패턴에 의해 표현된다. 억양을 매우 중요하게 사용하는 언어를 성조 언어(tone language)라고 분류한다. 영어는 성조 언어는 아니지만 억양 차이는 의사소통에서 중요한 역할을 담당한다. 억양이란 어떤 언어에서든지 중요한 음성적 특질이다. 억양의 중요한 기능은 태도를 표현하는 데에 있다. 억양을 갖추어 말함에 의해 발언 상황에 대한 화자의 감정을 전달하고 태도를 표현할 수 있다.

상황의 차이에 따라 말하는 사람의 감정 상태가 다르고 이를 표현하는 어투도 다르므로 이들 각각에 대해 의미의 차이를 찾아볼 수 있다. 1음절 단어(가령 'Yes')를 발음해 보려고 하면, 그에 수반될 수 있는 억양 종류는 아래에 그려본 것처럼 여러 가지로 나타날 수 있다. 의사소통의 상황에 따라 화자는 적합한 억양을 갖추어 말한다.

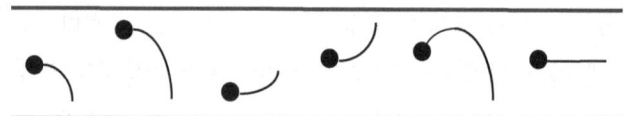

영어에서 억양 차이는 말의 뜻을 변하게 한다. 다음 예문에서 하강-상승조로 "Yes."를 말하면 의견 일치를 표시하고 상대방이 계속 말을 하도록 유도한다. 그런데 상승-하강조로 "Yes."를 말하게 되면 승인 또는 놀람의 감정을 표시해 준다.

A: Do you like my new shoes?
B: Yes. (억양 차이: ↘ ↗ 혹은 ↗ ↘)

우리말로 '네.'를 발음해 보자. "네~에, 네에?, 네에~, 네!" 등으로 말하는 데에 있어 억양이 때마다 다르게 실현된다. 이현복(1989)에서 구분한 바에 의하면, 낮 내림 억양의 '네'는 단정적 태도를 나타내고 높내림 억양의 '-네'는 관심과 활기를 나타낸다. 낮반내림 억양은 가벼운 불만, 높반내림 억양은 뚜렷한 불만, 윗내림 억양은 의문문이나 감탄문을 나타낸다. 오름억양 중에서 낮오름 억양은 가벼운 관심을 나타내고, 높오름 억양은 흥미나 관심을 나타내고, 온오름 억양은 놀람이 나 경멸을 나타낸다.

억양이 실현될 수 있는 단위는 단어에 국한하지 않는다. 더 큰 단위로서 문장 전체에 걸쳐 억양이 실현된다. 의문문은 문장 끝에서 억양을 올리고, 평서문은 억양을 내린다는 것은 지나치게 단순한 개념에 불과하다. 문장 끝 위치뿐 아니라 문장 전체에 걸쳐 빈번하게 사용되는 억양 패턴들이 있고, 이것은 일종의 리듬감 을 가지고 발음된다. 자음과 모음의 발음을 정확히 하는 것만으로는 영어 발음을 잘하기에는 턱없이 부족하다. 억양을 문장 전체에 걸쳐 어색하지 않은 리듬감으 로 발음할 수 있는 수준에 이르러야 비로소 좋은 발음을 구사하는 것이다.

문장 내에 관찰되는 억양 현상 중에 점진하강(declination) 현상이 여러 언어에 서 공통적으로 관찰되었다. 점진하강이란, 한 문장 내에 여러 개의 절이 포함되어 발화가 지속될 때 억양 설정의 기준점이 되는 음 높이가 점진적으로 하강하는 현 상을 말한다. 절 경계에서 음 높이를 재조정하더라도 발화 맨 처음의 높이보다는 다소 낮게 설정되며, 한 문장 내부에서 발화가 진행될수록 억양 높이가 계단식으 로 점진적으로 하강한다. 발화의 길이가 길수록 하강 기울기가 완만하기 때문에 발화의 길이와 관계없이 발화 끝 지점에서 음 높이는 거의 일정하게 나타난다.

중국어는 억양을 중요하게 사용하는 성조 언어이다. 예를 들면, 북경 중국어 인 '만다린어'에서는 다음처럼 4가지 성조를 구분해서 서로 다른 4개의 단어들로 구분한다. 알파벳을 이용한 발음기호인 한어병음으로 표기하면 모음 글자 위에 구별 부호를 배치해서 성조를 나타낸다.

[mā] '어머니'(媽) (1성: 높은 성조로 발음한다)
[má] '대마'(麻) (2성: 상승으로 발음한다)
[mǎ] '말'(馬) (3성: 하강-상승으로 발음한다)
[mà] '야단치다'(罵) (4성: 하강으로 발음한다)

위의 예에서 보듯이, 북경 만다린어에서는 4성의 굴곡 변화가 있다. 1성은 높고 길게 발음하고, 2성은 중간 높이에서 시작해 더 높이 올라가고, 3성은 아주 낮은 음으로 내려왔다가 다시 중간 정도 높이로 올라간다. 4성은 가장 높은 소리에서 최대한 큰 폭으로 낮게 내려온다. 4성조 이외의 음은 무성조음이다. 그밖에 중국 남부 방언인 광동어에서는 성조를 6개까지 구분한다. 동남아시아 언어 중에 태국어와 베트남어도 성조의 차이로 뜻을 구분한다.

현대 한국어는 억양이 분명하지 않다. 그래서 현대 한국어는 비성조어 (non-tone language)라고 분류된다. 그렇지만 옛날 15세기 이전까지는 성조가 중요하게 사용되었다. 현대 경상도 방언은 성조의 흔적을 어느 정도 간직하고 있다. 15세기 이전 옛날 말에서 중요하게 작용하던 성조를 미약하게나마 흔적으로 물려받았기 때문이다. 표준어 사용자의 귀에는 대구, 부산, 마산 등지의 경상남북도 사람들의 말투가 특색 있게 들린다. 경상도 방언의 억양이 주는 느낌이 표준어의 경우와는 다르기 때문이다. 흔히 하는 농담으로, "가~가 가~가?"와 "가~가 가가~가?"라는 두 말을 발음하려면 경남 방언 특유의 억양을 가지고 리듬감 있게 말해야 어울린다. (뜻풀이: "가가 가가?" = 그 아이가 바로 그 애냐?, "가가 가가 가?" = 그 아이가 가 씨 성을 가졌느냐?)

사람의 귀는 높이 차이를 길이 차이보다 더 뚜렷하게 알아차린다. 그렇기 때문에 길이 차이보다는 높이 차이를 지닌 방언을 특징 있는 말투로 느끼기 마련이다. 서울말 중심의 표준어는 억양 굴곡이 없이 대체로 밋밋한 느낌을 주는 평탄한 억양이 주로 사용된다. 가령 [말]이라고 발음되는 3개의 단어인 말(言語), 말(馬), 말(斗) 등에 대해 서울말에서는 길이 차이는 있지만 억양 차이로는 구별하지 못한다. 그러나 경상도 말투로는 말(言語)은 낮은 높이, 말(斗)은 중간 높이, 말(馬)은 높은 높이로 발음한다.

억양을 실현시키는 가장 주된 음성적 특질은 높이의 상대적 차이가 말토막에 실리는 것이다. 높이에 더해 강세, 길이, 리듬, 말하는 속도가 개입한다. 억양의 패턴은 언어마다 차이가 있기 때문에, 새로운 외국어를 학습하려면 억양에 대해 익숙해지는 데에 상당히 많은 노력을 기울여야 한다.

11.7. 음향음성학(1): 말소리의 물리적 특성

음성학은 3개의 하위 분야로 구분된다: (i) 조음음성학, (ii) 청취음성학, (iii) 음향음성학. 이 중에서 조음음성학은 사람이 말소리를 산출하는 과정을 다루는 것으로 지금까지 우리가 살펴보았던 지식들을 기본으로 삼는다. 청취음성학은 말소리가 사람 귀에 들어와 수용되는 과정에 대해 연구하는 것이다.

음향음성학(acoustic phonetics)에서는 기계를 사용해서 사람의 말소리를 녹취하고 그 특성을 분석해서 말소리 현상과 원리를 연구한다. 전통적으로 언어학 연구에서는 말소리에 대해 조음음성학에 치중해 왔으나 컴퓨터 기술이 발전하기 시작한 이래로 음향음성학에 있어서도 발전을 가져왔다. 조음음성학(articulatory phonetics)은 훈련된 음성학 학습자의 주관적 판단에 의존하는 것이었다. 이에 비해 음향음성학은 음성분석기를 사용해 말소리를 객관적으로 기록하고 분석하며 그 결과를 비교해서 판별하는 작업에 기반을 둔다. 음향음성학은 실험음성학(experimental phonetics)과 동의어이다. 디지털 시대에는 음성 실험실 혹은 개인 연구실에서 디지털 음향 기계에 의한 말소리 분석이 이루어지고 있다.

말소리가 공기의 파동을 통해 전달되는 과정에 있어서는 물리적 현상으로서의 특징을 갖는다. 말소리는 사람의 조음 기관을 사용해서 신체 내부의 메커니즘에 따라 발생하고 지각되지만, 그것이 공기의 파동을 통해 전달되는 과정에 있어서는 물리적 현상으로서의 특징을 갖는다. 즉 말소리는 인간의 심리적, 내면적 과정이기는 하지만 그와 동시에 소리의 물리적 특성에 있어서도 절대적, 상대적 계수로 측정될 수 있다.

우리는 이 책에서 물리적 현상으로서 말소리의 기본 특성에 관해 간단한 개념을 살펴보는 정도에 그치기로 하겠다. 이를 위해 파형, 스펙트럼, 스펙트로그램 3가지를 비교해서 알아보기로 하자.

어느 멋진 날에 산 위에 올라가 마음껏 소리치는 장면을 떠올려 보자. 내지르는 소리의 에너지 크기에 따라 소리의 파형(wave form)을 원 모양으로 그릴 수 있다. 소리는 공기 매질을 통해 전파되는 파동이다. 소리의 크기가 늘어나면 이에 수반되는 에너지의 크기에 따라 소리가 전파되어 도달하는 거리가 늘어난다. 이것을 아래처럼 원의 직경 차이로 표시할 수 있다. 큰 소리는 큰 원으로 그려지고 작은 소리는 작은 원으로 그려진다.

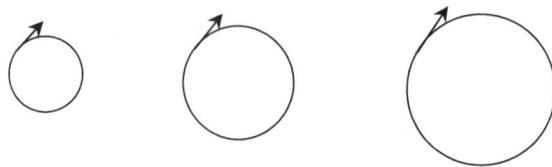

　소리의 크기가 일정하게 들려오는 경우가 있다고 가정해 보자. 아래 그림과 같이 3차원 공간에서 살펴보자. 단지 평면 위에 원으로 그리는 데에 그치고 말 것을 비스듬하게 틀어서 보면 코일 모양으로 궤도를 일구어 회전하는 모양이다.

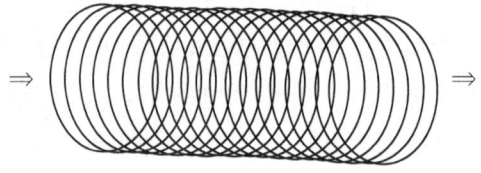

　소리의 파장이 단순히 한 개의 원으로 끝나지 않고 원통의 코일 모양으로 그려질 수 있는 이유는 바로 '시간' 때문이다. 사람이 발음하는 말소리이든, 자연 속의 그 어떤 종류의 소리이든지 간에, 어떤 소리가 처음에 도입되는 단계에서부터 근접 공간으로 전달되기 위해서는 공기 중에 파동을 일으키며 그동안에 시간이 경과한다.

　이상에서 보듯이 코일 모양으로 돌아가는 궤도는 소리 에너지의 범위를 드러내 보여준다. 그런데 이 그림은 시간을 동일한 간격으로 펼쳐 보인 것은 아니다. 시간 간격을 고르게 펼쳐 보이면 코일 모양이 아니라 사인파(sine wave) 모양으로 표시된다. 다음 그림을 보자(Johnson 2003에서).

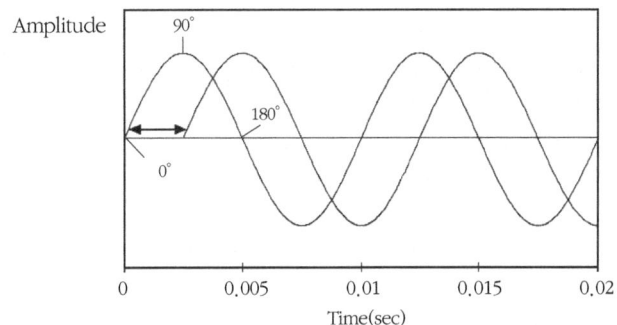

하나의 사인파 곡선의 주기가 시작되는 위치는 단위 시간이 경과함에 의해 정해진다. 소리의 물리적 특성은 일정한 주기를 갖는 진폭과 주파수의 조합으로 정의된다. x 축을 시간의 축으로 설정했을 때, 위의 그림에서 보듯이 시간의 경과에 따라 사인파 곡선의 궤적을 그리며 파형이 움직인다. 사인파 곡선의 형태는 진폭(amplitude) 및 주파수(frequency) 변수들에 의해 결정된다.

사람의 말소리는 사인파음(sine-wave speech)의 특성을 내재한다. 두뇌에서 음성을 지각하려면 소리들 사이에서 유사성의 단서를 감지한다. 사람의 귀는 익숙한 소리에 대해 더 잘 알아듣는 경향이 있다. 복잡하고 소음이 많은 장면에서 이야기를 할 때에도 음성을 식별할 수 있는 것은 사람의 귀가 말소리를 선별해서 듣기 때문이다. 봄날에 동물원에 놀러 갔다가 커다란 잉꼬 모양의 '구관조' 새가 사람 목소리를 흉내 내는 것을 본 적이 있는가? 새가 사람 목소리를 낸다니? 음향음성학적으로 알고 보면, 구관조 새는 기관지 밸브를 쉽게 조절해서 사인파형의 물리적 특성을 지닌 소리를 만들어 낸다. 한편 동물의 음성을 연구해 본 결과에 따르면 코끼리나 흰수염 고래는 아주 낮은 주파수의 목소리를 내는데 그것은 사람의 귀로는 알아듣기 어려운 정도이다. 몸집이 큰 동물은 주파수가 낮으면서 깊은 음역대의 소리를 내는 것으로 알려져 있다.

사람의 말소리는 단순한 사인파가 아니라 복잡한 사인파이다. 다음 그림에서 보듯이 서로 다른 여러 가지 종류의 사인파가 합성되어 개별적인 말소리를 이룬다. 낱낱의 사인파는 그 자체로는 일정한 주기가 규칙적으로 반복되는데, 진폭이나 주파수의 차이로 인해 서로 다른 곡선으로 구별된다. 아래 그림을 보자(그림: Rossing 외 2001, p138).

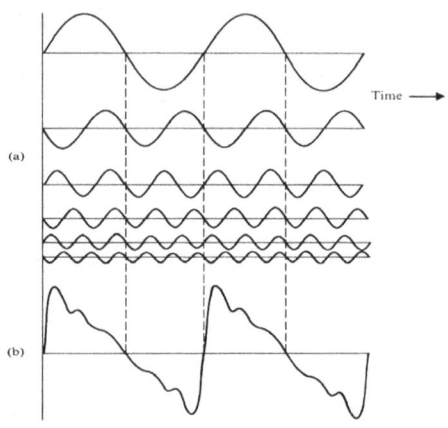

　가장 위의 사인파로부터 주기(cycle)를 2배, 3배, 4배 순서로 늘이고, 진폭을 2 분의 1로 줄이고 다시 3분의 1로 줄이는 순서를 취해서 여러 개의 사인파가 밑으로 주어져 있다. 이러한 여러 개 사인파 곡선을 모두 합해 주면 가장 밑에 있는 복합 사인파가 구성된다. 사람의 말소리를 녹음해서 저장하고 음향 분석기로 쪼개어 보면 여러 개의 사인파가 얽혀 있는 복합 파형임을 확인할 수 있다.

　사람의 목소리가 그저 단순한 소음과 구별되는 이유는 말소리마다 제각각 여러 가지 주파수와 진폭이 혼합되어 있기 때문이다. 풍부한 성량의 음색을 지닌 사람의 말소리에는 주파수의 다양함이 확보되어 있다. 사람의 말소리는 각 주파수마다 고유한 진폭을 지닌다. 주파수와 진폭, 이 두 가지 변수만으로 표시되는 음성 정보는 스펙트럼(spectrum)이다. 주파수는 x축에, 진폭은 y축에 표시한다. 다음과 같이 일직선을 사용해 주파수마다 배당되는 진폭을 좌표에 표시해 준 것을 라인(line)-스펙트럼이라고 한다.

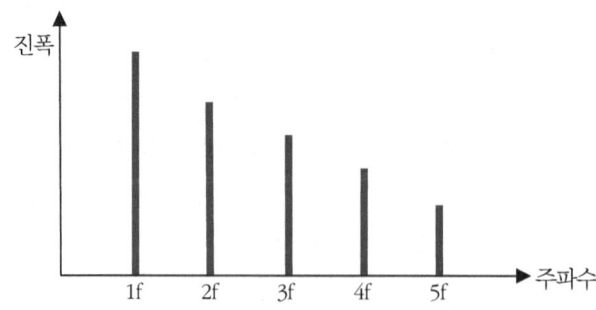

이 그림은 여러 가지 주파수마다 여러 가지 진폭이 그려져 있으므로 복합 사인파 정보를 나타낸다. 이와 달리 만약 단순 사인파가 주어진다면 딱 한 가지 주파수에 한 가지 진폭만으로 라인-스펙트럼이 그려진다.

11.8. 음향음성학(2): 스펙트로그램 음성 정보

앞서 살펴본 스펙트럼(spectrum)에서는 주파수 이외에 시간이 빠져 있다. '주파수'는 단위 시간을 정한 것일 뿐이며 매 순간마다 순차적으로 진행하는 시간을 나타내는 것은 아니다. 순차적으로 진행하는 '시간'을 변수로 포함하면 스펙트로그램(spectrogram)이 된다. 즉, 스펙트로그램을 나타낼 때에는 시간을 나타내는 x축이 추가로 포함된다. 그리고 스펙트럼에서 x축에 자리하던 주파수는 스펙트로그램에서 y축에 배치된다. 아래에 적은 메모를 기억해 두자.

- 스펙트럼: 주파수(x축), 진폭(y축)
- 스펙트로그램: 시간(x축), 주파수(y축), 진폭(음영 농도로 표시)

비유를 해 보건대, 스펙트럼이 정지된 단면 사진이라고 한다면 스펙트로그램은 단면 사진을 겹겹이 이어 붙인 동작 사진이다. 높은 곳에 올라가 도시의 전경을 굽어보며 사진을 찍을 때 바라보는 각도에 따라 모습이 변하는 것을 상상해 보라. 뉴욕 시 앞바다에서 수평 각도로 맨해튼을 바라보면 높고 낮은 빌딩들이 어깨를 맞대고 번갈아 나타난다. 그런데 헬리콥터를 타고 수직 각도로 하늘에서 맨해튼의 빌딩들을 내려다보면 높이 차이를 어떻게 알아볼 수 있을까? 높은 곳은 진한 음영으로 나타내면 된다. 2차원의 사진 위에 3차원 스펙트로그램 정보(주파수, 진폭, 시간)을 표현하려면 음영을 사용할 수 있다. 지도에서 산의 높이를 등고선 색깔 차이로 나타내는 것을 떠올려 보자. 스펙트로그램에서는 진폭 차이를 나타내기 위해 검은 색의 농도 차이로 명암을 달리해서 표시한다.

스펙트로그램에서 높은 진폭을 표시하는 음영 색깔이 일정 주기에 따라 몰려 있는 대역을 포먼트(formant)라고 하는데, 제1포먼트로부터 시작되어 각 포먼트가 띠 모양으로 분포한다. 모음의 경우 제1포먼트(F1)와 제2포먼트(F2)의 상대적 거리 차이가 중요한 기준이 된다. 기본모음들 중에서 전설모음은 F1 ~ F2 차이가 많이 나고 후설모음에서는 F1 ~ F2 차이가 적으면서 후설 고모음 쪽으로 갈수록 포먼트 평균값이 약간씩 내려가는 분포를 보인다. 아래 자료는 미국영어 기준으로 주요 모음들의 포먼트 값 보고이다(Davenport & Hannahs 2005, p62에서).

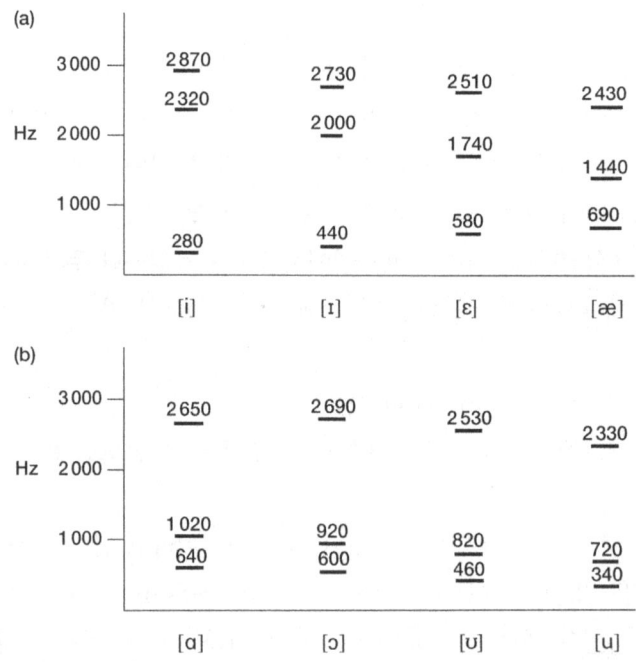

이상에서 제1포먼트와 제2포먼트의 값만을 표로 다시 적어보면 다음과 같다. 두 개의 포먼트 값 비교는 스펙트로그램에서 모음의 종류를 식별하는 데에 필요한 정보이다.

	[i]	[ɪ]	[ɛ]	[æ]	[ɑ]	[ɔ]	[ʊ]	[u]
F1	280	440	580	690	640	600	460	340
F2	2320	2000	1740	1440	1020	920	820	720

전설모음의 예를 들어 조금 더 설명해 보겠다. 아래 포먼트 기록에서 상단의 스펙트럼은 좌에서부터 각각 bead, bid, bed, bad 등에 대한 파형을 보여주고 있으며, 이로부터 변환된 스펙트로그램을 그 바로 아래쪽에 보여주고 있다 (Ladefoged 2005, p38). 이 단어들에 들어있는 모음들은 i: - ɪ - ɛ - æ 순서에 따라 모음별로 서로 다른 포먼트 형상을 보여준다.

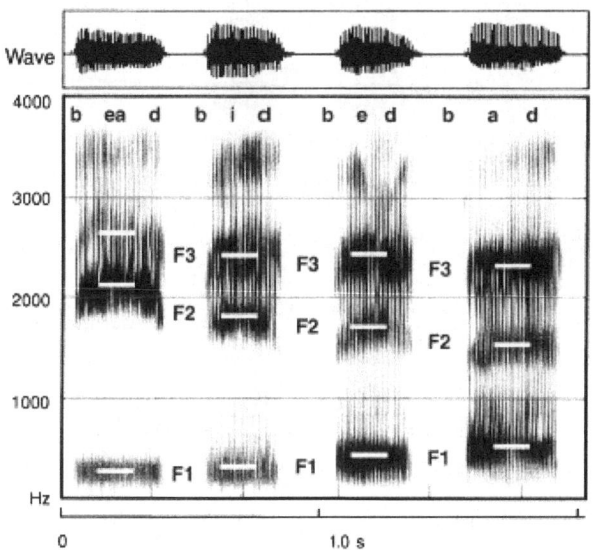

진하게 드러난 부분은 진폭이 큰 것을 나타내는데, 주파수 대역별로 제1주파수 포먼트 F1, 제2주파수 포먼트 F2, 제3주파수 포먼트 F3를 구분해서 하얀 실선으로 표시되어 있다. [biːd] ⇨ [bɪd] ⇨ [bɛd] ⇨ [bæd] 순서에 따라 고모음에서 저모음으로 갈수록, 즉 입을 개방하는 정도가 증가할수록, F1과 F2 사이 거리가 좁아진다. 여기 예에서 보듯이 모음마다 서로 다른 포먼트 형상을 지니기 때문에 F1 포먼트와 F2 포먼트는 모음의 소리 값을 판별하는 데에 매우 유의미한 단서이다.

파형을 기록하고 분석하는 데에 사용되는 음향 분석기는 음향음성학 연구에서 기본을 이루는 장비이다. 하나의 소리는, 모음이든지 자음이든지 간에, 음향 분석기를 통해 파형을 관찰할 수 있다. 파형을 스펙트로그램으로 전환해서 살펴보면 개별 소리가 제각각 특징적 파형을 보이며 그래서 다른 소리와 구별된다. 음향 분석기의 화면을 한 개 예시해 보면 다음과 같다. 이것은 프라트(Pratt) 프로그램을 이용한 것이다. 'phonetics'의 발음 [fənɛtɪks]를 입력으로 받아들여 기록하면 상단의 음파(wave form)와 이에 대응하는 스펙트로그램이 그 밑에 표시된다.

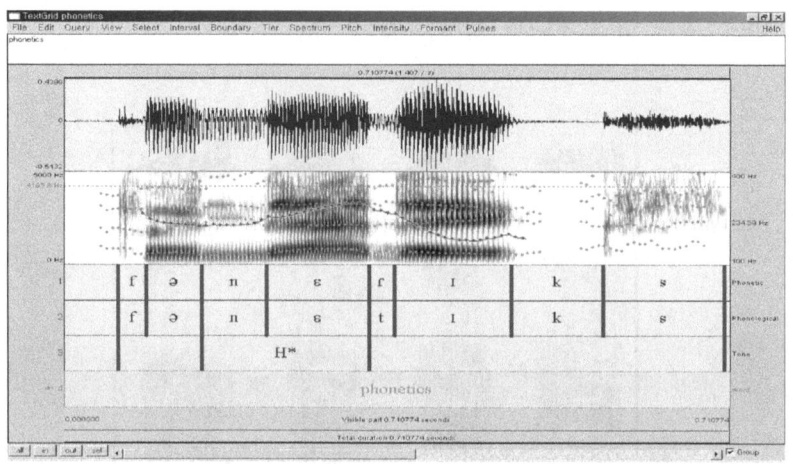

이제는 자음의 유기성에 관련하는 파형 정보를 언급해 보기로 하겠다. 타이어 (Thai)에서 예를 들어보겠다(사진과 설명: Ladefoged 2005, p138에서). [bâ:], [pâ:], [pʰâa:]로 발음되는 타이어 단어들은 각각 '열광한', '아주머니', '직물'을 뜻한다. 이들 세 단어의 발음을 녹음한 파형 사진을 보면 아래와 같다.

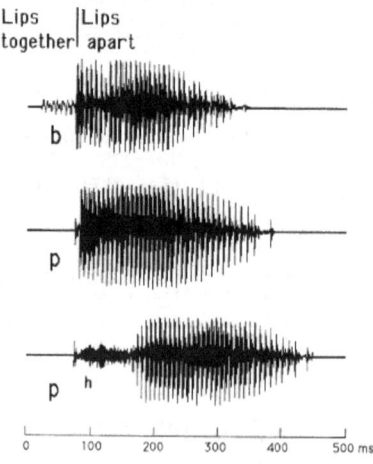

위의 파형 사진에서, 100 ms(밀리-세컨)까지 '입술이 붙어있는'(lips together) 단계에서는 유성음 [b]에 대해 성대가 미약하게 진동하고 있는 파형이 기록되지 만 무성음 [p]에 대해서는 진동 파형이 없다. 100 ms 이후 입술을 여는 단계에서 부터는 구강 내에 폐쇄되어 있던 공기가 분출됨과 동시에 모음을 발음하는 데에 수반되는 진동 파형이 기록된다. [pâ:]의 어두 무성음은 [bâ:]의 어두 유성음보다 기류 개방의 압력이 크기 때문에 파형 진폭이 약간 더 크게 표시되었다. 제일 밑 에 있는 파형은 유기음 [pʰ]에 대한 진동 파형을 보여주는데, 진동이 시작되는 위 치가 달라져 있다. [h]를 발음하는 공간만큼 늦추어 그 직후에 모음 발음이 시작 되기 때문이다. 유기음 [pʰ]에서 입술이 열리는 순간부터 모음 발음을 위한 성대 진동이 시작되기까지의 사이에, 즉 위의 그림에서 100 ~ 200 밀리-세컨(ms) 사이 에, 유기음이 입 바깥으로 밀려 나가는 순간을 나타내는 파형이 지속된다.

이상 타이어 단어에서 관찰된 파형 모양은 영어 발음과 비교해 볼 때 미세한 시차는 있지만 기본 성질은 영어와 크게 다를 바 없고 언어 보편적으로 거의 비 슷하다. 영어든지, 타이어든지, 혹은 한국어든지 간에 [유기음 + 모음]의 말소리는 먼저 기식(aspiration)이 분출되는 짧은 순간이 있고 난 이후에 모음 진동이 시작 된다.

음향 분석기는 전자 공학과 언어 공학의 발전에 의해 만들어졌는데 하드웨어 기기만이 아니라 소프트웨어에서도 범용성 있는 프로그램들이 보급되었다. 1990 년대부터 많이 사용되었던 CSL이 있고, 최근에 이르기까지 프라트(Pratt), 피시쾨 이어러(PCquirer) 등이 많이 사용되고 있는 음성분석 프로그램이다. 1990년대부 터 CSL이 많이 사용되었다. CSL은 DOS 환경에서 구동하는 프로그램인데 그보다 뒤에 나온 프로그램에 비해 사용법이 까다롭지만 분석의 정밀도가 높으며 오랜 동안 음성 실험실에서 사용하던 도구였다.

2000년대 이후 프라트를 사용하는 연구자들이 많아졌다. 프라트 프로그램은 홈페이지 주소 www.fon.hum.uva.nl에서 내려받아 사용할 수 있다. 그리고 UCLA 대학교에서 개발한 피시쾨이어러(PCquirer) 프로그램은 윈도우 환경의 음 성분석 프로그램이며 www.sciconrd.com에서 제품 정보를 찾아볼 수 있다. 아래 그림은 업그레이드 버전인 엑스-피시쾨이어러(PCquirerX)에서 녹음 입력 상태의 오디오 박스 화면이다. 스펙트로그램 사진이 화면의 아래쪽에 자리하고 있다.

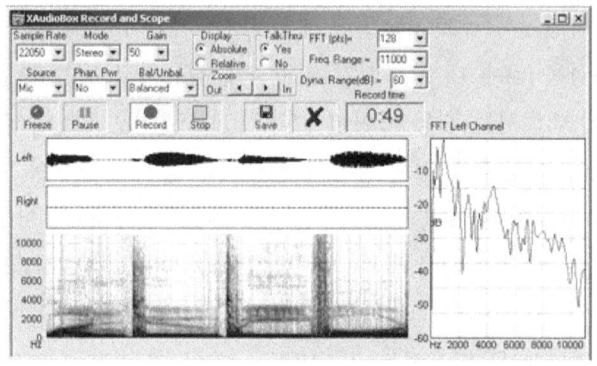

프로그램을 사용하는 방법과 매뉴얼의 수월성이 높아졌다고는 해도, 전공자 아닌 초보자가 호기심으로 시작해서 음성 프로그램 사용법을 익혀 실제 음성 분석에 활용하는 데에는 어려운 점이 많다. 음향 분석기에 대해 이 책에서의 소개는 이 정도까지만 해 두기로 하자.

사람의 말소리를 기계로 처리하는 데에는 두 가지 방향성이 있다. 하나는, 음성을 기계로 인식하는 것이고, 다른 하나는, 기계에서 음성을 생성해 내는 것이다. 전자는 음성인식(speech recognition)이고 후자는 음성합성(speech synthesis)이다. 최근에 음성변환(Text-to-Speech) 기술에 기반을 두어 상용화 되고 있는 음성합성 프로그램은 재미있고 유용하다.

인간의 언어를 컴퓨터로 처리해 보려는 노력은 한참 전부터 시작되었다. 달에 인공위성을 쏘아 올리던 시절까지 거슬러 올라간다. 인간 언어와 컴퓨터를 접합하는 시도 중에서 기계 번역기 개발에 부분적으로 성과를 거둔 것을 제외하면 지능형 언어처리 기계는 아직 출현하지 못하고 있다. 영화 「에이리언」이나 「로보캅」에서 사람과 거의 대등한 수준으로 인조인간이 말을 하며 사람에게 도움을 주는 장면이 나왔다. 실제 현실에서도 그러하다면 정말 근사한 일이 아닌가? 이처럼 발달된 언어처리 능력을 보유한 기계 모형이 아직까지 현실 세계에서는 실현되지 못하고 있다. 인간 언어에 관한 정보과학 분야에서 연구자들의 노력에도 불구하고 컴퓨터 처리 기술의 발전 속도는 더디었다. 그래도 음성처리 관련 기술은 전자공학의 한 분과로서 상대적으로 많이 발전되어 있다. 음성처리 기술을 발전시키는 노력에는 전자 기기의 수준뿐만 아니라 음성학적 지식이 있어야 함은 물론이다.

〈참고문헌〉

김상준. 2005. 「발음과 낭독」, 한국방송출판.

이현복. 1989. 「한국어의 표준발음」, 교육과학사.

KBS 한국어연구회 편. 2008. 「한국어 표준발음 바르게 읽기」, 한국방송출판.

Carr, Philip. 1999. *English Phonetics and Phonology: an Introduction*, Malden: Blackwell Pub.

Celce-Murcia, Marianne, Donna M. Brinton and Janet M. Goodwin. 2004. *Teaching Pronunciation: A Reference for Teachers of English to Speakers of Other Languages* (10th edition), Cambridge: Cambridge University Press.

Davenport, Mike and S. J. Hannahs. 2005. *Introducing Phonetics and Phonology* (2nd edition), London: Hodder Arnold.

Johnson, Keith. 2003. *Acoustic and Auditory Phonetics* (2nd edition), Malden: Blackwell Pub.

Kuiper, Koenraad and W. Scott Allan. 2004. *An Introduction to English Language: Word, Sound and Sentence*, New York: Palgrave Macmillan.

Ladefoged, Peter. 2005. *Vowels and Consonants: an Introduction to the Sounds of Languages* (2nd edition), Malden: Blackwell Pub.

Rossing, Thomas D., Richard F. Moore and Paul A. Wheeler. 2001. *The Science of Sound* (3rd edition), San Francisco: Addison Wesley Pub.

12장

말소리 체계

12.1. 음소란 무엇인가

이 장에서는 음운론(phonology) 관점에 기반을 두어 말소리가 어떻게 일정한 체계를 이루는지를 소개하려고 한다. 음운론은 전체 말소리 체계 내에서 개별 말소리의 위상을 검토하는 데에 중점을 둔다. 말소리 체계의 가장 기본을 이해하기 위해서는 무엇보다도 우선 음소(phoneme) 개념을 설명해야 한다.

한국어에는 자음과 모음의 개수가 몇 개나 있을까? 그리고 영어에서는 몇 개가 있을까? 이런 질문은 음소 목록의 개수가 몇 개나 되는지를 묻는 것이다. 영어에서 [l]과 [r]의 두 소리가 구별되는 것에 비해 한국어에서 그에 대응하는 소리가 [ㄹ] 하나이기 때문에 벌써 이것만 해도 음소의 개수에 있어 한 개 차이가 난다.

'음소'란 무엇인가? 이 질문에 대해 다음과 같이 네 가지로 나누어 음소 개념을 정의하고 예를 들어보기로 하겠다.

  (1) 음소는 마음속 소리들이다.
  (2) 음소는 겹침이 없는 소리들(의 집합)이다.
  (3) 음소는 의미 차이를 가져온다.
  (4) 음소는 일찍부터 습득된다.

괄호 표시에 대해 한 마디 언급해 두겠다. 음소는 슬래쉬 / /로 묶어 나타내며, 변이음은 괄호 [ ]로 묶어 나타낸다. /A/라고 적으면 음소 A를 나타내며, [A]라고 적으면 변이음 A를 나타낸다. 앞선 장들에서 대부분 [ ] 괄호만을 사용했는데 그 중에는 음소에 해당하는 예들이 상당히 많았다. 다만 발음 표기의 단순함을 위해 [ ] 괄호로 적었던 것이다. 그러나 원칙적으로 보면 / /와 [ ]를 구별해서 사용해야 한다.

/ /는 넓게 구분한 발음기호이며, [ ]는 더 세분해서 구분한 발음기호이다. 발음기호를 밝혀 적는 것은 음성학 용어로 전사(轉寫)라고 하는데, / /에 들어가는 기호들은 간략 전사(broad transcription)를 위한 것이고 [ ]에 들어가는 목록들은 정밀 전사(narrow transcription)를 위한 것이다. 만약 사전에서 세밀한 발음을 전사하기 위해 어려운 발음기호를 추가로 도입해 표기할 것 같으면 이것은 초보 학습자들에게는 불편하고 낯선 것이 되어 버린다. 이런 이유로 학습 사전에서는 가급적 철자 기호를 사용하는 간략 전사 방식에 의해 발음을 표시한다. 사전 표기의 [ ]는 음소 표기를 위주로 하되 중요한 변이음 표기를 절충해서 적은 것이다. 사전마다 발음기호 표기 방식에 차이가 있을 수 있지만, 발음기호 사용의 취지를 이해하면 사전마다 발음 표기법이 똑같지 않은 것에 대해 관대해질 수 있다.

12.2. 음소는 마음속 소리들이다

'음소'란 모국어 사용자의 '마음속에 있는 소리들'(sounds in the mind)이다. 음소는 사람들의 마음속에 심리적 실재성을 가진다. 사람들은 음소 수준에서 말소리의 종류를 의식한다. 음소 목록은 모국어를 배우는 과정에서 자연스럽게 체득된 것이며 개별 언어마다 음소 목록이 다르다.

어떤 나라 말이든지 그 나라 사람들이 인식하는 음소 목록은 기본적으로 일정하다. 현실적으로 한 언어 내부 방언 간에 음소 목록 차이가 있기는 하지만, 이와 같은 방언 차이를 제외하고 보면 한국인의 마음속에는 하나의 모국어가 심어져 있으므로 한국인은 거의 비슷한 음소 목록을 마음속에 내재해 두고 이로부터 실제 말소리를 분별해 낼 수 있다. 음소의 존재를 실감할 수 있는 기회는 외국어 학습에서 일어난다. 사람들은 다른 나라 언어에서 사용하는 소리들을 자기 언어의 음소들로 변형하여 듣는 경향이 있다. 즉, 외국어를 청취할 때에는 말소리 차이를 외국어 기준으로 인식하는 대신에 모국어 발음을 기준으로 인식하려고 한다.

개별 말소리는 음소 또는 변이음(allophone)으로 구분된다. 음소는 변이음보다 더 넓은 부류의 말소리를 묶어 주는 명칭으로서, 하나의 음소는 여러 개의 변이음으로 실현된다. 예를 들면, 영어에서 음소 /p/는 [p], [pʰ], [pˀ]등의 변이음들로 구분되며, 음소 /r/은 무마찰 지속음, 권설음, 탄설음, 마찰음, 파찰음 등의 변이음들로 구분된다. 다음 예를 보면, 단어 첫머리에 나타난 [tʰ], [pʰ] 소리는 st로 시작되는 뒷소리, 즉 s 뒤에 나오는 [t], [p] 소리와는 다르다.

- tab [tʰæb] ― stab [stæb]
- pin [pʰin] ― spin [spin]

발음기호로 적어둔 것처럼, tab의 t는 [tʰ]로 발음되고, stab의 t는 [t]로 발음된다. [tʰ]는 [t]보다 분출되는 압력이 더 강하다. 이처럼 분출되는 압력이 강한 소리를 氣(aspiration = 기식)이라고 하며, 기식을 동반한 말소리를 유기음(aspirated sound)이라고 한다. 이를테면 기식을 이런 방식으로 확인해 볼 수 있다. 입술 앞에 손바닥을 펼쳐 놓고 발음을 하면 tab, pin의 첫소리 발음은 stab, spin의 [t], [p] 발음보다 손바닥에 부딪치는 공기 압력이 강한 것을 느낄 수 있다(못 느낀다면 발음을 잘못한 것이다!). 아래 용어들은 동의어이다.

- 기(氣) = 기식(氣息) = 유기성(aspiration)
- 유기음(aspirated sound) = 성문마찰음 = [ㅎ] = [h]

음소와 변이음의 구별은 자음 소리에 대해서만 있는 것이 아니다. 모든 자음과 모음은 하나의 음소로 인식되며 각 음소마다 몇 개의 변이음을 세분할 수 있다. 예를 들어 /l/과 /r/의 변이음 발음기호를 적어보면 아래와 같다. 변이음이 사용되는 단어 예를 발음기호 옆 괄호 속에 적어 두었다. 즉, 표시 형식은 /음소/: [변이음](단어 예)이며 2음절 이상 단어 예에서는 해당 음절에 밑줄 표시를 해 두었다.

/l/: [l](plain), [l̩](wealth), [ɬ](sell), [ɫ](gentleman)
/r/: [ɹ](red), [ɹ̥](praise, true, cross), [ɾ](drink, address),
    [ɾ](carry, sorrow), [rʷ](route), [ɻ](retroflex)

폐쇄음의 변이음 발음기호를 대략 적어보면 아래와 같다.

/p/: [pʰ](pin), [p](spy), [p˺](cap), [pᵐ](topmost)
/b/: [b](bill), [b˺](cab, tab, lobster)
/t/: [tʰ](team, attain), [t](try, strike), [t˺](combat), [t̪] (eighth), [ʔ](at large)

변이음은 자음 음소에만 한정된 것이 아니다. 모음 음소도 각각 변이음으로 나누어진다. 모음의 변이음은 대부분 초분절음과의 교섭이거나 동화 현상에 의한 것이다. 변이음 기호 몇 개를 다음과 같이 열거해 보았다.

/e/: {ẽ, ĕ, eʲ, eᵊ, ė, . . .}
/u/: {uː, ũ, uᵊ, ʉ, ŭ, . . .}
/ɔ/: {ɔː, ɔ̃, ɔ, . . .}
/ɑ/: {ɑː, ɑ̃, ɑ, . . .}

12.3. 음소는 겹침이 없는 소리이다

음소는 나타나는 자리에 겹침이 없는 소리이다. 하나의 음소는 여러 개의 세분된 변이음으로 나누어진다. 단어 내에서 어떤 자리에 놓이는가에 따라 하나의 음소가 구체적으로 어떤 변이음으로 나타나는지가 결정된다. 이처럼 자리가 정해진 것을 '분포'라고 하는데, 개별 변이음은 자리가 겹칠 수 없이 언제나 일정하게 정해진 자리에서만 나타나므로 변이음들끼리는 서로 겹침이 없는 배타적 분포(complementary distribution)를 보인다.

'배타적 분포'의 예를 들어보기로 하자. pot와 spot를 비교하고, poke와 spoke를 비교해 보면, 유기 폐쇄음 [pʰ]와 무기 폐쇄음 [p]로 구별된다. 한 개의 음소가 하나의 단어 내부에서 어떤 자리에 놓이는가에 따라 구체적 발음이 달라지는데, 여기에서 '자리'라는 것은 단어 첫머리, 어두 자음군, 어중, 어말 등으로 구분된다. 폐쇄음 /p/의 변이음 구별을 표로 보이면 아래와 같다.

/p/의 분포 예

	유기음	무기음	불파음
단어 처음	park		
/s/ 뒤에		spark	
어중 강세 음절	competitive		
어중 무강세 음절		competition	
단어 끝			top

영어 단어에서 /p/의 변이음 예들을 발음기호 [p], [pʰ], [p˥]와 함께 다음과 같이 구분해서 기억해 두자.

- 어두 [pʰ] 강세가 있을 때; (예) personal, persecute,
  혹은 강세가 없을 때; (예) paternal, peninsula,
- 어중 강세 음절에서 [pʰ], (예) competitive, computer
- 어중 무강세 음절에서 [p], (예) rapid, competition, computational
- 어말에서 불파음 [p˥], (예) top

유기성(aspiration)에 대해 더 생각해 보자. 하나의 음소는 두 개의 변이음으로, 즉 유기음(aspirated sound)과 무기음(unaspirated sound)으로 나누어 실현된다. 아래에 적은 것처럼, 음소는 / / 표시로 나타내며 변이음은 [ ]으로 나타낸다.

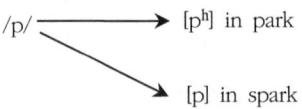

하나의 음소는 여러 개의 변이음으로 구분된다. 음성학에서 말하는 유기성(有氣性), 즉 음성학에서 기(氣)라는 것은 동양 철학에서 말하듯이 심오한 의미를 가지는 것이 아니다. 음성학에서 유기성이란 성대에서 분출되는 성문마찰음이 가져오는 압력을 나타내는 용어이다. 성대의 좁혀진 틈새를 통해 헤집고 올라오는 기류는 분출되는 압력의 세기로 인해 구강을 거쳐 입술 밖으로 뿜어져 나온다. 유기음을 지닌 park의 첫소리를 발음할 때 손바닥을 입술 전면에 가로막아 놓고 그 압력을 느껴 보면 된다. 이에 비해, spark의 [s] 뒤에 [p] 발음은 기가 없는 무기음이므로 손바닥을 펼쳐 입술 전면에 가로막아 그 분출 압력을 느껴 보려고 해도 park의 경우만큼 강한 강도로 손바닥에 부딪치는 압력이 없다. [s] 뒤에 무기폐쇄음이 연결된 단어들의 예를 적으면 아래와 같다.

- /sp-/: speak, special, spectacle, spring, spread, sprint
- /st-/: start, star, staple, stop, strain, strange, street
- /sk-/: skin, skate, skirt, scrap, script, scratch, screen

다음 예들을 가지고 유기음과 무기음의 차이를 연습해 볼 수 있다. 첫 번째 예로, span의 [p]는 기식을 지니지 않은 무기음이다. 이와 달리 this pan에서 pan의 첫소리 [p]는 this의 [s] 뒤에 나오기는 하지만 this와 pan 사이에 휴지부 간격이 있으므로 기(氣)를 지닌 소리, 즉 유기음이다.

- this park — spark
- this pin — spin
- this port — sport
- this table — stable
- this car — scar

변이음은 나타날 수 있는 자리가 이미 정해져 있으며 그 자리를 바꾸어 나타날 수 없다. 이와 같은 분포를 '배타적 분포'라고 부른다.

이상에서 살펴본 것처럼 폐쇄음은 실제 단어에서 어떤 자리에 나타나는가에 따라 변이음들로 구분되어 소리 난다. 그런데 대부분 사람들은 pot의 어두자음 [pʰ]와 spot의 /s/ 뒤에 [p]를 같은 소리라고 생각한다. 변이음 차이가 있지만 영어 모국어 사용자는 이들 두 소리를 하나의 소리로 인식한다. 왜냐하면 사람들은 음소 층위까지만 소리 차이를 의식하기 때문이다. 변이음의 차이는 모국어 사용자의 실제 발음에서 정확하게 구별되어 발음되기는 하나 사람들의 표면 의식에서는 드러나지 않는다.

하나의 음소가 여러 개 변이음으로 나누어지는 것에 대해 비유적으로 말해 보기 위해 이런 이야기를 꾸며 내고 싶다. 동화 속 엉터리 이야기를 상상해 보자. "어떤 집에 방이 여러 개 들어 있다. 그 집 식구들은 각자 변이음들이라서 모두가 자기 방에 혼자서만 앉아 있을 뿐이다. 그 집은 거실이 없는 구조이기 때문에 함께 모일 자리가 없으며 그래서 식구들이 한 자리에 모이는 일이 없다." 이 비유가 뜻하는 바는 다음과 같다.

- 식구들 = 변이음
- 각 방 = 변이음이 분포하는 자리
- 식구들 전체 = 한 개 음소
- 한 자리에 모이는 일이 없다 = 변이음 분포가 겹치지 않는다.

폐쇄음 예를 가지고 음소 개념에 대해 더 설명해 보겠다. 폐쇄음은 청각적 인상이 뚜렷하게 구분되고, 사용되는 빈도가 높으며, 발음의 원리를 설명할 때 중요성이 크기 때문에 빼놓을 수 없는 예시 자료가 된다. 또한 폐쇄음 변이음들의 발음 원리는 초보 학습자들이 이해하기에도 수월하기 때문에 예로서 자주 인용된다. 그래서 이 책에서도 우선 폐쇄음을 예로 들었다. 영어와 우리말의 폐쇄음 기본 목록을 아래에 적어 보았다.

- /p, t, k/ — /b, d, g/
- /ㅂ, ㄷ, ㄱ/ — /ㅍ, ㅌ, ㅋ/ — /ㅃ, ㄸ, ㄲ/

유기성과 유성성은 소리의 특질이다. 유기성은 성문마찰음에 의해서 만들어지고 유성성은 성문 진동에 의해 만들어진다. 이것은 발음 기관에서 공통적으로 사용되는 특질이기 때문에 보편적인 성격을 지닌다. 그런데 이런 보편적 특질을 이용하는 방식은 나라마다 차이가 있다. 음소 구분은 모국어 화자의 주관적 판단에 의존하는 것으로, 자음 중에서 폐쇄음의 경우만 보더라도 유기성이나 유성성 특질들이 이용되는 방식은 개별 언어마다 차이가 있다. 요컨대 한국어는 음소 목록 구별에 있어, 유기성이 중요하게 사용되는 것에 비해, 유성성은 중요하지 않다. 반면 영어에서는 음소 목록 구별에 있어 유성성이 중요하지만 유기성은 덜 중요하다. 여기에서 '덜 중요하다'는 것의 의미는, 그것의 있고 없음에 따라 나타나는 소리 차이가 모국어 사용자의 귀에는 음소 차이로 느낄 정도가 아니라는 것이다.

지금까지 살펴보았듯이, 영어에서 pat와 bat가 구별되지만, pin과 spin에서 [p]와 [pʰ]의 차이는 영어 화자의 의식에서는 구별되지 않는다. 그리고 한국어에서는 [바보]를 발음할 때 자음의 유성-무성을 구별하지 않지만, [발] 대신에 [팔]이라고 말함에 의해 유기음 [pʰ]와 무기음 [p]를 의식적으로 구별한다. 이를 다음과 같은 대응 관계로 기억해 두자.

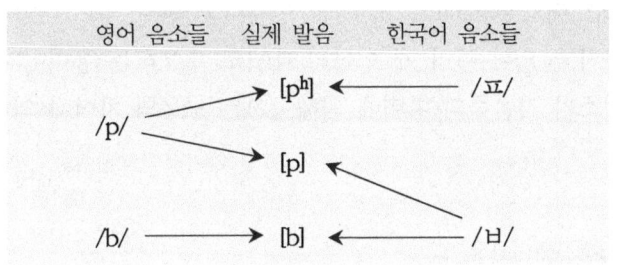

한편 자유변이 개념에 대해 짧게 알아보기로 하자. 폐쇄음이 단어 끝에 자리하면 폐쇄만 있을 뿐 '폐쇄 개방'(= 파열)이 거의 나타나지 않는다. 예를 들어 bat [bæt]의 발음은 [배트]가 아니라 끝소리 [t]가 약해진 [뱃]이다. 끝소리 폐쇄음은 알아듣기 어려울 정도로, 거의 안 들릴 정도로 미약하게 개방되는 정도이다. 혹은 아예 개방 분출이 없이 흐지부지되고 마는 경우도 있다. 이 두 가지 중에서 어느 쪽으로 발음하더라도 다 가능하므로 이런 현상을 자유변이(free variation)라고 한다.

마지막으로, 혼동하기 쉬운 점을 언급해 두겠다. "음소는 겹침 없는 소리들의 [집합]이다. 개별 언어마다 음소 [목록]이 다르다." 이 두 가지 정의에서, '집합'이란 용어와 '목록'이란 용어를 혼동하지 말아야 한다. 나타나는 자리에 겹침이 없는 변이음들이 모여서 하나의 음소를 구성한다는 뜻에서 집합(family)이라고 한다. 반면에 목록(inventory)이라고 함은 한 언어에서 보유하는 말소리들을 모두 묶어서 통칭하는 뜻이다. 이 절 제목으로 [음소는 겹침 없는 소리이대에서 '소리' 대신에 '소리들의 집합'(a family of allophones)이라고 정의해야 정확히 맞는 것이지만 소리들의 '목록'으로 혼동될 것을 피하기 위해 '집합'이란 말을 생략한 채로 단순하게 적었던 것이다.

12.4. 음소는 의미 차이를 가져온다: 최소대립쌍

단어마다 그 안에 자음 한 개 또는 모음 한 개만 교체해 주었을 때 다른 단어가 될 수 있다. 예를 들어 bet에서 첫소리 자음을 p로 바꾸면 pet가 된다. 이때 bet와 pet는 최소대립쌍(minimal pairs)을 이룬다고 한다. 최소대립쌍은 단어 한 쌍에만 한정하지 않으며 여러 개 이상의 대립도 수용하는 용어이다. 다음 예를 보면, (1)은 첫소리 자음들의 차이에 의해, (2)는 모음의 차이에 의해 뜻이 달라진다.

(1) pot, hot, cot, dot
(2) bead, bid, bed, bad, bard

최소대립쌍을 이루는 단어들의 짝을 또 들어보면, light — right, sink — think 등이 있다. 이 단어들에서 첫소리 자음들, [l]과 [r] 그리고 [s]와 [θ], 이것은 각각 음소이며 단어 의미를 달라지게 한다. 또한 모음 음소의 예를 들어보자. 다음 단어들에서 각 모음은 하나의 음소인데, 다른 음소로 교체하면 의미 차이를 가지는 다른 단어가 된다(Fromkin 외 2003).

beat [bit], 음소 [i]

bit [bɪt], 음소 [ɪ]

bait [beɪt], 음소 [eɪ]

bet [bɛt], 음소 [ɛ]

bat [bæt], 음소 [æ]

bite [baɪt], 음소 [aɪ]

boot [buːt], 음소 [u]

but [bʌt], 음소 [ʌ]

boat [boʊt], 음소 [oʊ]

bought [bɔːt], 음소 [ɔ]

bout [baʊt], 음소 [aʊ]

bot [bat], 음소 [a]

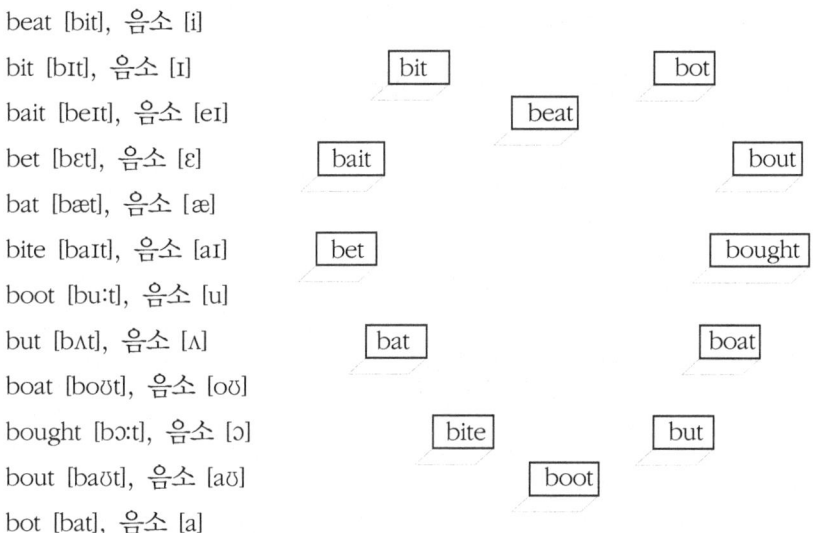

모국어 화자의 말소리 인식은 음소 수준에서 일어나며, 변이음 수준에서는 일어나지 않는다. 모국어 화자라면 변이음 발음을 정확하게 발음할 수 있으며, 변이음 교체는 모국어 화자가 굳이 의식하지 않아도 저절로 지켜지는 자동적 교체이다. 만약 외국어 학습자가 변이음을 틀리게 발음하면 모국어 화자는 발음이 이상한 것을 즉시 알아차린다.

우리말에서는 유기성 차이에 따라 음소 구별이 달라진다. 우리말 [바다개]를 [파타카]로 바꾸어 발음해 보자. 한편, 유성성이라는 음성적 특질 역시 그것의 있고, 없음에 따라 소리를 달라지게 만든다. 우리말 '바보' [바보]라고 발음할 때 '바'의 [ㅂ] 소리는 (어두 자리에 있으므로) 무성음이고 '보'의 [ㅂ] 소리는 (모음 사이 자리에 있으므로) 유성음인데, 한국 사람 귀로 들을 때에는 이 두 개의 [ㅂ] 소리가 서로 다른 소리임을 의식하지는 않는다.

중요한 음성 특질을 표로 정리해 보면 다음과 같다(성립하면 YES, 그렇지 않으면 NO로 적음). 이처럼 유성성과 유기성은 영어와 한국어에서 음성적 특질로서의 중요성이 다르게 작용한다. 말소리 체계를 구성하는 방식은 나라마다 다르기 때문이다.

(1) 음소 설정에 관여하는 음성적 특질

	한국어	영어
유성성	NO	YES
유기성	YES	NO

(2) 변이음 설정에 관여하는 음성적 특질

	한국어	영어
유성성	YES	NO
유기성	NO	YES

영어에서 유성성이 소리의 구별에 중요한 역할을 한다는 것을 다음 예에서 엿볼 수 있다. 음소 한 개 차이로 짝을 이루는 최소대립쌍들이다.

park - bark	pound - bound
pin - bin	tie - die
pill - bill	time - dime
patch - batch	trip - drip
pet - bet	try - dry
pond - bond	toll - doll

영어에서 모음 장단은 최소대립쌍을 가져올 수 있다. 예컨대, beat - bit, bead - bid, seat - sit, 이런 경우 음장을 음소 목록에 포함시킬 수 있을까? 아니, 그렇지는 않다. 영어에서 모음 장단은 '기능적으로는' 음소를 구별해 주는 역할을 하기는 하지만 그 자체로 독립된 분절음이 아니므로 음소 목록에 포함 시킬 수 없다. 장모음과 단모음이 개별 언어에 따라 음소 목록의 구성원이 될 수는 있지만, 모음 길이 그 자체만을 음소로 세어 줄 수는 없기 때문이다.

그러면 이제 한국어 예를 들어 보자. (1)처럼 첫소리 자리에서 대립쌍이 있고

(2)처럼 모음 자리에서 대립쌍이 있다.

    (1) 말 - 발 / 살 - 쌀 / 사람 - 자랑 / 달 - 탈 / 바리 - 파리
    (2) 밥 - 법 / 벌 - 발 / 배추 - 부추 / 어름 - 여름 / 우리 - 유리

영어 폐쇄음 /p, t, k/에 대해 음소와 변이음 대응 관계를 적으면 아래와 같다.

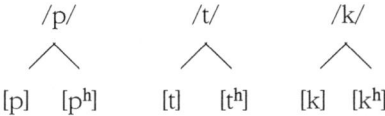

이것은 부분적 예시일 뿐 전부는 아니다. 예컨대 '불파음'이 추가된다. 단어 끝 자리 또는 음절 끝자리에서 무성 폐쇄음은 거의 들리지 않을 정도의 미세한 개방으로 발음되며 심지어 개방 자체가 없어지기도 하기 때문에 이것을 '불파음'이라고 부른다. /p, t, k/의 음소-변이음 대응을 아래와 같이 고쳐 적을 수 있다.

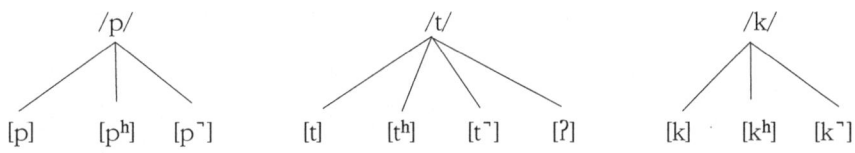

한국어에서 기식(aspiration)은 변이음을 구별하는 기준이 되지 못하며, 그 대신에 음소를 구별하는 기준이다. 한국어 폐쇄음의 음소-변이음 대응 관계는 다음과 같다.

/p/ /pʰ/   /t/ /tʰ/   /k/ /kʰ/
| | | | | |
[p] [pʰ]   [t] [tʰ]   [k] [kʰ]

대화 자료 한 개를 가져와 보았다(Celce-Murcia 1996). 밑줄 친 폐쇄음에 주목해서 읽어 보자.

Pam: <u>D</u>o you have the <u>t</u>ime, Beth?

Beth: No, I <u>d</u>on't, Pam. I <u>d</u>on't have any money at all!

Pam: I <u>d</u>on't need a <u>d</u>ime. Beth, I need the <u>t</u>ime.

Beth: Oh, I see. It's about <u>t</u>en after <u>t</u>en.

Pam: Well, I need to go <u>p</u>ick up my <u>c</u>oat at the <u>c</u>leaners.
　　　 See you later, <u>B</u>eth.

Beth: <u>B</u>ye, <u>P</u>am. <u>T</u>ake <u>c</u>are, and say hi to <u>T</u>ed for me.

12.5. 음소는 일찍부터 습득된다: 음성 지각

한 언어 내에서 모국어 사용자의 음소 인식은 즉각적이다. 음성을 산출하는 데에는 조음적 목표가 있고 음성을 지각하는 데에는 청각적 목표가 있다. 음성 청취는 대기 시간이 없어 즉각적으로 일어난다. 사람은 두뇌 속에 소리의 기본 값을 기억하고 있기 때문에 이를 기준으로 삼아 외부에서 들어오는 음성을 즉각적으로 '온라인 지각'(on-line perception) 할 수 있다.

음소와 변이음의 차이가 구별되는 근거는 한 사람의 마음속에 있을 뿐만 아니라 사회 속 집단의식에도 있다. 한 언어 사회의 구성원들은 소리를 판별하는 능력이 기본적으로 같다. 왜냐하면 어릴 적 말을 배울 때부터 현재 시점까지 살아오면서 마냥 들어보고, 머릿속에 기억해서, 자유롭게 사용하게 된 단어들을 공유하고 있기 때문이다.

단어의 발음은 과거에서부터 미리 결정되어 있다가 오늘날 현대를 살아가는 사람들에게 계승된 것이다. 그러므로 발음은 언어 사회 내에서 '집단성'을 지닌다. 한 사람이 모국어 말소리를 습득하는 과정에서 머릿속에 기억해 두는 '음소 목록'이 있고 이것을 형성하는 과정에서 사회적 자극을 경험한다. 한국 사람은 한국말 특유의 음소 목록을 분간해서 듣는다. 미국 사람들은 미국영어 특유의 음소 목록을 분간해서 듣는다. 예컨대 [l]과 [r], [f]와 [p]를 구별하는 데에 한국 사람은 서툴다. 그리고 [ㅂ]와 [ㅍ], [ㄷ]와 [ㅌ]를 구별하는 데에 영어권 사람들은 서툴다.

음소는 사람들이 글자를 배우기 이전에 이미 학습된다. 우리가 앞서 3장 [언어

습득]에서 돌아본 바 있듯이, 아이들은 2세 무렵부터 취학 연령 이전까지 모국어의 음소 목록 전체를 습득한다. 이처럼 음소 목록은 일찍부터 습득되는 것이다.

외국어를 학습하는 데에 있어 사람들은 발음과 철자법에 관해 알면서도 빠져드는 함정이 있다. 그것이 어떤 함정인가 하면, 외국어 학습자는 글자에 바탕을 두고서 그에 가까운 발음으로 읽으려는 반응을 보인다. 그런데 소리는 글자가 아니다. 글자는 모든 가능한 소리들을 다 구별해서 적을 정도로 세분화되어 있지 않다. 만약 한 개의 소리를 반드시 한 개의 글자로 구별해서 적으려고 하다가는 필요한 글자 수는 아주 많아질 것이다. 그러다가는 철자법 수가 너무 많아져서 문자생활이 난해하게 될 것이다. 철자법 개혁론자는 하나의 음소를 가급적 하나의 글자로 적을 것을 주장하는 때가 있을 수 있지만, 어려운 철자법에 부딪히면 그것은 여의치 않은 일이다. 영어에서 음소와 철자 사이에 대응 불규칙성이 아주 높은 것을 보더라도 한 개 음소마다 한 개 철자가 배정되기 어렵다. 그만큼 철자법이 힘들고 외국어로서의 발음도 배우기 어려운 것을 우리는 경험해 왔다. 이것이 바로 철자법의 딜레마이다.

한국 사람들은 어린아이 시절부터 유기성 차이를 앞세우는 말소리 체계에 의거해서 한국어 발음을 배웠고 그에 대응하는 한글 철자를 취학 연령 무렵에 배웠다. 그러나 유성성 차이는 한국인 귀에는 그 차이를 뚜렷하게 구별하기 어렵고 한글 철자로도 구별되지 않는다. 다음 절에서는 「국어의 로마자 표기법」을 통해 글자 대응의 문제에 관해 알아보도록 하자.

12.6. 음소 목록의 차이: 로마자 표기법의 예

현행 「국어의 로마자 표기법」은 2000년에 개정되어 고시되었으며 국어를 외국의 로마자로 표기하는 방법을 규정하는 어문 규정이다. 가령 '아리랑'을 'Arirang'으로 적는 것은 로마자 표기법에 의해서이다. 로마자 표기법이란 한국어와 영어, 한국어와 외국어 사이에 표기 대응을 정하는 문제인데 여기에는 음소 목록 체계의 차이가 밀접하게 관련된다. 로마자 표기는 모음과 자음의 표기 일람에 따라 적는 것이 원칙이다. 자음의 표기 일람에서 폐쇄음의 경우만을 적어보면 아래와 같다.

ㄱ	ㄲ	ㅋ	ㄷ	ㄸ	ㅌ	ㅂ	ㅃ	ㅍ
g, k	kk	k	d, t	tt	t	b, p	pp	p

기역(ㄱ)을 'g'로 적어야 하는지 혹은 'k'로 적어야 하는지의 여부는 표기법을 개정할 때마다 논란이 되던 문제였다. 2000년에 개정된 현행 로마자 표기법은 기역(ㄱ)을 'g'로 적고, 디귿(ㄷ)을 'd'로, 비읍(ㅂ)을 'b'로 적는다. 지읒(ㅈ)은 'ch'가 아니라 'j'로 적는다. /ㅂ, ㄷ, ㄱ/는, '밥, 미닫이, 국'의 받침소리를 보면 불파음(혹은 내파음)으로 나타난다. 그래서 '밥'은 'bap'로 적고, '국'은 'guk'로 적는다.

이제부터 설명하는 중에, 음소 목록을 나타내는 데에는 / /를 사용하고, 철자 표기를 나타내는 묶음 기호로는 { }를 사용하겠다. {p, t, k, ch}는 받침 자리에 나타나는 {ㅂ, ㄷ, ㄱ, ㅈ}를 표기할 때에 사용될 뿐이다. 즉 현행 로마자 표기법에서는 {ㅂ, ㄷ, ㄱ, ㅈ}를 모음 앞에서 {b, d, g, j}로 적고, 자음 앞이나 어말에서 {p, t, k, ch}로 적는다. 구미 Gumi, 호법 Hobeop, 한밭 Hanbat, 합덕 Hapdeok 등이 그 예이다. {ㅍ, ㅌ, ㅋ, ㅊ}는 {p, t, k, ch}로 적는다. 쌍자음 {ㅃ, ㄸ, ㄲ, ㅆ, ㅉ}에 대해서는 {pp, tt, kk, ss, jj} 등으로 글자를 겹쳐 적으며, 그 중 ㅉ은 ch를 겹쳐 쓸 수 없으므로 jj로 적은 것이다.

로마자 표기법 기본 원칙 제1항을 보면, "국어의 로마자 표기는 국어의 표준 발음법에 따라 적는 것을 원칙으로 한다." 그러나 이것은 한국 사람의 발음을 똑같이 재현할 수 있도록 로마자 표기법을 정해야 한다는 뜻은 아니다. 로마자 표기법은 궁극적으로 한국어와 외국어 사이에서, 철자와 철자의 대응을 사회적 약속으로 정해주는 것이다. 이것은 우리말과 외국어 중에 어느 한쪽 언어만의 발음을 심각하게 따져서 철자 대응을 정하려고 하면 이해하기 어렵고 논쟁도 불러일으키는 문제이다. 한 쪽 언어의 발음 체계를 기준으로 표기법을 인식하는 한에서 로마자 표기법은 혼란스럽게 느껴질 수밖에 없다. 철자와 철자 사이의 대응을 정하려 해도 워낙 1-대-1의 대응을 정하기 어려운 부분이 있기 때문에, 인위적으로 대응의 경우를 정하기 위해서는 어떤 발음 특성이 가장 우선시 되어야 하는지를 결정해야 한다.

예전 로마자 표기법의 배경은 이러했다: 가장 오래된 로마자 표기법은 1939년에 매큔-라이샤워(McCune & Reischauer) 표기법이다. 줄임말로 흔히 M-R 표기법이라고 부른다. 1959년 문교부 안은 M-R 표기법에 바탕을 두었다. 1984년에 개정되어 2000년까지 사용된 문교부 표기법에서도 M-R 표기법의 골격을 반영했다. 1984년 문교부 표기법은 외국 사람들의 발음 습관에는 편리하다고 하나 한국 사람들의 직관에는 불편한 방식이라는 지적을 받았다. M-R 체계는 음성학적 근거가 허술할 뿐만 아니라 실용적 목적에서도 표음성에 한계를 지적 받았다. 그러다가 2000년에 개정된 현행 로마자 표기법에서는 M-R 표기의 골격을 버리고 한국 사람의 실제 발음을 우선시하게 되었다.

M-R 표기법을 따를 것 같으면, '달'을 'tal'로 적는 경우와 'dal'로 적는 경우가 혼재하므로 [달]과 [탈]의 표기를 구별하지 못한다. 그리고 [발]을 [팔]과 구별해서 적지 못한다. 예전에는 [발]을 pal로 적고 (글자 우측 상단에 구별 부호를 도입해) [팔]을 p'al로 적는 방식을 취했다. 그러나 이것은 기호를 적는 데에 불편할 뿐만 아니라, 영어권 외국 사람들은 pal과 p'al을 똑같이 [팔]로 발음하기 마련이다.

M-R 표기법 체계에서, 자음은 영어식 표기를 위주로 하고 모음은 이탈리아어식 표기를 따랐다. 모음 발음을 표기하는 데에 있어 영어 철자법은 불균형하지만 이탈리아어는 철자를 보면 그 발음도 대강 알아차릴 수 있기 때문이었다.

'어'와 '으'를 표기하는 방식은 여러 번 변해 왔다. 처음에 M-R 표기에서는 어(ŏ), 으(ŭ)와 같이 글자 상단에 구별 부호를 붙여 사용했다. 이후 1959년 문교부 안에서는 구별 부호를 그만두고 어(eo), 으(eu)로 정했는데 표음성이 떨어진다는 점 때문에 1984년 표기 안에서 M-R 방식으로 되돌아가 ŏ, ŭ를 사용했다. 그러다가 2000년 이후 다시 'eo'와 'eu'를 채택하였다. 현행 로마자 표기법에서 단모음의 표기 일람은 아래와 같다.

ㅏ	ㅓ	ㅗ	ㅜ	ㅡ	ㅣ	ㅐ	ㅔ	ㅚ	ㅟ
a	eo	o	u	eu	i	ae	e	oe	wi

자음 표기에 있어, 유기성과 유성성의 음성적 특질에 관해 조금 더 생각해 보자. 몇 가지 질문을 다음처럼 준비해 보았으며, 답변을 화살표(⇨) 우측에 적어 두었다.

    (1) 영어에서 글자 {p, t, k}가 나타내는 소리는 무성음이다. 그리고 이들은 유기음인가, 무기음인가? ⇨ <u>답변</u>: 유기음과 무기음이 다 되는데, 일단은 유기음을 대표음으로 정한다.

    (2) 영어에서 글자 {b, d, g}가 나타내는 소리는 유성음이다. 그리고 이들은 유기음인가, 무기음인가? ⇨ <u>답변</u>: 무기음이다.

    (3) 한국어에서 글자 {ㅂ, ㄷ, ㄱ}이 나타내는 소리는 무기음이다. 그리고 이들은 유성음인가 무성음인가? ⇨ <u>답변</u>: 일단 무성음을 대표음으로 정하지만 실제로는 무성음과 유성음이 다 된다.

    (4) 한국어에서 글자 {ㅍ, ㅌ, ㅋ}이 나타내는 소리는 유기음이다. 그리고 이들은 유성음인가 무성음인가? ⇨ <u>답변</u>: 무성음이다

이 질문들을 이해하려다가 오히려 혼란스러움을 느낀다면 괜히 설명을 복잡하게 만든 셈이다. 위의 질문들이 어째서 명료하게 이해되지 않는 것일까? 우리말과 외국말의 말소리 차이를 상대적으로 파악하면 이해할 수 있다. 아래 그림으로 기억해 보자.

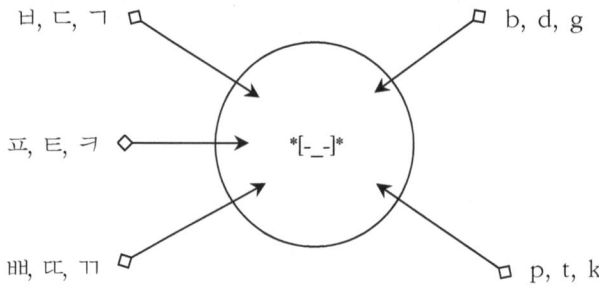

위의 그림에서 한글 3짝과 로마자 2짝을 대응시키려면 어떤 기준을 우선시해야 하는가? 유기성이 우선인가? 유성성이 우선인가? 어느 것을 우선시하든지 간에 결과에 있어서는 2 대 3의 짝 대응에서 한 짝은 직접 대응하는 짝을 찾지 못하게 된다.

예를 들어 '바보'라는 단어를 어떻게 적는가? 영어의 음소 기준을 중시하면 '바보'를 'pabo'로 적어야 하겠으나 한국어 음소 기준을 중시하면 'babo'로 적어야 한다. 한국 사람에게는 /ㅂ, ㄷ, ㄱ, ㅈ/를 {b, d, g, j} 혹은 {p, t, k, ch}의 두 가지로 구분해 적는 것은 불편하다. 이런 점을 중시해 현행 로마자 표기법에서는, 폐쇄 자음이 모음 앞에 오기만 하면 유성-무성의 구별에 관계없이 똑같이 {b, d, g, j}로 적기로 하였다.

12.7. 외래어 표기법과 음소 구별

외래어 표기법은 외국어에서 우리말에 유입된 외래어를 한글로 적는 방식을 정해 놓은 표기 규정이다. 예를 들어 circle을 '서클'로 적는 것은 외래어 표기법에 의해서이다. strike를 [ㅅ따라잌]으로 적으면 영어 발음으로는 괜찮지만 우리말 표기 규정에 어긋난다. '스트라이크'라고 적어야 우리말 음절 형식에 맞게 표기한 것이다. 외래어 표기법은 이미 우리말에 들어온 차용어뿐만 아니라 앞으로 우리말에 차용어로 들어올 수 있는 모든 말을 포함해서 적용되는 규범이므로 표기의 일관성을 추구하려고 한다. 현행 외래어 표기법에서는 표기의 기본 원칙을 다음과 같이 정하고 있다.

제1항. 외래어는 국어의 현용 24자모만으로 적는다.
제2항. 외래어의 1음운은 원칙적으로 1기호로 적는다.
제3항. 받침에는 'ㄱ, ㄴ, ㄹ, ㅁ, ㅂ, ㅅ, ㅇ'만을 쓴다.
제4항. 파열음 표기에는 된소리를 쓰지 않는 것을 원칙으로 한다.
제5항. 이미 굳어진 외래어는 관용을 존중하되, 그 범위와 용례는 따로 정한다.

몇 개의 예를 인용해 보자. "커피숍, 헤어숍, 슈퍼마켓"에서 단어 끝 받침은 3항에서 보듯이 허용되는 7개 받침 중에서만 가능하다. 그래서 "커피숖, 슈퍼마켙"이라고 적을 수 없다. 그리고 "서클, 버스, 가스, 파리, 서비스"에서 보듯이 단어 첫머리에 된소리를 쓰지 않는다.

외래어 표기법은 발음의 체계 차이에도 불구하고 철자 사이의 대응을 정해 둔 것이다. 사실 2개 언어 사이 표기법이란 기본적으로 한 언어의 철자법과 또 다른 한 언어의 철자법 사이에서 대응 관계를 정하는 문제이다. 그런데 두 언어 사이에 발음 체계 차이가 개입하기 때문에 철자법 표기의 대응이 일정하게 정해지지 않는 경우가 어쩔 수 없이 발생한다.

외래어 표기 일람표에 따르면, f는 p와 마찬가지로 한글 'ㅍ'에 대응한다. b는 v와 마찬가지로 한글 'ㅂ'에 대응한다. 외래어 표기법에서 구별해 적지 못하는 예를 몇 개 적어보면, 베이스(vase — base), 필(feel — peel), 팻(fat — pat) 등이다. 'fashion'과 'passion'에 대해 똑같이 '패션'으로 적을 수밖에 없다. 필자는 지하철을 타고 가다가 눈길을 끄는 광고를 본 적이 있다.

"Fashion is Passion.
The Pro-fashional, doota"

이것은 '패션은 열정이다.'라는 뜻을 전달하는 광고 카피이다. 외래어 표기법에 의하면 "훼~션은 패션이다."로 적을 것이 아니고 '패션은 패션이다.'로 적을 수밖에 없다. 그 아래줄에서는 professional과 동음어로 고안된 Pro-fashional에 의해 이중적 어투를 전달하려고 하였다.

받침 자리에서는 표기를 다르게 적는다. 받침소리는 불파음이므로 유기음 구별이 필요 없이 {ㅅ, ㄱ, ㅂ} 등으로 적는다. 다음 표를 기억해 두자.

t	트, ㅅ
k	크, ㄱ
p	프, ㅂ

예를 들어 'diskette'은 '디스켙' (또는 '디스켓')이 아니라 '디스켓'으로 적는다. 'goodbye'는 '굳바이'가 아니라 '굿바이'로 적는다. 이에 관한 표기 조항을 여기에 옮겨 적으면, 제3항. 받침에는 'ㄱ, ㄴ, ㄹ, ㅁ, ㅂ, ㅅ, ㅇ'만을 쓴다.

단어 끝에 나오는 자음은 그 바로 앞에 모음의 길이를 고려해서 적는다. 짧은 모음 혹은 장모음/이중모음을 구별해야 한다. 두 가지 경우로 나누어서 예를 보자. 첫째, 짧은 모음 뒤에 무성음 [p], [t], [k]가 올 때에는 받침으로 적는다. rocket은 '로켓'으로, robot은 '로봇'으로 적는다. 둘째, 장모음 혹은 이중모음 뒤에 [p], [t], [k]가 오면 '으'를 붙여 '크, 트, 프'로 적는다. 예를 들면 flute, cake, tape 등은 '플룻, 케익, 테입'으로 적지 말고 '플루트, 케이크, 테이프' 등으로 적는다.

그밖에 인명, 회사명, 단체명 등은 그동안 써 온 표기를 사용할 수 있다. 생활 속에 관습화 되어 있음을 인정하기 때문에 표기 원칙에서 벗어난 관용 표기를 필요에 따라 사용할 수 있다. 오랫동안 사용되어 오던 관용 표기는 현실에 따라 수용한다. 예컨대 'type'는 원칙 표기로는 '타이프'이지만 관용 표기로는 '타입'이 된다.

12.8. 음운론: 변별자질 체계

말소리 체계에 대해 연구하는 분야를 음운론(phonology)이라고 한다. 앞에서 음소 개념을 정의한 바 있는데, 이 개념은 음운론에서 가장 기초를 이루는 용어이다.

하나의 음소는 모국어 화자의 마음속에 더 이상 분할할 수 없는 최소 단위로 인식되어 있다. 가령, '사랑'이라는 단어를 잘게 나누어 보라고 요청하면, 최대한 나누어서 {ㅅ, ㅏ, ㄹ, ㅏ, ㅇ}이 된다. 이것을 더 잘게 나누어 보라고 하면 고개가 까우뚱해진다.

그렇지만 음성학 관점에서 보면, {ㅅ, ㅏ, ㄹ, ㅏ, ㅇ}은 충분히 더 작은 소리로 나눌 수 있다. 이들은 음소 단위의 소리들이므로 음소보다 작은 단위로 더 세분할 수 있다. 하나의 자음 또는 모음은 (음소보다 더 작은 소리에 해당하는) 여러 개의 변별자질들(distinctive features 음운 자질들)로 나누어진다.

음운론 연구의 흐름에 있어, 음소를 더 나눌 수 있는 것으로 파악하게 된 것은 생성음운론의 등장 이후부터이다. 이미 1960년대부터 촘스키 Chomsky와 할레 Halle의 에스피이(SPE) 이론이 제시되었고, 1990년대 이후 최근까지 주목받아 온 스몰렌스키 Smolensky의 최적성(Optimality) 이론이 있다. 이 책에서는 자질 이론의 어려운 개념은 소개하지 않겠다. 다만 전통적인 관점에서, 음운 자질(= 변별자질)이란 무엇인지를 언급하고, 음운 자질이 말소리 규칙을 기술하는 데에 어떤 의의를 지니는지에 대해서만 언급하는 데에 그치겠다.

하나의 음소는 그것을 구성하는 변별자질들로 나누어 표시할 수 있다. 변별자질의 값은 2개 중에 하나로 선택된다. 플러스(+) 표시는 자질 값이 있음을 나타내고, 마이너스(−) 표시는 자질 값이 없음을 나타낸다. 자음 예를 아래처럼 적을 수 있다.

/b/ = [+유성성(voiced), +양순성(bilabial), +폐쇄성(stop)]
/f/ = [−유성성(voiced), +순치성(labiodental), +마찰성(fricative)]

모음 음소들 역시 변별자질들의 결합 관계에 의해 나타낸다. 다음 예를 보자. 모음 분류의 조음음성학적 기준이 곧바로 변별자질로 설정되어 있다.

/i/ = [+high, −low, −back, +tense, −round]
/ɔ/ = [−high, +low, +back, +tense, +round]

하나의 말소리를 구성하기 위해 포함되는 음성적 특질은 자음 모음을 가릴 것 없이 적어도 대여섯 가지 또는 십여 가지를 넘어선다. 기본적으로 자음과 모음을 분류하기 위해서는 순수하게 조음적인 기준이 들어가며 그에 더해 청취적 기준과 음향적 기준이 추가되어 말소리 체계와 규칙을 기술하는 데에 사용된다.

음소 목록을 정하는 데에 있어 모든 음성적 자질들이 다 같이 변별자질로 인정되는 것은 아니다. 잉여적 자질이나 의미 대립성 없는 자질은 음성적 소리바탕이기는 하지만 변별자질 목록에 군이 넣지는 않는다. 예를 들어, 'pin'과 'spin' 사이에서 보듯이 유기성은 영어의 음소 목록에서는 변별자질이 아니지만, 한국어 '핀'과 '스핀'에 들어있는 유기성은 변별자질에 해당한다.

변별자질은 말소리 현상들을 음운론적 규칙으로 기술하는 데에 사용된다. 변별자질 목록은 음운론 이론들마다 약간씩 차이를 보인다. 자음에 대해 생성음운론 이론의 토대에서 사용했던 변별자질 분류를 들어보면 다음과 같다. 각 자질에 대한 정의는 '+' 값을 기준으로 적었으므로, '−' 값은 정의를 역전 시키면 된다.

주요 부류 자질
[성절성(syllabic)]: 음절 중심을 이루는 소리는 성절성 자질을 가진다.
[자음성(consonantal)]: 구강 한 가운데에 협착이 동반되는 소리이다.
[공명성(sonorant)]: 음향적 특성에 따라 공명음과 장애음으로 나눈다.

조음 위치 자질
[설정성(coronal)]: 혓날이 중립 위치에서 위로 들리면서 나는 소리이다.
[전방성(anterior)): 경구개보다 앞선 위치에서 폐쇄 또는 마찰이 일어난다.

조음 방법 자질
[지속성(continuant)]: 폐쇄의 반대 뜻으로, 구강 내에서 기류가 막히는지의 여부에 따라 값이 정해진다. 마찰음만 '+' 값을 가지며 폐쇄음, 파찰음, 비음 등은 '−' 값을 갖는다.
[지연개방성(delayed release)]: 구강에서 폐쇄를 가지고 만들어지는 소리 중에서, 폐쇄음은 지연 개방성이 없고, 파찰음과 마찰음은 지연 개방성이 있다.
[설측성(lateral)]: 혀의 양옆으로 기류가 빠져나갈 수 있는 소리이다.
[비음성(nasal)]: 비강으로 기류가 새어나가는 소리이다.
[소음성(strident)]: 좁은 틈을 통해 마찰하는 소리이다.

중요 모음들에 대한 변별자질 목록을 보면 다음과 같다. 모음을 분류하기 위한 조음적 기준들이 변별자질로 도입되었다.

자질＼음소	iː	ɪ	uː	ʊ	ɔ	ɒ	ɑ	ɑː	ʌ	æ	eː	ɛ	ə	ɜː
high	+	+	+	+	−	−	−	−	−	−	−	−	−	−
low	−	−	−	−	−	+	+	+	+	−	−	−	−	−
back	−	−	+	+	+	+	+	+	−	−	−	−	−	−
front	+	+	−	−	−	−	−	−	−	−	+	+	+	−
round	−	−	+	+	+	+	−	−	−	−	−	−	−	−
tense	+	−	+	−	+	−	+	+	−	−	+	−	+	+

개별 음소마다 그것을 구성하는 변별자질들로 치환해서 적을 수 있다. 변별자질을 도입하면, 한 무리로 묶일 수 있는 소리들에 대해 그것들이 왜 비슷한지를 지정해 줄 수 있다. 한 무리에 들어가는 소리들끼리 어떤 차이점을 지니는지에 대해서도 변별자질을 이용해 지정할 수 있다.

비슷한 부류의 소리들은 서로 공유하는 자질의 수가 많다. 대부분의 자질 값이 같으면서 딱 한두 개의 자질 값만 다르게 되면 '자연부류'에 해당한다. 무성 폐쇄음들의 자질 값을 비교해 보자. 한국어의 자음에 대해, '평음-격음-경음'(보통소리-거센소리-된소리)의 소리 구분을 변별자질의 차이로 적어보면 아래와 같다. 그 밑에 표로도 적어 보았다.

/ㅂ, ㄷ, ㄱ/ = [. . . .]
/ㅍ, ㅌ, ㅋ/ = [. . . , + 유기성(aspirated)]
/ㅃ, ㄸ, ㄲ/ = [. . . , + 긴장성(tense)]

	보통소리 ㅂ, ㄷ, ㄱ	거센소리 ㅍ, ㅌ, ㅋ	된소리 ㅃ, ㄸ, ㄲ
유기성	−	+	−
긴장성	−	−	+

자음 전체의 변별자질 목록을 적어 두기로 하자. 다음 표와 같다. 이때 잉여적이거나 중복되거나 당장에 필요하지 않은 당연 정보는 적지 않는 방향으로 한다. 규칙이란 될 수 있는 한 적은 수의 규칙과 적은 수의 자질 값을 사용해 경제성 있게 나타내어야 한다.

자질 ＼ 음소	p	b	f	v	k	g	tʃ	dʒ	ʃ	ʒ	s	z	θ	ð	t	d	h	m	n	ŋ	r	l	w	j
syll	−	−	−	−	−	−	−	−	−	−	−	−	−	−	−	−	−	∓	∓	∓	∓	∓	+	+
cons	+	+	+	+	+	+	+	+	+	+	+	+	+	+	+	+	+	+	+	+	+	+	−	−
sor	−	−	−	−	−	−	−	−	−	−	−	−	−	−	−	−	−	+	+	+	+	+	+	+
cor	−	−	−	−	−	−	+	+	+	+	+	+	+	+	+	+	−	−	+	−	+	+	−	−
ant	+	+	+	+	−	−	−	−	−	−	+	+	+	+	+	+	−	+	+	−	+	+	−	−
cont	−	−	+	+	−	−	−	−	+	+	+	+	+	+	−	−	+	−	−	−	+	+	+	+
nasal	−	−	−	−	−	−	−	−	−	−	−	−	−	−	−	−	−	+	+	+	−	−	−	−
stri	−	−	+	+	−	−	+	+	+	+	+	+	−	−	−	−	−	−	−	−	−	−	−	−
lat	−	−	−	−	−	−	−	−	−	−	−	−	−	−	−	−	−	−	−	−	−	+	−	−
del rel	−	−	−	−	−	−	+	+	−	−	−	−	−	−	−	−	−	−	−	−	−	−	−	−
high	−	−	−	−	+	+	+	+	+	+	−	−	−	−	−	−	−	−	−	+	−	−	+	+
low	−	−	−	−	−	−	−	−	−	−	−	−	−	−	−	−	+	−	−	−	−	−	−	−
back	−	−	−	−	+	+	−	−	−	−	−	−	−	−	−	−	−	−	−	−	−	−	+	−
round	−	−	−	−	−	−	−	−	−	−	−	−	−	−	−	−	−	−	−	−	−	−	+	−
voice	−	+	−	+	−	+	−	+	−	+	−	+	−	+	−	+	−	+	+	+	+	+	+	+

12.9. 음운론적 규칙으로 표시하기

변별자질을 사용함에 의해 발음 현상에 대해 규칙으로 기술할 수 있다. 규칙의 일반적 형태는 다음과 같은 모습이다. 이 규칙 형태에서 하나의 말소리 (또는 말소리 부류로서) A는 X와 Y 사이에서 B로 변한다는 것을 뜻한다.

$$A \rightarrow B \;/\; X\rule{2em}{0.4pt}Y$$

규칙에서 화살표 좌측 요소 A는 본래부터 음소의 지위를 가진다. 화살표 우측 요소 B는 X와 Y 사이라는 환경에 따라 다시 설정되는 소리이다. 여러 가지 발음 현상들은 이처럼 규칙으로 기술된다.

　미국영어 발음의 예를 들어보자. 아주 흔한 동화 현상으로, 치경폐쇄음 /t/가 강세 모음 뒤, 그리고 무강세 모음 앞에 놓이면 유성 탄설음으로 나타난다. 'writer'가 [라이러~에처럼 발음되는 것이다. 원래 'write'와 'ride'는 발음이 다른데, 그것의 명사형 'writer'와 'rider'는 발음이 같아진다. 이것은 탄설음화 규칙의 적용에 의해 발음이 같아지게 된 것으로 설명하면 된다.

　writer가 [raɪɾər]로 발음되는 것에 대해 탄설음화 규칙을 다음과 같이 세운다. 모음 뒤와 무강세 성절음 앞 사이에 /t/가 있을 때 [ɾ]로 동화가 일어남을 뜻한다.

　/t/ → [ɾ] / V＿＿＿ [+syllabic, −stress]

　그리고 rider가 [raɪɾər]로 발음되는 것에 대해서도 마찬가지로 다음과 같은 탄설음화 규칙을 세운다.

　/d/ → [ɾ] / V＿＿＿ [+syllabic, −stress]

　규칙 적용 여부를 아래와 같이 열거해 보았다(X 표시는 적용 환경 안 되는 것을 뜻하고, √ 표시는 적용 환경이 되는 것을 뜻함). write와 ride의 발음이 다른 것처럼, writer와 rider 역시 기저의 음소 표시에서는 다르지만 탄설음화 규칙이 적용되고 난 후에는 /t/와 /d/가 똑같이 탄설음 [ɾ]로 합류하는 현상이다.

	write	writer	ride	rider
음소 표시	/raɪt/	/raɪt + ər/	/raɪd/	/raɪd + ər/
탄설음화 규칙	(X)	⇓(√)	(X)	⇓(√)
음성 표시	[raɪt]	[raɪɾ + ər]	[raɪd]	[raɪɾ + ər]

　이상 /t/와 /d/에 대한 두 개의 규칙을 묶어서 하나로 일반화해서 적으면 아래와 같다.

[+alveolar, +stop] → [ɾ] / V_____ [+syllabic, −stress]

음운 현상을 규칙으로 적으려고 할 때에는, 이미 기본으로 세워진 자질 값에서 예측 가능한 자질 값은 일일이 적지 않아도 된다. 공통점이 있는 음운 현상은 가급적 적은 수의 규칙을 가지고 설명하는 것이 중요하다. 그것은 경제성의 효과이기 때문이다.

한편, 유기음화에 관해 규칙으로 적으면 아래와 같다($는 어절 경계를 표시하며 (C)는 자음 출현이 선택적임을 표시한다). 이 규칙이 뜻하는 바를 말로 풀어서 적으면, "무성 폐쇄음은 강세 모음 (또는 자음 + 강세 모음) 앞에서 음절 첫소리에 나타나면 유기음으로 된다."

[−continuant, −voiced]
→ [+aspirated] / $_____(C)[−consonantal, +stress]

한 무리의 소리들이 겪는 동일한 성격의 음운 현상들을 규칙에 의해 하나로 묶어서 적을 수 있다. 공통점 있는 소리 현상들을 하나로 묶어서 표시하는 것이 음운론적으로 타당하다. 여러 개의 소리 동화에 대해 변별자질을 사용해 규칙들로 적어 주어야 비로소 일반성을 확보할 수 있다. 예를 들면 다음 표에서 보듯이, 조음 방법에 관한 자질 중에 세 가지만으로 다섯 종류의 자음들을 구분할 수 있다.

	폐쇄음	마찰음	파찰음	비음	설측음
[지속성]	−	+	−	−	−
[지연 개방성]	−		+	−	
[설측성]	−	−	−	−	+

조음 위치에 관한 자질로는 [설정성]([coronal])과 [전방성]([anterior])이 있다. [설정성]은 혓날이 중립위치보다 위로 들려 올라가 만들어지는 소리 특질을 나타

낸다. [전방성]은 경구개보다 앞서는 위치에서 만들어지는 소리 특질을 나타낸다.

	양순음	치경음	경구개음	연구개음
[전방성]	+	+	−	−
[설정성]	−	+	+	−

[설정성], [전방성]을 나란히 적으면 위치 동화 현상을 규칙으로 적을 수 있다. 영어의 조음 위치 동화 현상으로 다음 예를 보자. 접두사 'in-'에 들어 있는 음소 /n/의 발음은 바로 뒤에 이어지는 자음과 조음 위치가 동화된다. 즉 다음 예에서 보듯이 /ɪn/은 직후 음절과 조음 위치 동화가 일어나 [ɪn], [ɪm], [ɪŋ] 등으로 나타난다.

- im.possible, im.probable   [ɪm]
- in.direct, in.dependent   [ɪn]
- in.congrous, in.conceivable   [ɪŋ]

/ɪn/을 기본형으로 하고 이것으로부터 규칙을 아래처럼 적을 수 있다.

/ɪn/ → [ɪm] / ___ 양순 자음
/ɪn/ → [ɪŋ] / ___ 연구개 자음

한편 양순음, 치경음, 연구개음을 자질들로 더 나누어 적게 되면 일반화된 규칙을 세울 수 있다. 'in-' 바로 뒤의 자음들을 지정하려면 [전방성, 설정성] 자질값을 병렬해서 표시하면 된다. 표기 규약을 사용하면 규칙을 간결하게 적을 수 있다. [ɪm]의 [m]는 [+전방성, −설정성], [ɪn]의 [n]는 [+전방성, +설정성], [ɪŋ]의 [ŋ]은 [−전방성, −설정성]이다. 이것을 규칙으로 적으면 아래와 같다.

/n/ → [α 전방성, β 설정성] / ___ [+자음성, α 전방성, β 설정성]

규칙 좌측의 입력으로 주어진 소리는 그에 뒤따르는 소리와 [전방성, 설정성] 자질의 값을 공유한다는 점을 간략한 규칙으로 진술한 것이다. 이 규칙에 의해 위치 동화를 지정해 주었다. 위의 경우처럼 알파, 베타 변수를 사용해 값의 가변성을 예비해 두는 것을 알파-표기 규약이라고 부른다.

표기 규약의 종류는 여러 가지 있다. 표기 규약에 대한 상세한 소개는 이 책에서 하지 않았으니, 필요에 따라 다른 참고문헌을 참고할 것을 권한다. 규칙에 의해 말소리 현상을 기술하는 것은 일반성과 경제성을 포착하는 데에 목적을 둔다. 발음 현상을 규칙으로 표시하려면, 각각의 현상에 개입하는 음성적, 음운적 특징을 우선 파악해야 한다.

〈참고문헌〉

Celce-Murcia, Marianne, Donna M. Brinton and Janet M. Goodwin. 1996. *Teaching Pronunciation: A Reference for Teachers of English to Speakers of Other Languages* (10th edition), Cambridge: Cambridge University Press.

Davenport, Mike and S. J. Hannahs. 2005. *Introducing Phonetics and Phonology* (2nd edition), London: Hodder Arnold.

Fromkin, Victoria, Robert Rodman and Nina Hyams. 2003. *An Introduction to Language* (7th edition), Boston: Thomson Wadsworth.

Hewings, Martin. 2004. *Pronunciation Practice Activities*, Cambridge: Cambridge University Press.

Ladefoged, Peter. 1982. *A Course in Phonetics* (2nd edition), New York: Harcourt Jovanovich Inc.

「외래어 표기법」 (문교부 고시 1986년)
「국어의 로마자 표기법」 (문화 관광부 고시 2000년)

13장

시간 속에 흐르는 언어: 기원과 계통

언어는 시간이 흐르면서 변화한다. 시간이 흘러가면 언어도 시간 속에서 흘러간다. 사람은 유한한 삶을 살아가므로 오랜 시간 동안 언어가 얼마만큼 변화하는지를 직접 눈으로 보고 마음으로 느낄 정도로 체험하지는 않는다. 그럼에도 과거로부터 언어는 변화되어 왔고 현재와 미래에도 어떤 방향으로든지 변화되어 나갈 가능성을 안고 있다. 언어 변화는 아득히 먼 옛날부터 세대교체가 거듭하는 가운데 발생하여 왔고 오늘날에도 언어가 변화하는 조짐은 어디에서든 일어나고 있다.

유럽 언어들의 기원적 역사는 비교적 잘 알려져 있다. 대부분의 유럽 언어들은 적어도 6천여 년 전에 존재했을 것으로 여겨지는 인도유럽 공통조어로부터 분화되어 나왔다. 어족(語族) 혹은 어군(語群)이라 함은 친근 관계가 있는 여러 언어를 묶어서 부를 때 사용되는 용어이다. 지구상에는 30여 개 가까운 어족들이 있고 그 안에 포함되는 개별 언어들의 수는 6천 5백여 개 이상으로 보고되어 있다. 우리는 외국어 학습의 필요에 따라 배워 보았거나 해외여행의 체험에 의해 지켜보았던 문명권 언어들의 목록을 어렴풋이 기억한다. 자세히 알고 보면 지구 곳곳에는 참으로 다양한 언어들이 있다.

우리는 지구상 모든 언어들에 대해 역사적 기원을 분명하게 알고 있는 것은 아니다. 기원이 분명하게 알려져 있지 않은 언어들도 있다. 이 책에서 지구상 거의 모든 언어에 대해 일일이 알아보기는 어렵다. 범위를 좁혀 영어를 비롯한 유럽 언어들의 계통을 중심으로 알아보기로 하겠다. 세계 어족들에 관해서는 이 장 뒷부분에서 이름만 들어보는 정도에 그치기로 하겠다. 한편 옛날 한국어의 기원적 계통에 대해서도 알아보는 것이 필요하겠는데 이것은 15장에서 소개할 것이다.

13.1. 아주 오래 전 옛날에

언어의 기원은 어디에서부터 시작되었을까? 직접 보고 듣고 경험해 보지 않은 것이기에 마음속에서 혼자 결정할 문제가 아니다. 그래서 알 만한 사람을 만날 때마다 "언어는 어디에서 생겨난 것인가요?"라고 물어보아도 속 시원한 대답을 듣지는 못한다. 대자연 속에서 바람이 어디로부터 불어와 어디로 불어 가는지를 우리는 정확히 알기 어렵다. 그것뿐만이 아니다. 언어가 언제 어디에서부터 생겨났는지에 대해서도 분명하게 알기는 어렵다.

언어 기원을 따지는 문제는 20세기 언어학에서는 오랫동안 관심 바깥에 머물러 있었다. 생성주의 언어학자 촘스키는 언어 기원을 따지는 것은 완전히 시간 낭비에 불과한 것으로 보았다. 촘스키의 견해에 의하면, 초기 인류의 세포 집합체 내에서 형질 변화가 일어났을 때 그 결과로 언어가 등장한 것으로 추정된다. 인지 과학자 핑커의 견해에서도 언어는 일상적 진화 과정에 의해 생겨난 것으로 여겼다. 이러한 몇몇 견해가 제시되었다고는 하나 현대 과학에서 언어 기원에 대해 엄밀한 증거를 통해 파악한 것은 없다고 말할 정도이다. 그만큼 언어가 가장 오래 전에 어디에서부터 발생되었는지에 관해 오늘날 시대에는 답을 말하려고 해도 막막하기 짝이 없는 문제이다. 여기에서 고고학적 인류학적 증거를 들어 언어 기원의 객관적 증거를 보일 형편이 아니다. 그래도 불명확한 이야기나마 풀어낼 만한 것이 있기는 하다. 필자는 그런 이야기를 바람으로부터 전해 들었다고 말하고 싶다. 명료하지는 않지만 흥미를 가지고 찾아볼 부분은 있다는 뜻에서이다.

그러면 언어 기원에 관해 오래 전부터 '바람이 전해준 이야기'를 슬쩍 들춰 보기로 하자. 우선 신화에서 전해주는 언어 기원에 대해 기억을 떠올려 보자. 성서적 신화의 세계 속에서 바벨탑 이야기가 그 시작이다. 노아의 홍수 이후 메소포타미아 땅에 정착해 바빌론 도시를 건설한 사람들은 하늘에 닿을 수 있도록 높은 탑을 세우기 시작한다. 대홍수 이후 다시는 물로써 세상을 심판하지 않는다는 여호와의 징표는 무지개였다. 그럼에도 하늘나라에 더 가까이 가기 위한 인간의 욕구가 커지면서 불신의 상징으로 바벨탑을 세우던 당시에 세상 사람들은 모두 하나의 언어로 소통하고 있었다.

바빌론 사람들의 지나친 욕망에 대한 징벌로 어느 날 바벨탑이 무너졌다. 「창

세기」 11장 9절에서 전하듯이, 바벨탑 중단과 함께 주어진 징벌로서 사람들은 제
각각 다른 언어를 사용하기에 이른다. 사람들은 언어가 다른 만큼 마음도 제각각
으로 갈라져서 지구상의 여러 곳으로 흩어져 살게 되었다. 여기까지 말해진 바가
누구나 다 한번쯤 들어본 바벨탑 신화의 이야기이다. 성서적 세계관에 의하면,
인간 언어의 분화는 바벨탑 붕괴가 일어난 이후부터이다. 바벨탑의 분열 이후 소
통의 보편성을 잃어버렸다. 인류 언어는 다양해졌으며, 언어들이 서로 영향을 주
고받으며 성장해 나왔다. 바벨탑에서 흩어진 사람들은 달라진 언어를 가지고 정
착 지역마다 문명을 일구어 냈다.

근대 유럽의 학자들 중에 언어의 발생적 기원에 대해 관심을 가지는 사람들이
있었다. 지구상의 가장 넓은 면적에 분포하는 유럽과 아시아 대륙의 다수 언어들
이 모두 하나의 공통어에서 갈라져 나왔다고 보는 견해가 등장했다. 처음에 그것
은 노스트라틱(Nostratic)이라고 이름 붙여졌다. 이 용어의 일부로 들어있는 노스
터(noster)는 라틴어 기원으로 '우리'를 뜻하는 말이었다. 지구상에서 사용되는 언
어들을 주요 어군별로 묶어서 그 역사적 기원을 따져볼 때 거의 2만 5천 년 이상
의 오랜 시간을 거슬러 올라가 노스트라틱이라는 하나의 기원으로 소급될 수 있
다는 것이다. 이런 주장은 그린버그 Greenberg나 룰렌 Ruhlen 등의 학자들이 지
지했다. 그러나 노스트라틱 가설은 과학적으로 직접 증거가 충분하지 않다는 점
에서 실제 존재했음을 믿기보다는 가상적 언어로 받아들이는 것이 적절하다는
견해가 훨씬 많았다.

언어학자들은 기원 전 5천 년보다도 더 앞선 시기에 사용되던 언어의 흔적을
추적하는 데에 한계를 경험했고 새로운 사실을 발견하는 것이 얼마나 어려운 일
인지를 실감했다. 모든 언어는 비록 약간의 예외는 있을지언정 서로 관련되어 있
다는 믿음은 언어 기원에 관한 흥미를 자극해 준다. 최초에 존재했을 기원 언어
로부터 많은 수의 언어들이 갈라져 나왔다는 주장은 풀리지 않는 수수께끼이다.
흥밋거리에 그치고 말아도 된다면 우리는 여러 가지 그럴 듯한 이야기로 언어의
기원을 가공해 낼 수 있을 것이다.

그러나 객관적 증거에 바탕을 두고 인류의 언어적 기원에 대해 선뜻 말할 수
있는 가능성은 정말 희박하다. 아득히 먼 옛날에 사람들이 어떤 말을 하고 살았
는지에 관해 분명하게 알려진 증거는 얼마 되지 않는다. 알 수 없는 부분은 추정

되는 가설을 통해 복원해야 한다. 20세기 인류의 말은 소니 녹음기로 녹취해서 타임캡슐에 담아두는 방법이 가능하지만 원시 인류 사회에서는 녹음기 없는 정도만이 아니라 말을 기록할 수 있는 문자마저 없었으니 오늘날 학문으로도 그 옛날의 말에 접근하는 데에는 한계를 지닐 수밖에 없다.

대부분의 사회에서 '아빠, 엄마'를 뜻하는 말은 아기들이 가장 일찍부터 말하기 시작하는 단어이다. 그렇다고 '아빠, 엄마'가 가장 먼저 생겨난 단어라고 말하는 것은 신빙성이 부족하다. 노스트라틱 기원설이라고 해도 그보다 더 신빙성 있는 것은 아니다. 하지만 언어 역사의 어느 시기에서부터는 실재로 기록되고 확인되는 역사적 사실이 있고 실존했던 사람들의 이야기에 의해 확인되는 부분이 있다. 로마 군대의 전쟁, 예수 탄생, 고대 및 중세 유럽 문명에서 실존했던 사건과 인물을 통해 언어의 과거 역사를 되돌아 볼 부분이 있다.

우선 유럽 대륙 언어들에 대해 그 기원과 계통적 친근 관계를 개괄적으로 알아보기로 하자. 유럽 언어들은 어디에서 왔으며 그 중에서 게르만 제어와 로망스 제어들은 언제 어떻게 나타나기 시작했는가에 관해 살펴보기로 하겠다. 이에 관해 다음 2절에서부터 유럽 언어들의 계통에 대해 돌아보고, 3절에서는 게르만 제어와 로망스 제어의 분화 관계에 대해 알아보기로 하자.

13.2. 유럽 언어들의 계통

언어학자들이 발굴해 낸 증거에 의해 판단해 보건대, 유럽 언어들은 아주 오래 전에는 본래 하나였다. 기원적으로 하나의 공통언어로부터 갈라져 나온 것으로 알려져 있다. 심지어 고대 인도어였던 산스크리트어까지 유럽 언어들과 함께 단일한 공통언어에서 분화되었음이 밝혀졌다. 그래서 유럽 대륙에서 인도 대륙에 이르기까지 공통된 조상 언어를 '인도유럽 공통조어'(Proto-Indo-European)라는 명칭으로 부른다. 혹은 '인구조어'(印歐祖語), '공통인구어' 등으로 줄여서 부른다.

19세기에 유럽 학자들은 유럽 언어들끼리의 기원적 친근 관계에 관해 19세기 이전 시대와는 비교할 수 없을 정도로 신뢰할 만한 연구를 수행하였다. 유럽 언어들 사이의 유사성이 드러났고, 19세기 중후반에 이르기까지 지속적인 연구를 통해 언어들 사이에 혈통적 친근 관계를 과학적으로 규명해 내는 데에 성과를 거두었다. 인도-유럽 언어들은 다수의 어군으로 나누어지는데 여기에 속하는 세부 어군 이름을 들어보자면 켈트 어군, 이탈리아 어군(로망스어군), 발트-슬라브 어군, 게르만 어군, 아나톨리안 어군, 그리스 어군, 인도-이란 어군, 토카리아 어군, 알바니아 어군, 아르메니아 어군 등이 있다. 여기 각각의 어군에 속하는 개별 언어들의 명칭은 이 장의 뒷부분에서 소개하고 있다. 우선 여기에서는 유럽 어군의 기원적 계통에 관해 알아보기로 하자.

단어의 예를 한 가지 들어, 인도유럽 어군의 제반 언어들 사이에 유사성이 있음을 보기로 하자. 다음 표에서, 몇몇 기본 어휘들의 대응 관계에 있어 발음 차이와 철자법 차이가 있기는 하지만 기본적으로 여러 언어들 사이에 규칙적 대응 관계가 있다.

	비교 어휘		
	"father"	"mother"	"brother"
고대영어 (게르만 어군)	fæder	modor	broðor
라틴어 (이탈리아 어군)	pater	mater	frater
고대아일랜드어 (켈트 어군)	athair	mathair	brathir
그리스어 (헬레니아 어군)	pater	meter	phrater
산스크리트어 (인도 어군)	pitar	matar	bhratar
아베스탄어 (이란 어군)	pitar	matar	bratar
러시아어 (슬라브 어군)	otech	matka	brat
아르메니안어 (아르메니아 어군)	hayr	——	——
토카리안어 (토카리안 어군)	pacer	macer	procer
인도유럽공통어 (PIE)	*pəter	*mater	*bhrater

인류 문명사에서 '인구조어'라는 어족은 예수 탄생을 훨씬 앞선 고대에서부터 내려왔다. 북부 유럽에서 빙하기가 지나간 것은 기원 1만여 년 전으로 알려졌으며, 인도유럽 공통조어는 기원전 5천여 년 전에 유럽의 넓은 지역에서 하나의 언어로 사용되었을 것으로 추정되었다. 인구조어는 가상적 언어라기보다는 실제로 존재했을 것으로 보는 견해가 일반적이지만, 그렇다고 해서 증거가 군건하게 확보된 것은 아니다. 원시 시대로 거슬러 올라가면 증거로 삼을 문헌 기록이 전무하기 때문에 과학적으로 입증하기 어렵고 그래서 인구조어를 가상적인 언어로 보는 관점도 한편으로 성립한다. 최소한 기원전 5천 년 이전에 유럽 대륙에서 사용되었던 공통조어를 얼마나 정확하게 복원해 낼 수 있는가 하는 측면에서 발견의 성과나 가치에 대해 학자들마다 의견 차이를 보이는 부분은 있었다. 그래도 어쨌든 인구어 공통조어가 아주 오래 전에 존재했었다는 점은 19세기 유럽의 역사언어학자들에게 당연하게 받아들여졌다.

18세기 이전까지 유럽에서 언어에 대한 연구는 언어마다 개별적으로 이루어졌을 뿐이며 언어들을 서로 비교하는 수준은 아니었다. 중세 시대에는 라틴어를 배우고 연구하는 것이 중요한 일이었지만 여러 언어들 사이의 친근 관계를 비교하는 안목은 없었다. 고전주의 시대에서부터 로망어, 게르만어, 슬라브어 사이에 유사성이 있음이 알려졌는데, 르네상스 이후 고대 그리스어를 재조명하게 되었고, 몇몇 연구자들은 고대 인도어인 산스크리트어를 주목하게 되었다. 역사적으로 아리아인은 이란인과 같은 혈통인데, 기원전 2천 년 경에 인도를 침략해서 산스크리트어를 전파했던 것으로 알려져 있다.

18세기 후반 식민지 인도에 파견된 영국 법관 윌리엄 존스 William Jones는 언어들의 비교 연구를 통해 산스크리트어, 그리스어, 라틴어 등이 소멸되어 버린 원시 언어를 공통된 근원으로 삼아 제각각 분화되어 나왔음을 알아내었다. 그는 산스크리트어 기록 자료를 들어 입증하고 이를 세상에 발표했다. 이 언어들은 기원적으로 친근 관계에 있다는 것이 존스의 핵심 주장이었다. 그리스어는 기원전 8백 년부터 역사적 기록물이 끊어지지 않고 문화유산으로 남겨져 있기 때문에 언어사를 비교하고 복원하는 데에 대단히 중요한 역할을 하는 언어이다. 윌리엄 존스가 산스크리트어 고대 기록물을 그리스어 자료와 비교한 것은 유럽 언어들의 공통어 기원을 밝히는 데에 중요한 단서가 되었다.

유럽 지도를 그려보고 나서 이야기를 계속하기로 하자. 오늘날 국가 경계에 따라 유럽 연합의 지도를 보면 다음과 같다(지도: Kirkpatrick 2007, p154에서).

인구조어는 예수 탄생 이전에서부터 이미 여러 개의 작은 분파 어군으로 나누어져 있었다. 그리스와 로마 시대 이전에 혹은 이후에, 각각의 어군들이 더 세분되어 독립된 언어들로 갈라졌다. 갈라져 나온 어군들로는 게르만 어군, 로망스 어군, 그리스 어군, 켈트 어군, 슬라브 어군, 발트 어군, 알바니아 어군 등이 있다.

인구조어로부터 중간 어족이 분화되어 나온 시기에 관해 추정되는 바를 적어보면 다음과 같다. 연대기의 정확성에 대해 전문적 연구사에서 보면 오차 가능성이 있다. 하지만 언어의 역사를 학습하기 위한 목적에서 보면 이런 연대 구분은 의지할 만한 것이다.

기원전 5천년: 인도-이란 어군(산스크리트-힌디어, 이란어/쿠르드어/페르시아어)

기원전 4천년: 아르메니안 어군, 알바니아 어군

기원전 3500년: 헬레니아 어군, 발트 어군

기원전 3천년: 슬라브 어군

기원전 2800년 전: 켈트 어군, 로망스 어군

기원전 2200년 전: 게르만 어군

13.3. 게르만 제어와 로망스 제어의 분화

유럽 지역 언어들의 계통 전반에 관해 이 책에서 돌아보려면 너무 할 이야기가 많아진다. 그러므로 범위를 좁혀 유럽 어군들 중 게르만 제어와 로망스 제어에 관해서만 더 알아보기로 하자. (1)과 (2)의 구분을 눈여겨보자.

(1) 게르만 어군: 독일어, 영어, 네덜란드어, 스웨덴어, 노르웨이어,
    덴마크어, 아이슬란드어
(2) 로망스 어군: 라틴어, 프랑스어, 이탈리아어, 스페인어,
    포르투갈어, 루마니아어

게르만 어군은 인구조어에서 분기된 이후 2개 어군으로 다시 나누어졌다. 발트해 서쪽으로 서게르만 어군과 발트해 북쪽으로 북게르만 어군으로 양분되었고 이것으로부터 다시 개별 언어들로 나누어졌다. 게르만 제어(諸語 = 언어들)의 분화 관계를 간단하게 적으면 아래와 같다.

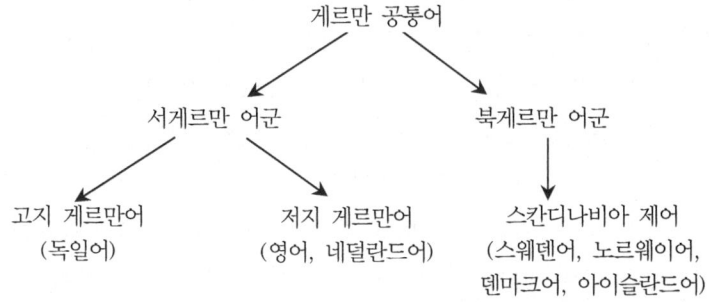

영어와 네덜란드어는 저지 게르만어(Low German)에서 분화되었으며, 독일어는 고지 게르만(High German)어에서 분화되었다. 고지 게르만어는 오늘날 독일 남쪽 지역에서 사용되던 어군을 말하고, 저지 게르만어는 독일 북쪽 지역에서 사용되던 어군을 말한다. 그밖에 고트어, 이디쉬어 등과 같이 소멸해 버린 언어들은 동게르만 어군에 속한다. 고트어를 사용했던 고트족은 발트 해에서 시작해 멀리 떨어진 크림 반도까지 이주했고 그곳에서 7세기까지 고트어를 사용했다. 이디쉬어(Yiddish)는 중세 독일어에 히브리어가 절충된 것으로 동유럽에 거주한 유대인들이 사용하는 언어였다.

게르만 제어(諸語)와 로망스 제어(諸語)는 공통어로부터 분리되어 나온 시기에 있어 차이가 있다. 그것은 고대 유럽의 정치적 상황에서 연유한다. 오늘날 서유럽 국가들이 자리하고 있는 지역의 오래 전 과거를 돌아보자. 기원후 1세기에 로마가 지중해 권역에서 비약적으로 성장하던 시기에 라틴어는 로마 제국에 병합되는 다른 지역으로 세력권을 확대하는 과정에 있었다. 그리고 게르만 부족 사람들은 로마 제국 세력권과 거리를 두고 척박한 기후의 중부 유럽 동쪽과 북쪽 방향에 거주하면서 지역에 따라 여러 가지 개별 언어들로 나누어져 있는 상태에 있었다.

로망스 어군은 인구조어에서 분기되어 나온 이후 라틴어로 결속되어 있다가 남부 유럽 지역의 여러 언어들로 분화되었다. 로망스 어군 언어들은 분화의 시기가 게르만 어군 언어들보다 더 나중에 도래하였다. 이에 대한 이유는 고대 유럽의 정치적 배경에서 찾아진다. 로망스 어군을 대표하는 라틴어는 로마 제국에서 하나의 통합된 언어로 위세를 갖추고 있었고, 로마 제국이 쇠퇴하는 5세기 이후에야 로망스 제어들이 본격적으로 독립하기 시작했다.

한편 게르만 어군에 속하는 영어는 로망스 제어만큼 늦게 분화되어 나온 언어였다. 영어는 앵글로색슨 부족이 사용하는 언어로부터 계승되었으며 4~5세기 무렵에야 고대 언어로서의 원형을 갖추기 시작했다. 게르만 어군에 속하는 또 다른 언어였던 프리지안어만 하더라도 게르만 공통조어로부터 일찍 분화되어 나왔다가 일찍 소멸되어 버렸다. 프리지안어(Frisian)는 앵글스 부족, 색슨 부족, 유트 부족이 사용했던 것으로 알려지므로 고대영어와는 기원적으로 밀접한 언어였을 것으로 고대사 학자들은 추정한다. 그밖에 북게르만어 중에 노른어(Norn)는 북유럽 섬 지역 일원에서 사용되다가 소멸된 언어이다. 또한 북부 게르만 제어들로 스웨덴어, 덴마크어, 노르웨이어는 분리 이후에도 서로 밀접하게 영향을 주고받았다.

성서에서 동방 박사들이 별의 경로를 보고 베들레헴 아기 예수의 탄생을 축하하던 시기에 유럽 지역의 언어 상황은 어떠했을까? 이에 관해 이해하려면 예수 탄생을 조금 앞서는 시기에 성장한 로마 제국의 세력 범위를 알아 둘 필요가 있다. 기원후 1세기 무렵에 라틴어는 로마 제국 내에서 결집된 단일 언어였다. 반면에 그 무렵 게르만 제어는 개별 언어들로 분화되어 있었다. 게르만 언어들은 예수 탄생을 앞선 시대에 게르만 공통조어로부터 분리되어 독립된 방언들로 갈라져 나온 상태였다. 로마 군대의 지도자 쥴리우스 시이저 Julius Caesar(라틴계 발음으로는 '율리우스 카이사르')는 BC 58년 ~ 51년에 갈리아 전쟁을 치르면서 갈리아 지방을 라틴어 영향권에 편입시켰다. 갈리아 지방은 오늘날 프랑스 지역을 말한다.

라인(Rhine) 강은 게르만 제어와 로망스 제어의 작용권이 구별되는 지형적 분기점이었다. 갈리아 전쟁 당시에 게르만 사람들은 라인 강 동쪽 지역에 거주하면서 라인 강 건너 갈리아 지방을 위협하는 존재였다. 시이저의 군대는 라인 강 동쪽을 넘어 게르만 지역을 공격한 적이 있고 바다 건너 영국 브리튼 섬을 공격하기도 하였다. 그러나 로마의 행정권과 군사 지배는 대체로 라인강 서쪽 갈리아 지방과 이베리아(오늘날 스페인) 반도까지에 머물렀다. 그래서 라인강 동쪽으로 게르마니아 지방(오늘날 독일 지역)과 유럽 동쪽 방향에 거주하는 게르만 사람들은 로마의 군사력에 의해 직접 지배되는 영토 바깥에 있었다. 게르만 사람들은 로마 제국 사람들이 사용하는 라틴어와는 종류가 다른 게르만 제어 계열의 방언 언어들을 지역에 따라, 부족마다 차이를 두고 사용하였다.

게르만 제어의 분화 과정은 오랜 기간에 걸쳐 일어났다. 예수 탄생을 적어도 2천여 년 앞선 시기에서부터 게르만 제어는 인도유럽 공통조어로부터 분기되어 나와 '중간 단계의 공통어군'으로 자리하고 있었으며 지역에 따라 방언 차이를 가지고 있었던 것으로 추정된다. 게르만 제어는 기원 원년을 전후한 시기에 방언 차이가 더 깊어져서 서로 호환되지 않는 개별 언어로 분화되어 가는 과정을 겪었다.

로망스 어군은 이탈리아 어군이라고도 불리며 그 중에 라틴어가 가장 앞선 시대부터 전해 내려온 대표 언어였다. 서로마 제국이 5세기 때 게르만 부족들에 의해 멸망되고 난 이후 라틴어가 개별 언어들로 갈라져 나가는 속도가 빨라졌다.

로마가 멸망하자 제국 내에서 특권적 위세를 지닌 언어였던 라틴어는 쇠퇴하여 문헌 기록 위주로 보존되고 문어체 교양 언어로만 학습되기에 이르렀다. 로마 제국의 성장 과정에서 로마 군인들과 로마인들은 유럽의 각 지역으로 진출했으며 이 과정에서 로마 중앙의 표준 라틴어와 조금씩 다른 말을 사용하였다. 이것은 라틴어의 지역 방언으로서 통속 라틴어(vulgar Latin)라고 지칭되었다.

로마 제국의 각 지역에서 사용되는 구어체 방언들이었던 통속 라틴어는 별개의 언어들로 분화되어 나갔다. 이들 언어들을 로망스 제어(Romance languages)라고 부른다. 즉 스페인어, 프랑스어, 이탈리아어 등의 언어들은 통속 라틴어로부터 직접 이어져 나온 로망스 계열 언어들이다. 통속 라틴어는 로마 제국의 각 영지에서 통치자들이 행정어로 강요하였기에 피지배 민족들의 토착어를 소멸시키는 작용을 하였다. 로마 제국의 군대 조직은 라틴어 확산에 큰 역할을 했다. 로마 군인이 되어 로마 시민권을 얻으려면 지역 언어보다는 라틴어를 우선 배워야 했다.

로마 제국 시대에 라틴어 영향권 속에 수많은 지역 언어들은 소멸되었다. 그 중 몇 개만 이름을 들어보겠다. 갈리아 지방의 갈리아어, 프로방스 지방의 프로방스어, 바스크어의 선조 언어였던 아키텐 유럽어, 국경 지방 게르만어 등이 소멸하였다. 스페인 남부와 북아프리카에 걸쳐 사용되던 카르타고어도 로마 라틴어에 밀려 소멸하였다. 로마 제국의 서쪽 지방은 동로마 제국 영토 사람들보다 제국의 결속력이 강했기 때문에 토착 언어를 더 많이 포기하고 라틴어 사용권에 편입되었다.

5세기와 6세기에 걸쳐 게르만 민족을 억제하지 못한 로마 제국이 멸망하면서부터 로망스 제어의 분리가 가속화 되었다. 고전적 표준 라틴어는 로마 제국의 흥망과 함께 쇠퇴하였고, 통속 라틴어의 후속 언어들은 로망스 개별 언어로 분화되었다. 로망스 언어들은 현대에는 유럽 서남부 국가들의 공용 언어들로 계승되어 있다. 로망스 제어로의 분리는 문어와 구어의 대립으로 진행되었다. 로마 제국의 중심 영지 내에서는 공용 언어가 정통적 라틴어의 영향권으로 묶여 있었다. 그러다가 로마가 쇠퇴기에 접어들면서 주변 지역의 라틴어 방언들이 독자적인 정체성을 세우기 시작했다.

로마 가톨릭교회에서 사용되던 공용어는 라틴어였고 종교적 문어체에 있어 고전 라틴어의 위세가 강했다. 이러한 언어 상황에서 구어체 통속 라틴어에서 갈라져 나온 로망스 언어들이 확고한 위치로 자리하기까지에는 상당한 시간이 걸렸다. 로망스 언어로 문헌 기록이 남겨진 시기를 찾아보면, 프랑스어는 8세기, 이탈리아어는 10세기, 스페인어와 포르투갈어는 11세기, 루마니아어는 16세기 등으로 뒤늦게 나타났다.

한편 게르만 제어 중에 가장 오래된 기록으로 남아 있는 것은 고트어 문헌이다. 4세기 경 고트어로 기록된 성서의 일부가 문헌 기록으로 남아 현대까지 문화유산으로 전해졌다. 게르만 부족 이동의 커다란 계기는 중앙아시아로부터 건너오는 훈족의 공격이었다. 훈족의 위협에 자극 받은 서고트족은 다뉴브 강을 넘어 로마 영토를 침범했고 로마시를 직접 공격하기도 했다. 서고트족은 서로마 제국을 멸망시키고 서고트 왕국을 세웠다. 이후 고트어는 7~8세기 무렵에 소멸되어 버렸다. 서고트 왕국은 이탈리아 반도와 이베리아 반도를 포함하는 것이었는데, 5세기에 붕괴된 서로마 제국 영토에 부과된 서고트어가 7~8세기에 소멸된 것은 로망스 언어들과의 문화적 경합에서 우월한 지위를 확보하지 못했기 때문이다. 스페인 여행을 가서 보면 기독교 문화와 이슬람 문화의 공존을 목격할 수 있다. 그것은 서고트족의 이베리아 반도 침입 이후에 생겨난 문화 현상이다. 서고트 왕국이 무너진 8세기 이후 이베리아 반도는 오랫동안 이슬람의 영향을 받았는데 15세기에 이르러서 이슬람 세력을 물리칠 수 있었다.

게르만 부족 이동에 의해 서유럽 세계가 재편성되고 난 이후로는 게르만 계와 로망스 계의 국경 경계선이 희석되었다. 그때부터 중세 봉건국가들의 국경선에 따라 유럽의 문화와 언어 접촉 양상이 형성되는 토대가 갖추어지게 되었다. 로마 제국이 붕괴된 이후 게르만 부족들의 세력 범위가 크게 확대되었다. 그러나 로마 멸망 이후 중세 시대에 이르기까지 언어의 힘에 있어서는 게르만 제어가 로망스 계 언어들을 밀어낼 만큼 영향을 크게 주지는 않았다. 왜냐하면 게르만 사람들은 로마 사람들보다 문화적으로 앞서지 못했었기 때문이다. 21세기 오늘날에도 남부 유럽 국가들의 언어는 로망스 계열이고 중부 유럽 및 북부 유럽 국가들의 언어는 게르만 계열로 분류된다. 이런 경계선은 고대와 중세 시대의 언어 역사에서 연유하는 것이다.

13.4. 계통을 찾는 방법

언어들의 계통을 찾아내기 위해 19세기부터 역사언어학 연구에서 확립된 기준이 있다. 그 중 기본적인 사항들을 적어보면 다음과 같다.

(1) 동원어를 찾아낸다.
(2) 특히 기초 어휘가 많이 일치해야 한다.
(3) 문법 형태소의 유사성을 찾아낸다.
(4) 우연한 유사성을 배제한다.
(5) 언어 접촉에 의한 차용어를 배제한다.

동원어(cognate)란 어원적으로 한 뿌리에서 나온 단어들의 짝을 말한다. 비교하는 언어들 사이에 동원어를 찾아내는 것은 일정한 절차에 따라 수행되는데 이런 절차를 재구(再構 reconstruction)라고 한다. 재구의 목적은 음운 대응의 규칙성을 찾아내려는 것이다. 이것은 친족 관계를 밝히는 데에 아주 유력한 증거이다.

동원어 재구의 예를 한 개 보겠다. 온라인 어원 사전에서 찾아보면(www.etymoline.com), father는 고대영어에서 fæder이었고 게르만조어에서는 fader이었다. 비교 대상이 되는 언어마다 단어 형태를 적으면 다음과 같다.

	'father'	'mother'	'brother'
인도유럽 공통조어	*pəte:r	*ma:te:r	*bʰra:te:r
고대 영어	fæder	mʌðr	brʌðr
고대 그리스어	pate:r	mɛ:te:r	pʰra:tɛ:r
고대 라틴어	patɛr	ma:tɛr	fra:tɛr
고대 슬라브 정교어	___	mati	bratrə
고대 아일랜드어	aθɪr	ma:θɪr	bra:θɪr
고대 산스크리트어	pɪtər-	ma:tər-	bʰra:tər-

19세기 역사언어학자들은 동족어를 밝혀내는 작업을 수행하면서 그 성과로서 언어들 사이에 대응 규칙성을 발견해 내었다. 잘 알려진 예로 '그림 법

칙'(Grimm's Law)이란 것이 나왔다. 1822년에 독일 민속학자 야곱 그림 Jacob Grimm은 게르만 언어들에서 단어 첫머리 폐쇄음은 그 이전 유럽 공통조어에 비해 발음과 철자가 달라진 사실에 주목했다. 여기에는 일정한 규칙성이 있음을 발견하였고 그것을 '그림 법칙'으로 일반화 시켜 설명했다. 그림 법칙의 주요 내역은 이러하다. "게르만 어족에서만 그림 법칙 현상이 일어났고, 로망스어를 비롯한 다른 유럽 어족에서는 그림 법칙 현상이 일어나지 않았다."

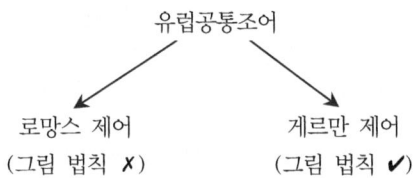

우리는 그림 법칙을 통해, 영어에 일어난 어두 폐쇄음 변화가 라틴어나 스페인어에서는 일어나지 않은 사실을 이해할 수 있다. 예를 들면, 라틴어 pater가 영어에서 father이며, 라틴어 cor가 영어에서 heart에 해당하는데, 라틴어는 단어 첫머리에서 그림 법칙을 겪지 않았으며 기원적인 어두 폐쇄음 p, k(혹은 c)를 지닌다. 반면에 영어는 게르만 어족의 일원으로서 그림 법칙을 겪었기 때문에 단어 첫머리에서 p, k 대신에 f, h로 바뀐 소리를 포함한다. 그림 법칙은 3개의 세부 규칙을 포함한다. 그림 법칙을 적으면 다음과 같다. 여기에서 꺽쇠 기호 '>'는 그것의 왼쪽에서 오른쪽으로 역사적 변화가 일어났음을 표시한다.

(1) 무성 폐쇄음이 무성 마찰음으로 변화했다:
　　p > f　　　　t > θ　　　　k > h (혹은 x)
(2) 유성 폐쇄음이 무성 폐쇄음으로 변화했다:
　　b > p　　　　d > t　　　　g > k
(3) (유성) 유기 폐쇄음이 (유성) 무기 폐쇄음으로 변화했다:
　　bh > b　　　　dh > d　　　　gh > g

여기 3개 법칙에서 각 항목 화살표의 좌측에 있는 소리는 유럽 공통조어에서의 발음을 말하고, 화살표 우측에 있는 소리는 게르만 제어에서의 발음을 말한다. 그림 법칙은 철자에 우선하여 소리에 관한 규칙성을 나타내는 것이다. 발음이 곧 철자로 직결되지 않은 한에서는 소리를 우선시해서 대응 규칙성을 이해하여야 한다.

위의 법칙들에서 꺽쇠 기호는 변화가 일어났음을 뜻한다. 3번, 2번, 1번 순서로 생각해 보면 쉽게 이해할 수 있다. 3번 법칙은 기식성(aspiration) 'h'가 없어지는 변화를 말하고, 2번 법칙은 유성성(voicing)이 사라져 무성음으로 변화함을 말하고, 1번 법칙은 구강 막힘을 수반하는 폐쇄음이 구강 내 마찰음으로 변화함을 말한다. 즉, bh > b > p > f 순서로, dh > d > t > θ 순서로, gh > g > k > h (혹은 x) 순서로 변화한 것이었다.

그림 법칙의 예로 father에서 첫 자음 'f'는 p > f 에 의해 도입되었다. father의 뒷 음절 -th- 철자는 16세기부터 사용되었는데, 많은 단어들에서 -der가 -ther로 변하는 음성추이에 의해 도입되었다. 1500년대 당시의 발음을 철자법에도 유지하고 있는 단어가 있기는 한데 예를 들면 burden, murder 등이 그러하다.

그림 법칙은 왜 우리의 주목을 끄는가? 그림 법칙은 유럽 언어의 여러 분파들 중에서 오직 게르만 제어에서만 (발음 및 철자 변화로) 나타난 현상이었다. 게르만 제어 이외의 언어에서는 그림 법칙을 겪지 않았다. 이 점에 주목해서 게르만 제어 특유의 발음 변화 유형을 확인할 수 있고 게르만 이외 다른 유럽 언어들의 어두 자음과 비교할 수 있다. 다음 단어 예를 가지고 로망스 제어와 비교해 보자.

게르만 제어 중	로망스 제어 중		
영어	라틴어	프랑스어	스페인어
fish	piscis	poisson	pez
three	tres	trois	tres
heart	cor	coeur	corazon

게르만 제어와 로망스 제어는 어두 자음에 있어 분명하게 구분된다. 이것을 간단하게 나타내 보면 아래와 같다.

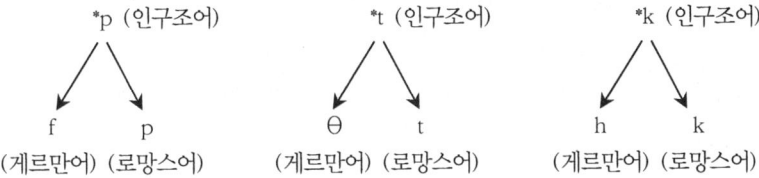

게르만 제어들끼리 어두 자음군이 일치하는 현상에 대해 예를 통해 확인해 보자. 아래에 적은 예는 게르만 제어에 속하는 언어들 사이에서 단어 형태를 서로 비교한 것이다. 단어 첫머리 자음들을 천천히 들여다보면 그림 법칙에 따르는 것임을 이해할 수 있다.

영어	프리지안어	독일어	스웨덴어	덴마크어
boat	boat	Boot	bat	bad
cat	kat	Katz	katt	kat
cow	ko	Kuh	ko	ko
dream	dream	Traum	drom	drom
green	grien	grun	gron	gron
ox	okse	Ochs	oxe	okse
sheep	skjep	Schaf	far	far

기초 어휘의 대응 예를 하나 더 알아보자. 기초 어휘들 중에서 수를 세는 말은 특히 중요한 비교 대상이다. 수를 세는 말은 사람이 생활을 영위하는 데에 워낙 필수적인 표현이므로 수사의 기원은 아주 오래된 과거로 소급된다. 역사언어학자들에게 수를 세는 말은 계통적 기원을 간직하는 증거로 우선 고려되었다. 수사는 문화적 차용이나 언어 접촉에 의해 등장했을 가능성이 낮으며 가장 오래 전 원형적 언어로부터 전해져 내려왔을 가능성이 높다. 그래서 수사의 유사성은 기원을 드러내는 증거가 되고는 한다.

하나부터 다섯까지 수를 세는 단어들을 살펴보면 유럽 언어들 사이에 대응 규칙성이 있다. 다음 예를 보자. 좌측 열의 위에서 아래 방향으로 언어 이름을 적고 맨 위쪽 줄에서 1부터 5까지 적었다. 나라 순서는 알파벳 순서로 배열하였다.

언어	1	2	3	4	5
알바니아어	nje	dy	tre	kater	pese
바스크어	bat	bi	hirur	laur	bortz
카탈란어	un	dos	tres	quatre	cinc
덴마크어	en	to	tre	fire	fem
영어	one	two	threee	four	five
핀란드어	yksi	kaksi	kolme	neliä	viisi
프랑스어	un	deux	trois	quatre	cinq
프리지안어	ien	twa	trije	fjouwer	fiif
독일어	eins	zwei	drei	vier	fünf
헤브루어	eHad	shnayim	shlosha	arba'a	Hamisha
이탈리아어	uno	due	tre	quattro	cinque
라틴어	unus	duo	tres	quattuor	quinque
포르투갈어	um	dois	três	quatro	cinco
루마니아어	unu	doi	trei	patru	cînci
러시아어	odin	dva	tri	chetyr'e	p'at'
스페인어	uno	dos	tres	cuatro	cinco
스웨덴어	en	två	tre	fyra	fem
터키어	bir	iki	üç	dört	beş
웰쉬어	un	dau	tri	pedwar	pump

이상 예들 중에서 기원 불명의 바스크어, 터키어, 웰쉬어 등을 빼고 보면, 대부분 유럽 언어들 사이에는 세는 말에 일정한 대응성이 있다. 이것은 기원적으로 하나의 뿌리에서 갈라져 나왔음을 보여주는 예이다.

대응 규칙성을 찾을 때에 산발적으로 발견되는 우연한 유사성은 배제해야 한다. 한국어의 "하나, 둘, 셋"과 영어 "one, two, three"의 어두음을 억지로라도 비교해 보면 어떨까? '둘'과 'two'는 다 같이 어두 폐쇄음을 지니며, '셋'과 'three'는 다 같이 마찰음을 지닌다. 한국어 '많은'과 영어 'many'의 첫소리는 비음 [m]로 일치한다. 그렇다고 이런 예를 비교 증거로 삼을 수는 없다. 이런 종류의 대응은 우연한 유사성에 불과하기 때문에 이것을 억지로 규칙적 대응이라고 말할 수는 없다.

한편 유럽 언어들을 크게 두 갈래로 구분해서 서방 어군과 동방 어군으로 갈라보는 기준이 있다. 라틴어 시대에 유럽 대륙의 서쪽 지역에서 100을 나타내는 단어는 연구개음 [k]를 첫머리에 지닌 켄툼(centum)이고, 유럽 대륙 동쪽 지역에서 100을 나타내는 단어는 치경음 [s]를 첫머리에 지닌 사템(satem)이었다. 이처럼 연구개음과 치경음의 대응 차이는 일회적인 예로서가 아니라 서쪽 방향과 동쪽 방향의 경계선을 사이에 두고 나타나는 체계적 현상이었다. 이에 주목해서 서방 어군을 '켄툼 어군'이라 부르고, 동방 어군을 '사템 어군'이라고 부른다. 동서 구분에 속하는 고대 어군들의 이름을 열거해 보면 다음과 같다.

(1) 켄툼 어군: 토카리아 어군, 아나톨리아 어군, 헬레니아 어군,
　　　　　 로망스 어군, 켈트 어군, 게르만 어군
(2) 사템 어군: 인도이란 어군, 발트슬라브 어군, 아르메니아 어군,
　　　　　 알바니아 어군

13.5. 계통을 뛰어넘는 언어 접촉: 차용

언어 분화에 의한 유사성과, 차용에 의한 유사성은 그 본질이 다르다. 언어 분화는 기원적 친근 관계에 관한 것이며, 차용은 언어 접촉에 관한 것이다. 기원적으로 언어 계통상의 친근 관계 유무에 상관없이 역사적으로 어느 시기에서든지 긴밀한 접촉 관계를 맺을 수 있다. 즉, 지리적이거나 문화적으로 가깝게 위치해 서로 접촉하면서 영향을 주고받은 결과 생겨나는 변화를 차용(borrowing)이라고 한다.

차용이란 계통 관계와는 무관하게 일어난다. 계통 관계는 가장 오래 전으로 소급된 시점에서부터 출발점을 가지는 것에 비해 차용은 후대(後代, 나중 시대)에 일어난 것이다. 독립해서 갈라져 나온 언어들 사이에도 후대에 언어 접촉이 계속 일어나는 일이 있다. 이것은 계통 관계를 뛰어넘는 언어 접촉이며 그로부터 차용을 가져온다.

차용과 계통적 친근성은 서로 별개의 문제이다. 기원적으로 친근 관계가 있어도 후대에 차용이 일어날 수 있는가 하면, 친근 관계가 전혀 없더라도 역시 차용이 일어날 수 있다. 가령, 영어는 라틴어나 프랑스어와 계통적 친근 관계가 있으

면서 다른 한편으로 후대에도 차용에 의해 영향을 받았다. 영어 단어 중에 paternal과 father를 비교해 보면, father는 기원 단어 pater로부터 형태가 변화되어 father가 된 것이다. 다른 한편으로 paternal은 후대에 다시 차용을 통해 영어로 유입된 것이다. 이미 계통 관계가 있는 단어에 더해, 차용을 통해 또 다른 단어가 자리 잡은 경우이다. 영어에서 프랑스어, 라틴어, 이탈리아어, 그리스어 등에 어원을 두는 단어들은 모두 공통조어에서부터 계승된 것일까? 꼭 그렇지는 않다. 나중 시대에 차용을 통해 유입된 단어들은 공통조어로부터 계승된 것이 아니다.

차용이 일어나게 되면 무엇보다도 단어의 차용이 가장 손쉽게 일어난다. 음운이나 발음의 차용, 문법 구조 또는 문법 형태의 차용은 쉽게 일어나기 어렵다. 가까운 지역에 두 언어가 나란히 있다 보면 언어 접촉이 일어나고 접촉 결과는 차용으로 나타난다. 차용은 보통 문화적 접촉이나 교역을 통해 이루어지기 때문에 상대방 언어의 근본적인 체계를 유입하기보다는 그저 그때그때 필요한 단어들을 가져다가 사용하는 정도에서 일어난다.

차용은 언어사 연구에서는 매우 중시되는 개념이다. 차용이란 역사적으로 볼 때 여러 시대별로 서로 다른 경로를 통해 일어난다. 공통조어로부터의 분화와 후대의 차용은 전혀 별개의 사건이다. 또한 차용어는 친근 관계가 없는 언어들 사이에도 일어난다. 언어들 사이에 정치, 사회, 문화적 변동 요인에 따라 언어 접촉이 일어나면 차용어들이 유입된다. 예시해 보면, 아래 그림에서 A, B, C, D 언어들이 있는데 이 언어들이 공통 기원으로부터 갈라져 나왔음을 나타내기 위해 선을 갈라치기 하는 모양으로 표시하였다.

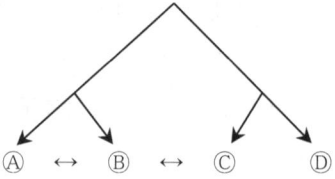

이 중에 B-언어가 A-언어, C-언어와 접촉하는 것은 공통조어로부터 분화되어 나온 시기 이후에서이다. 다른 한편으로 B-언어가 비록 D-언어와 역사적 기원에 있어 친근 관계에 있다 하더라도 분화 이후 현재 시점에 이르기까지 서로 접촉할

기회가 거의 없었다고 가정해 보자. 이런 경우라면 이들 언어 사이에는 차용어 유입이 없었다는 것을 뜻한다.

실제 언어에서 문화적으로 교류가 있는 바에야, 차용이란 언제든 일어날 수밖에 없다. 그런데 나중 시대에 차용이 밀도 높게 일어난 경우에는 차용 관계에 놓인 항목들이 기원적으로 동일 기원에서 비롯된 것이 아님에도 불구하고 마치 동일 기원에서 비롯된 것처럼 보일 여지가 개입한다. 이것은 역사언어학자들이 짊어지는 딜레마이다. 나중 시대 차용은 계통적 기원의 증거가 되지 못한다. 언어의 계통을 밝힘에 있어, 차용에 의한 유사성과 동일 기원에 의한 유사성은 서로 구별되어야 한다.

기초 어휘가 일치하는 비율은 차용을 판단하는 데에 중요한 기준이 된다. 기초 어휘는 외래 언어로부터 차용이 쉽게 일어나지 않는다. 비교 대상 언어들 사이에 차용으로 여겨지는 단어들이 많으면서도 기초 어휘끼리 일치하는 비율이 낮게 나타나는 것은 무엇을 뜻하는가? 그것은 기원적 계통을 공유한다고 보기 어려움을 뜻하는 증거가 되며, 그 대신 나중 시대 언어 접촉에 의해 유사성이 생겨난 것으로 여겨진다. 인간의 기본적 삶과 직접적으로 관련되는 생활 기초 어휘는 사용 빈도가 높기 때문에 외래 언어의 영향에 쉽게 휘둘리지 않는다. 그러므로 기초 어휘에 있어서만큼은 기존 토착어에 이미 존재하는 고유 단어들이 오랜 세월 동안 계승되는 경향이 강하다.

13.6. 세계의 언어들: 계통 분류

지구상에는 거의 30여 개에 가까운 어족들이 있다. 지구촌 광대한 대륙들 권역마다 사람들의 혈통이 다르고 날씨와 식물군이 다를 뿐만 아니라 사용하는 언어가 다르다. 인터넷에서 www.ethonologue.com을 방문하면 세계 곳곳의 언어들을 찾아볼 수 있다. 이에 관해 책으로 출판된 것으로는 고든(Gordon 2005)이 있다.

전 세계 곳곳의 어군 구획에 관해 보고하는 정보는 출처에 따라 약간씩 차이를 보인다. 지구상 언어들의 목록을 대강 적으면 다음과 같다. 이 책에서는 될 수 있는 대로 간결하게 구분해 두었다. 세부적으로는 누락된 분류 항목이 있다.

(1) 아시아대륙 어군:
- 알타이 어군(터키어, 몽고어, 퉁구스어, 한국어, 일본어)
- 피노-우그릭 어군(핀란드어, 헝가리어)
- 고대시베리아 어군
- 에스키모알류드어(북알래스카, 캐나다 북부)

(2) 아시아남방 어군:
- 사이노-티베트 어군(만다린 중국어, 광동어, 미얀마어, 타이어, 티베트어 및 아시아 어군)
- 인도-드라비다 어군(타밀어, 테루구어, 말라야람어)
- 오스트로아시아 어군(베트남어, 캄보디아어, 미얀마어)
- 오스트로네시아 어군(말레이어, 타갈로그어, 자바어, 말라가시어, 사모아어, 마오리어, 하와이어, 타히티어)
- 인도태평양 어군(뉴기니어)
- 오스트레일리아 어군(오스트레일리아 원주민 언어들)

(3) 남부사하라 어군:
- 나일사하라 어군(중앙아프리카와 북중앙아프리카)
- 니제르-콩고 어군(중앙아프리카, 남아프리카): 스와힐리어, 요루바어, 줄루어

(4) 코시안 어군(남아프리카 지역어들)

(5) 마야 어군(멕시코 남부 지역어와 과테말라어)

(6) 아프로-아시아 어군: 고대 이집트어, 쿠쉬틱어, 고대 가나안어-바빌로니아어, 아랍어, 헤브루어

(7) 아메리카인디언 어군: 페누티어, 알콩킨어, 매크로수어, 호카어, 아스텍타노어, 오토밍구어, 매크로치브차 어군, 제파노카리브 어군, 안데스적도 어군

(8) 코카시아 어군: 조지안어, 카바디안어, 체첸어

(9) 인도-이란 어군:
- 페르시아 어군(페르시아어, 아베스탄어, 쿠르드어, 파쉬토어, 화르시어)

- 산스크리트 어군(힌디어, 우르드어, 벵갈어, 구자라트어, 네팔어, 마라디어, 로마니어)
- 켈트 어군(켈트어, 겔릭어, 웰쉬어)
- 토카리아 어군: 토카리아어
- 알바니아 어군: 알바니아어
- 아르메니아 어군: 아르메니아어

유럽 언어들의 목록을 아래에 다시 적어 보았다. 이 분류는 과거에 소멸한 언어들과 현대에 사용되는 언어들을 함께 적은 것이다.

(10) 로망스 어군: 라틴어, 프랑스어, 이탈리아어, 스페인어, 포르투갈어, 루마니아어, 카탈란어
(11) 게르만 어군:
  - 서게르만 어군(영어, 네덜란드어, 독일어, 이디쉬어, 프리지안어)
  - 북게르만 어군(스웨덴어, 덴마크어, 노르웨이어, 아이슬란드어)
  - 동게르만 어군(고트어)
(12) 슬라브 어군:
  - 북슬라브 어군(러시아어, 밸로루시어, 우크라이나어)
  - 남슬라브 어군(불가리아어, 슬로바키아어, 마케도니아어, 세르보어, 크로아치아어)
  - 서슬라브 어군(폴란드어, 슬로바키아어, 체코어)
(13) 발트 어군: 리투아니아어, 라트비아어
(14) 그리스 어군: 고대그리스어, 그리스어, 미케네어
(15) 아나톨리안 어군: 히타이트어

유럽에서 가장 넓게 분포하는 3대 어군은 게르만 어군, 로망스 어군, 슬라브 어군이다. 이에 대한 유럽의 언어 구획을 지도로 보이면 아래와 같다. 가장 어둡게 표시된 부분은 게르만 어군 지역이고, 남부 유럽 쪽에 흐릿하게 표시된 부분은 로망스 어군 지역이다. 유럽 동쪽에 중간 정도 음영으로 표시된 부분은 슬라브 어군 지역이다. 그밖에 어군 지역은 이 그림에서 표시하지 않았다.

　이제까지 우리는 게르만 어군과 로망스 어군에 속하는 언어들에 대해 살펴보았다. 하지만 유럽 언어들의 전반에 걸쳐 알아보지는 못했다. 옛날에 소멸해 버린 언어들을 찾아보거나 현대 언어의 옛날 변천사를 돌아보려면 문화사와 문헌학 지식이 필요하다.

　지구상 언어들을 어군별로 구별해 보면 어군 수만 해도 상당하다. 동일 어군에 속하는 언어들끼리는 유사성이 드러난다. 그러나 동일 어군 언어라고 하더라도 유사성을 언제나 분명하게 드러내는 것만은 아니다. 왜냐하면, 오랜 역사를 거치면서 각 지역마다 언어의 분리, 경쟁, 갈등, 통합의 관계가 끊임없이 반복되었으므로 지구상의 많은 언어들은 계통적 동질성을 순수하게 보존한 것만은 아니다. 역사적으로 고증하는 관점에서 보자면 계통을 논하게 되지만, 실상 많은 언어들은 다른 언어와의 접촉과 혼합을 거듭해서 언어 차이를 보유하게 되었다. 그래서 이런 점에 주목하는 교양인 중에는 계통이 같은 언어를 묶어주는 '어군'이란 용어는 학자들이 만들어낸 가상적 개념일 뿐이라고 비판하는 견해를 보이기도 한다.

13.7. 언어는 왜 변화하며 언제 변화하는가

아주 직설적인 질문을 제기해 보겠다. "언어는 왜 변하는가?" 이 질문에 대해 분별력 없는 답변을 하기보다는 오히려 반어법으로 되물어 보고 싶다. "언어는 왜 안 변하는가? 언어가 도대체 왜 안 변할 수 있다는 것인가?" 사람의 일을 생각해 보자. 사람은 젊은 날에는 실감하지 못하지만 흐르는 시간 속에서 나이 들어간다. 언제나 청춘이고 싶은 마음은 누구나 다 한마음이다. 그럼에도 불구하고 시간이 흐르면 어느덧 나이 들고 조금씩 모습이 변해 간다. 언어도 그렇다. 세월 가고 오랜 역사를 누적하다 보면 언어는 어느덧 옛날과는 크게 다른 모습으로 변화되기 마련이다.

언어 변화는 양면성을 지닌다. 언어는 웬만해서는 변하지 않는 것 같아 보이지만 서서히 변해간다. 이것은 역설적인 말인데 변화의 본질을 지적하는 말이기도 하다. 언어 변화는 묘하게 일어난다. 언어는 한 사람의 일생에서는 거의 변하지 않는다. 한 사람이 살아가는 동안에 다른 사람들과 소통하는 언어는 그 틀이 비슷하며 웬만해서는 변하지 않는다. 가령 어떤 사람이 정체성에 변화를 느끼고 신분적, 계층적 위상에 있어 급박한 변혁을 체감한다고 하더라도 그 사람이 사용하는 언어 자체까지 하루 이틀 사이에 급격하게 변하지는 않는다.

언어 변화는 여러 세대에 걸쳐 서서히 일어난다. 한 사람의 생애에서 느끼지 못하는 언어 변화는 여러 사람들의 누적된 생애에 걸쳐 일어난다. 언어 변화 주기와 사람의 세대교체 주기 사이에는 시간 간격이 서로 다르다. 자기 시대(當代)와 나중 시대(後代)라는 연대기적 구분이 사람에게 부과되는 것과 언어 변화에 부과되는 것에는 시간 간격 차이가 있다. 여러 세대에 걸쳐 변화 조짐이 점진적으로 누적되어 언어 변화가 일어나는 것이기 때문에, 한 개인이 자기 자신의 당대 삶을 살아가는 동안에 마치 언어는 변화하지 않는 것처럼 보일 뿐이다. 그럼에도 언어는 시간이 지나감에 따라 변할 수밖에 없다. 시간의 경과는 언어의 현존하는 모습이 그대로 유지될 수 없게 만든다. 왜냐하면 동시대 사람들끼리 사회적 약속으로 존재하던 언어가 나중 시대 사람들에게도 똑같은 모습으로 전달되는 것은 아니기 때문이다. 새로운 세대 사람들이 언어를 습득함에 있어 문법을 불완전하게 학습하기도 하고 과도한 교정을 일반화해서 사용하기도 한다. 2개 언어 사이에 언어 접촉이 광범위하고 지속적으로 일어나다 보면 궁극적으로 두 언어가 서로 혼합되는 방향으로 변화가 진행될 수 있다.

언어의 지나간 과거 모습을 되돌아보며 언어사를 설명하려는 학자들을 '역사언어학자'라고 한다. 언어의 계통적 관계에 대해 신빙성 있는 증거를 확보해서 알게 된 것은 19세기 이후부터이다. 언어의 역사적 변화를 설명하는 눈을 열어주는 학자 집단으로 19세기에 소장문법학파가 등장하였다. 언어가 규칙적으로 변화해 온 과정이 있기 때문에 그러한 변화 과정을 역사적 증거를 포착하여 복원해서 밝혀낼 수 있다고 보았다. 이런 관점에 기반을 두는 연구는 유럽 언어들에 대해 상당한 성과를 거두었다. 앞에서 소개한 바 있듯이, 그림 법칙을 체계화 시켰던 야곱 그림은 소장문법학파의 일원이었다.

언어사 연구는 문헌 증거를 필요로 한다. 문헌 자료의 보존은 유력한 증거가 되는데, 고대로부터 기록을 남기려면 손으로 새기거나 적는 방법이 전부였기에 문헌을 만드는 것은 힘든 일이었다. 중세 이후 인쇄술 보급이 이루어질 때까지 문헌 기록물은 희소한 것이었으며 역사적 문헌 기록의 상당수는 유실 되었다. 옛날에 문헌 보급은 현대 사회에서 「해리포터와 마법의 돌」, 「해리포터와 불사조 기사단」이 불티나게 팔리는 것과는 비교할 수 없는 일이었다. 문헌 증거의 결핍은 추정과 가설의 단계에서 사실 확증으로 도약하기 위해 문헌학자나 역사언어학자의 통찰력을 필요로 했다.

현대 학문으로의 분화가 미처 이루어지기 이전인 19세기에 역사언어학은 상당히 앞서 있는 학문 분과였다. 19세 후반기에 프랑스 구조주의 언어학자 페르디낭 소쉬르 Ferdinand de Saussure가 등장하였다. 소쉬르가 1913년에 세상을 떠난 이후, 소쉬르 생전에 그의 강의를 들었던 학생들이 강의록을 정리해서 책으로 만들어 냈다. 프랑스어로 출판된 그 책의 제목은 「일반언어학 강의」(Course in General Linguistics)였다. 여기에서 소쉬르가 도입한 개념 중에 랑그와 빠롤의 구별은 유명하다. 언어 변화와 언어의 사회성을 설명하는 데에 랑그(langue)와 파롤(parole)의 구분은 당대에는 혁신적인 개념이었다. 랑그라고 함은 사회 체계 내에서 불변적으로 공유하는 언어 상태를 말하고, 파롤이라 함은 사람들이 언어를 사용할 때 표출하는 가변적 언어 상태를 말한다. 소쉬르의 강의는 구조주의 연구의 기초를 제공하였다. 또한 소쉬르가 수립한 구조주의는 예술, 문예비평, 철학을 비롯해 여러 학문 분야에 방법론적으로 영향을 주었다.

소쉬르가 제시한 관점 중에 공시태와 통시태의 구별이 있다. 이것은 언어 변화를 설명하기 위한 관점에 관한 것이다. 공시태(synchrony)는 한 가지 정해진 시점에서 주어지는 언어 상태를 말하고, 통시태(diachrony)는 연속되는 흐름에서 언어가 변해가는 상태를 말한다. 여러 개의 공시태가 모이고 모여서 연쇄를 이루면 그 전체가 통시태를 이룬다. 한 개인이 살아가는 생애는 길고 긴 역사에서 한 개의 정지된 시점으로 여겨진다. 기원전 게르만 부족들이 로마인의 공격을 받던 시대이든, 예수 탄생과 부활을 바라보던 시대이든, 중국으로부터 차와 비단이 들어오던 시대이든, 언제든지 '그 당시 시대'(當代)는 하나의 공시태이다. 그리고 여러 개의 공시태가 시간의 축을 따라 연결되면 그것이 바로 통시태이다.

언어의 역사적 변화는 계통적 기원으로만 설명되는 것은 아니다. 전 세계 언어들 중에는 계통적으로 기원 불명인 언어들이 많이 있다. 언어 접촉에 의해 주고받는 영향이 역사적으로 축적되어 언어들 사이에 유사성을 드러내는 경우도 있다. 문화적, 사회적, 정치적 이유에서 발생하는 언어 접촉의 가장 일반적 경로는 '차용'이다. 계통적으로 친근 관계가 전혀 없는 언어들이더라도 문화 접촉이 이루어지면 언어적으로도 영향을 주고받는다. 정치적, 경제적 이유가 작용하면 문화 접촉이 더 많이 이루어진다. 이민과 집단 이주, 결혼에 의한 인종 혼혈이 진행되면 언어 접촉이 더욱 밀도 높게 일어난다.

〈참고문헌〉

Bauer, Laurie, Janet Holmes and Paul Warren. 2006. *Language Matters*, New York: Palgrave Macmillan.

Dalby, Andrew. 2002. *Language in Danger*, Allen Lane: The Penguin Press.

Gorden, Raymone G. (ed.) 2005. *Ethnologue: Languages of the World.* (15th Edition), Dallas: SIL International.

Jeffers, R. J. and Ilse Lehiste. 1979. *Principles and Methods for Historical Linguistics*, Cambridge: The MIT Press.

Kirkpatrick, Andy. 2007. *World Englishes: Implications for International Communication and English Language Teaching*, Cambridge: Cambridge University Press.

McWhorter, John. 2001. *The Power of Babel: A Natural History of Language*, New York: Times Books/Henry Holt.

O'Grady, William and John Archibald. 2000. *Contemporary Linguistic Analysis* (4th edition), Toronto: Addison Wesley Longman.

Ruhlen, Merritt. 1996. *The Origin of Language: Tracing the Evolution of the Mother Tongue*, New York: John Wiley & Sons.

Stewart, Thomas W. Jr. and Nathan Vailette (eds.) 1998. *Language Files* (8th edition), Columbus: The OSU Press.

Languages of the World: www.ethnologue.com

14장

영어의 역사

이 장에서는 영어의 기원과 발달 과정에 대해 알아보겠다. 오늘날 세계에서 영어가 차지하는 특별한 위상은 오래된 일이 아니다. 영국의 선단이 세계 곳곳을 향해 항해의 시대를 시작하기 전까지 영어는 영국 섬 내에서만 사용되던 언어였다. 옛날 시대에 사용되던 영어는 현대 영어와는 크게 다른 모습이었다. 고대로부터 현대에 이르기까지 영어가 걸어온 발자취와 변화 경로를 연대기 순서에 따라 알아보도록 하겠다. 그와 함께, 영국에서 영어가 발달하는 과정에서 일어난 역사적 사건과 시대적 배경에 관해서도 부분적으로 돌아보겠다.

14.1. 연대기 구획하기

영어는 고대와 중세 시대는 물론이고 지난 몇 백 년 사이에도 큰 폭으로 변화되어 왔다. 그 변화의 저변에는 정치, 사회, 문화적 요인이 자리한다. 영어의 발달은 고대, 중세, 현대로 삼분되는데 각각의 연대를 구별해서 적어보면, 고대영어 500 ~ 1100년, 중세영어 1100 ~ 1500년, 현대영어 1500년대 ~ 현재로 구획된다.

고대영어가 형성된 시기는 5세기 전후로 알려져 있다. 현대에 이르기까지 영어의 역사는 천년을 훌쩍 넘지만 그래도 유럽의 여러 언어들에 비교해 볼 때에 영어는 상대적으로 짧은 역사를 지닌 언어이다. 고대영어에서 중세영어로 넘어가는 시기는 1066년부터이며, 중세영어에서 고대영어로 넘어가는 시기는 1500년 무렵이다. 이러한 경계선의 시기에는 영어의 변화가 급격하게 일어났다.

비유를 들어보겠다. 가령 어떤 사람이 어저께 밤까지 고대영어 사용자였는데 하룻밤 자고 났더니 바로 그날부터 중세영어 사용자로 바뀌지는 않는다. 사람이 한 평생을 살아가면서 사용하는 언어는 그 특징이 일정하게 유지되며 크게 변화되기 어렵다. 이처럼 한 사람의 생애만을 놓고 보자면 언어 변화는 보이지 않고 느껴지지 않는다. 그렇지만 세대가 거듭 바뀌다 보면 언어는 점차로 변화한다. 영어 역시 오랜 세대에 걸쳐 조금씩 변화되어 나왔다.

즉 언어 변화는 오랜 기간에 걸쳐 점진적으로 일어난다. 그렇지만 길고 긴 역사의 흐름 중에 상대적으로 일부 기간 동안에 급격한 변화가 일어날 때가 있다. 이런 변화를 가져오는 데에는 역사적, 문화적 이유가 언어 외적 요인으로 작용하는가 하면, 언어 그 자체의 변화를 불러일으키는 언어 내적 요인이 작용하기도 한다. 일상의 삶을 살아가는 당대 사람들에게 정치적으로 사회적으로 중요한 사건이 부과되면 언어 변화의 물결이 이전 시대보다 더 빠른 속도로 진행될 수 있다.

정치적으로 보면 영국 섬에 침입해 들어왔던 외래 지배자들로는 로마 군대, 앵글로색슨 부족, 북방의 바이킹 부족, 노먼 왕조가 있다. 영어 발달의 역사에 관해 중요한 사건, 현상, 시기 등에 따라 하나씩 알아보기로 하자. 영국사에서 중요한 연대 몇 개를 우선 여기에 적어 두고 지나가자.

  449년 앵글로색슨 부족의 이주
 1066년 노먼 정복
 1342년 초서 출생
 1476년 캑스튼 인쇄술
 1564년 셰익스피어 출생
 1558년 엘리자베스 1세 즉위
 1600년 동인도 회사 설립
 1620년 청교도 이민자 북아메리카 상륙

14.2. 기원전부터 고대영어 시대까지

영국 땅은 고대로부터 브리튼 섬이라고 불리었다. 앵글로색슨족이 5세기에 브리튼 섬으로 이주해 들어오기 이전부터 고대에 브리튼 섬에 살던 선주민족은 켈트족이었다. 켈트족은 역사적, 고고학적 증거로 볼 때 유럽 대륙에서 브리튼 섬으로 건너갔을 것으로 알려져 있으며 그들이 사용하는 언어는 켈트어였다. 로마의 역사가 타키투스(기원후 1세기)는 영국에 살았던 최초 거주민을 '바바리안'으로 지목할 정도였다. 고대에 야만인을 바바리안이라고 부르는 것은 그들이 사용하는 말에 대한 경멸을 표시하는 것이었다. 바르바르(barbare)는 어원을 찾아보면 '알아들을 수 없는 말을 하는 사람'이었고 지중해 문명권 유럽 사람들의 시각에서 볼 때 북아프리카 이방인들은 '바르바리아'라고 불리기도 했다.

브리튼 섬의 선주민 언어인 켈트어가 고대영어에 끼친 영향은 대단히 미약했다. 영어로 넘어온 켈트어 차용어는 그리 많지 많았다. 켈트어는 로마의 지배를 받는 동안에 라틴어와 함께 사용되었고 로마 군대가 물러간 이후 앵글로색슨족이 이주해 오면서부터는 고대영어와 경합하게 된다. 켈트어가 고대영어 및 중세영어와 접촉하면서 남긴 흔적은 지명에서, 특히 강 이름에서 찾아볼 수 있다. 예를 들면 템즈강(the Thames)이라는 단어는 켈트어에서 영어로 넘어 들어온 것이며 Avon, Wight 등도 켈트어로부터 차용된 단어들이다. 땅 이름으로 London, Dublin, Glasgow, York, Kent 등도 켈트어 기원이다.

기원전 55년에 시이저 군대가 갈리아 전쟁을 치르던 중에 브리튼 섬을 공격했다가 점령하지 못하고 돌아갔다. 기원후 43년에 로마 군대는 영국을 정복하였으며 그때부터 5세기 초까지 영국 땅은 로마의 지배에 놓았다. 로마 지배 기간 동안에 라틴어가 들어왔으나 그 사용이 제한적이어서 토착민들의 켈트어를 밀어내지는 못하였다. 로마 선교사들의 영향으로 켈트인들은 기독교를 받아들였으나 그러면서도 켈트족 특유의 정체성을 유지하였다.

쇠퇴기 로마가 4세기 말에서 5세기 초에 게르만 부족들인 고트족, 프랑크족, 반달족 등에 의해 공격을 받으면서 476년에 서로마 제국이 붕괴되었는데 그에 앞서 이미 400년대 초반에 브리튼 섬에서 로마 군대는 철수하였다. 로마 군대가 돌아간 이후 잉글랜드 지역의 브리튼켈트 부족은 스코틀랜드 지역에서 내려오는 북방 켈트족을 막아내기 위한 방편으로 유럽 대륙에 거주하는 게르만 부족들에게 도움을 청했다. 그러나 이것은 오히려 게르만 부족들이 브리튼 섬에 대규모로 이주하고 침략해 들어가는 역사적 사건으로 이어졌다.

449년에 오늘날 북부 독일과 남부 덴마크 지역에서 바다를 건너 브리튼 섬에 집단으로 이주해 들어가는 게르만 종족이 있었다. 이들 부족의 이름은 앵글스(Angles)와 색슨(Saxons)이었다. 영국 섬의 남쪽 지역을 중심으로 게르만 침입자들이 지배하기 시작했으므로 그들의 새로운 정착지를 부를 때 부족 이름을 따서 'Angle-land'라고 하던 데에서 잉글랜드(England)라는 땅 이름이 생겨났다. 앵글스 부족이 사용하던 언어는 앵글로색슨어라고 부르다가 나중 시대에 '잉글리쉬'라는 이름으로 불리게 되었으므로 앵글로색슨어는 영어의 가장 오래된 고대어에 해당한다. 게르만 침입자들과의 세력 경쟁에서 뒤진 켈트족은 멀리 떨어진 외곽 지역 스코틀랜드, 웨일즈 등지로 밀려났다. 그 기간 동안에 켈트족에 얽힌 서사적 이야기로 아더 왕 전설이 서려 있다. 엑스컬리버에 얽힌 이야기, 원탁의 기사들, 기사 랜슬롯의 충성과 배신에 관한 이야기는 켈트족을 중심으로 하는 역사적 서사극으로 구성되었다.

앵글로-색슨족(Anglo-Saxon)은 300여 년간 안정적으로 영국을 방어하며 생활을 영위하였다. 그러다가 8세기 이후에는 790 ~ 880년 사이에 북방인(Norsemen)이라고 불리었던 스칸디나비아 바이킹의 공격을 세차게 받았다. 스칸디나비아 지역으로부터 건너오는 침입은 바이킹 시대라고 불리는 750년 ~ 1050년 기간 동안에 일어났다. 바이킹(Viking)이라는 말은 해안가에 나타나는 사람들 또는 노르웨이 남쪽 비크(Vik) 지역에서 온 사람들을 뜻했다. '해적'이라는 뜻은 나중 시대에 부여된 것이다. 앵글로색슨 침입자들과 스칸디나비아에서 온 정착자들이 서로 접촉해서 섞여 살아감에 의해 브리튼 섬에서는 게르만어 방언들이 혼합되었다. 이런 과정을 거치면서 고대영어가 여타의 게르만 제어들과 구별되어 나타나게 되었다.

바이킹이 사용하던 언어는 고대 스칸디나비아어였다. 이 언어는 고대북구어(Old Norse)라고도 부르는데 로마 라틴어처럼 단순히 침입자들의 언어로 머물던 것이 아니라 오히려 영국 섬 북부 지역을 위주로 고대영어와 긴밀하게 융합하여 일상적인 말에 수용되었다. 침략해 온 바이킹들은 세금을 거두기만 한 것이 아니라 영국 땅에서 게르만 여성들과 결혼해 정착하기도 하였다. 그래서 고대영어와 고대북구어가 접촉하고 혼합되는 기회가 많았다. 바이킹 부족은 영국 섬의 남쪽 지역으로 내려오면서 교회나 수도원을 침탈하고 불을 지르는 행위로 인해 두려움과 반감의 대상이 되었다. 그러다가 871 ~ 899년 동안에 재위한 알프레드 대왕에 이르러 침략적인 바이킹을 완전하게 물리쳤다.

고대북구어가 고대영어에 남긴 흔적의 예를 몇 가지 들어보겠다. sk-로 시작하는 단어들, 예를 들어 sky, skin, skill, skirt 등은 스칸디나비아에서 영어로 유입되었다. shirt/skirt, shy/scare 등의 예를 들면, 고대영어에서 [k] 소리는 [s]로 시작하는 어두 자음군에서 사라지고 마찰음 [ʃ]로 되었으나, 고대북구어는 [sk] 자음군을 보존하였다. 고대영어에서 shirt는 상반신에 입는 옷으로 [ʃ] 발음이었던 것에 비해, skirt는 [sk] 어두자음을 간직하는 고대북구어에서 고대영어로 차용된 것이었고 그 의미가 변모되어 몸의 하반신에 걸치는 의복을 나타내게 되었다. 마찬가지로 고대영어의 shy에 대해 고대북구어의 scare가 비교된다.

스칸디나비아 고대북구어로부터 영어에 차용된 말은 그 이전 시대 라틴어나 켈트어로부터의 차용과는 성격이 다르다. 라틴어나 켈트어 차용은 본래 영어에는 없는 지명이나 종교 개념을 표시하기 위해 받아들여졌고, 새로운 개념을 표현하기 위한 내용 단어를 차용하는 것이 보통이었다. 이에 비해 스칸디나비아 북구어로부터의 차용은 결혼에 의해 2중 언어 환경에 놓였던 가정생활을 통해 일상 언어생활에 유입되었다.

고대영어 서사시 베오울프(Beowolf)는 8 ~ 10세기에 쓰인 것으로 현대영어와는 아주 많이 다르다. 예를 들어 고대영어 시기에 stān, hām 등으로 표기되어 사용되었던 단어들이 근대 이후 stone, home 등의 단어로 변화되었다.

14.3. 노먼 정복 이후 중세영어 시대: 1066년 이후

1100 ~ 1500년대 무렵에 중세영어는 빠른 변화를 겪었다. 이 시기는 르네상스와 성서 번역, 문예 작가들의 활동, 인쇄술과 영어 표준화 등이 일어났고 이에 관련하는 문화적 요인들이 얽혀 있는 시대였다.

고대영어로부터 중세영어가 구별되는 계기는 노먼 정복(Norman conquest)이라는 정치적 사건에서 일어났다. 노먼 정복은 1066년에 일어났는데 그때부터 줄곧 고대영어를 크게 흔들어 놓은 계기가 되었다. 즉 1066년부터 중세영어의 기산점이 시작되었다. 노먼 정복을 일으킨 노먼(Normans)족은 본래 바이킹의 후손으로 10세기경에 프랑스 해안가에 정착했다. 그들은 노르망디(Normandy)라고 지명이 알려진 지역에서 프랑스어를 사용하면서 작은 왕국을 건설해 살았으며 노먼 정복 이후 영국 왕실로 건너갔다.

노먼 정복에 의해 프랑스계 영국 왕실이 등장하고, 이로부터 프랑스 문화와 프랑스어의 유입이 가속화 되었다. 정치적으로 보면 노먼 정복의 발단은 왕위 계 승권을 둘러싼 분쟁에서 시작되었다. 영국 왕 에드워드 사망 이후 귀족들은 해롤 드를 왕위 계승자로 정한다. 그러나 왕위 승계를 약속 받았다고 주장하는 노르망 디 소왕국의 지배자 윌리엄 노먼 William Norman 공의 군대가 1066년에 바다를 건너와 영국 섬을 침공했다. 해안가에 상륙하고 나서 여러 날 뒤 해스팅스 지역 에서 벌어진 전투에서 노먼 군대는 승리를 거두었다. 그 직후에 윌리엄 노먼은 런던으로 가서 웨스트민스터 사원에서 영국 왕에 즉위했다.

노먼 정복 이후 노먼 왕조가 150여 년 동안에 걸쳐 영국을 (프랑스 내의 노르 망디 봉토와 함께) 통치한다. 그래서 1066년 이후 영국은 300여 년간 프랑스어 영향을 강하게 받았다. 프랑스어를 말하는 영국 국왕이 영국인에게 상류 언어로 사용하도록 부과한 프랑스어는 '노먼 프랑스어'였다. 노먼 프랑스어는 파리 프랑 스어와는 구별되는 말이었다. 이후로 영국에서는 3개 언어 공용 상태가 전개되었 다. 노먼 왕조에서 왕실 공식어로 노먼 프랑스어가 사용되고, 영국 교회에서는 라틴어가 사용되고, 일반 민중들은 중세영어를 사용하였다. 이러한 3개 언어의 복합 작용 속에서 프랑스어 단어가 아주 많이 영어로 들어왔다. 프랑스어는 문화 적으로 앞선 언어였으며 프랑스어로부터 많은 수의 차용어가 영어로 유입되었다. 프랑스어는 영국의 법정에서 학교에서 의회에서 그리고 교회에서 특권적인 언어 였다.

1204년 영국 왕 존 John이 프랑스 왕에게 노르망디 봉토를 상실하고부터는 프랑스어에 대한 적개심이 생겨나기도 했지만, 그때까지 영국 노먼 왕실에서 사 용하던 '노먼 프랑스어'는 파리 방언 중심의 표준 프랑스어와는 차이가 있었다. 백년 전쟁이 일어난 이후에도 영국 사회에서 프랑스어가 중요성을 아주 잃어버 린 것은 아니었다. 노먼 왕조가 가지고 온 노먼식 프랑스어 말고도 파리 프랑스 어에서 영향을 받은 말이 중세 시대 오랜 세월 동안 귀족들 사이에서 특권적 언 어로 사용되었고, 연인들 사이에서 속삭이는 언어로 사용되었다.

14.4. 후기 중세영어 시대: 1200 ~ 1450년

  프랑스어의 유입은 영국 왕 존이 토지를 상실하고 영국과 프랑스 사이에 반목하던 1200년대 이후에도 1450년대에 이르기까지 지속되었다. 프랑스에서 땅을 잃은 영국 왕족은 영국 내에 완전히 정착하면서 프랑스어보다는 영어를 주로 사용하게 되었다. 하지만 어떤 말을 하려고 해도 그것을 정확히 표현할 말이 그때까지 영어에 없는 경우에는 프랑스어 단어를 사용하였다. 사회적으로 신분 상승을 원하는 일반인들도 그들이 열망하는 상위 계층의 말을 따라 프랑스어 단어들을 사용하게 되었다. 영어학자 예스페르센 Jespersen의 보고에 따르면, 중세영어 시기에 프랑스어로부터 유입된 차용어의 수는 1만여 개에 달하며 그 중 75% 이상은 오늘날까지 사용되고 있다. 노먼 정복 이후 프랑스어 차용으로 인해 영어의 전체 단어 수는 3만 5천 개에서 4만 5천 개로 늘어났다.

  특히 종교, 행정, 법원, 군사 등에 관련하는 프랑스어 차용어가 많았고, 음식, 패션, 교육 등에 걸쳐 프랑스어 차용어가 많이 들어왔다. 차용을 통해 들어온 프랑스어 단어가 기존의 영어 단어와 뜻이 비슷할 경우에, 프랑스어는 더 세련되거나 복잡한 의미를 전달하는 방향으로 사용되었다. 예를 들면, smell은 '냄새'이고 perfume은 '향취'인데, 중세영어 smellen에서 변화된 smell에 비해 '더 고상한 냄새'를 지칭하는 단어 perfume은 프랑스어 parfum에서 차용해 온 것이다.

  프랑스어 차용어의 예를 영역 별로 몇 개씩 적어보면 이러하다.

- government: parliament, minister, territory, people
- finance: treasure
- military: peace, battle, captain
- law: judge, court, prison
- arts: tragedy, comedy, ballad, artist, dance
- medicine: surgeon
- cuisine: dinner, super, sauce

  이원적 어휘 층이 세워지는 경우가 생겨났다. 가축에 관한 단어 예를 보자.

가축을 키우는 일은 하류의 힘든 일이고, 식탁 위에서 육류 요리를 즐기는 것은 상류적이지 않은가! 음식으로 육류를 먹는 입장에서 프랑스어 단어를 차용해서 사용하였다. 반면에 가축을 키우는 입장에서 짐승 이름을 지칭하는 데에는 영어에 본래 있는 단어를 사용하였다. 그래서 다음 같은 단어 구별이 만들어졌다. 다만 chicken이나 lamb의 경우는 이런 구별이 없을 뿐이었다.

- 육류 지칭하는 말: beef, veal, mutton, pork, venison
- 짐승 지칭하는 말: cow, calf, sheep, pig, deer

고대영어 굴절 변화가 1200 ~ 1400년 사이 200여 년 기간 동안에 급격하게 사라졌다. 고대영어에서는 굴절 변화가 잘 지켜지면서 어순 배열이 유동적이었던 것에 비해, 중세영어 이후로는 고정된 어순을 취하면서 굴절 변화가 최대한 단순화 되었다. 영어에서 굴절 변화 단순화가 일어난 이유에는 여러 가지가 있다. 영어의 굴절 변화가 단순화 된 이유를 말하는 것은 그 자체로 영어사의 큰 줄기를 설명하는 것이기도 하다. 이 책에서는 단순하게나마 몇 가지 이유를 언급하고 지나가도록 하자.

첫째, 영어는 다른 인구어에 비해 굴절 접사의 수가 제한되어 있었다. 서로 다른 격을 표시하는 데에 한 가지 굴절 접사 형태를 두 번 이상 겸해서 사용하는 방식으로 굴절 접사를 적게 사용하였다. 고대영어의 굴절 체계는 부족한 요소들이 있었기에 굴절 접사만으로는 문법적 기능을 모두 구분해 주지 못했다.

둘째, 고정된 어순이 고대 영어 시기에 나타나면서, 굴절 접사로 전달하던 정보가 어순에 의해 전달되는 방식으로 바뀌었다.

셋째, 외래 언어로부터 수많은 차용어의 유입은 굴절 접사를 단순화 시키는 데에 영향을 주었다. 너무 많은 차용어가 여러 언어로부터 들어오다 보니 수많은 단어들의 굴절 형태가 서로 달라서 일상생활의 사용에 부담을 주었다. 그래서 굴절을 단순화 하는 방향으로 변화되었다.

넷째, 전치사를 비롯한 불변화사 용법이 증가하였다. 고대영어에서부터 있어 왔던 전치사를 (예를 들면 among, along, with, behind) 더 많이 사용하게 되었다. 또한 새로운 전치사를 (예를 들면 above, out of, onto) 만들어 냈고 외래 언어로부터 새로 받아들인 전치사를 (예를 들면 프랑스어로부터 according to, during, around, 라틴어로부터 except) 사용하였다.

마지막 다섯째, 굴절형태소들은 비강세음이 대부분이라 청각적으로 불분명하게 들리었다. 이것은 학습자들에게는 부담을 느끼게 하는 것이었으므로 그 부담을 해소하기 위해 굴절을 없애는 방향으로 변화가 일어났으리라고 추정된다.

이상에서 정리한 것처럼 불변화사 유입, 여러 언어로부터 차용어 유입, 고정어순 고착화 등이 일어났다. 이러한 요인들 때문에 굴절에 의한 어형 변화를 단순화시키는 방향으로 영어가 변화되었다.

중세영어의 형성에 작가의 영향을 빼놓을 수 없다. 중세영어 시대를 대표하는 가장 걸출한 시인이 14세기에 등장하였다. 그의 이름은 저프리 초서 Geoffrey Chaucer였다. 초서가 구사했던 영어는 '초서 영어'라고 이름 붙여졌다. 그가 살았던 시대에서부터 많은 사람들이 초서의 글을 모방하려 했기 때문에 초서 영어는 영어 발달에 큰 영향을 주었다. 초서가 사용했던 표현들은 14세기 당시까지 영어가 변모된 모습을 지극히 잘 보여주는 것이었다. 초서 자신은 르네상스의 한 가운데를 살았던 인물로 평가받는다. 그는 1342 ~ 1400년에 생존하였고 왕실 궁정 시인으로 일했다. 프랑스 중세 운문, 이탈리아 르네상스 산문에 영향을 받았고 상상력의 재능을 문학 언어로 표현하였다.

초서의 대표작은 「캔터베리 이야기」(Canterbury Tales)이다. 이것은 대중에게 친근한 영웅담을 이야기로 풀어냈으며 프랑스어와 영어를 절묘하게 배합해서 사용하였다. 「캔터베리 이야기」의 서두에서 여덟 줄만 적어보면 다음과 같다. 4월에 비 내리는 이야기로부터 시작한다.

Whan that Aprille with his shoures soote
The droghte of March hath perced to the roote
And bathed every veyne in swich licour
Of which vertu engendred is the flour
Whan Zephirus eek with his sweete breeth
Inspired hath in euery holt and heeth
The tendre croppes and the yonge sonne
Hath in the Ram his half cours yronne

이상의 글은 각 줄마다 적어도 한 개쯤은 프랑스어 단어를 포함하고 있다. 여기에 나타난 April, March, perced, veyne, licour, vertu, engendred, flour, inspired 등의 단어들은 프랑스어에서 가져온 말들이었다. 위의 글에 대한 현대 영어 번역은 다음과 같다.

When April with its sweet showers
has pierced the drought of March to the root
and bathed every vein in such liquid
from which strength the flower is engendered
When Zephyrus also with his sweet breath
has breathed upon in every woodland and heath
the tender shoots, and the young sun
has run his half-course in the Ram,

캔터베리는 1170년 캔터베리 성당에서 대주교 베케트가 순교한 이후 순례자들의 성지가 되었다. 「캔터베리 이야기」는 14세기 후반 초서가 형상화 시킨 작품으로서 캔터베리 성지로 함께 떠나는 순례자들의 모습과 그들의 일상사를 그려내었다. 런던과 캔터베리 사이의 거리는 50마일 남짓에 불과한 거리이지만 순례자들은 목적을 가지고 길을 떠났다. 캔터베리로 걸어가는 길은 마치 새로운 봄의 풍경처럼 순례의 새롭고 신선한 시작을 암시하는 것이었다. 이것은 초서가 구사한 다양한 표현에 의해 형상화되었다. 초서의 글은 14세기 사람들이 일상적으로 사용하던 말을 잘 드러내 주었다. 당대 사람들이 웃으며 담소를 나누고 농담을 하고 언쟁을 벌이며 불평하고 서로를 비난하는 방식을 초서는 생동감 있게 표현하여 주었다.

초서는 영어와 프랑스어를 섞어서 글을 적었다. 그리고 중세 런던과 왕실 중심의 영어를 사용하였다. 작고 감미롭고 부드럽고 낯선 존재들을 묘사하기 위해 다양한 형용사를 배열해 나타내었고 이를 통해 지치고 흔해 빠진 일상사를 벗어나게 해 주는 문학 세계를 동시대 사람들에게 펼쳐 보였다. 초서가 의도했던 주제는 언어의 다양성을 동원해 낡은 세계를 새롭게 보여주는 것이었다.

14세기 후반에 존 위클리프 John Wycliffe는 라틴어 성경을 영어로 번역하였다. 중세 후기 영국 사회에서 로마 가톨릭교회는 사회적 권위를 지니고 있었는데 그때까지 영국에서 성서는 라틴어로만 기록되어 있었다. 대부분 영국 사람들은 라틴어 성서를 혼자 힘으로는 읽을 수 없었고 라틴어를 잘 배운 사제들만이 신의 언어를 라틴어를 통해 평신도에게 전달해 왔었다. 라틴어만이 하늘의 음성을 전달하는 매개 언어였다. 위클리프의 작업은 직접 번역에 가까웠으므로 라틴어 흔적을 짙게 간직하고 있었다. 위클리프 번역 성서에서 창세기 시작 부분에 대한 번역문을 아래에 적어 보았다. NIV 영문 성경으로 옮겨 보면 그 아래와 같다.

In the bigynnyng God made of nouyt heuene and erthe.
Forsothe the erthe was idel and voide,
and derknessis weren on the face of depthe;
and the Spiryt of the Lord was borun on the watris.
And God seide, Liyt be maad, and liyt was maad.

In the beginning God created the heavens and earth.
Now the earth was formless and empty,
darkness was over the surface of the deep,
and the Spirit of God was hovering over the waters.
And God said, "Let there be light," and there was light.

위클리프가 추구했던 일은 로마 교황의 권위에 대한 도전으로 몰렸다. 1382년에 종교 회의에서 위클리프의 언행을 이단으로 규정하고 번역 성경을 금지했다. 위클리프는 질병으로 세상을 떠났는데 사후에도 가톨릭교회의 비난을 받았다. 14세기에 초서 시인의 「캔터베리 이야기」는 수많은 사람들을 재미난 세상으로 인도했다. 그러나 그 당시 영국 교회에서만큼은 영어가 주축 언어로 성장하는 것을 받아들이지 않았다. 위클리프 성서는 암암리에 유포되어 읽혀졌다. 가톨릭교회의 시각에서 볼 때 라틴어는 신성하고 절대적인 언어였는데 위클리프의 급진적 시도는 보편 교회의 신성한 목소리를 위협하는 것으로 여겨졌다. 위클리프의 성서 번역은 그 시대의 가톨릭교회로부터 인정받지 못하고 이단으로 비난을 받았지만 영어 발달에는 중요한 기여를 하였다.

한편 인쇄술 보급은 중세영어 시대를 마감하고 르네상스 문예부흥기의 서막을 열어주었다. 구텐베르크의 활자 발명(1452년)에 뒤이어 윌리엄 캑스튼 W. Caxton이 1476년에 인쇄술을 도입하였다. 윤전 기술을 사용해 제작한 서적이 보급되기 시작하였으며 이때 인쇄를 위한 표준적 언어로 런던 중심의 영어를 채택하였다. 중세 시대까지 라틴어, 그리스어, 프랑스어 등으로 기록되어 있던 문헌들을 영어로 번역해서 인쇄하려고 할 때, 캑스튼은 철자를 결정해야 하는 작업에 직면했다. 초서를 비롯한 영국 작가들의 문헌을 인쇄하기 위해 어떻게든 표준적 철자법을 결정해야 했다. 캑스튼은 1400년에 사망한 초서의 철자 방식을 수용하려고 했다.

14.5. 르네상스 시대를 거치며: 1450 ~ 1600년

이제부터는 르네상스를 거치며 초기 현대영어로 넘어오는 단계에서 일어난 변화 양상을 살펴보기로 하자. 튜더 왕조의 등장 이후 엘리자베스 1세에 이르러 영어는 문예와 문화를 나타내는 언어로 자립하기 시작했다. 대학 교육을 받은 사람들은 그리스어, 라틴어에 익숙했으며 르네상스 시대 학문 주제를 취급하기에는 특히 라틴어가 제격이었다. 영국의 르네상스 시기는 1450년 ~ 1650년의 200여 년을 말하는데 이 시기에는 유럽의 여러 언어로부터 차용어가 많이 유입되었다. 라틴어, 그리스어, 프랑스어, 이탈리아어, 스페인어 등으로부터 차용어를 많이 받아들였다. 이들 단어들은 영어에는 아직 없는 개념을 나타내기 위해 신어로 도입된 경우가 많았다.

르네상스 시대에 외부 언어들로부터 영어에 들어온 차용어들은 주로 글을 쓸 때에만 사용되었기 때문에 '잉크병 단어들'(inkhorn words)이라는 별명으로 불리었다. 르네상스 시대에 대략 1만여 개의 잉크병 단어들이 영어에 유입되었으며, 그 시절에 '잉크병 단어'라는 명칭은 현학적이고 모호하다는 점을 뜻하는 말이었다. 셰익스피어 Shakespeare는 잉크병 단어들을 많이 사용하였다. 잉크병 단어들은 문예 작품에서 문어체 표현으로 사용되었으며, 이후 많은 사람들이 셰익스피어의 문체를 모방하여 영어 표현을 사용하였다. 문어체 잉크병 단어들을 일상생활의 구어체 표현에도 확산시켜 사용했다. 그러다 보니 낯설었던 차용어들이 어느덧 자연스럽게 영어의 단어로 자리를 잡게 되었다. 셰익스피어는 풍부한 표현력을 가지고 있었기 때문에 심지어 다른 사람들은 사용해 본 적이 없는데 셰익스피어 혼자서만 사용하는 단어도 있었다. 그는 멋들어진 단어를 만들어 냈으며 그가 혼자서만 사용한 단어들로 soilure(얼룩), tortive(비틀어진), vastidity(거대함) 등이 있을 정도였다.

영국의 르네상스는 15세기 후반 헨리 8세의 즉위 이후 시작되어 엘리자베스 여왕 시대에 절정을 이루었다. 엘리자베스 시대에 민족국가로서의 성장은 영어에 대한 자부심을 높여 주었다. 16세기 초반 헨리 8세가 영국 교회의 수장이 되어 로마 교황의 영향권에서 벗어난 이후, 성서가 영어로 번역됨에 따라 교회에서도 라틴어 대신 영어가 공용어로 사용되기 시작했다. 유럽에서 마르틴 루터 M. Luther는 1517년 종교 개혁 논쟁을 이끌어 들이고 신약 성서의 독일어 번역을 수행했으며 루터파 교회를 성립시켰다. 이러한 시대 흐름에서 16세기에는 영국에서도 영어 번역 성서가 여러 종류로 만들어졌다. 그 중에서 1611년에 출간된 킹 제임스 성서(King James Bible)는 공신력을 얻었으며 그 시대 영어 발달에 영향을 주었다.

르네상스는 영어 발전의 토양이었다. 인본주의에 의거해서 고전 작품을 번역하는 작업이 활발하게 이루어지면서 영어의 문체가 발전하였다. 르네상스를 거치면서 표준영어에 대한 인식이 생겨났다. 표준영어 등장의 중요한 배경에는 인쇄술 보급이 있었다. 영국에서 15세기 후반부터 런던을 중심으로 하는 동중부(the East Midland) 방언이 인쇄술 보급에 힘입어 영국 전역으로 확산되어 갔다. 구텐베르크의 활자 발명(1452년) 이후 캑스튼이 도입한 인쇄술에 의해 윤전 기술을 사용한 서적 보급이 많이 이루어지는데 이때 런던 중심의 영어를 채택하였다. 캑스튼은 1476년에 인쇄소에서 책을 출판해 판매하였다. 캑스튼이 인쇄소에서 활판으로 인쇄한 출판물이 보급되면서 문어체 영어가 표준화 되었다. 인쇄술에 힘입어 많은 사람들이 서적을 구입해 볼 수 있었고, 이 과정에서 지역마다 방언 차이가 있다는 사실이 사람들의 관심을 끌게 되었다.

서적 보급이 활성화되던 시기에 중간 계층 사람들은 책을 구입할 기회를 얻기 시작했는데, 상류 계층에 비해 라틴어나 프랑스어의 고전 교육을 충분하게 받지 못했기 때문에 영어 책을 선호하였다. 이 과정에서 그리스어, 라틴어 계열의 고전들이 영어로 번역되었다.

　십자군 전쟁 이후로, 런던은 항구 도시이며 정치, 경제, 문화의 중심지가 되었고, 르네상스 이후 영국에서 방언 차이가 줄어들었다. 이 시대에 영어는 초서를 비롯한 동중부 지역 출신의 작가들이 사용하는 언어에 영향을 받았고, 이후 옥스퍼드와 캠브리지 대학의 지성적 언어 공동체로부터 사회적 영향력이 전파되었다.

14.6. 대모음추이와 셰익스피어

　셰익스피어 W. Shakespeare는 초기 현대영어 시대를 살았던 인물이다. 언어의 힘을 빌려 비극의 드라마를 만들어 내었기에 '비극의 연금술사'라는 별명이 어울리는 극작가이다. 「햄릿」, 「맥베스」, 「오셀로」, 「리어왕」 등의 4대 비극이 손꼽힌다. 극(劇) 중에서 그 유명한 인물 '햄릿'은 아무런 결정도 내릴 수 없는 젊은 사람으로 등장했다. 햄릿이 던진 은유적 표현은 현대 사람들에게도 힘든 삶을 상징하는 말로 인용되고는 한다. 그밖에 「한여름 밤의 꿈」은 셰익스피어가 살았던 시대의 연극 무대에서 연출 되었다. 이 작품에서 셰익스피어 언어는 진실한 사랑 앞에서 번뜩이는 꿈과 우습게 눈물 흘리는 현실을 수놓았다.

　1450년 무렵부터 이후 2백여 년에 걸쳐 대모음추이(the Great Vowel Shift)라는 중요한 발음 변화가 일어났다. 셰익스피어 작품 활동 시대와 대모음추이 시기의 선후 관계는 영어 발달사를 이해하는 데에 중요한 의미를 갖는다. 철자법 차이에 관해 가장 중요한 전환점을 보여주는 계기가 이 무렵을 전후해 생겨났기 때문이다. 셰익스피어는 1564년에 출생하였으며 대모음추이가 거의 완성되어 가던 시절에 활동하였다. 대모음추이는 1450 ～ 1650년 사이에 일어난 변화로서 모음을 발음하는 방식을 전체적으로 변화시켰다. 특히 장모음 발음의 변화가 크게 일어났다.

　대모음추이는 중세영어로부터 초기 현대영어로 발달하는 역사에서 가장 중요한 변화였다. 셰익스피어가 활동하기 이전에 중세영어 시대가 이미 마감되었던 것인데 이런 시대 구분의 분기점은 대모음추이에 의해서였다. 다음 그림은 바이넌(Bynon 1977, p82)에서 가져온 것인데, 7개의 장모음이 제각각 한자리씩 조음 위치가 위쪽으로 올라갔음을 보여준다. 좌측 삼각도는 모음추이 일어나기 이전의 장모음 체계를 나타내며, 우측 삼각도는 모음추이 일어난 후의 장모음 체계를 나타낸다.

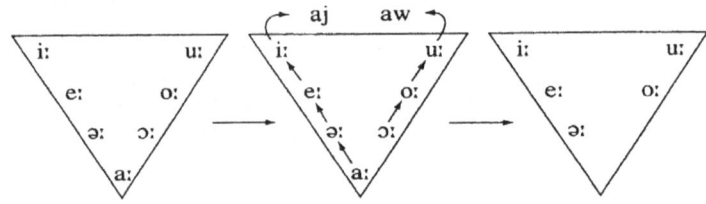

위의 모음삼각도에서 화살표가 나타내듯이 아래 위치에 자리하는 모음은 위로 밀고 올라가고, 위의 모음은 바로 아래 모음을 끌어올리고 밀려나는 방식인데, 그중 가장 높은 고모음 [iː]와 [uː]는 더 이상 올라갈 조음 위치가 없으므로 그 대신 이중모음 [aj]와 [aw]로 바뀌었다. 이와 같이 밀고 당기는 연쇄 모양으로 모음 체계 변화가 일어남에 따라 모음 철자를 소리 내어 읽을 때에 소리 값이 바뀌었다. 이런 변화는 발음을 할 때 입을 조금씩 적게 열어 발음하는 습관이 확대되어 모음 체계를 바꾸어 놓은 상태에 도달한 것이다.

대모음추이는 발음과 철자법 사이의 간격을 벌어지게 만들었다. 예를 들어, mice라는 단어는 중세시대에는 [미ː스]로 읽었던 것인데, 대모음추이가 일어난 이후 [이ː]는 조음 위치가 (더 이상 올라갈 수 없는 고모음이므로) 이중모음화 하여 [마이스]로 발음하게 되었다. goose라는 단어는 중세영어 발음 습관으로는 알파벳 o를 두 번 겹쳐 적음에 의해 길게 발음한다. 그래서 [고ː스]라고 발음하던 것인데 대모음추이를 겪은 이후로 조음 위치가 한 자리 올라가서 [구스]로 발음하게 되었다. 단어 예를 한 개씩 들어 정리해 보면 다음과 같다.

중세영어	현대영어	단어 예	
[iː] → [aj]		[miːs] → [majs]	mice
[uː] → [aw]		[muːs] → [maws]	mouse
[eː] → [iː]		[geːs] → [giːs]	geese
[oː] → [uː]		[goːs] → [guːs]	goose
[ɛː] → [eː]		[brɛːken] → [breːk]	break
[ɔː] → [oː]		[brɔːken] → [broːk]	broke
[aː] → [eː]		[naːmə] → [neːm]	name

대모음추이는 전체 모음 체계를 재구성해 주는 큰 변화였다. 이와 같이 모음 체계를 재구성하는 역사적 변화는 영어뿐만 아니라 여러 언어에서 찾아볼 수 있는 현상이다. 예를 들면, 산스크리트어가 모음 체계를 재구성한 증거가 잘 알려져 있다. 한국어에서도 13세기와 18세기를 전후하는 두 번의 시기에 모음 체계가 재구성되었음이 역사적 문헌 증거를 통해 잘 알려져 있다. 12세기 「계림유사」와 14세기 「조선관 역어」는 모음체계의 차이를 분명하게 보여준다. 그리고 18세기 영조 대를 전후해서도 모음체계 차이를 보여주는 문헌이 있다.

현대영어에서 철자법 불규칙성의 주요 원인은 대모음추이에서 찾아진다. 영국에서 모음 철자법은 대모음추이가 일어나기 이전에 이미 정해져 있었다. 오래전에는 발음을 쉽게 알아차릴 수 있게 하는 방향으로 철자법을 정해 두었으며 그동안에 철자법이 안정되어 있었다. 그러나 이런 상황은 대모음추이에 의해 성격이 바뀌게 되었다. 대모음추이를 전후하는 연대기를 아래처럼 그려 보았으니 기억에 담아 두기로 하자.

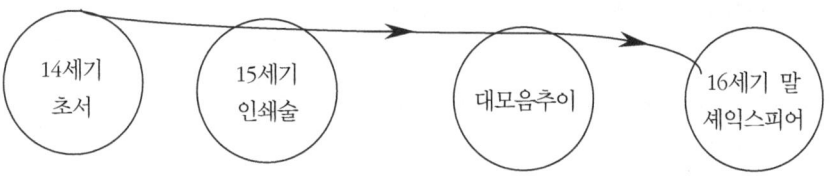

오늘날 통용되는 철자법의 토대는 이미 캑스튼 인쇄술이 등장한 시기에 마련되었다. 1400년에 사망한 초서의 철자 방식을 캑스튼은 수용하려고 하였는데, 캑스튼 인쇄술에 의해 서적이 보급되던 시기에 표준화 되어 정해진 철자법은 대모음추이가 일어나기 이전의 것이었다. 대모음추이 변화가 일어난 이후에는 영어 단어들의 발음 방식이 크게 바뀌었지만, 그 이전에 이미 표준화 되었던 철자법은 크게 바뀌지 않았다. 그래서 대모음추이 이후에 발음과 철자의 간격이 많이 벌어졌다. 즉 대모음추이의 결과는 철자법 불규칙의 증가로 나타났다.

대모음추이는 장모음을 위주로 일어났다. 단모음, 이중모음에서는 그렇지 못하다. 예를 들어 다음과 같이 [aj] ~ [i] 발음 교체를 보이는 단어들을 살펴보자.

- divine — divinity
- five — fifty
- Christ — Christmas
- decide — decision
- describe — description

붙임줄 좌측 단어들의 [iː]는 장모음이므로 [aj]로 상승한 것에 비해, 우측 단어들에서 [i]는 단모음이므로 그대로 유지되었다. 즉, 지저스 크라이스트(Christ)의 [아이] 발음에 비해 크리스마스(Christmas)의 [이] 발음이다. 또한 five의 [아이] 발음에 비해 fifty의 [이] 발음이다.

그밖에 said의 발음은 본래 [sæyd]였는데 대모음추이에 따라 [sɛd]가 되었다. 이처럼 오히려 이중모음이 단순화 되는 변화가 일어났다. 대모음추이 예를 더 살펴보자. 중세영어에서 장모음을 지닌 단어들로 다음 예가 있다.

[aː] tame, cake, rain, sane, late, staves
[eː] geese, feet, meet, treat, please, sea, beet
[iː] knight, light, write, kite, wise, my, by
[ɔː] no, so, boat, wrote
[oː] goose, boot, loot, root, you
[uː] house, how, our

대모음추이를 이해하면, 하나의 철자가 서로 다른 발음으로 나타나는 이유를 이해할 수 있다. 다음 예에서 보듯이, 불규칙 동사 중에서 장모음과 단모음 사이에서 모음의 발음이 다르게 나타난다. 슬래쉬(/) 좌측 단어들은 장모음을 지니므로 조음 위치가 상승하는 발음으로 바뀌었고, 슬래쉬 우측 단어들은 그러한 변화를 거치지 않았다. 예를 들어 bleed는 [블레ː드]로 발음되던 것이 [블리ː드]로 바뀌었다. 반면에 bled는 단모음을 지니므로 변화를 겪지 않고 그대로 [블레드]로 남았다.

[iː] ~ [e] bleed/bled, creep/crept, feed/fed, keep/kept, meet/met,
            read/read, sleep/slept, sweep/swept, weep/wept

[aj] ~ [i]   bite/bit, hide/hid, ride/ridden

[uw] ~ [o]   choose/chose,

역사적 연대기에 따라 발음 변화를 보여주는 예를 아래에 몇 개 더 적어 보았다(단어 예: Svartvik & Leech 2006).

	고대영어	중세영어	초기현대영어	현대영어
time	[iː]	[iː]	[əi]	[aɪ]
sweet	[eː]	[eː]	[iː]	[iː]
clean	[æː]	[ɛː]	[eː]	[iː]
stone	[ɑː]	[ɔː]	[oː]	[əʊ]
name	[ɑ]	[aː]	[ɛː]	[eɪ]
moon	[oː]	[oː]	[uː]	[uː]
house	[uː]	[uː]	[əu]	[aʊ]

셰익스피어는 1564년에 출생해서 대모음추이가 일어난 이후 활동하였으므로 그가 사용했던 영어 문장과 철자법은 현대영어와 비슷한 것이었다. 반면 초서가 사용했던 영어는 대모음추이가 일어나기 이전 것이었으므로 현대영어와는 문장 스타일이 다르고 철자법에도 차이가 난다. 영문학을 전공하지 않은 사람이 어깨 너머로 초서 작품과 셰익스피어 작품 원문을 들추어 보았을 때 어떤 기분이 들까? 초서 영어는 아주 낯선 언어로 비춰진다. 그에 비해 셰익스피어 영어는 일반 인들이 사용하는 현대영어와 조금은 비슷하게 보인다. 예를 들면 다음 발췌문은 셰익스피어가 적은 글인데 현대영어 사용자가 보아도 어렵기는 하지만 대체로 이해할 수 있는 정도이다.

My brother Jacques he keeps at school, and report speaks goldenly of his profit; for my part, he keeps me rustically at home, or, to speak more properly, stays me here at home unkept; for call you that keeping for a gentleman of my birth, that differs not from the stalling of an ox? [내 형인 자크는 학교에 다니는데 소문을 들어보면 학교에서 아주 잘한다고 해. 나로 말하자면, 형은 나를

우습게도 집에 두고 있는데, 더 적당하게 말해보면, 나를 집에 그냥 내버려두고 있어. 나처럼 타고난 신사를 이렇게 대하는 것이 소를 외양간에 묶어두는 것과 다를 게 무엇이 있겠는가?!

21세기 시대를 살아가는 우리들의 시각에서 보자면 정말로 대모음추이가 일어났는지에 대해 실감이 나지 않는 부분이 있다. 우리가 접근할 수 없는 과거에 이미 일어나서 완성되고 지나쳐 온 변화이기 때문에 실감을 느끼지 못할 수 있다. 그러나 과거에서뿐만 아니라 오늘날 시대에도 또 다른 모음추이가 일어나고 있다. 현대 미국에서 관찰되는 사례를 하나 들어보겠다. 미국에는 1970년대 이후에 북부도시모음추이(Northern Cities Vowel Shift)가 일어나고 있다. 이것은 펜실베이니아 대학 연구자들의 조사에 의해 파악된 변화이며 현재까지 진행되고 있는 것으로 보고되었다.

북부도시모음추이는 미국 북부 내륙 지방(the Inland North) 일원에서 일어나고 있다. 5대호 주변을 둘러싸는 도시들과 호수 북쪽 방향 지역의 도시들에서 일어나고 있는 발음 변화 현상으로, 그것이 나타나는 지역은 아주 넓다. 주 이름만을 여러 개 적어보면 위스콘신, 디트로이트, 일리노이, 시카고, 미시간, 오하이오, 클리블랜드, 뉴욕, 버팔로 등이며 약간 더 남쪽으로 인디애나, 오하이오, 피츠버그, 펜실베이니아 등에도 확산 조짐을 보인다. 5대호 남쪽 연안에 위치한 시카고, 디트로이트, 클리블랜드, 버팔로 등의 도시들이 북부도시모음추이가 일어나는 남쪽 경계선에 자리한다. 지도에서 위치를 찾아보면 다음과 같다(Svartvik & Leech 2006, p241 그림).

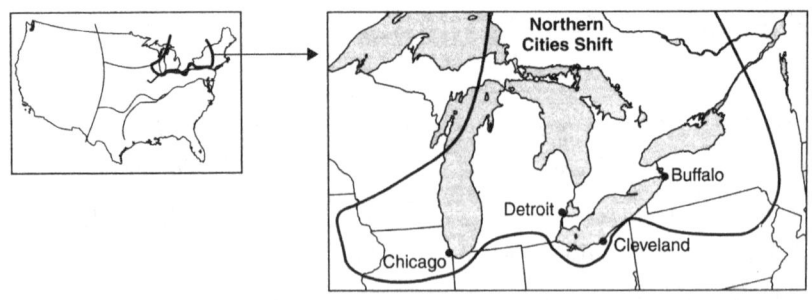

짧은 모음을 기준으로 볼 때 전설모음 [ɪ]는 애매모음 [ə] 위치로 이동하고, 저모음 [ɑ] 또는 [æ]는 약간 전설 방향으로 전진한다. 그리고 [ə] 또는 [e]는 약간 혀의 뒷부분 후설 쪽으로 조음 위치가 이동한다. 이것을 시각적으로 그려보면 다음과 같다.

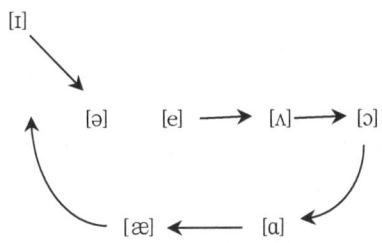

단어 예를 들어보면 다음과 같다.

　[ɪ]가 애매모음 [ə]에 가깝게 변화하고 있다. (kid가 [kəd]처럼 발음)
　[e]가 [ʌ]로 변화하고 있다. (bet의 [e]가 cut의 [ʌ]처럼 발음된다)
　[ʌ]가 [ɔ]로 변화하고 있다. (cut이 caught처럼 발음된다)
　[ɔ]가 [ɑ]로 변화하고 있다. (caught이 cot처럼 발음된다)
　[ɑ]가 [æ]로 변화하고 있다. (cot이 cat처럼 발음된다)
　[æ]가 [ɪe]로 변화하고 있다. (cat가 'kee-yat'처럼 발음된다)

이 예를 단순하게 기억하려면 모음사각도에서 조음점을 떠올려 생각할 필요가 있다. cut → caught → cot → cat의 방향으로 모음 발음이 변하다 보면 그 결과로 인접 모음들끼리 조음 영역이 서로 부딪히게 된다. 이러한 중복을 피해 일정한 조음 거리를 유지하기 위해 조음 영역이 서로 밀려나는 모양으로 모음추이가 발생한다.

기본모음 5번 위치에서의 모음 합류는 가장 특징적이다. 북부도시모음추이의 주요 결과로 후설 저모음의 모음 합류가 나타났다. 예를 보자. cot [kɑt]은 caught와 합류한다. 왜냐하면 caught의 발음 [kɔt]이 [kɑt]으로 변화했기 때문이다. 이와 마찬가지로, Don [dɑn]은 dawn과 합류한다(dawn [dɔn] → [dɑn]). 그리고 hock [hɑk]은 hawk과 합류한다(hawk [hɔk] → [hɑk]). 미국 중서부나 서부 지역 태생 사람들의 말투에서는 caught와 cot, hawk과 hock의 발음이 하나로 합류되어 거의 구별되지 않는다. 그러나 동부 사람들 중 상당수는 상류 계층 중서부 사람과 마찬가지로 [ɔ]와 [ɑ]를 구별한다.

14.7. 중세 이후, 영어의 방언 차이

중세 이후 영국 역사에서 방언이 분화되어 나온 발달 과정을 소개해 보겠다. 다음 지도 그림에서 보듯이, 중세영어는 다섯 개 영역으로 구분되었다. 북부, 서중부, 동중부, 남부, 켄트 지역 등이다(지도 그림: Clark 2007).

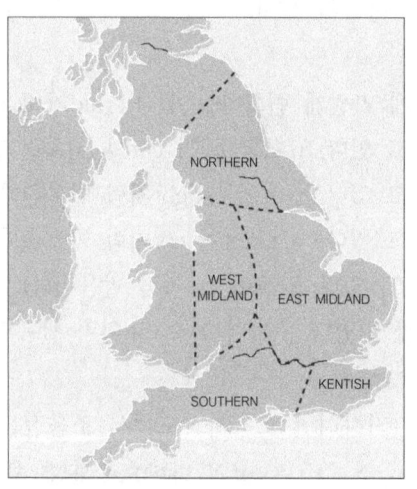

앵글로색슨 부족들이 브리튼 섬에 정착할 당시의 고대영어에서부터 지리적 경계를 두고 방언 차이가 있었다. 그 이후로 오랫동안 방언 차이가 줄어들지 못했다. 중세 시대 높은 성벽을 둘러놓고 살다가, 사라센과의 십자군 전쟁을 치르면서 각지에서 모여든 십자가 군병들이 배를 타고 떠나기 위해 런던 항에 모여들었다. 그 시절에 지역마다 말의 차이가 있다는 것을 목격하게 되었다. 15세기 말까지만 해도 중세영어 작가들은 자기 고장의 방언을 사용하여 작품 활동을 하였는데 지방마다 말의 차이가 있다는 사실이 작품을 통해 비로소 세상에 알려지는 정도였다. 현대영어 시대로 넘어오면서부터는 방언 차이가 줄어들고 표준영어 개념과 기준이 수립되었다.

중세영어는 방언 차이가 있었다. 크게 4가지 방언 구역을 구분할 수 있으니, 스코틀랜드 지역의 북부 방언, 웨일즈 지역의 서중부 방언, 런던을 중심으로 널리 퍼진 동중부(the East Midland) 방언, 서남 방향으로 남부 방언 등이 있었다. 그 중에서 런던 중심의 동중부 방언이 14세기말 무렵부터 표준적인 영어로 받아들여졌다. 그 이유는, 동중부 지역에 가장 많은 수의 인구가 거주하고 있고 캠브리지, 옥스퍼드 대학이 자리하고 있으며 정치 경제의 중심인 런던의 권역이었기 때문이다.

영국에서 지역에 따른 방언 차이는 상당히 큰 것이었다. 각 지방마다 특징을 지니는 방언들이 자리하고 있었다. 북부 잉글랜드는 남쪽과 차이를 지니며, 남부 스코틀랜드에서는 잉글랜드와의 소통이 문제시되었다. 한때는 '스코틀랜드어'라는 명칭으로까지 불리며 잉글랜드 영어와 많이 다른 언어로 간주되었다. 산업화 이후 런던 중심의 영어가 표준적 언어로 격상한 것에 비해 스코틀랜드어는 영어의 한 가지 방언으로 잔류하였다. 꿈을 가지고 도시로 건너 온 야심 있는 사람들은 도회지 사람들이 느끼기에 비속한 출생을 드러내 주는 지역 방언을 사용하기를 기피하였다. 시골말과 도회지 말을 구별하는 언어생활은 표준적 언어에 편입되기를 원하는 사람들의 내면 의식을 반영하는 것이었다.

한편 아일랜드 영어는 또 하나의 방언이었다. 19세기와 20세기 초에 하이드, 예이츠 등의 작가들은 작품에 아일랜드어의 풍취를 더해 주었다. 아일랜드어 본래의 영향, 북동쪽에서 스코틀랜드어의 영향, 잉글랜드 영어의 영향이 어울려서 아일랜드 스타일의 영어가 이루어졌다. 예를 들면, 아일랜드 영어는 [r] 발음의 굴림소리를 고수한다는 점에서 굴림소리가 거의 사라진 잉글랜드 표준발음 RP와는 뚜렷한 대조를 보인다.

아일랜드 영어 특유의 단어들을 인용해 보기로 하겠다(Baugh & Cable 2002, p318). 접미사 '-een'을 아주 흔하게 붙여 maneen, boyeen, girleen 등으로 사용한다. 아일랜드 방언으로 기록된 이야기에서는 철자법이 다른 단어들이 들어 있다. 예를 들면 tay (= tea), desaive(= deceive), foine(= fine), projuce(= produce), fisht(= fist), butther(= butter), thrue(= true) 등이다. 아일랜드어에는 본래 현재

완료, 과거 완료 시제가 없기 때문에 have got, had got 대신에 after를 동사구에 포함해서 완료 상태를 표시한다; 문장을 예시하면 "He said that he knew that I was *after* getting lost." 또한 간접 의문절 내부에서는 의문문 어순을 취한다; 문장을 예시하면 "He wanted to see *would he get something to drink.*"

르네상스 이후로 영국 사람들의 말하는 스타일에 변화가 일어났다. 가장 큰 변화는 대모음추이의 결과로 모음 발음이 바뀐 것이었다. name이라는 단어 예를 들어보자면, 초서에게는 [nɑːm]으로, 셰익스피어는 [neːm]으로, 뒤에 현대영어에서는 [neɪm]으로 발음되었다. 대모음추이가 어째서 일어났는지에 대해 그 원인을 꼭 짚어서 말할 수는 없다. 다만 짐작하건대, 당대 사람들이 말을 할 때 더 특권적이고 수준 있어 보이는 느낌을 받도록 하기 위해 (입 모양을 조금씩 적게 열어) 발음하던 습관이 굳어져서 대모음추이가 정착되었을 것이다. 16세기에 중동부 일대로부터 거주지를 런던으로 옮겨 온 사람들은 '시골호박'처럼 말하는 것으로 보이기를 꺼렸고 수준 높은 사람처럼 말하기 위해 런던 말씨를 흉내 내었다. 이것이 점점 발음의 과도 교정으로 이어지고 마침내 모음추이로 정착되었다.

14.8. 항해의 시대, 영어의 차용어들

노먼 정복 이후 영어의 어휘는 5만에서 10만으로 거의 두 배가 늘어났다. 이후 르네상스 시대를 거치면서 다시 두 배로 늘어나 17세기에는 20만 어휘를 넘어서게 되었다. 1600년대 이전까지 영국 섬 내부에서만 사용되던 지역어에 불과하던 영어가 국제적 언어로 확산되기 시작한 것은 엘리자베스 여왕 이후 식민지 항해 시대가 열리고 나서부터이다. 1600년 ~ 1750년은 영국 함대가 세계를 향해 항해를 거듭하던 시기이다. 엘리자베스 1세 시대에 스페인 무적함대를 격파한 이후, 북아메리카 북부 해안에 식민지를 개척하고, 1600년에 동인도 회사를 설립하고, 1620년경 청교도 이민자들이 북아메리카 해안가에 처음으로 상륙했다.

영어의 확산 과정은 영국 섬에서 외부 세계를 지향하는 방향에만 한정되지 않는다. 외부 세계의 영향이 영국 섬 내부로 유입됨에 의해 영어가 보다 풍부한 언어로 발전할 수 있었다. 항해의 시대가 시작된 이후로 영어는 세계 곳곳의 지역어에 영향을 주었을 뿐만 아니라 세계의 다른 지역 언어들로부터 영향을 받았다. 영어에 유입된 차용어들은 그 진입 경로가 다양하다. 유럽의 프랑스어, 라틴어, 그리스어, 이탈리아어, 스페인어, 포르투갈어 등으로부터 들어온 차용어뿐만 아니라, 영국의 선단들이 전 세계를 향해 항해하며 활동한 결과로 세계의 거의 모든 곳으로부터 차용어가 영어에 유입되었다. 인도, 아라비아, 동남아시아, 북아메리카 등의 여러 대륙을 향해 이루어진 항해와 식민지 개척을 통해서였다.

스티웟(Stewart 외 1998)에서 지적하는 바에 의하면, 영어에서 가장 사용 빈도가 높은 단어 1000개를 놓고 볼 때, 61.7%만이 고대영어에서부터 전승된 단어이며 나머지 38.3% 단어들은 여러 언어들로부터 차용되었다. 프랑스어에서 30.9%, 라틴어에서 2.9%, 스칸디나비아어에서 1.7%, 여러 경로 혼합으로 1.3%, 독일어에서 0.3% 등이다. 이것은 사용 빈도가 높은 기초 단어에 대한 보고이기 때문에 전체 단어에 대한 비율은 여기 소개한 비율과는 상당히 달라질 수 있다. 프랑스어로부터 영어에 유입된 차용어 예들을 여기에 옮겨 적어 보았다. 이들 중 일부는 영어의 일상생활 단어로 자리 잡았다.

> aisle, apparel, arch, art, assets, bail, bailiff, barber, barricade, beauty, bisque, boil, brassiere, broil, butcher, campaign, captain, carpenter, cartoon, catch, cattle, cell, chancellor, chaplain, charity, chase, chattel, chemise, chivalry, color, column, commandant, company, corps, corpse, county, court, design, dinner, dragoon, ...(Stewart 외 1998, p365-66)

르네상스 시대에는 프랑스어, 라틴어, 그리스어로부터의 차용어들이 1만 개 이상 유입되었다. 프랑스어는 노먼 정복 이후 줄곧 영어에 가장 많은 차용어를 가져다주었다. 다른 한편으로 라틴어와 그리스어도 영국의 엘리트 교육에 있어 중요한 과목이었다. 외래 차용어는 지적 세련과 특권적 지위를 나타내기 위해 필요했다. 고대영어 단어가 있으면서 프랑스어로부터 차용어가 유입되었고 이에 더해 후대에 라틴어 차용어까지 더해진 경우가 있다. 이것을 보여주는 예로 다음 단어들을 들 수 있다.

고대영어	프랑스어 차용어	라틴어 차용어
ask	question	interrogate
fast	firm	secure
kingly	royal	regal
rise	mount	ascent

그밖에 영국 식민지로부터 유입된 차용어를 몇 개 소개해 보겠다. 이들 차용어들은 우리 한국인들의 귀에도 낯설기만 한 것은 아니다. 한국어의 발음 습관에 따라 적어보면 다음과 같으며 알파벳 표기는 괄호 안에 적어 두었다.

인도와 아메리카 문화를 통해 (수가 많지는 않으나) 차용어가 들어왔다. 인도 힌디어로부터 카레(curry), 방갈로(bungalow), 펀치(punch), 몽구스(mongoose), 캐쉬(cash), 파자마(pajamas), 파고다(pagoda), 타투(tattoo), 폴로(polo) 등이 들어왔다. 아메리카에서는 원주민 언어에서 차용된 단어들로 라쿤(racoon), 스컹크(skunk), 스쿼시(squash), 모카신(moccassin), 토템(totem), 오하이오(Ohio), 메사츄세츠(Massachusetts), 미시시피(Mississippi), 코네티컷(Connecticut) 등이 있다.

오스트레일리아에서 영어로 들어온 차용어도 있다. 가장 상징적인 차용어들은 부메랑(boomerang), 캥거루(kangroo), 코알라(koala), 쿠카부라(kookaburra) 등이다. 오스트레일리아 특유의 자연 환경에 대응하는 영어 단어들도 이민자들에 의해 새롭게 만들어졌다. 부쉬(bush), 아웃백(outback), 위켄더(weekender), 에스키(esky), 딩키(dinky) 등이 그 예이다.

영국 사회에서는 식민지로 개척한 지역의 언어로부터 들어오는 차용어를 제한적이지만 필요에 따라 사용하는 정도였다. 근대 영국 사회에서는 필요 이상으로 차용어를 받아들이는 것은 살짝 얕잡아 보는 분위기였다.

14.9. 현대영어로: 사전 편찬과 표준화

연대기적으로 볼 때, 캑스튼 인쇄술이 도입되는 시점부터를 현대영어 시대로 구분한다. 캑스튼은 1476년에 인쇄소에서 책을 출판해 판매하기 시작했다. 인쇄술에 힘입어 많은 사람들이 서적을 구해 볼 수 있었고, 이 과정에서 지역마다 방언 차이가 있다는 사실이 사람들의 관심을 끌게 되었다. 표준어란 정치적으로 다수이며 지리적으로 세력이 강한 지역에서 사용되는 말인데, 영국영어에서 표준어는 궁정과 수도 런던을 중심으로 나타났다.

규범주의 입장에서 영어의 표준화가 강조되면서 표준영어가 동중부 방언과 분리되었다. 18 ~ 19세기 영국인들에게 가장 최선의 영어는 가장 최선의 사람들에 의해 말해지는 것으로 여겨졌다. 이에 부응하는 말투를 배우지 못한 사람은 언어적으로뿐 아니라 사회적으로 열등한 것으로 인식되는 사회 분위기가 생겨났다. 이런 분위기가 성행하는 지역에서는 런던 중심의 표준영어 이외에 다른 지역 방언들은 일류에 미달하는 이류 또는 삼류로 무시되었다.

영어 방언들마다 서로 다른 철자법들을 표준화 하는 데에 관심이 생겨났다. 영어 표준화에 대한 관심은 사전 편찬으로 이어졌으며, 영국의 사무엘 존슨과 미국의 노아 웹스터는 대표적인 편찬자였다. 오래 전에 셰익스피어가 글을 쓸 때에는 단어를 확인하기 위해 사용하는 '사전'이 없었다. 그러던 중에 딕셔너리(dictionary)라고 불리우는 '사전 비슷한 물건'이 처음 만들어진 것은 1538년이었다. 알파벳 순서에 따라 차용어 중에 '어려운 단어들'의 3천 개 모음집이 비로소 나온 것은 1604년 로버트 코드리에 의해서이다.

근대 영국에서 언어는 개인의 자유정신을 구현하는 것으로 인식되었으므로 일반 대중의 언어 사용에 대해 중앙 집권적 규제를 시행할 만한 사정은 아니었다. 그렇지만 규범주의 입장에서 사전과 문법에 의해 언어를 보수하고 최선의 상태로 유지하려는 사람들은 있었다. 1755년에 사무엘 존슨은 최초의 영어사전 「A Dictionary of the English Language」를 발간하였다. 사무엘 존슨은 사전의 공적 역할을 제시하였다. 사전이란 대중의 언어 사용을 중재하는 것으로 보면서 18세기 이후 철자와 문법 형태를 규칙화하였다. 또한 존슨은 발음을 성문화하는 작업을 수행하고 속어와 구어적 표현들을 예의 바르고 점잖은 말과 구별하였다. 존슨은 이런 말을 남겼다. "사전에 의해 언어의 발음이 보수되고 발음을 쉽게 배울 수 있다. 사전에 의해 언어의 순수성이 유지되고 언어 사용이 확실해지며 언어가 순수하게 지속되는 시간이 연장된다." 한편 미국의 노아 웹스터 Noah Webster는 1828년에 웹스터 사전을 펴냈다. 18세기 사전 편찬자들이 표방했던 규범주의는

19세기에도 잔존하였다. 19세기 전반기는 사전 편찬이 두드러지게 이루어진 시기였으며, 영국 내에서만 30여 종의 백과사전류를 비롯해 200여 종의 전문 분야 사전과 용어집이 발간되었다. 이 시대만큼이나 사전 편찬이 활발하게 이루어진 시기는 훨씬 뒤의 1980년대에 이르러서이다.

영어 표준화의 기준을 수립하는 것은 사전 편찬에 힘입은 바가 컸다. 사전을 만들어 내는 노력의 일환으로 영어 방언들마다 서로 다른 철자법들을 표준화 하는 데에 관심이 생겨났다. 이에 소요되는 노력을 통해 표준화에 대한 관심이 높아졌고 이것이 다시 지속적인 사전 편찬으로 이어졌다. 19세기 후반에는 영어 철자법에 대한 대중적 관심이 높게 일어난 시기였다. 성서와 고전 작품들이 새로 손을 본 철자법 체계에 따라 간행되었다. 한편 영국뿐 아니라 미국에서도 철자법 간소화를 위한 연합 모임이 일어났다. 1906년에 미국 카네기 재단에서 지원하는 철자법 위원회가 조직되어 우선 300여 개 단어들의 목록을 정해 철자법을 간략하게 통일시키는 작업을 수행한 적이 있다.

1850년 무렵에 현존하는 영어 사전의 한계를 인식하는 사람들이 모여서 새로운 사전을 편찬하기로 합의하였다. 1860년부터 편찬 작업이 처음 시작된 이래 68년이 지난 1928년에 이르러서야 옥스퍼드 사전(Oxford English Dictionary; 약어로 OED)이 완성되어 출판되었다. 1860년대에 편찬을 시작하던 때에는 단지 기존 사전의 보충 판을 구상하였으나 이후에 계획을 확대해서 새로운 사전을 목표로 삼고 사전 이름을 가칭으로 'A New English Dictionary'라고 불렀었다. 옥스퍼드 사전 편찬 작업을 진행하는 동안에 또 다른 부산물이 생겨났다. 중세 시대 이후 출판된 적이 없는 필사본 문헌을 간행하는 학술 모임이 조직되었고 여기에서의 학술 활동을 통해 400여 권 이상의 중세영어 문헌이 발간되었다.

옥스퍼드 대학 출판사의 지원은 옥스퍼드 사전 편찬에 큰 힘을 보태주었다. 사전 편찬 과정에서 첫 번째 편집인은 콜리지 Coleridge였고, 이후 퍼니발 Furnivall을 거쳐 머리 Murray, 브레들리 Bradley, 크레이기 Craigie, 오니언스 Onions 등의 편집인이 옥스퍼드 사전의 집필을 주관하였다. 이들 6인의 편집인 중에 세 번째 순서에 있는 제임스 머리 James Murray는 살아 있는 동안에 사전이 완성되는 것을 보지 못했으나 OED 편찬의 고단한 여정에서 가장 중요한 역할을 헌신적으로 수행하였다. 1928년에 10권으로 구성된 OED가 완성되었다. OED 초판에서 24만 단어를 표제항으로 포함하였고, 1933년 보충 판이 나왔다. 뒤에 1989년에는 옥스퍼드 사전 2판이 모두 20권으로 나왔으며 여기에는 29만 개 표제항과 61만 개의 단어가 들어 있다. 옥스퍼드 사전(3판)의 홈페이지 주소는 http://dictionary.oed.com 이다. 옥스퍼드 사전을 편찬하는 기나긴 여정에서 성장해 나온 언어적 관점이 있다. 그것은 언어의 다양한 문제들에 관해 한층 더 과학적이고 비교조적인 방식으로 관찰해야 한다는 점을 인식한 것이다. 이러한 인식은 대중의 언어생활에 관해 역사적으로 조망할 수 있는 사회적 힘을 불러 일으켰다.

14.10. 전 세계로 확산된 영어

영어의 방언 차이는 오래 전 시대에서부터 있어 왔다. 고대영어와 중세영어뿐만 아니라 현대영어도 일정하게 고정되어 있는 것이 아니다. 과거로부터 현재까지 영어는 시간에 따라 변화되어 왔고 앞으로도 변화되어 나갈 가능성을 안고 있다. 아메리카 대륙으로 이주가 일어난 이후에는 미국식 영어가 등장하였다. 대영제국의 배가 영광스러운 식민지 항해를 하던 시기에 영국영어가 세계로 확산되어 나갔다. 20세기 이후 미국이 경제적으로 문화적으로 중심 국가로 등장한 이후부터 미국영어는 큰 힘을 얻었다.

지난 시대에 영어는 바다 건너 여러 곳으로 확산되었다. 영어는 북아메리카에서 큰 뿌리를 내렸다. 서부 개척 시대 미국 영토에서, 캐나다에서, 그리고 태평양 연안에서, 오스트레일리아와 뉴질랜드에서 영어가 확산되었다. 남아프리카와 동남아시아에도 영어 사용권을 확대해 나갔다. 세계의 도처에서 영어는 지역어의 영향을 받았다. 다언어 혹은 이중언어 환경에서 토착화되거나 지역어와 혼합되었고 언어 접촉의 영향과 결과를 주고받으면서 변이체 영어로 형성되었다. 오늘날 전 세계에서 영어를 사용하는 인구를 헤아려 보면, 7억 명 정도의 사람들이 영어를 유창한 수준으로 구사할 수 있다. 그리고 대략 15억 이상의 사람들이 상당한 수준의 영어를 구사하는 것으로 보고되고 있다.

미래로의 영어는 어떠한가? 영어는 경제적, 사회적, 정치적 성공을 거두기 위해 가장 효과적인 소통 수단으로 간주되고 있다. 성공을 위한 언어가 왜 영어인가? 다른 언어일 수도 있었을 터인데 왜 꼭 영어가 그 목적에 들어맞는 언어가 되었을까? 저술가 크리스털(Crystal 2003b)은 국제 언어가 등장하는 데에 관여하는 가치 기준을 다음과 같이 언급하였다.

- 다언어주의 가치를 믿는다.
- 공통어 가치를 믿는다.
- 모든/많은 사람이 적어도 2개 언어 사용자이어야 한다.
- 모든/많은 사람이 하나의 세계어를 능숙하게 구사할 수 있다.

또한 크리스털은 이런 지적을 하였다. "20세기 국제 사회에서 세계어가 필요했는데 이처럼 시기적절한 때에 영어가 적당한 장소에서 상용 언어로 사용되고 있었다." 어떤 언어이든지 간에 아무튼 세계어가 필요한 시기가 20세기에 도래했던 것인데 바로 그때 영어가 때맞추어 세력을 얻은 언어로 자리하고 있었다는 것이다. 그만큼 영어가 20세기 세계어로 등장한 데에는 운(運)이 작용한 측면이 있다.

21세기에도 영어의 국제화는 가속화 되고 있다. 2천 년대 초에 15억 인구가, 즉 세계 인구의 4분이 1이 영어 사용에 숙달된 사람들이다. 엘리자베스 1세가 1558년에 왕위에 올랐을 당시에 지구상에서 영어 사용자 수는 영국 국민 5백여 만 명에 불과했다. 그로부터 400여 년 지난 후인 20세기 중반, 1953년에 엘리자베스 2세가 왕위에 올랐을 때에는 전 세계에서 영어를 모국어로 사용하는 인구가 2억 5천만 명에 달했으며 그들 중 80 퍼센트 이상은 영국 영토 이외의 다른 국가에 거주하는 사람들이었다.

지금까지 우리는 영어 발달의 과정에 관해 돌아보았다. 영어가 역사적으로 걸어온 발자취를 돌아보고, 오늘날 현대 사회에서 영어가 세계 곳곳에 이식된 문화적 배경 및 역사적 상황을 살펴보았다. 영어를 사용함에 의해 사람들의 내적 의식이 어떻게 드러나는지에 관해서도 시간을 두고 생각해 보도록 하자.

〈참고문헌〉

Baugh, Albert C. and Thomas Cable. 2002. *A History of the English Language* (fifth edition), London and New York: Routledge.

Bragg, Melvyn. 2003. *The Adventure of English: The Biography of a Language*, London: Hodder and Stoughton.

Brown, Steven and Salvatore Attardo. 2005. *Understanding Language Structure, Interaction, and Variation* (2nd edition), The University of Michigan Press.

Bynon, Theodora. 1977. *Historical Linguistics*, Cambridge: Cambridge University Press.

Crystal, David. 2003a. *The Cambridge Encyclopedia of the English Language*, Cambridge: Cambridge University Press.

Crystal, David. 2003b. *English as a Global Language* (2nd edition), Cambridge: Cambridge University Press.

Lerer, Seth. 2007. *Inventing English: A Portable History of the Language*, New York: Columbia University Press.

Penhallurick, Rob. 2003. *Studying the English Language*, New York: Palgrave Macmillan.

Pyles, John and Thomas Algeo. 2004. *The Origins and Development of the English Language* (5th edition), Boston: Wadsworth Pub.

Stewart, Thomas W. Jr. and Nathan Vailette (eds.) 1998. *Language Files*, Columbus: The OSU Press.

Svartvik, Jan and Geoffrey Leech. 2006. *English: One Tongue, Many Voices*, New York: Palgrave Macmillan.

15장

한국어의 과거와 현재

이 장에서는 한국어의 역사와 언어문화에 관해 개략적으로 돌아보고 우리말과 우리글에 얽혀 있는 시대상의 단면을 알아보기로 하겠다.

15.1. 한국어의 기원: 알타이 계통설

아득히 먼 옛날에 한국어는 어디에서부터 발생한 것일까? 한국어의 기원과 계통은 알타이어에서 찾아진다고 알고 있는 사람들이 워낙 많다. 한국어의 선조 언어는 한반도 바깥의 언어들과 계통적으로, 기원적으로 친근 관계에 있으리라고 추정하고 이를 증명하기 위한 비교 연구를 시도한 학자들이 있다. 한국어와 기원적으로 친근 관계를 맺었을 것으로 검토되는 언어들로는 알타이 제어(諸語)가 가장 우선한다.

반면에 이와 다른 관점에서, 한국어는 계통이 분명하게 알려지지 않은 언어라고 말하는 사람들도 있다. 한반도 일대에는 본래부터 기원전 수천 년 전에 거주했던 사람들이 한국어의 선조 언어를 사용했으며 이 언어가 직접적으로 고대 한국어로 이어졌다고 믿는 학자도 있다.

한국어는 계통이 쉽게 밝혀지는 언어는 아니다. 필자 자신도 대학생 되기 이전에 교실에서 배운 기억에 의하면, "한국어는 투르크어, 몽고어, 만주어 등 알타이 계 언어들과 기원적으로 하나의 공통언어로부터 갈라져 나왔다." 한국어의 기원은 알타이어에서 나왔다는 것이다. 그래서 의심할 여지없이 당연히 그런 줄 알았었다. 배운 내용을 잘못 기억해서 그럴 수도 있겠으나 아무튼 한국어는 알타이어 계통의 언어인 것으로 알고 있었다. 그런데 나중에 알고 보니 알타이 계통설은 확정된 학설이 아닌 것이었다. 한국어가 알타이 계통에서 왔다는 학설을 인정하지 않는 학자들이 있는가 하면, 소극적 범위에서만 부분적으로 인정하는 학자들도 있다. 심지어 한국어는 계통이 분명하지 않은 언어로 보거나, 혹은 계통이 (있기는 할지라도) 알려지지 않은 언어라고 말해지는 경우도 있다.

공통 기원을 인정하는 알타이 계통설, 그리고 공통 기원을 부인하는 反알타이 계통설의 팽팽한 균형 속에서 한국어의 기원적 역사에 접근하는 것이 지금까지 학계에 알려져 온 분별력 있는 시각이다. 이런 두 가지 입장 차이를 뒷받침하는 근거를 알아보기로 하자.

한국어가 알타이어에서 갈라져 나왔다는 계통설에 대해 회의적인 견해가 학계에서 진지하게 등장한 것은 1970년대 후반부터이다. 알타이 계통설이 하나의 정설로 굳어지기에는 증거가 부족했기 때문이다. 하나의 언어가 다른 언어와 동일한 계통에 있음을 보여주는 증거는 유사성을 발견하는 데에 있다. 비교 대상이 되는 언어들끼리 구조적으로 유사하며, 문법 형태소 및 어휘 등에 걸쳐 뿌리깊은 유사성이 드러나면 하나의 공통 언어로부터 분화되어 나왔다고 말한다.

알타이 계통설에 의하면, 고대어 형성 이전에 존재했을 한국어는 알타이 공통 조어(Proto-Altaic)로부터 분화되어 나왔다고 한다. 20세기 중반에 활동했던 북유럽 학자 람스테드 Ramstedt와 포페 Poppe는 유명한 알타이어 학자들이다. 그들은 한국어의 계통에 대해 분명한 결론을 내리지는 않았지만 대체로 한국어가 알타이어에 속한다고 보았다. 아래 구분을 보자.

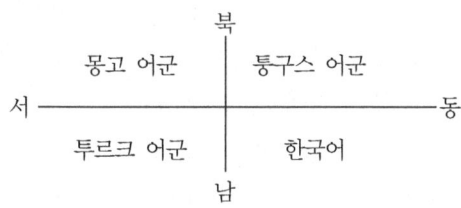

알타이 어족이라고 하면 우선 3개 어군이 인정된다. 위의 구분에서 몽고 어군, 투르크 어군, 통구스 어군이 그것이다. 여기에 더해 한국어를 네 번째로 알타이 어족의 일원으로 보는 견해가 한국어-알타이어 계통설이다.

투르크 어군은 서남아시아 투르크 제어를 비롯해 중국 서북 지방에 위구르 언어 및 시베리아 동부의 야쿠트 언어 등 31개 언어로 구분된다. 몽고어군은 중국 내몽고와 외몽고에서 사용된다. 퉁구스 어군은 시베리아 동부와 만주 동북부 지역 소수 민족들이 사용해 온 언어들이다. 청나라를 건국한 만주족의 언어인 만주어가 퉁구스 어군에 속한다. 오늘날 알타이 어족으로 분류되는 언어들 중 대다수는 사용자가 소수 민족에 한정되어 있다. 현대의 이중언어 사회 환경 내에서 알타이 소수 언어들은 그 존립 안정성이 흔들리고 있다.

알타이 제어들 사이에는 공통 특질이 있다. 알타이 기원설을 입증하기 위해 유효한 사실 증거로는 다음과 같은 사항들이 있다.

(1) 교착어적 특징이 있고 모음조화 있다. 어두 자음군 제약 있다. 자음 교체 없다. 관계대명사 및 접속사가 없다. 부동사 있다.
(2) 어휘 비교에서 음운 대응 예가 많이 발견된다. 비록 기초 어휘는 아니더라도 대응 예가 적지 않다.
(3) 수사 또는 기초 어휘에서 근원적 동질성 여부를 추적해야 한다.

(1)은 알타이 어족 개념을 수립하는 데에 근원적 근거로 작용했다. (2)는 람스테드의 연구에서 관심을 기울였던 근거였다. (3)은 알타이 제어들 사이에 수사의 어원이 일정하게 들어맞지 않는다는 점에서 알타이 계통설에 부정적 증거로 언급될 때가 있다.

언어의 역사는 문헌 기록이 있어야 제대로 연구할 수 있다. 문헌에 전하는 문자 기록물이 없으면 직접 증거가 없는 것이다. 고고학적 발굴이나 주변 정황을 종합해서 언어의 기원이나 계통에 대해 알아보려는 시도는 벌써 19세기 유럽 학자들에 의해 연구의 횃불이 올랐었다. 한편 아시아 일원의 언어들이 아득히 먼 옛날에 어떤 모습이었는지를 밝혀내려는 연구도 알타이어 학자들에 의해 이루어져 왔다.

알타이어와 한국어의 관계에 대해 크게 두 가지 견해로 대별된다. 첫째 견해는 '알타이 계통설'에 의거해서, 한국어는 기원적으로 알타이 공통조어로부터 분화되어 나왔으며 다른 알타이 제어(諸語)와 친근 관계에 있다는 것이다. 둘째 견해는 反알타이 가설 혹은 '알타이 접촉설'이라고 부르는 것인데, 이 관점에서 보자면 한국어는 알타이 제어와 친근 관계는 없고 다만 알타이 제어와 접촉에 의해 유사성을 지니게 되었다는 것이다.

　한국어 계통에 대해 일찍부터 연구했던 국어학자 이기문 교수는 다음과 같은 계통도를 제시하였다. 부여.한 공통조어가 알타이 공통조어로부터 일찍 분리되어 나왔고, 이로부터 원시 부여어와 원시 한어가 분리되며, 원시 한어로부터 신라어가 갈라져 나오고 중세국어로 계승된 것으로 보았다.

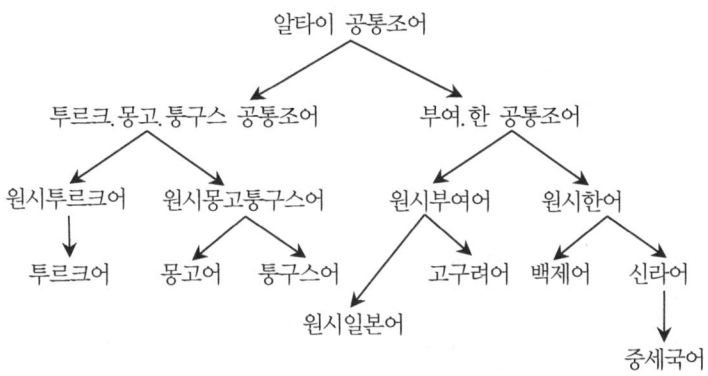

　이기문 교수는 알타이 가설을 지지하면서도 절충적인 입장을 취하였다. 즉, 한국어와 알타이 어족 언어들과의 계통적/기원적 친근 관계는 "의심할 수 없는 것이지만 그것은 자못 소원한 것"이라고 결론지었다(이기문 1968). 투르크어, 몽고어, 퉁구스어 계열의 언어들과 대비해 볼 때 한국어는 그 중에서 상대적으로 덜 비슷한 언어라는 점에 근거해서였다.

　오늘날 투르크 제어는 30여 개 방언 언어들로 이루어지며, 몽고어 제어는 11개 방언 언어를, 퉁구스 제어는 11개 방언 언어를 묶어서 가리킨다. 지도상에서 보면 중국 북방의 서쪽에서 동쪽에 이르기까지, 몽고 지역과 중앙아시아 그리고 시베리아에 걸치는 넓은 지역에 걸쳐 알타이 사용권이 분포한다.

　한국어 계통을 말하는 데에 있어, 알타이 가설과 반알타이 가설은 양쪽이 모두 가설로 성립하며 어느 한 쪽 견해도 완전하게 정설로 입증되지는 못하였다. 학계에서는 한국어의 계통설을 지지하는 견해가 다소 우세하기는 하지만 알타이 접촉설에 대한 견해도 적지 않다. 학교 교과서에서 일찍부터 알타이 계통설이 소개되면서 한국어는 알타이어의 일종인 것을 당연한 상식처럼 알아 버린 경우가 많았다. 지금까지 학계에서는 한국어 고대사 연구의 성과가 깊이 있게 일구어져 왔다. 그렇지만 한국어의 알타이 계통설은 과학적 증명의 수준에서 더 깊게 규명되어야 할 미해결 과제를 안고 있다.

알타이 계통설을 입증하기 위해 음운 대응의 규칙성, 문법 형태소 유사성, 기초 어휘 일치 비율 등을 조사했을 때 일치하는 정도가 높으면 기원적으로 친근 관계가 있다고 보아야 한다. 한국어와 알타이 제어 사이에 단어가 규칙적으로 대응하는 예들이 있다. 알타이 어족에 속하는 언어들의 수사 대응을 표로 확인해 보면 아래와 같다.

	고대투르크어	고전몽고어	만주어	중세국어
1	bir	nigen	enu	hʌnah
2	eki	qoyar	juwe	turh
3	üč	ɣurban	ilan	səyh
4	tört	dörben	duin	nəyh
5	biš	tabun	sunja	tasʌs
6	altï	ǰirɣuran	ninggun	yəsïs
7	yiti	doloɣan	naden	nirkub
8	säkiz	naiman	jakūn	yədïrb
9	toquz	yisün	uyun	ahob
10	on	arban	juwan	yərh

원시 시대 한국어에 대해서는 모르는 사실이 너무 많다. 그만큼 학술적 연구에 어려움이 있어 왔다. 삼국 형성기 이후 고대 한국어에 관한 증거는 원시 한국어에 비해서는 더 알려져 있는 편이다. 중세 한국어로 직접 연결된 고려 시대 언어는 고구려어보다 신라어에서 직접 영향을 받은 것으로 보인다. 문헌에 기록으로 남겨진 단순한 예를 하나 보자. '하나'에서 '열'까지 세는 말에 관해 12세기 「계림유사」 기록에서 보여주는 단어 형태는 다음과 같다.

ㅎ둔(河屯) 두불(途孛) 세ㅎ(斯乃切) 네ㅎ(酒) 다숫(打戌)
여숫(逸戌) 닐굽(一急) 여듧(逸苔) 아홉(鴉好) 열ㅎ(噎)

이 수사들은 고구려어와는 일치하는 형태가 없다. 이처럼 가장 기초 어휘에 속하는 수사를 비교해 보건대, 중세 한국어에 직접적 영향을 준 것은 고구려어라기보다는 신라어였다고 보는 견해가 일반적이다. 다만 고구려어와 신라어 사이의 차이가 방언 차이였는지, 아니면 더 깊은 언어 경계의 차이였는지에 대해서는 분명하게 결론이 내려져 있지는 않다.

15.2. 한국어 계통의 다른 가설: 반알타이 가설

한국어가 알타이 공통언어에서 직접 갈라져 나왔다는 친근 관계를 인정하지 않고, 유사성은 다만 언어 접촉에 의한 결과로 보는 견해도 있다. 이를 '반알타이 가설' 혹은 '알타이 접촉설'이라고 부른다. 알타이 접촉설에 의하면, 고대 한반도 지역에서 사용되던 토착어가 있었는데 이것이 한반도 인근 토착민들의 삶의 기저에 자리한 상태에서 아시아 서역에서부터 동북아시아 및 한반도 인근으로 전파되어 오는 알타이어 요소와 결합하여 고대 한국어를 형성하였으리라는 것이다. 즉, 고대 한국어가 형성되는 데에는 한반도 인근에 살았던 선주민족의 원시 토착어가 '기층'으로 작용하였다고 보는 것이다. 고대로부터 동북아시아 지역에 토착해 있던 시베리아 언어들 중에는 오늘날까지 소수 민족 언어로 살아남은 것이 있다. 주로 시베리아 동부 지역에서 축치, 코랴, 케렉, 캄차탈, 길랴, 유카기르 등의 언어들이 그 예이다.

차용은 모든 층위에서 가능하기는 하지만 단어의 차용이 가장 많고, 그밖에 음운 차용이나 문법 형태소의 차용은 단어 차용보다는 비율이 적다. 비교되는 두 언어 사이에 규칙적으로 대응하는 단어는 많은 가운데 유독 기초 단어가 일치하는 비율이 낮다면 이것은 후대의 차용에 의해 도입된 것일 가능성이 높다. 反알타이 가설에서 주목한 것처럼, 한국어와 알타이 제어 사이에는 핵심적 문법 형태소의 대응이 거의 없으며 기초 어휘가 일치하는 비율이 낮은 편이다. 이런 측면에서 한국어는 알타이 제어로부터 많은 수의 단어를 차용했을 뿐이라는 지적을 받아 왔다.

그렇다면 한국어는 알타이어 이외에 다른 어디에서 생겨난 것일까? 이에 관해 가설 한 가지가 있다. 알타이어 학자 김방한 교수는 '원시 한반도 언어' 기층설을 제시한 바 있다. 이 가설에 의하면, "고대 한반도에는 '원시 한반도 언어'가 한반도 일원의 고대 토착 언어로 존재하고 있었다. 이 언어는 워낙 오래 전 원시 상태에 기원을 두는 것이므로 '알려지지 않은 언어'이다." '원시 한반도 언어'가 오랜 세월에 걸쳐 변화를 겪어 나가는 과정에서 알타이어 영향이 동쪽으로 전파되어 와서 한반도 언어와 융합하고 결국에는 한국어에 알타이어 요소들을 덧씌워 준 것이라고 지적되었다. 이를테면 「삼국사기」에 한자로 기록되어 있는 고구려 땅 이름 중에는 알타이어와는 성질이 다른 한반도 토착어의 흔적으로 여겨지는 것들이 상당수 있다. 땅 이름(地名)은 보수성이 높아 외래적 요소에 쉽게 휘둘리지 않고 오랜 세월 동안 계승되는 것이 보통이기 때문에 고대 언어 상태를 암시해 주는 중요한 단서로 해석된다.

한편 길략어(Gilyak)라는 소수 언어가 고대어 연구자의 관심을 끄는 경우도 있다. 길략어는 역사가 오래된 고대 동북아시아 지역의 언어가 계승된 것으로 여겨지는데, 고대 한국어와 유사한 어휘가 적지 않게 드러난다는 점에서 "아마도" 원시 한반도 언어와 유사성이 있는 언어일 것으로 추정되는 바가 있다. 길략어는 사할린, 흑룡강 일대의 지리적으로 험준하고 폐쇄적인 지역에서 아주 오랜 세월 전부터 거주해 오던 소수 민족 언어였는데 최근에 이르기까지 완전히 소멸하지 않고 적은 수의 원주민 사용자가 남아 있다. 원시 한반도 언어의 존재를 확증하려면 무엇보다도 동북아시아와 한반도 인접 지역에 존재했던 토착 언어들 중에 한반도 언어와 비슷한 고대어를 발견할 수 있어야 할 것인데, 바로 이런 목적에서 길략어는 주목을 끄는 언어이다.

풀리지 않은 의문점이 하나 더 있다. "일본어는 어디에서 왔는가?" 지구상에서 일본어와 가장 많이 비슷한 언어는 한국어이다. 일본어와 한국어는 문법 구조에 있어 매우 유사하지만, 그러면서도 문법 형태와 어휘에 있어서는 많이 다르다. 아주 먼 옛날에도 한반도와 일본 열도 사이는 바다로 갈라져 있었을 터인데 그 당시 사람들이 무엇을 위해 동해 바다를 오고갔을지는 참으로 궁금하다. 지금 시대의 연구자들은 이 문제에 대해 다각도로 규명해 보기를 원하지만 일본어 기원에 관한 연구는 풀리지 않은 숙제를 안고 있다.

이제까지 알아본 것처럼, 먼 옛날부터 한반도 일원에 거주했던 한민족의 선조는 한반도 북쪽 경계 바깥으로 북방계 민족들과 어떤 형태로든지 영향을 주고받았다. 동쪽으로 이주해 온 알타이 부족이 직접적으로 한반도 사람으로 정착했을지, 아니면 동북아시아 한반도 일원에서 본래부터 거주하던 원시 민족이 동진해 오는 알타이 부족들과 접촉하면서 알타이 말의 영향을 받은 것인지는 아직까지 명료하게 밝혀지지 못했다. 한국어의 알타이 계통론 문제는 아직 완결되지 못한 논쟁으로 남아 있다. 그리고 이것은 단지 언어 문제에만 국한하는 것이 아니고 고대 동북아시아 문화사, 고고학사와 연계되는 것이기도 하다.

한편 한국어의 남방계 기원설이 불투명한 가설로 오래 전에 등장한 적이 있다. 그 중에 드라비다어 기원설이 있다. 드라비다어(Dravidian)는 고대 인도의 남부 지역 방언들을 통칭하는 어족 개념이다. 서양인 헐버트 Hulbert는 감리교 선교사로 1886년부터 한국에서 활동하였는데, 그는 1905년 저서에서 드라비다어와 한국어 사이에 유사성이 있으며 이것은 단순히 우연한 것으로 보이지 않는다고 주장했다. 헐버트는 기초 어휘 80여 개 증거를 제시하고, 정황적 증거로는 드라비다어 사용 지역에서 벼농사, 고인돌, 난생 신화 등의 문화가 있음을 들었다. 인도 남부 지역으로 이동했던 아시아 투란 부족의 일부가 말레이시아 반도를 경유해 동아시아 대륙에 근접해 한반도 남부에 도달한 것으로 헐버트는 추정했다.

그러나 학계에서는 한국어의 남방계 기원설을 받아들이는 학자가 거의 없다. 남방계 기원설은 호기심을 자극하는 이야기로서 한국어와 아시아 남방 문화권 언어의 유사성을 소개해 보는 데에 때때로 인용되어 오던 화젯거리이다. 실제로 고대 왕국에서 바닷길을 이용해 왕래가 있었음을 알려주는 기록이 남아 있다.「삼국유사」에 의하면, 신라의 김수로왕은 인도 공주 허황옥과 결혼했으며 허황옥은 인도 아유타국에서 배를 타고 건너왔다고 한다. 예사롭지 않은 흔적도 있기는 하다. 인도 아요디아(= 아유타) 왕국에서는 쌍어도(雙漁圖)를 자주 볼 수 있는데 김수로 왕릉의 입구에도 비슷한 모양의 쌍어도가 있다. 불교 독경 시간에 목어를 두드리는 것을 보더라도 물고기와 불교는 깊은 관계에 놓여 있었다. '가락국/가야국'에 들어있는 말인 'kara' 혹은 'kaya'는 드라비다어에서는 '물고기'를 뜻하는 말이다.

지금까지 한국어의 기원과 계통에 관해 소개해 보았다. 학계에서는 한국어 기원을 북방 알타이 계통의 공통어로 소급해서 찾으려는 태도가 일반적이다. 한국어는 북방계 언어와 (비록 기원적 계통 관계가 아닐지라도 나중 시대 차용을 통해서라도) 영향을 주고받았다는 점은 일반적으로 수용되는 견해이다. 반면 남방계 기원설은 재미있는 일화로 회자되는 이야기가 있다고는 하지만 사람들의 귀를 솔깃하게 해 주려는 시도로 보일 여지가 많다.

15.3. 한국어의 내적 역사

한국어와 인접 언어들 사이의 계통적 친근 관계는 한국어의 외부적 역사에 해당한다. 이에 비해, 한국어가 그 자체로 한반도 내에서 어떤 변화를 거쳐 오늘날까지 이어져 왔는지에 관한 것은 한국어의 내적(內的) 역사라고 한다. 한국어의 내적 역사를 밝혀내는 것은 시간의 축을 거슬러 올라가는 것이다. 이를 위해서는 문헌으로 남겨진 실증적 자료가 대단히 중요하다. 훈민정음 이전 시대까지 중요한 문헌 자료로는 이러한 것들이 있다: 「계림유사」(12세기), 「삼국사기」(12세기), 「향약구급방」(13세기), 「삼국유사」(13세기), 「대명률직해」(14세기), 「조선관 역어」(15세기), 「향약집성방」(15세기)

한국어 고대사를 공부하기 위해 부딪치는 자료들은 한자로 표기되어 있다. 고유 문자가 없던 시절이었으므로 한자를 사용해 음차 또는 훈차로 표기되었고 이두, 향찰의 차자 표기이거나 혹은 한문으로 기록된 자료들이 남아 있다. 문헌에서 확인되는 고유어 단어들은 특히 중요하다. 오래된 역사 문헌에서 기록으로 남겨진 지명, 고유명사, 관직명 등의 고유어 어휘 자료를 통해 고대국어의 단면을 부분적으로 발굴해 내는 연구가 이루어져 왔다.

한국어의 연대기적 역사는 고대, 중세, 근대, 현대 등의 시기별로 구분할 수 있다. 고대 한국어 출현의 기산점은 문헌 기록 자료가 나타나는 시기부터로 잡으며, 최초의 한국어 자료는 기원후 414년 광개토왕 비문으로 본다. 중세 한국어로 분류되는 시기는 조선 왕조 건국 이전 무렵부터 임진왜란 이후까지를 포함한다. 중세 한국어는 17~18세기 사이에 변화를 겪고 18세기 이후부터는 근대 한국어 시기로 구분된다. 근대 한국어는 18세기 영조 왕이 재위하던 무렵부터를 기산점으로 잡는다.

고대 한국어와 중세 한국어의 구별 시기는 학자마다 견해 차이가 있기는 하나 대체로 고려 왕조에서 몽고 침입과 몽고어 영향을 받던 13세기 이전을 고대 한국어, 13세기 이후부터를 중세 한국어로 본다. 15세기 중세 한국어를 공부하는 것은 현대 한국어에 들어서기 이전까지 500여 년 동안의 한국어를 이해하는 셈이다. 한국어가 발달하는 경계의 구분점은 정치 사회적 격동이나 왕조 교체에서 고려하기보다는 한국어 자체의 내적 변화에서 찾아야 한다. 한국어의 내적 특질이 자체적으로 크게 변화했던 때를 짚어서 구분해 주기 위한 증거로서, 이를테면 모음 체계 변화는 뚜렷한 특징이다.

중세 한국어와 근대 한국어를 구획하는 경계선 시기에는 한국어의 모음 체계, 음운 체계가 크게 흔들려서 재구성되었다. 문헌 자료가 남겨져 있는 시기는 5세기부터인데, 5세기 이후 모음 체계를 재구성하는 변화는 두 번 일어났다. 한 번은 몽고 지배가 지나간 13 ~ 14세기 사이였고, 또 다른 한 번은 조선 영조 왕 즉위 이후 18세기 무렵이었다. 음운 체계의 변화는 문헌 증거에 의해 확인된다. 12세기 문헌 「계림유사」와 14세기말 문헌 「조선관 역어」, 이들 두 문헌의 비교를 통해 음운 체계에 큰 변화가 있음이 드러났다.

조선왕조 초기, 중세 국어 시기에 모음 체계 변화가 일어났다. 우리는 공중파 방송에서 사극 대하드라마를 시청하던 기억이 있다. 문경, 제천, 단양 지역에 있는 사극 촬영장을 방문해 보자. 시간을 거슬러 과거로 돌아가는 여행지이다. 사극에 등장하는 역사적 인물들이 사용하는 말은 현대 한국어이기 때문에 시청자들은 과거의 역사 이야기를 마치 현재에 직접 경험하는 듯이 실감나게 관람할 수 있다. 그런데 실제로 타임머신을 타고 과거 역사 시대로 돌아가서 세종대왕, 이성계 장군, 정몽주 선생 등을 만나 뵙는 일을 상상해 보자. 만약 그 분들을 직접 뵙고 그 시대에 사용하던 말을 들어본다면 오늘날 말과는 상당히 다르다는 점을 느끼게 될 것이다.

15세기를 경계선으로 그 이전과 이후를 생각해 보자. 이를테면 임진왜란 중에 이순신 장군의 비장한 언술 행위를 떠올려 보자: "살고자 하면 죽고, 죽고자 하면 사느니라." 한편 그보다 앞선 시대를 살았던 정몽주 선생의 언술 행위로, "이 몸이 죽고 죽어 일백 번 고쳐 죽어 백골이 진토되어…" 여기에 인용해 본 발언은 옛날 그 시절에 말해졌을 때에는 현대어와 같은 발음이 아니었다. 단심가는 15세기 이전 고려 시대 발음이어야 하므로 15세기 이후 조선 중기 발음과는 현저하게 차이가 있다. 역사적 언술을 장난치듯이 하지 않기 위해 답은 여기에 적지 않겠다. 다만 간단한 표로 언급해 두자면, 15세기 전후에 단모음 체계는 아래와 같은 방향으로 변화되었다. 'ㅓ'의 조음점이 중설 위치로 후퇴하면서 연쇄적으로 ㅡ, ㅜ, ㅗ 등의 조음점이 이동하게 되었다.

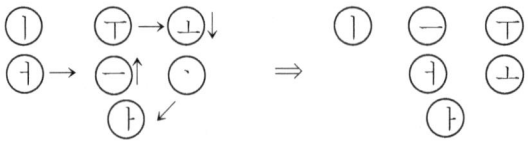

한편, 고대 한국어의 자음 체계는 10여 개 자음들을 지녔었다. 15세기 초중반 무렵부터 거센소리, 된소리로의 변화가 진행되어 자음 체계에 변화가 일어났다. 옛날 말의 흔적을 훈민정음 글자 표기를 통해 약간 알아보기로 하자. 15세기 훈민정음에서 등장한 합용병서는 창제 당시에는 자음군 발음을 표시하는 데에 사용되었으나 16세기 이후에 된소리로 발음이 변화되었다. 예를 들어 썩(餠)의 발음이 [떡]으로 변화되었는데 자음군 'ㅄ' 발음이 평안도 방언에서는 '시덕' 혹은 '시더구'로 이어져 옛날 흔적을 남겼다. '쨩'은 [똥]으로 발음이 변했는데 제주와 전남 방언에서 '시동'이란 말로 흔적을 남겼다. 옛말에서 '싸히'는 '사나이' 혹은 '사내'로 변화되었는데 오늘날 제주도 말에서는 사내를 '소나위'라고 부른다. 병서 글자에 관해 이 장 8절에서 「훈민정음」을 소개할 때 더 돌아보기로 하자.

근대 한국어는 18세기 초부터이다. 주요 문헌으로 18세기 「동문유해」가 있다. 중세와 근대의 전환기에 모음 체계의 변화가 일어났으며, 그에 비해 자음 체계는 거의 변하지 않았다. 그 무렵에 새로운 단모음 'ㅐ, ㅔ, ㅚ, ㅟ'가 등장했다. 원순모음화와 구개음화도 일어났으니 이것은 중세국어 말기와 근대 한국어의 경계를 가르는 중요한 변화였다.

이제까지 이 절에서 한국어의 내적 발달의 기준점이 되는 시기를 언급해 보았다. 국어의 내적 발달사를 연구하는 분야를 국어사(國語史)라고 한다. 국어사 전반에 대해 알아보려면 정말 많은 공부가 필요하다. 이 책에서 너무 부족하게 소개하는 점에 대해 독자 여러분의 양해를 구한다.

15.4. 한국어에 들어온 차용어

한국어는 중국과의 접촉을 통해 많은 수의 단어들을 차용어로 받아들였다. 중국으로부터의 차용은 천 년을 넘는 역사에서 특별한 위상을 가지므로 단순히 차용어라고만 부를 게 아니라 한자어(漢字語)라는 이름으로 부른다. 한자로 표기할 수 있는 단어는 한자어이다. 중국어 차용어는 옷, 천, 기구, 장식 등 문화적인 단어가 많았다. 다홍(大紅), 무명(木綿), 배추(白菜), 사탕(砂糖) 먹(墨) 등처럼 한국식으로 발음이 조정된 경우가 대부분이다. 문화적 물품에 관한 단어뿐 아니라 개념이나 지식의 논변을 위한 단어들에도 한자어가 차지하는 비율이 아주 높다. 오랜 기간의 역사에 걸쳐 중국과 문화적으로 접촉하면서 한자어가 유입되어 토착화되었다. 그러다 보니 한자어 어휘들이 한반도 토박이말의 어휘들을 밀어내거나 위축되게 만드는 경우가 워낙 많았다. 한자의 차용은 문자 차용으로부터 시작되었지만, 오랜 역사에 걸쳐 지속적으로 사용되었기 때문에 구어와 문어가 서로 간섭하게 되었다. 즉 문어체 글을 통해 유입된 한자어가 점차 세력을 넓혀 구어체 고유어를 밀어내는 일이 많이 일어났다.

그런데 한자의 뜻을 이용해 한반도에서 자생적으로 만들어 낸 어휘들도 한자어라고 한다. 한자어의 대부분은 한자 사용의 영향을 받은 차용어이지만 자생적 한자어는 차용어에 해당하지는 않는다. 예를 들어 식구(食口), 어중간(於中間), 양반(兩班), 전답(田畓), 대지(垈地) 등은 자생적 한자어이다. '김치'는 언뜻 느끼기에는 고유어 같지만 알고 보면 沈菜라는 자생적 한자어가 모양이 변해서 나타난 것이다. 한반도 역사는 문화적으로 중국과 긴밀하게 관련을 맺지만, 순전히 언어적 측면에서 보면 중국과의 접촉은 제한적으로만 일어났다. 본래부터 한국어와 중국어는 기원적 계통에서 친근 관계가 전혀 없으며, 발음 체계나 문법 구조가 완전히 상이한 언어이다. 그런데 문화 접촉의 결과로 차용이 일어났다. 중국으로부터의 차용은 두 가지 측면에 국한한 것이다. 하나는 중국 문자인 한자의 차용이며, 다른 하나는 어휘의 차용이다. 한자의 차용은 본래는 단순히 표기 수단을 빌려오는 것으로 시작되었지만, 시간이 경과하면서 한자의 차용으로 인해 어휘의 차용이 더 가속화 되었다.

한자어와 고유어는 사용 영역에 차이가 있다. 고유어는 기초 어휘에서 많고 정서적 호소력이 큰 단어가 많다. 원초적인 삶에 관한 기초생활 어휘에서는 고유어의 비율이 높다. 생각해 보라. 오늘날 우리가 가을 하늘을 올려다보며 깊어가는 가을의 정서와 아름다움을 느끼듯이, 옛날 한국인도 정서를 표현하고 살았다. 비록 문자를 배워서 사용할 수 없었더라도 '하늘, 땅, 구름, 바람, 가을, 하나, 둘, 셋, 아버지, 동생, 언니, 나락, 마을, 다리, 냇물' 등의 고유어들을 말하고 살았다. 이처럼 생활에 밀접한 기초 어휘들은 차용어로 대체되기 어렵다. 기초 어휘는 쓰임새가 안정되어 있기 때문에 차용어에 쉽게 밀려나지 않았다.

　　고유어와 한자어가 생존을 놓고 서로 경합하는 관계에 놓이는 일이 허다했다. 이원적인 어휘 분화를 이루어 공존하게 된 경우도 있다. 예를 들면, 아침밥 - 조반, 봄바람 - 춘풍, 여름옷 - 하복, 나이 - 연령, 열매 - 과실 등에서 고유어와 한자어의 공존을 볼 수 있다. 또한 아래에 적은 것처럼 수량을 세는 말은 한자어와 고유어가 공존한다.

　　　하나 - 둘 - 셋 - 넷 - 다섯 - 여섯 - 일곱
　　　일(一) - 이(二) - 삼(三) - 사(四) - 오(五) - 육(六) - 칠(七)

　　한자어와 고유어가 서로 경합하다가 어느 한 쪽이 쇠퇴 소멸하는 것으로 나타나는 일이 아주 흔했다. 한자어는 많은 수의 고유어를 쇠퇴하게 만들었다. 예를 몇 개 적어보면, '즈믄'은 '천'(千)으로, '온'은 '백'(百)으로, '가람'은 '강'(江)으로, '뫼'는 '산'(山)으로 바뀌었다. 고유어 '즈믄'은 한자어 천(千)에 밀렸다가 훈민정음 창제 후 한동안 되살아나기도 했으나 다시 '천'에 밀려나 쇠퇴하고 말았다.

　　한자어는 오랜 역사에 걸쳐 한국어에 용해되었다. 현대 한국어 언중이 느끼기에 당연히 고유어일 것으로 여기는 단어들 중에 상당수는 알고 보면 한자어인 것이 많다. 옛날 말에서 발음과 철자 형태마저 변화되다 보니 본래 한자어 어원과는 무관한 것으로 인식되는 예도 있다. 이런 단어를 몇 개 더 들어보면, '서랍'은 설합(舌盒)에서 왔고, '썰매'는 설마(雪馬)에서, '우엉'은 우방(牛蒡)에서, '사냥'은 산행(山行)에서, '짐승'은 중생(衆生)에서 왔다.

　　중국을 거쳐 들어왔던 서역 문화의 차용어도 있다. 불교 용어에서 흔하다. '미륵', '보살'이 있다. 고려 시대 몽고어로부터의 차용이 일어나기도 했는데, 13세기 이후 군사, 관직 등에 관해 몽고어 차용어가 많았지만 후대에까지 살아남은 어휘의 수는 많지 않았다. 근대 이후 일본어에서 차용된 단어들이 있다. '빵, 고무, 가방, 구두, 냄비, 담배' 등은 서구 차용어로부터 시작해 일본식으로 발음이 조정되어 한국으로 건너왔다가 정착된 단어들이다. 일본어 영향으로 생겨난 차용어들은 꽤 많았지만 1960 ~ 70년대를 전후해 빠른 속도로 쇠퇴했다. 우리가 차용어인 줄 느끼지 못하는 예도 있다. 예를 들면 '곤색'은 일본어 차용어이므로 '감색'이라고 말해야 우리말 본래의 표현이다.

한국어는 20세기 이후 영어로부터 문화적 접촉을 통해 많은 수의 차용어를 받아들였다. 차용이란 두 언어 사이에서 양 방향으로 모두 일어날 수 있으나, 한국어로부터 영어로의 차용은 거의 일어나지 않았다. 이것은 문화가 유입되는 방향의 농도가 한 쪽으로 편중되었기 때문이다.

15.5. 한국의 방언과 표준어

현대 한국어의 방언에 대해 살펴보기로 하자. 객관적 관점에서 볼 때 한 언어권 내의 모든 지역적 편차는 모두 방언 차이로 돌릴 수 있기 때문에 각 지역의 말은 제각각 방언이며 심지어 표준말도 일종의 방언이라고 말할 수 있다. "**교양 있는 사람들이 두루 쓰는 현대 서울말**"로 규정되어 있는 국어의 표준어 역시 서울말 방언이라고 말하는 것이 적절하다.

원칙적으로 방언은 표준어보다 열등하거나 저급한 말은 아니다. 만약 방언이 궁벽한 지역에서 옹색하게 살아가는 사람들의 말투 정도로 간주된다면 이것은 바로 사회적 편견을 반영하는 것이다. 편견을 가지고 바라볼 때 방언이란 바로 '사투리' 정도로 인식된다. 어떤 방언이 다른 방언보다 세련되지 못하고 투박한 말투라고 단정하려는 것은 주관적 의식이 반영되었기 때문이다. 방언이란 이미 쇠락해 버리고 숨어 버린 사투리에 불과한 것이 아니라 각 지역에서 치열한 삶을 살아가는 동시대인들이 사용하고 있는 말이다. 각 방언권 지역의 사람들은 지역의 문화를 방언을 통해 이어받았고, 여러 가지 문화적 행위를 방언을 통해 드러내어 준다. 방언이란 한반도 내의 어느 지역에서든지 사람들이 살아가는 방식의 중요한 부분이다.

방언은 한 언어의 과거와 현재를 동시에 간직하고 있다. 옛날 말의 흔적을 간직하고 있을 뿐만 아니라 현재 시점에서 동시대인들이 어떤 특징의 말을 사용하고 있는지를 고스란히 보여준다. 우리말의 긴 역사를 보여줄 뿐만 아니라, 오늘날 시대에 각 지역마다 사람들의 독특하면서 일상적인 삶의 모습을 드러내 준다.

방언은 궁벽한 지역에 외떨어져 사용되는 말이 아니다. 방언이 혹시 쇠멸될까봐 염려가 되기 때문에 그렇게 되지 않도록 하기 위해 방언을 잘 보존하고 간수해야 한다는 말을 할 수 있을까? 아니, 그 말은 억측이다. 실제 방언의 쓰임새는 외떨어진 지역에서 옹색하게 갇혀 있는 것이 아니다. 방언은 21세기 한국 사회에 살아 있으며 지역의 문화를 고스란히 담고 있다. 방언은 생명력을 가지고 있으므로 그 생존 여부를 현대 사람들이 인위적으로 가늠할 상태에 놓이는 것이 아니다.

소멸 위기에 놓인 언어들은 힘 있는 언어에 밀려나서 사용자가 급감하는 일이 지구촌 도처에서 발생한 바 있다. 현대 사회의 이중언어 환경에서 소수 언어는 다수 언어와 공존하기에는 경제적, 문화적, 사회적 여건에 있어 힘에 부치는 일이 흔하다. 하지만 한국 방언의 위상은 외국의 이중언어 사회와는 사정이 다르다. 두 언어 사이의 이중언어 환경과 달리, 한반도에서 방언이란 한 언어의 경계선 내에서 변이를 보여주는 현상이다. 지역어와 지역 문화의 가치가 사람들의 마음속에 받아들여지는 만큼으로 방언은 표준어와 공존한다. 한국 현대사에서 해방 이후 지역 방언 사용자들이 수도권에 밀집해 살며 서로 다른 지역의 방언 사용자와 공동체 삶을 이어왔다. 그동안 한국 사회에서 방언은 표준어와 조화를 이루며 공존하여 왔다.

방언에 대해 한국인은 어떤 태도를 보이는가? 한국인은 방언에 대해 개인의 경험이나 환경에 따라 나름대로 태도를 지닌다. 국립국어연구원에서 「국어 교사의 표준어 사용 실태」(1997년) 보고서를 발간한 적이 있다. 이 연구는 사람들이 표준어나 지역 방언에 대해 어떤 태도를 지니는지에 관해 설문 조사를 통해 알아내었다. 설문을 위한 태도 유형으로는 다음과 같은 평가 항목들이 사용되었다.

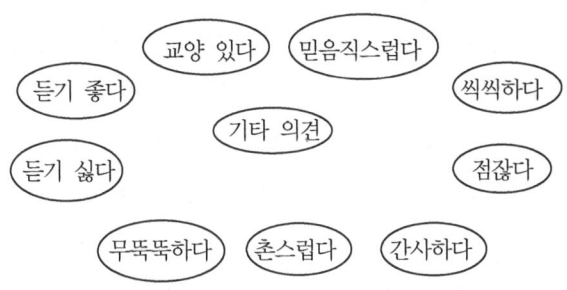

여기 평가 항목들 중에는 부정적 항목과 긍정적 항목이 혼합되어 있다. 조사 결과에 의하면, 자기 자신이 사용하는 방언에 대해서는 "듣기 좋다"는 항목으로 응답하면서 대체로 관대한 태도를 보여주었다. 자기 방언 이외의 다른 지역 방언에 대해서는 가장 높은 비율로 반응한 항목들이 지역에 따라 차이가 있다. 지역마다 가장 높은 응답 비율을 보인 항목은 다음과 같다.

  (1) 전라도 방언에 대해,
      긍정적 항목은 '상냥하다', 부정적 항목은 '간사하다'.
  (2) 충청도 방언에 대해,
      긍정적 항목은 '점잖다', 부정적 항목은 '촌스럽다'.
  (3) 경상도 방언에 대해,
      긍정적 항목은 '씩씩하다', 부정적 항목은 '무뚝뚝하다'.

설문 조사에 의해 이와 같이 조사되었다. 선입견이나 단순한 반응이 작용하는 부분이 있으므로 심각하게 받아들이지는 말자.

15.6. 방언으로 표현되는 지역 문화

방언을 접할 수 있는 기회로 방언 사용자가 등장하는 영화를 볼 수 있다. 등장인물들이 방언을 중요한 표현 수단으로 사용했던 영화로는 「친구」, 「가문의 영광」, 「황산벌」, 「선생 김봉두」, 「웰컴투 동막골」, 「꽃 피는 봄이 오면」 등이 있다.

방언은 사람의 마음과 마음을 이어주는 중요한 소통 언어임을 이 영화들은 잘 보여주었다. 「황산벌」은 경상도 방언과 전라도 방언을 영화의 중심 소재로 마주 세우고 이를 통해 이야기의 사실성과 긴장감을 드러내 보였다. 또한 영화의 희극적 재미도 주었다. 「황산벌」의 대사 한 마디 적어보면, "이번 황산벌 전투에서 우리으 전략 전술 거시기는 한마디로, . . . 머시기 헐때꺼정 갑옷을 거시기 헌다!"

「친구」에 나오는 무뚝뚝한 경상도 사투리는 영화 속 조직폭력배의 세계를 실감 나게 알려주는 역할을 했다. 잃어버린 그때 그 시절에 대한 향수를 자극하는 데에 어울리는 말투였다. "동수야, 니나 네나 건달 아이가?"라는 대사는 부산 사내의 속마음을 드러내는 말이었다. 「가문의 영광」은 끈끈한 전라도 사투리를 보여주었다. 「가문의 영광」에 나오는 한 마디 대사는 인상적이었다. "워따메, 느그가 시방 그래 불면 어쩔 껀다냐!" 이 말은 영화 속 장면의 사실감을 더해 주는 것이었다. 강원 방언은 「선생 김봉두」와 「웰컴 투 동막골」에 등장하는 순박한 시골 사람들의 말투에서 체험할 수 있다.

방언학자 이상규 교수는 저서(2007년)에서 재미있는 비유를 다음처럼 들려주었다. 한참 전 시절의 영화에서 방언 사용자는 가정부이거나 구두닦이, 악역 정도에 불과했다. 5공화국, 6공화국 시절에 저녁 시간 공중파 방송 드라마에서 방언을 사용하는 출연자는 주연이 아니라 부엌에서 일하거나 잡역 일을 하는 사람이었다. 거기에 나오는 방언 사용자들은 전혀 세련되지 못하거나 행동이 투박한 사람이 대부분이었다. 이런 지적을 읽고 필자도 어린 시절에 보았던 TV 장면을 회상해 보려고 했다. 안성 댁, 조치원 댁, 전주 댁으로 불리는 아주머니들이 부엌 일을 하며 사용하는 말은 '시골말'이었던 것 같다. 희미한 기억이기는 하지만.

문학 작품에서 방언은 중요한 역할을 한다. 대한민국 방언의 각 권역을 대표하는 작품들이 있다. 「토지」는 경상도 방언과 함경도 방언을 보여주고, 「혼불」과 「태백산맥」은 전라도 방언을 보여준다. 이처럼 소중한 문학 작품에서 등장인물들이 방언을 풍부하게 사용함에 의해 실제로 살아 있는 사람들의 이미지를 구현하고 있다. 소설 작품 속에서 방언은 살아 있는 사람들의 심정과 숨결을 전해 준다. 뜻밖에도 「토지」에서 주인공 '서희'는 경상도 방언을 전혀 사용하지 않고 표준어에 가까운 경성어를 사용한다. 경상도 사투리 쓰는 사람들 속에서 서희를 구별하기 위한 작가의 의도가 배어 있기 때문이다.

정지용 시인의 「향수」에서 고향의 정취를 흠뻑 느끼게 해 주는 시어로는 방언 표현이 제격이었다. 한 구절 적어보면, "풀섶 이슬에 함추름 휘적시던 곳 그곳이 차마 꿈엔들 잊힐리야." 한편 백석 시인은 황해도 방언의 음성을 가지고 시의 이미지를 만들어 냈다. 백석의 시 「야우소회」의 한 구절을 여기에 적어 보았다.

"나의 정다운 것들 가지, 명태, 노루, 뫼추리, 질동이, 노랑아비, 바구지꽃,
메밀국수, 남치마, 짚세기, 그리고 천희(千姬)라는 이름이 한없이 그리워
지는 밤이로구나."

방언 사용자는 자기에게 친숙한 방언 사용자를 만나면 정겹고 따뜻함을 느낀다. '고향사람 만났구나!' 이런 감정을 느끼기 때문이다. 그러나 다른 한편으로, 방언에 대해 중립적인 태도를 지니기 어려운 경우도 발생한다. 방언은 애틋지만 촌스럽기 때문에 군이 배우려고 노력을 기울일 필요가 없다는 생각을 은연중에 마음속에 담아 놓은 사람들도 있다.

학계에서는 한국의 방언 자료에 대한 기초 조사는 이미 이루어졌으며 그 결과가 출판물로 나와 있다. 한국정신문화연구원에서(= 現, 한국학중앙연구원) 1978년부터 10년간 '전국방언조사연구' 사업을 진행해 1987년 ~ 1995년에 걸쳐 「한국방언자료집」 9권을 완간하였다. 그리고 이것을 간추린 방언 자료집으로 2007년에 「한국언어지도」를 발간하였다. 「한국언어지도」는 서로 다른 색깔과 기호를 이용해 방언 분포를 지도 위에 분명하게 보여주고 있다. 이것은 우리말의 지역적 다양성에 대해 구체적 기준점을 눈앞에 펼쳐 보여주는 중요한 업적이다.

방언 어휘의 잘 알려진 예로 '부추'의 방언형을 소개해 보겠다. 다음에 적은 것처럼 3가지 권역으로 구분된다. '부추' 계는 경기와 강원 지역에서, '정구지' 계는 경북, 충북, 경남 동쪽 지역에서 나타난다. 그리고 '솔' 계는 전남, 전북 지역에 주로 분포한다.

· 부추 계: 부추, 부초, 분추, 분초, 푸추, 뿐추
· 정구지 계: 정구지, 정고지
· 솔 계: 솔, 소불, 소풀, 졸, 줄

예를 한 개 더 보자. '옥수수'의 방언형은 종류가 많다. '옥수수' 계와 '강냉이' 계로 양분되는데 개별 형태를 적으면 아래와 같다.

· 옥수수 계: 옥수수, 옥수시, 옥시끼, 옥시기, 옥수꾸,
　　　　　　옥수깽이, 옥수꽝이, 옥소시, 옥쉬시
· 강냉이 계: 강냉이, 강넹이, 강낭, 강낭이, 강낭구, 깡냉이, 깡낭이
· 기타: 강낭수끼, 강낭수깨, 강냉새끼, 강낭대죽, 강낭대축

한편 남북한 언어 차이는 표준어와 문화어의 분할 구도라고 말해지는데 그것은 체제 차이에서만 생겨난 것은 아니다. 언어 차이의 상당한 부분은 본래 남북 방언 차이에서부터 계승되어 온 것이다. 서울 중심의 한반도 남쪽에는 표준어와 방언의 구분이 있고 평양 중심의 한반도 북쪽에는 문화어와 방언의 구분이 있다. 해방 이전부터 남북의 방언 차이가 있었던 것이 분단의 역사가 계속되면서 언어 분리가 지속되고 있다. 남북 언어의 가장 큰 차이는 사용하는 어휘가 다른 것이 많다는 데에 있으며 이것은 언어 이질화라고 지목되기도 한다. 북한 문화어 정책의 주축으로 전개되었던 '말다듬기 운동'은 지역 방언에 대해 배려를 하였다는 점에서 우리의 국어 정책과 배척되는 것만은 아니다. 토박이말을 배려한 것은 우리 말을 다듬어 쓰는 노력의 일환으로 참조할 가치가 있다.

한국의 어느 지역이든지간에 그곳 방언은 생활문화, 전통, 민속을 담고 있는 소중한 자원이다. 각 지역 방언들이 모두 소중한 것이기 때문에, 딱히 어느 방언에 대해서만 더 깊은 애정을 가지고 접근해야 한다고 말할 형편은 아니다. 사람 손가락 열 개 중에 어느 손가락 하나인들 깨물어서 아프지 않은 법이 없다. 그래도 열 개 손가락 중에 애달픈 손가락이 하나 정도 있지 않은가? 제주 방언을 언급하기 위해 손가락 비유를 가지고 암시해 보았다. 제주 방언은 현대 한국 사회에서 사용자 수가 가장 적은 방언이지만 관심 있게 지켜보아야 할 생태적 자원이다. 제주도의 생활 환경이 변하고 전통문화가 해체됨에 따라 제주도의 생활 방언은 위축되었다. 육지 문화를 따라가려는 욕구와 경제 활동은 제주 방언의 작용권을 약화시켰다. 21세기 현 시점에서 우리가 제주 방언에 관심을 두는 이유는 그것이 생태계의 중요한 부분이기 때문이다. 제주도 말 중에 생소한 단어 몇 개를

적어보면 이런 것이 있다(괄호 안은 표준말임): "비바리(처녀), 오름(산), 굴묵(굴뚝), 살래(살강/선반), 무뚱(문밖), 상왜떡(찐떡)" 이제는 거의 안 쓰이게 된 단어로는 이런 것도 있다: "간전이(간자말), 살챗보리(겉보리), 곡차다(매우 춥다). 갈래기(쌍둥이)"

15.7. 한국인의 옛날 문자생활: 차자 표기

옛날에 한국인의 문자생활은 어떻게 이루어졌는가? 훈민정음 창제 이전의 문자생활에 관해 알아보자. 15세기 이전까지는 중국 한자를 빌려다가 한국어를 기록하는 데에 사용하였다.

한글 창제 이전에는, 한문과 借字(주로 이두)의 두 가지 표기 체계가 사용되었다. 한자는 한국에 들어와 두 가지 종류의 글을 표기하는 데에 사용되었다. 하나는 중국에서 가져온 학문을 배우고 읽기 위해 중국의 글인 한문을 사용하는 것이었고, 다른 하나는 우리말에 가깝게 글을 적기 위해 借字에 의해 표기하는 것이었다. 借字 표기법을 사용함에 있어 두 가지 방식이 있다. 한자의 발음(音)을 따라 적는 음차(音借) 방법과 뜻(訓)을 따라 적는 훈차(訓借) 방법이 그것이다. 차자 표기는 4~5세기에 이미 시작되었다. 7세기에는 삼국이 전쟁의 혼돈에서 한동안 벗어났으며 이 무렵은 차자 표기법이 기본적으로 갖추어진 시기였다.

한자를 표기 수단으로 빌려 쓰는 데에는 소리와 뜻 중에서 한 가지를 택한다. 차자에는 이두, 향찰, 구결이 있다. 이두, 구결, 향찰 그리고 한문(漢文)은 모두 한자를 사용하는 것이지만 나타내는 방식에 차이가 있다. 그 차이에 대해 아주 단순한 예를 들어 이해해 보기로 하자. 가령, "나는 너를 사랑하니~"라는 말을 한자로는 我愛你[중국어 발음으로 읽으면 "워 아이 니"]로 적는데, 한국식 어순으로 바꾸어 주면 我你愛로 적는다. 이처럼 어순을 우리말에 맞도록 조정해서 적는 방식을 서기체라고 한다. 서기체라 함은 6세기 후반 경의 유적인 '임신서기석'의 표기 방식을 이르는 말이다.

이두로 적으려면, 서기체 어순을 그대로 두고 이에 더해 '하니'(爲尼)라는 어미를 써서 붙인다. 그래서 '나는 당신을 사랑하니'라는 말을 我你愛爲尼로 적는 것이 이두이다. 한편 구결로 적으려면, 어순은 한문에서와 같이 그대로 두고 我愛你爲尼라고 적어야 한다. 향찰로 만들어 보려고 하면, 이것은 곧 문장 전체를 차자 표기하는 것으로 조사 이(伊), 을(乙)을 넣어서 我伊你乙愛爲尼로 적어야 하겠다.

어순을 바꾸어도, 문법적 요소들이 표기되지 않으면 이해하기 어려우므로 이것을 해결해서 글을 적으려고 한 것이 이두였다. 많이 사용된 이두 토 예를 들어보면 爲尼(하고), 是(이), 亦(이), 乙(을/를), 以(이), 乙良(을랑), 去等(거든) 등이 있다. 이두의 목적은 실용문 표기와 공공 문서 기록을 위해 오랫동안(갑오경장 이전까지) 사용되었다. 이두 토(吐)의 한자음은 오늘날 발음과 다르게 읽는 경우가 흔하다. 예를 들면 하니(爲尼), 하고(爲古), 하거늘(爲去乙), 하야도(爲也刀), 하거든사(爲去等沙), 하리잇고(爲利是古) 등의 이두 토에서 爲를 [위]가 아니라 [해로 읽었다.

이두 글의 예를 보자. 다음은 「대명률 직해」의 한 구절이다. 맨 위에 적은 한문 원문에 대해 이두 토를 달아 둔 이두문이 그 아래 있고 가장 밑에는 언문 번역문이 있다. 이두문은 괄호 안에 한글로 밝혀 놓은 것처럼 이두 토를 사용해 적었다.

凡以 妻爲妾子 杖一白 妻在以妾爲妻者杖九十 並改定 〈한문 원문〉

凡嫡妻乙(을) 爲妾爲在乙良(하거들랑) 杖一白齊(제) 嫡妻生存爲去乙(하거늘)
以妾爲妻者 杖九十遣(고) 並娶只 改定齊(제)
〈이두 번역문〉

무릇 부인을 첩으로 만드는 일이 있으면 장 일백 대를 맞는다. 부인이 있으면서 첩으로 부인을 삼는 자는 장 구십 대를 맞고, 모두 다시 고쳐 놓는다. 〈언문 번역〉

구결이란, 한문으로 된 텍스트를 읽으면서 해독에 도움이 될 만한 우리말의 조사나 어미를 사이사이에 끼워 넣은 것이다. 한문 원전에 구결 토를 달아 읽음으로 해서 독경의 흐름을 원활하게 하는 것이 구결의 용도였다. 빈번하게 사용되는 구결 토를 적기 위해 어려운 한자를 쓰는 것이 번거로웠기 때문에, 이런 불편을 줄이기 위해 한자를 간단하게 변형해 구결 문자를 만들어 내기도 하였다.

향찰은 시가를 표기하는 데에 사용되었다. 잘 알려진 「처용가」의 첫 구절을 보면, 어휘 형태는 한자의 뜻을 이용하고 문법 형태는 한자의 음을 이용하여 표기하였다.

東京明期月良 夜入伊遊行如可 '서라벌 밝은 달에 밤 드리 노니다가'
東京(동경)明(밝-)期(그)月(달)良(애)
夜(밤)入(들)伊(이)遊行(노니)如可(다가)

예를 하나 더 들어보겠다. 윤동주 시인의 「序詩」에서 일부 구절을 가져오면 아래와 같다. 이 구절을 만약 옛날 향찰식으로 바꾸어 보자면, 각 행마다 오른쪽 괄호 안에 적은 것과 같다. 남영신(1998, p38)에서 풀이했던 부분인데 재미있는 예이기에 여기에 옮겨 보았다.

죽는 날까지 하늘을 우러러 (死期日己只 天祭乙 仰良於)
한 점 부끄럼이 없기를 (一隱點 羞良音伊 無叱只乙)
잎새에 이는 바람에도 (葉間厓 起隱 風音厓都)
나는 괴로워했다. (吾隱 苦老邑爲行如)

이두, 구결과 같은 차자 표기법은 한자를 사용해서 우리말에 가깝게 글을 적으려는 시도였으나 여러 가지로 불완전하였다. 한자는 뜻글자이지만 한반도에 들어와 한국식 발음으로 읽히면서 부분적으로 표음성을 지니게 되었다. 그래도 차자 표기로는 우리말을 온전하게 적을 수 없었다. 우리말을 곧바로 글로 적기 위해서는 소리글자가 필요했다. 훈민정음 창제는 불완전한 표기법을 극복하려는 역사적 노력이 문자 창제의 결실로 이어진 것이라고 말할 수 있다. 소리글자로서 훈민정음이 창제됨에 의해 우리말을 소리 나는 대로 적을 수 있게 되었다. 언문일치의 토대가 15세기에 마련된 것이었다.

15.8. 한국의 문자: 훈민정음 창제

훈민정음 창제를 기점으로 삼아 한국인의 문자생활을 창제 이전과 창제 이후로 구별할 수 있다. 한글이 창제되기 이전에는 우리말을 글로 적으려 하면 이두문이나 한문을 배워야만 했던 것이 한반도인의 문자생활이었다. 한자에 의한 표기는 우리말을 자유롭게 표현하는 데에 한계가 있다. 뜻글자인 한자를 사용해 말을 글로 적으려 하면 말과 글의 언문일치가 되지 않았다. 한민족 고유의 문자로서 훈민정음은 세종 25년, 1443년에 한글 28자가 창제되었고 3년 뒤 1446년에 「훈민정음 해례본」의 완성과 함께 반포되었다. 한국인의 생각, 문화, 사상을 표현하는 데에 한글이 가져다 준 커다란 의의는 '언문일치'였다. 소리글자인 한글에 의해 우리말을 자유롭게 글로 적을 수 있게 되었다.

「훈민정음 해례본」은 한글 창제의 원리를 알려주는 귀중한 문헌이다. 1446년 (세종 28년)에 목판본으로 인쇄되었다. 훈민정음 창제의 원리가 역사적 증거물에 의해 확인된 것은 「훈민정음 해례본」 원본이 1940년에 발견됨에 의해서이다. 경상북도 안동에 있는 긍구당 서재에서 발견되어 세상에 모습을 드러냈다. 「해례본」은 네 부분으로 구성되어 있으니 세종 서문, 예의 편, 해례 편, 정인지 서문의 순서이다. 그 중에 세종 서문, 본문(예의), 정인지 서문은 「조선왕조실록」에도 수록되어 알려져 왔다. 그러나 제자 원리를 가장 구체적이고 소상하게 알려주는 해례 편은 「조선왕조실록」에 수록되어 있지 않았으므로 1940년에 「해례본」 발견은 엄청나게 귀중한 것이었다. 국보 70호인 「해례본」은 지금까지 간송 미술관에 소장되어 있고 1997년에는 세계문화유산으로 지정된 바 있다. 2008년에는 상주에서 또 다른 판본의 해례본이 발견되었는데 인쇄 상태와 보존 상태로 보아 세종대에 인쇄된 초간본으로 추정되고 있다. 간송미술관 소장 「해례본」은 출판물 인쇄를 위해 영인본 촬영이 이루어졌고 한글학회에서 제작한 영인본이 많이 배포되었다. 다음 사진은 「훈민정음 해례본」의 첫머리를 보여준다.

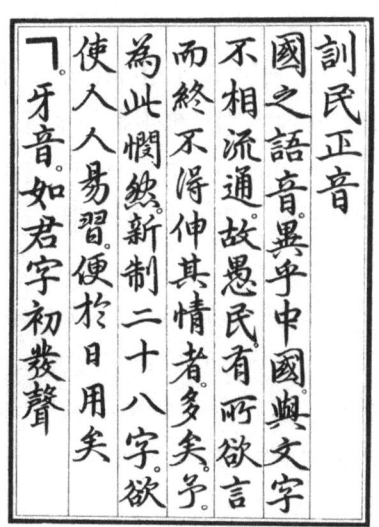

「해례본」에 들어 있는 정인지 서문에서는 한글 탄생의 감회를 이렇게 적었다. "천지자연의 소리가 있으면 천지자연의 글이 있다. (중략) 슬기로운 사람은 하루아침을 마치기도 전에 깨우치고 어리석은 사람이라도 열흘이면 배울 수 있다. (중략) 바람소리, 학의 울음, 닭의 훼치며 우는 소리, 개 짖는 소리일지라도 모두 이 글자로 적을 수 있다."

「해례본」은 다음과 같은 순서로 구성되었다. 세종 서문과 본문은 세종이 집필하고, 해례는 정인지를 비롯한 8인의 신하들이 집필하고, 정인지 서문으로 마무리된다. 본문과 해례는 문자 예를 들어 정음 원리를 해설하였다.

- 세종 서문(어제): 훈민정음의 창제 동기와 취지
- 본문(예의): 28자 분류,
  글자 부려 쓰기(종성 글자, 순경음, 병서법, 부서법),
  성음법, 성조 표시법
- 해례(예의 풀이): 제자해(글자 만드는 원리),
  초성해, 중성해, 종성해, 합자해, 용자례
- 정인지 서문

「훈민정음 해례본」은 한글 글자의 원리와 용법을 설명하고, 용례를 들어 보이고, 창제의 배경을 알리고 있다. 여덟 명의 신하가 지은 해례는 세종이 지은 예의를 자세하게 풀이하고 있다. 해례에서는 제자해, 초성해, 중성해, 종성해, 합자해, 용자례 등을 포함한다. 합자해 편에서는 초-중-종성을 합해 글자 만드는 법을 해설하고 병서, 순경음 글자에 관해 설명한다. 용자례는 실제 어휘 예를 들어 표기를 설명한다.

「훈민정음 언해본」은 훈민정음 해례본의 서문과 예의편을 한글로 번역해 적은 것이다. 세종대왕 사후인 세조 5년(1459년)에 간행된 「월인석보」 1권 첫머리에 실려 있다. 「해례본」에서는 없었던 글자 10개가 「언해본」에서 추가되었으니, 중국어 잇소리를 적기 위해 치두음 글자 5개와 정치음 글자 5개를 도입하였다. 치두음 글자는 왼쪽 획을 밑으로 길게 늘인 ᄼ, ᄽ, ᅎ, ᅏ, ᅔ이고, 정치음 글자는 오른쪽 획을 밑으로 길게 늘인 ᄾ, ᄿ, ᅐ, ᅑ, ᅕ이다. 이 글자들은 훈민정음이 중국 발음을 적는 데에 있어서도 소리글자의 면모를 갖추었음을 보여준다.

훈민정음 창제 원리에 관해 조금 알아보자. 「해례본」 제자해에서는 글자를 만든 원리를 정연하게 설명하고 있다. 세종 서문에서 "우리말이 중국 말과 다르다."는 현실 언급으로부터 출발한 것에 비해, 제자해에서는 천지자연의 소리를 구현하는 철학적 원리로 음양오행을 들었다. 훈민정음 28자는 상형(象形) 원리에 의해 만들어졌다. 훈민정음 해례에서, 제자해와 합자해를 보면, 초성은 발음 기관을 본떠 만들었으며, 중성은 천지인 삼재(三才)의 모양을 따라 만들었다.

자음은 발음 기관의 모양을 본떠 기본자 5자를 만들었고, 이로부터 나머지 글자들로 획을 더하는 방식에 의해 만들었다. 자음 기본자로 아설순치후(牙舌脣齒喉) 중에 ㄱ은 혀뿌리가 목구멍을 막는 꼴을 본뜬 것이고, ㄴ은 혀가 윗잇몸에 붙는 모습을, ㅁ은 입모양을, ㅅ은 이의 모양을, ㅇ은 목구멍의 모양을 본뜬 것이다. 자음 글자들은 아설순치후 5개 글자로부터 가획의 원리에 따르는 가획자 9개와 이체자 3개를 더해 모두 17개의 기본 자음 글자가 나온다. 횡선과 종선의 획을 사용해서 글자를 추가로 만들어내는 가획(加劃)의 원리는 소리글자의 특징을 아주 분명하게 나타내 준다. 아래 표에서 가획의 시각적 효과를 재확인해 보자.

```
ㅁ → ㅂ → ㅍ
ㅅ → ㅈ → ㅊ
ㄴ → ㄷ → ㅌ
ㄱ → ㅋ
ㅇ → ㆆ → ㅎ
```

'ㅁ'에서 'ㅂ'와 'ㅍ'가 만들어진 것만 하더라도 표음성이 뛰어나다. 이처럼 획을 더해 글자를 추가하는 방식은 참으로 체계적이다. 'ㅁ'보다 조금 세게 발음하면 (획을 위로 솟아오르게 더해 준) 'ㅂ'이고 그보다 조금 더 세게 발음하면 (획을 양 옆으로 펼쳐지게 더해 준) 'ㅍ'이다. 'ㅍ'는 입술모양 'ㅁ'에서 사방으로 공기가 퍼져 나가는 모양을 상형한 것이다. 영어의 m, b, p 글자들과 비교해 볼 때 한글의 ㅁ, ㅂ, ㅍ는 비슷한 소리들을 가획 글자들로 적은 것이다. ㅅ, ㄴ, ㄱ, ㅇ으로부터 ㅈ, ㅊ, ㄷ, ㅌ, ㅋ, ㅎ 글자들도 가획에 의해 만들어졌다.

그런데 기역(ㄱ)은 가획의 일정성에 있어서 ㅁ, ㅅ, ㄴ, ㅇ와는 차이를 보인다. 가획의 원리에서 첫 번째 가획은 폐쇄음화를 가져오고 두 번째 가획은 유기음화를 가져오는 것인데 아설순치후 중에 아음(牙音) 'ㄱ'에 대한 가획은 한 단계에 그치고 말았다. 한편 ㅅ(치음), ㄴ(설음), ㅇ(후음)으로부터 만들어진 이체자(異體字) 3자는 ㅿ, ㄹ, ㆁ 등이다.

모음 글자는 천지인(天地人) 삼재(三才)로부터 만들어졌다. 하늘과 땅과 사람의 조화에서 이루어진 것으로 하늘을 상징하는 점, 땅을 상징하는 수평선, 사람을 상징하는 수직선이 있고 수평선, 수직선의 위아래, 왼쪽, 오른쪽에 점을 찍어 모음 11자가 나왔다. 모음 글자도 상형 원리에 바탕을 두어 만들어졌다. 크게 보면 하늘과 땅 사이에 음양의 형상을 본떠 만들어진 것이고, 작게 보면 발음 기관 중에 혀의 모양을 본떠 만들어졌다. 모음 글자는 三才를 점과 직선으로 나타내어 아래아(•)는 혀가 오그라드는 설축(舌縮)으로, '으'는 혀가 조금 오그라드는 설소축(舌小縮)으로, '이'는 혀가 오그라들지 않는 설불축(舌不縮)으로 혀의 모양을 풀이했다. 이 세 가지 소리는 각각 하늘이 열리는 자시(子時), 땅이 열리는 축시(丑時), 사람이 나오는 인시(寅時)에 대응한다. 더 나아가서 천지인 삼재로부터 초출자와 재출자를 만들어 냈다.

기본 자음 17자에는 획을 더한 글자만 포함시킨다. 병서 글자는 기본 글자로 세지 않는다. 자음 글자를 나란히 합쳐서 병서 글자를 만드는데 같은 글자를 합치어 쓰는 것을 각자병서라고 하고, 서로 다른 글자를 합치어 쓰는 것을 합용병서(ㅅ-계, ㅂ-계)라고 한다. 각자병서 6자로는 ㄲ, ㄸ, ㅃ, ㅆ, ㅉ, ㆅ 등이다. 합용병서 10자로는 ㅂ-계 4자(ㅳ, ㅷ, ㅶ, ㅄ), ㅅ-계 4자(ㅺ, ㅻ, ㅼ, ㅽ), ㅄ-계 2자(ㅴ, ㅵ) 등이다. 15세기 세종 시대에 각자병서는 한자음을 적는 데에 사용되었고 우리말 된소리를 적는 데에는 합용병서 글자들이 사용되었다. 즉, [ㄲ, ㄸ, ㅃ, ㅆ, ㅉ] 등의 말소리를 적기 위해 옛 문헌에서는 [ㅺ, ㅴ, ㅼ, ㅵ, ㅽ, ㅄ, ㅶ] 등의 글자를 사용했다. ᄭᅮᆷ(夢), ᄯᅥᆨ(餠), ᄲᅧ(骨), ᄡᆞᆯ(米), ᄧᅡᆨ(雙) 등의 단어 예가 있다. ㅄ-계 병서를 지닌 ᄣᅢ(時), ᄢᅵ(= 끼니)의 사용 예를 들어보면, 'ᄣᅢ를 거르다', '밥 한 ᄢᅵ' 등의 표현이 있다.

ㅇ을 이용해 자음 글자를 위아래로 이어 붙여 연서 글자도 만들었다. 제자 원리에 의하면, "ㅇ을 입술소리 아래에 이어 쓰면 입술가벼운소리가 된다." ㅱ, ㅸ, ㅹ, ㆄ 등의 4개 순경음 글자가 있다. ㅸ을 제외하고는 ㅱ, ㅹ, ㆄ 글자들은 우리말 기록에 쓰인 적이 없고 동국정운식 한자음을 표시하는 데에 사용되었다.

15.9. 한글의 어제와 오늘: 민족 얼을 담는 그릇

한글의 제자 원리는 과학적이며 철학적이다. 한글은 세상에서 으뜸가는 소리글자라는 주장은 한글이 글자로서의 도구적 가치가 높다는 것을 뜻한다. 그러나 한글의 소리글자로서의 우수성만을 강조하다 보면 한글의 문화적 가치에 대해서는 미처 관심을 기울이지 못하는 경우가 있다. 힘주어 말하건대, 한글의 가치는 다양하다. 글을 적는 도구적 가치와 민족 얼을 담는 정신적 가치는 물론이고 한글의 생활문화적 가치 및 문화유산으로서의 가치도 상당하다. 또한 한글은 예술적 가치, 디자인적 가치를 지니며 실용적 가치를 지닌다.

'언문'이라 하여 낮추어 보이던 한글이 근대화 이후 오늘날까지 한국인 정신의 상징이며 민족 얼을 담는 그릇으로 여겨지게 되었다. 한국인의 생각을 펼쳐 보이는 데에 한글이 중요한 표현 수단이 되었기 때문이다. 그동안의 지나간 역사에서 한글의 위상이 어떻게 변화되어 왔는지에 관해 대략 살펴보기로 하자. 문자생활에 불편을 겪는 '어리석은 백성들'을 위해 만들어진 훈민정음은 창제 이후 언문(諺文)으로 취급받다가 근대화 이후 우리말 표기에 전면적으로 사용되기에 이른다. 조선 왕조에서는 공식적 통치 이념에 따라 한문이 가장 중요한 표기 수단이었으며 언문은 공식적으로는 낮추어 보이는 문자 체계였다. 그렇지만 삶의 저변에는 언문의 쓰임새가 스며들어 있었다. 한글로 적은 편지가 사용되었고 16~17세기 이후 일반 대중에게로 언문 사용자 계층이 확대되었다. 왕조의 통치 이념에서는 언문으로 낮추어 보였으나 민본주의 관점에서 볼 때 훨씬 더 많은 사람들이 언문을 통해 문자생활을 할 수 있었다.

조선 왕조에서는 유교 경전에 담겨 있는 학문과 사상을 배우기 위해 한문을 힘들여 익히는 것을 중요한 덕목으로 삼았다. 훈민정음 창제 당시에 반대 상소가 일어났다. 「세종실록」에 전하는 상소문 내용을 보면, 역사적 사회적 배경 때문에 창제에 반대하고 있음이 드러난다. 다음과 같은 논거가 최만리 신하의 상소에 언급되었다. "언문은 새로 만들어 낸 기이한 재주이지만 학문에 방해만 되며 정치에 도움이 되지 않습니다.", "어찌 예로부터 시행하던 폐단 없는 글자를 고쳐서 따로 야비하고 상스럽고 무익한 글자를 창조하시나이까?"

세종 시대에 훈민정음이 사용된 용도는 제한적이었다. 두 가지로 나누어 볼 수 있으니, 한글 문헌 발간과 한자음 정리에 사용되었다. 우선 「용비어천가」를 비롯한 한글 문헌 발간을 통해 조선 왕조의 정당성을 칭송하는 데에 사용되었다. 「용비어천가」는 국한문 혼용이며 주석은 한문으로 풀이되어 있다. 그리고 두 번째 용도로, 훈민정음은 한자 발음을 표시하는 데에 사용되었다. 1448년에 간행된 「동국정운」에서 훈민정음 글자들이 동국정운식 한자음을 밝혀 적는 데에 사용되었다. 한자 발음이 지역에 따라 사람에 따라 다르게 읽히었기 때문에 한자 발음을 통일하기 위해 「동국정운」이 만들어졌다.

세종의 뜻을 받들어 언문청을 세우고 세조 성종 대에 걸쳐 한글 문헌 발간에 힘을 기울였다. 그러나 훈민정음은 창제 이후 겨우 60여 년밖에 지나지 않아 탄압을 받았다. 연산군 10년(1504년)에 연산군을 비방하는 글이 한글로 기록되어 나붙은 사건이 일어났다. 이때 언문 사용을 금지했고 얼마 지나지 않아 언문청이

폐지되었다.

편지글과 고소설에서 한글이 사용되었던 것을 보아도, 한글은 민중의 생활과 밀접한 관련을 맺었다. 한글 사용 계층은 주로 부녀자나 서민이었다. 그러나 신분 높은 사람들도 언문을 사용하였다. 왕실 여성들은 주로 언문을 통해 문자생활을 했으며, 국왕이 왕실 내 여성에게 편지를 보낼 때에 언문을 사용한 예도 있다. 한글로 지어진 고소설은 이야기에 발이 달린 것처럼 빠르게 전파될 수 있었다. 사대부 계층에서 한글로 시조, 소설을 짓기도 했다. 그러나 사대부가 한글을 쓰는 경우는 개인적인 문서가 대부분이고 글을 받아 보는 대상은 거의 모두가 여성이었다. 양반집 여성들도 「소학」을 배우는 정도로 한자를 배우기는 했으나 그 이상으로 학문을 힘써 배우지는 못하였으니, 말을 글로 적어 내는 데에는 한문이 아니라 소리글자인 한글이 제격이었다.

16, 17세기에 한글은 부녀자 중심에서 일반 서민들로 사용자가 확대되었다. 17세기 언문 자료로 「현풍곽씨언간주해」를 보면, 편지글을 통해 곽씨 남정네가 처가에 가 있는 아이들에게 한글 가르쳐 줄 것을 장모에게 청하는 내용이 들어 있다. 한 구절 소개해 보겠다: "아아 자식 둘나 제 갓삽는 제 언문 가라쳐 보내옵쇼셔 슈고롭사오신 언문 가라쳐보내옵쇼셔"

조선 시대 한글 편지(諺簡 언간)를 열어보면 당대 사람들의 애절한 감정을 읽어낼 수 있다. 언간 자료는 흔치 않으므로 귀중한 문화유산이다. 1998년에 발견된 이응태 묘 출토 언간의 한 구절을 소개해 보겠다. 1586년에 죽은 남편(이응태)을 그리워하며 아내가 적은 이 편지는 관(棺) 속에 같이 넣어둔 것이었다. 합용병서 글자가 된소리 표기에 사용되고 있으며 아래아 글자가 무척 많이 사용되었다. '자내'라는 표현은 그 당시 부부간에 호칭으로 사용되었음을 보여준다.

"자내 샹해 날드려 닐오듸 둘히 머리 셰도록 사다가 흠쯰 죽쟈 ᄒᆞ더니 엇디 ᄒᆞ야 나를 두고 자내 몬져 가시ᄂᆞᆫ 날ᄒᆞ고 ᄌᆞ식ᄒᆞ며 뉘 괴걸ᄒᆞ야 엇디 ᄒᆞ야 다 더디고 자내 몬져 가시ᄂᆞᆫ고 (중략)
이 보소 ᄂᆞᆷ도 우리ᄀᆞ티 서ᄅᆞ 에엿쎄 녀겨 ᄉᆞ랑ᄒᆞ리 ᄂᆞᆷ도 우리ᄀᆞᆺᄂᆞᆫ가 ᄒᆞ야 자내드려 니ᄅᆞ더니 엇디 그런 이ᄅᆞᆯ ᄉᆡᆼ각디 아녀 나를 ᄇᆞ리고 몬져 가시ᄂᆞᆫ고 (하략)"

일제 강점기의 어려운 시대를 보내면서 한글은 '민족의 얼'을 담는 그릇으로 사람들의 마음속에 각인되기 시작했다. 일제 암흑기에 어려운 시대 상황을 거치면서 국어 운동은 민족정신의 상징으로 자리 잡았으며 그 중심에는 한글을 통한 겨레 사랑의 마음이 형성되었다.

　훈민정음은 완결된 글자 체계를 이루고 있다. 한글은 과학적일 뿐만 아니라 신비적이라고까지 극찬하는 사람들이 있다. 한글에 신비성을 부여하고 싶어 하는 것은 한국인의 문화적 인식이다. 한글이 세계적이라는 인식은 문화적 자긍심이기도 하다. 그런데 한글에 관해 약간의 오해가 허용되는 부분이 있다. 그것이 무엇인가 하면, 한글은 표기 수단인데 심지어 '글'이 곧 '한국어'를 뜻하는 것으로 확대되어 언급되는 경우가 흔하다. 또한 한글은 소리글자라는 점을 중시한 나머지 한글이 곧 발음기호나 마찬가지인 것으로 주장하는 사람들도 있다. 해례본의 정인지 서문에도 이런 생각을 뒷받침해 주는 언급이 들어 있다. 정인지 서문을 보면, 한글은 온 세상의 모든 소리를 (심지어 바람 소리까지도) 그대로 적을 수 있는 소리글자임을 말한 바 있다. 그러나 엄밀하게 말해서 이 세상의 모든 글자 체계는 그것이 아무리 발달하더라도 해당 언어의 발음을 철자법에 그대로 드러내 보이는 데에는 한계가 있다. 그래도 한국말을 적는 데에 있어서만큼은 한글은 소리글자로서의 역할을 충분하게 수행한다. 다만 한글은 음성 기호로서만이 아니라 시각 기호의 성격을 더불어 가진다는 점도 간과할 것이 아니다.

　근대화 이후 현대 한국 사회로 넘어오면서 한국인의 국어 생활은 표기 방식에 있어 큰 차이를 가져왔다. 1894년 고종 황제의 국문위본 칙령이 발표되었다. 이때부터 한글의 가치가 공식적으로 인정받기 시작했다. 국문위본(國文爲本)이란, "모든 칙령 또는 법률은 국문으로 적는 것을 본으로 삼는다. 한문 번역을 둘 수 있고 또는 국한문을 혼용한다." 이렇게 해서 창제 이래 처음으로 한글은 '언문'의 위치에서 벗어나 '국문'의 공식적 위상을 인정받았다. 고종의 칙령은 청일 전쟁이 끝나기 전에 일본의 영향을 받은 것으로 여겨지나, 이후 시대에 애국운동가들의 지지를 받으며 개화기 이후 민족주의적 자각에 의해 '국가문자' 위상을 확보하였다.

　현대국어로 넘어오면서 한글 표기법이 제정되었다. 조선어학회가 중심이 되어 1933년 「한글 맞춤법 통일안」이 나왔다. 이를 바탕으로 한글학회의 「한글 맞춤법」, 1988년 문교부 고시 「한글 맞춤법」으로 이어지며 정서법 규정이 수립되었다.

일제 말기 1938년부터 조선어 수업이 폐지되고 학교에서 우리말 사용이 금지되는 암울한 시기가 이어졌다. 오래 전부터 조선어학회에서는 사전 편찬 작업을 지속적으로 진행하여 왔고 외래어 표기법을 비롯한 어문 규범을 세워 나갔다. 그러다가 일제 말기 탄압의 와중에서 조선어학회 사건이 일어났다. 사건 재판의 판결 결정문에는 이런 표현이 들어 있었다: "조선어학회의 사전 편찬 등 이른바 어문운동은 민족운동이며 조선의 독립을 도모한다." 1940년대 어둡고 궁핍했던 시기에 겨레 사랑의 조선어 학자들은 애석하게도 옥고를 치렀다. 이것은 우리말과 우리글에 쏟은 사랑 때문이었다. 조선어학회 탄압 사건 이후 압수 당했던 편찬 자료는 광복 이후 극적으로 서울역 보관 창고에서 발견되었다.

현대 대한민국 사람들은 한글 전용의 시대를 살아왔다. 한글의 진정한 문화적 가치는 민족 분단의 상처를 딛고 민주화 열망이 표출되며 산업화의 긴박한 여정을 걸어온 20세기 대한민국에서 발현되었다. 그리고 그 터전 위에서 21세기 현재에 우리는 어제보다 나은 내일을 열어 가기 위해 손을 마주 잡는다. 한국인의 생각을 글로 적는 데에 있어 한글은 축복으로 주어진 문자 체계이다.

15.10. 세계 속의 한국어

가장 한국적인 것이 가장 세계적이라는 말이 있다. 세계 속에서 한국 사람을 특징짓는 데에 한국어는 무엇보다도 중요한 징표가 된다. 한국인의 정체성은 기본적으로 한국어에 의해 형성되며 한국어에 의해 표현된다. 한국인이 한국인의 정서를 표현하는 데에 사용하는 언어로서 한국어 이상 가는 언어는 없다. 정서를 표현하고 교육을 받고 문화를 드러내 보이는 데에 최선의 언어는 모국어이기 때문이다.

한국어 사용 인구는 세계 17위인 것으로 보고되어 있다(「세계언어연감」 2009년 보고). 한국어는 사용자 수가 예전보다 증가하는 추세에 있다. 21세기 현 시대에 한국어 사용자는 한반도는 물론이고 세계 곳곳에 퍼져 있다. 한국계 혈통의 해외 거주자는 700만 명을 넘어서고 있다. 해외에 거주하는 우리 동포들이 이중 언어 환경에 직면해서 한국어와 거주국의 언어와 문화를 모두 숙달하는 것은 한국인의 정체성을 유지하면서도 거주국의 유능한 시민으로 살아갈 수 있게 해 준다.

'세계 속의 한국어'라는 용어와 '한국어의 세계화'라는 용어는 어감이 다르다. 한국어의 세계화라고 함은, 한국어의 역할이 커질 수 있게 만들기 위해 어떤 노력을 하고 그로부터 어떤 결과를 얻을 수 있는가 하는 문제이다. 21세기에 들어서면서 한류의 성공은 한국어 세계화를 위해 후끈한 힘을 불어넣어 주었다. 아시아 각국에서 한류 드라마의 성공은 한국어와 한국 문화의 전파에 좋은 이정표를 세워 주었다. 「대장금」은 중화권에서 커다란 성공을 거두었다. 장금이 들려준 한국말은 잊을 수 없는 기억이다. 가장 한국적인 것을 가장 세계적인 것으로 승화시킬 수 있음을 「대장금」 방영의 성공을 통해 우리는 목격했다. 홍콩과 중국을 비롯해 아시아 여러 나라에서 「대장금」 시청의 열기는 한국 관련 산업의 부가 가치를 높이는 것뿐만 아니라 인생의 목표를 위해 포기하지 않고 순수하고 근면하게 노력하는 대장금 정신을 통해 한국 문화에 대한 인식을 높여 주었다. 일본 NHK 방송에서 방영된 「겨울연가」에 출연한 욘사마(용준 씨)와 지우히메(지우 씨)는 한국어 세계화를 위한 민간사절로서도 중요한 역할을 한 것이다. NHK 한국어 강좌에서 「겨울연가」 대본을 교재로 사용하면서 시청률과 수강생이 늘어났던 것을 보면 한류 문화를 통한 한국어 교육의 가능성을 짐작할 수 있다.

한국어를 제2의 외국어로서 배우고 사용하는 학습자가 많아질수록 한국어는 국제적으로 활발하게 사용되는 언어라고 말할 수 있다. 이 기준에서 볼 때 21세기 한국어는 20세기 어느 때보다 활성화되는 경로를 거쳐 나가고 있다. 영어가 힘을 쓰는 시대에 한국어가 세계 속에서 역할이 커질 수 있는 이유는 무엇일까? 영어가 세계어 내지 국제어로 작용하는 현대 사회에서 한국어 사용 권역이 확대될 수 있는 이유는 어디에서 찾아지는가? 그것은 문화적 소통과 혼합, 다국적 기업 활동, 이민 역사와 이중언어 사회 등에서 찾아진다. 한국어를 배우려는 인구는 해외에 거주하는 한국계 이민자들에 한정되지 않는다. 아시아 일원에서 한국계 기업 취업에 따른 학습자 계층이 발생하였고, 국제결혼 가정이 늘어난 것도 한국어를 새로 배우는 수요에 속한다. 한국에 체류하는 외국인 근로자와 국제결혼 가정이 증가함에 따라 2개 언어 병용 현상이 등장하였다.

지구촌에는 국제어와 지역어의 분할 구도가 있다. 영어가 힘을 쓰는 시대에도 한국어는 문화적으로 변함없는 가치를 지닌다. 한반도를 벗어나 세계적으로 볼 때, 중국 연변에는 한국어가 온전한 모습으로 보존되어 있다. 해외에 체류하는 한국인에게 한국어를 효과적으로 가르치기 위해 교육기관과 교육 프로그램을 운영하는 것은 한국어 학습에 중요한 발판이 되어준다. 그러므로 한국어 세계화의 중요한 축은 한국어 교육 기관의 미래 지향적 발전을 일구어 내는 것이다.

세계 속에서 한국어 교육 기관을 세워 나가는 일은 학습 수요층에 민감하게 의존한다. 한 세대 전에는 해외 거주 한국계 이민자들이 한국어 교육의 주요 수요층이었다. 21세기에는 외국인을 대상으로 하는 한국어 교육의 수요가 늘어가고 있으므로 이에 부응하는 한국어 교육이 한국어 세계화 전략의 핵심을 이룬다. 외국인을 위한 한국어 교육 기관으로 가장 주목할 일은 세종학당 사업이다. 아시아 일원에서 '세종학당'을 최대한 여러 곳에서 사회교육원 형태로 설립해서 운영하는 정책을 정부 사업으로 펼치고 있다. 세종학당은 그 성공 여부를 현재 가치로서만 볼 것이 아니라 미래 지향적 가치에 의거해서 믿음을 가지고 지속적으로 추구해 나가야 하는 사업이다. 외국인을 위한 한국어 교육은 21세기에 들어서면서 그 역할이 확대되고 있다.

한편 해외에서의 한국어 교육은 대학을 중심으로 이루어져 왔다. 해외 대학에 한국어 강좌가 개설된 곳이 적지 않다. 한국국제교류재단에서 2007년에 발간한 「해외한국학백서」의 보고에 의하면, 55개국 632개 대학에서 한국학/한국어 강좌가 개설되어 있다. 미국 지역의 한인 교회에서 주말에 열리는 한글 학교는 한국계 미국인 지역 사회의 한 단면이다. 미국 대학과 일본 대학에는 한국어 강좌를 개설하는 곳이 상당히 많다. 그렇지만 한국학이 미국 대학에서 단일 학과로는 독립하기가 어려운데 이러한 사정은 중국과 일본도 그러하다. 한국-중국-일본 3개국 지역학이 공동으로 연대하는 동아시아 학과(East Asian Studies)에서 한국 관련 강의가 개설되어 왔다. 미국에서는 하와이(마노아 소재) 대학만이 한국학을 단독 학과로 운영하고 있다.

우리는 한국어와 한국 문화의 위상을 높이기를 원한다. 이를 위해 세계화의 중요성과 가치를 믿는다. 때때로 한글의 세계화와 한국어의 세계화가 거의 같은 의미로 언급되는 일이 있다. 그러나 '한글 = 한국어'의 등식에는 객관성보다는 주관적 추리가 개입한 것이기 때문에 '한글의 세계화'와 '한국어의 세계화'는 뜻하는 바가 다르다. 그러므로 한글의 세계화는 불필요한 오해를 가져올 수 있다. 외국인이 한국어를 배우려고 하는 수요 계층은 현재로서는 주로 아시아 권역에 몰려 있다는 점을 감안해 볼 때, 한국어가 세계적 언어라는 막연한 인식을 가지고 아시아 국가들에 한국어의 세력을 확산시켜 나간다는 것 정도로만 추측할 것이 아니다. 한국어 세계화는 문화적 접촉과 상호 호혜적 교류의 차원에서 바라볼 일이다.

지구상에 3백여 언어 권역을 제외하고는 문자 없는 언어들이 있으므로 한글을 문자 없는 소수 민족 사회에 수출해서 사용하도록 하자는 제안이 등장한 적이 있다. 그러나 전 세계의 근현대사를 돌아보더라도, 문자 개혁은 과학성에 의해서보다는 정치적 배경에 의해 결정되어 왔다. 그렇기 때문에 한글을 수출한다는 것은 단순한 문제가 아니다. 무문자 민족에게 문자를 가져다주자는 거시적 제언에 앞서, 문화 수출의 차원에서 현실적으로 가능한 부분이 무엇인지에 관해 인식하고 접근할 필요가 있다.

〈참고문헌〉

국립국어연구원. 2007. 「방언 이야기」, 태학사.
국립국어연구원. 1997. 국어교사의 표준어 사용 실태 조사(I).
김방한. 1990. 「한국어의 계통」, 민음사.
김슬옹. 2007. 「28자로 이룬 문자 혁명: 훈민정음」, 아이세움.
김형주. 1996. 「우리말 발달사」, 세종출판사.
남영신. 1998. 「국어 천년의 실패와 성공」, 한마당.
박영순. 2007. 「다문화사회의 언어문화교육론」, 한국문화사.
신용목. 2006. '비름빡에 지대 영화를 봤다카이', 「겨레말누리판」 2호.
이기문. 1967. '한국어 형성사', 「한국문화사 대계 5: 언어문학사(상)」, 고려대학교 민족문화연구소, p19-112.
이기문. 1968=1996. 「국어사 개설」, 민중서관.
이상규. 2007. 「방언의 미학」, 살림출판.
이익섭, 전광현, 이광호, 이병근, 최명옥. 2008. 「한국언어지도」, 태학사/한국학중앙연구원
Poppe, N. 1977. The Altaic Theory, In: Lee Ki-moon (ed.) 「국어학논문선」, 민중서관, p210-270.
「디지털 한글 박물관」, www.hangeulmuseum.org

16장

문자의 세계, 세계의 문자

16.1. 문자의 매력

지구상에 존재하는 언어들 중에서 문자를 갖춘 언어는 300여 개 남짓에 이른다. 문자를 알아야 글을 읽고 쓰는 능력을 배울 수 있기 때문에 문자를 모르는 사람들은 서로 이야기를 주고받기는 하지만 그 내용을 글로 적어 남겨 놓을 수는 없었다. 문자가 없던 시절에 사람들은 멀리 내다보는 데에 한계가 있었고 풍부한 이야기를 주고받는 데에도 어려움이 있었다. 문자생활이 이루어지는 사회에서 문자의 존재는 지극히 당연한 것이다. 그렇지만 문자가 절실하게 필요해서 간신히 문자를 만들어서 사용하던 옛날에는 문자라는 것이 대단히 특별하고도 귀중한 것이었다. 심지어 고대 국가에서 문자는 제왕의 힘을 상징하는 것이었다.

문자는 매력을 가지고 있다. 사람들이 입으로 소리 내어 말을 하고 나면 그게 무슨 말이었든지 간에 일단 허공으로 날아가 버리고 만다. 그래서 시간이 지나고 나면 그때 그 말이 무엇이었는지를 완전히 그대로 되찾을 길이 없다. 말로 주고받은 내용을 머릿속에 기억으로 담아 두는 방법으로는 장구한 세월에 걸쳐 그 말이 보존되기를 기대할 수 없다. 문자는 음성언어를 글로 적어서 남겨둘 수 있게 만들어 준다는 점에서 매력을 가진다.

문자가 없던 옛날에 인류가 사용하던 말은 기록으로 남아 있지 않다. 인류 역사에서 기록 문자가 처음으로 사용되기 시작한 것은 아무리 오래 보아도 5천 년 전까지만 소급될 수 있다. 5천여 년 전보다 더 이전 시대에 고대 인류가 어떤 말을 하고 살았는지에 관해서는 흔적이 남겨져 있지 않다. 고고학적 유적으로 발견된 원시 인류의 동굴 벽화를 보면 무언가 의미를 담고 있는 그림 기록물이 있지만 이것은 문자가 만들어지기 이전의 상징 기호로 분류된다.

음절 단위로 표기하는 알파벳 문자가 사용된 이후로, 언어 기호를 더 수월하게 표기할 수 있게 되었다. 오늘날 세계에서 가장 사용자가 많은 문자를 다섯 개

들어보면 중국 문자, 로마 문자(= 라틴 문자), 인도 문자, 아랍 문자, 키릴 문자 등이다. 인도 문자는 다양한 문자들로 나누어져 있고, 아랍 문자는 이슬람 문화권에서 사용하며, 키릴 문자는 러시아를 비롯한 동유럽 슬라브 문화권에서 사용한다.

고대 문자는 해독의 어려움뿐만 아니라 사용된 용도에 있어서도 비밀스러움을 간직한다. 들여다보면 볼수록 사람의 마음을 끌어당기는 느낌을 준다. 고대 문명에서 문자가 도입되었던 시기는 다음과 같이 알려져 있다.

- 기원전 3000년: 수메르 설형문자
- 기원전 3000년: 이집트 상형문자
- 기원전 1500년 ~ 1200년: 페니키아 문자
- 기원전 1000년: 그리스 문자
- 기원전 1000년 ~ 300년: 고대 히브리 문자
- 기원전 900년: 로마 문자
- 기원전 적어도 1천년: 한자

문자학의 학문적 토대는 취약한 편이다. 문자학에 관한 단행본 서적을 찾아보더라도 그 수가 매우 적다. 20세기 내내 언어 연구에서 문자는 관심 바깥에 머물러 있었다. 프랑스 비평가 데리다 Derrida의 말을 인용하면, "문자학은 언어학에서는 '방황하는 추방자'에 불과하였다." 언어의 역사를 설명하는 데에 문자학은 고려 대상이기는 하지만 아주 믿을 만한 증거는 아니다. 역사언어학자 벤베니스트 Benveniste가 남긴 격언에 의하면, "역사언어학자는 문자에 현혹되지 말라."고 한다. 문자는 시간에 대해 기대만큼 많은 것을 보여주지는 않는다. 그래서 문자란 묘한 데가 있다. 문자 기록물은 오랜 시간의 흐름을 담은 것으로 얼핏 보이지만 시간의 선후 관계가 흐릿하게 보이도록 만들어 주기도 한다.

주목을 끄는 문자학 서적 몇 권을 언급하고 지나가기로 하자. 쿨마스(Coulmas 1999), 다니엘스(Daniels 2003)는 그리스-로마 알파벳에 대한 설명에 지면을 할애하고 있다. 로저스(Rogers 2005)의 저서 「Writing Systems」는 문자에 관해 가장 명료하게 설명하였다. 저프리 샘슨 Geoffrey Sampson이 1983년에 출판한 「Writing

Systems」는 '한글'의 자질문자 체계로서의 특징을 소개하는 최초의 단행본 서적이라는 점에서 국내 학계에서는 비교적 자주 인용되었다. 한국어 번역서(신상순 1999)로도 나와 있다.

낯선 문자로 적혀 있는 기록물을 사진으로 혹은 박물관에서 주의 깊게 관찰해 볼 기회를 가졌을 때 어떤 느낌이 들까? 깊은 의미를 내포하고 있는 것처럼 보이기는 하는데 그것이 정확히 무엇인지를 파악하기 어려운 상징으로 다가온다. 마치 반 고흐의 그림 '별 헤는 밤'을 처음 보았을 때 마음속에 아련하게 떠오르는 상징의 메시지가 있듯이, 모호한 문자 형상들도 미묘한 의미를 연상시켜 준다. 이 책의 지면은 문자의 세계를 그림이나 사진만을 통해 보여주기에는 너무 비좁은 공간이다. 그 대신 인터넷 공간에서 좋은 그림 사진을 보여주는 곳의 주소를 적어 두겠다. www.ancientscripts.com이다. 이곳에서는 세계의 문자에 관해 풍부한 그림을 갖추어 설명하고 있다. 이곳에서 설형문자, 이집트 문자, 마야 문자, 인도 문자, 파스파 문자 사진들을 가져와 이 장에 사용하였다. 필자 혼자서 문자 그림을 그래픽으로 제작할 형편이 아니었는데 www.ancientscripts.com의 그림 자료는 필자의 어려움을 덜어 주었다. 뒤에서 그림 이용한 부분마다 출처를 다시 밝혀 두었다.

고대 문명에서 문자 체계가 한 지역에서 처음으로 만들어져 세계의 여러 지역으로 전파된 것인지, 아니면 여러 장소에서 여러 시기에 제각각 독립적으로 만들어진 것인지에 대해 문자학자들도 분명하게 답을 내리기는 어렵다고 한다. 기원적으로 문자의 발생과 전파 과정에 대해 잘 알려진 것은 유럽의 알파벳 문자 체계이다. 유럽에서는 로마 문자나 그리스 문자의 변형, 또는 그 합성으로 생겨난 고트 문자 등이 문자 창조의 주류를 이루었다. 우리는 우선 고대 문자에 관해 알아보고, 더 나아가서 그리스와 로마의 알파벳에 관해 알아보기로 하자. 알파벳 문자는 세계의 문자들 중에서 가장 사용자 계층이 넓다. 잠시 후부터 알파벳 문자를 중심으로 문자의 역사적 기원과 변천 과정에 대해 알아보기로 하겠다. 그에 뒤이어 동양 문화권의 문자에 관해서도 배경을 살펴보기로 하자.

16.2. 고대 문자의 등장

영화 「스타게이트」에서 주인공은 그림 모양으로 새겨진 고대 문자들을 해독하기 위해 몰두하다가 마침내 잃어버린 글자를 찾아내고 전체 글자들이 일정한 규칙성에 따라 사용되었음을 발견하게 된다. 조형적 아름다움을 갖춘 고대 문자 사진을 들여다보면 수수께끼를 파헤치는 듯한 느낌마저 들고 그래서 어쩌면 그것이 낯선 외계에서 온 것은 아닐까 하는 상상을 해 볼 수 있다. 문자 해독자들의 노력에도 불구하고 아직까지 비밀이 풀리지 않은 고대 문자들도 있다. 예를 들어 크레타 섬의 점토판에 새겨진 직선 문자들은 아직까지 해독되지 못하고 있다. 유적으로 발굴된 문자 기록물은 해독에 성공하고 나서 보면 고대인이 자신들 삶에 관해 표현하는 이야기로 풀이되는 것이 보통이다. 반면에 해독하지 못한 경우에는 알 수 없는 비밀을 간직한 기호로 여겨지며 궁금함을 더해 준다.

문자의 발명은 문명의 발생과 밀접하다. 원시 사회 유적지의 벽면에 그려진 그림은 문자의 일종으로 분류되지는 않는다. 벽면 그림은 문자 발생 이전의 상징에 해당한다. 원시 인류의 동굴 벽화나 그림 글자를 제외하고 볼 때 음절 단위로 뜻을 나타내는 문자 체계 중에서 가장 오래된 것은 수메르 문자였다. 수메르 사람들은 기원전 3천 년 ~ 3천 5백 년 무렵에 이미 문자를 사용하였다. 수메르 사람들은 (오늘날 이라크 남부 지역인) 티그리스와 유프라테스 강의 아래 쪽 협곡 지대인 '메소포타미아' 지역에서 살았으며 쐐기 모양의 설형문자를 사용하였다. 고고학 자료로 발굴된 동굴 시대 기호들을 보면, 거의 기원전 7천여 년 전부터 추상적 그림 표시가 새겨진 것들이 있는데 여기에 새겨진 기호들의 일부가 뒤에 나타난 수메르 문자의 글자와 비슷하다고 보는 해석이 있기는 하다. 그렇지만 이것은 고고학적 추정에 불과할 뿐이며 이를 분명하게 지지하는 증거는 없다.

설형문자(cuneiform)는 끝이 뾰족한 팬으로 쐐기 모양의 글자를 진흙 점토판 위에 눌러서 새겨 넣은 것이다. 그것은 경제적 정보를 기록하거나 사람들이 살아가는 방식을 통제하는 말을 기록하는 데에 사용되었다. 다음 그림은 메소포타미아 지역에서 발굴된 설형문자의 예이다. 고고학적 발굴에 의해 설형문자는 고대 문명의 여러 지역에서 사용되었음이 드러났다.

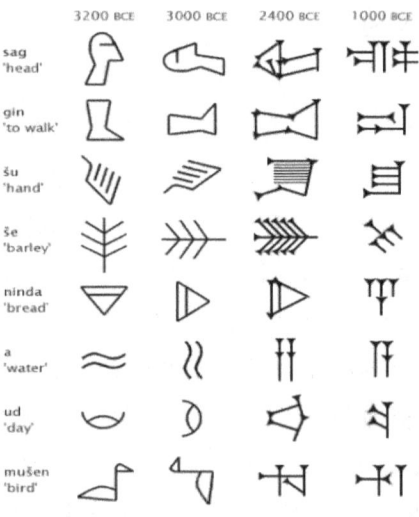

(그림: www.ancientscripts.com)

　　초기의 수메르 문자는 상형문자와 설형문자의 두 가지 성격을 같이 가지고 있었는데 점차 음절 단위의 설형문자로 작용하였다. 시간이 갈수록, 즉 위의 그림에서 오른쪽으로 갈수록, 상형문자 모양을 옆으로 90도 회전시켜 드러누운 모양으로 바뀌었다. 이것은 글자를 쉽게 새기려는 목적 때문이었다. 수메르 설형문자는 기원전 2500~1000년 사이로 추정되는 시기에 바빌로니아, 앗시리아, 힛타이트, 페르시아 등에 영향을 주면서 수천 년 동안 서아시아 지역의 문자로 사용되었고 알렉산더 대왕의 원정 이후에 소멸되었다. 다음 예는 힛타이트(Hittite) 문명에서 사용된 자음 글자들의 모습이다. 쐐기 모양의 형상을 한 것이 시선을 끈다. 이런 모양을 '설형문자'라고 한다.(그림: www.ancientscripts.com)

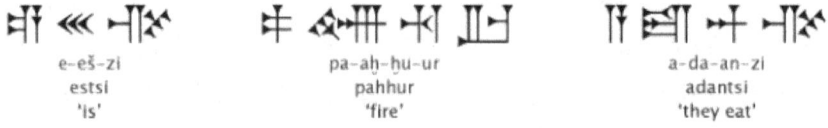

e-eš-zi	pa-aḫ-ḫu-ur	a-da-an-zi
estsi	pahhur	adantsi
'is'	'fire'	'they eat'

　　이집트 문명에서는 보다 진보된 문자 체계로 상형문자 체계를 고안해 냈다. 이집트 문자 해독에 중요한 단서가 된 것은 로제타스톤의 발견 및 해독에 의해서

였다. 로제타스톤(Rosetta Stone)은 B.C 196년에 만들어진 비석인데 땅속에 묻혀 있다가 1799년 나폴레옹의 이집트 원정에서 우연히 발견되었다. 그 비석은 1801년에 이집트 알렉산드리아를 점령한 영국군에 의해 대영(大英) 박물관으로 옮겨졌다. 이후 1822년 ~ 1824년 무렵에 프랑스 학자 샹폴리옹 J. Champollion이 로제타스톤의 해독에 극적으로 성공하기까지 20년 이상 문자의 비밀이 풀리지 않았었다. 로제타스톤 유적의 우연한 발견에 뒤이어 샹폴리옹의 해독은 문자의 비밀을 밝혀낸 또 하나의 발견이었다.

고대 이집트 문자는 상형문자(hierglyph)로 분류된다. 발생 기원으로는 그림문자에서 발전되어 나온 것이면서 자음을 표시하는 기호를 가지고 있는가 하면 뜻만을 나타내는 기호도 가지고 있다. 로제타스톤의 기록은 3가지 종류의 문자로 적혀 있다. 고대 그리스어, 고대 이집트 상형문자, 후대 이집트 흘림서체의 민중문자로 적혀 있는데, 샹폴리옹은 상형문자와 그리스어 번역문 부분을 비교하여 로제타스톤의 해독에 성공했다. 상형문자 한 개가 본래는 하나의 뜻을 가지고 만들어졌으나 같은 소리를 나타내는 데에 돌아가며 사용되었다는 점이 해독의 단서가 되었다. 예를 들어, 클레오파트라는 자음 글자로 KLPDRAT로 적고, 알렉산드르는 ALKSNDR로 적는데, 여기에서 K를 나타내는 글자는 똑같이 사자(lion) 모양을 지닌 상형문자였다.

고대 이집트의 상형문자는 신이 내려준 것으로 신성시되었다. 신전이나 무덤의 벽에 새겨진 상형문자 글귀는 이집트 신들에 대한 숭배를 나타내는 것이었다. 이집트 상형문자들은 눈에 금방 띄지 않는 자리에 기록되었다. 기념 건축물의 높은 위치나 무덤 깊숙한 위치에 새겨졌다. 그것은 단순히 행정적 기록 문서로서보다는 신성하고 이념적인 글을 남기기 위해 사용되었다.

이집트 사람들은 문자 사용의 초기 시대부터 서체를 만들어 냈다. 비문에 사용하던 각이 진 획(stroke)을 연결해서 빠르게 적을 수 있는 흘림체(cursive) 신성문자(hieratic letters)를 만들었고 필기체 글씨로 신관문자가 생겨났다. 옆으로 더 많이 기울인 각도로 적는 민중문자(demotic letters) 서체도 만들었다. 신성문자, 신관문자, 민중문자 등은 서체의 차이인데 사용자와 사용의 목적에 따라 용도가 구분되었다. 신성문자는 주로 이집트 건축물에 새겨져 있는 서체이다. 신관문자는 성직자들이 파피루스에 기록할 때 사용했던 필기용 서체이다. 그리고 민중문자는 일반 민중들이 사용할 수 있는 흘림체였다. 민중문자 서체는 글자의 식별이 잘 안되어 널리 사용되지는 못했을 것으로 추정된다.

이집트인들은 일상생활에서 흘림체 서체의 글자를 기록하기 위해 파피루스 종이를 사용하였다. 파피루스는 나일 강 유역에서 자라는 갈대 식물에서 추출한 섬유질 줄기를 이어 붙여 만들어졌다. 이집트 상형문자는 모음이 없이 자음 글자 하나가 곧 하나의 음절을 표시했으며 자음 글자만을 가지고 순서대로 배열해서 단어를 표시했다. 아래 표는 이집트 상형문자에서 1개 자음으로 적는 글자들의 예이다.

glyph	translit.	phonetic	glyph	translit.	phonetic
	з	[ʔ]		ḥ	[h]
	i	[i]		ḫ	[x]
	y	[y]		ẖ	[ç]
	ꜥ	[ʕ]		s	[s]
	w	[w]		š	[š]
	b	[b]		ḳ	[q]
	p	[p]		k	[k]
	f	[f]		g	[g]
	m	[m]		t	[t]
	n	[n]		ṯ	[tʸ], [c]
	r	[r]		d	[d]
	h	[h]		ḏ	[dʸ], [j]

(그림: www.ancientscripts.com)

이집트 문자 해독에서 중요한 특징이 드러났다. 상형의 글자 하나하나가 표의 문자인 줄만 알았는데 그 중에 많은 글자들이 표음 문자 기능을 겸하는 것이었다. 발음이 같은 글자들끼리 서로 호환해서 사용할 수 있었다. 뜻의 중의성을 해결하기 위해서는 다음과 같은 단서 글자를 단어 끝에 섞어 적었다.

𓀀	man	🗆	house, building	𓏞	book, writing, abstract
𓁐	woman	⊗	town, village	𓄿	small, bad, weak
𓀭	god, king	𓈉	desert, foreign country	𓆭	wood, tree
𓀢	force, effort	⊙	sun, light, time		logogram indicator
𓀁	eat, drink, speak	𓂋	walk, run	|||	plural indicator

(그림: www.ancientscripts.com)

이해를 돕기 위해 낡은 유머 하나만 보태 보겠다. '손가락'을 영어로 '핑거/핀거'(finger)라고 하니까, 손가락 한 개를 오므리고 있으면 이것을 영어로 '안핀거'라고 하고, 다섯 손가락 모두를 활짝 펼쳐 보이면 영어로는 '다핀거'라고 한다. 이런 말장난의 원리는 간단하다. 발음이 비슷할 뿐 본래 뜻이 다른데, 그냥 같은 말인 것처럼 몰아서 사용해 본 것이다. 이런 성격의 말 습관이 문자생활에서도 쓰임새가 있을까? 이집트 상형문자가 음성 문자로 호환되어 사용되었던 것이 이런 경우에 해당한다. 현대 사회의 디지털 환경에서 문자는 물론이고 아이콘, 이모티콘 등으로 음성을 표시하는 것이 흔한 일이다. 이런 방식의 표기는 시각 기호가 소리 기호의 구실을 겸하는 것이다.

16.3. 알파벳 문자: 페니키아, 그리스, 로마

그리스 문자, 로마 문자 등은 '알파벳'이라는 명칭으로 불리는 문자 체계이다. 알파벳(alphabet)이라는 단어는 그리스 알파벳 중에 처음에 나오는 두 개의 글자 알파(alpha)와 베타(beta)를 결합해서 나온 명칭이며 사전적 의미로 보면 '문자' 혹은 '글자'를 뜻한다. 이와 같은 사전적 뜻과는 별도로 '알파벳'이란 곧 영어의 표기 체계를 나타내는 것으로 보는 것이 일반적인 인식이다. 그런데 영어의 알파벳은 로마 시대부터 사용되던 것으로 '로마 알파벳' 혹은 '라틴 알파벳'이 제대로 된 명칭이며 로마 알파벳의 연원은 '그리스 알파벳'과 '페니키아 알파벳'으로 소급된다.

오늘날 영어를 비롯한 상당수 언어들에서 표기 수단으로 사용되는 것은 로마 알파벳이다. 로마 알파벳은 거의 4천 년에 걸쳐 변화를 겪으며 오늘날 영어 철자법에 사용되는 글자꼴의 모양을 지니게 되었다. 가장 처음은 원시 가나안 문자로부터 시작해서 페니키아 알파벳, 그리스 알파벳을 거치며 로마 알파벳으로 나타나게 되었다. 즉, 로마 알파벳은 그리스 알파벳에서 직접 영향을 받아 고안되었으며 그리스 알파벳의 기원은 페니키아 문자로 거슬러 올라간다. 알파벳 계열에 속하는 문자 체계의 발생 계통은 다음과 같다.

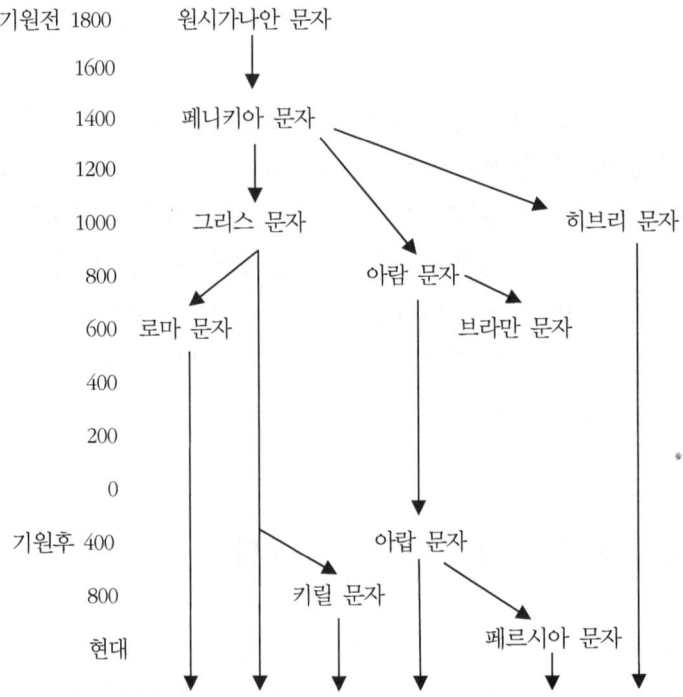

이들 중에 우선 그리스 알파벳이 형성되기까지의 기원과 발달 과정에 대해 살펴보자. 로마 알파벳은 영어의 철자법에 사용되는 문자 체계이므로 일반인들에게 언제나 익숙한 글자인 것에 비하면, 그리스 알파벳은 수학적 정리나 기호 논리 등에서 등장하는 것을 제외하고는 일상생활에서 사용하고 기억하는 정도는 아니므로 우리에게 로마자만큼 익숙하지는 않다. 이 책을 통해 그리스 알파벳에 대해 구체적으로 알아보기로 하자.

알파벳 문자의 기원은 셈어 계열 페니키아 문자로 거슬러 올라가서 그 발달 과정을 살펴보아야 한다. 페니키아 문자(the Phoenician abjad)는 기원전 1200년에서 1500여 년을 전후하는 시기에 셈어(Semitic languages) 계열에서 발생하였다. 지중해 연안의 넓은 지역에서 교역을 하던 페니키아인이 사용한 문자였다. 그 옛날에 아프리카 북부 지방과 중동 지방에서는 셈어로 분류되는 언어들을 사용하는 사람들이 살았다. 셈어 문화권의 문자는 두 가지 방향으로 나누어졌다. 서쪽 지역으로 확산되고 또한 동쪽 지역으로 확산되었다. 서쪽 지역으로는, 지중해 연안 지역을 중심으로 원시 가나안(proto-Canaanite)어의 문자가 만들어지고, 이로부터 페니키아 문자가 나왔다. 한편 동쪽 지역으로는, 아람어 글자로 이어졌는데, 아람어 문자로부터 아라비아어 문자와 히브리어 문자가 갈라져 나와 현대에 이르기까지 사용되고 있다.

가장 초기의 셈어 계열 언어는 원시 가나안어였는데 이것을 기록하는 가나안 문자는 이집트 상형문자의 영향을 받아 만들어졌다는 추정이 있기는 하지만 확실한 증거는 없다. 셈어 계열에 속하는 페니키아 민족 사람들은 원시 가나안 문자를 단순한 글자로 발전시켜 사용하였고, 더 나아가서 그리스 사람들에게 '페니키아의 글자'를 전수해 주었다.

기원전 800년경에 아람어 문자가 등장했다. 아람어의 문자는 아람 지역(오늘날 시리아 땅)의 도시들에서 사용되었으며 구약성서의 여러 부분이 아람어로 기록되었다. 아람 문자는 히브리어 문자와 아라비아 문자의 선구가 되었다. 히브리어는 구약성서를 기록하는 데에 사용되었으니 그 시기는 기원전 1000년 전으로 올라간다. 오늘날 현대 히브리어 문자는 오랜 세월 전에 사용되었던 페니키아 문자와 그대로 대응하는 글자 목록을 가지고 있다.

페니키아 문자는 그리스 문자로 이어졌고 그리스 문자는 로마 문자의 원천이 되었다. 페니키아 사람들이 페니키아 문자를 그리스 사회에 전해준 이후 그리스 문자는 로마 문자 출현에 직접 영향을 주었다. B.C 600년경에 로마 공회당의 돌 벽에서 처음으로 로마 알파벳으로 적은 기록물이 등장했다.

페니키아 글자를 소개하면 아래와 같다. 이들 글자들의 음가는 글자 이름에서 첫 번째 소리이다. 예를 들어 beth라는 이름의 글자가 나타내는 소리는 [b]이며, daleth라는 이름의 글자가 나타내는 소리는 [d]이다.

⊀	aleph(소 머리)
⅁	beth(피난처)
⋀	gimel(모퉁이)
⊲	daleth(문)
⅂	he(기쁨)
Y	waw(곤봉)
I	zayin(무기)
⊟	heth(담장)
⊗	teth
⅄	yod(손)
⅄	kaph(손바닥)
⎿	lamed(올가미)
⋔	mem(물)
⅄	nun(뱀)
⫯	samek
○	ayin(눈)
⊃	pe(입)
⋔	sade
φ	koph(새끼줄)
⅀	resh(머리)
w	shin(언덕)
✕	taw(십자가)

여기에 적은 글자 이름들은 영어의 철자법 방식에 따라 비슷하게 적은 것이며 정확한 발음을 페니키아 사람들이 실제로 사용했던 것과 똑같이 재현해서 적은 것은 아니다. 정확한 음가 표시를 하기 위해 구별 부호를 첨가해야 하지만 그것 까지 여기에 모두 밝혀 적지는 않았다.

기록 방식에 있어 페니키아 문자와 로마 문자는 다른 점이 있다. 글씨를 새길 때 페니키아인은 오른쪽에서 왼쪽으로 적었다. 반면에 그리스인은 대리석에 글을 새길 때 줄마다 방향을 전환하였으니 첫 줄은 오른쪽에서 왼쪽으로 적고 그 다음 줄에서는 왼쪽에서 오른쪽으로 적어 나갔다. 페니키아 문자에서 각각의 글자는 독립된 의미를 지니고 있었는데, 그리스 문자로 넘어가면서부터는 글자 의미와 분리되어 소리글자의 특성을 갖추게 되었다.

그리스-로마 알파벳 문자는 유럽 남쪽에서 발원해 로마 시대 이후 유럽 전역으로 확산되었다. 한편 고대 유럽 북부 평원 지역에서 게르만 언어의 오래된 문자는 룬 문자였다. 북부 게르만 언어의 가장 오래된 기록물은 3세기 룬 문자(Runic alphabet)에 의해서였다. 룬 문자의 글꼴을 대강 보면 다음과 같다. 각이 진 부분이 많으며 조형적으로 미려한 감각을 느낄 수 있다.

ᚠᚡᚢᚣᚤᚥᚦᚧᚨᚩᚪᚫᚬᚭᚮ
ᚯᚱᚲᚳᚴᚵᚶᚷᚸᚹᚺᚻᛁᛂᛃᛄ
ᛅᛆᛇᛈᛉᛊᛋᛌᛍᛎᛏᛐᛑᛒᛓᛔ
ᛕᛖᛗᛘᛙᛚᛛᛜᛝᛞᛟᛠᛡᛢᛣ
ᛤᛥᛦᛧᛨᛩᛪ᛫᛬᛭ᛮᛯᛰ

16.4. 알파벳 문자들의 비교

알렉산더 대왕의 동방 원정이 기원전 4세기에 있은 후부터 그리스어는 지중해 동부 연안과 중동 지방에서 공용어로 등장한다. 기원전 8세기에 호머(Homer)는 그리스어로 일리아드와 오디세이 서사시를 구성하였다. 히브리어 성서는 그리스어를 말하는 유대인을 위해 그리스어로 번역되었다. 알파벳 문자를 도입하기 전에 그리스에서 가장 오래된 글자는 '선형문자'라고 알려진 서체였다. 이것은 미케네 문명권 그리스 지역에서 사용되었으며 다음과 같은 예가 있다(그림: Woudhuizen 1993, p70).

철학자 플라톤이 언급한 바에 의하면, 그리스인들은 본래 타고난 문화는 부족했지만 무엇이든 외래의 것을 받아들여 발전시키는 데에 능력을 가지고 있었다. 문자생활에 있어서도 그리스인들은 페니키아 글자의 모양과 용도를 변화시켜 그리스 문자로 사용하기에 이르렀다. 그리스 문자가 만들어진 시기는 기원전 11세기에서 10세기 사이로 추정된다. 표기의 일례로서 '알파벳'이라는 단어의 철자를 로마, 그리스, 히브리 글자들로 각각 적어보면 다음과 같다.

로마: alphabet
그리스: $\alpha\lambda\varphi\alpha\beta\epsilon\tau$
히브리: תההבאחרלא

그리스어 알파벳을 열거하면 아래와 같다. 그리스어에서 모음 글자는 장모음과 단모음을 구별해서 발음이 정해져 있다. 그러므로 아래에서 보듯이 발음기호 머리 위에 구별 부호를 얹어 표시해 주었다.

$A\ \alpha$ 알파(alpha) /ā/
$B\ \beta$ 베타(beta) /b/
$\Gamma\ \gamma$ 감마(gamma) /g/
$\Delta\ \delta$ 델타(delta) /d/
$E\ \epsilon$ 엡실론(epsilon) /ĕ/
F 와우(waw) /w/
$Z\ \zeta$ 제타(zeta) /dz/
$H\ \eta$ 에타(eta) /ǣ/
$\theta\ \theta$ 쎄타(theta) /th/
$I\ \iota$ 아이오타(iota) /ī/

$K\ \kappa$　카파(kappa) /k/

$\varLambda\ \lambda$　람다(lambda) /l/

$M\ \mu$　뮤(mu) /m/

$N\ \nu$　뉴(nu) /n/

$\varXi\ \xi$　자이(xi) /ks/

$O\ o$　오미크론(omicron) /ŏ/

$\varPi\ \pi$　파이(pi) /p/

$P\ \rho$　로(rho) /r/

$\varSigma\ \sigma$　시그마(sigma) /s/

$T\ \tau$　타우(tau) /t/

$Y\ \upsilon$　웁실론(upsilon) /ȳ/

$\varPhi\ \varphi$　화이(phi) /ph/

$X\ \varkappa$　카이(chi) /kh/

$\varPsi\ \phi$　싸이(psi) /ps/

$\varOmega\ \omega$　오메가(omega) /ɔ̄/ /ō/

페니키아 문자로부터 그리스 문자, 로마 문자, 히브리 문자 등의 대응을 순서에 따라 표로 보이면 다음과 같다

페니키아		그리스	로마/라틴	히브리
ᛉ	aleph	$A\ \alpha$, alpha	A	א
⼁	beth	$B\ \beta$, beta	B	ב
ʌ	gimel	$\varGamma\ \gamma$, gamma	C	ג
◁	daleth	$\varDelta\ \delta$, delta	D	ד
ⱻ	he	$E\ \varepsilon$, epsilon	E	ה
Y	waw		F	ו
I	zayin	$Z\ \zeta$, zeta		ז
			G	
日	heth	$H\ \eta$, eta	H	ח
⊗	teth	$\theta\ \theta$, theta		ט
ᛉ	yod	$I\ \iota$, iota	I	'

		J	
Ӿ kaph	K κ, kapha	K	כ ך
(lamed	Λ λ, lambda	L	ל
ᛘ mem	M μ, mu	M	מ ם
ᚴ nun	N ν, nu	N	נ ן
‡ samek	Ξ ξ, xi		ס
O ayin	O o, omicron	O	ע
⊃ pe	Π π, pi	P	פ ף
ᛣ sade			צ ץ
φ koph		Q	ק
ᛯ resh	P ρ, rho	R	ר
ᚹ shin	Σ σ, sigma	S	ש
✕ taw	T τ, tau	T	ת
	Y υ, upsilon	U	
		V	
		W	
	Φ φ, phi		
	X χ, chi	X	
	Ψ ψ, psi		
		Y	
		Z	
	Ω ω, omega		

　　로마 문자, 히브리 문자에 대해서는 글자 이름을 생략하였다. 여기 표의 빈칸 자리들에서 보듯이, 그리스 문자는 페니키아 문자에 없는 글자 다섯 개를 추가로 만들어서 도입하였다. 또한 로마 문자는 그리스 문자와 약간의 차이를 보인다. 그리고 히브리 문자는 페니키아 문자 22자와의 대응을 간직하고 있다. 히브리 글 자 이름은 페니키아 글자의 이름과 거의 같으며 글자 순서는 똑같다. 이런 점에 서 히브리 글자의 역사성은 정말 신기하다.

　　페니키아 글자들은 생성 원리에 있어 형상을 따라 자형을 만드는 것에서부터 만들어졌고 글자 자체가 뜻을 가지고 있었다. 예를 들면 위의 표에서 첫 글자 '알레프'는 소머리를 뜻하고, 두 번째 글자 '베스'는 피난처를 뜻한다. 열세 번째 글자 '멤'은 파도의 골을 본 딴 모양으로 물을 뜻한다.

로마인들은 그리스 문자의 이름까지 빌려 오지는 않았다. 그 대신에 글자의 소리 값을 이용해서 새로운 이름을 붙여 주었다. 글자의 앞 또는 뒤에 모음 e를 붙여 읽었다. 예를 들어, a-b-c-d-e-f를 연속해서 읽으면 모음 e를 뒤에 붙인 '아-베-케-데-에-에프'이다. F, L, M, N, R, S, X 등은 모음 e를 앞에 두고 직후에 자음의 소리를 이어 붙인 '에프-엘-엠-엔-알-에스-엑스' 등이 글자 이름이다. 그밖에 B, C, D 글자들은 모음 e를 자음 뒤에 붙여 '베, 케, 데'로 읽었다. 모음 글자의 이름은 발음과 비슷한 것으로 정해졌다.

16.5. 그리스 알파벳: 모음 글자로의 전환

페니키아 문자는 오직 자음 글자만 있고 모음을 나타내는 글자가 없었다. 고대 그리스어를 표기하려면 모음이 꼭 필요한 실정이었기에 자음 글자만으로 구성된 페니키아 문자를 그대로 빌려다 사용할 수는 없었다. 이런 문제를 해결하기 위해 그리스인은 나름대로 모음 글자를 정하는 방법을 채택하였다. 그리스인들은 모음을 표시하기 위해 페니키아 자음 글자 중의 일부를 그리스어 모음 글자로 바꾸어 사용하였다. 그리스인들이 페니키아 문자를 빌리면서 문자가 나타내는 뜻을 떨쳐 버리고 단지 소리를 나타내는 것으로만 도입함에 의해 페니키아 자음 글자가 그리스 모음 글자로 전환될 수 있었다.

문자에 대해 처음 공부해 보는 입장에서 보면, 모음 글자가 없이 어떻게 철자를 적을 수 있었을까 하는 의구심이 들 것이다. 그러나 셈어 계열의 언어들에서는 모음을 글자로 따로 밝혀 적지 않고 자음 글자들로만 적어도 거기에 개입하는 모음 글자들은 예측할 수 있는 것이었다. 가령 영어에서 'Please take a seat.'라는 말 대신에 자음만을 적은 'Pls tk st'로 적는다면 영어 사용자들에게는 낯설고 금방 이해되지 않겠으나 페니키아 문자 체계에서는 그와 같이 표기하는 것이 가능할 뿐만 아니라 당연히 자음 글자만으로 적어야 했다. 모음이 없는 셈어 계열의 문자는 현대에도 사용되고 있으며 그것의 대표적인 예가 아라비아어 문자나 히브리어 문자이다. 히브리어 문자는 과거에 거의 쓰이지 않게 되었다가 20세기에 이스라엘이 건국하면서 국가 문자로 채택되어 생명력이 되살아났다.

페니키아 글자는 모두 자음 소리만을 나타내는 것이었고 모음 글자를 가지고 있지 않았다. 로마자에서 a, e, i, o, u, y 등의 모음 글자들은 그 기원이 되는 페니키아 글자에서는 모두 자음 글자였다. 각각의 글자별로 비교해 보면, 다음에서 보듯이 좌측 열에 있는 페니키아 글자 이름들은 자음을 나타낸다. 그러나 이에 대응해서 우측 열에 있는 그리스 글자 이름들은 모음을 나타낸다. 페니키아 글자에서 6개 자음 중에 wāw를 제외한 5개는 그리스어에서 모음으로 받아들였다. 페니키아 wāw(Y)와 그리스 upsilon(*Y* υ)의 대응은 증거가 확실하지 않다. 다음 표를 보자(페니키아 글자 이름에는 장모음 표시를 붙여 적었음).

페니키아 자음 글자	그리스 모음 글자	
ⱪ aleph	*A* α	alpha
⌐ he	*E* ε	epsilon
Y wāw	*Y* υ	upsilon (?)
⊟ hēth	*H* η	eta
ⱴ yōd	*I* ι	iota
O ayin	*O* ο	omicron

페니키아 자음 글자들 중에 5개는 그리스어에서 모음 글자로 바꾸어 사용하였다. 이것은 그리스 사람들이 글자 사용법에 혁신을 도입한 것이었다. 페니키아어에서는 /ʔ, h, w, ħ, j, ʕ/ 등의 자음 소리들이 사용되고 있었는데 이들 여섯 개의 소리를 나타내는 글자들의 이름은 각각 알레프(ʔālp), 헤(hē), 와우(wāw), 헤트(hēth), 요드(yōd), 아인(ʕajin) 등이었다. 이 글자들이 나타내는 말소리가 그리스어 자음 중에는 없었기 때문에 재치 있는 그리스 사람들은 이 글자들을 그리스어 모음을 적는 데에 사용하기 시작했다.

페니키아 wāw는 그리스 알파벳에서 사용 여부가 불명확하다. 웁실론(upsilon)으로 대응하는 것으로 짐작되는 정도이다. 페니키아 6개 자음글자 중에서 와우(wāw Y)를 제외한 나머지 5개는 그리스어에서 알파(A), 엡실론(E), 에타(H), 이오타(I), 오미크론(O) 등의 글자로 받아들여져 모음을 나타내는 데에 사용되었다. 글자 순서대로 대응을 적어 두면 아래와 같다.

- 알레프(ʔālp) → 알파(A)
- 헤(hē) → 엡실론(E)
- 헤트(hēth) → 에타(H)
- 요드(yōd) → 이오타(I)
- 아인(ʕajin) → 오미크론(O)

여기에서 에타(H)는 로마자 'h'와 달리 그리스어에서는 모음 글자이다. 한편 페니키아 와우(wāw Υ)가 그리스어에서 어떤 글자로 대응하였는지는 분명하지 않다. Υ는 그리스어에는 웁실론(Υ)에 대응하는 것으로 추정되는 정도이며 나중에 로마자에서 F로 계승되었다.

알파벳 첫 글자인 A에 대해 알아보자. 그리스어 알파(α), 로마자 에이(A)로 이어진 페니키아 글자 ＜는 그 이름이 알레프(aleph)인데, 글자 이름의 첫 소리가 [애]이기 때문에 그리스어 글자에서도 알파(α)가 [애] 소리를 나타내는 것으로 사용되었다. 그런데 본래는 페니키아 글자에서 알레프(aleph)의 첫소리는 모음 [a]가 아니라 자음 [ʔ]이었다([ʔ]는 성문폐쇄음이다). 첫 번째 글자 이름 aleph는 영어 철자법에 맞추어 적은 이름이므로 페니키아인들이 사용하던 이름을 정확하게 적으면 ʔālp이다. 여기에 ā에서 장모음을 표시하는 구별 부호를 떼어내 a로 적고, 단어 중간 첨가음으로 e를 넣고, 끝 자음을 ph로 조정해서 흔히 aleph로 소개되는 것이다.

그리스 사람들은 ＜의 어두음 [ʔ]를 페니키아 사람들처럼 쉽게 구별해서 말하거나 듣지 못하였다. 자음 [ʔ] 소리가 그리스어에는 존재하지 않았기 때문이다. 그리스인들은 [ʔ]를 제대로 알아듣지 못했으므로, ʔālp이어야 했던 글자 이름에서 첫소리 [ʔ]를 '없는 소리'로 보고 alp로 받아들였고 '-ha'를 덧붙여 알파(alpha)로 부르게 되었다. 추측해 보건대, 페니키아인이 그리스인을 만나 ʔālp(＜)라고 거듭 말해 주어도 그리스인은 어두의 후두 자음 [ʔ]가 낯선 소리이고 잘 들리지도 않아 ʔālp 대신에 alp로 들었으며 이러한 발음을 수용해서 [a]로 사용하기에 이른다. 즉 페니키아 문자의 알레프(𐤀)는 자음 소리 [ʔ]를 나타냈지만 그리스 문자의 첫 소리 알파(A)는 모음 소리 [a]를 나타내게 되었다.

참고로 성문폐쇄음 /ʔ/에 관해 부연해 두겠다. 성문폐쇄음 /ʔ/는 영어의 실제 발음에서 사용된다. 예를 보자. /ʔ/ 소리는 영어에서 button [bʌʔn], ever [ʔver] 등과 같이 발음될 수 있다. 'Uh-uh!, U-Huh?' 등으로 말할 때 /ʔ/가 들어간다. 그러나 그것은 영어에서도 안정된 말소리는 아니다. 배트맨 영화에 나오는 '캣 우먼'(cat woman)을 힘주어 말하면 [kæʔ wʊmən]으로 발음할 수 있다. 한국 사람이 침 맞다가 파고드는 통증을 참으며 간신히 '아야!, 아.아.아~!'라고 말할 때 '아'를 [ʔa]로 발음해서 [ʔaʔaʔa:ʔa:ʔa]처럼 소리 낼 수 있으니 이때 a 앞에 ʔ가 들어간다.

16.6. 그리스와 로마에서 추가된 글자

페니키아 자음 글자를 모음 글자로 바꾸어 사용한 것 이외에도 그리스인들은 새로운 글자 5개를 만들어 내어 이것들을 알파벳 목록의 맨 끝에 추가했다. 이들 글자들을 보면 아래와 같다. 수학적 정리에서 본 적이 있듯이 이 글자들은 흔히 상징을 나타낸다.

Υ υ   웁실론(upsilon)
Φ φ   화이(phi)
Χ χ   카이(chi)
Ψ ψ   싸이(psi)
Ω ω   오메가(omega)

페니키아 문자뿐 아니라 아람어 문자도 그리스 문자의 고안에 영향을 주었다. 본래 페니키아 문자에서는 모음에 대한 글자가 없었다. 이에 대해 그리스인들은 아람어 문자를 몇 개 더 빌려 와서 모음 글자로 사용하기 시작했다. 아람어 자음 중에 그리스어에서는 모음으로 전환된 글자의 예를 들자면 A(알파), E(엡실론), O(오미크론), Y(웁실론) 등이 있고 글자 모양을 변형시킨 I(이오타)가 있다. B.C

5세기에 그리스어 알파벳은 자음 17개, 모음 7개를 지니게 되었다.

그리스어 알파벳 순서는 로마 알파벳과는 순서가 다르다. 시작하는 글자는 알파이고 마지막 글자는 오메가이다. 성서에서 「요한계시록」 1장 8절을 보면, "주 하나님이 가라사대 나는 알파와 오메가라 이제도 있고 전에도 있었고 장차 올 자요 전능한 자라 하시더라"("I am the Alpha and the Omega," says the Lord God, "who is, and who was, and who is to come, the Almight,") 이 구절에서 '알파와 오메가'가 뜻하는 바는 처음부터 끝까지의 모든 시간에 걸친 영속성을 나타낸다. 스위스 시계 브랜드 중에 '오메가'의 말뜻은 '옛날부터 지금 이 순간까지'로 해석하면 되겠다. '오메가'는 가장 나중에 나타난 시간이라는 뜻으로 '바로 지금'의 현재성을 상징하기 때문이다.

오메가(Ω ω)는 오미크론(O o)과 마찬가지로 [오] 소리를 표시한다. 오메가와 오미크론의 차이는 소리의 장단에 달려 있다. '오-메가'는 장모음 [오:]인 것에 비해, '오-미크론'은 단모음 [오]이다. 그리스 알파벳 중에 쎄타(theta), 자이(xi), 화이(phi), 싸이(psi), 오메가(omega) 등의 4개는 로마 알파벳에는 포함되지 않았다.

한편, 로마 알파벳에서 추가된 글자들에는 무엇무엇이 있고 글자의 도입 배경은 어떠한지 알아보기로 하자. 그리스 알파벳에는 없는 글자이면서 로마 알파벳에 새로 들어간 글자들로는 에프(F), 지(G), 큐(Q), 와이(Y) 등의 4개이다. 로마자 F는 페니키아 wāw에 뿌리를 두는 것인데, 영어 알파벳 중에 페니키아 wāw와 관련되어 만들어진 글자는 다섯 개나 된다. F, U, V, W, Y 등이 그것들이다. U, V 말고도 'U'를 두 번 겹쳐 적은 '더블-류'(W)가 만들어졌다. 웁실론(Y)도 wāw에서 계승되어 나온 것으로 여겨진다.

G는 기원후 3세기에 C에서 획을 하나 더해 만들어졌다. C는 그리스 문자 gamma, 페니키아 문자 gimel 등에서 보듯이 본래는 [g] 소리를 나타내기 위해 만들어진 것이었지만, 로마 사람들이 사용하는 라틴어 철자에서는 C를 [k]와 [g]의 두 소리 모두에 사용하였고 그래서 철자법으로는 [k]와 [g]를 구별하지 못하는 불편함이 있었다. 이처럼 /k, g/의 구별이 안 되는 문제를 해결하기 위해 C에 획하나를 더한 글자로 G를 만들고 이것을 알파벳 목록의 일곱 번째 자리에 배치하였다. 예를 들면 정치인 '키케로' 이름을 Cicero로 적는 것에 비해, g로 시작되는 단어 'grande' (= great)를 적을 수 있게 되었다.

새로 만들어진 G가 'ABCDEFG'의 순서대로 일곱 째 자리에 배치된 것은 이유가 있다. 본래 그리스 알파벳 목록의 여섯 째 자리에는 제타(zeta)가 있었다. 대문자로 적으면 Z, 소문자로 적으면 ζ이다. 본래 이것은 [dz] 소리를 나타내는 것이었는데, 라틴어에는 [dz] 소리가 없다보니 로마인들에게 Z는 별로 쓸 데가 없는 글자였다. 그래서 로마인들은 Z를 필요 없는 글자로 여기고 알파벳 문자열에서 삭제했다. 이때 빈칸이 되어 버린 자리에 새로 만들어낸 G를 집어넣었다. 그리고 G 바로 앞에는 (그리스 글자에는 없었지만) 페니키아 여섯 번째 글자 wāw에서 계승된 글자인 F를 배치하였다. 즉, 6번 자리에 F를 두고 바로 다음 7번 자리에 G가 들어갔다.

그런데 뒤에 다른 사정이 생겨났다. 그리스어 차용어들을 표기하려고 보니 Z 글자가 다시 필요하게 되었다. 그래서 Z 글자를 다시 사용하기 시작했는데 이때 알파벳 문자열에서 Z를 어느 자리에 두어야 했을까? 이미 G에 밀려나 자리를 잃어버렸던 Z를 알파벳 목록의 가장 끝자리에 배치하는 것으로 결정했다. 그래서 오늘날까지 Z가 알파벳 마지막 글자로 자리 잡았다. 글자 이름은 현대 미국 방식으로는 [지(zi)]로 읽으며 그리스 방식으로는 [제트]로 읽는다.

여기까지 우리는 고대로부터 로마자 알파벳의 글자 형성 과정을 알아보았다. 로마 알파벳은 26개의 문자로 이루어져 있다. 처음에 로마 알파벳은 21개로 시작되었고 G, U, W, Y, Z 등의 다섯 개 글자는 나중에 도입된 것이다. U, W, Y, Z 등의 글자들은 예수 탄생을 조금 앞선 시기에 사용되기 시작하였으며, 기원후 3~4세기 무렵에 로마 알파벳 글자 목록이 26자로 결정되었다. 이후 로마 알파벳은 중세 시대 역사적 발달을 거치면서 다양한 서체로 기록되었다. 알파벳 계열 문자 중에는 특수 기호나 구별 부호(diacritic mark)를 사용해서 발음을 구별하기도 한다. 러시아 키릴 문자만 하더라도 구별 부호가 사용된다.

16.7. 철자법과 키릴 문자

로마 제국의 몰락 이후에는 기독교가 유럽 문명의 중심을 이루면서 로마 알파벳이 유럽 문명권에서 넓게 통용되었다. 중세 수도원에서는 신성한 글자꼴을 고안해 내었고 수도사들은 필경술을 배워 글자를 옮겨 적었다. 중세 시대 이후 인쇄술의 발달은 문자에 의한 기록을 확산시켰다. 목판을 손으로 제작해 인쇄한 것은 중국에서부터 시작되었으니, 목판 인쇄술에 의해 처음 만들어진 책은 9세기에 「금강경」이었다. 그보다 훨씬 뒤에 유럽에서는 종교 문서의 인쇄에 목판 인쇄를 사용하였다. 이동식 금속 활자를 사용한 것은 15세기 구텐베르크에 의해서였다.

인쇄술의 발전은 유럽인의 생활에 큰 영향을 주었다. 인쇄술에 의한 문헌 보급은 유럽의 문예 부흥으로 이어졌고, 1700년대 산업 혁명에 힘을 실어 주었다. 구텐베르크의 인쇄술 발명 이후 18세기 후반까지 수동식 인쇄기가 사용되다가, 조판한 활자판을 그릇에 담는 식자 기술이 나왔고, 1930년대 사진 식자 기술의 도입으로 빠른 속도로 서적을 인쇄하기에 이른다. 인쇄 기술의 발전에 힘입어 18세기부터 신문이 발달하였다. 지식을 늘려 주지 못하는 신문이 나날이 종류만 늘어나고 있다고 사전 편찬학자 사무엘 존슨이 꼬집어 말한 적이 있다. 프랑스 혁명 이후 언론의 자유 개념이 자리를 잡으면서 프랑스에서는 많은 수의 신문이 창간되었다.

현대영어의 철자법은 400여 년 전에 그 골격이 만들어졌다. 대모음추이는 발음과 철자 간격을 멀어지게 만들었다. 영어의 철자법은 역사적 결과이기 때문에 나름대로 이유를 가지고 있다. 불규칙한 것들이 많기 때문에 학습하는 데에는 불편하다. 예를 들어 'A' 글자 한 개만 해도 그것이 나타내는 발음이 열 가지 정도 된다. 아래에 적어 보았다.

[ɑ:] (father)

[ɑ:] 혹은 미국 [æ] (bath)

[ɒ] 혹은 미국 [æ] (swan)

[æ] (saga, after, sad, flash, allergy)

[eɪ] (age, sage)

[eə] (care)

[ə] (alike, allege)

[ɔ:] (all, warm)

[e] (many)

[ɪ] (village)

「캠브리지 발음사전」에서 영어 철자법의 불규칙성을 조사해 보았다. 몇 가지 예를 살펴보자.

(1) 'au'는 여러 가지로 발음된다. 예를 들면, sauce [sɔːs] (혹은 미국 발음으로 [sɑːs]), laugh [lɑːf] (혹은 미국 발음으로 [læf]), because [bɪˈkɒz] (미국 발음 [bɪˈkɑːz]), chauffeur [ˈʃəʊfɜ] (미국 발음 [ʃoʊˈfɜːl]), guage [geɪdʒ], restaurant [ˈrestərənt] 등 이다.

(2) 'ou'의 발음은 미국 발음 기준으로 상당히 여러 가지로 나타난다. 단어 예를 보자: cloud [aʊ], though [oʊ], country [ʌ], bought [ɔː] (혹은 미국식 [ɑː]), soup [uː], could [ʊ], cough [ɑː], enough [ʌ], four [ɔː], flour [aʊ], journey [ɜ], flourish [ɜ], tour [ʊ] 그리고 약음절에서 [ə]로 나타난다: (예) famous [ə]

(3) 자음 c는 4가지 발음 /s, k, ʃ, tʃ/로 나타난다. 예를 들면 cell [sel], cycle [ˈsaɪkl], social [ˈsəʊʃəl], cat [kæt], cello [ˈtʃeləʊ], indict [inˈdaɪt]

(4) 'gh'의 발음은 ghost [gəʊst] 이외에 high, height, plough, caught 등에서 묵음으로 난다.

(5) 'x'의 발음은 /ks, gz, k, e, eks/ 등으로 나타난다. 예를 보자: box에서 [ks], examine에서 [gz], noxious의 [kʃ], xylophone의 [z], X-ray의 [eks]

그리스 알파벳으로부터 생겨난 또 하나의 중요한 문자 체계로 키릴 문자 (Cyrillic alphabet)가 있다. 키릴 문자는 러시아어를 기록하기 위해 만들어졌다. 그것은 9세기경에 그리스 수도사 키릴로스에 의해 고안되어 슬라브 사회에 도입되었다. 9세기 슬라브 공국의 왕은 비잔틴의 콘스탄티누스 황제에게 기독교 신앙을 '러시아어로' 전해 줄 것을 요청했다. 그런데 당시 로마 교회의 입장에서 보면 성서의 번역은 오직 3개 언어(라틴어, 그리스어, 히브리어)로만 가능한 것이었으며 키릴 문자를 사용해 러시아어로 성서를 번역하는 것은 교회의 견제를 받는 일이었다.

키릴 문자는 그리스 알파벳의 모양을 거의 그대로 간직하면서 슬라브어 발음을 나타내기 위해 여러 가지 구별 부호나 문자 기호를 추가하였다. 키릴 알파벳의 수는 43개에까지 이르렀다가 현대 러시아어에는 33개의 글자가 사용되고 있다. 33개 글자 모양은 다음과 같다. 대문자와 소문자를 같이 적어 둔 바로 아래

줄에 로마자 발음기호를 붙여 적었다.

Аа	Бб	Вв	Гг	Дд	Ее	Ёё
[a]	[b]	[v]	[g]	[d]	[ye]	[yo]
Жж	Зз	Ии	Йй	Кк	Лл	Мм
[ž]	[z]	[i]	[y]	[k]	[l]	[m]
Нн	Оо	Пп	Рр	Сс	Тт	Уу
[n]	[o]	[p]	[r]	[s]	[t]	[u]
Фф	Хх	Цц	Чч	Шш	Щщ	Ъъ
[f]	[x]	[ts]	[tç]	[š]	[ç]	[silent]
Ыы	Ьь	Ээ	Юю	Яя		
[ɯɨ]	[silent]	[e]	[yu]	[ya]		

키릴 문자는 슬라브 정교 지역 언어들에서 채택되었으며 오늘날에는 우크라이나, 벨로루시, 세르비아, 불가리아, 마케도니아 등에서 사용된다. 이에 비해 동유럽 나라들 중에서도 로마 가톨릭 지역인 폴란드, 체코, 슬로바키아 등은 로마 알파벳을 사용하고 있다. 18세기 초에 러시아 피터 대제는 철자법 체계를 단순화시키는 개혁을 실시하였고, 1918년 공산주의 혁명 이후에도 철자 간소화를 위한 개혁이 있었다. 유고 연방에서는 키릴 문자와 로마자가 함께 사용되었는데 국가 분리 이후 세르비아에서는 키릴 문자를 사용하고 크로아티아에서는 로마자를 사용하고 있다.

2차 세계대전 이후 소련의 영향을 받아 키릴 문자는 중앙아시아 이슬람 국가, 우즈베키스탄, 카자흐스탄, 외몽고 등에서 사용되기 시작했다. 소비에트 정부는 문자가 다른 민족들에게 키릴 문자의 사용을 강요하였다. 정치적인 이유로 키릴 문자가 사용되기 시작하면서 중앙아시아에서는 이전 시대에 사용되어 오던 아랍 문자의 사용이 중단되었다. 몽고에서는 칭기즈 칸 이후 600년 동안 지속되던 (위구르 계통) 몽고 문자를 사용하지 않게 되었다. 그러던 중에 소련 연방이 해체된 이후로는 키릴 문자를 채택한 나라들에서 다시 아랍 문자, 몽고 문자로 전환하려는 움직임이 일어나고 있다.

16.8. 다른 문화권에서: 마야 문자, 인도 문자, 몽고 문자

　19세기 후반에 마야 문자가 발견되었다. 중앙아메리카 멕시코 남부, 과테말라, 온두라스, 그리고 유타칸 반도에 접하는 정글 지역에서 마야 문명의 기념비적 건축물 유적이 세상에 모습을 드러냈다. 웅대한 마야 건축물에서 번영을 누렸을 마야 사람들이 사라지고 난 후였다. 수백 년 동안 수풀에 덮여 있던 석재 건축물이 발견되었고 그 안에 기록 유산은 마야 문자로 새겨져 있었다. 그 문자들이 어떤 비밀을 간직하고 있는지에 대해 여행자들과 탐험가들은 풀어낼 길이 없었다.

　마야 문명은 2천여 년 동안 번영을 누린 것으로 알려져 있다. 20여 개 도시들의 집합체로 구성된 마야 문명은 도시 하나에 많게는 수만 명의 인구를 보유했으리라고 한다. 16세기에 스페인 군대의 침입은 마야 사람들에게 예기치 않은 재난이었다. 스페인 점령자들은 악마 숭배라는 이유로 마야 주민을 학살하고 마야 문자를 금지했으니 18세기에는 마야 문자를 사용할 줄 아는 사람은 하나도 남지 않게 되었다.

　마야 글자는 사람, 동물, 초자연, 추상 디자인이 배합된 복잡다단한 모양이며 뜻글자와 음절글자를 겸한다. 마야 문자를 해독하는 것은 옛날 마야 사람들 정신 세계의 일부분을 들여다보는 것일 뿐만 아니라 사라진 고대문화 유적에 재생의 숨결을 불어넣는 것이기도 하다. 문자학자들이 마야 문자를 해독하는 작업은 대단히 어려웠고 오랜 시간이 걸렸다.

　아래 그림은 마야 문명권의 글자들이다. 그림 한 개가 단어 하나의 뜻을 가지고 있는 그림문자이다. 마야 사람들은 365일 태양력을 사용하면서 20일씩 18개월로 나누고 그 뒤에 5일간 불운한 날을 정했는데 다음과 같은 기호를 사용해서 태양력을 표시했다(그림: www.ancientscripts.com).

마야 글자는 인접한 문명 지역인 아즈텍, 미즈텍, 자포텍 문명의 글들과 비교된다. 아래 그림을 주시해 보라(그림: www.ancientscripts.com).

19세기 후반부터 카메라를 보유하고 마야 유적을 방문했던 탐험가들의 노력에 의해 '알려지지 않은' 마야 문자가 외부 세계에 모습을 드러냈다. 그러나 마야 문자를 해독하는 데에는 이집트 로제타스톤의 해독에서 그랬던 것처럼 결정적

계기가 찾아오지는 않았다. 고고학자와 문자 해독자가 마야 문자 해독에 실패를 거듭하다가 조금씩 성공하게 되기까지에는 상당히 많은 시간이 경과하였다. 20세기 중반을 훌쩍 지나서였다. 1990년대까지 대략 1000여 개의 마야 문자가 해독되는 정도에 머물러 있다. 마야 문자는 그림 문자로만 이루어진 것은 아니며 음절을 나타내는 설형문자 역할로도 사용되었다는 점이 나중에 드러났다. 마야 그림 글자 중 상당수는 그 자체만으로 단어의 뜻을 지닌다. 일부 글자는 실제 단어를 나타내는 것이 아니라 장소와 지배층을 상징하는 표식이었다.

이제부터는 서남아시아 지역으로 눈길을 돌려, 작은 대륙 인도 지역의 문자를 구경해 보자. 오늘날 인도에서 가장 많은 사람들이 사용하는 글자는 데바나가리(Devanagari) 문자이다. 2억 6천만 사용자가 있는 것으로 집계되었고 인도 대부분 지역에서 사용한다. 데바나가리 글자는 인도 브라만 문화권에서 사용되던 글자들이 흘림체 글자로 발전되어 나온 것이다. 힌디어와 산스크리트어는 데바나가리 문자를 사용해서 기록되었으며 인도 대륙의 많은 언어들이 데바나가리 계열에 속하는 문자를 사용하여 왔다. 데바나가리 글자 모양을 보면 다음과 같다.

अ आ इ ई उ ऊ ऋ ऌ
ए ऐ ओ औ क ख ग घ
ङ छ ज च झ ञ ट ठ ड ढ ण
त थ द ध न प फ ब भ म
य र ळ व श ष स ह

데바나가리 문자 다음으로 인도에서 많이 사용되는 문자는 벵갈(Bengali) 문자이다. 사용자 수는 1억 인구를 상회한다. 인도에서는 방언의 다양성만큼이나 문자도 다양하지만 여러 종류의 글자 모양이 조형적으로 비슷해 보인다. 벵갈 문자의 그림 소개는 여기에서 따로 하지 않겠다. 그 대신 www.ancientscripts.com을 방문해서 돌아볼 것을 권한다.

그밖에 인도 문자 중의 하나로 구자라트(Gujarati) 문자가 있다. 이것은 데바나가리, 벵갈 문자에 비해 사용자 수가 적지만 인도 서부 구자라트 주에서 16세기 이후부터 사용되어 왔고, 인도어 방언의 일종인 구자라트어를 기록하는 문자 체계이다. 구자라트 문자는 한글과 글자 모양이 비슷해 보이는 특징이 있기 때문에 한글 기원설에 관련해 모방설이 제기된 적이 있다. 구자라트 글자를 발음 주석과 함께 보면 다음과 같다(그림: www.ancientscripts.com).

અ	આ	ઇ	ઈ	ઉ	ઊ
a	ā	i	ī	u	ū

ઋ	એ	ઐ	ઓ	ઔ
r	e	ai	o	au

ક	ખ	ગ	ઘ	ઙ
ka	kha	ga	gha	ṅa

ચ	છ	જ	ઝ	ઞ
ca	cha	ja	jha	ña

ટ	ઠ	ડ	ઢ	ણ
ṭa	ṭha	da	dha	ṇa

ત	થ	દ	ધ	ન
ta	tha	da	dha	na

પ	ફ	બ	ભ	મ
pa	pha	ba	bha	ma

ય	ર	લ	વ
ya	la	ra	va

શ	ષ	સ	હ
śa	ṣa	sa	ha

데바나가리 문자와 마찬가지로 구자라트 문자는 위의 그림에서 보듯이 자음에 /a/를 덧대어 놓은 글자들을 기본으로 삼아 음절 문자를 이룬다. /a/ 이외의 모음들은 아래 그림에서처럼 기본 글자에 (굴곡 모양이 지는) 획(stroke)을 더해서 표기한다. 이와 같은 글자 모양은 아시아 남쪽 지역과 인도 많은 지역의 문자 체계에서 자주 볼 수 있는 방식이다.

કા	કિ	કી	કુ	કૂ
kā	ki	kī	ku	kū

કૃ	કે	કૈ	કો	કૌ
kr	ke	kai	ko	kau

이제는 몽고 제국의 '파스파 문자'에 대해 알아보자. 몽고 문자는 두 가지가 있으니, 하나는 위구르 계 몽고 문자이고, 다른 하나는 파스파 문자이다. 파스파 문자는 1269년 원나라 쿠빌라이 칸 시대에 칸의 명을 받아 승려 파스파(八思巴)가 만들었다. 그보다 앞서 칭기즈 칸의 13세기 초에는 터키어족에 속하는 위구르어의 문자를 차용해 몽고 문자로 만들어 몽고어를 기록해 왔으나 그것은 몽고어 발음에 잘 맞지 않았다. 파스파는 티베트 문자에 바탕을 두고 몽고어 특징을 반영해 사각형 글꼴 모양의 글자들을 만들었다. 쿠빌라이 칸은 몽고 제국 전역에 걸쳐 파스파 문자를 공용 문자로 사용하려고 하였다.

파스파 문자는 표음성이 뛰어났다. 그러나 겨우 1백여 년 지난 후에 몽고 제국이 쇠퇴하자 파스파 문자는 위구르 계통 몽고 문자의 세력에 밀려나 사용되지 않게 되었다. 한편 20세기 현대에 내몽고 자치구는 위구르 계통 현대 몽고 문자를 사용하고, 외몽고 공화국은 러시아 키릴 문자를 차용하였다. 위구르 계 몽고 문자는 17세기 청나라 시대에 만주 문자로도 계승되었다.

그러면 파스파 문자의 그림 사진을 보자. 아래에서 보듯이 네모꼴로 각이 진 모양을 지니는 음절 문자이다(그림: www.ancientscripts.com).

ka	kha	ga	na	ca	cha	ja	ña
ta	tha	da	na	pa	pha	ba	ma
tsa	tsha	dza	wa	ža	za	'a	
ya	ra	la	ša	sa	ha	a	fa

여기 글자들은 자음에 모음 /a/를 덧댄 음절을 나타낸다. 모음으로 시작하는 단어의 첫음절에서는 /a/만으로 음절을 나타낸다. 그리고 파스파 문자는 모음 글자도 가지고 있다. /a/ 모음 이외에 모음이 들어있는 음절을 적을 때에는, 가령 ka 이외에 'ki' 혹은 'ko'를 적으려고 하면, 자음 음절 글자에다가 모음 글자를 이어 붙여 표기한다. 즉 'ki'는 'kai'로 적은 셈이고 'ko'는 'kao'로 적은 것이나 마찬가지이다. 모음 글자는 아래와 같은 것들이다.

ꡛ ꡝ ꡘ ꡨ ꡭ ꡬ — ꡜ ꡙ ꡟ ꡗ
a ï ī u ü o ō au ē ai

몽고 파스파 문자는 훈민정음 창제의 원형이 되었다는 주장이 제기되었던 적이 있다. ㄱ, ㄷ, ㅂ, ㅈ, ㅎ와 비슷한 모양의 글자들이 파스파 문자에도 있다. 훈민정음 창제의 기원이 어디에서 비롯되었는지에 대한 의문은 「훈민정음 해례본」이 발견되기 전부터 제기되었다. 해례본이 발견되기 이전까지 훈민정음 기원설은 종류가 많았다. 국어학자 김윤경 선생의 1938년 저서 「韓國文字及語學史」에서는 훈민정음 기원설이 무려 11가지나 거론되었다. 그 중에는 상형 기원설, 몽고 파스파 문자 기원설, 고대 문자 기원설, 일본 신대문자 기원설, 고조선 「환단고기」에 나오는 가림토 문자 모방설 등이 포함되었다. 그밖에 인도 구자라트 문자 모방설도 있었다.

훈민정음이 파스파 문자를 본떠 만들어졌다는 주장은 그 타당성이 검증되지는 못하였다. 이런 주장이 등장했던 배경에는 「훈민정음 해례본」 정인지 서문의 한 구절에 대한 해석이 쟁점거리가 되었다. 정인지 서문을 보면 상형이자방고전(象形而字倣古篆)이라는 구절이 들어 있다. 이 말 중에 '자방고전'은 '고전을 본떠 글자를 만들었다'는 말로 뜻풀이된다. 이 말에서 '古篆'이란 몽고전자(蒙古篆字), 즉 파스파 문자를 가리킨다는 추측이 오래 전부터 제기되었다. 이에 대해 그런 뜻이 아니라는 반론도 있었다. 훈민정음 창제의 출발 단계에서 세종대왕은 주변 국가 문자의 글꼴을 보여주는 서책을 보유하고 있었을 것이다. 古篆 문자를 본떠 만들었다고 할 때, '고전'이란 파스파 문자에 한정된 것이라고만 말하기는 어려워 보인다. 세종 시대 문자 창제기에 상형을 검토했던 네모꼴 글자체 형상을 뜻하는 것으로 짐작해 봄이 어떨까?

16.9. 동아시아 문자: 한자 문화권

중국 문자는 약간의 변화만 거치면서 4천여 년 이상 사용되고 있다. 중국 대륙 내의 방언 차이로 인해 음성 언어만으로는 충분하게 의사소통을 하기가 어렵다. 이런 사정은 지금 시대뿐 아니라 옛날 시대에도 마찬가지였다. 그런데 중국 대륙 내에서 지역마다 발음은 다르지만 문자로 적은 글 한 가지는 언제나 동일했다. 한자는 뜻을 이용하는 표의 문자이기 때문에 글의 통일성이 확보된다. 글자 모양의 변화에 관해 다음 그림을 살펴보자. 상형에서부터 시작해서 글자를 다듬어 가는 연대기적 변천이 일어난 것을 이 그림을 통해 엿볼 수 있다.

(그림: www.ancientscripts.com)

한자는 획의 연결로 적으며, 부수(部首)를 바탕으로 사전에서 글자를 찾을 수 있다. 한자 사전에서 부수의 수는 200여 개 이상으로 획의 수에 따라 배열된다. 인터넷에 떠도는 유머 글자로 아래와 같은 것이 있다. [한메산, 네이버 카페, 유머 게릴라에서 재미로 여기에 가져와 보았다. 한자는 상형에 기반을 두어 만들어졌기에 이처럼 지나치게 파격적인 변형을 가해볼 수 있다.

囚	가둘 수 ⇒	탈옥할 탈
困	곤할 곤 ⇒	피곤해 드러누울 곤
己	몸 기 ⇒	절할 절
門	문 문 ⇒	엘리베이터 문
建	세울 건 ⇒	날림공사 건
家	집 가 ⇒	다세대 주택 가
走	달릴 주 ⇒	달리다 자빠질 주
競	다툴 경 ⇒	반칙할 반

www.TodayHumor.co.kr

한자 사용은 음과 훈을 구분한다. 중국어에서 '당신'을 뜻하는 你는 [니]로 발음하고, '평안'을 뜻하는 好는 [하오]로 발음하고, 묻는 말의 종결법을 뜻하는 '嗎'는 [마]로 발음한다. 그래서 인사말로 你好嗎? [니 하오마?] '안녕하세요?'라는 뜻으로 사용된다. 발음을 살려, 코카콜라는 '可口可樂' [커커우커러]라고 말하고, 펩시콜라는 '白事可樂' [빠이스커러]라고 말한다. 오늘날 중국에 유입된 서구 외래어 표기 중에 눈길을 끄는 것으로, '켄터키'는 '肯德基'로, '하이네켄'은 '海尼根'으로, '맥도날드'는 '麥當勞'로 발음을 이용해서 적은 사례가 있다.

북경 사람이 광동 사람의 말을 알아듣기 어려운 것은 런던 사람이 암스테르담 사람의 말을 이해하기 어려운 것에 비교될 만하다. 표준어인 만다린 중국어로 (혹은 '普通話'로) 의사소통할 수 있는 사람들의 수는 중국 인구의 3분의 2에 가깝다. 나머지 3분의 1에 달하는 중국 사람들은 자신이 살고 있는 지역에서 통용되는 중국어 방언을 사용하는데 이것은 만다린 중국어와는 소통하기 어려울 정도로 방언 차이를 크게 지닌다.

한자는 중국의 언어적 차이를 줄이고 중국어 사용자들을 하나로 묶어 연결해 주는 역할을 한다. 중국 대륙에서 입으로 사용하는 구어는 지역에 따라 방언 차이가 매우 크다. 하지만 입말의 방언 차이에도 불구하고 글을 적을 때에는 중국 어디에서든지 동일한 문자를 사용하기 때문에 글자 생활에 있어서만큼은 언어적 차이가 문제되지 않는다. 지역마다 말을 할 때 발음의 차이가 나지만, 한자를 사용해 적은 글인 '한문'은 중화권 모든 지역에서 통용된다. 그래서 한자는 중국 전체를 하나의 문화권으로 통합시켜 준다.

1950년대 이후 중국 본토에서는 간체자(簡體字)가 도입되었다. 1959년 중국 정부는 문맹 퇴치를 목적으로 상용한자 6700자 중 2200자에 대한 간체자를 법으로 공표하였다. 간체자란 획수를 줄인 약자(略字)로 본래의 번체자(繁體字)에 상대되는 서체이다. 초서체의 글자꼴을 이용해 획수가 많은 글자들을 단순하게 고쳐서 본래 쓰이던 번체자 글자 대신에 간체자를 사용하도록 한 것이다. 예를 들면 '廣告'를 '广告'로 적는다. 그러나 중국 본토와 달리 홍콩과 대만에서는 본래 글자체를 계속 사용하였다. 중국이 문호를 개방하기 시작하자 홍콩, 대만 등지에서 사용되던 번체자가 다시 중국 본토에 나타나기 시작했다. 그래서 고등 교육을 받은 중국 본토 젊은이들이 번체자를 모르는 경우를 경험하게 되었다.

마지막으로 일본 문자를 돌아보자. 일본 문자는 음절 문자와 표의 문자 두 가지가 있다. 일본의 음절 문자는 한자의 소리만을 빌려서 나타내는 '카나'인데 이것은 다시 '히라가나'와 '가타카나'의 두 가지 유형으로 구분된다. 일본의 표의 문자는 '간지'라고 하며 중국 한자에서 생겨난 1천여 개 글자들이다. 일본어에서는 근세 이후 중국어, 일본 문어, 일본 구어의 경합 관계가 나타났다. 다음 그림의 글자체에서 보듯이 히라가나는 가타카나보다 구부러진 부분이 더 많이 들어있다. 히라가나는 한자 초서체에 바탕을 두어 만들어졌고, 가타카나는 한자 부수를 가지고 만들어졌다.

〈히라가나〉

	아	이	우	에	오
	あ	い	う	え	お
k-	か	き	く	け	こ
s-	さ	し	す	せ	そ
t-	た	ち	つ	て	と
n-	な	に	ぬ	ね	の
h-	は	ひ	ふ	へ	ほ
m-	ま	み	む	め	も
y-	や		ゆ		よ
r-	ら	り	る	れ	ろ
w-	わ				を
n-	ん				

〈가타카나〉

	아	이	우	에	오
	ア	イ	ウ	エ	オ
k-	カ	キ	ク	ケ	コ
s-	サ	シ	ス	セ	ソ
t-	タ	チ	ツ	テ	ト
n-	ナ	ニ	ヌ	ネ	ノ
h-	ハ	ヒ	フ	ヘ	ホ
m-	マ	ミ	ム	メ	モ
y-	ヤ		ユ		ヨ
r-	ラ	リ	ル	レ	ロ
w-	ワ				ヲ
n-	ン				

히라가나는 일본어 토박이말을 적는 데에 (한자와 함께) 사용된다. 중국 글에 비해, 히라가나로 적은 글은 얕잡아 보였으나 여성들은 한자를 배우지 못했으므로 히라가나를 사용하였다. 헤이안 시대(8세기~12세기), 11세기 무렵에 무라사키 시키부 부인에 의해 장편 소설인 「겐지 이야기」(源氏物語)가 지어졌다.

히라가나는 독립적으로 단어가 될 수 없는 문법 형태소를 표기하는 데에 사용되고, 가타카나는 감정을 부여해서 말하는 구어적 표현에 사용된다. 외래어 표기, 감탄사, 의성어, 의태어, 방언 등은 가타카나로 적는다. 시각적 효과를 위한 광고 문구에도 가타카나가 사용된다. 또한 가타카나는 불교 조형물에 발음 보조를 위해 등장하였다. 현대에는 중국 이외 지역으로부터 차용어를 적는 데에 가타카나가 사용되고 있다.

중국 변방에 자리하는 민족은 글을 적기 위해 한자를 빌려서 사용하기는 했으나 이것만으로는 언문일치가 되지 않았기 때문에 문자생활이 편하지 않았다. 이를 극복하기 위해 베트남어, 일본어, 서역어, 한국어 등에서 고유 문자 창제를 시도하였다. 동아시아 지역에서는 중국 한자를 변형해서 새로운 문자 체계를 만들어 냈는데 서하 문자, 베트남 쯔놈 문자, 일본 카나 문자 등이 그 예이다.

16.10. 한글의 글꼴

한글은 예술적, 조형적 가치를 지닌다. 한글 글꼴은 시대에 따라 변화되었다. 창제 당시 한글은 기하학적이고 조형미를 가진 글자였다. 아래 사진은 「훈민정음 언해본」(희방사본)이다. 글꼴을 눈여겨보자. 15세기 창제 당시 「해례본」과 「언해본」에서 사용했던 한글은 기하학적 모양의 글꼴이었다.

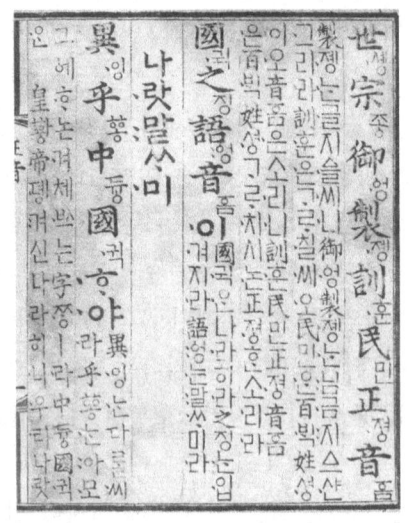

　한글의 글꼴은 아름다움을 표현해 준다. 옛날 한글 문헌에는 좋은 서체가 들어 있다. 한글 글꼴 개발은 문화 콘텐츠 산업에서 활용 가치가 높다. 예쁘고 감성적인 손글씨 글꼴은 감성과 패션이 입혀진 것이다. 한글 연구자들의 제안에 귀 기울여 보면, 옛 글자꼴 중에 좋은 모양을 되살리고 다듬어서 활용하자고 한다. 옛 한글 문헌은 이런 측면에서 문화유산임과 동시에 디자인 감각의 저장고이다.

　1446년 「훈민정음 해례본」에서 보여주는 한글 원형은, 가로와 세로 줄기가 두껍고, 선의 줄기와 기둥 양 끝에 세리프(= 돌기와 맺음)가 없다. 즉 훈민정음 창제 당시의 가장 원형적 글꼴은 사각형 틀에 꽉 찬 기하학적 모양이었고 이를 통해 조형적 아름다움을 표현해 주었다. 그렇지만 네모진 기하학적 글꼴은 옛날에 필기구로 적기에는 편한 것만은 아니었다. 필기도구라고는 붓으로만 글을 적던 시절에 기하학적 모양의 글꼴은 손으로 적기 쉬운 글꼴이 아니었다. 그래서 문헌 기록을 적을 때 주로 사용하는 글꼴의 변화가 일어났다. 1500년대에는 가는 줄기에 돌기가 등장하고, 자음 크기가 작아지면서 미세한 기울기가 형성되었다. 1600년대 붓글씨 특징이 나타나고 선을 그릴 때 기울기가 나타났다. 1700년대 이후 붓글씨체 특징이 안정되었다. 궁서체는 한자 필법을 따른 것으로, 조선 궁녀들이 쓴 자료는 중국 한자 필법에 영향을 받았다. 한편 붓글씨 필기체의 영향을 받아 명조체가 사용되게 되었다. 1796년 목판활자로 인쇄된 「오륜행실도」는 한자 명조체와 조화되도록 (붓의 필획이 나타나는) 한글 명조체로 제작되었다. 박물관에 소장된 한글 문헌을 열람할 기회가 생기면 글꼴 모양도 눈여겨보자. 혹은 「디지털 한글 박물관」(www.hangeulmuseum.org)을 방문해 옛날 한글 문헌 사진을 돌아볼 것을 권한다.

현대 사회에서 인쇄 기술이 사용되면서 명조체가 대표적인 서체로 자리 잡았다. 한편 마이크로소프트 회사가 한글 윈도우 운영 체제에 굴림체를 설정한 이후부터는 굴림체 글꼴이 눈에 익숙해졌다. 한글 글꼴은 생활에서 용도가 많기 때문에 그에 어울리는 글꼴을 찾으려는 욕구를 우리는 자주 느낀다. 광고 카피 혹은 온라인에서 돋보이는 손글씨(켈리그라프)를 보면 느낌이 새삼스럽다. 글꼴이란 미적 감각에 호소하는 시각 정보이다. 켈리그라프 한글 글꼴 중에는 발랄하고 아기자기하고 오밀조밀하고 개성이 반짝이는 것들이 있다.

정보 입력의 신속성에 있어 한글은 뛰어나다. 한글 자모의 결합 원리는 20세기 대한민국에서 휴대폰 자판에도 구현되어 있다. 삼성 애니콜 폰은 천지인 방식이라고 해서 모음 결합성을 중심으로 키를 배열한 것이다. 엘지 싸이언 폰은 나랏글 방식이라고 해서 자음 결합성을 중심으로 '획추가' 키와 쌍자음 키를 배열하였다. 세종 시대에 정음 28자를 창제하며 추구했던 과학성과 철학성에 더해, 21세기 대한민국에서 한글은 정보 처리의 신속성을 구현하는 수단이 되고 있다.

〈참고문헌〉

강범모. 2005. 「언어: 풀어쓴 언어학 개론」, 한국문화사.

Carney, Edward. 1997. *English Spelling*, New York: Routledge.

Coulmas, Florian. 1999. *The Blackwell Encyclopedia of Writing Systems*, Malden: Blackwell Pub.

Daniels, Peter T. 2003. Writing systems, In: Aronoff, Mark and Janie Reeds-Miller (eds.) *The Handbook of Linguistics*, Malden: Blackwell Pub.

Jones, Daniel. 2006. *Cambridge Pronouncing Dictionary* (17th edition), Cambridge: Cambridge University Press.

Rogers, Henry. 2005. *Writing Systems: A Linguistic Approach*, Malden: Blackwell

Pub.

Sampson, Geoffrey. 1983. *Writing Systems*, Stanford: Stanford University Press. (신상순 역, 1999. 「세계의 문자 체계」, 한국문화사.)

Senner, Wayne M. (ed.) 1989. *Origins of Writing*, Lincoln and London: University of Nebraska Press.

Woudhuizen, Fred. 1993. *The Language of the Sea Peoples*, Amsterdam: Najade Press.

www.ancientscripts.com

색인